隋唐刻房山石經
與同名佛經異文研究

李薛妃 著

上海古籍出版社

圖書在版編目（CIP）數據

隋唐刻房山石經與同名佛經異文研究／李薛妃著.
上海：上海古籍出版社，2024.9. -- ISBN 978-7-5732-
1333-4

Ⅰ.K877.43

中國國家版本館CIP數據核字第20249SU486號

隋唐刻房山石經與同名佛經異文研究

李薛妃　著

上海古籍出版社出版發行

（上海市閔行區號景路159弄1-5號A座5F　郵政編碼201101）

（1）網址：www.guji.com.cn
（2）E-mail：guji1@guji.com.cn
（3）易文網網址：www.ewen.co

上海惠敦印務科技有限公司印刷

開本700×1000　1/16　印張28.25　插頁2　字數492,000

2024年9月第1版　2024年9月第1次印刷

印數：1—1,010

ISBN 978-7-5732-1333-4

B·1419　定價：128.00元

如有質量問題，請與承印公司聯繫

序

　　《隋唐刻房山石經與同名佛經異文研究》一書是李薛妃同志在西南大學攻讀博士學位時撰寫的同名博士學位論文的深化，在博士論文的基礎上有所改進。這篇博士論文的指導教師是已故的毛遠明教授。毛先生生前，我跟他有過多次接觸，他的温文爾雅、謙虚謹慎和踏實學風、扎實的研究成果都給我留下極爲深刻的印象，我非常敬重他的爲人爲學。毛先生生前致力於漢魏六朝碑刻研究，取得不少實績，成果爲學界採信。《漢魏六朝碑刻異體字典》2017年獲中國語言學最高獎第十七屆"北京大學王力語言學獎"二等獎，可惜頒獎之前毛先生就遽歸道山，享年六十九歲，來不及享受獲獎時的喜悦。毛先生過世後，我在網上讀到不少回憶他生平的文章，知道他年少時經歷了很多磨難，又過早地離開人世，不禁有"天妒英才"之慨。因此，當我看到李薛妃同志《隋唐刻房山石經與同名佛經異文研究》書稿時，百感交集，感到有必要寫這篇序言。

　　古書在流傳的過程中出現了很多異文。異文指相同典籍在不同版本（包括其他著述中的引文）中的不同文字。異文情況複雜，有的是用字的不同，包括古今字、異體字、通假字等；有的是同義詞、同類詞代替或其他文字訛誤等，也有的是聯綿詞的不同寫法。我國古書甚多，有人估計，大約有二十多萬種，絕大多數是漢字記録的漢語文獻，這在世界書籍史上是無出其右的。有些文獻歷代讀者很多，流傳甚廣、甚久，不免出現形形色色的異文。因此，古書中的異文材料是非常值得研究的，有不少論著都選取古書異文作爲選題。

　　北京市房山區有一座石經山，此山存有大量佛教經典的石刻，石刻始刻於隋大業年間，歷經唐宋元明多個朝代，持續了1039年。石刻存於山上9個藏經洞内，有佛典1122部，3572卷，一萬五千餘石，數量巨大，中國佛教協會刊印了《房山石經》30册（含目録、索引1册），是研究異文的好材料，但是從異文角度研究房山石經的論著不多見。李薛妃《隋唐刻房山石經與同名佛經異文研究》選取其中的隋唐石經，跟敦煌寫卷和《中華大藏經》《高麗大藏經》《大正新修大藏經》等其他傳世文獻中的同名佛經進行異文比較研究，希望借此揭示房山石經的文獻、文字、語言方面的價值及規律，選題很有意義。

我選閱了書稿的部分内容，感到它重視具體材料的分析，不尚空談，研究方向是正確的。有三點比較深刻的印象：

第一，研究異文，不免要用到《説文》。本書稿考察異文，很注重《説文》在異文研究中的作用，不輕易否定《説文》。相信大家看了這部著作，都能有這樣的體會。

隨著古文字材料的不斷出土，我們可以看到，《説文》對有些字的分析不太妥當，需要改正，有些研究者在這方面做出了很大努力，取得不俗的成績。但近百年來，輕易否定《説文》的傾向也很明顯。老話説：過猶不及。事實證明，《説文》中有一些分析，曾經遭受批評，但後來的研究證實許慎的分析是正確的。

爲了使今後的古文字釋讀更爲科學，我們應該糾正輕易否定《説文》的偏向。《隋唐刻房山石經與同名佛經異文研究》書稿重視《説文》的分析成果，這是很可取的。

第二，本書稿第五章《隋唐刻房山石經與同名佛經互校》中，比對各佛經的異文，分析各佛經異文的正訛，利用房山石經訂補敦煌寫本和傳世本之訛，利用敦煌寫本和傳世本訂補房山石經之訛，取得了不少可信的校勘成果，恢復了相關古書的原貌。例如東漢安世高譯《佛説罪業應報教化地獄經》有："爾時世尊，即爲此諸受罪衆生，而説偈言。"《大正新修大藏經》"而"作"面"，其他各本作"而"。作"面"在上下文中無法講通，當依各本作"而"。後秦鳩摩羅什譯《佛説彌勒下生成佛經》："城邑舍宅，及諸里巷，乃至無有細微土塊，純以金沙覆地，處處皆有金銀之聚。"房山石經 3.334 "細"作"紬"，在上下文中無法講通，"紬"無疑是"細"的錯字。當依 BD00393、BD00967、BD03532、BD05812、P.2071 作"細"，纔是正確的。

第三，本書稿比對出來的不少具體的異文材料對漢語史研究有積極意義。例如"施"有平去二讀，都是動詞。讀平聲，意義是施加；讀去聲，特指給予恩惠。《隋唐刻房山石經與同名佛經異文研究》注意到，西晉竺法護譯《佛説盂蘭盆經》有："佛告目連：十方衆僧，七月十五日僧自恣時，當爲七世父母及現在父母厄難中者，具食百味五果汲灌盆器，香油燈燭牀榻卧具，盡施甘美以著盆中，供養十方大德衆僧。"其中"施"衹能是"給予恩惠"的意義。一般古書都寫作"施"，但是 S.6163、《高麗大藏經》、《大正藏新修大藏經》俱作"世"，"世"是"施"的假借字。世，書母祭韻開口三等去聲；施，書母寘韻開口三等去聲。可見：1.至晚晚唐五代施捨義的"施"還讀去聲；2.當時止蟹二攝已經開始合流了。"離"有平去二讀，都是動詞。讀平聲，意義是分離，離散；讀去聲，意義是離開某人或某地。《隋唐刻房山石經與同名佛經異文研究》注意到，唐義净譯《佛説無常經》："稽首歸依真聖衆，八輩上人能利染。"這個"利"是"離某人或某地"的"離"的假借字，房山石經3.339作"利"，其他各書作"離"。"離"是來母寘韻開口三等去聲，"利"是來母至韻開口三等去聲。可見：1.唐五代脂支二韻已混；2."離某人或某地"的"離"仍然讀去聲。

因此，在我看來，《隋唐刻房山石經與同名佛經異文研究》是有價值的學術著作。我更期待今後有更多的學者投身古書異文的研究，將異文的規律研究得更透徹，解決古書的釋讀問題，爲中國語言學做出更大的貢獻。

是爲序。

孫玉文
2024年1月26日於京西五道口嘉園之天趣齋

目　　錄

序　孫玉文 ·· 1

緒　論 ·· 1
　第一節　選題緣起 ··· 1
　第二節　異文概説 ··· 2
　第三節　研究歷史與現狀 ·· 5
　第四節　研究材料 ··· 42
　第五節　研究方法與步驟、正文凡例 ·································· 43

第一章　異體字異文 ·· 47
　第一節　源於古文字 ··· 48
　第二節　省簡 ·· 57
　第三節　增繁 ·· 67
　第四節　異化 ·· 80
　第五節　訛混 ·· 96
　第六節　改换 ·· 112
　第七節　類化 ·· 131
　第八節　位移 ·· 139
　第九節　避諱字 ·· 144
　第十節　武周新字 ··· 146
　第十一節　卦象符號成字 ·· 150
　小　結 ·· 151

第二章　假借字異文 ·· 155

第一節　聲符相同的形聲字的假借 …………………………………… 156
　　第二節　形聲字與其聲符字假借 ……………………………………… 180
　　第三節　與字形無關的假借 …………………………………………… 199
　　小　　結 ………………………………………………………………… 232

第三章　同源詞異文 ………………………………………………………… 235
　　第一節　記錄同源詞的字爲本原字和區別字 ………………………… 237
　　第二節　記錄同源詞的字爲本字和借字 ……………………………… 258
　　第三節　記錄同源詞的字没有借用或分化關係 ……………………… 272
　　小　　結 ………………………………………………………………… 276

第四章　同義詞異文 ………………………………………………………… 279
　　第一節　名詞同義詞 …………………………………………………… 280
　　第二節　動詞同義詞 …………………………………………………… 301
　　第三節　形容詞同義詞 ………………………………………………… 328
　　第四節　其他詞類同義詞 ……………………………………………… 337
　　小　　結 ………………………………………………………………… 345

第五章　隋唐刻房山石經與同名佛經互校 ………………………………… 347
　　第一節　房山石經訂補敦煌寫本、傳世本 …………………………… 348
　　第二節　敦煌寫本、傳世本訂補房山石經 …………………………… 381
　　小　　結 ………………………………………………………………… 404

結　語 ………………………………………………………………………… 407

參考文獻 ……………………………………………………………………… 411

條目音序索引 ………………………………………………………………… 433

後　記 ………………………………………………………………………… 441

緒　　論

第一節　選題緣起

　　房山石經是北京市房山區石經山石刻佛教經典的簡稱。石經始刻於隋大業年間(605—616)，隋釋静琬感"佛日既没，冥夜方深，瞽目群生，從兹失導。静琬爲護正法，率己門徒知識及好施檀越，就此山嶺刊《華嚴經》等一十二部，冀於曠劫，濟度蒼生一切道俗，同登正覺"①，"未來之世，一切道俗法幢將没，六趣昏冥，人無惠眼，出離難期。……永留石室，劫火不焚，使千載之下，惠燈常照；萬代之後，法炬恒明"②。正是出於維護正法的目的，静琬等人刻經於石，後世皆有續刻，歷唐、遼、金、宋、元、明一千餘載。共鐫刻佛教典籍1122部，3572卷，一萬五千餘石。分别藏在石經山九個洞內和雲居寺南塔前的地穴中。石經上附刻有説明性文字石經題記，記有刻經的目的、數量、時間、内容、施主、刻者、書人、提點人員姓氏等。

　　房山石經在佛教研究、金石書法、政治歷史、社會經濟、文化藝術等方面，都藴藏著極爲豐富的歷史資料，有著十分重要的學術價值和文化價值。

　　中國佛教協會從1956年開始對房山石經進行全面調查，不僅拓印了山上九個石洞中的全部經版，而且發掘了瘗埋於地穴中的遼金經版，爲有史以來規模最大也是最有系統的一次調查。之後，中國佛教協會對房山石經作了整理和研究，根據學術上的需要，先行出版了遼金刻經，内部流通。2000年，協會又與華夏出版社合作，出版隋唐刻經，並對房山石經作了統一規劃，連同遼金刻經，重新裝幀，配套發行，一次性全部推出。全套《房山石經》共大8開30册(其中目録、索引一册)。

---

①　《貞觀二年(628)静琬題刻》，北京圖書館金石組、中國佛教圖書文物館編《房山石經題記彙編》，書目文獻出版社，1987年，第1頁。
②　《鐫〈華嚴經〉題記》，《房山石經題記彙編》，第1頁。

對房山石經的整理、研究，其來已久，成果頗豐，但把房山石經與敦煌寫卷、傳世文獻作比較並突顯其異文的文字、語言價值的研究，尚屬闕如。本書的研究建立在前賢時哲的基礎上，通過對材料的梳理、對比、歸納，分類研究房山石經與敦煌寫卷、傳世文獻對比的異文中反映的異體、假借、同源、同義等關係，發掘和歸納其背後蕴含的一般規律，爲今後房山石經和佛典的整理提供文字、語言上的資料支持。

第二節　異　文　概　説

一、異文定義

"異文"一詞，初見於《禮記·樂記》："禮者，殊事合敬者也；樂者，異文合愛者也。"孔穎達疏："宫商别調是異文，無不歡愛，是合愛也。"①這裏的"異文"是指音樂中能觸發和表現人們不同感情的不同音階或調式。與我們今天所討論的"異文"爲同形詞關係。本書討論的"異文"一詞始見於《左傳·隱公二年》"夏，莒人入向，以姜氏還"杜預注："凡得失小，故經無異文而傳備其事。"②這裏的"異文"，凡同一書的不同版本，或不同的書記載同一事物而字句互異，包括通假字和異體字，都稱異文。學界對"異文"一詞的含義爭議頗多，黃沛榮從廣、狹兩個方面對這個概念作闡釋：

> 出於客觀事實的需要以及部分學者使用的習慣，所謂"異文"，似應分爲廣狹兩義：狹義的"異文"僅限於個别的、相對應的異字；廣義的"異文"則指古書在不同版本、注本或在其它典籍中被引述時，同一段落或文句中所存在的字句之異，此外並包括相關著作中（關係書）對於相同的人、事、物作敘述時所産生的異辭（如伏羲與庖犧之類）。③

這樣，學界的觀點就可以歸納爲廣義、狹義兩種意見：

1. 狹義的"異文"

狹義的"異文"是文字學術語。主要是指由於通假字、異體字、古今字等用字不同而造成的，不同的典籍記載同一件事而使用不同文字的現象。陸宗達、王寧認爲："[異文]指同一文獻的不同版本以及同一文獻的本文與在

---

① ［清］阮元校刻《十三經注疏》，中華書局，1980年，第1530頁。
② ［清］阮元校刻《十三經注疏》，中華書局，1980年，第1719頁。
③ 黃沛榮《古籍異文論析》，《漢學研究》，1991年第9期。

別處的引文用字的差異。異文的情況十分複雜，一般包括：① 同源通用字；② 同音借用字；③ 傳抄中的訛字；④ 異體字；⑤ 可以互換的同義詞。"①蘇傑認爲："異文是指同一書的不同版本之間，某書的某章節、某句與他處所引該章節、該句之間，在本應相同的字句上出現的文字差異，包括異體字、通假字、古今字。"②陸錫興在研究《詩經》異文時認爲："《詩經》異文既包括同詞用字的不同，也包括同句中的用詞不同，以及其他的不同文字形式。也就是說，它既包括文字方面的異體字和假借字，也包括校勘出發的同義詞、異義詞。"③羅積勇在談到"異文"和"釋義"的關係時說："有時，引用或襲用的話中個別字詞與原書不同，我們把它們叫異文。"④

2. 廣義的"異文"

廣義的"異文"是校勘學術語。凡同書前後或不同的書記載同一事物，字句互異者，皆稱爲異文。張雲濤認爲："異文既是文字學的術語，又是版本學、校勘學的術語。作爲前者，它與'正字'相對而言，是通假字和異體字的統稱；作爲後者，它既是指同一書的不同版本之間，某書的某章節、某句與他處所引該章節、該句之間，在本應相同的字句上出現差異這樣的一種現象，也是指差異的各方。嚴格地說，異文應是指偏離著作原貌的一方，而保留著作原貌的一方應稱作'正文'。但在實際運用中，没有出現'正文'的説法，相異的各方都叫做異文，甲是乙的異文；同時，乙是甲的異文。"⑤王彦坤認爲："凡記載同一事物的各種文字資料，字句互異，都叫異文。"⑥倪其心認爲："異文的意思是不同的文字，其實質是原稿文字和各種錯誤文字。一種古籍在傳播過程中所産生的異文現象是錯綜複雜的，有字體演變而造成的古今字、異體字、錯別字，有傳抄刻印中産生的俗字、簡字、錯別字，有抄寫的脱漏，有無意的增添，也有臆斷的擅改，還有無知的妄改。總之，凡誤、漏、增添、顛倒、次序錯亂者，統稱異文。"⑦黄征在研究敦煌寫本異文時認爲："這些複本間、相近内容寫本間以及同一寫本内相近文句間有差異的文字（包括字、詞、句），都是本文所要分析的異文。"⑧楊琳在討論異文對考求文意的作用時認爲："異文指同樣的話在同一書的不同版本或是其他書中轉引時個別

---

① 陸宗達、王寧《訓詁方法論》，中國社會科學出版社，1983年，第188頁。
② 蘇傑《〈三國志〉異文研究》，齊魯書社，2006年，第19—20頁。
③ 陸錫興《詩經異文研究》，中國社會科學出版社，2001年。
④ 羅積勇《異文與釋義》，《古籍整理研究學刊》，1986年第2期。
⑤ 張雲濤《〈左傳〉〈史記〉異文研究》，内蒙古師範大學碩士學位論文，2007年。
⑥ 王彦坤《古籍異文研究》，萬卷樓圖書有限公司，1996年，第159頁。
⑦ 倪其心《校勘學大綱》，北京大學出版社，2022年，第147頁。
⑧ 黄征《敦煌語言文獻研究》，浙江大學出版社，2016年，第25頁。

詞語有差異的現象,也包括同一内容在不同文獻中的不同表述以及同一詞語在不同文獻中的不同書寫形式。"①

綜上,狹義的異文是文字學上的術語,包括通假字、異體字、古今字等由於字形關係而形成的異文。廣義的異文則主要是校勘學上的術語,它包括同一書的不同版本中字、詞、句的差異;或是其他文獻在引用摘編文本時,對文本進行的主觀處理所形成的與原文的語言差異,以及文本在傳抄過程中由於脱漏、增添、臆改、倒文等原因形成的與原文在字、詞、句方面不相同的情況。由於字、詞、句的差異形成的異文,我們分別簡稱爲異字異文、異詞異文。

二、異文的種類

關於異文的類型,最有代表性的分類爲王彦坤和朱承平:

在《古籍異文研究》②中,王彦坤根據異文存在的場所,將異文分爲三類,一是同一部書的不同傳本、版本,二是記載同一事物的各種資料,三是具有引用與被引用的文獻之間。其中第三類又分爲三種情況:第一,一般引語與被引語;第二,注文與本文;第三,類書、書鈔與原書。

在《異文類語料的鑒別與應用》③中,朱承平將異文分爲版本異文、引用異文、兩書異文、名稱異文四類。

兩相比較,王書的第一類"同一部書的不同傳本、版本"實與朱書第一類"版本異文"相同;王書的第三類"具有引用與被引用的文獻之間"實與朱書的第二類"引用異文"内容基本重合,朱書的第三類"兩書異文"實際上屬於特殊的"引用異文",可歸入第二類;朱書的第四類"名稱異文"實際上是王書每一類下的一種小類,不必獨立出來。

在《三國志異文研究》中,蘇傑將前人的"理校"也納入異文一併加以研究,稱爲"理校異文"。④ 當然,蘇傑所説的"理校"是廣義的概念,是指校理者從理性判斷層面所作校注的統稱,而不是校勘學"四校"意義上的狹義"理校"。

對異文定義和類型認識的不斷加深,體現了學界的研究走向深入和具體問題具體分析的理念。

本書研究唐刻房山石經與敦煌寫卷、《高麗大藏經》、《中華大藏經》、

---

① 楊琳《論異文求義法》,《語言研究》,2006年第3期。
② 王彦坤《古籍異文研究》,萬卷樓圖書有限公司,1996年,第3—9頁。
③ 朱承平《異文類語料的鑒別與應用》,岳麓書社,2006年,第2—3頁。
④ 蘇傑《三國志異文研究》,齊魯書社,2006年,第20—21頁。

《大正藏》等對比出來的異文材料，有版本異文和名稱異文兩種，而又以版本異文爲主，本書僅研究版本異文。本書的研究異文既包括文字異文，又包括複音詞之間的同義詞異文、同源詞異文，也適當兼顧了少部分校勘異文，但不包括短語異文、句異文、語段異文。

三、隋唐刻房山石經與同名佛經異文研究價值

隋唐刻房山石經與同名佛經異文研究具有文獻、佛學、語言文字等幾方面的價值。

文獻價值　隋唐刻房山石經以唐代佛經爲底本；《高麗藏》以北宋《開寶藏》爲底本，《中華大藏經》以《趙城金藏》爲底本，《高麗藏》和《趙城金藏》同爲《開寶藏》的複刻本；《大正藏》則是以《再刻高麗藏》爲底本的排印本；敦煌寫卷則是從前秦苻堅甘露元年(359)至南宋慶元二年(1196)，歷經南北朝、隋唐、宋幾代的寫本文獻(含少量印本)。異文比勘表明，隋唐刻房山石經與麗藏本、趙城金藏關係最近，當屬一個版本；與敦煌寫卷關係較遠；與《大正藏》關係最遠。利用異文可以校訂佛經，以期得到一個較爲完善的大藏經版本。

佛學價值　房山石經中有60多部疑僞經，其中唐刻經中有一篇《佛説延年益壽經》。該經不見於歷代《大藏經》，各種經錄均無記載。俄藏敦煌寫卷 TK257《佛經(40)》，原件爲一殘片，存十九行，Дx02824號(41)中亦有一抄本，該殘片所存內容絕大部分與之相同，宗舜法師考訂爲《佛説延壽命經殘片》。① 房山石經則爲完帙，可補大藏經暨經錄之缺，以供疑僞經與佛學思想的研究。

語言文字價值　異文主要表現爲區別字、異體字、假借字、同源詞、同義詞等關係，對於研究中古時期的用字情況，考釋中古時期的疑難詞語，研究中古漢語同義詞族，都具有重要作用。本書主要研究其語言文字價值。

第三節　研究歷史與現狀

一、房山石經的研究歷史與現狀

對房山和房山石經的研究，經過了初步介紹、初步研究、公佈資料、多角

---

① 宗舜法師《〈俄藏黑水城文獻〉之漢文佛教文獻擬題考辨》，《敦煌研究》，2001年第1期。

度研究四個階段。

1. 明清時期對房山和房山石經的初步介紹

明代楊士奇《郊遊記》、于奕正《石經堂記》、周忱《遊小西天記》和清代陳詵《房山紀遊》等四人的遊記著作，都記述了北京房山石經山。關於石經山的石室數目，于奕正《石經堂記》、周忱《遊小西天記》都認爲除石經堂外，僅有七個洞。清代王毓麟把明、清兩代前人寫的關於北京房山上方山、紅螺三險等名勝的遊記彙編成《房山遊記彙編》一書。

清代朱彝尊《日下舊聞》卷三十《京畿六·房山》，引《長安客話》《冥報記》《隋圖經》《吉金貞石志》等二十二種典籍，介紹石經山的地理位置，以及隋代幽州沙門知苑起鑿石洞刻經之事，石經刊刻起於隋唐，終於明末。其間靜琬發願刻經，隋朝蕭后、唐明皇第八妹金仙公主佞佛，對佛教及刻經事業都起到了巨大的支持作用。

2. 日本學者的介紹與初步研究

對房山和房山石經的初步研究，主要是日本學者。松本文三郎《中國佛教遺物》，簡介他的"歷遊記略"等，有房山石經三個拓片，所引文字略同而較爲簡略，末稱靜琬"就此山巔刊《華嚴經》一十二部"。常盤大定、關野貞撰《中國佛教史跡》，收圖2 000餘幅，是一部以圖爲主全面系統地介紹中國建築、宗教、藝術等具有代表性的文化史跡專著，研究敦煌、雲崗、龍門諸石窟及房山石經等佛教史跡。

日本學者善本隆塚，1934年組織房山石經調查團，來中國從事石經山的全面研究。回國後寫出《石經山雲居寺與石刻大藏經》一文，發表於京都大學出版的《東方學報》，較爲系統地介紹了房山石經的歷史和內容。他在論文的"結語"一章中提到："通過北方山間所保存的石刻遺物可以理解中原佛教的隆替。"並說："隋唐以來的經碑對於容易誤寫、誤刻、脫落、竄入的漢譯佛典之校勘極爲重要，而完整保存於幽燕奧地一處的石刻大藏是超過敦煌石室遺書和日本奈良寫經的重要原典。"他認爲大部分的石經尚未得見，非經過一番調查，無法作徹底研究和闡明其重要性。最後他希望我國學術界和佛教界訂立計劃，進行調查研究和採取保護措施。

對房山石經作介紹的外國學者還有法國學者普意雅（Bouillard），其書《北京及其附近第十四輯記石經山西峪寺》（*Péking et ses environs: 14 Série — She King Shan‐Yün Kiü Sze‐Tung Yü Sze‐Si Yü Sze*）於1924年出版，較爲粗略地介紹了雲居寺的概況和藏經。

3. 出土、公佈資料階段

遠在遼代，石經被調查、清理過一次。遼聖宗太平七年（1027），韓紹芳出任涿州牧。打開石室，初步清理了石經的數目，並列舉相應内容："得《正法念處經》一部全七十卷，計碑二百一十條；《大涅盤經》一部全四十卷，計碑一百二十條；《大花嚴經》一部八十卷，計碑二百四十條；《大般若經》五百二十卷，計碑一千五百六十條。四部合計七百十卷，碑二千一百三十條。自太平七年至清寧三年（1027—1058）中間，續鐫造到《大般若經》八十卷，計碑二百四十條，以全其部也。又鐫寫到《大寶積經》一部全一百二十卷，計碑三百六十條，以成四大部數也。都總合經碑二千七百三十條。"①但未記載打開了哪幾個石室。他又續刻了一些石經。其後，石經長期封存洞内，未有更動。

真正意義上徹底的清理是 20 世紀 50 年代的事情。

(1) 發掘、拓印

爲了發揚佛教的優良傳統，保存和整理中華的文明，中國佛教協會決定把各洞所藏的石經全部拓印攝影刊印，作爲釋迦牟尼涅槃 2500 周年的紀念獻禮。1956 年春季，中國佛教協會對房山石經進行調查、發掘、整理和拓印工作。黄炳章《房山雲居寺石經探勘小史》②忠實記錄了這一重大歷史事件。該文敘述了房山石經刊刻的緣起；介紹了石經山藏經洞的兩大部分即山上經洞與雲居寺地穴石經，自 1956 年春開始調查、發掘，直至 1958 年底全部拓印完畢的過程——共拓印石經山上九口經洞與雲居寺南北地穴石經約 30 000 張；還涉及石經拓片的整理與研究等。該文較爲詳盡地展示了房山石經的來歷及發掘整理拓印過程，初步揭示了房山石經的文獻價值。

(2) 整理、出版

黄炳章《房山石經的拓印與出版》③預告了石經的整理與出版計劃：拓片按經分類編排，殘存經題者查出經名，殘石拓片分別拼接成爲完整經版，缺石不足者，則計算出所缺行數、字數，留出空白再行托裱。準確編出石經現存目録，在這個基礎上編輯、影印；出版經版分 3 部分，隋唐刻經 10 册，遼金刻經 22 册，元明刻經 1 册，共 33 册，並首先出版遼金刻經。

1987 年，黄炳章《〈房山石經〉影印本首册問世》④公佈了房山石經首册影印的出版信息。1988 年，山泉《〈房山石經（遼金部分）〉第二册出版》⑤發

---

① ［遼］趙尊仁《雲居寺東峰續鐫成四大部經記》，《房山石經題記彙編》，第 24 頁。
② 黄炳章《房山雲居寺石經探勘小史》，載吕鐵剛《房山石經研究》（二），中國佛教文化出版有限公司，1999 年，第 137—159 頁。
③ 黄炳章《房山石經的拓印與出版》，《法音》，1999 年第 9 期。
④ 黄炳章《〈房山石經〉影印本首册問世》，《法音》，1987 年第 3 期。
⑤ 山泉《〈房山石經〉（遼金部分）第二册出版》，《法音》，1988 年第 3 期。

佈《房山石經(遼金部分)》第二册已印製完畢的出版信息。

1999年,姚長壽《〈房山石經〉即將隆重出版》①公佈中國佛教協會與華夏出版社合作,重新出版房山石經,一次性全部推出的出版信息。全書計劃共34册(其中目録、索引1册),1999年8月出版。②

(3)基於發掘、整理的研究

參與房山石經發掘整理的學者,把自己工作過程中的心得和研究成果寫成單篇論文發表出來,可以視爲中國房山石經的最早研究成果。

1955年,閻文儒《房山雲居寺》③簡介雲居寺的地理位置,石經山上的洞經概況,雲居寺建築和雕像的現狀,並提出加强保護的建議。其時尚爲發掘初期,該文未提及雲居寺地宫石經情况,石經山洞經石經的介紹也較爲粗疏。

1957年,林元白《房山石經初分過目記》④以實際例證介紹了石經鐫造歷史、拓印因緣、石經功德主及寫經人,還有《御注金剛經》《懺悔滅罪傳》與道經的發現。1958年,林元白《房山石經拓印中發現的唐代碑刻——介紹〈大唐雲居寺石經堂碑〉》⑤認爲,《大唐雲居寺石經堂碑》是比較具體地記載石經的鐫刻石洞的開鑿和刻經的傳承的三通碑刻之一,碑文是雲麾將軍應沙門玄英請求而撰寫,爲防止再次遭到滅法而刻經,碑文記載了惠暹開鑿新石經堂的事蹟,爲他書所不載,具有重要的史料價值。

1981年,張建木《房山石經題記歷史資料初探(上)》⑥《房山石經題記歷史資料初探(下)》⑦考探房山石經歷代題記有以下收獲:一是可補充河北北部唐代藩鎮史料;二是有助於拾補兩《唐書》官職;三是有助於拾補《遼史·百官志》;四是由道教徒參與佛教徒的刻經事業可見,在唐代佛道兩教之間既有鬥爭、又有調和的傾向;五是從石經題記中所見的各種行業,而且由其刻經情况可以看出社會經濟的興衰;六是遼道宗之名本爲"弘基",史書作"洪基"爲避諱所致;七是遼道宗之尊號,大安七年所刻的《十住斷結經》的題記有"聖文神武全功大略聰仁睿孝天佑皇帝"這一尊號;八是遼代石經

---

① 姚長壽《〈房山石經〉即將隆重出版》,《佛教文化》,1999年第4期。
② 2005年5月,華夏出版社出版中國佛教協會、中國佛教圖書文物館編《房山石經》實際出版共30册:隋唐刻經(第1—5册)、遼金刻經(第6—28册)、明代刻經(第29册)、目録索引(第30册)。影印本《房山石經》按照經目順序安排拓片。
③ 閻文儒《房山雲居寺》,《文物參考資料》,1955年第9期。
④ 林元白《房山石經初分過目記》,《現代佛學》,1957年第9期。
⑤ 林元白《房山石經拓印中發現的唐代碑刻——介紹〈大唐雲居寺石經堂碑〉》,《現代佛學》,1958年第1期。
⑥ 張建木《房山石經題記歷史資料初探(上)》,《法音》,1981年第2期。
⑦ 張建木《房山石經題記歷史資料初探(下)》,《法音》,1981年第4期。

的書手,從房山雲居寺的碑文和石經的題記中可以看到,遼刻石經的書手有不少人是當時科舉及第者,而非葉昌熾《語石》卷一所云"遼碑文字皆出於釋子及村學究,絕無佳蹟"。

1981年,中國佛教圖書文物館房山石經整理研究組《房山石經與〈契丹藏〉》①介紹中國漢文石經的歷史,並指出遼代刻經的底本就是《契丹藏》。

1981年,吴夢麟《房山石經述略》②對房山石經的刻經緣起、刻經刻經始末、經石的保存情況和石經的價值作了深入的研究,指出:思想上的末法信仰、幾次世俗政權的滅佛教訓、現實條件的可行性以及秉承了南派佛教重視經籍譯藏的傳統,成爲譯經刻經的緣起。石經具有以下價值:一從經文來説,鐫刻時間早,可長期保持原貌,可校勘歷代木刻藏經,而且石經中還有一批佚失的佛典和序文;二從經末題記來説,内容廣泛,是研究當時幽州地區政治、經濟、文化等各方面生活的同時資料;三從有關刻經歷史和雲居寺建築歷史石刻來説,提供了關於房山石經鐫刻情況和雲居寺的修建情況,爲我們弄清雲居寺石經的刻造歷史沿革所不可或缺。

1986年,黄炳章《房山雲居寺石經》③叙述石經的緣起、石經山藏經洞的發掘與拓印、雲居寺地穴石經的發掘,在此基礎上,發表了以下研究成果:《涅槃經堂題記》《華嚴經題記》皆由兩塊殘石拼湊而成;遼刻石經是用《契丹藏》爲底本的複刻本;發現失傳已久的《梵本般若波羅密多心經》《釋教最上乘秘密陀羅尼集》;房山石經中的經末題記内容十分豐富,不僅是研究房山石經鐫刻歷史過程的重要資料,同時可補史書上某些記載的不足;反映當時社會政治、經濟、文化、藝術等各方面的歷史情況等。

4. 全面研究階段

自從1956—1958年房山石經發掘整理以來,參與學者實地考察並親身接觸了房山石經,積累了大量的資料,在歷史學、文獻學、佛學等諸多領域都有所發現。1987年、1988年房山石經遼金部分出版第一、二兩册,使得學界能够獲睹部分石經於書房之中。2000年起《房山石經》陸續出版,讓學界能够獲睹全貌。這一切,都使得房山石經的研究進入全面研究階段。

(1) 對房山雲居寺及其石經的介紹

1991年,黄炳章撰文《國之瑰寶——房山石經》④,論文分爲房山石經的

---

① 中國佛教圖書文物館房山石經整理研究組《房山石經與〈契丹藏〉》,《法音》,1981年第3期。
② 吴夢麟《房山石經述略》,《世界宗教研究》,1981年第2期。
③ 黄炳章《房山雲居寺石經》,《法音》,1986年第1期。
④ 黄炳章《國之瑰寶——房山石經》,《佛教文化》,1991年第3期。

價值、房山石經的整理與研究、房山石經的編輯和出版三部分。該文信息全面，既是學術專著，又可作爲普及讀物。2001年，黄炳章再次撰文《石經山和雲居寺》①，介紹房山雲居寺及其石經：一是從歷時文化角度介紹白帶山包括雲居寺在内獨特的風光；二是石經山刻經緣起；三是石經山藏經洞的發掘與拓印；四是石經拓片的整理與研究。楊亦武《雲居寺》②介紹了雲居寺的歷史、文物、佛塔，尤其是重點介紹了房山石經的刊刻、發掘整理、價值及其研究，反映了新的歷史時期房山石經的研究水平。

從非學術的角度介紹房山石經。田福月《房山雲居寺及其塔群》③簡介雲居寺的塔群。劉鳳坤《石版檔案——石經山參觀記奇觀》④從參觀的角度介紹了石經山的石經、"石板檔案"故事始末、石板檔案信息。

介紹房山石經在外巡迴文化展出。記述國内展出者有黄炳章《法源寺展出的房山石經》⑤一文，該文記述了1981年法源寺展出的情況，内容分爲四部分：一是石經山遺址和藏經洞的分佈情況、石經山洞窟情況，雲居寺壓經塔下石經的發掘經過以及發掘、拓印情況；二是歷代刻經代表作品；三是有關房山石經的碑刻題記；四是關於房山石經的經末題記、經頭的綫刻雕像、花草等。趙婷《雲居寺佛舍利石經展陳雍和宫》⑥介紹1999年4月2日起在北京雍和宫展出的雲居寺出土的兩粒釋迦牟尼佛舍利和該寺珍藏的石刻大藏經部分真品，以及有關的文字、圖片、拓片等。國外展出，有林蒙《國之重寶——房山石經拓片首次出國公展》⑦介紹1987年在日本京都佛教大學舉辦的展出：隋唐至明代房山石經拓片41通，雲居寺石經山照片25張，彩色紀録片《國之重寶》以及體現房山石經研究成果的書籍——《房山石經》影印本、《房山石經題記彙編》、《房山石經之研究》等。

此外，李峰、李克《中國古代的石書》⑧在介紹石刻文獻的基礎上，著重介紹石鼓文、詛楚文、儒家石經、佛教石經等，其中佛教石經重點介紹房山石經，反映了新時期的學術研究水平。

---

① 黄炳章《石經山和雲居寺》，《佛教文化》，2001年增刊第2期。
② 楊亦武《雲居寺》，華文出版社，2003年。
③ 田福月《房山雲居寺及其塔群》，《法音》，1988年第5期。
④ 劉鳳坤《石版檔案——石經山參觀記奇觀》，《遼寧檔案》，1993年第7期。
⑤ 黄炳章《法源寺展出的房山石經》，載吕鐵剛編《房山石經研究》（三），中國佛教文化出版有限公司，1999年。
⑥ 趙婷《雲居寺佛舍利石經展陳雍和宫》，《法音》，1999年第4期。
⑦ 林蒙《國之重寶——房山石經拓片首次出國公展》，《法音》，1988年第1期。
⑧ 李峰、李克《中國古代的石書》，《中州今古》，2000年第3期。

（2）刻經研究

林元白《唐代房山石經刻造概況》①詳盡地介紹有唐一代自靜琬刻經始，歷武周時代玄導刻經、開元時代慧暹、玄法刻經，開元末至元和四年，晚唐刻經等幾個時期的刻經概況，最後略述石經在金石、書法、美術、政治歷史、社會經濟等幾個主要方面的價值。林元白《房山遼刻石經概觀》②詳盡地介紹遼聖宗、遼興宗、遼道宗、通理大師等四個階段所刻的石經，並介紹幾篇古德逸文及刻經題記。黃炳章《房山石經遼金兩代刻經概述》③抽樣研究遼代前後期的碑記，涉及刻經背景、刻經組織、刻經名目等，從而對遼代的刻經作了輪廓性的介紹；金代石刻則根據經末題記、經末刻經時間、塔銘等材料，研究金代刻經的目錄，據以補史等。周叔迦《房山石刻大藏經叢考》④爲介紹房山刻經諸書之綜述：靜琬及其弟子刻經、劉總父子刻經、遼金補刻、元明修復等。閻文儒《房山石經》⑤在簡介鑿石藏經瘞地穴之梗概、略述石經價值的基礎上，詳盡地研究了鑿石刻經人物。刻經人物主要有雲居寺主持及工商業者，唐代至明代刻經官吏及軍名。

陳燕珠《〈房山石經〉中通理大師刻經研究》⑥首先概述房山石經發掘與拓印的過程，隋唐直到元明清等幾個歷史時期的刻經。繼而介紹通理大師其人生卒年代、法號，以及他爲師祖靜琬建塔，製訂戒財、色、貪三制律，並集金剛禮之事。介紹通理大師刻經背景、鐫刻石經一覽，並將刻經目錄與他本目錄對比。介紹通理大師刻三藏具足，並於雲居寺穿地穴瘞藏經版。介紹通理大師改大經版爲小經版，以自身之力刻經，並瘞藏地穴。最後對《楞嚴經》《楞伽經》《成唯識論卷第一並序》等七部佛經進行校勘，並對《山頂石浮屠後記》《涿州白帶山雲居寺東峰續刻鐫成四大部經記》等重要碑文作選錄。

陳燕珠《〈房山石經〉中遼末和金代刻經之研究》⑦在對遼末與金代刻經總覽詳述的基礎上，簡述遼末金初通理大師從"覆"至"定"共88帙的刻經卷帙名稱，並由此探討遼末與金代房山石經的刻經分期，認爲前29帙爲一

---

① 林元白《唐代房山石經刻造概況》，載吕鐵剛編《房山石經研究》（一），中國佛教文化出版有限公司，1999年。
② 林元白《房山遼刻石經概觀》，載吕鐵剛編《房山石經研究》（一），中國佛教文化出版有限公司，1999年。
③ 黃炳章《房山石經遼金兩代刻經概述》，《法音》，1987年第5期。
④ 周叔迦《房山石刻大藏經叢考》，載吕鐵剛編《房山石經研究》（一），中國佛教文化出版有限公司，1999年。
⑤ 閻文儒《房山石經》，《中國歷史博物館館刊》，1989年，第13、14期合刊。
⑥ 陳燕珠《〈房山石經〉中通理大師刻經研究》，覺苑出版社，1993年。
⑦ 陳燕珠《〈房山石經〉中遼末和金代刻經之研究》，覺苑出版社，1995年。

期,刻於遼乾統七年(1107)至金天眷二年(1139);其後 31 帙爲二期,刻於金天眷二年至約金皇統五年(1145);其後 8 帙爲三期,刻於金皇統五年至皇統九年;最後二十帙爲四期,刻於金皇統九年至金大定二十二年(1182)或明昌二年(1191)。依照《葬藏經總經題字號目録》碑製成《石經山雲居寺鐫葬藏經總經題字號目録校勘表》並由此認定彙編有多處失真錯誤。探討遼末與金代所刻"覆一定" 35 帙刻經的版本及刻經施主。探討遼末金代刻經與《契丹藏》的後 99 帙,探討《契丹藏》爲後世所重的原因以及遼末與金代刻經缺帙的原因。窮盡列舉房山石經已刻各帙總覽與所缺各帙總覽。研究藏經洞裏的遼金小碑缺石的現象,認爲當是多處同時刻經,分幾處瘞埋,但尚未發現的洞穴在哪裏,仍然是個謎,已刻之經是否被盜,亦無從知曉。隋唐遼初大碑缺石表明還有一個洞穴沒有被發掘出來。詳盡研究遼末金初刻經之施刻者、鐫刻者、書經者、校勘者。將遼末金代刻經出土拓片與其他本目録進行校對。研究遼末金代刻經與隋唐刻經的重刻經,並對諸帙刻經進行探討。探討謙公的塔銘,遼金單本刻經,遼末金代刻經的發掘與瘞藏。

鄭永華《房山石經與歷代王朝》[1]簡述歷代王朝對房山石經刊刻事業的支持和幫助:爲防佛法毁於災難,隋僧静琬秉承師志,始於石經山刻經於石,在煬帝、蕭后以及群臣的大力資助下,刻經三十餘載不輟。至唐,静琬之徒繼續刻經,金仙公主賜經卷及廟産,唐末幽州節度使劉濟亦捐資刻經。遼中後期,聖宗、興宗、道宗持續捐資刻經。金代僧俗亦持續刻經,但總體來看數量不多。明清時期刻經事業基本停止,但統治高層的關注對於石經的保存和傳承起到了重要的作用。

王德朋《房山雲居寺遼代刻經述略》[2]概述遼代續刻石經的基本概況、成就以及這些續刻石經的重要價值,認爲遼聖宗統和十三年(995)已開始續刻石經,歷興宗、道宗、天祚帝幾朝續刻不輟,所刻石經藏於石經塔下地穴中。遼刻石經保存了一批密教典籍以及一些稀見或散逸的佛典,其刻經題記爲研究遼代社會提供了新資料。

管仲樂《僧俗·經藏·碑板:遼刻房山石經書經活動的變局》[3]認爲,經本抄寫是房山石經刊鐫過程中的重要步驟,並在遼代産生了一系列的嶄新特徵。通過稽考遼刻房山石經,探究出遼代書經者中具有代表性的僧人、居士、工匠等三個群體。這些群體的書經活動既受到宗教信仰的驅使,也是

---

[1] 鄭永華《房山石經與歷代王朝》,《北京觀察》,2013 年第 5 期。
[2] 王德朋《房山雲居寺遼代刻經述略》,《蘭台世界》,2014 年第 24 期。
[3] 管仲樂《僧俗·經藏·碑板:遼刻房山石經書經活動的變局》,《北方論叢》,2020 年第 2 期。

既往書經活動的積澱和延續,共同構建了完善的合作網絡。在遼代統治者和通理大師的相續規劃下石經刊寫模式逐步成熟,寫經活動亦漸次有組織化,石經抄寫的版式佈局更爲合理,經本大藏經邏輯也更加凸顯,爲幽州地區宗教、文化史及遼代書學狀況的探討提供了文獻資料。

劉屹《末法與滅法:房山石經的信仰背景與歷史變遷》①認爲,房山石經的刊刻始於佛教末法思想,但房山石經事業的信仰根基,又不僅限於末法思想。静琬是在承認隋末唐初已入"末法"的前提下開窟刻經,但其主要目的並非爲防備世間帝王未來的"滅法"運動,而是要留存經本給"末法萬年"結束以後的人們。從其後繼弟子開始,"末法"意識對房山石經刊刻所起的作用逐漸下降。歷代參與刻經的各階層人士,主要是爲求得個人功德果報,離静琬刻經初衷越來越遠。房山石經並非忠實貫徹静琬刻經理念的結果,而是由不同時代、信仰參差的各界僧俗,按照不同信仰需求,自發構成一個信仰實踐共同體來完成的。

管仲樂《房山石經研究》②採用文獻學的方法,探討房山石經的刊刻理念、刊貯歷史以及在此過程中相關聯的刊刻個體、群體,進而揭示房山石經文獻的相關問題及價值。論文認爲房山石經初誕時的刊刻理念爲在"末法思想"支配下,静琬秉承其師靈裕之志,刻經於石,爲後世存留經本以備法難。房山石經的刊刻歷經隋唐、遼金、元明清三個歷史時期,其中隋刻經主要貯存在石經山藏經洞和雲居寺地穴之中。房山石經的刻經群體主要包括施經者、寫經者、刻經者、校經者四類,刻經的團體包括僧人團體和社邑組織。這些群體聯繫密切,並存在著一定程度的交叉和相互轉化,即本於一個整體化、協作化的模式進行。論文還研究房山石經獨特的大藏經系統、邏輯、特徵,並分析開元寫本大藏經與契丹藏在房山石經形成過程中的作用。同時還分析房山石經於傳世大藏經的異同,認爲二者之間具有具有很大的互補作用。

(3) 價值研究

總體價值研究　在總體研究方面,吴夢麟高屋建瓴,提出"房山學"的概念,並指出房山學今後的研究方向。在《加强"北京敦煌"——房山石經的研究》③一文中,他認爲"房山學"有五項内容可供研究:一、房山是研究西山地質學的重要地帶;二、雲居寺豐富地下的文物尚待發掘;三、石經山塔

---

① 劉屹《末法與滅法:房山石經的信仰背景與歷史變遷》,《歷史研究》,2021年第3期。
② 管仲樂《房山石經研究》,東北師範大學博士學位論文,2019年。
③ 吴夢麟《加强"北京敦煌"——房山石經的研究》,《北京社會科學》,1987年第2期。

群是佛教文物研究和中國古建築考察的重要對象；四、房山石經中不少是唐玄奘回國後新譯的經本，相當大的部分是遼刻《契丹藏》的複製，更有少數古佚本和孤本，具有重要文獻價值；五、石經題記是研究北京地區古代社會，尤其是隋唐、遼金時期的政治、經濟、歷史、地理、文化、科學、宗教、藝術等方面十分重要、不可多得的材料。並且，他還指出當前工作的重點。這可以看作房山學研究的總指南。

房山石經價值研究 任傑《略述房山石經概況及其價值》①在介紹刻經的時代背景及其宗旨、歷代刻經概況後，指出房山石經的珍貴價值：一是歷史文物價值和學術價值；二是繕寫本經石刻本價值；三是刻本藏經石刻本價值；四是石刻孤本經價值，在房山石刻《契丹藏》本中，發現約有50餘卷各種大藏經中未曾收錄的絕世孤本經，可補各藏之不足，以及石經與各大藏本的品目、分卷和經文不同之處頗多，都是校勘佛經的珍貴資料；五是石刻疑僞經，房山石經中還保存約20部、10種不同時期刻的疑僞經20餘卷。李雪濤《房山石經在佛教研究上的價值舉隅》②認爲，房山石經的價值有六：一是"北京的敦煌"，房山石經以刻石形式保存了大量隋唐時期的繕寫本經，成爲今天校勘最好的版本；二是《契丹藏》的複刻，房山石經遼金刻經以《契丹藏》爲藍本；三是孤本經之發現；四是石經的獨特價值，從書寫載體上看，石頭質地堅硬，保存時間最長，真實可靠，對校勘歷代木刻藏經的脫誤價值最大；五是石刻疑僞經，其中包括幾種失傳已久的孤本，可以勘定、補足《大正藏》"古逸部"的錯誤及闕失，且具有重要的思想史價值；六是經末題記在佛教研究上的價值，這些題記涉及面非常廣，其中有關房山石經鐫刻情況的題記，對研究當時民間佛教信仰的狀況及刻經人的學術所宗，均具有極高的學術價值。

（4）文獻整理及研究

目錄研究 何梅《房山石經與〈隨函錄〉・〈契丹藏〉・〈開元錄〉的關係之探討》（上篇）③認爲，比對表明房山遼金刻經和《契丹藏》本藏部分編目依據唐智昇《開元錄・入藏錄》，這就澄清了傳統的編目依據可洪《隨函錄》的錯誤認識。

版本研究 何梅《房山石經與〈隨函錄〉・〈契丹藏〉・〈開元錄〉的關係

---

① 任傑《略述房山石經概況及其價值》，《佛教文化》，1989年。
② 李雪濤《房山石經在佛教研究上的價值舉隅》，載呂鐵剛編《房山石經研究》（二），中國佛教文化出版有限公司，1999年。
③ 何梅《房山石經與〈隨函錄〉・〈契丹藏〉・〈開元錄〉的關係之探討》（上篇），《佛學研究》，1996年。

之探討》（下篇）①認爲，遼金刻經本藏部分所據之底本，既非單獨爲《契丹藏》本，又非單獨爲《開元録》本，而是二者兼而有之。周紹良《房山石經與〈契丹藏〉》②則在介紹隋唐與遼代刻經概況的基礎上，考證認爲房山遼刻石經就是《契丹藏》的複刻。

經録研究 姚長壽《房山石經本〈大唐貞元續開元釋教録〉考釋》③在介紹《貞元録》版本的基礎上，與麗藏本、金藏本比勘表明，房山本《貞元録》既不同於麗藏本，又不同於金藏本，是一個經遼聖宗時燕京憫忠寺無礙大師詮明校訂後較爲接近圓照此録原貌的本子。

單經或群經研究 林元白《房山石經〈稱讚浄土佛攝受經〉簡介》④從譯者源流、與《大正藏》版的不同點、書法特點、經主張允伸等幾個方面入手討論其價值與特點，指出石經版本爲唐玄奘譯本，書法頗多簡體字和異體字，經主張允伸職官名可補史書之缺。姚長壽《房山石經保存的〈文殊師利寶藏陀羅尼經〉真諦譯本》⑤在介紹内容、版本的基礎上，將房山石經本與現存諸藏本對勘，認定該經爲真諦譯，寶思維整理，而非菩提流志，糾正了宋元明清各藏本之誤。尤李《房山石經〈佛頂尊勝陀羅尼經〉及其相關問題考論》⑥認爲，在政權更迭頻仍、多元文化交匯的背景下，華北北部民間的佛頂尊勝信仰保持了很强的延續性，並在遼中後期影響到契丹貴族；遼密除了源自唐密，還有雜密和直接源自印度等因素；遼中後期的漢族民衆爲契丹統治者造經祈福，這是民族的認同和理解的表現。任傑《房山石刻〈大智度經綸〉整理記》⑦認爲，房山石刻《大智度經論》作爲一部完整的石刻珍本，是以《契丹藏》爲底本的複刻本，而《契丹藏》又以《開元録》本校編刊刻；並比較了石刻《大智度經論》與《磧砂藏》本的不同之處及房山石經刊刻的四次變革。吴

---

① 何梅《房山石經與〈隨函録〉·〈契丹藏〉·〈開元録〉的關係之探討》（下篇），《佛學研究》，1996年。
② 周紹良《房山石經與〈契丹藏〉》，載吕鐵剛編《房山石經研究》（二），中國佛教文化出版有限公司，1999年。
③ 姚長壽《房山石經本〈大唐貞元續開元釋教録〉考釋》，載吕鐵剛編《房山石經研究》（二），中國佛教文化出版有限公司，1999年。
④ 林元白《房山石經〈稱讚浄土佛攝受經〉簡介》，載吕鐵剛編《房山石經研究》（一），中國佛教文化出版有限公司，1999年。
⑤ 姚長壽《房山石經保存的〈文殊師利寶藏陀羅尼經〉真諦譯本》，載吕鐵剛編《房山石經研究》（一），中國佛教文化出版有限公司，1999年。
⑥ 尤李《房山石經〈佛頂尊勝陀羅尼經〉及其相關問題考論》，《暨南學報（哲學社會科學版）》，2009年第2期。
⑦ 任傑《房山石刻〈大智度經綸〉整理記》，載吕鐵剛編《房山石經研究》（一），中國佛教文化出版有限公司，1999年。

夢麟《房山石經本〈唐玄宗注金剛經〉整理記》①認爲，《御注金剛經》注釋完成於玄宗開元二十三年（735）六月三日以前，唐玄宗爲宣揚宗法思想而作注文，並簡介捐刻者、經石形制、書手、校書郎等信息，文末附有經文。王新《房山石經唐貞元五年刻〈妙法蓮華經·方便品〉校勘記》②用唐貞元五年（789）刻《妙法蓮華經·方便品》對勘《趙城藏》《思溪藏》《磧砂藏》《南藏》《北藏》《嘉興藏》《徑山藏》《弘教藏》八種版本表明，石經是現存漢文佛經刻本中最好的刻本。胡繼歐《房山石經內發現兩種〈梵本心經〉》③認爲，房山石經中兩部失傳的《梵本般若波羅蜜多心經》分別爲不空和慈賢翻譯，在《心經》的傳譯史上是一件重要的事。它説明遼代密教興盛，讀誦《心經》多用梵音，所以慈賢重傳梵本，與不空傳本一併收入《契丹藏》，而房山石經又據以刊石，遂得以傳世。任傑《房山石經中新發現的兩種佚書過目記》④介紹《釋教最上乘秘密陀羅尼集》和《一切佛菩薩名集》兩種失傳的典籍，爲研究唐代以來的密教史和遼、金佛教史提供了重要史料。任傑《房山石經中保存的契丹國慈賢譯經》⑤研究群經，指出房山石經所刻慈賢譯經有《妙吉祥平等瑜伽秘密觀身成佛儀軌》一卷、《妙吉祥平等秘密最上觀門大教王經》五卷、《妙吉祥平等觀門大教王經略出護摩儀軌》一卷等共十部。它的發現，填補了遼代刻藏史實研究的空白，在漢文大藏經刊刻史的研究上具有重大學術價值。日本學者桐谷征一作、學凡譯《房山雷音洞石經考》⑥研究藏於雷音洞的群經，論文在簡介房山、房山石經、雷音洞的基礎上，總述房山石經的洞藏位置及具體經目，並分階段介紹草創時期靜琬的刻經、貞觀二年（628）的《華嚴經》等二十一部，考證了雷音洞得名理據，窮盡列舉雷音洞所藏所有佛經名錄及其經石在雷音洞中的具體位置，最後指出雷音洞在房山石經中的意義。

經律論考 王邦維《房山石經中的律典》⑦認爲，在《房山石經》中，僅有《受菩薩戒法》《四分戒本》《四分大尼戒本》《僧羯磨經》《比丘尼羯磨經》

---

① 吴夢麟《房山石經本〈唐玄宗注金剛經〉整理記》，載吕鐵鋼編《房山石經研究》（二），中國佛教文化出版有限公司，1999年。
② 王新《房山石經唐貞元五年刻〈妙法蓮華經·方便品〉校勘記》，載吕鐵鋼編《房山石經研究》（二），中國佛教文化出版有限公司，1999年。
③ 胡繼歐《房山石經内發現兩種〈梵本心經〉》，《法音》，1982年第2期。
④ 任傑《房山石經中新發現的兩種佚書過目記》，《法音》，1982年第5期。
⑤ 任傑《房山石經中保存的契丹國慈賢譯經》，《法音》，1985年第1期。
⑥ ［日］桐谷征一作，學凡譯《房山雷音洞石經考》，載吕鐵鋼編《房山石經研究》（二），中國佛教文化出版有限公司，1999年。
⑦ 王邦維《房山石經中的律典》，《西南民族大學學報（人文社會科學版）》，2020年第7期。

《菩薩戒法羯磨文》《梵網經·盧舍那佛所説心地品第十》《梵網經菩薩戒》等八部律典,主要刻於隋唐時期。這説明當時雲居寺一帶的僧衆主要信奉《四分律》,代替了此前的《摩訶僧祇律》《十誦律》,反映這些僧人奉持以菩薩戒爲經典的大乘律。

疑僞經研究 管仲樂、黄雲鶴《房山石經所藏"疑僞經"略論》①認爲,《房山石經》裏的疑僞經全部産生於唐代,爲滿足信徒"速得果報"的需求而生。研究這些疑僞經的價值在於完善中國古典辨僞學體系,揭示當時的社會背景,反映印度原始佛教在中土傳播過程中的碰撞和交流。最後,論文從佛經思想、文辭、内容等幾個角度進行辨僞,認爲《像法決疑經》《大通方廣懺悔滅罪莊嚴成佛經》《佛説救護身命經》《佛説敬福經》《父母恩重經》《佛説延年益壽經》《續命經》《大王觀世音經》等八部佛經爲疑僞經。

管仲樂《房山石經疑僞經〈大通方廣懺悔滅罪莊嚴成佛經〉考論》②在比勘《房山石經》文本、調查刻經題記的基礎上,梳理疑僞經《大通方廣懺悔滅罪莊嚴成佛經》的流傳與刊刻細節,認爲該經爲佛教浄土信仰和禮懺思想在中土的碰撞與交匯,並吸收中外思想觀念撰寫而成的結果,爲考察幽州乃至中國北方地區佛教的世俗化與中國化進程提供可信的同時資料。

(5)宗教研究

佛教與社會關係研究 郝春文《隋唐五代宋初佛社與寺院的關係》③研究隋唐五代宋初佛社的種類、佛社與寺院的關係。認爲佛社有三種,一是既受地方僧官的控制,又與某一寺院有密切聯繫;二是受某一寺院或僧官的指導和控制;三是爲修建佛教建築或某種功德而臨時組成的佛社。佛社與寺廟是剥削被剥削的關係,即寺廟剥削佛社。尤李《論唐前期幽州地域羈縻州的佛教活動》④認爲,唐前期幽州地區一些羈縻州的胡人參與石經山刻經活動,宗教信仰的改變是其漢化的重要標誌,這是研究唐前期冀北地區的文化特徵和内蕃胡人的精神世界要注意的重要現象。馮金忠《幽州鎮與唐代後期人口流動——以宗教活動爲中心》⑤認爲,從高僧遊歷和房山石經題記巡禮碑所反映的宗教活動看,在以石經山爲中心的地區存在著一批定期性流

---

① 管仲樂、黄雲鶴《房山石經所藏"疑僞經"略論》,《古籍整理研究學刊》,2017年第6期。
② 管仲樂《房山石經疑僞經〈大通方廣懺悔滅罪莊嚴成佛經〉考論》,《古籍整理研究學刊》,2021年第5期。
③ 郝春文《隋唐五代宋初佛社與寺院的關係》,《敦煌學輯刊》,1990年第1期。
④ 尤李《論唐前期幽州地域羈縻州的佛教活動》,《貴州大學學報(社會科學版)》,2011年第1期。
⑤ 馮金忠《幽州鎮與唐代後期人口流動——以宗教活動爲中心》,《青島大學師範學院學報》,2007年第1期。

動人口，多來自幽州鎮和河朔地區，還有部分來自全國各地。這表明幽州鎮與其他各地的聯繫並未因政治格局而中斷。尤李《唐代幽州地區的佛教與社會研究現狀評述》①從唐代幽州地域的佛寺，中央在幽州地區的宗教活動，房山石經，幽州地方勢力與佛教，安史之亂、會昌滅佛與幽州地區的佛教，唐幽州佛教對遼朝佛教的影響等六個方面對唐代幽州地區佛教與社會的重要研究成果進行評述。尤李《遼代佛教研究評述》②從遼代佛學研究、佛教與遼朝社會兩個方面綜述了20世紀以來日本和中國學者對遼代佛教的研究。王新英《從石刻史料看金代佛教信仰》③認爲，金代佛教信仰涉及社會各階層和各民族，這些佛教信徒是出於自願而信奉佛教，僧俗在信仰方式上具有共性，金代佛教信仰又自具特點。

管仲樂《幽州地區佛教與世俗家庭探略——以唐刻房山石經爲中心》④認爲，唐刻房山石經集中反映了幽州地區政治生態影響下世俗家庭佛教信仰的矛盾性。其原因在於，民衆的佛教信仰在與我國以孝悌文化爲代表的傳統道德理念相互印證過程中，展現了血緣關係羈絆下宗教活動的高度聚合性。但卻由於幽州地區特殊的政治地理環境，世俗家庭的宗教信仰在高度虔誠的同時又摻雜了對地方政治勢力乃至皇權的强烈依附。

管仲樂《神聖與世俗：房山石經唐刻〈大般若經〉中的宗教社會空間》⑤認爲，在房山唐刻石經《大般若經》的刊刻過程中，幽州社會各階層都有參與，構建了有別於實體宗教神聖空間的"社會空間"。這個社會空間以宗教的神聖性爲依託，在內部群體構成、活動輻射範圍以及群衆聚集形式等方面都表現出明顯的世俗性特徵。在這個社會空間中，各個信仰群體以家庭、地域、社邑等方式結合，通過各異的參佛理念，或表達個人祈願，或隱含政治訴求，或流露血緣特徵。將刊鐫佛經這一佛教活動融入多元化的具有世俗特徵的信仰理念，展露了宗教空間中神聖與世俗的矛盾與依存。

佛教人物研究 徐自强《房山縣雲居寺〈謙公法師靈塔銘〉》⑥移錄塔銘

---

① 尤李《唐代幽州地區的佛教與社會研究現狀評述》，《中國國家博物館館刊》，2012年第7期。
② 尤李《遼代佛教研究評述》，《中國史研究動態》，2009年第2期。
③ 王新英《從石刻史料看金代佛教信仰》，《東北史地》，2010年第1期。
④ 管仲樂《幽州地區佛教與世俗家庭探略——以唐刻房山石經爲中心》，《哈爾濱工業大學學報（社會科學版）》，2018年第4期。
⑤ 管仲樂《神聖與世俗——房山石經唐刻〈大般若經〉中的宗教社會空間》，《北方論叢》，2022年第2期。
⑥ 徐自强《房山縣雲居寺〈謙公法師靈塔銘〉》，載呂鐵剛編《房山石經研究》（三），中國佛教文化出版有限公司，1999年。

全文並研究謙公生平,指出其價值。任傑《通理大師對房山刻經事業的重大貢獻》①認爲通理大師貢獻有三:一是自籌資金,統一體例;二是選刻大乘三藏,刻經數量最多;三是組織人員,自己提點。徐威《静琬與石經山雲居寺》②研究静琬在刻經保存佛典文化和人類文化上的巨大貢獻。牛延鋒《慧思大師的末法思想與静琬大師的房山石經》③認爲,静琬秉承慧思大師的末法思想和刻經願望而刻經不輟。

佛教名物研究 丁明夷《談雲居寺雷音洞重新發現的舍利銀函》④認爲,銀函的發現對隋代瘞埋舍利的制度、盛奉舍利容器的變化以及雕鏤金銀工藝等方面的研究具有重要價值。羅炤《雷音洞舍利與〈房山石經〉》⑤認爲,静琬在隋煬帝時期已經開始刻經,而非尚在準備;雷音洞在大業十二年(616)以前已經雕鑿完畢;雷音洞佛舍利函第四層的小銀函,爲大業十二年所置原物;佛舍利函銘記的文字,爲研究隋唐之際的書法演進提供了第一手資料。黃炳章《石經山雷音洞佛舍利》⑥指出,1981 年清理雷音洞時,在佛左後地面下發現五件函套秘藏,其一爲小白玉函,内裝佛舍利兩粒,比歷代文獻記載少了一粒。曹汛《涿州雲居寺塔的年代學考證》⑦認爲,智度寺塔建於遼聖宗太平十一年(1031),雲居寺塔建於遼興宗重熙六年(1037)或七年。金申《房山縣雲居寺〈千人邑會碑〉初探》⑧移録了《重修范陽白帶山雲居寺碑》《重鐫雲居寺碑記》二碑碑文,並考證雲居寺的修築沿革、碑中涉及的遼代朝官及釋門人物等。

(6) 題記研究

題記的整理與總體研究 1987 年,《房山石經題記彙編》⑨出版,共收碑刻和題記六千八百餘條,可大分爲兩部分,一是唐至民國碑刻和題記一百一十餘條,二是諸經題記六千六百餘條。題記皆出自佛教徒之手,涉及社會生

---

① 任傑《通理大師對房山刻經事業的重大貢獻》,《法音》,1988 年第 3 期。
② 徐威《静琬與石經山雲居寺》,《北京聯合大學學報》,1995 年第 1 期。
③ 牛延鋒《慧思大師的末法思想與静琬大師的房山石經》,《佛教文化》,2006 年第 6 期。
④ 丁明夷《談雲居寺雷音洞重新發現的舍利銀函》,載吕鐵剛編《房山石經研究》(三),中國佛教文化出版有限公司,1999 年。
⑤ 羅炤《雷音洞舍利與〈房山石經〉》,載吕鐵剛編《房山石經研究》(三),中國佛教文化出版有限公司,1999 年。
⑥ 黃炳章《石經山雷音洞佛舍利》,載吕鐵剛編《房山石經研究》(三),中國佛教文化出版有限公司,1999 年。
⑦ 曹汛《涿州雲居寺塔的年代學考證》,《建築師》,2007 年第 1 期。
⑧ 金申《房山縣雲居寺〈千人邑會碑〉初探》,載吕鐵剛編《房山石經研究》(三),中國佛教文化出版有限公司,1999 年。
⑨ 北京圖書館金石組、中國佛教圖書文物館石經組編《房山石經題記彙編》,書目文獻出版社,1987 年。

活的各個方面,具有極高的史料價值。

　　陳燕珠《新編補正房山石經題記彙編》①爲勘補《房山石經題記彙編》一書缺失遺漏、録文與拓片不符等不足而作。其中隋唐時期爲作者依據原拓片一一逐字重新校對而成;遼、金、明時期的資料依據《房山石經遼金刻經》校訂而成,改正並補足了以往大量的訛誤;明、清、民國資料依據拓片影印本逐字著録。全書分爲六部分:一是隋至民國的歷代碑記,二是歷代巡禮題名碑與殘題名碑,三是唐代刻經題記,四是《大般若波羅蜜多經》題記,五是遼金刻經題記,六是元明刻經題記。

　　吴夢麟、張永强《房山石經題記整理與研究》②是對《房山石經題記彙編》一書的再整理、補充與研究。全書共分爲題記卷、研究卷、圖録卷三卷。題記卷共收録房山石經有題記的刻經760餘種、碑誌塔幢銘刻等100餘種,分爲"諸經題記""洞外題記""塔下諸經題記""碑誌塔幢"四類。研究卷是對房山石經及題記研究論文的彙集,共收入中外論文90餘篇。第一部分收録房山石經題記研究論文14篇。第二部分收録房山石經發掘史、整理保護狀況以及研究論文44篇。第三部分收録隋唐至明清關於石經山、雲居寺、石經的記述、遊記、碑銘、詩歌等文22篇。第四部分附録古代石經鐫刻的背景、源流和考察論文10篇。圖録卷選擇房山石經各期代表性刻經、碑誌拓片800餘幅,同時還收録各期書法精美的刻經、題記及碑石、拓片的局部特寫以及綫刻碑首造像和美術圖案、有關雲居寺石經山的新舊照片等。

　　總體價值研究　　1987年,《房山石經題記彙編》出版,徐自强爲該書撰寫的前言《〈房山石經題記彙編〉前言》本身就是題記的初步研究成果。題記皆出自佛教徒之手,涉及社會生活的各個方面,具有極高的史料價值。但該前言僅是彙編者説明性的研究,較爲原始。徐自强、吴夢麟《關於房山雲居寺和石經山的幾個問題》③認爲,藏經洞既非一人所開,也不是一個時期所鑿,而是長期經營的結果。並介紹了房山石經題記記述的刻經緣起和歷史,雲居寺建築和塔群的歷史,邑社組織、成員、活動,幽州行會資料等。

　　題記考釋　　黄炳章《房山石經經末題記》④研究《貞觀八年華嚴經題記》《静琬貞觀二年題記》《唐武德八年涅槃經題記》三通重要題記,對每一通題記作形制、典藏説明,移録題記原文並作簡要考釋。黄炳章《房山石經静琬

---

① 陳燕珠《新編補正房山石經題記彙編》,覺苑出版社,1995年。
② 吴夢麟、張永强《房山石經題記整理與研究》,文物出版社,2021年。
③ 徐自强、吴夢麟《關於房山雲居寺和石經山的幾個問題》,《北京社會科學》,1987年第4期。
④ 黄炳章《房山石經經末題記》,《十方》,1992年。

刻成〈涅槃經〉題記殘石考》①認爲，由武德八年題記殘石可知靜琬於武德八年刻成《涅槃經》及題記，而非元和四年節度使劉濟撰《涿鹿山石經堂記》碑文所載的"國朝貞觀五年《涅槃經》成"。並且指出，靜琬所刻的《涅槃經》，第一石經題爲"大般泥洹經序品第一"，從它的品目來看屬於南本，但其中卻又混雜着北本的十二個品目。1999年，黃炳章對殘石再作考釋，其文《房山石經武德八年題記殘石考》②考釋1989年雷音洞前甬路的漢白玉石欄板地栿下出土的武德八年題記殘石，由刊刻體例可知，這是《涅槃經》的題記，因刻工漏刻二、四行不能使用而廢棄，被重刻《涅槃經堂題記》取代。

人物生平研究　1993年，陳燕珠《房山石經中通理大師刻經之研究》③對通理生平進行了比較仔細的探討，特別是從房山石經題記中發現通理大師名恒策，此爲通理生平研究的一大突破。但受當時資料所限，陳氏並未能對通理之生卒年作出準確考證。據《大安山蓮花峪延福寺觀音堂記》記載，通理生於1049年，卒於1008年，俗年僅五十。馮國棟、李輝《〈俄藏黑水城文獻〉中通理大師著作考》④在陳燕珠《房山石經中通理大師刻經之研究》和包世軒《遼〈大安山蓮花峪延福寺觀音堂記〉碑疏證》⑤二文基礎上，以《大安山蓮花峪延福寺觀音堂記》爲基本資料，結合房山石經《大方等陀羅尼經》題記⑥及遼金碑刻，認爲通理爲遼代通理恒策，《立志銘心戒》等三種文獻確爲其所作。

社會歷史現象研究　梁豐《從房山石經題記看唐代的社邑組織》⑦研究了四個問題：第一，邑、社的關係，唐代的邑不再局限於北魏時期的一村一族，而是連州跨縣，與社的活動內容趨於一致，二者已無嚴格界限，出現了社官合邑造經，石經邑設立社官等情況。第二，行中的邑、社，唐代幽州地區有小彩行、屠行、染行、生鐵行等三十多個行業，這些行業內部的邑、社，結構和一般邑社大致相同，成員除行人外，也有僧侶加入，但社官、邑主全由行主充當。第三，邑、社爲大官僚刻造石經，由於政府官吏、當地豪紳以及寺院高僧的加入，並在其中佔據顯要職位，所以社邑雖起於民間，卻爲社會上層把持和利用。第四，邑、社中佛道混合現象，刻經題記中出現了道士刻經題名。

---

① 黃炳章《房山石經靜琬刻成〈涅槃經〉題記殘石考》，《法音》，1990年第9期。
② 黃炳章《房山石經武德八年題記殘石考》，《法音》，1999年第10期。
③ 陳燕珠《房山石經中通理大師刻經之研究》，覺苑出版社，1993年。
④ 馮國棟、李輝《〈俄藏黑水城文獻〉中通理大師著作考》，《文獻》，2011年第3期。
⑤ 包世軒《遼〈大安山蓮花峪延福寺觀音堂記〉碑疏證》，《北京文博》，1997年第3期。
⑥ 房山石經《大方等陀羅尼經》題記有"故通理大師門資勘造經主講律比丘善伏"語句。訓名的善伏正爲通理恒策的弟子。
⑦ 梁豐《從房山石經題記看唐代的社邑組織》，《中國歷史博物館館刊》，1987年第10期。

唐耕耦《房山石經題記中的唐代社邑》①認爲，從題記看，出資鐫刻石經的，主要是社邑。這些社邑主要有以行業命名的行業性社邑，與以村、鄉、縣、州郡等命名的地區或跨地區社邑兩類，並在此基礎上研究了社邑的組織機構，及上經月日。

李兮《唐代逆修齋供初探——以房山石經題記史料爲切入點》②在對照《房山石經》圖版，對題記中馬崇賓一家逆修齋供的釋文進行勘誤後，探討了有唐一代逆修齋供風俗的變化與發展等問題，認爲房山石經所記錄的盛唐案例，作爲後世理論的雛形，既具備了預修的基本特徵，又有其早期特點。

賈豔紅《房山石經題記中唐代社邑首領的幾個問題》③認爲，從刻經題記來看，平正是社官的別名，二者並非兩種社中官職；社官來源於城市的行業性社邑，由社內人員充當，邑主來源於地區性社邑，多由僧人充當；維那在房山社邑中出現次數很少，説明在幽州地區此稱謂不甚流行。由於刻經社邑功能單一，房山社邑首領以二人組合居多，還有部分單獨出現的，三官組合較少。

姜欣玥《房山石經題記所見唐代幽州地區婦女刻經相關問題的考察》④認爲，從刻經題記看，唐代幽州地區婦女出資刻經的常見方式有二：一是自發組織社邑，集體刻經；二是以家庭或家族或個人爲單位進行刻經。這些參與刻經的婦女往往具有一定的經濟實力，成爲刻經組織的發動者和組織者。其刻經目的多爲家人祈福、病愈，亦有專門爲幽州節度使祈福祝壽者，這體現了百姓對地方最高統治者的忠義，這也是河朔三鎮長期割據的結果。

職官研究 王永興《關於唐代後期方鎮官制新史料考釋》⑤認爲：第一，通過盧龍節度使劉濟的官銜考證方鎮官制可知，方鎮節帥檢校品秩甚高的京官以至相銜和很多方鎮節帥封王爲後期普遍制度，這是唐後期方鎮官制的新制，是大曆、貞元姑息政策的産物。第二，分析幽州盧龍節度使下設官，主要有節度使衙和軍使衙、屬於使宅的官吏、屬於知堂的官吏、以院名將名官的解釋等四方面。第三，訂補《新唐書·百官志》的不足。張連城《房

---

① 唐耕耦《房山石經題記中的唐代社邑》，《文獻》，1989年第1期。
② 李兮《唐代逆修齋供初探——以房山石經題記史料爲切入點》，《文史》，2019年第3期。
③ 賈豔紅《房山石經題記中唐代社邑首領的幾個問題》，《中南大學學報（社會科學版）》，2019年第2期。
④ 姜欣玥《房山石經題記所見唐代幽州地區婦女刻經相關問題的考察》，《科學·經濟·社會》，2022年第6期。
⑤ 王永興《關於唐代後期方鎮官制新史料考釋》，載呂鐵剛編《房山石經研究》（三），中國佛教文化出版公司，1999年。

山石經題記中所見——唐代節度使府武職的幾點研究》①依據房山石經題記中出現的唐代幽州盧龍節度使府武職的新史料,鉤稽整理了南衙兵馬使、都巡使、樂營使等新武職稱號,對其職能、地位及其相關問題作了細緻的考證,並深入探討了探討使府武職散武職、雙兼憲銜及其敘階遷轉制度等。劉琴麗《唐代幽州軍人與佛教——以〈房山石經題記彙編〉爲中心》②探討了三方面的問題:一是幽州軍人對雲居寺刻經所做出的巨大貢獻;二是幽州軍人刻經訴求的特點,即除了爲自己家人、親屬祈福外,還體現在爲節度使及其家人祈福、爲節度使生日祝壽、節度使及其屬下軍將爲帝王或民衆祈福等;三是刻經題記與政治時局的關係,佛教已被部分幽州軍將利用爲政治宣傳的工具,反映出軍界的動蕩以及濃厚的地域主義觀念等。

姜欣玥《房山石經題記所見幽州節度使府兵馬使》③認爲,房山石經題記中所見的幽州節度使府兵馬使可分爲三類:按編制番號劃分,可分爲"中軍左廂馬軍兵馬使""中軍兵馬使""殿軍兵馬使""後軍副都將";按所屬系統劃分,可分爲節度使衙和軍使衙系統的兵馬使、節度使堂系統兵馬使;按與節度使所屬關係劃分,可分爲親事兵馬使、隨使兵馬使。這些兵馬使在職能、地位、重要性等方面略有差別,其設置對藩鎮的穩固起著重要作用。同時可見盧龍軍事力量劃分非常細密,兵馬使的父子相襲和翁婿相承加深了藩鎮的割據性質。

張秋升、姜欣玥《房山石經題記所見幽州盧龍節度使府軍將——以押牙和虞候爲中心》④研究房山石經題記中保存的一些幽州盧龍節度使府軍將押牙和虞候的相關材料。其中隨身押牙、隨從押牙、衙前押牙等職可補史籍之缺。在爲節度使祈福祝壽的刻經活動中,節度押牙爲主要發動者。題記中虞候等級可分爲:都虞候—虞候、將虞候—將下虞候。内衙虞候史籍未見記載,可補史籍之缺。與衙前虞候相比,其職能核心在於武裝内部的監督糾察。

校正《房山石經題記彙編》 王麗華《〈房山石經題記彙編〉遺誤舉例》⑤從經題、題記文字(訛奪衍倒、題記文字遺失、誤作題記)、卷條和拓片

---

① 張連城《房山石經題記中所見——唐代節度使府武職的幾點研究》,《北京聯合大學學報》,1992 年第 2 期。
② 劉琴麗《唐代幽州軍人與佛教——以〈房山石經題記彙編〉爲中心》,《世界宗教研究》,2011 年第 6 期。
③ 姜欣玥《房山石經題記所見幽州節度使府兵馬使》,《邯鄲學院學報》,2019 年第 1 期。
④ 張秋升、姜欣玥《房山石經題記所見幽州盧龍節度使府軍將——以押牙和虞候爲中心》,《聊城大學學報(社會科學版)》,2019 年第 2 期。
⑤ 王麗華《〈房山石經題記彙編〉遺誤舉例》,《文獻》,1996 年第 2 期。

編號、明清碑刻未收齊（闕四五十種）等四個方面校正該書訛誤不下數百條，是研究《房山石經題記彙編》的必備參考之作。

再出土題記簡介　田福月《房山雲居寺發現金代重要石刻題記》①介紹了 1987 年 8 月 7 日下午在雲居寺行宮院遺址出土一方金天眷三年（1140）沙門玄莫和俗弟子史君慶撰刻的《鐫葬藏經總經題字號目錄》碑，其題記反映金代刻經事業，對於整理研究金代的刻經有直接支持作用。田福月《石經山發現唐武德八年靜琬題記殘碑》②介紹了 1989 年 3 月 3 日石經山雷音洞前面的石欄板下發掘出唐武德八年（625）靜琬題記殘碑，該碑證實在武德年間，靜琬不僅製定了刊刻十二部佛經的計劃，而且已經刻出了其中的一批。

（7）刻工考

管仲樂《技藝、血緣、信仰：房山石經文獻所見遼代幽州石刻刻工家族》③認爲，《房山石經》中遼代的刻工題署最集中，其中吳、宮、邵、韓四氏爲刻工顯族。長期以來，這些家族繼承和發揚石刻傳統，主要從事幽州佛教石刻活動，並呈現出血緣上胡漢交融、技藝上協作配合、社會生活中佛教信仰濃厚三個特點。

（8）地名考

劉愛紅、顧乃武《房山石經題記所見唐代易莫瀛三州鄉村考》④認爲，《房山石經題記》所見唐代易、莫、瀛三州鄉村共有 13 處，易州 5 處、莫州 7 處、瀛州 1 處，其中 4 處高村、封村、樓村、白城村存續至今，皆爲村級單位，顯示出唐代以來這三州的村落發展具有較強的歷史穩定性。存續村落皆位於河流、道路附近，這是村落存續的重要因素所在。易、莫、瀛三州的村落命名有著自身的地域色彩，而鄉級行政單位的命名則多反映禮教觀念、體現人民美好希望。

劉愛紅、顧乃武《房山石經題記所見唐代涿州三縣鄉村考》⑤認爲，《房山石經題記》共見唐代涿州歸義縣、范陽縣、固安縣鄉村共 17 鄉 30 村 1 管，其中歸義縣 5 鄉 4 村，存續 1 鄉 3 村；范陽縣 9 鄉 22 村 1 管，存續 6 村；固安縣 3 鄉 4 村，存續 3 村。這說明唐代以來的中國的鄉里村落具有較強的歷史穩定性，其成因在於這些存續的村落多分部在靠近河流或道路之處。

---

① 田福月《房山雲居寺發現金代重要石刻題記》，《法音》，1988 年第 5 期。
② 田福月《石經山發現唐武德八年靜琬題記殘碑》，《法音》，1990 年第 2 期。
③ 管仲樂《技藝、血緣、信仰：房山石經文獻所見遼代幽州石刻刻工家族》，《南京藝術學院學報（美術與設計）》，2019 年第 5 期。
④ 劉愛紅、顧乃武《房山石經題記所見唐代易莫瀛三州鄉村考》，《中國地名》，2020 年第 1 期。
⑤ 劉愛紅、顧乃武《房山石經題記所見唐代涿州三縣鄉村考》，《尋根》，2021 年第 1 期。

(9) 對房山石經保護措施的研究以及雲居寺的修復工作

積極呼籲 關於房山雲居寺及其石經,一些有識之士撰文呼籲社會共同保護這些不可再生的歷史財富。金磊《保護世界之最——北京雲居寺石刻》①痛陳雲居寺毀於二戰炮火,加之當年所選石材不整,大氣污染侵蝕等因素,遼金石經洞内風化嚴重,有的字面脱落,有的表面呈粉末狀,山上洞内石經風化更爲嚴重。王英傑《北京房山雲居寺與石經》②呼籲保護石經是今世今人的責任,並請記住雲居寺石經回歸地穴儀式的日子:1999 年 9 月 9 日。

石經保護措施研究 1990 年,田福月《關於保護房山石經問題初探》③在述及石經現在貯存的情況下,提出石經的保護設想:在洞的上方做防水工程,擴大洞内的存放面積;在洞内空閑地方安裝防潮設備及排風設施,或投放化學藥粉等;在山上建立保護庫房,洞内留一部分分散保管,遊人可以參觀,研究人員可以隨時取到資料。該文的設想比較符合實際情况,1999 年,遼金石經保護措施即爲田福月第一條措施的完善:拓片回藏經洞,充純氮並維持恒温、恒濕。《北京雲居寺遼金石經充純氮保存》④指出,北京房山雲居寺遼金石經回藏,新建地宫面積近 400 平方米,其中藏經室和附屬儲藏室均採用密封措施,室内恒温、恒濕,並充入純度爲 99% 的氮氣,以隔絶其他物質的侵蝕。祝華新《石經回埋:留得青山慰後人》⑤敘述爲保護房山石經這一重大文化遺産,房山區委、區政府、北京市文物局制定 1999 年 9 月 9 日將遼金刻經中的 8 000 塊回填的計劃。1999 年 9 月 9 日,文物界、佛教界和北京市有關部門在雲居寺舉行石經回埋儀式。拓印完畢的遼金佛經中的 8 000 塊回埋原洞,以利於石經文物的保護。⑥

雲居寺的修復工作 黄炳章《房山雲居寺開始全面修復 天王殿毗盧殿立架上樑》⑦報導在北京市人民政府的撥款以及應久行夫婦、何蕙中等人襄

---

① 金磊《保護世界之最——北京雲居寺石刻》,《勞動安全與健康》,1999 年第 6 期。
② 王英傑《北京房山雲居寺與石經》,《中國房地信息》,1999 年第 11 期。
③ 田福月《關於保護房山石經問題初探》,《法音》,1990 年第 2 期。
④ 《北京雲居寺遼金石經充純氮保存》,《深冷技術》,2000 年第 1 期。
⑤ 祝華新《石經回埋:留得青山慰後人》,《法音》,1998 年第 8 期。
⑥ 具體參見《趙樸初會長在房山石經回藏慶典上的書面致詞》,《法音》,1999 年第 10 期。張敏《遼金寶藏石經回藏紀實》,《法音》,1999 年第 10 期。楚天《石經回藏——跨越千年的承諾》,《中國宗教》,1999 年第 4 期。吴立民《房山雲居寺遼金石經回藏緣起碑》,《佛教文化》,1999 年第 5 期。吴立民《房山雲居寺遼金石經回藏緣起碑(碑文原稿)》,《法音》,1999 年第 9 期。王樹村《掩經千餘年 曝經僅千日——説北京房山石經》,《"國立歷史博物館"館刊》,1999 年 12 月。
⑦ 黄炳章《房山雲居寺開始全面修復 天王殿毗盧殿立架上樑》,《法音》,1986 年第 1 期。

助下,雲居寺天王殿毗盧殿立架上樑恢復原貌,趙樸初會長剪彩。① 北京市古代建築所設計師沈陽參與了雲居寺毗盧殿復原設計工作,有《房山雲居寺毗盧殿復原設計》一文。②

(10) 書法研究

張銘《靜琬的〈房山石經〉》③探討房山石經在中國書法史上的貢獻:佛教石刻經體書法風格,從整體上看是相對穩定的,從北朝的摩崖刻經到隋唐時期的房山刻經以至後來的遼、金、元、明之季,雖然歷經了一千多年的歷史,但所刻佛經字體基本上以楷書爲主體,風格平和、含蓄。就不同朝代來看,隋代是楷書藝術由魏晉時期的起步到唐代發展成熟的中間環節,內承周齊峻整之緒,外收梁陳綿利之風;唐代楷書則富有規矩與法度之勢態。題刻中的刀法完全可以準確地表現出筆法,起筆處皆取露鋒,行筆暢快,使轉靈便,收筆時隨意而適度,並略具行書筆意。孫昌武《佛教寫經、刻經與中國書法藝術》④也述記房山石經在內的佛教刻經在中國書法藝術上的貢獻,但未能展開分析其特點及價值。

張銘《房山石經刻石書風視覺形式演變的分期研究》⑤認爲,房山石經刻石書風視覺形式演變分爲隋唐、遼、金元、明四個時期,其中隋唐刻經主要體現歐陽詢書風特點;遼代刻經以顏、柳、褚等書體爲主,其中早期綫條硬朗,結構嚴謹,晚期綫條圓潤,字體結構方中寓圓;金元時期刻經以蘇、黃、米爲主導;明代刻經亦有一衆書法家參與。四個歷史時期寫經工整細緻,體現了不同歷史時期的書風,同時也體現了對既往書體的繼承和發展。

張銘《關於房山石經刻石書風形成的初探》⑥認爲,靜琬刻經之初的石經文字主要受魏碑影響,隋大業至唐貞觀間受寫經體的影響,其後又受歐陽詢書風影響,既體現了靜琬刻經文字對傳統書法的繼承,又體現了受當時所處的文化環境的影響,由此可見佛教與書法在相互影響、互相借鑒中所起到的積極作用。

楊晨《從〈房山石經〉看中國刻經書法史》⑦認爲,從時間發展上看,河南北魏刻經、河北及山東一帶北朝刻經使用隸楷書體,《房山石經》則延續北朝

---

① 《趙樸初會長爲房山雲居寺重建天王殿毗盧殿立架上樑剪彩》,《法音》,1986 年第 1 期。
② 沈陽《房山雲居寺毗盧殿復原設計》,《古建園林技術》,1987 年第 2 期。
③ 張銘《靜琬的〈房山石經〉》,《中國書畫》,2007 年第 7 期。
④ 孫昌武《佛教寫經、刻經與中國書法藝術》,《文學與文化》,2010 年第 1 期。
⑤ 張銘《房山石經刻石書風視覺形式演變的分期研究》,成都蓉城美術館《中國創意設計年鑒論文集》,2012 年。
⑥ 張銘《關於房山石經刻石書風形成的初探》,《名作欣賞》,2013 年第 3 期。
⑦ 楊晨《從〈房山石經〉看中國刻經書法史》,《中國書法》,2022 年第 7 期。

書風魏碑的餘韻，其後向唐楷、宋楷、金楷、明楷等方向發展，勾勒出一條清晰的"中國刻經書法史"研究脈絡；同時，敦煌寫卷中武周、開元時期宫廷寫本與同時期的《房山石經》書跡，在風格上是一致的，二者在書風和寫刻關係上互補參照。

（11）醫藥研究

李良松《房山石經醫藥養生文獻述要》①認爲，《房山石經》1099 部佛典中，有 215 部涉及醫藥養生内容。這些養生文獻主要包括養心守意與養生、延年益壽與養生、佛教瑜伽與養生、佛教修行與養生、佛教儀軌與養生、陀羅尼之養生秘訣等六個方面。醫藥文獻則主要包括《續命經》《佛説胞胎經》《佛説除一切疾病陀羅尼經》《佛説能净一切眼疾病陀羅尼經》等。當然還有一些文獻也有涉醫内容，散見於經籍的各個部類或章節之中。

（12）語言文字研究

易敏《雲居寺明刻石經文字構形研究》②選擇雲居寺明代石刻《華嚴經》爲主要研究對象，以明代其他刻經和同名爲《華嚴經》的雲居寺隋末唐初石刻、山西風峪（今在太原晉祠）石刻文字爲比較參照的資料，旨在通過對於隸楷階段的漢字在使用和書寫中的動態觀察，探究楷書成熟後繼續存在的漢字演變現象。該書比較了先後始刻於隋、唐、明代的三部《華嚴》石經中的字形，通過對異體字在三部石經中的重複數量和各字種異體數量的統計，認爲這部同名佛經在譯經用語和用字的選擇上有一定的共性，但字形特點與刻經時代有關。隋刻更多地受前代佛經抄本和當時社會俗寫文字的影響；唐刻記録了通行一時的武周新字；明刻《華嚴經》儘管因佛經抄本、碑刻文字雙重因素的影響，對當時社會通行文字的反映略爲滯後，但傳抄中的改字和題記文字依然能夠傳遞出明代文字面貌的信息。易敏《石刻佛經文字研究與異體字整理問題》③在對北京房山雲居寺石刻佛經字形局部整理的基礎上，就其中較豐富的異體字現象，思考其貯存、整理和規範這三個不同層次的問題。工具書應慎重選擇異體字形，而爲漢字研究提供貯存材料則以字形相容爲佳。

李潔《房山石經唐譯唐刻部分字形變異研究》④選取房山石經唐譯唐刻部分爲材料，以漢字構形學爲理論基礎，通過對變異字形整字的筆畫數量、

---

① 李良松《房山石經醫藥養生文獻述要》，《中醫文獻雜誌》，2013 年第 4 期。
② 易敏《雲居寺明刻石經文字構形研究》，上海教育出版社，2005 年。
③ 易敏《石刻佛經文字研究與異體字整理問題》，《北京師範大學學報（社會科學版）》，2006 年第 1 期。
④ 李潔《房山石經唐譯唐刻部分字形變異研究》，北京師範大學碩士學位論文，2006 年。

基礎構件數量和結構佈局以及變異字形中發生變異的構件所處的層級、功能、筆畫數等屬性的測查，觀察這些屬性對字形變異的影響，並闡釋其原因。通過對變異字形及其構件的各種資料的統計和比較表明，變異字形的筆畫數量、基礎構件數量和結構佈局影響著哪些變異字形會發生變化，而變異字形中發生變異的構件的層級、功能影響著變異字形會如何變化。這一結論同時得到了認知心理學中漢字認知的相關研究成果的印證。

宋海榮《宋金房山石經與〈龍龕手鏡〉之比較研究》①選取《房山石經》宋譯金刻部分大約89萬字作爲原材料，將其與宋遼佛經字書《龍龕手鏡》進行比較，從而對文本和字書的異同有了一個初步的認識，同時更爲清楚地看到實際用字狀況在字書中的反映，對字書的性質也有了更多瞭解：（1）從字數來看，字書收字要遠遠多於石經的實際用字，這緣於文本用字和字書收字的差異。（2）從字樣數目看，石經的字樣遠比《龍龕》的多，字形排序可以體現字樣演變軌跡，而字書積澱了不同時代的大量字形，字形之間關係較爲複雜。（3）從與《龍龕》正、俗、今的字形對應關係看，石經正字比例最高，説明其用字規範程度較高。（4）石經主形和《龍龕》正字的差異集中體現爲異寫，原因在於字書編寫崇古觀念佔主導地位，而文本則注重社會用字的約定俗成。

史文磊《宋金房山石經與宋代雕版楷書比較研究》②以宋金房山石經爲原材料，以漢字構形學爲理論指導，將宋金房山石經文本中的字形按照漢字構形學理論進行類聚，製成字表；對石經與雕版楷書中的用字分佈、用字差異等現象進行了比較，並嘗試性地作出分析；對石經和雕版文本中的字樣進行了比較，包括字樣分佈上的差異和共現字樣等，並嘗試性地作出分析；對石經和雕版楷書的書寫特徵進行了比較，並嘗試性地作出分析。

二、佛經異文研究歷史與現狀

佛經異文的研究，起步較晚，筆者所見均爲2000年以後的研究成果。主要有價值探討、語言研究、單經異文研究、佛經音義與經錄研究等幾個方面。

1. 價值探討

景盛軒《試論敦煌寫卷異文研究的價值和意義——以〈大般涅槃經〉爲例》③以敦煌寫本《大般涅槃經》爲例，以點帶面，對敦煌寫卷異文的整體研

---

① 宋海榮《宋金房山石經與〈龍龕手鏡〉之比較研究》，北京師範大學碩士學位論文，2006年。
② 史文磊《宋金房山石經與宋代雕版楷書比較研究》，北京師範大學碩士學位論文，2006年。
③ 景盛軒《試論敦煌寫卷異文研究的價值和意義——以〈大般涅槃經〉爲例》，《敦煌研究》，2004年第5期。

究價值作闡釋,其價值有四:一是爲校勘和整理漢譯佛經提供材料,二是爲詞義和語音研究提供漢語史上的材料,三是爲文字考釋和字形排譜提供字形上的資料,四是可以據以考察一定時期的物質文化和認知心理。逯静《以佛經異文校訂〈經律異相〉芻議》①分析不同版本《經律異相》的異文,糾正《大正藏》所收版本的訛誤,指出藉此可以整理出一個較爲理想的版本。

2. 單條或多條異文研究

黎新第《敦煌别字異文所顯示的異等韻母相混現象》②對《敦煌願文集》《敦煌詩集殘卷輯考》二書中所見的别字異文中的音同(或音近)代用作研究,認爲在唐五代西北方言的韻母系統中,已經開始了四聲八等到四呼的簡化過程,止、蟹(齊祭廢灰)二攝韻母合流已經發育到相當成熟的地步。曾良、江可心《佛經異文與詞語考索》③,通過"姿并""俱執"等七組詞語的考辨,分析異文的産生過程、探討同源詞、辨别佛經文本的正誤。

鄭賢章、譚曉芳《〈百喻經〉"真實""真寶"異文考校》④認爲,《百喻經·得金鼠狼喻》存在"毒蛇變成真實"和"毒蛇變成真寶"兩種異文,最早的刻本《高麗大藏經》《磧砂藏經》及《中華大藏經》所本的《趙城金藏》作"真寶",《百喻經》"珍寶"作"真實"實爲傳抄時形近致誤。

邱雁《〈維摩詰經〉詞彙異文探析》⑤立足於《大正藏》本後秦鳩摩羅什譯《維摩詰所説經》,與宋、元、明、正倉院聖語藏等版本比勘異文,繼而著力探討 8 組差異較大的詞彙異文各自詞義及其使用情況,最後探析詞彙異文的成因,認爲《維摩詰所説經》的詞彙異文與版本有關,即刻本之間的文字差異較小,刻本與古寫本之間的差異較大;其詞彙異文亦與佛經語言的複雜性與譯經方法有關,即佛經的源語言不同,譯法也不同。

吕小雷《中古漢譯佛經異文"俟""擬"考辨》⑥認爲,中古漢譯佛經中"俟"可表"向""將要"的用法,異文作"擬"。"俟"表示"向"的意義是由於"俟"有喉音聲母的讀法,和"擬"讀音相近而發生借表示"將要"義的"俟"和"擬"作爲異文出現的原因,一種可能是喉音聲母的"俟"和"擬"讀音相近,而借用"俟"表示"擬"的"將要"義;一種可能是"候""擬"都可以表示"將要"的意義,因此用同義詞改换。

---

① 逯静《以佛經異文校訂〈經律異相〉芻議》,《西昌學院學報(社會科學版)》,2013 年第 1 期。
② 黎新第《敦煌别字異文所顯示的異等韻母相混現象》,《語言研究》,2011 年第 4 期。
③ 曾良、江可心《佛經異文與詞語考索》,《古漢語研究》,2013 年第 2 期。
④ 鄭賢章、譚曉芳《〈百喻經〉"真實""真寶"異文考校》,《武陵學刊》,2018 年第 1 期。
⑤ 邱雁《〈維摩詰經〉詞彙異文探析》,《湘南學院學報》,2020 年第 4 期。
⑥ 吕小雷《中古漢譯佛經異文"俟""擬"考辨》,《中國文字研究》,2021 年第 1 期。

吴謝海《〈優婆塞戒經〉異文考辨七則》①以宋本、元本、明本、麗藏本、宮本、久本、龍藏本、《大正藏》、《中華大藏經》等爲材料來源，收集並考辨北涼曇無讖譯《優婆塞戒經》七則異文形體、讀音、意義上的關聯。

3. 單經異文研究

易咸英《〈佛五百弟子自説本起經〉的異文校勘》②分析《大正藏》中的《佛五百弟子自説本起經》中的異文，探討一些俗、訛、難字的成因及其流變，點明異文校勘對佛經整理的重要意義。景盛軒《敦煌本〈大般涅槃經〉研究》③全面調查敦煌本《大般涅槃經》異文，指出其主要版本來源，對其俗字和部分詞語進行研究，並指出未盡事宜。易咸英《〈妙法蓮華經〉異文研究》④以《大正藏》中的《妙法蓮華經》爲底本，研究它與《中華大藏經》、俄藏、法藏、北圖藏敦煌寫卷以及《隨函錄》中相應部分比較而得出的異文，並對其異文進行辨證。陳立華《〈生經〉異文研究》⑤以《大正藏》中的《生經》爲底本，以其與《中華大藏經》《磧砂藏》《龍藏》這些不同版本輯出的異文爲研究對象，分爲同源通用字、通假字、正訛字、異體字、同義詞、古今字等六種，並對異文進行考訂。劉鋒《三國吳支謙譯經異文研究》⑥從版本、文字、詞彙、語音等四個方面對《大正藏》中三國吳支謙譯經的十種版本作研究，研究其通假字、單音節實詞同義詞及歷史語音面貌。熊果《〈四分律〉異文研究》⑦以《大正藏》中的《四分律》爲底本，以其與《中華大藏經》《龍藏》中相應部分的異文爲研究對象，分爲緣音異文、緣形異文、緣義異文三類，並對異文進行考釋。

任璐《〈説無垢稱經〉異文初探》⑧以《大正藏》所收《説無垢稱經》爲底本，校之以《中華大藏經》同經，並參照同經異譯吳支謙譯《佛説維摩詰經》、後秦鳩摩羅什譯《維摩詰所説經》，對唐玄奘所譯《説無垢稱經》的部分異文進行整理，認爲這些異文主要包括"訛字""脱字""衍字"三類。

任璐《〈説無垢稱經〉異文初探》⑨以唐玄奘譯《説無垢稱經》及其版本

---

① 吳謝海《〈優婆塞戒經〉異文考辨七則》，《遼寧工業大學學報(社會科學版)》，2021年第6期。
② 易咸英《〈佛五百弟子自説本起經〉的異文校勘》，《遵義師範學院學報》，2008年第4期。
③ 景盛軒《敦煌本〈大般涅槃經〉研究》，浙江大學博士學位論文，2004年。
④ 易咸英《〈妙法蓮華經〉異文研究》，湖南師範大學碩士學位論文，2009年。
⑤ 陳立華《〈生經〉異文研究》，湖南師範大學碩士學位論文，2011年。
⑥ 劉鋒《支謙譯經異文研究》，浙江大學碩士學位論文，2007年。
⑦ 熊果《〈四分律〉異文研究》，湖南師範大學碩士學位論文，2011年。
⑧ 任璐《〈説無垢稱經〉異文初探》，《語文學刊》，2015年第4期。
⑨ 任璐《〈説無垢稱經〉異文初探》，貴州師範大學碩士學位論文，2015年。

異文與同經異譯本異文爲研究對象，以《大正藏》所收《説無垢稱經》爲底本，以《中華大藏經》《房山石經》同經爲校勘材料，同時參考不同歷史時期的中古文獻，校勘《説無垢稱經》版本異文的訛脱衍倒現象。其次，進行《説無垢稱經》同經異譯對比，研究同義詞語、疑難詞語，進而探討該經的語言風格。再次，探討《説無垢稱經》異文的異體字、通假字、古今字、繁簡字等字詞、字際關係。最後研究《説無垢稱經》異文在《漢語大詞典》編修中的作用。

孫蕾《國圖藏敦煌漢文寫經〈大乘入楞伽經〉異文研究》[1]立足國圖藏敦煌漢文寫經《大乘入楞伽經》的七個寫卷，同時運用其他譯本、佛經音義和古注，以及《房山石經》《大正藏》《中華大藏經》等版本比勘異文材料，認爲這些異文主要包括三類，一是同經同寫本譯文，二是同經不同譯本譯文，三是國圖本與刻本異文，而異體字、通假字、誤字、避諱字是形成國圖異文的主要原因。國圖藏《大乘入楞伽經》異文研究在佛經整理、訓詁學、文字學、詞彙學等方面具有重要的研究價值和意義。

張國良《元魏譯經異文研究》[2]以《大正藏》爲標準，對北魏時期的譯經者、經名、卷數進行梳理，認爲該時期有15位譯經師，共80餘種260餘卷佛經。論文對北魏時期的譯經進行調查研究，認爲這些譯經異文分爲文字異文、詞彙異文、句子異文三種，其中文字異文主要由用字不同、訛誤與書寫避諱、體例要求等造成，詞彙異文主要由詞語同義、誤解詞義或追求修辭精確而替換原詞造成，句子異文主要是讀破句或者有脱、衍、倒乙。其後，論文對北魏譯經中的204條異文進行考辨。最後，論文對北魏譯經《稱揚諸佛功德經》等七部佛經進行辨僞，並對這七部佛經佛經中的異文進行考辨。

楊雲霞《〈正法華經〉異文研究》[3]立足於《中華大藏經》，與《大正藏》《龍藏》《磧砂藏》《永樂北藏》版本進行比勘得到異文材料，繼而對異文進行分類研究，對《正法華經》異文進行考辨，最後探究其研究意義。論文認爲，《正法華經》的異文材料包括文字學異文、校勘學異文兩類，其中前者包括古今字、通假字、異體字、正俗字等異文類型，後者包括訛、脱、衍、倒等四類異文。《正法華經》異文考辨部分考辨了40組異文材料。《正法華經》異文材料可爲字典編纂和文字校勘提供重要的資料。

蘇梁峰《〈大方等大集經〉異文研究》[4]在简介《大方等大集經》版本的

---

[1] 孫蕾《國圖藏敦煌漢文寫經〈大乘入楞伽經〉異文研究》，河北大學碩士學位論文，2016年。
[2] 張國良《元魏譯經異文研究》，湖南師範大學博士學位論文，2016年。
[3] 楊雲霞《〈正法華經〉異文研究》，遼寧師範大學碩士學位論文，2018年。
[4] 蘇梁峰《〈大方等大集經〉異文研究》，湖南師範大學碩士學位論文，2018年。

基礎上,探究其形成原因及研究價值。認爲《大方等大集經》的版本分爲寫卷本、石刻本、傳刻本、鉛印本等四類版本。《大方等大集經》異文的形成原因主要有因形而異、因聲而異、因義而異、其他異文四種情況,其中因形而異包括因形近訛誤、因筆畫缺損、因文字正俗三類,因聲而異包括因字音相近、因通假關係、因同詞異譯三類,因義而異包括因詞義相近、因文字增減兩類。《大方等大集經》異文具有重要的校勘學、文字學、訓詁學價值以及辭書編纂的價值。

鍾樹琳《〈普曜經〉異文研究》①以《大正藏》本《普曜經》爲底本,與《中華大藏經》《資福藏》《磧砂藏》《普寧藏》《徑山藏》《永樂南藏》《清藏》《高麗藏》等進行校勘,並結合各個歷史時期的中土文獻,對《普曜經》異體字、古今字、通假字、錯訛字等文字異文,同義詞、倒序詞彙異文,減字、增字、其他的句異文進行分類研究。認爲抄寫人員的疏忽造成字異文,抄寫人員的書寫習慣也會造成字異文,抄寫過程中的脱、衍、倒造成詞彙異文和句子異文。繼而對53組異文進行考辨,認爲《普曜經》的研究有助於對漢字形體演變規律的認識,有助於對漢字形義關係和字義演變規律的分析,有利於異體字整理和異體字字典的編纂。

王晞萌《〈大正藏·佛説如來興顯經〉異文例析》②結合宋、元、明本對《大正藏》本的《佛説如來興顯經》的異文進行梳理,並分別舉例研究異體、通假、分化、訛化等文字異文,同義詞異文,脱、衍、倒等句法異文,進而探究其成因。

羅理《〈阿育王經〉異文研究》③以《大正藏》中的《阿育王經》爲底本,以《中華大藏經》《永樂北藏》爲參校本,同時參以《一切經音義》《可洪音義》,輯錄出《阿育王經》異文,從字、詞、句等角度對這些異文材料進行分類,並考辨部分異文。認爲從字的角度看,《阿育王經》異文可分爲異體字、通假字、同音字、正訛字等類;從詞的角度看,該經異文可分爲同義詞、異義詞、倒序詞等類;從句的角度看,該經異文可分爲增字異文、減字異文、倒字異文等類。最後對20例異文作了考證。

譚曉芳《〈百喻經〉異文研究》④整理《大正藏》所收《百喻經》的《思溪藏》《普寧藏》《徑山藏》的三種異文,與《中華大藏經》所收的《高麗藏》《資福藏》《磧砂藏》《普寧藏》《永樂南藏》《徑山藏》《乾隆藏》的七種異文,以及

---

① 鍾樹琳《〈普曜經〉異文研究》,湖南師範大學碩士學位論文,2018年。
② 王晞萌《大正藏〈佛説如來興顯經〉異文例析》,《遵義師範學院學報》,2018年第2期。
③ 羅理《〈阿育王經〉異文研究》,湖南師範大學碩士學位論文,2019年。
④ 譚曉芳《〈百喻經〉異文研究》,湖南師範大學碩士學位論文,2019年。

《永樂北藏》《新集藏經音義隨函錄》中的有關異文,並對這些異文資料進行比勘,探求異文條目間的聯繫並據此分類。認爲從字的角度看,《百喻經》異文可分爲正訛字、同音字、異體字、古今字等類;從詞的角度看,該經異文可分爲同義詞、倒序詞、聯綿詞等類;從句的角度看,該經異文可分爲增字異文、減字異文等類。最後對疑難異文作了考證。

張毅蒙《〈長阿含經〉異文研究》①在對《長阿含經》譯者、版本簡介的基礎上,概述其異文來源、類別,繼而對該經異文進行例釋,進而探討其異文研究價值。論文認爲,《長阿含經》有寫卷本、石刻本、傳世本三種類型。其異文來源於版本異文和同經異譯,異文類型包括異體字、通假字、古今字、繁簡字、錯訛字等字的異文,聯綿詞、同義詞、倒序詞等詞的異文,脱文、衍文、倒文等句的異文三種。《長阿含經》異文考辨例釋章共考辨 73 組異文。《長阿含經》異文研究對於佛經整理、漢語史研究、漢字史研究、語文辭書編纂等具有重要的資料價值。

陳林風《〈賢劫經〉異文研究》②以《大正藏》本《賢劫經》爲底本,以《中華大藏經》《永樂北藏》《乾隆大藏經》爲參校本,對《賢劫經》異體字、古今字、通假字、錯訛字等文字異文,近義詞彙異文,增字、減字、倒字的句異文進行分類研究。最後對 28 組異文進行考辨。

陳垚《國圖藏敦煌寫卷〈金光明最勝王經〉異文研究》③以《大正藏》所收《金光明最勝王經》作爲異文研究底本,選取國家圖書館所藏該經寫卷裏的典型材料作爲異文比勘的對象,繼而對這些異文進行分類研究。認爲該經異文包括異體字、假借字、古今字等文字學異文,近義詞異文和同出一源的異文等詞彙學異文,訛文、脱文、衍文、倒文等校勘學異文。論文爲恢復佛經原貌,文字學、詞彙學、辭典學與校勘學等方面的研究提供了資料。

邵燦《〈法句譬喻經〉異文考釋》④通過比勘《法句譬喻經》的宋本、元本、明本、聖本、《乾隆藏》、《中華大藏經》、《高麗大藏經》等版本異文,選取其中的 7 組異文進行考釋,分析其出現原因,並對其進行勘正。

邵燦《〈鼻奈耶〉異文研究》⑤以《大正藏》所收《鼻奈耶》爲底本,以法藏、俄藏敦煌寫經、《磧砂藏》、《卍正藏經》、《永樂北藏》、《中華大藏經》等爲參校本,同時參以《可洪音義》《一切經音義》等音義書,提取出《鼻奈耶》

---

① 張毅蒙《〈長阿含經〉異文研究》,湖南師範大學碩士學位論文,2019 年。
② 陳林風《〈賢劫經〉異文研究》,湖南師範大學碩士學位論文,2019 年。
③ 陳垚《國圖藏敦煌寫卷〈金光明最勝王經〉異文研究》,西華師範大學碩士學位論文,2020 年。
④ 邵燦《〈法句譬喻經〉異文考釋》,《遼寧工業大學學報(社會科學版)》,2020 年第 4 期。
⑤ 邵燦《〈鼻奈耶〉異文研究》,湖南師範大學碩士學位論文,2021 年。

異文,繼而從從字形、語音、音義、語義等五個層面來對異文進行分類研究,最後對 40 組異文材料進行考辨。認爲《鼻奈耶》異文的字形關係包括漢字的字體相近、部件相近或增損、字形輪廓相似等,語音關係包括通假字、音訛字、同音字等,語義關係主要體現爲同義詞、語境同義詞兩個方面,音義關係包括異體字、古今字、聯綿詞等,其他異文包括增字、減字、倒序詞等。

向雨飛《〈法苑珠林〉異文研究》①以《法苑珠林校注》爲主要語料來源,將《大正藏》、《思溪藏》、《普寧藏》、《方册藏》、宫内省圖書寮本等版本進行比勘得出異文材料,進而探討《法苑珠林》異文的成因、類型及其研究價值。論文認爲因版本、引用、校注等原因,《法苑珠林》會產生一些不同的異文。其異文包括異體字、古今字、錯訛字、通假字等異字異文,同義詞、聯綿詞、倒序詞、其他詞等異詞異文,增字、減字等異句異文。其漢語詞彙學研究意義在於考釋疑難詞語、構建同義義場以及繫聯同源詞,其文字學研究意義在於考釋疑難俗字、理清俗字源流。

張雨薇《〈無量壽經〉異文校釋五則》②立足於三國吳支謙譯《阿彌陀三耶三佛薩樓佛檀過度人道經》、舊題東漢支婁迦讖譯《無量清浄平等覺經》、舊題三國魏康僧鎧譯《無量壽經》三種漢文譯經,辨析"逮—建""改動/愍動—感動"兩組異文的正誤,並考釋譯經中"師法""習滅"和"鉉"三個詞的詞義。

何亞星《〈密嚴經〉寫本考及異文研究》③在揭示《密嚴經》的傳世大藏經類、敦煌寫本類、異譯類、經疏類、音義類等材料的異文研究的基礎上,對《密嚴經》異文進行考辨,並將其歸納爲校勘性異文、用字性異文和其他三大類,其中校勘性異文包括訛文、脱文、衍文、錯亂等類型,用字性異文包括俗字、分化字、古今字、通假字、音訛字等類,其他類則包括義同義近異文、音譯詞、聯綿詞用字不同的異文等。論文最後對《密嚴經》寫本定名、綴合與梳理。

田曼姝《〈佛說興起行經〉異文考釋》④選取《佛說興起行經》中多處異文,從正俗字、通假字、訛誤字、同源通用字以及同義詞等方面分析異文出現的原因,並對其進行勘正,有利於進一步認識字詞間的關係,爲解讀佛典文獻提供更爲準確的語料。

---

① 向雨飛《〈法苑珠林〉異文研究》,雲南師範大學碩士學位論文,2021 年。
② 張雨薇《〈無量壽經〉異文校釋五則》,《漢語史學報》,2020 年第 2 期。
③ 何亞星《〈密嚴經〉寫本考及異文研究》,浙江師範大學碩士學位論文,2022 年。
④ 田曼姝《〈佛說興起行經〉異文考釋》,《唐山師範學院學報》,2023 年第 1 期。

刘晓兴《〈经律异相〉异文的整理与研究》①借助於新获三种日本古写经、所引原佛经以及相关文字、词汇知识，对《经律异相》的异文进行重新整理与研究。

邵亦秋《〈经律异相〉与所出譬喻类原经异文校读举例》②认为，成书於南朝梁代的最早佛教类书《经律异相》，其收录的佛经故事性强，语言也较为通俗，较全面地反映东汉至梁代丰富的语言事实，是中古汉语研究的重要语料之一。运用各种文献材料对《经律异相》进行校理，汇集其异文类语料，考察分析异文材料的性质，对其异文材料进行取舍和辨析，是中古汉语语料建设和语言研究的重要课题之一。

邬丽娟《〈经律异相〉所引〈十诵律〉与其原经异文研究》③从"佛教类书与所出原经平行对应语料库建设与研究"的研究成果平行语料库中提取异文材料，并对此进行分类研究，进而揭示其研究价值。论文认为《十诵律》的异文材料包括字词类异文、句子类异文、语篇性异文三类。其中字词类异文包括字用性异文（异体字、古今字、讹误字）、词用性异文（同义性异文、音译性异文）等小类。句子类异文探讨类书在辑录原经时对句子所做的改动，具体包括句法成分上的省略（主体）或增加，句法结构上的改变原经的谓语结构或形成一些特殊形式的对应，句类上以陈述句对应原经的居多。语篇性异文从语篇的角度研究异文语料，认为《经律异相》综合运用了选择、删改、概括等原则对原经语篇的组织结构、语义内容进行处理。论文最後探讨二经异文的研究价值，考释部分词语，系联同源词，校正数例句读疏失，判定校勘是非，并挖掘诸类异文的文化内涵。

曹佃欣《〈经律异相〉所引〈贤愚经〉与其原经异文研究》④从"佛教类书与所出原经平行对应语料库建设与研究"的研究成果平行语料库中提取异文材料，并对此进行分类研究，进而揭示其研究价值。论文认为《经律异相》在引用《贤愚经》时产生三类异文。其一是字词性异文，具体包括异体字、古今字、通假字、错讹字等异字异文，同义词异文。其二是句用性异文，从句式上看，《经律异相》没有在句式上作很大的改动；从句法成分上看，谓语的省略增加，并且常省略後置定语；从句法结构上看，《经律异相》常用述宾词组

---

① 刘晓兴《〈经律异相〉异文的整理与研究》，《南京师范大学文学院学报》，2018 年第 1 期。
② 邵亦秋《〈经律异相〉与所出譬喻类原经异文校读举例》，《文教资料》，2018 年第 35 期。
③ 邬丽娟《〈经律异相〉所引〈十诵律〉与其原经异文研究》，南京师范大学硕士学位论文，2020 年。
④ 曹佃欣《〈经律异相〉所引〈贤愚经〉与其原经异文研究》，南京师范大学硕士学位论文，2020 年。

來置換《賢愚經》中的主謂詞組、述補詞組、偏正詞組。其三是篇章性異文，《經律異相》篇章中存在大量的省略；從銜接手段的對比看，《經律異相》將《賢愚經》中的指稱、連接、省略和詞彙銜接等四種手段作保留、刪減以及轉換等處理；從敘事方式的起承轉合上看，《經律異相》異文中順敘和倒敘的使用非常頻繁，並且插敘自由，往往將原經中的直接引語改爲間接引語。二書所比較的異文具有重要的校勘學、文字學、訓詁學和辭書編纂學研究價值。

李玲《〈經律異相〉所引北傳四阿含經與其原經異文研究》①從"佛教類書與所出原經平行對應語料庫建設與研究"的研究成果平行語料庫中提取異文材料，並對其進行分類研究，進而揭示其研究價值。論文認爲，《經律異相》所引北傳四阿含經與其原經異文包括字詞異文、句用性異文、語篇功能性異文三類。其中字詞異文包括研究古今字、異體字和訛誤字等字用層面異文，單音同義詞、雙音同義詞的詞用層面異文。在句用性異文方面，《經律異相》多省略句法成分，有時則改變原經的句法結構，或將原經中的複句改爲單句。語篇功能性異文方面，《經律異相》常對原經的指稱方式、敘述方式進行改變，也常運用省略和概括的方法，對原經內容進行删改和調整，多省略原經中的背景信息。《經律異相》所引四阿含經與其原經異文具有重要的校勘學、語篇學、佛教文化學等研究價值。

劉征、鄭振峰《北齊石刻〈佛説孛經〉與傳世〈佛説孛經抄〉異文研究》②將《佛説孛經》的北齊響堂山石窟刻經與《大正藏》進行比勘得到不重複的異文107處。結合版本異文及上下文意考辨可知，《大正藏》的文本訛誤較多，主要體現在字詞改換、增減上；而北齊響堂山石窟刻經文本的訛誤極少，但異體字較多。石窟刻經真實地反映了北齊時期的語言文字面貌，對校勘傳世佛經具有極高的資料價值。

邵亦秋《〈經律異相〉所引譬喻類經與其原經異文研究》③從"佛教類書與所出原經平行對應語料庫建設與研究"的研究成果平行語料庫中提取異文材料，並對此進行分類研究，進而揭示其研究價值。論文認爲，《經律異相》所引譬喻類經與其原經異文包括字詞性異文、句用性異文、語篇功能性異文三類。其中字詞性異文包括古今字、通假字、異體字及訛誤字等字用性異文，同義詞、雙音化趨勢和外來詞等詞用性異文。句用性異文主

---

① 李玲《〈經律異相〉所引北傳四阿含經與其原經異文研究》，南京師範大學碩士學位論文，2020年。
② 劉征、鄭振峰《北齊石刻〈佛説孛經〉與傳世〈佛説孛經抄〉異文研究》，《民俗典籍文字研究》，2020年第1期。
③ 邵亦秋《〈經律異相〉所引譬喻類經與其原經異文研究》，南京師範大學碩士學位論文，2020年。

要表現爲省略主語、賓語、定語、狀語、補語及句末語氣詞的句法成分的省略，句式的選擇，句子内部結構的變化等。語篇功能性異文主要表現爲銜接手段的對比，前景信息與背景信息的組織，敘述方法的不同等。《經律異相》引譬喻類經異文語料具有重要的文獻學、語言學、佛教文化學研究價值。

劉曉興《〈經律異相〉異文考證》①認爲，《經律異相》存有多種版本，不同版本之間又存在大量異文。論文在《經律異相校注》一書的基礎上，結合所引原佛經、相關詞語的詞義、相關詞語的使用時代性等多重證據，對該書的部分異文進行了分類整理、考正。《經律異相》的錯誤異文可分爲如下幾類：其一，因字形相近而誤的異文，如"惡"誤作"要"；其二，受上下文文字影響而誤的異文，如"時"受上文"知"字影響誤作"知"；其三，誤脫、誤衍、誤倒的異文，如"優曇缽"誤倒作"優缽曇"；其四，其他類異文，如"耆""老"義同，故"年耆"誤作"年老"，這屬於同義詞的錯誤替換。

劉曉興《〈經律異相〉異文梳理與字詞研究》②認爲，提要字形訛混、使用音借字、使用俗字、文字錯序、文字誤增等導致不同版本的《經律異相》中產生了大量異文。通過梳理原文與異文所用字詞的關係，可以對《經律異相》的異文進行甄辨，從而恢復該書原貌。另外，梳理《經律異相》原文、異文以及與此相關的文獻所用字詞的關係，可以爲中古漢語字詞關係研究提供幫助。

劉曉興《〈經律異相〉形訛類異文辨析》③將《大正藏》《資福藏》《磧砂藏》《普寧藏》《永樂南藏》《徑山藏》《清藏》等版本進行對勘，認爲《經律異相》的異文可分爲兩類，一是因構件相似而訛混的異文，二是因正字相似而訛混的異文，並結合佛經上下文意對這些形訛異文進行校勘，求其正字、正解，以求恢復《經律異相》的文本原貌。

4. 多經異文研究

劉桐妃《"净土三經"異文研究——以和刻本〈標注净土三部經〉和〈大正藏〉〈龍藏〉所收錄的"净土三經"爲例》④立足於和刻本《標注净土三部經》，並與《大正藏》《乾隆大藏經》同經進行比較，得出異文材料，繼而對該經異文材料進行分類比較、考辨。認爲《標注净土三部經》的異文包括異體

---

① 劉曉興《〈經律異相〉異文考證》，《寧夏大學學報（人文社會科學版）》，2021年第5期。
② 劉曉興《〈經律異相〉異文梳理與字詞研究》，《漢字漢語研究》，2022年第2期。
③ 劉曉興《〈經律異相〉形訛類異文辨析》，《溫州大學學報（社會科學版）》，2022年第6期。
④ 劉桐妃《"净土三經"異文研究——以和刻本〈標注净土三部經〉和《大正藏》〈龍藏〉所收錄的"净土三經"爲例》，吉林大學碩士學位論文，2020年。

字、通假字、古今字、訛字等字層面的異文,同義詞、倒序詞、外來詞、量詞、數詞、聯綿詞等詞和短語層面的異文,訛文、脫文、衍文、倒文等句和段層面的異文。

曾少林、鄭賢章《漢文佛典疑難異文考辨》①利用敦煌佛經寫卷,與傳世漢譯佛經《沙彌十戒法並威儀》《大般涅槃經》《大方廣佛華嚴經》《四分比丘尼戒本》及《佛説佛名經》(三十卷本)進行互校,考訂部分疑難異文,並梳理其發展軌迹。

丁慶剛《中古律部漢譯佛經異文考辨》②在《大正藏》《資福藏》《普寧藏》《嘉興藏》《正倉院聖語藏》《中華大藏經》不同藏經版本對勘的基礎上,擷取《大正藏》本中古律部漢譯佛經的《十誦律》《摩訶僧祇律》《五分律》中的九則異文進行考辨,爲佛經語言研究和佛典文獻釋讀提供準確可靠的語料。

5. 佛經音義與經録異文研究

姜良芝《玄應〈一切經音義〉異文研究》③研究玄應《一切經音義》版本比勘得出的異體字、通假字、古今字、同義詞、同源詞異文,並指出異文研究要注意的幾個問題。耿銘《玄應〈衆經音義〉異文研究》④對《玄應音義》的《麗藏》本、《磧砂藏》本、《慧琳音義》的轉録本等版本異文進行梳理,研究佛經音義目録、版本傳承、文字演變、佛典研究等四個方面。禹建華《〈法苑珠林〉異文研究》⑤以《大正藏》爲底本,參之以中華書局本、《永樂北藏》本,重點提取112組異文詞語進行考察,以補苴《漢語大詞典》。

孫建偉《〈慧琳音義〉版本異文考論》⑥認爲,《慧琳音義》版本間的異文現象可分爲兩類:一是由於刊刻、用字習慣等因素造成的相對成系統的版本異文,這類異文具有可類推性;二是由於異體字或是疏於校理誤字而造成的非系統性版本異文,這類異文不具有類推性。《慧琳音義》刊刻流傳的單向性決定了版本異文現象主要由"抄寫"造成。

王健潔《正續〈一切經音義〉異文正訛關係考探》⑦將高麗本、頻伽精舍

---

① 曾少林、鄭賢章《漢文佛典疑難異文考辨》,《古漢語研究》,2019年第3期。
② 丁慶剛《中古律部漢譯佛經異文考辨》,《新疆大學學報(哲學・人文社會科學版)》,2019年第6期。
③ 姜良芝《玄應〈一切經音義〉異文研究》,浙江大學碩士學位論文,2008年。
④ 耿銘《玄應〈衆經音義〉異文研究》,上海師範大學博士學位論文,2008年。
⑤ 禹建華《〈法苑珠林〉異文研究》,湖南師範大學博士學位論文,2011年。
⑥ 孫建偉《〈慧琳音義〉版本異文考論》,《民俗典籍文字研究》,2018年第1期。
⑦ 王健潔《正續〈一切經音義〉異文正訛關係考探》,《遼寧工業大學學報(社會科學版)》,2020年第1期。

本的正續《一切經音義》進行比勘出異文材料，並用石刻等文獻材料對異文字形進行考校，對《正續〈一切經音義〉》因形體訛誤導致的異文進行梳理，認爲因筆畫增加、筆畫減少和筆畫改變而導致筆畫層面的訛誤，構件形似和構件增改導致的構件層面的訛誤，整字字形、字音等造成的整字層面的訛誤。王健潔《正續〈一切經音義〉異文中之正訛字研究》①通過對比高麗本、頻伽精舍本的慧琳《一切經音義》和希麟《一切經音義》，得到正訛字材料共2 853組，這些異文主要受字形相近、讀音相近、字義相通、異體、有目的改換等因素影響形成。致誤類型同於前文。比較表明，在精審程度上，高麗本高於頻伽精舍本；在文獻轉録上，頻伽精舍本更精審。但二者均存在訛誤現象。

　　吴成洋《慧琳〈一切經音義〉異文考證十五則》②結合佛典文獻、傳世字書、傳世文集等材料，對慧琳《一切經音義》中的15條異文材料進行校勘與辨析，以圖還原佛經音義被釋"條目"原貌。

　　張國良、劉樂《〈雜寶藏經〉同義詞異文校讀釋例》③以《麗藏》本《雜寶藏經》爲底本，與《趙城金藏》、敦煌寫經、佛經音義、唐前引文、《毗盧藏》進行比勘，分析其中10條同義替换類異文，認爲《高麗藏》在刊刻之前，整理者使用同義詞替代以前抄本或刻本佛典中的相應詞語，目的在於使譯經語言更加通俗易懂，或更加符合譯經時代和譯經者的語言習慣。

　　辛睿龍《高麗新藏本可洪〈廣弘明集音義〉異文用字校勘舉例》④利用傳世佛典文獻、字書、史部、子部、集部等文獻材料，從可洪所見異本異文校勘例、所引他書異文校勘例、注釋異文校勘例、其他音義注釋異文校勘例、異文用字綜合訛誤校勘例等五個方面，對高麗新藏本可洪《廣弘明集音義》異文用字中存在的傳刻失誤文字進行校勘。

6. 其他佛典異文研究

　　陳家春《〈景德傳燈録〉異文辨正》⑤以《佛藏輯要》爲底本，與《大正藏》、《中華大藏經》、《四部叢刊》三編本、成都古籍書店本、上海書店本、海南出版社本等版本進行對校，辨正《景德傳燈録》傳本中24條形誤、3條缺

---

① 王健潔《正續〈一切經音義〉異文中之正訛字研究》，渤海大學碩士學位論文，2020年。
② 吴成洋《慧琳〈一切經音義〉異文考證十五則》，《重慶師範大學學報（社會科學版）》，2021年第2期。
③ 張國良、劉樂《〈雜寶藏經〉同義詞異文校讀釋例》，《南華大學學報（社會科學版）》，2021年第6期。
④ 辛睿龍《高麗新藏本可洪〈廣弘明集音義〉異文用字校勘舉例》，《西南交通大學學報（社會科學版）》，2022年第1期。
⑤ 陳家春《〈景德傳燈録〉異文辨正》，《合肥師範學院學報》，2016年第1期。

文、1 條衍文和 1 條顛倒用例。

辛睿龍《〈大唐西域記〉異文考辨》①以《大唐西域記校注》的版本異文和《慧琳音義》《可洪音義》的引用異文爲材料，利用文獻學、訓詁學、辭書學等方面的知識，對《大唐西域記》中的 12 條異文進行考辨。

余棗焱《〈大唐西域求法高僧傳〉版本異文研究》②以《磧砂藏》爲考校底本，參校《金藏》《高麗藏》《洪武南藏》《永樂北藏》《乾隆藏》《大正藏》、王邦維校注等代表性版本，同時參照《慧琳音義》，運用訓詁學、版本學、文字學等理論知識對異文進行分類、考辨，深入探究版本異文情況。認爲《大唐西域求法高僧傳》中的異文可分爲字（異體字、正俗字、繁簡字、訛字、避諱字）、詞（近義詞、記音詞、倒序詞、數字詞）、句（訛、脫、衍、倒）三個層面，並結合古籍、字典、相關研究資料，考證該傳中的重要異文材料。

丁慶剛《〈比丘尼傳校注〉異文考辨》③廣泛利用佛典文獻，並結合世俗文獻、字書等，對王孺童撰《比丘尼傳校注》中的 12 處異文進行考辨。

7. 佛經異文理論研究

譚翠《敦煌文獻與佛經異文研究釋例》④立足於出土文獻敦煌寫卷佛經與傳世文獻《大正藏》《中華大藏經》《影印磧砂藏》以及佛經音義等材料，對唐菩提流志譯《大寶積經》等七部佛經裏的異文進行考辨，認爲敦煌文獻中存有大量寫本佛經和音義材料，往往能提供一些與現行刻本大藏經不同的異文形式，對於現在漢文佛經的校勘整理具有重要的資料價值。

王紹峰《初唐佛典異文類例》⑤認爲，初唐佛典異文包括武周新字、避諱、通假、同義詞近義詞替換、新構字、偏旁脫落、增符、筆畫丟失、偏旁訛誤、整體字形形近而訛等十類。這些異文對於佛典文獻的校理，對於文字學、訓詁學的研究都十分寶貴。

李薛妃《佛經異文研究要注意的幾個問題》⑥認爲，整理佛經異文，要選用近於早期佛經面貌的版本，精通佛理，綜合運用文獻學知識，正確釋讀文字，破通假。由此可整理出一個離祖本較近的研究文本。

---

① 辛睿龍《〈大唐西域記〉異文考辨》，《唐山學院學報》，2016 年第 2 期。
② 余棗焱《〈大唐西域求法高僧傳〉版本異文研究》，四川外國語大學碩士學位論文，2017 年。
③ 丁慶剛《〈比丘尼傳校注〉異文考辨》，《青海師範大學學報（哲學社會科學版）》，2017 年第 3 期。
④ 譚翠《敦煌文獻與佛經異文研究釋例》，《古籍研究》，2017 年第 2 期。
⑤ 王紹峰《初唐佛典異文類例》，《湖州師範學院學報》，2017 年第 9 期。
⑥ 李薛妃《佛經異文研究要注意的幾個問題》，《西華師範大學學報（哲學社會科學版）》，2016 年第 4 期。

真大成《中古譯經異文所反映的"一詞多形"現象》①認爲,中古時期的佛教漢文譯經的異文存在大量的"一詞多形"現象。按照形成原因,這些"一詞多形"可分爲異體造成、通假造成、分化和孳乳造成、多種因素造成等四類。真大成《漢譯佛經異文所反映的"一詞多形""一形多詞"現象初探》②指出,漢譯佛經異文裏的"一詞多形"由異體、通假、分化、訛混或多種成因綜合形成;而其中的"一形多詞"現象則由通假、變異(同形字)、分化或多種成因綜合形成。

劉曉興《類書異文研究的多重證據法——以〈經律異相〉爲例》③利用敦煌寫卷、日本古寫經、所引原佛經以及語言文字學材料等多重證據法,對現存最早佛教類書《經律異相》的異文進行系統地研究與整理。可以解決早期版本可能存在的各種訛誤。同時,論文用多重證據法對《經律異相》的8條異文進行考辨。

邊田鋼《考辨佛經異文應當重視佛經音義——以〈六度集經〉〈可洪音義〉異文比勘爲例》④認爲,《可洪音義》等佛經音義不但記録著時代更早的佛經異文,而且藴藏著精深的考訂意見。利用這些佛經音義考證《六度集經》的異文,認爲"掬尋""襃裏""搏矢"分別爲"探尋""襃裹""攜矢"的形訛,"魃魃"當讀爲"妖魖"。同時還要從語言學的角度,認真考辨不同佛經音義之間的分歧。

三、小結

房山石經的研究經過了明清時期對房山和房山石經的初步介紹,日本學者的介紹與初步研究,出土、公佈資料,全面研究四個階段。而全面研究階段又可以細分爲對房山雲居寺及其石經的介紹、刻經研究、價值研究、文獻整理及研究、宗教研究、題記研究、刻工研究、地名考、對房山石經保護措施的研究以及雲居寺的修復工作、書法研究、醫藥研究、語言文字研究12種類別,這説明"房山學"的研究真正走向繁榮時期,但相較而言,各部類的研究發展不均衡,還有若干領域的研究没有展開。

對石刻佛典異文的研究尚未全面展開,已有佛經異文研究成果主要立

---

① 真大成《中古譯經異文所反映的"一詞多形"現象》,《漢語史學報》,2018年第1期。
② 真大成《漢譯佛經異文所反映的"一詞多形""一形多詞"現象初探》,《文史》,2019年第2期。
③ 劉曉興《類書異文研究的多重證據法——以〈經律異相〉爲例》,《古籍研究》,2019年第2期。
④ 邊田鋼《考辨佛經異文應當重視佛經音義——以〈六度集經〉〈可洪音義〉異文比勘爲例》,《浙江大學學報(人文社會科學版)》,2022年第5期。

足於敦煌寫卷或《大正藏》，涉及石刻材料的研究並不多。這給我們留下了進一步研究的空間。

本書以唐刻房山石經爲底本，以其與《中華大藏經》、《高麗大藏經》、《大正藏》、敦煌寫卷相比勘而輯出的異文爲研究對象，從異體字、假借字、同源詞、同義詞、相互正誤等幾方面展開研究，研究並揭示隋唐刻房山石經的文獻、文字、語言價值及規律。

第四節 研究材料

一、主要材料

本書使用的材料爲中國佛教協會主編，華夏出版社 2000 年出版的《房山石經》第 1—5 册隋唐刻經。

石經共 236 部，從譯經時間來看，東漢 13 部、曹魏 1 部、吳 13 部、西晉 29 部、東晉 11 部、前秦 1 部、後秦 19 部、北涼 2 部、北魏 17 部、宋 23 部、齊 1 部、梁 2 部、陳 2 部、隋 8 部、唐 55 部、失譯經 39 部。從譯經者看，共 49 人：東漢安世高、支婁迦讖、曹魏曇諦、吳支謙、西晉竺法護、法炬、白法祖、道真、若羅嚴、東晉佛陀跋陀羅、帛尸梨密多羅、竺難提、曇無蘭、前秦竺佛念、後秦鳩摩羅什、佛陀耶舍、北涼曇無讖、法盛、北魏慧覺、菩提流支、佛陀扇多、瞿曇般若流支、法場、宋慧嚴、求那跋陀羅、求那跋陀摩、沮渠京聲、先公、畺良耶舍、惠簡、齊曇摩伽陀耶舍、梁曼陀羅仙、僧伽婆羅、陳月婆首那、真諦、隋那連提黎耶舍、闍那崛多、唐玄奘、地婆訶羅、佛陀波利、實叉難陀、寶思惟、菩提留志、智嚴、金剛智、不空、義净、惹那跋陀摩、法月。從異文所涉及的佛經看，這些譯經，其中 226 部僅選刻其中的一個片段，或抄刻次數較多，異文也較爲豐富，或抄刻次數較少，異文也較少，本書僅是選取其中有豐富異文材料與研究價值的部分予以研究。

二、對比材料

黃永武主編《敦煌寶藏》(1—55 册)，新文豐出版公司，1981 年。

上海古籍出版社、法國國家圖書館編《法藏敦煌西域文獻》，上海古籍出版社，1995—2005 年。

俄羅斯科學院東方研究所聖彼得堡分所、俄羅斯科學出版社東方文學部、上海古籍出版社編《俄藏敦煌寫卷》，上海古籍出版社，1992—2001 年。

俄羅斯科學院東方研究所聖彼得堡分所、中國社會科學院民族研究所、上海古籍出版社編《俄藏黑水城文獻》，上海古籍出版社，1996—1998年。

中國國家圖書館編《國家圖書館藏敦煌遺書》，北京圖書館出版社，2005—2012年。

段文傑主編《甘肅藏敦煌寫卷》，甘肅人民出版社，1999年。

彭金章、王建軍、敦煌研究院編《敦煌莫高窟北區石窟》，文物出版社，2000—2004年。

北京大學圖書館、上海古籍出版社編《北京大學藏敦煌寫卷》，上海古籍出版社，1995—1998年。

上海古籍出版社、上海博物館編《上海博物館藏敦煌吐魯番文獻》，上海古籍出版社，1993年。

上海圖書館、上海古籍出版社編《上海圖書館藏敦煌吐魯番文獻》，上海古籍出版社，1999年。

上海古籍出版社、天津藝術博物館編《天津藝術博物館藏敦煌寫卷》，上海古籍出版社，1996—1998年。

中華大藏經編輯局編《中華大藏經（漢文部分）》，中華書局，1984—1997年。

高麗大藏經編輯委員會編《高麗大藏經》，綫裝書局，2004年。

小野玄妙等編《大正新修大藏經》，大正一切經刊行會出版，1934年。

三、參考材料

慈怡主編《佛光大辭典》，佛光出版社，1988年。
徐時儀校注《一切經音義三種校本合刊》，上海古籍出版社，2008年。
毛遠明《漢魏六朝碑刻校注》，綫裝書局，2008年。
毛遠明編著《漢魏六朝碑刻異體字字庫》（未刊）。
黄征《敦煌俗字典》，上海教育出版社，2005年。

第五節 研究方法與步驟、正文凡例

一、研究方法

1. 出土文獻與傳世文獻相結合的"二重證據法"

作爲出土文獻的石經、敦煌寫卷，與作爲傳世文獻的《中華大藏經》《高麗大藏經》《大正新修大藏經》版本不同,各有正誤。以石經與其他幾種文獻二重互證、互正,爲石刻佛經的文本整理提供資料,爲大藏經的校理提供資料。

2. 語言文字學與佛學的研究相結合

房山石經是佛教文獻,反映南北朝隋唐等幾個歷史時期的語言面貌,且又反映唐代的文字使用面貌,對該時段語言文字的研究有重要價值。經内容體現佛學的哲學理念,祗有結合佛教名物、佛理等知識,纔能釐清佛典文意,決定異文的是非和取捨,從而最終勘正房山石經與傳世佛典。這些漢譯佛經用漢語表達,漢字記錄,因此要把漢語文字學與佛學結合起來進行研究。

3. 共時研究與歷時研究相結合

隋唐刻房山石經與同名佛經異文所用的漢字字形材料來源於不同歷史時期,其文字字形有繼承,也有變異,還有創新。不同異體又幾乎同時地出現在這一時期的刻經中。祗有把共時與歷時研究相結合起來,纔能揭示字形演變源流及發展規律,找出異文的共同點和不同點,爲版本的確定提供支持。

4. 描寫與解釋相結合

隋唐刻房山石經與同名佛經異文材料非常複雜,要想真實地反映其異文語言、文字面貌,祗有通過細緻地描寫纔能够展示佛經異文的面貌,揭示其價值與不足之處。解釋則是對佛經異文的文字和詞彙規律的闡釋,是現象背後規律的揭示,也是展示佛經異文材料價值的終極手段。

二、研究步驟

第一步,整理出房山石經譯經人及其譯經目錄。利用歷代傳世經錄與《二十二種大藏經通檢》,利用《中華大藏經》《大正新修大藏經》等經文内容,考訂房山石經内容,校訂並整理出譯經人及其所譯佛經名錄。

第二步,釋讀房山石經拓片,整理出文本。按照譯經人的時代順序,釋讀石經拓片,移録經文,整理出房山石經經文及刻經記釋文文本,能反映時代特點的字形,使用抓圖工具直接截圖,以真實地存留字形原貌,便於研究時的字形比對。

第三步,文本比勘,整理出異文材料。把隋唐刻石經與敦煌寫卷、《中華大藏經》、《高麗大藏經》、《大正新修大藏經》等作比對,整理出異文文本,並在相應的異文材料後面寫出校記。

第四步,研究房山石經的文獻價值及其不足。從文獻角度研究房山石經的校勘價值,以房山石經校正敦煌寫卷、《中華大藏經》、《高麗大藏經》、《大正新修大藏經》等,同時,以敦煌寫卷等校正房山石經,以較爲全面地反映出房山石經的版本價值及不足等。

第五步,研究房山石經的語言、文字價值。本書從異體字、假借字等兩方面研究異文文字,從同源詞、同義詞等兩方面研究異文詞彙。從文字、詞彙的角度研究佛經異文,分別探討房山石經的文字、詞彙價值。

三、正文凡例

1. 本書整體採用詞條加按語的形式展開,先出詞條及其出處例句,按語中先出異文,次以分析。

2. 例句中的異文下用下劃綫以示强調。

3. 除被討論字外,本書全部使用通行繁體字。

4. 古文字來源:

（1）甲骨文字形來源於劉釗等主編的《新甲骨文編》,並參之以《漢語大字典》《古文字詁林》等説解。

（2）金文字形來源於容庚主編的《金文編》。

（3）戰國古文採用何家興博士學位論文《戰國文字分域研究》。

（4）小篆採用大徐本《説文》小篆字形。

5. 簡稱

（1）《房山石經》簡稱石經,石經 3.560 意爲《房山石經》第 3 册第 560 頁。

（2）《高麗大藏經》簡稱麗藏本;《中華大藏經》以採用的實際版本爲依據,分別標以金藏廣勝寺本、清藏本、麗藏本等;《大正新修大藏經》簡稱《大正藏》。

（3）敦煌文獻均用符號標注收藏機構:

① "S."指英國國家圖書館藏斯坦因（M. A. Stein）編號的敦煌寫卷。

② "Ch."指英國印度事務部圖書館藏的斯坦因所獲敦煌寫卷。

③ "P."指法國國家圖書館藏伯希和（P. Pelliot）編號的敦煌寫卷。

④ "Дx"指俄羅斯科學院東方研究所聖彼德堡分所藏敦煌寫卷。

⑤ "Ф"指俄藏弗魯格編號的敦煌寫卷。

⑥ "TK"指俄藏黑水城文獻。

⑦ "BD"指中國國家圖書館藏的敦煌寫卷。

⑧ "北大 D"指北京大學圖書館藏的敦煌寫卷。

⑨ "上圖"指上海圖書館藏敦煌吐魯番寫卷。

⑩ "上博"指上海博物館藏敦煌吐魯番寫卷。
⑪ "津藝"指天津藝術博物館藏敦煌寫卷。
⑫ 甘肅藏敦煌寫卷以實際藏地敦研、甘博、敦博、酒博、甘圖、西北師大等開頭,分別編目排序。

第一章　異體字異文

異體字，"是人們爲語言中同一個詞造的幾個形體不同的字，這些字意義完全相同，可以互相替换"。[①] 這類異體字是狹義異體字。廣義的異體字還包括祇有部分用法相同的字。本書祇討論狹義異體字。

異體字是異字同詞現象，也是漢字表意文字性質的必然結果：可以使用不同的造字方法爲同一個詞造字。加之以漢字是世界上未經中斷的文字之一，古今漢字可以共現，這使得漢字成爲一個巨大的歷史堆積物，數量龐大，其最重要的表現就是異體字數量繁多。

本書討論的異體字，是在狹義異體字的前提下展開研究，既包括歷時異體字，又包括共時異體字。這裏所説的歷時異體字，不是甲、金、篆、隸、楷等字體上的異體，而是指"宍""肉"、"裦""袖"、"萬""万"等異體字。過去，"宍""肉"被稱爲古今字，"裦""袖"、"萬""万"分別被稱爲正、俗字。本書還研究包括没有被溝通異體關係的"著""着"、"蓋""盖"、"閒""間"等異體字。

關於異體字的分類標準，研究者都在試圖找到不會產生交叉的那個標準，這是最理想的做法。因爲從分類學的角度看，不統一的分類標準所作出的分類結果是不徹底的，也是不科學的。但漢字異體字來源多途，形成時間不一，往往是多種因素共同作用的結果，或是某一個因素起主要作用，或是幾個因素共同起作用。而單一因素形成者祇是其中的一部分，難以統轄與涵蓋多種因素形成者。鑒於漢字異體字來源多途，我們的分類標準有部分交叉，在每一個具體類型下，祇是側重某一重要形成因素。因此會出現某一例既適合於此類，又適合於彼類的情況。

關於異體字的類型，前賢時修已有研究，就目前情況看，王寧、張涌泉、黄征、毛遠明等的分類標準多爲學界所使用。王寧把異體字分爲異構字和異寫字兩類，異構字有"因構形模式不同而形成的異構字"和"構形模式相

[①] 蔣紹愚《古漢語詞彙綱要》，北京大學出版社，1989年，第190頁。

同,構件不同的異構字"兩類;異寫字有"構件寫法變異造成的異寫字"和"構件位置不固定造成的異寫字"兩類。① 張涌泉立足敦煌文獻,把漢語俗字分爲增加意符、省略意符、改換意符、類化、簡省、增繁、音近更替、變換結構、異形借用、書寫變異、全體創造、合文等十三類。② 黄征把敦煌俗字分爲類化俗字、簡化俗字、繁化俗字、位移俗字、避諱俗字、隸變俗字、楷化俗字、新造六書俗字、混用俗字、準俗字等十大類。③ 毛遠明分漢魏六朝碑刻異體字爲十六種類型:源於古文字、簡省、增繁、同化、異化、改換、記號化、構件重疊符號替代、構件位移、訛混、造字思路和方法不同、行草書楷化、同音替代、文字内部重組而爲異體、符號轉寫、合文等十六種。④

上述分類標準,各具特色。但總的看來,其分類標準都有交叉,都没能拿出一個一刀切的方案。這是由於異體字成因的多樣性造成。我們根據房山石經與傳世文獻、敦煌文獻異文的不同,參酌毛遠明的分類標準,把異文中的異體字分爲源於古文字、省簡、增繁、異化、訛混、改換、類化、位移、避諱字、武周新字、卦象符號成字等十一種類型加以討論。在每一類型下,重點討論該類型最主要的特徵,其他特徵順帶而及,與討論對象關係甚遠者則置而不論。

第一節　源於古文字

古文字,指整字或者構件最早出現於甲骨文、金文、戰國古文、小篆、古隸書等古文字中的漢字。其形體均以隸古定的形式出現。

一、源於甲骨文⑤

【邑:㠯】

東晉帛尸梨蜜多羅譯《佛説灌頂章句拔除過罪生死得度經》卷十二:"若城邑聚落空閑林中。"

按:"邑",BD02791 作㠯;石經 3.2 作邑,BD03407 作㠯,BD03306 作

---

① 王寧《漢字學概要》,北京師範大學出版社,2001 年。
② 張涌泉《漢語俗字研究(增訂版)》,商務印書館,2010 年,第 44—121 頁。
③ 黄征《敦煌俗字典》,上海教育出版社,2005 年,第 20—33 頁。
④ 毛遠明《漢魏六朝碑刻異體字研究》,商務印書館,2012 年,第 71—232 頁。
⑤ 本節所採用的甲骨文字形,均來源於劉釗、洪颺、張欣俊編著《新甲骨文編(增訂本)》,福建人民出版,2014 年。

邑，BD03567作邑，麗藏本、《大正藏》俱作"邑"。

《説文·邑部》："邑，國也。从口。先王之制，尊卑有大小，从卪。""邑"，甲骨文作🔲合19851正、🔲合7868、🔲H11:42西周；金文作🔲矢簋、🔲齊侯壺。秦隸作🔲秦陶文、🔲睡虎地簡二四·二九，漢隸作🔲居延簡甲七一三、🔲禮器碑。"邑"由甲骨文字字形相沿而來，後世承用。

【棄：弃、𠔃】

（1）後秦佛陀耶舍譯《四分大尼戒本》："不得洗鉢水棄白衣舍內式叉迦羅尼。"

按："棄"，石經2.383作"棄"，S.0440、P.2310、北大D088、津藝087（77·5·4430）俱作"弃"。

"弃"，甲骨文作🔲合21430，是字形🔲合8451的省簡，這是上古時期棄嬰現象的真實反映。戰國文字承之，郭店楚簡作🔲老子甲本1，上博簡二作🔲容3，上博簡六作🔲莊7。所以，許慎"🔲，古文棄"的結論是對的。漢魏六朝碑刻文獻承之，北周《二聖廟碑》："遂弃父母髮膚，□□□仙宮祈雨，不覺神情心醉，魂識如癡，□景緣生，許願立碑於本宅。"

他例如，後秦佛陀耶舍譯《四分大尼戒本》"欲除八棄法，及滅僧殘法"，石經2.376作"棄"，P.2310、北大D088、金藏廣勝寺本、麗藏本俱作"弃"。唐義淨譯《佛説無常經》"親知咸棄舍，任黑繩牽去"，"棄"，BD01063作弃，BD01367作弃，S.311作弃，S.2540作弃，S.3887作弃，S.4713作弃，S.5160作弃，S.5447作弃，P.3924作弃，TK137作弃，TK323作弃；BD03554作棄，BD03608作棄，BD03874作棄，酒博013作棄，北大D093作棄，津藝193（77·5·4532）作棄，津藝202（77·5·4541）作棄；S.0153、S.1479、S.2926、S.4007、S.4164、S.4529、麗藏本、《大正藏》俱作"棄"。

（2）後秦鳩摩羅什譯《佛説彌勒下生成佛經》："此四大藏及諸小藏自然涌出，形如蓮花，無央數人皆共往觀。是時衆寶无守護者，衆人見之心不貪著。棄之於地猶如瓦石草木土塊，時人見者皆生厭心而作是念。"

按："棄"，BD00967作𠔃，BD05812作𠔃，BD00992作棄，BD03532作棄，BD03952作棄，P.2071作棄，石經1.130、2.407、2.408、3.434、麗藏本、《大正藏》俱作"棄"。

由上分析可知，"棄"，甲骨文作🔲合8451。"棄"古文字形上部構件"🔲"隸定變異作"去"，下部構件"🔲"隸定變異作"共"，遂有字形棄，再進一步變異，作𠔃。這兩個字形《漢語大字典》均未收，可據補。

【明：朙】

失譯人《現在賢劫千佛名經》："朙炎佛。"

按："明"，石經1.109作朙，S.4601作朙；北大D079作明。

《說文·明部》："朙，照也。從月，從囧。明，古文朙從日。"《正字通·目部》："明，田藝蘅曰：'古皆從日月爲明，漢乃從目作明。'"甲骨文作⊙合21037、日合7055正、合6073反、合11708正、日合16057、日合18726正、日合19411，上述圖片最後兩個即爲"明"，其左邊構件" "，隸定作"目"。秦簡字形相承作明睡虎地秦簡日書206、明周家臺秦簡249。碑刻承之，魏景元三年（262）《陳蘊山墓誌》作明，西晉咸寧四年（278）《臨辟雍碑》作明。

他例如，同前石經1.109"衆朙佛"，S.4601作朙，S.6485作朙，北大D079作明；1.109"電朙佛"，S.4601作朙，北大D079作明；1.109"朙讚佛"，S.1238作朙，S.4601作朙，S.6485作朙，北大D079作明；1.110"照朙佛"，S.1238作朙，S.4601作朙，S.6485作朙，北大D079作明；1.110"朙意佛"，S.1238作朙，S.4601作朙，S.6485作朙，北大D079作明；1.110"世朙佛"，S.1238作朙，S.1238作朙，S.6485作朙，北大D079作明。又如，後秦佛陀耶舍譯《四分大尼戒本》"若比丘尼至白衣舍。語主人敷座數數止宿。明日不辭主人而去。波逸提"，"明"，石經2.381作朙，北大D088作明，津藝087（77·5·4430）作朙。

【退：退】

東晉帛尸梨蜜多羅譯《佛說灌頂章句拔除過罪生死得度經》卷十二："得聞說是藥師琉璃光如來名字者，魔家眷屬退散馳走，如是無量拔衆生苦。"

按："退"，P.2178V⁰作退；石經3.2作退，P.4027V⁰作退，Дх03223作退，S.1968作退，BD00032作退，BD000317作退，BD00602作退，BD00848作退，BD01495作退，BD02656作退，BD02791作退，BD03407作退，BD01414、麗藏本、《大正藏》亦作"退"。

《玉篇·辵部》："退，卻也，去也。"漢簡作退武威簡·有司六，漢碑作退衡方碑，BD01495作退，BD03407作退，皆爲漢隸字形孑遺。"退"，甲骨文字形佚882作 ，《合集》34119作 ，從皀（簋的初文）、從夊，會祭祀飲食完畢，把食器退下之義，爲會意字。金文加形"彳"或"辵"，《天亡簋》作 ，《中山王𫰧方壺》作 ，《說文》古文作退，隸作"退"，爲形聲兼會意字。故"退"與"退"同，"退"爲古文字 的隸定。

二、源於金文①

【飾：餝】

後秦佛陀耶舍譯《四分大尼戒本》："若比丘尼作大房,户排窗牖及餘莊餝具,指授覆苫齊二三節,若過者,波逸提。"

按："餝",石經 2.379 作"餝",S.0440、P.2310、北大 D088、津藝 087(77·5·4430)、Φ156、金藏廣勝寺本、《大正藏》俱作"飾"。

《説文·巾部》："飾,刷也。从巾、从人,食聲。"馬敘倫引管禮耕云:"从巾,飤聲。"②《玉篇·食部》："飾,修飾也。餝,同上,俗。"《字彙·食部》："餝,同飾。"金文作[字形]默簋,戰國文字作[字形]詛楚文,金文字形隸定異化,即爲"[字形]",字見東漢永元八年(96)《孟璇殘碑》;構件"冖"變異爲"卄",即成爲[字形]桐柏淮源廟碑、[字形]南朝梁蕭融太妃王慕韶墓誌。

他例如,西晉竺法護譯《佛説鴦掘摩經》："人取一指以爲傅飾","飾",石經 3.385 作[字形],金藏廣勝寺本、麗藏本、《大正藏》俱作"飾"。後秦鳩摩羅什譯《佛説彌勒下生成佛經》"端嚴殊妙莊飾清淨,福德之人充滿福德人故豐樂安隱","飾",石經 3.434 作[字形],BD00967 作[字形],BD05812 作[字形],P.2071 作[字形];BD00393 作[字形],BD03532 作[字形],麗藏本、《大正藏》俱作"飾"。後秦鳩摩羅什譯《佛臨般涅槃略説教戒經》"汝等比丘,當自摩頭。以捨飾好著壞色衣,執持應器以乞自活","飾",石經 3.380 作[字形],BD00696 作[字形],BD05468 作[字形],BD05847 作[字形],P.2290 作[字形];BD03355 作[字形],麗藏本、《大正藏》俱作"飾"。

【萬：万】

失譯人《現在賢劫千佛名經》："亦得八万四千波羅密門、諸三昧門、陁羅尼門者不。"

按："万",石經 1.109 作"万",麗藏本作"万",清藏本、《大正藏》俱作"萬"。"萬",甲骨文作[字形]乙一二五、[字形]前三·三〇·五,金文作[字形]仲簋、[字形]辛鼎、[字形]翏簋,爲"蠆"的本字,後借以記錄數字"萬"。"万"字形體始見於戰國璽文。戰國時期,"千萬"連用時,"萬"多爲簡體,因璽文文字講究藝術美,"千"字形體簡單,爲求形式對稱,筆法簡易,"萬"寫作簡體。"千"由"人"

----

① 本節所採用的金文字形,部分來源於容庚編著,張振林、馬國權摹補《金文編》,中華書局,1985 年;部分來源於《漢語大字典(第二版)》。
② 馬敘倫《説文解字六書疏證》(四),上海書店出版社,1985 年,卷十四第 130 頁。

字發展而來，連類而及到"萬"字，借人形表簡體。① 古鉢作〖字〗，漢印承之作〖字〗、〖字〗，作〖字〗等。"万""萬"爲異體字關係。

他例如，南朝宋沮渠京聲譯《佛説觀彌勒菩薩上生兜率天經》"一一欄楯万億梵摩尼寶所共合成"，"万"，石經 3.560 作〖字〗，石經 2.405 作〖字〗，石經 3.379②作〖字〗，石經 3.432 作〖字〗，BD04049 作〖字〗，BD04161 作〖字〗，S.5555 作〖字〗，P.2373 作〖字〗，TK58 作〖字〗，TK60 作〖字〗，TK81+TK82+TK83 作〖字〗，上圖 004（795017）作〖字〗，麗藏本作〖字〗；石經 1.105 作〖萬〗，P.4535 作〖萬〗，《大正藏》作"萬"。唐義净譯《金光明最勝王經》卷一"復有三萬六千諸藥叉衆，毗沙門天王而爲上首，其名曰菴婆藥叉"，"萬"，BD03170 作〖萬〗，BD03664 作〖萬〗，BD04208 作〖萬〗，BD04381 作〖萬〗，甘博 083 作〖萬〗，BD03863 作〖字〗，BD04578 作〖字〗，BD04953 作〖字〗，BD05239 作〖字〗，BD06025 作〖字〗，BD06514 作〖字〗，上圖 038（812445）作"万"，麗藏本作〖字〗，金藏廣勝寺本作〖字〗。

三、源於戰國古文③

【禮：礼】

北涼法盛譯《佛説菩薩投身飼餓虎起塔因緣經》："佛説是時天龍及人八萬四千皆發無上平等道意，八千比丘漏盡結解得應真道。王及群臣天龍鬼神聞佛所説訖，皆大歡喜礼佛而去。"

按："礼"，石經 2.404 作〖礼〗，麗藏本作〖礼〗，金藏廣勝寺本作"礼"；《大正藏》作"禮"。

《説文·示部》："禮，履也。所以事神致福也。从示，从豊，豊亦聲。〖字〗，古文禮。""礼"，戰國楚文字作〖字〗九里墩鼓座，可見《説文》"〖字〗，古文禮"的判斷非虛。

他例如，南朝宋沮渠京聲譯《佛説觀彌勒菩薩上生兜率天經》"頭面作礼而白佛言"，"礼"，石經 3.560、S.4607、S.5555、P.2373、P.4535、TK58、TK60、TK81+TK82+TK83、TK86、上圖 004（795017）、BD04049、麗藏本俱作"礼"，石經 1.105、《大正藏》俱作"禮"。五代宋初比丘道真譯《佛説救護身命經》"爾時乾闥婆各與眷屬，頂礼佛足一心奉行"，"礼"，石經 3.557 作

---

① 俞欣《"萬"字簡體起源考》，《殷都學刊》，2001 年第 4 期。
② 按：石經 3.379，《房山石經》目錄作"姚秦鳩摩羅什譯"，《大正藏》《中華大藏經》《高麗大藏經》收録該經皆爲沮渠京聲譯，無鳩摩羅什譯本，且幾個版本的内容基本一致，今據《大正藏》等改。
③ 本節所採用的戰國古文字形，均來源於何家興《戰國文字分域研究》，安徽大學博士學位論文，2010 年。

礼，《大正藏》作"禮"。

【婿：𡥅】

東漢安世高譯《佛說長者子懊惱三處經》："婦人黠者有五事應：一者知夫𡥅₁意；二者知夫𡥅₂念不念；三者知所因懷軀；四者別知男女；五者別善惡。"

按："𡥅"，石經 3.615 作"𡥅₁"，《大正藏》作"婿"，麗藏本作𡥅，《中華大藏經》作𡥅。石經 3.615 作"𡥅₂"，《大正藏》作"婿"，麗藏本作𡥅，《中華大藏經》作𡥅。

《說文·士部》："壻，夫也。婿，壻或从女。""婿"，《說文》小篆作𦎍。《方言》卷三："東齊之間，壻謂之倩。""壻"，戰國秦簡作▢雲夢爲吏21、▢雲夢爲吏21，隸定、變形作"𡥅""𡥅"。其中"士"異寫作"工"，"疋"異寫作"几"或"口"，"月（肉）"異寫作"耳"，構件位移，從左右結構的"壻"變爲上下結構的"𡥅""𡥅"。

【異：𢍍】

西晉竺法護譯《佛說鴦掘摩經》："上首弟子名鴦掘摩，儀幹剛猛力超壯士，手能接飛走先奔馬，聰慧才辯志性和雅，安詳敏達一無疑礙，色像第一師所嘉異。"

按："異"，石經 3.385 作𢍍，金藏廣勝寺本、麗藏本、《大正藏》俱作"異"。

《說文·異部》："異，分也。从廾，从畀。畀，予也。"甲骨文作▢合17992、▢合32915，金文作▢盂鼎、▢虢叔鐘，戰國古文作▢三體石經。故石經 3.385 作𢍍，爲戰國古文字形的直接隸定。

【虎：𠂇】

東晉帛尸梨蜜多羅譯《佛說灌頂章句拔除過罪生死得度經》："若入山谷爲虎狼熊羆蕨藜諸獸象，蚖蛇蝮蝎種種雜類。"

按："虎"，石經 3.2 作虎，P.2178V⁰ 作虎，S.1968 作虎，BD00032 作虎，BD00033 作虎，BD00391 作虎，BD00848 作虎，BD01495 作虎，BD02103 作虎，BD02232 作虎，BD02791 作虎，BD02909 作虎，BD03407 作虎，BD03567 作虎，BD03619 作虎，BD000317 作虎；津藝 119（77·5·4458）作虎，BD01397 作虎；BD02435 作虎，BD03143 作虎；麗藏本作虎，《大正藏》作"虎"。

《說文·虎部》："虎，山獸之君。从虍，虎足象人足，象形。"甲骨文作合17849、合28303，象"虎"之形，小篆省簡作[虎]，後世承之作"虎"，這是第一條路綫。第二條發展路綫成變異趨勢，戰國文字作[虎]秦印配72、[虎]珍秦54、[虎]雲夢雜鈔25，漢魏六朝碑刻承之，並向前發展，北魏永安二年(529)《元維墓誌》作[虎]，建義元年(528)《元悌墓誌》作[虎]，日本七寺本《玄應音義》釋《大般涅槃經》作[虎]。上述異文字形多爲其變。

四、源於小篆①

【最：冣】

後秦佛陀耶舍譯《四分大尼戒本》："世間王爲最，衆流海爲最。"

按："最"，石經 2.376 作冣，《大正藏》作"最"；金藏廣勝寺本作[冣]，麗藏本作[冣]，P.2310 作[冣]，北大 D088 作[冣]。

《說文·冃部》："最，犯而取也。从冃，从取。""最"小篆字形作[冣]，上部構件"冃"隸定作"冃"，字形變爲"冣"，往下演變分三條路綫：一是"冣"的構件"又"變異爲"人"，遂有字形"冣"，再省簡掉一橫畫，成爲"冣"；二是構件"冃"變爲"日"，成爲"最"，"日"收縮，調整爲"曰"，字形變爲"最"，"最"的最長橫畫變作"冖"，最終成爲"最"；三是"冣"省簡掉一橫畫作"冣"，"冖"訛混作"宀"，"冣"變作"冣"，再省簡掉一橫畫作"冣"，構件"又"變異爲"人"，"冣"字產生，再異寫作"冣"。其字形變異綫索如下：

$$冣 \to 冣 \nearrow 冣 \to 冣 \\ \to 冣 \to 最 \to 最 \\ \searrow 冣 \to 冣 \to 冣 \to 冣 \to 冣$$

他例如，東晉帛尸梨蜜多羅譯《佛說灌頂隨願往生十方淨土經》"僧次供養無別異想，其福最多無量無邊"，"最"，石經 3.387 作冣，S.0002 作冣，S.0297 作冣，BD01843 作冣，BD03042 作冣，麗藏本作冣。東晉帛尸梨蜜多羅譯《佛說灌頂章句拔除過罪生死得度經》"琴瑟鼓吹如是無量最上音聲"，"最"，石經 3.2 作冣，P.2178V⁰ 作冣，S.1968 作冣，BD00032 作冣，BD00317 作冣，BD00848 作冣，BD01414 作冣，BD01495 作冣，BD02130 作冣，BD02656 作冣，BD02791 作冣，BD02909 作冣，BD03407 作冣，BD03619 作冣，麗藏本作冣，《大正藏》作"最"。南朝宋沮渠京聲譯《佛說觀彌勒菩薩上生兜率天經》"今於此中有千菩薩，最初成佛，名拘留孫"，

---

① 本節所採用的小篆字形，均來源於大徐本《說文》(中華書局，1963 年)。儘管與秦篆有差別，但就現有材料看，應是成系統的小篆代表。

"最",石經 3.379 作▢,石經 3.432 作▢,石經 1.105 作▢,BD02155 作▢,S.5555 作▢,上圖 004(795017)作▢,BD04049 作▢,S.3807 作▢,S.4607 作▢,P.2373 作▢,TK58 作▢,TK81+TK82+TK83 作▢,麗藏本作▢。唐義淨譯《金光明最勝王經》卷一"最勝壽無量,莫能知數者","最",石經 3.536 作▢,BD03852 作▢,BD03852 作▢,BD04208 作▢,BD04381 作▢,BD04578 作▢,BD04667 作▢,BD04900 作▢,BD04953 作▢,BD05239 作▢,上圖 038(812445)作▢,麗藏本作▢,金藏廣勝寺本作▢。同前"金光明最勝王經如來壽量品第二","最",石經 3.536 作▢,BD03852 作▢,BD04208 作▢,BD04381 作▢,BD04578 作▢,BD04667 作▢,BD04900 作▢,BD04953 作▢,BD05239 作▢,BD06025 作▢,S.0032 作▢,P.3042 作▢,上圖 038(812445)作▢,麗藏本作▢,金藏廣勝寺本作▢。同前"金光明妙法,最勝諸經王","最",石經 3.536 作▢,BD02197 作▢,BD02386 作▢,BD03138 作▢,BD03170 作▢,BD03664 作▢,BD03863 作▢,BD04208 作▢,BD04381 作▢,BD04578 作▢,BD04900 作▢,BD04953 作▢,BD05239 作▢,BD06025 作▢,甘博 083 作▢,上圖 038(812445)作▢,麗藏本作▢,金藏廣勝寺本作▢。同前"此金光明甚深最上難解難入","最",石經 3.536 作▢,BD03236 作▢,BD03664 作▢,BD04064 作▢,BD04208 作▢,BD04381 作▢,BD04667 作▢,BD04900 作▢,BD04911 作▢,BD05239 作▢,上圖 038(812445)作▢,麗藏本作▢。

【色:色】

南朝宋沮渠京聲譯《佛說觀彌勒菩薩上生兜率天經》:"身紫金色光明艷赫如百千日。"

按:"色",石經 3.560 作▢,石經 3.379 作▢,BD04161 作▢,P.2071 作▢;石經 2.406 作▢,3.433 作▢,1.107 作▢,BD04049、BD05812、S.5555、P.2373、TK58、TK60、TK81+TK82+TK83、上圖 004(795017)、麗藏本、《大正藏》亦俱作"色"。

《說文·色部》:"色,顏气也。从人,从卪。""色",《說文》小篆作▢,西漢簡作▢老子甲111,東漢《史晨碑》作▢。準此,"色",石經 3.560、3.379、BD04161、P.2071 等作▢,爲小篆字形的直接隸定,直接保留古字形特徵。

他例如,同前"八色具足","色",石經 3.560 作▢,3.379 作▢,3.433 作▢,BD04161 作▢;BD04049、S.5555、P.2373、P.4535、TK58、TK60、TK81+TK82+TK83、上圖 004(795017)、麗藏本、《大正藏》俱作"色"。東晉帛尸梨

蜜多羅譯《佛説灌頂章句拔除過罪生死得度經》"若遭厄難閉在牢獄枷鎖著身,亦當造立五色神幡","色",BD00737作色,BD01169作色,BD02232作色,BD02791作色;石經3.2作色,BD01397作色,BD01495作色,BD02103作色,BD02756作色,BD03306作色,BD03567作色,麗藏本、《大正藏》俱作"色"。同前"散雜色華燒諸名香","色",BD00848作色,BD02232作色,BD02791作色;石經3.2作色,BD01397作色,BD03306作色,BD03407作色,BD03567作色,麗藏本、《大正藏》俱作"色"。

構件"色"亦類推,如東晉帛尸梨蜜多羅譯《佛説灌頂章句拔除過罪生死得度經》"世間痿黃之病困篤不死一絶一生由其罪福未得料簡","絶",石經3.2作絶,BD00848作絶,BD02232作絶,BD02791作絶,BD03567作絶;BD01495作絶,BD02103作絶,BD02909作絶,BD03619作絶,麗藏本作絶,《大正藏》作"絶"。《説文·糸部》:"絶,斷絲也。从糸,从刀,从卩。""絶",《説文》小篆作絶,西漢簡作紀老子甲126,隸定爲"絶"。

五、源於古隸書①

【無:无】

後秦佛陀耶舍譯《四分大尼戒本》:"忍辱第一道,佛説无爲最。"

按:"无",S.0440、北大D088、津藝087(77·5·4430)、金藏廣勝寺本、《大正藏》俱作"無",石經2.384、上圖146(812596)作"无"。

《説文·亡部》:"無,亡也。无,奇字无。"戰國文字作无睡虎地秦簡五四·四三,西漢簡作无孫臏一八,東漢永興元年(153)《乙瑛碑》作无,北魏《常岳等一百餘人造像碑》作无等。

他例如,南朝宋沮渠京聲譯《佛彌勒菩薩上生兜率天經》"我今持是无價寶珠及以天冠,爲供養大心衆生故","无",石經3.560作无,BD04049作无,S.5555作无,P.2373作无,P.4535作无,上圖004(795017)作"无";TK58作無,TK60作無,TK81+TK82+TK83作無,麗藏本、《大正藏》俱作"無"。唐義净譯《佛説無常經》"三四二五理圓明,七八能開四諦門,修者咸到无爲岸,法雲法雨潤群生","无",石經3.339作无,BD01063作无,S.3887作无,S.5138作无,S.5447作无,S.1479作"无";BD00535作無,BD01030作無,BD01367作無,S.4713作無,S.6367作無,P.3924作無,TK137作無,TK323作無,津藝193(77·5·4532)作無,

---

① 本節所採用的簡帛文字字形,均來源於漢語大字典編輯委員會編《漢語大字典(第二版)》,四川辭書出版社、崇文書局,2010年。

S.1103、麗藏本、《大正藏》俱作"無"。同前"金剛智杵破邪山，永斷無始相纏縛"，"無"，石經 3.339 作 [字], BD03608 作 [字], BD03874 作 [字], S.0153 作 "无", S.1479 作 [字], S.2540 作 [字], S.3887 作 [字], S.4529 作 [字], S.5138 作 [字], S.5447 作 [字], S.0311 作 [字], S.4713 作 [字], S.5160 作 [字], S.6367 作 [字], P.3924 作 [字], TK137 作 [字], TK323 作 [字], 津藝 193（77·5·4532）作 [字], 麗藏本、《大正藏》俱作"無"。唐義淨譯《金光明最勝王經》卷一"人天大衆悉皆雲集，咸願擁護无上大乘"，"无"，BD03170 作 [字], BD03664 作 [字], BD03863 作 [字], BD04208 作 [字], BD04381 作 [字], BD04578 作 [字], BD04900 作 [字], BD04953 作 [字], BD05239 作 [字], BD06025 作 [字], 甘博 083 作 [字], 上圖 038（812445）作 [字], 麗藏本、金藏廣勝寺本俱作"無"。

【因：[字]、[字]】

後秦佛陀耶舍譯《四分大尼戒本》："念言：'彼若嫌迮者，自當避我去。'作如是因緣非餘非威儀。波逸提。"

按："因"，石經 2.379 作 [字]，Φ156 作 [字]，BD00014 作 [字]，津藝 087（77·5·4430）作 [字]；S.0440、P.2310、北大 D088、金藏廣勝寺本、麗藏本、《大正藏》俱作"因"。

"因"，西漢初隸書作 [字] 馬王堆簡文《合陰陽》，構件從"工"調整作"冂"，南朝梁大同元年（535）《羅浮山銘》作 [字]，北魏太和十二年（488）《暉福寺碑》作 [字]，景明四年（503）《張整墓誌》作 [字]。構件從"工"調整作"土"，吳鳳凰元年（272）《谷朗墓碑》作 [字]，北涼承平三年（445）《沮渠安周造像記》作 [字]。唐碑沿用。

他例如，同前石經 2.379"大姊去，我與汝一處共坐共語不樂，我獨坐獨語樂。以是[字]緣非餘方便遣去者。波逸提"；2.379"若比丘尼，往觀軍陣，除餘時[字]緣。波逸提"；2.380"自捉若教人捉，若識者當取，如是[字]緣非餘"等。

第二節　省　簡

省簡是漢字發展的總趨勢。漢字以字形記錄漢語的詞，同時又以其區別特徵相互區別。但在使用過程中，書寫者爲便捷起見，往往會省簡筆畫或構件，造成字形的省簡甚至區別特徵的磨蝕；隸變也會造成漢字字形省簡。

漢字省簡方式有二，省簡筆畫或構件。但均以不破壞漢字的區別性特徵爲前提。

一、省簡筆畫

省簡筆畫包括省簡橫畫、省簡豎畫、省簡撇畫、省簡點畫等。

【瓦：凡、几】

後秦鳩摩羅什譯《佛說彌勒下生成佛經》："棄之於地猶如瓦石草木土塊，時人見者皆生厭心而作是念。"

按："瓦"，石經 3.434 作⿰，BD00992 作⿰，BD03532 作⿰，P.2071 作⿰；石經 2.408 作⿰，石經 2.407 作⿰，BD00967 作⿰，BD03952 作⿰，BD05812 作⿰，麗藏本作⿰，《大正藏》作"瓦"。

《說文·瓦部》："瓦，土器已燒之總名。象形。"《說文》小篆作⿰，秦隸作⿰睡虎地秦簡一八·一四九、⿰一號墓竹簡一四一、⿰陶文圖錄6·189·2、⿰睡虎地秦墓竹簡日甲五七反、⿰周家臺秦簡330、⿰五里牌406號墓簡冊［8］134正。漢魏六朝碑刻承之，東漢永壽元年（155）《徐州從事墓誌》作⿰，延熹二年（159）《張景碑》作⿰，三國魏黃初二年（221）《孔羨碑》作⿰，北魏正光四年（523）《孟元華墓誌》作⿰，孝昌元年（525）《王君妻元華光墓誌》作⿰，永安元年（528）《元欽墓誌》作⿰。再省簡異寫，即成爲"凡""几"。

【叉：义】

東晉帛尸梨蜜多羅譯《佛說灌頂章句拔除過罪生死得度經》："長跪叉手白佛言。"

按："叉"，石經 3.2 作⿰，BD00033 作⿰，BD000317 作⿰，BD00602 作⿰，BD02791 作⿰，BD00848 作⿰，BD01495 作⿰，麗藏本、《大正藏》俱作"叉"。

《說文·又部》："叉，手指相錯也。从又，象叉之形。""長跪叉手"爲佛弟子向佛祖稟明事宜、請教釋疑時所行的一種儀節。BD00033、BD000317、BD00602、BD02791 俱省簡橫筆作"义"。

他例如，南朝宋沮渠京聲譯《佛說觀彌勒菩薩上生兜率天經》"天龍夜叉乾闥婆等一切大衆"，"叉"，石經 2.405、1.105、3.379、3.432、S.5555、P.2373、上圖 004（795017）、BD04049、麗藏本、《大正藏》俱作"叉"；石經 3.560 作⿰，TK58 作⿰，TK60 作⿰，TK81+TK82+TK83 作⿰。同前"叉手合掌住立佛前"，"叉"，石經 2.405、3.379、3.432、BD04049、S.5555、P.2373、P.4535、上圖 004（795017）、麗藏本、《大正藏》俱作"叉"；石經 3.560 作⿰，TK58 作⿰，TK60 作⿰，TK81+TK82+TK83 作⿰，TK86 作⿰。

【眉：眉】

南朝宋沮渠京聲譯《佛說觀彌勒菩薩上生兜率天經》："彌勒眉間有白毫相光。"

按："眉"，石經 3.560 作屑，BD04049 作眉，BD04161 作眉，BD05812 作眉，S.5555 作眉，P.2071 作眉；TK58 作眉，TK60 作眉，TK81+TK82+TK83、麗藏本、《大正藏》俱作"眉"。

《說文·眉部》："眉，目上毛也。从目，象眉之形，上象額理也。""眉"字構件"尸"省簡豎畫作"尸"，"眉"省簡作"眉"。

【畢：畢】

唐義淨譯《金光明最勝王經》卷一："世尊之舍利，畢竟不可得。"

按："畢"，BD03236 作畢，石經 3.431、BD00981、BD01583、BD02688、BD03664、BD04667、BD05965、P.3187、上圖 038（812445）、BD01960、BD03011、BD04064、BD04208、BD04900、BD05239、麗藏本、金藏廣勝寺本、《大正藏》俱作"畢"。

《說文·華部》："畢，田罔也。从華，象畢形微也。或曰由聲。"段玉裁據《韻會》補"从田"二字作"田网也。从田、从華，象形。或曰田聲"①。BD03236 省簡構件"田"豎畫作"曰"，字形作畢。

構件"田"亦類推，如"謂""異"亦省簡豎畫，如同前 BD03664"善男子，是謂十法說有涅槃"；同前 BD05965："世尊不思議，妙體無異相"。

【性：性】

後秦佛陀耶舍譯《四分大尼戒本》："若比丘尼惡性不受人語，於戒法中。諸比丘尼如法諫已，自身不受諫語言。"

按："性"，石經 2.377 作性，P.2310 作性，BD00014 作性，北大 D088 作性，津藝 087（77·5·4430）作性；麗藏本作性，金藏廣勝寺本、《大正藏》俱作"性"。

《說文·心部》："性，人之陽气。性，善者也。从心，生聲。"石經及敦煌文獻省簡撇筆。

他例如，唐義淨譯《金光明最勝王經》卷一"彼釋迦牟尼佛於五濁世出現之時，人壽百年裏性下劣，善根微薄，復無信解"，"性"，石經 3.536 作性，BD04381 作性，BD04667 作性，上圖 038（812445）作性；BD04578 作

---

① ［清］段玉裁《說文解字注》，上海古籍出版社，1988年，第158頁。

性，BD04900作[性]，BD04953、BD05239、麗藏本、金藏廣勝寺本、《大正藏》俱作"性"。同前"法身性常住，修行無差別"，"性"，石經3.536作[性]，BD01960作[性]，BD02688作[性]，BD04381作[性]，上圖038（812445）作[性]；BD03011作性，BD03236作[性]，BD03664作[性]，BD04208作性，BD04667作[性]，BD04900作[性]，BD04911作[性]，BD05239、麗藏本、金藏廣勝寺本、《大正藏》俱作"性"。同前"法性是主，無來無去"，"性"，BD00981作[性]，BD01583作[性]，BD02688作[性]，BD03664作[性]，BD04667作[性]，BD05965作[性]，P.3187作[性]，上圖038（812445）作[性]；BD01960作性，BD03011作[性]，BD03236作[性]，BD04064作[性]，BD04208作性，BD04900作[性]，BD05239、麗藏本、金藏廣勝寺本、《大正藏》俱作"性"。同前"實際之性，無有戲論"，"性"，石經3.536作[性]，BD00071作[性]，BD01583作[性]，BD02688作[性]，BD04667作[性]，BD05965作[性]，上圖038（812445）作[性]，BD00233作[性]，BD00717作[性]，BD00981作[性]，BD01960作[性]，BD03011作[性]，BD04064作[性]，BD04208作[性]，BD04900、BD05239、麗藏本、金藏廣勝寺本俱作"性"。

構件"生"亦類推，如唐義凈譯《金光明最勝王經》卷一"時大會中有婆羅門，姓憍陳如名曰法師授記"，"姓"，石經3.536作[姓]，BD04064作[姓]，BD04381作[姓]，上圖038（812445）作[姓]；BD00233作[姓]，BD00288作[姓]，BD00981作[姓]，BD01317作[姓]，BD02688作[姓]，BD03011作[姓]，BD03138作[姓]，BD03236作[姓]，BD03664作[姓]，BD04208作[姓]，BD04667作[姓]，BD04900作[姓]，BD04911作[姓]，BD05239作[姓]，BD04953、麗藏本、金藏廣勝寺本、《大正藏》俱作"姓"。

【朋：[朋]】

失譯人《佛説父母恩重經》："遂至長大，朋友相隨，梳頭摩髮。欲得好衣，覆蓋身體。弊衣破故，父母自著。新好綿帛，先與其子。"

按："朋"，石經3.555作[朋]，S.7203作[朋]，北大D100作[朋]；S.1189作[朋]，S.1323作[朋]，S.1548作[朋]，S.1907作[朋]，S.2084作[朋]，S.2269作[朋]，S.3228作[朋]，S.5433作[朋]，P.2285作[朋]，P.3919A.3作[朋]，BD00439作[朋]。

"朋"，甲骨文作[朋]合11438、[朋]合11443、[朋]合29694。王國維《説珏朋》："殷時玉與貝皆貨幣也……其用爲貨幣及服御者，皆小玉小貝而有物焉以系之。所系之貝、玉，於玉則謂之珏，於貝則謂之朋。"①"朋"共用中間的筆畫，字形

---

① 王國維《説珏朋》，載《王國維儒學論集》，四川大學出版社，2010年，第204頁。

作✦，魏碑已見，如北魏正光二年（521）《馮迎男墓誌》作✦，正光四年（523）《奚真墓誌》作✦，永安二年（529）《元恩墓誌》作✦，太昌元年（532）《李林墓誌》作✦等。

【典：曲】

唐義浄譯《金光明最勝王經》卷一："所有經典，悉皆受持，不生譭謗。"

按："典"，BD05239 作✦；石經 3.536 作✦，BD03138、BD03170、BD03852、BD03664、BD04064、BD04208、BD04064、BD04578、BD04667、BD04900、BD04911、BD04953、上圖 038（812445）、麗藏本、金藏廣勝寺本字皆作"典"。

"經典"，本指作爲典範的儒家典籍，這裏指佛教典籍。如《法華經·序品》："又覩諸佛，聖主師子，演説經典，微妙第一。"《説文·丌部》："典，五帝之書也。从册在丌上，尊閣之也。莊都説：'典，大册也。'篆，古文典从竹。"甲骨文字形，《甲骨文合集》30659 作✦，《合集》22675 作✦，《合集》7422 作✦。

"曲"，《説文·曲部》："曲，象器曲受物之形。或説，曲，蠶薄也。"《孫臏》一五五作✦，《居延漢簡》甲二四四三作✦，漢《正直殘碑》作✦。

"典""曲"字形和意義皆不相涉，但"典"字構件"册"與丌的橫畫粘黏，形與曲相近，故"典"省簡下部筆畫作"曲"，與"器曲受物之形"的"曲"同形。

【遂：逐】

三國吴支謙譯《佛説四願經》："於是城中有豪長者，財富無數，名曰純陁。純陁有子，厥年十四，時得重病，不免所疾，遂便喪亡。父母兄弟，宗親中外，莫不愛重，啼哭憂愁。"

按："遂"，石經 3.611 作✦，麗藏本作✦，《大正藏》作逐。

《説文·辵部》："遂，亡也。从辵，㒸聲。"引申爲於是、就。《集韻·至韻》："遂，因也。"在經文中，"遂便"同義連用，複合成詞，義爲於是、就。該詞佛典常見，如後秦佛陀耶舍、前秦竺佛念譯《佛説長阿含經》卷七："梵志去後，小兒貪戲，不數視火，火遂便滅。"隋達摩笈多譯《起世因本經》卷五："又復胎生金翅鳥王，若欲搏取胎生龍者，即便飛向彼居吒奢摩離大樹南枝上，下觀大海，即以兩翅飛扇大海，水爲之開四百由旬，遂便銜取胎生龍出，隨其食用。"在《大正藏》中，"遂"省簡筆畫作"逐"。

他例如,梁僧伽婆羅譯《文殊師利問經》卷上:"待者以香花相引,習近者欲染心遂。斷者悉除前不善法,此謂斷欲染聲。"《大正藏》作"遂",宋本作"逐"。

二、省簡構件

【赦:赦】

東晉帛尸梨蜜多羅譯《佛説灌頂章句拔除過罪生死得度經》:"王當放赦屈厄之人,徒鎖解脱王得其福。"

按:"赦",BD00848 作赦,BD02232 作赦;石經 3.2 作赦,BD01397 作赦,BD01495 作赦,BD03306 作赦,BD03567 作赦,麗藏本作赦,《大正藏》作"赦"。

《説文·攴部》:"赦,置也。从攴,赤聲。"聲符"赤"上部構件"十"省簡爲點畫,"赦"寫作"赦"。

他例如,三國吴支謙譯《佛説未生怨經》"太子曰:汝莫多云,吾獲宿願,豈有赦哉","赦",石經 3.611 作赦,麗藏本、《大正藏》俱作"赦"。

同理,在"執"字中,構件"十"亦省簡作點畫作執。如南朝宋沮渠京聲譯《佛説觀彌勒菩薩上生兜率天經》"一一寳女住立樹下,執百億寳無數瓔珞","執",BD04049 作執;石經 1.105、3.379、3.432、3.560、BD04161、S.5555、P.2373、TK58、TK60、TK81+TK82+TK83、上圖 004(795017)俱作"執"。

【藏:蔵】

唐義浄譯《佛説無常經》:"自利利他悉圓滿,故號調御天人師。稽首歸依妙法藏。"

按:"藏",石經 3.339 作藏,BD01063 作藏,BD01367 作藏,BD03874 作藏,S.1103 作藏,S.3887 作藏,S.4713 作藏,S.5138 作藏,S.5447 作藏,S.6367 作藏,津藝 193(77·5·4532)作藏;BD03608 作藏,P.3924 作藏,TK137 作藏,TK323 作藏,麗藏本作藏。

《説文新附·艸部》:"藏,匿也。"鈕樹玉《説文新附考》:"漢碑已有'藏'字,知俗字多起於分隷。"①是也。如東漢永壽三年(157)《許卒史安國祠堂碑》作藏,西晉永嘉元年(307)《王浚妻華芳墓誌》作藏;省簡構件,北魏永和十二年(356)《筆陣圖》作藏,梁天監十三年(514)《蕭融太妃王慕韶墓誌》作藏。

---

① [清]鈕樹玉《説文新附考》,中華書局,1985 年,第 18 頁。

【墮：堕】

　　　　唐義淨譯《佛説無常經》："勝因生善道,惡業墮泥犁。"

　　按:"墮"石經 3.339 作"〇",TK137 作〇,TK323 作〇,麗藏本作〇;P.3924 作〇,酒博 013 作〇,津藝 193(77・5・4532)作〇,津藝 202(77・5・4541)作〇,S.4713、S.6367 俱作"墮"。

　　《廣韻・果韻》:"墮,落也。"《龍龕手鏡・土部》:"墮",同"墮"。字形"墮"魏碑已見,東魏興和二年(540)《閭伯昇及妻元仲英墓誌》:"幽芬長往,〇淚空哀。"北齊天保二年(551)《崔芬墓誌》:"松崩千丈,玉碎連城,淚〇行人,酸結聞識。"北周保定四年(564)《張永貴造像記》:"是以正□佛弟子張永貴合門大小,□由宿殖洪因,同生正信,每□躬匪,恒恐〇□。"後秦佛陀耶舍譯《四分大尼戒本》尚有他例:"若比丘尼有小因緣事。便咒咀。若咒咀他〇三惡道不生佛法中"。(石經 2.381)

　　他例如,東晉帛尸梨蜜多羅譯《佛説灌頂章句拔除過罪生死得度經》"如此人輩皆當墮三惡道中","墮",石經 3.2 作〇,P.2013 作〇,P.2178V⁰ 作〇,P.4666 作〇,S.1968 作〇,BD00032 作〇,BD00033 作〇,BD00317 作〇,BD01397 作〇,BD02791 作〇,麗藏本作〇,《大正藏》作"墮"。

　　【隨：随】

　　　　南朝宋沮渠京聲譯《佛説觀彌勒菩薩上生兜率天經》:"復有他方諸大菩薩,作十八變隨意自在住天空中。"

　　按:"隨",石經 3.560 作〇,石經 1.107 作〇,BD04049 作〇,BD04161 作〇,BD05812 作〇,S.3024 作〇,S.5555 作〇,TK58 作〇,TK81+TK82+TK83 作〇,TK87 作〇,P.2071、上圖 004(795017)亦作"随";石經 3.379 作〇,P.2373 作〇,TK60 作〇,麗藏本作〇,《大正藏》作"隨"。

　　"隨"省簡構件"工"作"随"。字形"随"漢碑已見,如建和二年(148)《石門頌》作〇,元嘉元年(151)《山東蒼山元嘉畫象石墓題記》作〇。

　　他例如,東漢安世高譯《佛説温室洗浴衆僧經》"雖得生世,爲人疏野,隨俗衆流,未曾爲福","隨",石經 1.87 作〇,P.3919B 作〇;麗藏本、《大正藏》俱作"隨"。後秦佛陀耶舍譯《四分大尼戒本》"若比丘尼在聚落若空閒處,不與物懷盜心取,隨不與取法","隨",石經 2.376 作〇,P.2310 作〇,北大 D088 作〇;金藏廣勝寺本、《大正藏》俱作"隨",麗藏本作〇。唐義淨譯《佛説無常經》"還漂死海中,隨緣受衆苦","隨",石經 3.339 作〇,S.3887 作〇,P.3924 作〇,S.6367 作〇,Дx02845、BD00535、BD01030、

BD01063、BD03608、BD03874、S.1479、S.2540、S.2926、S.4713、S.5160 俱作"随";TK137 作󰀀,TK323 作󰀀,麗藏本、《大正藏》俱作"隨"。

【斷:󰀀】

唐義淨譯《金光明最勝王經》卷一:"養育邪見我我所見斷常見等。"

按:"斷",石經 3.536 作󰀀,BD00233 作󰀀,BD03170 作󰀀,BD04578 作󰀀,BD04667 作󰀀,BD04900 作󰀀,BD04381 作󰀀;BD01317 作󰀀,BD02177 作󰀀,BD03138 作󰀀,BD03664 作󰀀,BD03852 作󰀀,BD04064 作󰀀,BD04208 作󰀀,BD04953 作󰀀,BD05239 作󰀀,上圖 038(812445)作󰀀,麗藏本作󰀀,金藏廣勝寺本作"斷"。

《説文·斤部》:"斷,截也。从斤,从󰀀。󰀀,古文絶。""󰀀"是"斷"構件重疊符號連續替代的中間過程,"断"則是其終端。① 簡化的結果是"󰀀"字的記號化。記號化是省簡的終極形式。

他例如,後秦佛陀耶舍譯《四分大尼戒本》"若比丘尼,故斷畜生命者","斷",S.0440 作󰀀,Φ156 作󰀀;石經 2.380 作"斷",P.2310 作󰀀,BD00014 作󰀀,北大 D088 作󰀀,津藝 087(77·5·4430)作󰀀,麗藏本作󰀀。唐義淨譯《金光明最勝王經》卷一"唯獨如來證實際法,戲論永斷","斷",石經 3.536 作󰀀,BD03236 作󰀀,BD04667 作󰀀,BD04900 作󰀀,P.3187 作󰀀;BD03664 作󰀀,BD04064 作󰀀,BD04208 作󰀀,BD05239 作󰀀,BD05965 作󰀀,麗藏本、金藏廣勝寺本俱作"斷"。唐義淨譯《佛説無常經》"唐金剛智杵破邪山,永斷無始相纏縛","斷",石經 3.339 作󰀀,BD00535 作󰀀,BD01030 作󰀀,BD01063 作󰀀,BD03874 作󰀀,TK323 作󰀀;BD01367 作󰀀,BD03554 作󰀀,BD03608 作󰀀,S.0153 作󰀀,S.1479 作󰀀,S.2540 作󰀀,S.3887 作󰀀,S.4529 作󰀀,S.4713 作󰀀,S.5138 作󰀀,S.5160 作󰀀,S.5447 作󰀀,S.6367 作󰀀,P.3924 作󰀀,TK137 作󰀀,津藝 193(77·5·4532)作󰀀,麗藏本作󰀀。

【惡:惡、󰀀】

唐義淨譯《金光明最勝王經》卷一:"若心亂者得本心,若無衣者得衣服,被惡賤者人所敬,有垢穢者身清潔。於此世間所有利益,未曾有事悉皆顯現。"

---

① 毛遠明《漢魏六朝碑刻異體字研究》,商務印書館,2012 年,第 191 頁。

按："惡"，BD03170 作【字形】；石經 3.536 作【字形】，BD03664、BD03852、BD04064、BD04208、BD04381、BD04667、BD04953、BD05239、上圖 038（812445）、麗藏本、金藏廣勝寺本作"惡"。

"惡"爲"惡"的異體字，《説文·心部》："惡，過也。从心，亞聲。"《廣韻·鐸韻》："惡，不善也。"引申爲不好，壞。"惡賤人"，指不好卑賤的人。"惡"，BD03170 作【字形】，爲"亞"的異寫。"亞"亦同"惡"。《馬王堆漢墓帛書·經法·四度》早有用例："美亞有名，逆順有刑（形）。"

他例如，唐義淨譯《金光明最勝王經》卷一"惡星爲變怪，或被邪蠱侵"，"惡"，石經 3.535 作【字形】，BD03170 作【字形】；BD03664、BD03863、BD04208、BD04381、BD04578、BD04667、BD04900、BD04953、BD05239、S.0032、P.3042、甘博 083、上圖 038（812445）、麗藏本、金藏廣勝寺俱作"惡"。

【蠱：蟲】

唐義淨譯《金光明最勝王經》卷一："惡星爲變怪，或被邪蠱侵。"

按："蠱"，BD03138 作【字形】，BD05239 作【字形】，金藏廣勝寺本作【字形】；石經 3.535 作【字形】，BD03170 作【字形】，BD03664 作【字形】，BD03863 作【字形】，BD04208 作【字形】，BD04381 作【字形】，BD04578 作【字形】，BD04667 作【字形】，BD04900 作【字形】，BD04953 作【字形】，BD06025 作【字形】，甘博 083 作【字形】，上圖 038（812445）作【字形】，麗藏本作【字形】。

《廣韻·麻韻》："邪，不正也。"引申爲邪惡、邪僻。《易·乾》："閑邪存其誠。"孔穎達疏："言防閑邪惡，當自存其誠實也。"①《説文·蟲部》："蠱，腹中蟲也。"引申爲誘惑、迷惑。《爾雅·釋詁》："蠱、謟、貳，疑也。"郭璞注："蠱惑、有貳心者，皆疑也。"②《玉篇·蟲部》："蠱，或也。"《墨子·非儒下》："孔丘盛容脩飾以蠱世，弦歌鼓舞以聚徒。"石經經文所謂"邪蠱"，正是邪僻、誘惑的事物。故作"邪【字形】"者，實爲"蠱"字構件省簡異體字。

【缺：缶】

後秦鳩摩羅什譯《佛臨般涅槃略説教戒經》："是故比丘，當持凈戒勿令毀缺。"

按："缺"，石經 3.380 作【字形】，BD02701 作【字形】；BD00696 作【字形】，BD03355 作【字形】，BD05468 作【字形】，P.2243 作【字形】，麗藏本、《大正藏》俱

---

① ［清］阮元校刻《十三經注疏》，中華書局，1980 年，第 15 頁。
② ［清］郝懿行《爾雅義疏》，上海古籍出版社，1983 年，第 236 頁。

作"犯"。

《説文·缶部》:"缺,器破也。从缶,決省聲。"徐灝注箋:"《六書故》引唐本'夬聲'。"①"缶",《説文》小篆作🔲,《篆隸萬象名義》作🔲。"缺",北魏正始二年(505)《元始和墓誌》作🔲,永平四年(511)《元悦墓誌》作🔲,延昌二年(513)《劉瓚等造像記》作🔲,正光元年(520)《李璧墓誌》作🔲。

"缺",BD02701作🔲,爲"缺"的構件省簡異寫字。"垂"的異寫字亦有作🔲者,漢碑已見字例,東漢熹平二年(173)《楊震墓碑》作🔲,光和三年(180)《趙寬墓碑》作🔲,北魏太和二十三年(499)《諮議參軍元弼墓誌》作🔲,正光五年(524)《慈慶墓誌》作🔲。敦煌文獻 S.6659《太上洞玄靈寶妙經衆篇序章》作🔲,P.2305《妙法蓮華經講經文》作🔲;《篆隸萬象名義》作🔲。"缶"的異寫字,與"垂"的異寫字爲同形字。"缺",麗藏本、《大正藏》俱作"犯"。"毀缺""毀犯"形成語境同義詞。

【知:智】

失譯人《現在賢劫千佛名經》:"勝知佛。"

按:"知",S.6485、北大 D079 俱作"智",石經 1.109、麗藏本、清藏本、《大正藏》俱作"知"。

從字形上看,"智",甲骨文字形作🔲(《甲骨文合集》26994),從子、從大、從册;或作🔲(《合集》38289),加"口","子"變作"于";或作🔲(《合集》30688),"大"變作"矢";或作🔲(《合集》30429),"口"下移。西周至戰國的金文,西周晚期《毛公鼎》作🔲,春秋晚期《智君子鑒》作🔲,戰國《魚顛匕》作🔲,戰國晚期《中山王䯧壺》作🔲,這些字形,上部從大、從口、從于,下部從曰(甘)。《説文》小篆作🔲,"于"變爲"亏";古文作🔲,中下從"皿",且構件位置有所調整。"知",字形最早見於春秋戰國時期,《殷周金文集成》27661作🔲,《睡虎地秦簡·日乙46》作🔲,與《説文》"知"字的小篆形體🔲同構。由此可見,先有"智"字,至春秋時期,"智"省簡構件作"知"。二字爲異體字關係。所以商承祚説:"甲骨文、金文有智無知,用智爲知,二字通用。"②詹鄞鑫也説,"就上古文獻而言,這兩個字的用法並没有明確分工,應是異體字關係","從字形上,可以認爲'知'是'智'的省文"。③

從字義上看,《甲骨文合集》30685、30688、30689"舊智"等中的"智",指

---

① [清]徐灝《説文解字注箋》,《續修四庫全書》第 225 册,上海古籍出版社,2002 年,第 549 頁。
② 商承祚《中山王䯧鼎、壺銘文芻議》,《商承祚文集》,中山大學出版社,2004 年,第 483 頁。
③ 詹鄞鑫《釋甲骨文"知"字——兼説商代的舊禮與新禮》,《華夏考——詹鄞鑫文字訓詁論集》,中華書局,2006 年,第 369,372 頁。

的是簡册文獻中記載的制度,後來的知識義或智慧義,可以看成這個意義的引申義。① 商周以來,早期字形衹作"智",既用作"智慧"的"智",也用作"知識"的"知"。春秋戰國時期"知"字出現以後,其用法完全同於"智"字。② 戰國中山王鼎、《墨子》裏的"知"已有"知曉"義,其後逐漸分工,"知"主要表"知曉"義,"智"則主要表"智慧、知識"義。這説明,在發展和使用過程中,異體字是可以職能分工,用來記録詞的不同義項的。在古漢語的發展過程中,這種情況用例還比較多,如"御馭""諭喻""猶猷"等,皆是。當然,現代漢語裏也存在這種現象,"岡"及其異體字"崗"的記詞功能亦分工:"岡"讀 gāng,義爲"較低而平的山脊";"崗"除了讀 gāng,義同"岡"外,還讀 gǎng,義爲"崗子""崗哨""職位"等幾個義項;讀 gàng,僅用於形容詞"崗尖""崗口兒甜"等詞語。

在佛名"勝知佛"裏,"知"即爲"智"的異體字。

他例如,同前"知次佛",石經 1.110"知",清藏本、麗藏本、《大正藏》俱作"智"。S.1238、S.4601、S.6485、北大 D079 俱作"知"。同前"知次第佛",石經 1.111"知",S.4601、北大 D079 俱作"智";S.6485 作"知"。同前"善知佛",石經 1.112"知",清藏本、麗藏本、《大正藏》、S.1238、S.6485 俱作"智"。同前"知音佛",石經 1.113"知",S.1238、S.6485、麗藏本俱作"智音佛";清藏本、《大正藏》俱作"大威力佛"。東漢安世高《佛説寶積三昧文殊師利菩薩問法身經》"諸法亦如是,其知是者,審以知之,凡之智者,以無所知,從本傳習,莫有作者,是故無有底","智",石經 3.566 作 ,麗藏本、金藏廣勝寺本、《大正藏》俱作"知"。

第三節 增　　繁

省簡是漢字發展的總趨勢,增繁則是其反動。增繁的手段有增加筆畫、增加構件兩種。其成因是多方面的,或是爲了增强表意作用,或是非常用構件被常用構件類化,或是爲了增强漢字的穩定性和美感,但這些都不破壞漢字的區别性特徵。

---

① 詹鄞鑫《釋甲骨文"知"字——兼説商代的舊禮與新禮》,《華夏考——詹鄞鑫文字訓詁論集》,中華書局,2006 年,第 369,372 頁。
② 林志强、林婧筠《"知""智"關係補説》,《漢字漢語研究》,2019 年第 4 期。另外,李冬鴿《從出土文獻看"智"與"知"》(《文獻》2010 年第 3 期)、《"智""知"形體關係再論》(《燕趙學術》2012 年第 2 期)也探討了"智""知"形體發展與意義之間的關係,可參。

一、增加筆畫

增加筆畫，包括增加橫畫、豎畫、撇畫、點畫、折畫等，但以增加點畫爲主。

【戾：戾】

後秦佛陀耶舍譯《四分大尼戒本》："不違戾他事，不觀作不作。"

按："戾"，石經 2.384 作"戾"，麗藏本作戾；P.2310 作戾，津藝 087（77·5·4430）作戾，S.0440 作戾，上圖 146（812596）作戾；《大正藏》作"戾"。

《説文·犬部》："戾，曲也。从犬出户下。戾者，身曲戾也。""戾"的構件"犬"增加撇筆增繁作"戾"，再變異，S.0440 作戾、上圖 146（812596）作戾。

【拔：拔】

東晉帛尸梨蜜多羅譯《佛説灌頂章句拔除過罪生死得度經》："如是無量拔衆生苦。"

按："拔"，石經 3.2 作拔，P.2013 作拔，P.2178V⁰ 作拔，S.1968 作拔，BD00032 作拔，BD000317 作拔，BD00602 作拔，BD01495 作拔，BD02656 作拔，BD02791 作拔；P.4027V⁰ 作扶，BD01414 作扶，麗藏本、《大正藏》作"拔"。

《説文·手部》："拔，擢也。从手，犮聲。"構件"犮"（舊字形"犮"）增加撇畫，字形變作"拔"，字形再省簡點畫作"拔"，或最後一撇筆不穿透，異寫作"扶"；或者，"拔"省簡最後撇筆作扶。

【拭：拭】

失譯人《佛説父母恩重經》："兒在欄車，遥見母來，摇頭弄腦。或復曳腹隨行，嗚呼向母。母即爲子屈身下就，長舒兩手拂拭塵垢。吹和其口開懷出乳，以乳與之。"

按："拭"，S.5433 作拭，P.3919A.3 作拭，Дx01140 作拭；石經 3.555 作拭，S.7203 作拭，BD00439、北大 D100 俱作"拭"。

《爾雅·釋詁下》："拭，清也。"郭璞注："扟拭、掃刷，皆所以爲潔清。"①
"拭"，從扌，式聲。"式"加撇增繁，漢碑已見，東漢延熹八年（165）《鮮于璜

---

① ［清］郝懿行《爾雅義疏》，上海古籍出版社，1983 年，第 266 頁。

墓碑》:"子諱⿱艹廾,字子儀,故督郵,早卒。"北魏太和二十三年(499)《元簡墓誌》:"其年三月甲午即窆於河南洛陽之北芒。迺鏤石□銘,弎述徽蹤。"太和二十三年(499)《元彬墓誌》:"敬勒玄石,弎揚清塵。"

他例如,東漢安世高譯《佛説温室洗浴衆僧經》"何謂七福。一者四大無病。……五者多饒人從。拂拭塵垢。自然受福。常識宿命","拭",石經1.87作拭,P.3919B作𢫦,麗藏本作拭,金藏廣勝寺本、《大正藏》俱作"拭"。

【友:犮】

失譯人《佛説父母恩重經》:"遂至長大,朋友相隨,梳頭摩髮。欲得好衣,覆蓋身體。弊衣破故,父母自著。新好綿帛,先與其子。"

按:"友",S.1189作犮,P.2285作犮,BD00439作友,S.1548作犮,S.7203作犮,S.1907作犮;石經3.555作"友",S.1323作犮,S.2269作犮,北大D100作犮;S.2084作犮,S.3228作犮,P.3919A.3作友。

《説文·又部》:"友,同志爲友。从二又,相交友也。""友"字加點增繁,字形南北朝碑已見,如南朝齊建武二年(495)《釋法明造像記》作犮,北魏延昌四年(515)《王紹墓誌》作犮,神龜二年(519)《寇憑墓誌》作犮。

【枝:枝】

後秦佛陀耶舍譯《四分大尼戒本》:"不得遶佛塔四邊嚼楊枝式叉迦羅尼。"

按:"枝",P.2310作枝,北大D088作枝,津藝087(77·5·4430)作枝。石經2.384、麗藏本、《大正藏》皆作"枝"。

《説文·木部》:"枝,木別生條也。从木,支聲。""枝"加點增繁作枝。字形南北朝碑刻已見,南朝梁天監十三年(514)《蕭融太妃王慕韶墓誌》作枝,北魏正始元年(504)《元龍墓誌》作枝,正光二年(521)《穆纂墓誌》作枝,正光二年(521)《封魔奴墓誌》作枝,正光四年(523)《王基墓誌》作枝,正光五年(524)《元謐墓誌》作枝。

【土:圡】【民:民】

東晉帛尸梨蜜多羅譯《佛説灌頂章句拔除過罪生死得度經》:"國土交通,人民歡喜。"

按:

(1)"土",石經3.2作土,P.4914作圡,敦研355作圡,津藝119

（77·5·4458）作[土]，S.1968作[土]，BD000317作[土]，BD00391作[土]，BD00848作[土]，BD01397作[土]，BD02232作[土]；BD00032作[土]，BD0003作[土]，BD00737作[土]，麗藏本、《大正藏》俱作"土"。

《説文·土部》："土，地之吐生物者也。二象地之下、地之中物出形也。""土"，甲骨文字形作[○]合6087正、[△]合33049、[○]合8491，正像土塊之形。戰國文字作[土]古匋、[土]，後隸定作"土"。"土"加點增繁作"圡"，字形漢碑已見，如東漢永壽三年（157）《許卒史安國祠堂碑》作[圡]，建寧四年（171）《西狹頌》作[圡]，光和六年（183）《白石神君碑》作[圡]，建安十年（205）《樊敏碑》作[圡]。

（2）"民"，石經3.2作[民]，P.4914作[民]，敦研355作[民]，津藝119（77·5·4458）作[民]，BD0003作[民]，BD00032作[民]，BD000317作[民]，BD00848作[民]，BD01397作[民]，BD02232作[民]，BD03306作[民]，麗藏本作[民]；S.1968作[民]，BD00737作[民]，BD02791作[民]，《大正藏》作"民"。

《説文·民部》："民，衆萌也。從古文之象。"金文作[○]孟鼎、[○]輪鎛，故郭沫若《甲骨文字研究》："作一左目形，而有刃物以刺之……周人初以敵囚爲民時，乃盲其左目以爲奴徵。"①石經等字形加點增繁。漢魏六朝碑刻常見，南朝宋永初二年（421）《謝琉墓誌》作[民]，北魏正始四年（507）《元嵩墓誌》作[民]，正始四年（507）《元緒墓誌》作[民]，延昌二年（513）《□伯超墓誌》作[民]。

他例如，同前"天下泰平雨澤以時人民歡喜"，"民"，石經3.2作[民]，BD03407作[民]；敦研355作[民]，津藝119（77·5·4458）作[民]，津藝270（77·5·4609）作[民]，S.1968作[民]，BD00032作[民]，BD00033作[民]，BD00317作[民]，BD00737作[民]，BD01397作[民]，BD02232作[民]，BD03306作[民]，麗藏本作[民]，《大正藏》作"民"。

【迊：帀、匝】

南朝宋惠簡譯《佛母波泥洹經》："於是天人鬼龍興廟立刹，華香作樂繞廟三迊。"

按：石經3.627作"迊"，《大正藏》作"匝"，麗藏本、金藏廣勝寺本俱作"帀"。《説文·帀部》："帀，周也。从反之而帀也。"段玉裁改"周"爲"匒"②。引申爲周、圈，《莊子·秋水》："孔子遊於匡，宋人圍之數帀，而絃歌不惙。"

---

① 郭沫若《甲骨文字研究》，《郭沫若全集》第一卷，科學出版社，1982年，第70—71頁。
② ［清］段玉裁《説文解字注》，上海古籍出版社，1988年，第273頁。

後增加折筆作"匝","帀""匝"爲歷時異體字。"乚"異寫作"辶"。"迊"爲"匝"的構件訛混字。

他例如,東晉帛尸梨蜜多羅譯《佛説灌頂章句拔除過罪生死得度經》"違遶百迊還本坐處","迊",石經 3.2 作迊,S.1968 作帀,BD00033 作帀,BD00602 作帀,BD03567 作帀,麗藏本作帀;P.2178V⁰ 作迊,津藝 119(77・5・4458)作迊,BD00032 作迊,BD000317 作迊,BD00391 作迊,BD00848 作迊,BD01397 作迊,BD01495 作迊,BD02130 作迊,BD02232 作迊,BD02791 作迊,BD03407 作迊,《大正藏》作"匝"。南朝宋沮渠京聲譯《佛説觀彌勒菩薩上生兜率天經》"其光金色,遶祇陁園周遍七帀","帀",石經 3.560 作帀,石經 3.379 作迊,石經 3.432 作迊,BD02155 作迊,BD04049 作迊,S.3807 作迊,S.4607 作迊,S.5555 作迊,P.2373 作迊,TK58 作迊,TK60 作迊,TK81+TK82+TK83 作迊,上圖 004(795017)作迊;石經 1.105 作匝,麗藏本、《大正藏》亦作"匝"。同前"其香如雲作百寶色遶宮七匝","匝",石經 2.405 作匝,1.106 作匝,麗藏本、《大正藏》亦作"匝";石經 3.560 作帀,BD04161 作帀;石經 3.379 作迊,BD04049 作迊,BD05812 作迊,S.5555 作迊,P.2373 作迊,TK58 作迊,TK60 作迊,TK81+TK82+TK83 作迊,上圖 004(795017)作迊。

二、增加構件

增加構件包括增加普通構件、增加形符、增加聲符三種,以增加形符居多。

【漏:屚】

南朝宋沮渠京聲譯《佛説觀彌勒菩薩上生兜率天經》:"夫身未斷諸漏,此人命終當生何處。"

按:"漏",石經 1.105、2.405、3.379、3.432、3.560、S.5555、P.2373、P.4535、TK58、TK60、TK81+TK82+TK83、TK86、BD04049、上圖 004(795017)、麗藏本、《大正藏》俱作"漏";S.4607 作屚。

"屚",同"漏"。《説文・雨部》:"屚,屋穿水下也。从雨在尸下。尸者,屋也。"段玉裁注:"今字作漏,漏行而屚廢矣。"①《玉篇・雨部》:"屚,屋穿水入也。與漏同。"西漢河平二年(公元前 27)銅漏作屚,武威醫簡一作漏,三國魏黃初元年(220)《上尊號碑》作漏。"屚""漏"爲歷時異體字關係。

---

① [清]段玉裁《説文解字注》,上海古籍出版社,1988 年,第 573 頁。

【惡：悪、愶】

　　西晉竺法護譯《佛說當來變經》："麁衣趣食，得美不甘得麁不惡。"
按："惡"，石經 2.404 作愶，《大正藏》作"惡"，麗藏本作悪。

《說文·心部》："惡，過也。从心，亞聲。"引申爲討厭、憎惡。《廣韻·暮韻》："惡，憎惡也。"《玉篇·心部》："悪"，同"惡"。"惡"字形符"心"在下，表意不彰顯，故又加形符"忄"作"愶"。《漢語大字典》未收"愶"字，可據補。

【匈：胸、臂】

　　唐義淨譯《佛說無常經》："喘連胸急，噎氣喉中乾。"
按："胸"，石經 3.339 作匈，BD00535 作臂，BD01030 作臂，BD01063 作臂，S.2540 作臂，S.5160 作臂，S.5447 作臂；BD03554 作匈，BD03608 作匈，BD03874 作匈，S.0153 作匈，S.0311 作臂，S.2926 作𮕓，S.3887 作臂，S.4164 作臂，S.4529 作匈，P.3924 作臂，TK137 作臂，TK323 作臂，酒博 013 作臂，北大 D093 作匈，津藝 193（77·5·4532）作臂，津藝 202（77·5·4541）作臂，麗藏本作臂，《大正藏》作"胸"。

《說文·勹部》："匈，聲也。从勹，凶聲。臂，匈或从肉。"段玉裁改"聲"爲"膺"。①《玉篇·勹部》："匈，膺也。或作臂。""匈"爲从勹、凶聲的形聲字，"臂"爲"匈"的換形異體字，"胸"則是"匈"的加形累增異體字。"匈""臂"爲歷時異體字關係，"臂""胸"爲構件位移異體字關係。

他例如，後秦鳩摩羅什譯《佛說彌勒下生成佛經》"身長千尺，胸廣三十丈"，"胸"，石經 3.435 作匈，2.408 作匈，2.407 作匈，BD00967 作匈，BD00992 作匈，BD03532 作匈，BD03952 作匈，BD05812 作匈，P.2071 作匈，麗藏本作臂。北涼法盛譯《佛說菩薩投身飼餓虎起塔因緣經》"去國十里於空澤草中，乃見夫人從數宫女，搥匈涕泣頭亂目腫"，"匈"，石經 2.403 作匈，《大正藏》作"胸"，金藏廣勝寺本作"臂"，麗藏本作臂。同前"唯見夫人與太子后妃，被髮亂頭搥匈號叫隨路空歸，王益不樂"，"匈"，石經 2.403 作匈，《大正藏》作"胸"；金藏廣勝寺本作"臂"，麗藏本作臂。

【和：啝】

　　失譯人《佛說父母恩重經》："父母懷抱，和和弄聲，含笑未語。"
按："和和"，石經 3.555 作"和和"，S.4476 作啝啝，S.5253 作啝

---

① ［清］段玉裁《說文解字注》，上海古籍出版社，1988 年，第 433 頁。

和，S.7203作【字形】【字形】；P.2285、P.3919A.3、S.5433、S.5642、北大 D100、上博 48（41379）俱作"和和"。

《説文·口部》："咊，相譍也。从口，禾聲。""咊"，金文字形作【字形】史孔盉、【字形】陳貯簋、【字形】舒盉壺、【字形】古鉢，可見"和"的構件"口"可左可右，後以在右爲正。"和"本義爲聲音相應，右形左聲，但表意不彰顯，故加形符"口"作"啝"。

【笑：噗】

失譯人《佛説父母恩重經》："父母懷抱，和和弄聲，含笑未語。"

按："笑"，石經 3.555 作笑，S.2084 作【字形】，S.5215 作【字形】；S.1189 作噗，S.1323 作【字形】，S.1907 作噗，S.5253 作噗，S.5433 作【字形】，S.5642 作【字形】，P.2285 作噗，P.3919A.3 作【字形】，北大 D100 作噗，上博 48（41379）作噗。

《玄應音義》卷二十四釋《阿毗達磨俱舍論》"笑視"條引《字林》："笑，喜也。"《説文新附·竹部》："臣鉉等案：孫愐《唐韻》引《説文》云'喜也，从竹，从犬'。""噗"字魏碑已見，北魏興和三年（541）《元子邃妻李艷華墓誌》："至於嚬噗歸美，點畫見傳，方圓貽範，朱紫成則。"北齊乾明元年（560）《高淯墓誌》："瑰姿奇表，咳噗如神；英心絶韻，趨拜驚俗。"在上述語境"嚬噗""咳噗"中，"笑"皆爲類化加形。因爲笑往往伴隨開口這一動作，故加形符"口"作"噗"。

他例如，同前"或時唤呼，瞋目驚怒。婦兒罵詈，低頭含笑。妻復不孝，子復五橫。夫妻和合同作五逆"，"笑"，S.0149 作噗，S.0865 作【字形】，S.1189 作噗，S.1323 作【字形】，S.1907 作噗，S.3228 作噗，S.4476 作噗，S.5253 作噗，P.2285 作噗，P.3919A.3 作噗，Дx01595 作噗，BD00439 作噗，北大 D100 作噗，北大 D101 作噗，上博 48（41379）作【字形】。後秦佛陀耶舍譯《四分大尼戒本》"若比丘尼藏他比丘尼衣鉢坐具針筒，若自藏若教人藏，下至戲笑者波逸提"，石經 2.380"噗"，P.2310、津藝 087（77·5·4430）俱作【字形】，Ф156 作【字形】，BD00014 作【字形】，北大 D088 作笑。"噗"爲"笑"的增加形符字。S.0440 作【字形】，"【字形】"，《集韻·笑韻》："笑，古作咲。"《字彙·八部》："癸，與笑同。"實則"癸"爲"笑"的異寫，"咲"則是"癸"再加形符而成。

【弄：挵】

失譯人《佛説父母恩重經》："父母懷抱，和和弄聲，含笑未語。"

按："弄"，石經 3.555 作弄，S.1189 作挵，S.1323 作挵，S.1907 作挵，S.5433 作挵；S.7203 作挵，北大 D100 作挵；S.0149 作弄，S.2084 作弄，

S.4476、S.5215、S.5642、上博 48(41379)、《大正藏》俱作"弄"。

《說文·廾部》:"弄,玩也。从廾持玉。"林義光《文源》:"弄,象兩手持玉形。"①"弄"的甲骨文字形作▢合18189、▢合19462、▢合22072,爲雙手玩賞摩挲玉之形。"▢"隸變作"廾",表意不彰顯,故加形符"扌"作"挊"。

他例如,同前"兒在欄車,遙見母來,搖頭哢腦。或復曳腹隨行,嗚呼向母。母即爲子屈身下就,長舒兩手拂拭塵垢。吹和其口開懷出乳,以乳與之","哢",石經 3.555 作▢,S.2084、S.2269、S.5215、S.5253、S.7203 俱作"弄";S.1189 作▢,S.1323 作▢,S.1548 作▢,S.1907 作▢,S.5433 作▢,P.2285 作▢,BD00439 作▢。"弄"字因幼兒見母親的到來高興"嗚嗚"弄聲而加形符"口"作"哢"。同前"母見兒歡,兒見母喜。二情恩悲慈愛,親重莫復。過此二歲三歲弄意始行","弄",S.1323 作▢,S.1548 作▢,S.1907 作▢,BD00439 作▢;S.5433 作▢,S.4476 作▢,P.3919A.3 作▢;S.2269 作▢,北大 D100 作▢,S.7203 作▢;S.2084 作弄,S.5253、《大正藏》俱作"弄"。爲強化"弄玉"之意,"弄"加形符"王"作"珱"。"挊",爲"弄"的新造會意字,會用手上下玩弄之意,字形魏碑已見,如北魏孝昌元年(525)《王君妻元華光墓誌》:"慕潔▢瓦之歲。"北周明帝元年(557)《强獨樂造像記》:"高賊昌狂,挊威并相。"當"挊"的兩個橫筆共用時寫作"抙","抙"爲"挊"的進一步異寫字。

【含:唅】

失譯人《佛說父母恩重經》:"父母懷抱,和和弄聲,唅笑未語。"

按:"唅",石經 3.555 作▢,S.1323 作▢,S.1907 作▢,S.2084 作▢,S.5215 作▢,S.5433 作▢,S.5642 作▢,S.7203 作▢,P.3919A.3 作▢,北大 D100 作▢,上博 48(41379) 作▢。

《說文·口部》:"含,嗛也。从口,今聲。"因"含"字形符在下,表意不顯,故再加形符"口"作"唅"。

他例如,同前"或時喚呼,瞋目驚怒。婦兒罵詈,低頭含笑。妻復不孝,子復五牾。夫妻和合同作五逆","含",S.0865 作▢;S.1323 作▢,S.1907 作▢,S.2084 作▢,S.2269 作▢,S.3228 作▢,S.4476 作▢,S.4724 作▢,P.2285 作▢;P.3919A.3 作▢,Дx01595 作▢,BD00439 作▢,北大 D100 作▢,北大 D101 作▢,上博 48(41379) 作▢。

---

① 林義光《文源》,中西書局,2017 年,第 136 頁。

【斗：斝】

失譯人《佛説父母恩重經》:"十指甲中食子不浄,應各八斛四斗。"

按:"斗",石經 3.555 作丹,S.4476 作斝,S.5215 作斝,S.5253 作斝,S.5642 作斝,P.3919A.3 作斝,《大正藏》作"斝";S.0149 作升,S.1189 作升,S.1323 作升,S.1907 作升,S.2269 作升,S.5433 作升,S.7203 作升,P.2285 作升,北大 D100 作升,上博 48(41379)作升。

《説文·斗部》:"斗,十升也。象形,有柄。"段玉裁注:"上象斗形,下象其柄也。"①在形聲字階段,以象形字、會意字更容易形聲化,變成形聲字。象形字"斗"以原字爲形符,加聲符變成形聲字"斝",敦煌文獻用例甚多,如 S.6577V《宴設司爲公主下陳鉢倉支出糧食帳》:"伏以今月二日公主下陳鉢倉月麵玖斝,忙藥麵玖斝。"S.3833《王梵志詩》:"生時不須歌,死時不須哭。天地捉秤量,鬼神用豆斝斛。體上須得衣,口裏須得禄。人人覓長命,没地可種穀。"S.76V《攝茶陵縣令將仕郎試大理評事譚□狀兩通》:"麵三斝。"

【慇：懃】

後秦佛陀耶舍譯《四分大尼戒本》:"若比丘尼,至檀越家,慇勤請與餅麵食。"

按:"慇",S.0440、Φ156、BD00014、麗藏本、《大正藏》俱作"慇";石經 2.379、P.2310、北大 D088、津藝 087(77·5·4430)俱作"殷"。

"殷",《説文·肉部》:"殷,作樂之盛稱殷。"徐灝箋:"殷謂樂舞,故云作樂之盛偁殷。"②引申作深。《文選·陸機〈歎逝賦〉》:"在殷憂而弗違,夫何云乎識道?"李善注:"殷,深也。"③

"殷""勤"複合成詞,義爲情義深厚。"殷勤"作"慇勤""慇懃"等形,"慇""懃"皆爲按義加形異體字。字形漢碑已見,如東漢永壽二年(156)《韓敕造孔廟禮器碑》:"脩造禮樂,胡輦器用,存古舊宇。慇懃宅廟,朝車威熹。"北魏正光五年(524)《元昭墓誌》:"哭請慇懃,泣盡繼血。"孝昌二年(526)《元伯陽墓誌》:"慇懃綺談,流連雅詠。"孝昌二年(526)《高廣墓誌》:"慇懃蔄遣,便充國使。"東魏武定二年(544)《元顯墓誌》:"留連辭賦,慇勤羽觴。"

---

① [清]段玉裁《説文解字注》,上海古籍出版社,1988 年,第 717 頁。
② [清]徐灝《説文解字注箋》,《續修四庫全書》第 225 册,上海古籍出版社,2002 年,第 156 頁。
③ [梁]蕭統編,[唐]李善注《文選》,上海古籍出版社,1986 年,第 727 頁。

"殷"增加構件"心"作"慇",與表"痛"義的"慇"同形,《說文·心部》:
"慇,痛也。"

【勤:憖】

東漢安世高譯《佛説温室洗浴衆僧經》:"佛爲三界尊,修道甚苦憖。"

按:"憖",石經 1.88 作憖,P.3919B 作勤,麗藏本作勤,《大正藏》作"勤"。

《説文·力部》:"勤,勞也。从力,堇聲。"《正字通·心部》:"憖,同勤。"《列子·周穆王》:"覺則復役,人有慰喻其憖者。"《風俗通·六國》:"成王舉文物憖勞,而封熊繹於楚。""憖"爲勤勞、辛苦之意。"勤"加形符"心"作"憖",同時,"勤""憖"二字,石經、P.3919B、麗藏本均省簡一橫畫。

他例如,同前"諸佛從行得,種種不勞憖","憖",石經 1.88 作憖,P.3919B 作勤,麗藏本作勤,P.3919、麗藏本俱作"勤"。東漢安世高譯《佛説罪業應報教化地獄經》"念當勤精進,頂禮無上尊","勤",BD05969 作憖,石經 3.607、麗藏本、《大正藏》俱作"勤"。東晉帛尸梨蜜多羅譯《佛説灌頂章句拔除過罪生死得度經》"或晝夜精憖一心苦行","憖",石經 3.2 作勤,P.2178V⁰作憖,P.4666 作憖,S.1968 作憖,BD00848 作憖,BD01495 作憖,BD02232 作憖,BD02791 作憖;BD00032 作勤,BD00033 作勤,BD000317 作勤,BD00602 作勤,BD01397 作勤,BD02130 作勤,BD02656 作勤,BD02909 作勤,BD03407 作勤,BD03619 作勤,麗藏本、《大正藏》俱作"勤"。同前"佛告阿難,我作佛以來,從生死至生死。憖苦累劫無所不經無所不歷,無所不作無所不爲如是不可思議","憖",石經 3.2 作憖,S.1968 作憖,BD02691 作憖,BD00391 作憖,BD00848 作憖,BD02232 作憖,BD02791 作憖,BD03567 作憖;Φ200 作勤,敦研 355 作勤,津藝 119(77·5·4458)作勤,BD0003 作勤,BD00033 作勤,BD000317 作勤,BD01178 作勤,BD01397 作勤,BD01495 作勤,BD02103 作勤,BD02756 作勤,BD03407 作勤,麗藏本作勤。唐義浄譯《佛説無常經》"當勤策三業,恒修於福智",石經 3.339 "勤",BD01030、BD03608、BD03874、S.0311、S.0153、S.2540、S.2926、S.3887、S.4007、S.4164、S.4529、S.4713、S.5447、P.3924、TK137、TK323、酒博 013、北大 D093、津藝 193(77·5·4532)、津藝 202(77·5·4541)、麗藏本、《大正藏》俱作"勤";BD01367、BD03554、S.1479、S.6367 俱作"憖"。

【喜：憙】

後秦佛陀耶舍譯《四分大尼戒本》："大姊！莫作是説，言此比丘是法語比丘、律語比丘，此比丘所説，我等心喜樂，此比丘所説，我等心忍可。"

按："喜"，石經 2.377、BD00014、津藝 087（77·5·4430）俱作"喜"，P.2310、BD088、麗藏本、《大正藏》俱作"憙"。

"喜"，《説文·喜部》："喜，樂也。从壴，从口。"《詩·小雅·菁菁者莪》："既見君子，我心則喜。"毛傳："喜，樂也。"①"喜"義爲高興，上古音爲曉紐之部。

"憙"，爲"喜"的加形異體字。《説文·心部》："憙，説也。从心，从喜，喜亦聲。"段玉裁注："説者，今之悦字。"②《集韻·志韻》："憙，《説文》：'説也。'亦省。或作憘。"《史記·高祖本紀》："諸所過毋得掠鹵，秦人憙，秦軍解，因大破之。"徐灝《説文解字注箋》"喜憙古今字"③，非是。

他例如，東晉帛尸梨蜜多羅譯《佛説灌頂章句拔除過罪生死得度經》"使諸衆生和顔悦色，形貌端正人所喜見"，"喜"，石經 3.2 作憙，BD00317 作憙，BD01414 作憙，BD02130 作憙，BD02791 作憙，麗藏本作憙，《大正藏》作"憙"；BD02232 作喜，BD01495 作喜，BD02656 作喜，BD02909 作喜，BD03619 作喜。義爲"愛好"。後秦佛陀耶舍譯《四分大尼戒本》："若比丘尼喜鬭諍，不善憶持諍事，後瞋恚作是語。僧有愛有恚有怖有癡。""喜"，S.0440、麗藏本、《大正藏》俱作"憙"，石經 2.378、P.2310、BD00014、北大 D088、津藝 087（77·5·4430）俱作"喜"。

【痛：瘍】

東晉帛尸梨蜜多羅譯《佛説灌頂隨願往生十方净土經》："普廣菩薩又白佛言：若人在世不歸三寶不行法誡，若其命終應墮三塗受諸苦痛。"

按："痛"，S.0002 作瘍，S.0297 作瘍；S.1348 作痛，BD03042 作痛，麗藏本、《大正藏》俱作"痛"。

《説文·疒部》："痛，病也。从疒，甬聲。""痛"本爲從疒、甬聲的形聲字，S.0002、S.0297 在"痛"字基礎上加形符"心"作"瘍"，爲加形異體字。其

---

① ［清］阮元校刻《十三經注疏》，中華書局，1980 年，第 422 頁。
② ［清］段玉裁《説文解字注》，上海古籍出版社，1988 年，第 205 頁。
③ ［清］徐灝《説文解字注箋》，《續修四庫全書》第 225 册，上海古籍出版社，2002 年，第 516 頁。

字形最早出現在碑刻文獻中。《隸辨》云:"癭,《武榮碑》:'癭乎我君。'按,即痛字。《費鳳碑》'癭子切惻',《吳仲山碑》'感癭奈何',《李翊夫人碑》'癭感路人',痛皆作癭。"①東漢建和元年(147)《武氏石闕銘》作㾫,永壽三年(157)《許卒史安國祠堂碑》作㾫,建寧三年(170)《許阿瞿墓記》作瘂。

【懸∶縣】

東晉帛尸梨蜜多羅譯《佛説灌頂章句拔除過罪生死得度經》:"勸燃七層之燈,亦勸懸五色續命神幡。"

按:"懸",P.4914、敦研355、津藝119(77·5·4458)、S.1968、BD00032、BD00033、BD000317、BD00391、BD00737、BD01169、BD01495、BD02103、BD03306、BD03567、BD03619、BD00848、BD01397、BD02232、BD02791、麗藏本、《大正藏》俱同於石經 3.2 作"懸",BD02691 作縣。

《説文·県部》:"縣,繫也。从系持県。"《廣韻·先韻》:"縣,《説文》云:'繫也。'相承借爲州縣字。懸,俗,今通用。""懸",三國時期已見字形,魏黄初元年(220)《上尊號奏》作懸,北魏永平年間(508—512)《東堪石室銘》作懸,神龜三年(520)《穆亮妻尉氏墓誌》作懸,正光元年(520)《叔孫協墓誌》作懸。則"縣""懸"爲歷時異體字關係。

【縣∶懸】

東晉帛尸梨蜜多羅譯《佛説灌頂章句拔除過罪生死得度經》:"若爲縣官之所拘録,惡人侵枉,若爲怨家所得便者,心當存念琉璃光佛,皆得解脱。"

按:BD00032 作懸;石經 3.2、BD00033、BD000317、BD00391、BD00737、BD00848、BD01397、BD01495、BD02103、BD02232、BD02435、BD02791、BD03407、BD03567、BD03619、麗藏本、《大正藏》俱作"縣"。

在本條裏,"懸"與"縣"爲特殊的異體字關係,故置於【懸∶縣】條之後。如上條所言,"縣"本義爲"繫也",後加形增繁作"懸","縣""懸"爲歷時異體字關係。後"相承借爲州縣字",借"縣"以記録州縣義:"縣"的出現至少可以追溯到西周,那時的"縣"係"縣鄙"之"縣",指王畿以内國都以外的地區或城邑四邊的地區。到春秋、戰國時期,就逐漸轉變爲"郡縣"之"縣",指隸屬於國都、大城或郡的一種邑。從文字的使用來看,西周的免簋、師旋簋作"還",燕國文字作"還""睘",《穀梁傳·隱公元年》《國語·齊語》

---

① [清]顧藹吉《隸辨》,中華書局,1986年,第120頁。

作"寰"。春秋時期開始，又出現以假借字"縣"來記録{還}的用例。① 用"懸"記録"縣官"的"縣"，亦爲借字記詞。"懸"，匣先；"縣"，匣霰。匣紐雙聲，先、霰韻近，音近通假。在記録{縣}義上，"縣"爲借字，"懸"亦爲借字，在字用上，"懸""縣"二字爲異體字關係，而且是一對特殊的異體字。

他例如，東晉帛尸梨蜜多羅譯《佛説灌頂章句拔除過罪生死得度經》"三者横遭縣官"，"縣"，BD00032 作"懸"；石經 3.2、BD00033、BD000317、BD00391、BD00737、BD00848、BD01169、BD01397、BD01495、BD02103、BD02232、BD02756、BD03306、BD03407、BD03567、BD03619、麗藏本、《大正藏》俱作"縣"。隋闍那崛多等譯《東方最勝燈王如來經》："彼人火不能燒刀仗不能傷，諸毒不能害縣官不能殺。"《大正藏》作"縣"，聖本作"懸"。隋末唐初胡吉藏撰《法華義疏》卷五："但化處有四：一國、二邑、三聚、四落，所王之處有封疆壚域謂國也，邑者古人呼縣爲邑，内村伍爲聚，外壚畔爲落。"《大正藏》作"縣"，甲本作"懸"。

【止：正】

唐義浄譯《金光明最勝王經》卷一："涕淚交流前禮佛足白言：世尊，若實如來於諸衆生有大慈悲，憐愍利益令得安樂。猶如父母餘無等者，能與世間作歸依處如浄滿月。以大智慧能爲照明如日初出，普觀衆生愛無偏黨如羅怙羅。唯願世尊施我一願。爾時世尊默然而止。"

按："止"，石經 3.536 作 ⼞，BD03236 作 正；BD03664 作 止，BD04064 作 止，BD04208 作 止，BD04381 作 止，BD04667 作 ⼞，BD04900 作 ⼞，BD04911 作 ⼞，BD04953 作 ⼞，BD05239 作 止，上圖 038（812445）作 止，麗藏本作 止，金藏廣勝寺本、《大正藏》俱作"止"。

《廣韻·止韻》："止，足也。"引申爲停止。《廣韻·止部》："止，停也。""止"增加筆畫異寫作"正"，同"止"，義爲"停止"。《詩·邶風·終風》序"見侮慢而不能正也"，鄭玄箋："正，猶止也。"② 又《小雅·賓之初筵》"屢舞傚傚"，毛傳："傚傚，舞不能自正也。"③ 陸德明釋文："注本'正'或作'止'。"④ 與"是"義的"正"字同形，《説文·正部》："正，是也。"故 BD03236 作 正，爲增繁異體字。

---

① 李家浩《先秦文字中的"縣"》，《文史》第 28 輯，中華書局，1987 年。
② ［清］阮元校刻《十三經注疏》，中華書局，1980 年，第 299 頁。
③ ［清］阮元校刻《十三經注疏》，中華書局，1980 年，第 487 頁。
④ ［清］阮元校刻《十三經注疏》，中華書局，1980 年，第 487 頁。

第四節　異　化

異化是相對於原正字形而言的，在漢字異寫過程中筆畫或構件發生了變異，我們把這種變化稱爲異化。這些變異形式主要表現爲筆畫置向的改變，筆畫形態的改變，筆畫的斷與連等。祇要異體字與正字之間既非古文字的隸定，亦非構件訛混、改換、位移等幾種類型，即可認定爲異化。① 異化主要包括筆形異化、構件異化兩種。

【眷：眷】

失譯人《佛説父母恩重經》："如是我聞，一時佛在王舍城耆闍崛山中，與大菩薩摩訶薩及聲眷属俱。"

按："眷"，石經 3.555 作眷，P.3919A.3 作眷，北大 D100 作眷，S.1323 作眷，《大正藏》作"眷"；S.5433 作眷，S.5642 作眷，Дх00927(5) 作眷，上博 48(41379) 作眷。

《説文·目部》："眷，顧也。从目，关聲。"因構件"目"訛混作"日"，"丷"異化爲"一"，"眷"異寫作眷。魏晉南北朝碑刻文獻已見字例。北魏建義元年(528)《元鑒妃吐谷渾氏墓誌》："衰容去鏡，蓬髮辭梳。悲眷夜景，泣對晨孤。""眷"上部訛從"夹"，下部仍從"目"。

【鼠：鼠、鼠】

唐義淨譯《金光明最勝王經》卷一："鼠緣此梯上，除去阿蘇羅，能障空中月，方求佛舍利。"

按："鼠"，石經 3.536 作鼠，BD00071 作鼠，BD00233 作鼠，BD00288 作鼠，BD02688 作鼠，BD03011 作鼠，BD03138 作鼠，BD03236 作鼠，BD03664 作鼠，BD04064 作鼠，BD04208 作鼠，BD04381 作鼠，BD04667 作鼠，BD04900 作鼠，BD04911 作鼠，BD05239 作鼠，上圖 038(812445) 作鼠，麗藏本作鼠，金藏廣勝寺本作鼠，《大正藏》作"鼠"。

《説文·鼠部》："鼠，穴蟲之總名也。象形。"徐鍇繫傳："上象齒，下跴象腹爪尾。"②戰國文字作鼠雲夢秦律42、鼠周家臺371，《説文》小篆作鼠，隸定作

---

① 吳繼剛《七寺本〈玄應音義〉文字研究》，上海古籍出版社，2021 年，第 74 頁。
② ［南唐］徐鍇《説文解字繫傳》，中華書局，2017 年，第 203 頁。

今字形"鼠"。"鼠"字下部構件"�"變異作"![]"或"![]",故有敦煌佛經字形![]、![];"![]"再異寫作"![]""![]",故有字形![]、![]。

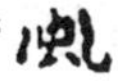

【邪：耶】

后秦佛陀耶舍譯《四分大尼戒本》："若比丘尼,知如是語人未作法如是耶見不捨。"

按："耶",石經 2.380 作"耶",S.0440、P.2310、Φ156、BD00014、北大 D088、金藏廣勝寺本、《大正藏》俱作"邪"。

"耶"最早作疑問語氣詞用,《戰國策·趙策三》："十人而從一人者,寧力不勝,智不若耶?"《韓非子·説林上》："問之曰：'客耶?'對曰：'主人。'"

《説文·邑部》："邪,琅邪郡。從邑,牙聲。"段玉裁注："漢碑'琅邪'字或加玉旁,俗字也。近人隸書從耳作耶,由牙耳相似。"①其説是。漢碑中"邪"異寫作"耶",如東漢建寧二年(169)《史晨後碑》："考之六律,八音克諧,蕩**耶**反正,奉爵稱壽。"熹平三年(174)《營陵置社碑》："右尉琅**耶**姑慕韋湛,字孟惠。"故顔元孫《干禄字書·平聲》云："耶邪：上通下正。"

他例如,西晉竺法護譯《佛說盂蘭盆經》"汝雖孝順聲動天地,天神地神耶魔外道。道士四天王神,亦不能奈何","耶",金藏廣勝寺本、麗藏本、《大正藏》俱作"邪";S.2540、S.3171、S.6163、P.2055 俱作"耶"。東晉帛尸梨蜜多羅譯《佛説灌頂章句拔除過罪生死得度經》"使入正真无諸邪僻","邪",S.1968、Дx00014、BD00848、BD01414、BD01495、BD02232、BD02791 俱作"耶";石經 3.2、P.2178V⁰、P.4027V⁰、BD00032、BD00317、麗藏本、《大正藏》俱作"邪"。唐義淨譯《佛説無常經》"唐金剛智杵破邪山,永斷無始相纏縛",石經 3.339、BD00535、BD01063、BD01367、BD03608、BD03874、S.0153、S.1103、S.1479、S.2540、S.2926、S.3887、S.5447、P.3924、TK137、TK323、麗藏本、《大正藏》俱作"邪";BD01030、S.0311、S.4713、S.5138 俱作"耶"。

【短：矩】

(1) 唐義淨譯《金光明最勝王經》卷一："是時妙幢菩薩獨於静處作是思,以何因緣釋迦牟尼如來壽命短促唯八十年。"

按："短",石經 3.536 作![],BD00417 作![],BD00648 作![],BD01317 作![],BD03138 作![],BD03170 作![],BD03664 作![],BD03852 作![],BD04208 作![],BD04381 作![],BD04578 作![],

---

① ［清］段玉裁《説文解字注》,上海古籍出版社,1988 年,第 298 頁。

BD04667作短，BD04900作短，BD04953作短，BD05239作短，BD06025作短，P.3042作短，上圖038（812445）作短，麗藏本作短，金藏廣勝寺本、《大正藏》俱作"短"。

（2）同前："亦復思惟釋迦牟尼如來無量功德，唯於壽命，生疑惑心：'云何如來功德無量壽命短促，唯八十年。'"

按："短"，石經 3.536 作短，BD01317 作短，BD02177 作短，BD03138 作短，BD03170 作短，BD03664 作短，BD03852 作短，BD04064 作短，BD04208 作短，BD04381 作短，BD04578 作短，BD04667 作短，BD04900 作短，BD04953 作短，BD05239 作短，BD06025 作短，S.0032 作短，上圖 038（812445）作短，麗藏本作短，金藏廣勝寺本、《大正藏》俱作"短"。

（3）同前："爾時四佛告妙幢菩薩言：善男子，汝今不應思忖如來壽命長短。"

按："短"，石經 3.536 作短，BD01317 作短，BD02177 作短，BD03138 作短，BD03170 作短，BD03664 作短，BD03852 作短，BD03852 作短，BD04208 作短，BD04381 作短，BD04578 作短，BD04667 作短，BD04900 作短，BD04953 作短，BD05239 作短，BD06025 作短，S.0032 作短，上圖 038（812445）作短，麗藏本作短，金藏廣勝寺本、《大正藏》俱作"短"。

（4）同前："爾時，妙幢菩薩聞四如來説釋迦牟尼佛壽量無限。白言：世尊，云何如來示現如是短促壽量。"

按："短"，石經 3.536 作短，BD03138 作短，BD03170 作短，BD03664 作短，BD03852 作短，BD03852 作短，BD04208 作短，BD04381 作短，BD04578 作短，BD04667 作短，BD04900 作短，BD04953 作短，BD05239 作短，上圖 038（812445）作短，麗藏本作短，金藏廣勝寺本作短，《大正藏》作"短"。

（5）同前："此諸衆生多有我見、人見、衆生、壽者。養育邪見、我我所見、斷常見等，爲欲利益此諸異生及衆外道如是等類，令生正解，速得成就無上菩提。是故釋迦牟尼如來示現如是短促壽命。"

按："短"，石經 3.536 作短，BD02177 作短，BD03138 作短，BD03170 作短，BD03852 作短，BD03664 作短，BD04064 作短，BD04208 作短，BD04381 作短，BD04578 作短，BD04667 作短，BD04900 作短，BD04953 作短，BD05239 作短，上圖 038（812445）作短，麗藏本作短，金藏廣勝寺本、《大正藏》俱作"短"。

（6）同前："善男子！然彼如來欲令衆生見涅槃已，生難遭想、憂苦等想，於佛世尊所説經教，速當受持，讀誦通利，爲人解説，不生謗毀，是故如來現斯短壽。"

按："短"，石經 3.536 作〖短〗，BD03138 作〖短〗，BD03170 作〖短〗，BD03852 作〖短〗，BD03664 作〖短〗，BD04064 作〖短〗，BD04208 作〖短〗，BD04381 作〖短〗，BD04578 作〖短〗，BD04667 作〖短〗，BD04900 作〖短〗，BD04953 作〖短〗，BD05239 作〖短〗，上圖 038（812445）作〖短〗，麗藏本作〖短〗，金藏廣勝寺本、《大正藏》俱作"短"。

《説文・矢部》："短，有所長短，以矢爲正。从矢，豆聲。"本條把上述"短"字字形拉通排譜研究，字形分析如下：

"短"字形異化有四條路綫。第一條路綫是，"短"字構件"矢"省簡點畫作"午"，字形異寫作〖短〗BD00648。第二條路綫是，"短"字構件"矢"增加點畫變成"关"，字形異寫作〖短〗BD03170。第三條路綫是，"短"字構件"矢"異化作"扌"，字形異寫作〖短〗BD06025；接著，構件"豆"省簡下部點畫，字形異寫作〖短〗BD04667。第四條路綫最爲複雜：構件"豆"省簡下部點畫作〖短〗BD04667，接著，構件"口"字豎畫延長作〖短〗BD04900，下面分爲兩條路綫，一是省簡構件"豆"的撇畫作〖短〗BD00417，接著，筆形"ユ"省簡作"ヲ"，字形異寫作〖短〗BD04064；二是筆畫組合"彑"異寫作兩個折筆組合"巨"，字形異寫作〖短〗石經3.536，下面又分成兩條路綫，（一）是筆畫組合"巨"異寫作三個折筆組合"彑"，字形變爲〖短〗BD03852，接著，折筆組合"彑"異寫作"ヨ"，字形變爲〖短〗BD03664，構件"亘"異寫成標準的"臣"字，字形變爲〖短〗BD03664。（二）是〖短〗的兩個折筆組合"巨"變成"彑"，字形變爲〖短〗BD04208，構件"豆"異寫作"長"，字形異寫作〖短〗BD03852，構件"豆"異寫作"頁"，字形異寫作〖短〗BD03138，構件"頁"異寫作"臣"，字形異寫作〖短〗BD04381，構件"臣"異寫作"臼"，字形異寫作〖短〗上圖038（812445）。

其字形譜系圖如下：

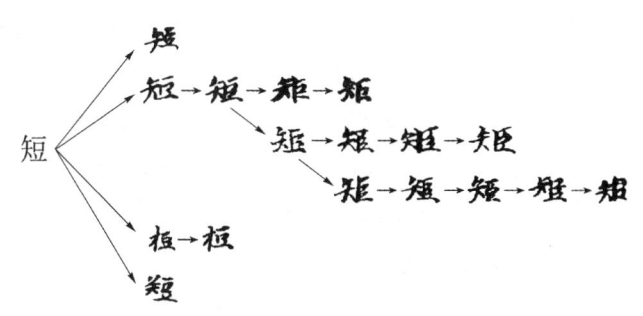

構件"豆"亦類推。唐義净譯《金光明最勝王經》"譬如有人見其父母多

有財產,珍寶豐盈,便於財物不生希有難遭之想",“豐",石經 3.536 作豐,BD03138 作豐,BD03170 作豐,BD03852 作豐,BD03664 作豐,BD04064 作豐,BD04208 作豐,BD04381 作豐,BD04578 作豐,BD04667 作豐,BD04900 作豐,BD05239 作豐,上圖 038(812445)作豐,麗藏本作豐。同前"復次善男子,豈唯如來不般涅槃,是爲稀有",“豈",BD05239 作豈,BD05965 作豈,上圖 038(812445)作豈,麗藏本作豈。

【轡：轡】

後秦鳩摩羅什譯《佛臨般涅槃略説教戒經》:"亦如惡馬不以轡制,將當牽人墜於坑陷。"

按:"轡",石經 3.380 作轡,BD00696 作轡,BD02701 作轡,BD03355 作轡,BD05468 作轡,麗藏本、《大正藏》俱作"轡"。

《説文·絲部》:"轡,馬轡也。从絲,从軎。"甲骨文作 合8177,金文作 公貿鼎,大篆作 石鼓,《説文》小篆作 。很明顯,楷書字形"轡"由小篆直接演變而來。因構件"口""厶"形近換用,"轡"異寫作 北魏爾朱紹墓誌、 北齊高建墓誌;"厶"變異作"匚", 異寫作 北魏元子永墓誌;構件"匚"加橫增繁作"亡", 異寫作 北魏元孟輝墓誌。BD02701、BD03355、BD05468 俱作轡,爲構件"糸"省簡作"糹"形成;構件"䜌"被更常見構件"戀"同化,敦煌文獻 BD00696 寫作轡。

【晉：晋】

西晉竺法護譯《佛説鴦掘摩經》:"上首弟子名鴦掘摩(晉曰指鬘),儀幹剛猛力超壯士。"

按:"晉",石經 3.385 作晋,金藏廣勝寺本、麗藏本、《大正藏》俱作"晉"。

《説文·日部》:"晉,進也。日出萬物進。从日,从臸。"甲骨文作 ,金文字形作 格伯作晉姬簋,楊樹達《積微居小學金石論叢·釋晉》:"晉字上象二矢,下爲插矢之器……二矢插器,其義爲箭……自小篆變二矢之形爲臸,變器形爲日,形與義略不相關。"①"晉"隸定後從臸、從日,漢碑省簡上部構件,東漢光和三年(180)《趙寬墓碑》作晉,西晉咸寧四年(278)《臨辟雍碑》作晉,永康元年(300)《左棻墓誌》作晉。後成爲"晉"字形的直接來源。構件"屾"變異,作晉 北魏王禎墓誌、晉 郭顯墓誌,上部中間筆畫斷開並改變置向,作晉 北齊宇文誠墓誌,"晋"進一步省簡、異寫,作晋。

---

① 楊樹達《積微居小學金石論叢》,上海古籍出版社,2007 年,第 21—22 頁。

【器：㗊、䂞】

後秦佛陀耶舍譯《四分大尼戒本》："若比丘尼多畜好色器者,尼薩耆波逸提。"

按："器",石經 2.379 作㗊,S.0440、P.2310、BD00014、津藝 087(77·5·4430)作"噐",Φ156 作䂞,北大 D088 作器。

《說文·皕部》："器,皿也。象器之口,犬所以守之。"構件"犬"省簡點畫,並變異作"几"或"工"。

【曳：申、史、史】

後秦佛陀耶舍譯《四分大尼戒本》："若比丘尼,往來彼此媒嫁。持男意語女,持女意語男。若爲成婦事,若爲私通,乃至須臾。是比丘尼犯初法應捨僧伽婆尸沙。"

按："曳",石經 2.376 作申,《大正藏》作"曳";P.2310 作史,北大 D088 作史,津藝 087(77·5·4430)作曳,麗藏本作史,金藏廣勝寺本作史。

《說文·申部》："曳,束縛捽抴爲曳。从申,从乙。"林義光《文源》："曳从人、臼,象兩手捽抴一人之形。"①"曳"本从臼从人,構件"臼"異寫作"曰",構件"人"亦異寫,作"申、史、史"。

【險：隂】

後秦佛陀耶舍譯《四分大尼戒本》："譬如明眼人能避險惡道。"

按："險",石經 2.384 作隂,S.0440 作㟲,麗藏本、《大正藏》俱作"險";北大 D088 作隂,上圖 146(812596)作隂,津藝 087(77·5·4430)作隂,金藏廣勝寺本作㟲,P.2310 作㐫。

《說文·阜部》："險,阻難也。从阜,僉聲。""險"的構件"从"異化爲"灬","隂"爲"險"的異寫字。

他例如,東漢安世高譯《佛説温室洗浴衆僧經》"佛告醫王:善哉,妙意!治衆人病,皆蒙除愈。遠近慶賴,莫不歡喜","愈",石經 1.87 作愈,P.3919B 作愈,麗藏本、大藏經俱作"愈"。構件"心"異化爲"灬"。

【虱：虱、虱】

失譯人《佛説父母恩重經》:"甚年老色衰,多饒蟣虱,夙夜不卧,長吟歎息。"

---

① 林義光《文源》,中西書局,2017 年,第 133 頁。

按:"虱",石經3.555作"虱",S.3228作【字】,S.4476作【字】,S.5253作【字】;S.1189作【字】;S.4724作【字】。

《説文·蚰部》:"蝨,齧人蟲。从蚰,卂聲。"《字彙·虫部》:"虱,同蝨。""虱"可以加上撇筆異化,如S.3228作【字】,S.4476作【字】,S.5253作【字】;亦可省簡横筆異化,如S.1189作【字】,S.4724作【字】。

【底:厎】

唐義浄譯《金光明最勝王經》卷一:"大辨才天女,尼連河水神,訶利底母神,堅牢地神衆。"

按:"底",石經3.536作【字】,BD03170作【字】,BD03664作【字】,BD04208作【字】,BD04381作【字】;BD02197作【字】,BD02386作【字】,BD03138作【字】,BD03863作【字】,BD04578作【字】,BD04667作【字】,BD04900作【字】,BD04953作【字】,BD05239作【字】,BD06025作【字】,S.0032作【字】,P.3042作【字】,甘博083作【字】,上圖038(812445)作【字】,麗藏本作【字】,金藏廣勝寺本作【字】。

《説文·广部》:"底,山居也。一曰下也。从广,氏聲。"戰國古文作【字】詛楚文、【字】秦泥考117,構件"互"可以直接隸定作字形"互",也可以變異爲"丘",BD03170、BD03664、BD04208、BD04381俱作【字】。

【委:委】

西晉竺法護譯《佛説鴦掘摩經》:"師室聞之即懷愧恨,歸自總滅裂衣裳,斁金黄面陽愁委卧。時夫行還,問曰:何故?有何不善,誰相嬲觸?"

按:"委",石經3.385作【字】,藏廣勝寺本、麗藏本、《大正藏》俱作"委"。

《説文·女部》:"委,委隨也。从女,从禾。"段玉裁注:"隨其所如曰委。"①石經3.385作【字】,遍索甲骨文、金文、戰國古文、隸書、小篆、漢魏六朝碑刻等文字編,未見該字形,我們可以通過異文來釋讀該字。該字字形可補《漢語大字典》字形之缺。其構字理據亦無從考據,暫時置於異化之後。

【灸:灸】

東晉帛尸梨蜜多羅譯《佛説灌頂章句拔除過罪生死得度經》:"九者有病不治又不脩福湯藥不慎針灸失度,不值良醫爲病所困於是

---

① [清]段玉裁《説文解字注》,上海古籍出版社,1988年,第619頁。

滅亡。"

按:"灸",津藝119(77·5·4458)作炙,BD00032作炙,BD00033作炙,BD000317作炙,BD00391作炙,BD00737作炙,BD00848作炙,BD02232作炙,BD02756作炙,BD03407作炙,BD03567作炙;《大正藏》作"灸";石經3.2作炙,津藝270(77·5·4609)作炙,S.1968作炙,BD01169作炙,BD01495作炙,BD02103作炙,BD02791作炙,BD02909作炙,BD03143作炙,BD03306作炙,BD03619作炙,麗藏本作灸。

灸,爲中醫療法之一,以艾絨所製艾炷或艾條,燒灼或熏熨人體穴位表面。《説文·火部》:"灸,灼也。从火,久聲。"王筠句讀:"引申之,以火艾灼病曰灸。"①津藝119(77·5·4458)、BD00032、BD00033、BD000317、BD00391、BD00737、BD00848、BD02232、BD02756、BD03407、BD03567皆異寫作"炙"。

"炙"與"灸"形近,受到強勢構件影響,進一步異寫作"炙",與"炙烤"的"炙"同形。佛典中,"針灸"常異寫作"針炙"。如北涼法盛譯《佛說菩薩投身飴餓虎起塔因緣經》:"令一切衆生身諸病苦、宿罪因緣、湯藥針灸不得差者,來我塔處至心供養,隨病輕重不過百日必得除愈。"《大正藏》作"針灸",宋本作"針炙"。南朝梁僧旻、寶唱等集《經律異相·乾陀尸利國王太子投身餓虎遺骨起塔一》:"令一切衆生身諸病苦宿罪因緣湯藥針灸不得差者,來我塔處至心供養,隨病輕重不過百日必得除愈。"《大正藏》作"針灸",宋本、元本、明本、宮本作"針炙"。智覺禪師延壽集《宗鏡錄》:"如灸病得穴,永斷病原,可謂覺寶之良醫矣。"《大正藏》作"灸",明本作"炙"。後秦佛陀耶舍、前秦竺佛念譯《佛說長阿含經》:"或爲醫方、鍼灸、藥石,療治衆病。"《大正藏》作"鍼灸",宋本、元本、明本、宮本作"鍼炙"。後秦鳩摩羅什譯《坐禪三昧經》:"有人欲得捉刀自殺,針灸苦藥入賊,如是種種非求苦也?"《大正藏》作"針灸",宮本作"針炙"。唐釋道世撰《法苑珠林》:"以前世時坐爲鍼灸醫師鍼人身體不能差病,誑他取財徒受苦痛,令他苦惱,故獲斯罪。"《大正藏》作"鍼灸",宋本、元本作"鍼炙"。失譯人《佛說像法決疑經》:"或行針灸種種湯藥以求衣食。"《大正藏》作"針灸",甲本作"針炙"。

在佛典中,"炙"亦有異寫作"灸"者。炙本義爲"烤熟食物",《説文·炙部》:"炙,炙肉也。从肉在火上。"《釋名·釋飲食》:"炙,炙也。炙於火上也。"引申爲日曬,如三國吳支謙譯《佛開解梵志阿颰經》:"凡人志心,道人心一如石在地,日炙不消,雨漬不釋,風吹不動。"東晉僧伽提婆譯《中阿含經》:"此四衢道,或象行馬行,駱駝、牛、驢、猪、鹿、水牛及人民行,風吹日炙,

---

① [清]王筠《説文解字句讀》,中華書局,1988年,第383頁。

彼四衢道泥乾燥已,還復作塵。""日炙"的"炙"異寫作"灸"。唐釋遁倫集撰《瑜伽論記》:"如是日灸青葉令黃,此青葉豈不由日故令青不現,即日爲青壞緣也。"《大正藏》作"日灸",甲本作"日炙"。唐釋道液撰集《淨名經關中釋抄》:"有獵師來謂仙是鳥,遂便射之,血便墮地生兩甘蔗。一出童子,一出女。童復嗣王位,因改爲甘蔗種,及日灸生故亦名日種,復從甘蔗改姓釋迦。此名能也。"宋慧元撰,祖淳、法慧編《佛海瞎堂禪師語錄》:"天高地厚無人會,日灸風吹子細看。""日炙"之"炙",異寫作"灸",亦爲形近異寫所致。

"灸"寫作"炙",是筆形異化所致。"灸"又寫作"炙",又因"炙"亦可寫作"灸",故"灸"作"炙",是文字訛混所致。因出現在同一異文中,這裏一併討論。

【㭒:栅】

　　南朝宋惠簡譯《佛母波泥洹經》:"佛勸理家作五百舉牀,麻油香華樟㭒梓事各五百。"

按:"㭒",石經3.627作㭒,《大正藏》作"㭒",麗藏本作㭒,《中華大藏經》作㭒。

"㭒",木名,爲"楠"的換聲異體字。《廣韻·覃韻》:"㭒",同"楠"。《墨子·公輸》:"荆有長松文梓,梗㭒豫章。"《漢書·司馬相如傳上》:"其北則有陰林巨樹,梗㭒豫章。"顏師古注:"㭒音南,今所謂楠木。"①

"㭒",異寫作㭒,表聲構件"冉",金文字形作㭒師寰簋、㭒冉鼎、㭒南疆鼎、㭒相邦冉戟,東漢延熹元年(158)《鄭固碑》作冉。"冉"筆畫異化異寫作冊、冊、冊等。如"髯",北齊天保六年(555)《報德像碑》作髯,下部構件作冊,北齊武平四年(573)《崔博墓誌》作髯,下部構件作冊。冊與"冊"字同形。

"冊",甲骨文作冊合438正、冊合28089正,《說文》小篆秉承甲骨文字形作冊。清邵瑛《說文解字群經正字·冊部》:"冊,今作册,或作冊。"②從"冊"的"栅"字,秉承這一寫法作栅。《說文·木部》:"栅,編樹木也。从木,从册,册亦聲。"

所以,"㭒",石經作㭒,爲構件"冉"異寫作"冊"的結果,與"栅欄"的"栅"同形。

---

① 〔漢〕班固撰,〔唐〕顏師古注《漢書》,中華書局,1962年,第2538頁。
② 〔清〕邵瑛《說文解字群經正字》,《續修四庫全書》第211冊,上海古籍出版社,2002年,第71頁。

【怪：恠、佐】

東晉帛尸梨蜜多羅譯《佛説灌頂章句拔除過罪生死得度經》："若夜惡夢鳥鳴百怪蜚尸耶忤，魍魎鬼神之所繞者，亦當禮敬琉璃光佛。"

按："怪"，石經 3.2 作恠，P.2178V⁰ 作恠，津藝 119（77・5・4458）作恠，S.1968 作恠，BD00032 作恠，BD00033 作佐，BD000317 作佐，BD00391 作恠，BD00848 作恠，BD01397 作恠，BD01495 作恠，BD02232 作恠，BD03407 作恠，BD03619 作佐，麗藏本作恠，《大正藏》作"怪"。

《説文・心部》："怪，異也。从心，圣聲。""怪"，《説文》小篆作怪，隸變後，《雲夢日甲》82 反作怪；北齊天保八年（557）《高叡修定國寺塔銘碑》作恠，河清元年（562）《李君妻崔宣華墓誌》作恠，武平七年（576）《高潤墓誌》作恠，北魏太和二十年（496）《姚伯多兄弟造像碑》作怪。從隸變以來字形可知，"怪"字聲符"圣"爲小篆直接隸變而來；其後，"圣"異寫作"左"，"怪"作"佐"；"圣"異寫作"在"，"怪"作"恠"；"忄"異寫作"忄"，"恠"異寫作"恠"。這些字形，都是"怪"的異寫字。

【忽：怱】

南朝宋沮渠京聲譯《佛説觀彌勒菩薩上生兜率天經》："時兜率陀天七寶臺内摩尼殿上師子牀座忽然化生。"

按："忽"，BD04049 作怱、S.5555 作怱；石經 3.560、BD04161、BD05812、S.3024、P.2071、P.2373、TK58、TK60、TK81+TK82+TK83、上圖 004（795017）、麗藏本、《大正藏》俱作"忽"。

《説文・心部》："忽，忘也。从心，勿聲。""忽然"，突然地，動作、行爲的發生或情況的變化來得迅速又出乎意料地。《史記・扁鵲倉公列傳》："（長桑君）乃悉取其禁方書盡與扁鵲。忽然不見，殆非人也。""忽"異寫作"怱"。

他例如，唐義净譯《根本説一切有部毘奈耶破僧事》卷七："我所居止屋宇精舍，四面怱然熾炎災起，我及眷屬與諸大衆，齊心撲滅而不能得。"《大正藏》作"忽"，明本作"怱"。唐釋道世撰《法苑珠林》卷八："我等四人無有罪惡，無諸過咎，云何父王怱然擯我出於國界。"《大正藏》作"忽"，宋、元、明、宮本作"怱"。唐法藏述《花嚴經探玄記》卷十八："先廣處無邊怱然廣博者，謂案權顯實破情顯法故。"《大正藏》作"忽"，甲本作"怱"。唐釋道世撰《法苑珠林》卷四十九："女出門謂永曰：我天女也，天令我助子償人債耳。語畢怱然不知所在。"《大正藏》作"忽"，宋、元、明、宮本作"怱"。唐澄觀述《大方廣佛華嚴經隨疏演義鈔》卷十三："如鳥飛空忽至樹枝住而不去，由和合句故令有住等。"沙門一如等集注《大明三藏法數》卷三十三："如鳥飛空忽至樹枝住而不去,法亦如是。"宋允堪述《四分律隨機羯磨疏正源記》卷三:"外道我倒未忘,忽爾發心歸投大法。乃至性既未調,恐厌成難。"唐大覺撰《四分律鈔批》卷二本抄該句作"忽爾發心歸投大法"。《佛説佛名經》卷十一:"如不謹慎,忽爾一朝親嬰斯事,將不及悔。"《佛説佛名經》卷二十六:"如不謹慎,忽爾一朝親嬰斯事,將不及悔。"《慈悲水懺法》卷下、宗密述《圓覺道場禪觀法事禮懺文》卷五、智證録《慈悲水懺法卷下隨聞録》、成簡西宗集注《水懺科注》卷下皆抄寫該句作"忽爾一朝親嬰斯事"。

"忽"異寫作"忩",佛經音義已指出這種用字現象。《可洪音義》第廿四册釋《開元釋教録》卷二"忩忤"條:"忩忤,上呼骨反,正作忽。下音悟,遽逆人意也。上又意念,非也。"《可洪音義》第廿八册釋《賢聖集音義》卷卅"忩雅"條:"忩雅,上呼骨反,輕也。正作忽也。又音念,悮。"

【匡:臣】

東漢安世高譯《佛説罪業應報教化地獄經》:"第二十,復有衆生,其形甚醜,身體黑如漆,兩目復青,頭頰俱㙯,皰面平鼻,兩目黄赤,牙齒疏缺,口氣腥臭,矬短癰腫,大腹腰髖,脚復繚戾,僂脊匡肋,費衣健食,惡瘡膿血,水腫乾痟,疥、癩、癰、疽、種種諸惡集在其身。"

按:"匡",石經3.607作迬,S.1904作臣,麗藏本作𠤎,《大正藏》作"匡",宋、元、明本皆作"曲"。

上揭經文内容,《法苑珠林》《諸經要集》皆有鈔録:

唐道世撰《法苑珠林》卷六十七《地域部第七》:"第二十復有衆生,其形甚醜,身黑如漆,兩目復青,鞠頰俱堆,皰面平鼻,兩眼黄赤,牙齒疏缺,口氣腥臭,矬短擁腫,大腹凸髖,脚復繚戾,僂脊匡肋,費衣健食,惡瘡膿血,水腫乾痟,疥、癩、癰、疽種種諸惡集在其身。"《大正藏》作"匡",元本作"凸",明本作"㔿"。

唐道世集《諸經要集》卷十八《地獄部第二十八》:"第二十復有衆生,其形甚醜,身黑如漆,面目復青,鞠頰俱堆,皰面平鼻,兩眼黄赤,牙齒疏缺,口氣腥臭,矬短擁腫,大腹亞髖,脚復繚戾,僂脊匡肋,費衣健食,惡瘡膿血,水腫乾痟,疥、癩、癰、疽種種諸惡集在其身。"《大正藏》作"匡",宋、元、明本作"胆"。

《説文·尣部》:"尣,𨁪也,曲脛人也。从大,象偏曲之形。𡯁,篆文从㐌。"段玉裁注:"尣者,古文象形字;𡯁者,小篆形聲字。"①徐灝注箋:"尣,从

---

① [清]段玉裁《説文解字注》,上海古籍出版社,1988年,第495頁。

大而屈其一足,當爲會意。"①"尣"本義爲跛。《玉篇·尣部》:"尣,僂也。"段玉裁《說文解字注·尣部》:"尣本曲脛之偁,引申之爲曲脊之偁。"②"尣"引申義爲曲脊、曲背。"尣"加聲符"王"作"尫",由指事字變成形聲字。《玉篇·尣部》:"尫,同"尣"。《呂氏春秋·盡數》:"苦水所多尫與傴人。"高誘注:"突膂仰向疾也。"③

因此,經文中所言"僂脊匡肋"當是"僂脊尫肋",意即脊背傴僂,肋骨彎曲突出。"匡"的本字當爲"尫"。在"尫"的諸多異文材料中,明本作"尩",爲"尫"字異體字,《字彙·尣部》:"尩,同"尫"。石經作㞷,麗藏本、《大正藏》作"匡"爲"尫"字異寫字;S.1904作㞷爲"匡"的進一步異寫。宋、元、明本作"胜",爲"匡"的加形異體字。

宋、元、明本皆作"曲",元本作"凸",則皆爲"尫"的同義詞。S.1904作㞷並夾注曰"古文曲字",即指"匡""曲"同義。

【完:兒】

東晉帛尸梨蜜多羅譯《佛說灌頂章句拔除過罪生死得度經》:"第六願者,若有衆生諸根毀敗,盲者使視,聾者能聽,啞者得語,軀者能申,跛者能行。如是不完具者悉令得具足。"

按:"完",P.4842作兒,BD01414作兒,宋本作"貌";石經3.2作完,P.2178V0作完,P.4027V0作完,Дx00014作完,BD00032作完,BD00317作完,BD00848作完,BD01495作兒,BD02791作完,麗藏本作完,《大正藏》作"完"。

《說文·宀部》:"完,全也。从宀,元聲。"因構件粘連,"完"異寫作"兒"。《說文·兒部》:"兒,頌儀也。从人,白像人面形。貌,籀文兒。"《說文》小篆作兒,戰國簡作兒周家臺秦簡367,籀文作貌。換言之,"貌"初文作"兒"。"完"的異寫字"兒"與"貌"初文"兒"成爲同形字。在宋本帛尸梨蜜多羅譯《佛說灌頂章句拔除過罪生死得度經》裏,刻經者誤將"完"的異寫字"兒"改作"貌",誤,可據正。

"完"異寫作"兒",同前"若他婦女產生難者,心當存念琉璃光佛,兒即易生身體平正,无諸疾痛六情完具,聰明智慧壽命得長,不遭枉橫善神擁護,不爲鬼神舐其頭也。""完具"的"完",石經3.2作完,Дx02524作完,S.1968

---

① [清]徐灝《說文解字注箋》,《續修四庫全書》第225冊,上海古籍出版社,2002年,第340頁。
② [清]段玉裁《說文解字注》,上海古籍出版社,1988年,第495頁。
③ [漢]高誘注,[清]畢沅校《呂氏春秋》,上海古籍出版社,1996年,第48頁。

作尭，BD00032作尭，BD00033作尭，BD000317作尭，BD00391作尭，BD00737作尭，BD02435作尭，麗藏本、《大正藏》皆作"完"；P.4914作兠，津藝119（77·5·4458）作兠，津藝270（77·5·4609）作兠，BD00848作兠，BD01397作兠，BD02232作兠，BD02791作兠。

其他佛典異文裏亦有所體現。西晉竺法護譯《度世品經》卷六："其戒香清净，完具無缺漏。"《大正藏》作"完具"，宋、宫本作"兠具"。東晉佛陀跋陀羅《達摩多羅禪經》卷下："或身無手、足、眼、耳、鼻、舌，一切肢節，悉不兠具。"《大正藏》作"兠具"，宋、元、明、宫本作"完具"。佛經音義也會指這種用字現象。《可洪音義》第二册釋《道行般若經》卷五"完具"條："完具，上户官反，亦作兠。"《可洪音義》第二册釋《大明度經》卷一"兠具"條："兠具，上户官反，正作完。"《可洪音義》第二册釋《十住斷結經》卷二"兠具"條："兠具，上户官反，全也，正作完。"

"完"異寫作"兠"，佛典文獻裏還有其他組合：

"完堅"異寫作"兠堅"。三國吴支謙譯《佛説七女經》："有城完堅，中多人民，皆生長城中。今城更空，不見人民，爲在何所？"《大正藏》作"完堅"，宋、宫本作"兠堅"。《可洪音義》第九册釋《異出菩薩本起經》"兠堅"條："兠堅，上户官反，正作完。"

"完全"異寫作"兠全"。《可洪音義》第十九册釋《阿毗達摩大毗婆沙論》卷一百卅"兠全"條："兠全，上户官反。""完好"作"兠好"者，《可洪音義》第廿三册釋《經律異相》卷六"兠好"條："兠好，上户官反，全也。正作完也。又音邆，误。""新好"作"新兠"者，《可洪音義》第二十七册釋《高僧傳》卷十"新兠"條："新兠，户官反。""完尒"作"兠尒"者，《可洪音義》第二十九册釋《弘明集》卷七"兠尒"條："兠尒，上户綰反，笑兒也。鄭玄曰：舒張面目之兒也。亦作睆。《説文》作莞。""完健"作"兠健"者，《玄應音義》卷三釋《道行般若經》卷十"兠健"條："兠健，胡官反。《説文》：完，全也。完猶保守也。""完出"作"兠出"者，《可洪音義》第十五册釋《摩訶僧祇律》卷卅一"兠出"條："兠出，上胡官反，綻也，不破也。正作完。"

"完"異寫作"兠"，亦作構件類推使用，"浣"異寫作"涚"。《慧琳音義》卷十五釋《大寶積經》卷一百九："火浣布"條："火浣布，桓管反。俗字也。正作澣。《考聲》云：浣，濯也。以足曰澣，以手曰漱。劉兆注《公羊傳》云：濯生練曰漱，去舊垢曰澣。經文有從兠作涚，非也。"《可洪音義》第十七册釋《僧祇比丘戒本》"涚故"條："涚故，上户管反。正作浣。"

同時，其他佛典文獻亦有"完"誤作"貌"者，致使"完具"誤作"貌具"。西晉竺法護譯《正法花經》卷六："此寶塔寺有如來身，完具一定而無缺減。"

《大正藏》作"完具",宫本作"貌具"。失譯人《佛説薩羅國經》"佛蹈門閫境界震動,盲聾瘖瘂被毒病瘦,皆悉完具平復如故,箜篌樂器不鼓自鳴。"《大正藏》作"完具",宋、宫本作"貌具"。後秦鳩摩羅什譯《摩訶般若波羅蜜經》卷九:"是人終不墮三惡道,受身貌具。"《大正藏》作"貌具",宋、元、明、宫、聖本作"完具"。

另外,"完具"還有進一步誤作"兜具"者。《可洪音義》第八册釋《華聚陁羅尼經》"兜具":"兜具,上户官反。正作完也,六情完具也,悮。"可洪也指出了這個現象。

【斗:升】

東晉帛尸梨蜜多羅譯《佛説灌頂章句拔除過罪生死得度經》:"日月之神南斗北辰諸鬼神。"

按:"斗",石經 3.2 作升,P.2178V⁰ 石經作升,P.4666 作升,S.1968 作升,BD00032 作升,BD00033 作升,BD000317 作升,BD00602 作斗,BD00848 作升,BD01397 作升,BD02130 作升,BD02656 作升;BD01495 作斗,BD02791 作升,麗藏本作斗,《大正藏》作"斗"。

《説文·斗部》:"斗,十升也。象形,有柄。"段玉裁注:"上象斗形,下象其柄也。"①《説文·斗部》作 ,《秦公簋》作 ,《睡虎地簡二三·五》作 ,《新中尚方鐘》作升,《石門頌》作升。從《新中尚方鐘》升、《石門頌》升兩個字形,進而異寫成石經字形升,楷化作"升"。故"升"爲"斗"的異寫字。

【料:粎、㪺】

東晉帛尸梨蜜多羅譯《佛説灌頂章句拔除過罪生死得度經》:"若人爲惡作諸非法,无孝順心造作五逆,破滅三寶无君臣法。又有衆生不持五戒不信正法,設有受者多所毀犯,於是地下鬼神及伺候者奏上五官。五官料簡除死定生,或注録精神未判是非。若已定者奏上閻羅,閻羅監察隨罪輕重拷而治之。"

按:"料",石經 3.2 作粎,BD00033 作粎,BD02756 作粎;津藝 119(77·5·4458)作料,津藝 270(77·5·4609)作料,S.1968 作料,BD00032 作料,BD000317 作料,BD00391 作料,BD00737 作料,BD00848 作料,BD01169 作料,BD01495 作料,BD02103 作料,BD02232 作料,BD02791 作料,

---

① [清]段玉裁《説文解字注》,上海古籍出版社,1988年,第717頁。

BD02909作料，BD03143作斩，BD03306作料，BD03407作斩，BD03567作斩，BD03619作料，麗藏本、《大正藏》俱作"料"。

從上條已知"升"爲"斗"的異寫字，BD00032料、BD00737料、BD01169料幾個字的構件"斗"均異寫作"升"，"料"異寫作"䊀"。"斗"的異寫字升再進一步異寫，就成爲"斤"，石經斳、BD00033斳、BD02756斳等字形中的構件"斗"即是。這樣，"料"異寫作"斳"。

《干禄字書·去聲》已經承認"斳"的異體字身份："斳料，上俗下正。"《龍龕手鏡·米部》："斳"，"料"的俗字。《晋書·孝武帝紀論》："桓冲之夙夜王家，謝玄之善斳軍事。"《龍龕手鏡·米部》："䊀"，"料"的俗字。《改併四聲篇海·米部》引《龍龕手鏡》："䊀，音聊，䊀理也。又力吊切。䊀，量、計、度也。"《重訂直音篇》："料，力吊切，理也。䊀斳䊀，並同上。"

"料"作"斳"，佛經中常見，如"斳量""斳理""斳度""俸斳"等，《玄應音義》卷四釋《菩薩瓔珞經》卷十二"料量"條："料量，力條反。《説文》：料，量也。字從斗。經文作科，苦和反，非也。"《慧琳音義》卷三十四釋《菩薩瓔珞經》卷十二"料量"條："料量，力條反。《説文》：料，量也。料亦數也。字從斗。經文作科，苦和反，非也。"《可洪音義》第四册釋《等目菩薩所問經》卷下"斳量"條："斳量，上力吊反。"《可洪音義》第七册釋《不空罥索陁羅尼經》"料理"條："料理，上力條反，理也。正作斳。"《可洪音義》第十册釋《十二頭陁經》"斳理"條："斳理，上力條反。正作料。"《可洪音義》第八册釋《菩薩瓔珞經》卷一"斳度"條："斳度，上力吊反。"《可洪音義》第十六册釋《根本毗奈耶雜事》卷八"俸斳"條："俸斳，上扶用反，秩也。又邊孔反，非也。下力吊反。"

"料"作"䊀"，佛經中亦常見。《可洪音義》第十二册釋《雜阿含經》卷卅六"䊀理"條："䊀理，上力條反。"《可洪音義》第二十册釋《阿毗達磨顯宗論》卷四"䊀萹"條："䊀萹，上力條反。下古眼反。"

同時，"斳"還可以是"断（斷）"的省簡異體字，魏晉南北朝碑刻文獻已見字例。北魏孝昌二年（526）《尹祥墓誌》："欽譽下國，讚識雲門，古絶今斳，筆石甯原。"《洛陽新獲墓誌》釋作"料"，誤；《漢魏六朝碑刻校注》曰："斳，當是斷的俗字。《洛陽新獲墓誌》釋文作'料'，義無所取，誤。"①《漢魏六朝碑刻異體字典》亦釋作"斷"，正是。Φ096《雙恩記》："貪嗔皆[總]斷，盡是阿羅漢。""斷"亦作斳。這種用字情況，佛經音義已有指出。《可洪音義》第五册釋《悲華經》卷十"非斳"條："非斳，徒短反，絶滅也。正作斷也。"

---

① 毛遠明《漢魏六朝碑刻校注》，綫裝書局，2008年，第6册第24頁。

《可洪音義》第廿三册釋《經律異相》卷八"取斮"條："取斮,徒管反,絶也。正作斷。"

正因如此,鈔經僧將佛經裏的一部分"料"的異體字"斮"誤作"斷",僧可洪爲佛經作音義時指出了這一點。《可洪音義》第十七册釋《摩訶僧祇比丘尼戒本》"斷理"條："斷理,上力條反。正作料。"

【但：伹】

東晉帛尸梨蜜多羅譯《佛說灌頂章句拔除過罪生死得度經》："戀著婦女恩愛之情,口爲說空行在有中,不能發覺復不自知,但能論說他人是非,如此人輩皆當墮三惡道中。"

按："但",石經 3.2 作伹,S.1968 作伹,P.4666 作伹;P.2013 作伹,P.2178V0 作伹,BD00032 作伹,BD00033 作伹,BD000317 作伹,麗藏本、《大正藏》皆作"但"。

"但",連詞,表轉折關係,相當於"然而"。異寫作"伹"。魏晉南北朝碑刻文獻已見字例。北齊河清四年(565)《元洪敬墓誌》："伹騏驥之足未騁康衢,棟宇之材非施大廈,不終人爵,奄遺天命。"北齊武平五年(574)《□忝墓誌》："伹福報有存,慶鍾莫畫。繼襲相傳,誕膺良嗣。"又,《說文·人部》："伹,拙也。"《廣雅·釋詁三》："伹,鈍也。""但"的異寫字"伹"與義爲笨拙、遲鈍義的"伹"爲同形字。

他例如,南朝宋求那跋陀羅譯《佛說十二頭陀經》："阿蘭若比丘,遠離二著,形心清净,行頭陀法。行此法者,有十二事：一者、在阿蘭若處……七者、著弊納衣;八者、伹三衣;……"唐湛然述《法華玄義釋籤》卷三："初文中云'有法對治則有'等者,有能治所治,故名爲'有'。第一義中既無能所,故云'則無'。此中實性伹是對辨,爲顯對治有能所耳。"宋知禮述《觀音義疏記》卷三："伹約經中結說文少,故云十九。如八部四衆伹結一說耳。"宋子璿録《起信論疏筆削記》卷二："二藏之内各有三藏,伹約人約法,分此二三。"宋延一重編《廣清涼傳》卷上："名清涼者即陰山窮谷,凍寒之方,皆應清涼。若就勝德名清涼者,伹諸仙聖所住之處,應亦清涼,即何獨此山擅斯名也。""伹"爲"但"的異寫字。

佛經音義也指出了一部分這類用字現象。《可洪音義》第二册釋《道行般若經》卷九"不伹"條："不伹,徒旱反,正作但。又蛆、粗二音,非也。"《可洪音義》第八册釋《佛說學經》"今伹"條："今伹,徒旱反,正作但也。又蛆、粗二音,非也。"《可洪音義》第十七册釋《删補羯磨》序文"伹爲"條："伹爲,上徒旱反,語初也,空也。正作但。又疽、粗二音,非。"《可洪音義》第二十七册釋《高僧傳》卷二"伹伏"條:"伹伏,上徒旱反。正作但也。又蛆、粗二音,並非。"

第五節　訛　混

訛混,是兩個或兩個以上的構件,因形體相近,可以互混書寫的現象。在具體語境中,因爲語境的制約,訛混後的異體字並不影響字詞的對應關係。常見的訛混構件主要有"艹""竹"、"木""扌"、"方""礻"、"礻""衤"、"广""厂"、"敞""敝"、"日""月"、"日""目"等。

【兩:雨】

後秦佛陀耶舍譯《四分大尼戒本》:"若比丘尼兩舌語者波逸提。"

按:"兩",津藝087(77・5・4430)作雨,石經2.379、金藏廣勝寺本、麗藏本、《大正藏》俱作"兩"。

《説文・网部》:"兩,二十四銖爲一兩。从一网,平分,亦聲。"金文作雨函皇父簋、雨齊侯壺。朱芳圃《殷周文字釋叢》:"兩,即一网之合文,結構與一白爲百相同。"①"兩"的構件"入"異寫成"丶"作"雨"。魏碑已見該字形,如北魏太和二十二年(498)《元詳造像記》:"維太和之十八年十二月十一日,皇帝親御六旌,南伐蕭逆。軍國二容,別於洛汭。行留雨音,分於闕外。"

反之,"雨"異寫作"兩",如唐義净譯《金光明最勝王經》卷一"假使波羅葉可成於傘蓋,能遮於大雨,方求佛舍利","雨",石經3.536作雨,BD02688作雨,BD04064作兩;BD03011作雨,BD03138作雨,BD03236作雨,BD03664作雨,BD04208作雨,BD04381作雨,BD04667作雨,BD04900作雨,BD04911作雨,BD05239作雨,上圖038(812445)作雨,麗藏本作雨,金藏廣勝寺本作雨。又如,同前"大雲惠雨充遍菩薩","雨",石經3.535作雨,甘博083作雨;BD02383作雨,BD02386作雨,BD03170作雨,BD03664作雨,BD03863作雨,BD04050作雨,BD04208作雨,BD04381作雨,BD04578作雨,BD04953作雨,上圖038(812445)作雨,麗藏本作雨,金藏廣勝寺本作雨。

---

① 朱芳圃《殷周文字釋叢》,中華書局,1962年,第74頁。

【漏：偏】

唐義净譯《金光明最勝王經》卷一："諸漏已除,無復煩惱。"

按："漏",BD00288作"偏";石經3.535作漏,BD06514作漏;BD00394作漏,BD00432作漏,BD03340作漏,BD04208作漏,BD04578作漏,BD04953作漏,Дx01694作漏,上圖038(812445)作漏,麗藏本作漏,金藏廣勝寺本作漏,《大正藏》作"漏"。

構件"氵"可以異寫作"亻"。"法",S.0453《禮懺文》作佱;"鴻",S.2832《願文等範本·十二月時景兼陰晴雲雪諸節》作偽;"活",敦研195《大方廣三戒經》作佸,敦博072《妙法蓮華經》卷四作佸;"沐",Φ096《雙恩記》作休。"沛"作"佩",《廣韻·泰韻》:"佩,顛佩。本亦作沛。""河"作"何",《敦煌變文集·維摩詰經講經文》:"我以超於生死,不住愛何。""凔"作"傖",《集韻·映韻》:"凔,冷也。吳人謂之凔。或從人。"①同時"扁""偏"形近,"漏"遂異寫作"偏",二字為構件訛混異體字。

【值：值】

東晉帛尸梨蜜多羅譯《佛説灌頂章句拔除過罪生死得度經》:"若欲與明師世世相值者,亦當礼敬琉璃光佛。"

按:"值",BD00391作值;石經3.2作值,津藝119(77·5·4458)作值,BD00032作值,BD00033作值,BD01397作值,BD01495作值,BD02103作值,BD02232作值,BD02791作值,BD03407作值,《大正藏》作"值遇"。

《説文·人部》:"值,措也。从人,直聲。"在"若欲與明師世世相值者"中,"值"為遇、逢之意。《説文解字繫傳·人部》:"值,一曰逢遇。"②因聲符"直"異寫作"真","值"異寫作"值"。"直"異寫作"真",南北朝碑刻已見字例。北齊武平七年(576)《李希宗妻崔氏墓誌》:"年在幼沖,先君早世,嬰號孺慕,毁削絶人。豈真感被風雲,哀切神鬼;故亦林鳥變聲,櫪馬垂泣。""真"為"直"的異寫字。佛典文獻亦見"直"異寫作"真"。BD06063《金光明經》卷五:"鼻高脩真如金鋌,净妙光潤相無虧;一切世間殊妙香,聞時悉知其所在。""真",BD02450、BD06482-5作真;《大正藏》亦作"直"。BD00508作真;同前卷九"為聽此經王,直過無辭苦",BD03773作真;同前卷十"合掌恭敬,以直言詞讚世尊曰",BD02148、BD03167、BD04582、

---

① 李薛妃《"彳""亻""氵""阝""忄"異寫關係研究》,《賀州學院學報》,2019年第3期。
② [南唐]徐鍇《説文解字繫傳》,中華書局,2017年,第169頁。

BD06517、BD05410作眞;卷十"脣口赤好如頻梨色,鼻高修直如截金鋌",BD06491作眞。

"直"作聲符亦類推:

"值"異寫作"偵",佛經音義已指出這種用字現象。《可洪音義》第五冊釋《正法華經》卷四"偵見"條:"偵見,上直至反,遇也。正作值。"《可洪音義》第六冊釋《大乘同性經》卷上"偵佛"條:"偵佛,上直志反,遇也,逢也。正作值也。又丁年反,非。"《可洪音義》第廿二冊釋《釋迦譜》卷十"遭偵"條:"遭偵,直志反,當也,遇也。正作值也。《玉篇》與郭氏並音顛,非也。"《可洪音義》第廿三冊釋《諸經要集》卷八"偵群"條:"偵群,上直利反,正作值。又《玉篇》及郭氏並音巔,非也。"《可洪音義》第二十七冊釋《續高僧傳》"忽偵"條:"忽偵,直志反,正作值。"

"殖"異寫作"殞"。唐義淨《金光明最勝王經》卷一:"承事供養殖諸善根。""殖",BD03664作殞,BD03852作殞,3.536作殞,BD00233作殞,BD00288作殞,BD00417作殞,BD01317作殞,BD03138作殞,BD03170作殞,BD04208作殞,BD04381作殞,BD04578作殞,D04667作殞,BD04900作殞,BD04953作殞,BD06025作殞,麗藏本、金藏廣勝寺本作"殖"。

"植"異寫作"槙"。《可洪音義》第二十六冊釋《大唐西域記》卷二"閒槙"條:"閒槙,音食,種也。正作植也。又顛、軫二音,悮。"

"捴"異寫作"禛",同時被"祵"類化換形。《可洪音義》第二十六冊釋《大慈恩寺法師傳》卷八"祵禛"條:"祵禛,上音脂,敬也。下音食,立也,置也。正作捴也。又顛、軫二音,並非也。"

反之,"真"常省簡構件"八"寫作"直",唐義淨《金光明最勝王經》卷五"識如幻化非真實,依止根處妄貪求",BD08375作"直";卷十"身真金色,咽如螺貝,面如滿月,目類青蓮",BD02191作"直"。"真"作構件亦類推。"鎮",卷五"鼻根恒嗅於香境,舌根鎮嘗於美味",BD00822作鎮。"慎",卷八"僧慎爾耶藥叉大將,并與二十八部藥叉諸神",BD00786作慎;卷八"應知其法,先畫一鋪僧慎爾耶藥叉形像",BD04932作慎。

【節:節】

後秦佛陀耶舍譯《四分大尼戒本》:"若比丘尼作大房,戶排窗牖及餘莊餝具,指受覆苫,齊二三節。若過者波逸提。"

按:"節",石經2.379作節,麗藏本作節,《大正藏》作"節";S.0440作節,P.2310作節,Φ156作節,BD00014作節,北大D088作節,津藝087(77·

5·4430)作節。

《説文·竹部》:"節,竹約也。从竹,即聲。"段玉裁注:"約,纏束也,竹節如纏束之狀。"①因構件"⺮""艹"形近混用,"節"亦作"茚"。

他例如,同前"是比丘尼當持此鉢於尼衆中捨,從次第貿至下坐","第",石經 2.378 作第,金藏廣勝寺本、《大正藏》俱作"第";麗藏本作第,S.0440 作第,P.2310 作第,Φ156 作第,BD00014 作第,北大 D088 作第,津藝 087(77·5·4430)作第。同前"故當知僧清净,若有他舉者,即應如實苔","苔",《大正藏》作"答";石經 2.376 作苔,麗藏本作苔,P.2310 作苔,北大 D088 作苔。東晉帛尸梨蜜多羅譯《佛説灌頂章句拔除過罪生死得度經》"或作符書以相厭禱咒咀言説","符",石經 3.2 作符,Дx01500 作符,BD00032 作符,BD000317 作符,BD00848 作符,BD01397 作符,BD02656 作符;S.1968 作符,P.2178V⁰ 作符,P.4666 作符,BD00033 作符,BD00602 作符,BD01495 作符,BD02130 作符,BD02232 作符,BD03143 作符,麗藏本作符,《大正藏》作"符"。同前"八者横爲怨讎符書厭禱耶神牽引","符",石經 3.2 作符,津藝 119(77·5·4458)作符,津藝 270(77·5·4609)作符,BD00032 作符,BD00033 作符,BD000317 作符,BD00848 作符,BD01169 作符,BD01397 作符,BD01495 作符,BD02232 作符,BD03567 亦作"符";S.1968 作符,BD00391 作符,BD00737 作符,BD02103 作符,BD03143 作符,BD03306 作符,BD03619 作符,麗藏本、《大正藏》俱作"符"。

【厚:厚】

後秦佛陀耶舍譯《四分大尼戒本》:"若比丘尼共同羯磨已,後作如是説,諸比丘尼隨親厚。"

按:"厚",石經 2.380 作厚,津藝 087(77·5·4430)作厚,S.0440 作厚,P.2310 作厚,Φ156 作厚,BD00014 作厚,北大 D088 作厚,麗藏本、《大正藏》俱作"厚"。

《説文·𠩺部》:"厚,山陵之厚也。从𠩺,从厂。"因構件"厂""广"形近混用,"厚"亦作"厚"。

他例如,南朝宋沮渠京聲譯《佛説觀彌勒菩薩上生兜率天經》"一一垣牆高六十二由旬厚十四由旬","厚",石經 2.405 作厚,BD04049 作厚,P.4535 作厚,上圖 004(795017)作厚;TK58 作厚,TK60 作厚,TK81+TK82+TK83 作厚,BD04161 作厚,S.5555 作厚,P.2373 作厚,麗藏本、《大正藏》

---

① [清]段玉裁《説文解字注》,上海古籍出版社,1988 年,第 189 頁。

亦俱作"厚"。

又如"歷",東晉帛尸梨蜜多羅譯《佛説灌頂隨願往生十方浄土經》"善神將我經歷地獄靡不周遍","歷",石經3.388作歷,S.0002作歷,BD01843作歷,BD03042作歷,麗藏本作歷,《大正藏》作"歷"。"歷""歷"爲構件訛混異體字。東晉帛尸梨蜜多羅譯《佛説灌頂章句拔除過罪生死得度經》"佛告阿難:我作佛以來,從生死至生死,憇苦累劫無所不經無所不歷,無所不作無所不爲如是不可思議","歷",石經3.2作歷,P.2178Vº作歷,Φ200作歷,敦研355作歷,BD00033作歷,BD000317作歷,BD00391作歷,BD00737作歷,BD01178作歷,BD01397作歷,BD02232作歷;P.4914作歷,津藝119(77·5·4458)作歷,S.1968作歷,BD0003作歷,BD00848作歷,BD02103作歷,BD02691作歷,BD02791作歷,BD03567作歷。

【袒:袒】

失譯人《佛説父母恩重經》:"阿難從坐而起,偏袒右肩,長跪合掌,前白佛言。"

按:"袒",石經2.513作袒,3.340、3.396、S.0149、S.0149、《大正藏》俱作"袒",S.6007作袒,北大D101作袒;S.0865作袒,S.1323作袒,S.1548作袒,S.1907作袒,S.2269作袒,S.3228作袒,S.4476作袒,S.4724作袒,S.5253作袒,S.5408作袒,S.6087作袒,P.2285作袒,Дx00975作袒,Дx01595作袒。

《説文·衣部》:"袒,衣縫解也。从衣,旦聲。"因構件"衤""礻"形近混用,石經2.513作袒。

構件"衤"亦類推,如唐義浄譯《金光明最勝王經》卷一"惡星爲變怪,或被邪蠱侵","被",石經3.535作被,BD03138作被,BD03170作被,BD03664作被,BD03863作被,BD04208作被,BD04381作被,BD04578作被,BD04667作被,BD04953作被,BD05239作被,BD06025作被,甘博083作被,上圖038(812445)作被,金藏廣勝寺本作被;BD04900作被,麗藏本、《大正藏》俱作"被"。同前卷一"被惡賤者人所敬","被",石經3.536作被,BD00233作被,BD00288作被,BD00417作被,BD00648作被,BD02177作被,BD03138作被,BD03170作被,BD03664作被,BD03852作被,BD04064作被,BD04208作被,BD04381作被,BD04578作被,BD04667作被,BD04953作被,BD05239作被,BD06025作被,金藏廣勝寺本作被;BD04900作被,麗藏本作被,《大正藏》作"被"。

【彼：彼】

後秦佛陀耶舍譯《四分大尼戒本》："若比丘尼居士居士婦使織師爲比丘尼織作衣,彼比丘尼先不受自恣請,便往到彼所語織師言。"

按："彼",石經2.378作"彼",S.0440、P.2310、Φ156、BD00014、北大D088、津藝087(77·5·4430)、金藏廣勝寺本、《大正藏》俱作"彼"。

《説文·彳部》："彼,往有所加也。从彳,皮聲。"因構件"彳""亻"形近混用,"彼"亦作"彼"。後秦佛陀耶舍譯《四分大尼戒本》"若比丘尼作如是語,我知佛所説法,行婬欲非鄣道法。彼比丘尼諫此比丘尼言","彼",金藏廣勝寺本、麗藏本、《大正藏》俱作"彼"。

構件"亻"亦類推,如東晉帛尸梨蜜多羅譯《佛説灌頂章句拔除過罪生死得度經》"拔彼精神令得度苦","彼",S.1968作彼;石經3.2、BD00032、BD00033、BD000317、BD00391、BD00737、BD00848、BD01495、BD02103、BD02232、BD02791、BD03306、麗藏本、《大正藏》俱作"彼"。同前"此比丘尼,是法語比丘尼、律語比丘尼","律",金藏廣勝寺本、麗藏本、《大正藏》俱作"律";P.2310作律,BD00014作律,北大D088作律,津藝087(77·5·4430)作律。失譯人《佛説父母恩重經》"常無恩受,復無襦被寒,苦辛厄難遭之,甚年老色衰,多饒蟣蝨,夙夜不卧,長吟歎息,何罪宿愆生此不孝之子","愆"(愆),石經3.555作愆,P.3919A.3作愆;S.0149作愆,S.0865作愆,S.1323作愆,S.1907作愆,S.2084作愆,S.2269作愆,S.3228作愆,北大D100作愆,北大D101作愆,上博48(41379)作愆。

【迴：迴、廻】

南朝宋沮渠京聲譯《佛説觀彌勒菩薩上生兜率天經》："紫摩尼光迴旋空中,化爲卅九重微妙寶宮。"

按："迴",石經3.560作迴,石經3.379作迴,BD04049作迴,S.5555作迴,P.2373作迴,TK58作廻,TK81+TK82+TK83作迴;石經1.105作迴,BD04161作迴,P.4535作迴,TK60作廻,上圖004(795017)作迴,麗藏本作迴,《大正藏》亦作"迴"。

《爾雅·釋天》："迴風爲飄。"郭璞注："旋風也。"① 郝懿行義疏："迴者,《説文》作'回'。"②《字彙·廴部》："廻,同回。"魏碑中"迴"即作"迴",北魏延昌四年(515)《邢偉墓誌》"若夫山川迴尋,舟壑徂遷,篆素有時歇滅,金

---

① [清]郝懿行《爾雅義疏》,上海古籍出版社,1983年,第754頁。
② [清]郝懿行《爾雅義疏》,上海古籍出版社,1983年,第755頁。

石理固難朽",正光五年(524)《郭顯墓誌》"寒浦遘迴,霜源眇默";又作"廻",北魏正光五年(524)《元瓘墓誌》"豈直愍湌七辰,迴鑠勝母如已哉",太昌元年(532)《于祚妻和醜仁墓誌》"埏門落旐,羨道迴輀"。爲構件"夂""辶"形近混用的結果。

他例如,東漢安世高譯《佛說溫室洗浴衆僧經》"勇猛天中尊,端正受延長","延",石經1.87作延,P.3919B作延,金藏廣勝寺本、麗藏本俱作"延"。後秦佛陀耶舍譯《四分大尼戒本》"若比丘尼知檀越所爲僧施,異廻作餘用者","廻",石經2.379作"廻",S.0440、BD00014、北大D088、津藝087(77·5·4430)俱作"迴";Φ156、金藏廣勝寺本、《大正藏》俱作"迴";P.2310作迴。南朝宋惠簡譯《佛母波泥洹經》"佛本說經,恩愛雖會終必有離,世榮難保唯道可久。但當建志進取應真,滅三界苦捐俗哀心也","建",金藏廣勝寺本作建,麗藏本作達。

【迷:咪】

北魏法場譯《佛說辯意長者子經》:"此諸沙門放逸遇惑有何道哉貧者從乞無心見與,長者迷惑用爲飴此無慈愍意。"

按:"迷",石經3.627作迷,敦研185作迷,敦博021作咪,金藏廣勝寺本、麗藏本、《大正藏》俱作"迷"。

《說文·辵部》:"迷,或也。从辵,米聲。"形符"辵",隸定後作"辶",再省簡點畫作"乚"。構件"辶""乚"形近訛混,"迷"寫作"咪"。

構件"辶""乚"形近訛混尚有他例。東漢安世高譯《佛說罪業應報教化地獄經》"遶佛七迊爲佛作禮","迊",石經3.607作迊,麗藏本、《大正藏》俱作"匝"。

【楊:揚】

後秦佛陀耶舍譯《四分大尼戒本》:"若比丘尼不受食,若藥著口中,除水及楊枝。"

按:"楊",石經2.379作"楊",S.0440、P.2310、津藝087(77·5·4430)俱作"揚"。這由於構件"木""扌"形近易混造成。

《說文·木部》:"楊,木也。从木,昜聲。"因構件"木""扌"形近混用,"楊"寫作"揚"。

構件"木"亦類推,寫作"扌"。同前"若比丘尼知檀越所爲僧施。異廻作餘用者","檀",石經2.379作檀,S.0440作擅,P.2310作擅。同前"人持杖,不應爲說法。除病式叉迦羅尼","杖",石經2.384作扙,北大D088

作杖，上圖 146(812596)作杖，津藝 087(77·5·4430)作杖，麗藏本作杖，金藏廣勝寺本、《大正藏》俱作"杖"。失譯人《佛說父母恩重經》"既索妻婦得他子女，父母轉踈，私房屋室共相語樂"，"相"，石經 3.555 作"相"，S.0149 作相，S.1189 作相，S.1323 作相，S.1907 作相，S.3228 作相，BD00439 作相。東晉帛尸梨蜜多羅譯《佛說灌頂章句拔除過罪生死得度經》"惡人侵枉"，"枉"，石經 3.2 作枉，P.2178V⁰ 作枉，BD00033 作枉，BD01397 作枉，BD01495 作枉，麗藏本作枉；津藝 119(77·5·4458)作枉，津藝 270(77·5·4609)作枉，S.1968 作枉，BD00032 作枉，BD000317 作枉，BD00391 作枉，BD00737 作枉，BD00848 作枉，BD02103 作枉，BD02232 作枉，BD02435 作枉，BD03567 作枉，《大正藏》俱作"枉"。

反之，"扌"寫作"木"。後秦佛陀耶舍譯《四分大尼戒本》"若比丘尼瞋恚故不喜，打彼比丘尼者"，"打"，石經 2.380 作"打"，S.0440 作打，P.2310 作打，BD00014 作打；失譯人《佛說像法決疑經》"一切俗官不得擿打三寶奴婢畜生"，"打"，P.2087 作打。"損"，同前"常當護戒足，勿令有毀損"，"損"，北大 D088 作損。同前"此是拘留孫如來無所著等正覺，說此戒經"，"拘"，上圖 146(812596)作拘。

【御：御】

後秦佛陀耶舍譯《四分大尼戒本》："如御入峻道，失轄折軸憂。"

按："御"，石經 2.376 作御，麗藏本作御，《大正藏》作"御"；P.2310 作御，北大 D088 作御，同於石經。

《說文·彳部》："御，使馬也。从彳，从卸。"御，形符"彳"異寫，在 P.2310 御、北大 D088 御 中則近於"氵"。

他例如，唐義淨譯《佛說無常經》"自利利他悉圓滿，故號調御天人師"，"御"，石經 3.339 作御，BD00535 作御，BD01030 作御，BD01063 作御，BD01367 作御，BD03874 作御，S.1103 作御，S.4713 作御，S.6367 作御，P.3924 作御，津藝 193(77·5·4532)作御；BD03554 作御，S.2540 作御，S.3887 作御，S.5138 作御，S.5447 作御，TK137 作御，TK323 作御，麗藏本、《大正藏》俱作"御"。同前石經 3.339"大姊！汝汙他家行惡行，行惡行亦見亦聞，汙他家亦見亦聞"，"行"，金藏廣勝寺本、《大正藏》俱作"行"；BD00014 作行，北大 D088 作行，津藝 087(77·5·4430)作行。同前石經 3.339"若比丘尼從非親里居士居士婦乞衣，除餘時尼薩耆波逸提"，"從"，《大正藏》作"從"，麗藏本作從，S.0440 作從，P.2310 作從，

Φ156作徔，BD00014作徔，北大 D088作徔，津藝 087(77·5·4430)作徔。同前石經 3.339"阿姨所示某甲執事人，我已與衣價。大姊知時往彼當得衣"，"往"，S.0440作往，P.2310作往，Φ156作往，BD00014作往，北大 D088作往，津藝 087(77·5·4430)作往，《大正藏》作"往"；金藏廣勝寺本作往。同前石經 3.339"若比丘尼先與比丘尼衣後瞋恚，若自奪若教人奪取"，"後"，金藏廣勝寺本、《大正藏》俱作"後"；S.0440作後，P.2310作後，Φ156作後，BD00014作後，北大 D088作後，津藝 087(77·5·4430)作後。同前石經 3.339"念言：彼若嫌迮者，自當避我去，作如是因緣非餘非威儀，波逸提"，"儀"，金藏廣勝寺本、《大正藏》俱作"儀"；麗藏本作儀；S.0440作儀，P.2310作儀，Φ156作儀，BD00014作儀，北大 D088作儀，津藝 087(77·5·4430)作儀。

【於：扵】

後秦佛陀耶舍譯《四分大尼戒本》："若比丘尼惡性不受人語於戒法中，諸比丘尼如法諫已，自身不受諫語言。"

按："於"，金藏廣勝寺本、麗藏本、《大正藏》俱作"於"；石經 2.377 作扵，P.2310 作扵，BD00014 作扵，北大 D088 作扵，津藝 087(77·5·4430)作扵。構件"扌""方"形近訛混。

"於"，金文作𣱵余義鐘，《説文》古文作𣱳，東漢延熹七年(164)《孔宙碑》作於。構件"方"異寫作"扌"，漢碑已見該字形，建寧五年(172)《成陽靈臺碑》作扵，熹平四年(175)《孫仲隱墓誌》作扵。

他例如，唐義淨譯《佛説無常經》"有三種法，於諸世間，是不可愛是不光澤，是不可念，是不稱意"，"於"，石經 3.339 作扵，TK137 作於，TK323 作扵，麗藏本作於；BD00535 作扵，BD01030 作扵，BD01367 作扵，BD03554 作扵，BD03608 作扵，BD03874 作扵，S.0311 作扵，S.1479 作扵，S.2540 作扵，S.2926 作扵，S.3887 作扵，S.5447 作扵，S.6367 作扵，P.3924 作扵，酒博 013 作扵，津藝 193(77·5·4532)作扵，S.0153、S.4713、S.5160 俱作"扵"。

【族：㥦、挨】

東晉帛尸梨蜜多羅譯《佛説灌頂隨願往生十方浄土經》："若善願應生父母在異方不得疾生，以幡燈功德，皆得疾生無復留難。若得生已，當爲人作福得之子，不爲耶鬼所得便種族豪強。是故應脩幡燈功德。"

按："族"，石經 3.387 作㥦，BD03042 作挨，S.0002 作族，S.0297 作

族，S.1348作[字]，麗藏本作[字]，《大正藏》作"族"。

《說文·㫃部》：“族，矢鋒也。束之族族也。从㫃，从矢。”因構件"方""礻""扌"形近混用，石經作[字]，BD03042作[字]。

構件"方"異寫作"礻"，六朝碑刻已見字例。北魏神龜三年(520)《穆亮妻尉氏墓誌》作[字]，正光元年(520)《元氏妻趙光墓誌》作[字]，正光五年(524)《檀賓墓誌》作[字]。構件"方"亦類推。"旅"，北魏正光四年(523)《奚真墓誌》作[字]，北齊武平七年(576)《慧圓道密等造像記》作[字]。"旌"，北魏建義元年(528)《元瞻墓誌》作[字]，北齊天統元年(565)《趙道德墓誌》作[字]，北魏建義元年(528)《廣平侯楊濟墓誌》作[字]。"旗"，北魏永熙二年(533)《乞伏寶墓誌》作[字]。"旋"，北魏永平四年(511)《元英墓誌》作[字]。"施"，北魏永安元年(528)《唐耀墓誌》作[字]。

構件"方"異寫作"扌"，東漢碑刻已見字例，見前【於：扝】條。六朝碑刻常見，"族"，北魏正光四年(523)《高貞碑》作[字]，孝昌元年(525)《元寶月墓誌》作[字]，建義元年(528)《元信墓誌》作[字]。"於"，北魏熙平元年(516)《吳光墓誌》作[字]，熙平元年(516)《元廣墓誌》作[字]，神龜二年(519)《寇演墓誌》作[字]。"旅"，北魏延昌二年(513)《嚴震墓誌》作[字]，孝昌三年(527)《和邃墓誌》作[字]。"旌"，東漢熹平二年(173)《熹平殘墓碑》作[字]，北魏景明四年(503)《元弘嬪侯氏墓誌》作[字]。

"種族"作"種挨"，佛經音義亦有釋。《可洪音義》第十四冊釋《正法念處經》卷卅三"種挨"條："種挨，音族。"

"族"異文作"挨"，佛典文獻尚有他例：東晉帛尸梨蜜多羅譯《佛說灌頂隨願往生十方淨土經》："又有衆生不信三寶不行法戒，或時生信或時誹謗，或是父母兄弟親族，卒得病苦緣此命終。""族"，BD03042作挨，石經3.387作[字]，S.0002作[字]，S.0297作[字]，S.1348作[字]，麗藏本作[字]，《大正藏》作"族"。東晉帛尸梨蜜多羅譯《佛說灌頂隨願往生十方淨土經》："而今父母而更生此罪苦地獄，必當有意便問親族及諸耆宿。耆宿答言我不了此深妙之事，可往諮問佛世尊也。""族"，BD03042作挨，石經3.388作[字]，S.0002作[字]，S.0297作[字]，BD01843作[字]，麗藏本作[字]，《大正藏》作"族"。前秦僧伽跋澄譯《鞞婆沙論》卷四："或曰謂三成就色挨妙語。""挨"，《大正藏》作"挨"，宋、元、明、宮本作"族"。

佛經音義還指出了其他佛典文獻中"族"異寫作"挨"的用字現象：

《可洪音義》第四冊釋《大般涅槃經》卷十一"親挨"條："親挨，自木反。"同前第五冊釋《普曜經》卷八"親挨"條："親挨，昨木反。又於駭、烏改二反，非。"同前第六冊釋《佛說如來智印經》"親挨"條："親挨，自木反。"同前第十册释《大智度論》卷九十八"親挨"條："親挨，才木反。"同前第十三册釋《佛説苦陰因事經》"親挨"條："親挨，昨木反。"《可洪音義》第二十册釋《鞞婆沙論》卷十一"親挨"條："親挨，音族。"《可洪音義》第七册釋《阿難陁目佉尼呵離陁鄰尼經》"挨親"條："挨親，上自木反。"

《慧琳音義》卷十五釋《大寶積經》卷一百一十七"族姓"條："族姓，叢斛反，經從手從矢作挨，非也，不成字也。"同前卷四十四釋《八部佛名經》"族姓"條："族姓，上藂鹿反。《爾雅》：父之從祖昆弟爲族父。《説文》從从从矢，經從手作挨，俗字也。"同前卷五十七釋《佛説八關齋經》"族姓"條："族姓，上叢鹿反。孔注《尚書》云：族類也，同姓也，百家爲族，使之相葬也。《説文》從於（當作从）矢聲。經從手作挨，非也。"《可洪音義》第二册釋《慧上菩薩問大善權經》卷上"挨姓"條："挨姓，上才木反。"同前第四册釋《如來興顯經》卷一"挨姓"條："挨姓，上自木反。"同前第十册釋《十吉祥經》"挨姓"條："挨姓，上自木反。"同前第二十册釋《雜阿毗曇心論》卷三"挨姓"條："挨姓，上自木反。"

《可洪音義》第二册釋《慧上菩薩問大善權經》卷下"貴挨"條："貴挨，自木反。"同前第二册釋《濡首菩薩經》卷上："挨雪，上昨木反，類也。《周禮》：四閭爲族。鄭玄曰：百家也。亦聚也。今言族雪者，誅其根本也。正作族也。又於駃、烏改二反。"同前第六册釋《月燈三昧經》卷九"豪挨"條："豪挨，自木反。"同前第九册釋《文殊師利問佛經》卷上："卑挨，才木反，正作族。"同治第十册釋《佛説菩薩投身餓虎起塔因緣經》"豪挨"條："豪挨，昨木反。"同前第十二册釋《寶行王正論》"上挨"條："上挨，在木反。又於駃、烏改二反，非也。"同前第十九册釋《阿毗達摩大毗婆沙論》卷一百廿三"家挨"條："家挨，音族。又於駃、於改二反，並非。"同前第廿一册釋《佛所行讚》卷一"本挨"條："本挨，音族。"同前第廿四册釋《出三藏記》卷六"滅挨"條："滅挨，自木反，正作族。"

構件"方""礻""扌"形近混用亦可類推，如"旋"，南朝宋沮渠京聲譯《佛説觀彌勒菩薩上生兜率天經》"五百億寶珠，瑠璃頗梨一切衆色無不具足。如紫紺摩尼表裏映徹，紫摩尼光迴旋空中，化爲卅九重微妙寶宫"，"旋"，石經3.560作㧗，石經3.379作㨄，BD04049作㭀，BD04161作㭀，S.5555作旋，P.4535作㭀，P.2373、TK58、TK60、TK81+TK82+TK83、上圖004（795017）、麗藏本、《大正藏》俱作"旋"。同前"是諸光明右旋婉轉流出衆音"，"旋"，石經3.560作㧗，BD04049作㭀；石經2.405作㭀，3.379作旋，1.105作旋，BD04161作旋，S.5555作旋，P.2373作旋，P.4535作㭀，TK58、TK60、TK81+TK82+TK83、上圖004（795017）、麗藏本、《大正藏》俱作"旋"。

【牢：窂】

后秦佛陀耶舍譯《四分大尼戒本》："不得佛塔內藏財物，除爲堅牢式叉迦羅尼。"

按："牢"，石經 2.383 作"牢"，P.2310 作窂，北大 D088 作窂，津藝 087（77·5·4430）作牢；麗藏本作牢。

《説文·牛部》："牢，閑，養牛馬圈也。从牛，冬省，取其四周帀也。"甲骨文作 [字]合22294、[字]合22111、[字]合190正，商承祚《殷虚文字類編》引羅振玉曰："牢爲獸闌，不限牛，故其字或从羊。"①正是。"牢"爲會意字。因構件"宀""穴"形近義通混用，"牢"可以寫作"窂"。

他例如，東晉帛尸梨蜜多羅譯《佛説灌頂章句拔除過罪生死得度經》"若遭厄難閇在牢獄枷鎖著身，亦當造立五色神幡"，"牢"，石經 3.2 作窂，敦研 355 作窂，津藝 119（77·5·4458）作窂，津藝 270（77·5·4609）作窂，S.1968 作牢，BD00032 作窂，BD000317 作窂，BD00391 作窂，BD00848 作牢，BD01169 作牢，BD01495 作窂，BD02232 作窂，BD02691 作窂，BD02756 作牢，BD02791 作窂；P.4914 作牢，Дх02016+Дх02034+Дх02294+Дх03724 作牢，BD00033 作窂，BD00737 作窂，BD01397 作窂，BD02103 作牢，BD03306 作窂，BD03567 作窂，麗藏本、《大正藏》俱作"牢"。

構件"宀"亦類推，如"官"，東晉帛尸梨蜜多羅譯《佛説灌頂章句拔除過罪生死得度經》"人居世間宜位不遷，治生不得饑寒困厄，忘失財產無復方計"，"官"，Дх00913 作官，津藝 119（77·5·4458）作官，津藝 270（77·5·4609）作官，BD00391 作官，BD00737 作官，BD00848 作官，BD01397 作官，BD00032 作官，BD02909 作官，BD03619 作官；石經 3.2 作官，S.1968 作官，BD000317 作官，BD01495 作官，BD02103 作官，BD02791 作官，BD03143 作官，BD03567 作官。同前"聞我説是藥師琉璃光佛，各各得心中所願，士宦皆得高遷"，"官"，Дх00913 作官，津藝 119（77·5·4458）作官，津藝 270（77·5·4609）作官，BD00032 作官，BD000317 作官，BD00737 作官，BD00848 作官，BD01397 作官；石經 3.2 作官，S.1968 作官，BD01495 作官，BD02103 作官，BD02232 作官，BD02791 作官，BD03567 作官。

【私：私、私】

后秦佛陀耶舍譯《四分大尼戒本》："若比丘尼，往來彼此媒嫁，持

---

① 商承祚《殷虚文字類編》，1923 年決定不移軒刻本，卷二第 4 葉。

男意語女,持女意語男。若爲成婦事,若爲私通,乃至須臾,是比丘尼犯初法應捨僧伽婆尸沙。"

按:"私",石經 2.376 作"私",P.2310 作󠄀,津藝 087(77·5·4430)作󠄀,金藏廣勝寺本作󠄀,麗藏本作󠄀,北大 D088 作󠄀。

《説文·禾部》:"私,禾也。从禾,厶聲。"構件"厶"與"么""幺"形近,後者使用頻率高,構件混用,遂有"󠄀、󠄀"等字形。

【耆：󠄀】

東漢安世高譯《佛説温室洗浴衆僧經》:"到精舍門,見佛炳然,光照天地。衆坐四輩,數千萬人,佛爲説法,一心靜聽。耆域眷屬下車直進,爲佛作禮,各坐一面。"

按:"耆",石經 1.87 作󠄀,麗藏本作󠄀,金藏廣勝寺本作"耆";P.3919B 作󠄀。

《説文·老部》:"耆,老也。从老省,旨聲。"因構件"日""目"形近混用,"耆"亦作"󠄀"。

他例如,同前"耆域長跽白佛言:雖得生世,爲人疏野,隨俗衆流,未曾爲福","耆",石經 1.87 作󠄀,麗藏本作󠄀,《大正藏》作"耆",P.3919B 作󠄀。同前"佛告耆域。澡浴之法。當用七物除去七病。得七福報","耆",石經 1.87 作󠄀,麗藏本作󠄀,《大正藏》作"耆";P.3919B 作󠄀。

【後：󠄀】

後秦佛陀耶舍譯《四分大尼戒本》:"人在前己在後,不得爲説法,除病式叉迦羅尼。"

按:"後",石經 2.384 作"後",P.2310 作󠄀;北大 D088 作󠄀,上圖 146(812596)作󠄀,津藝 087(77·5·4430)作󠄀。

《説文·彳部》:"後,遲也。从彳、幺、夂者,後也。"構件"彳"異寫作"亻","亻"再異寫作"氵","後"遂異寫作󠄀。

他例如,同前"人坐己立,不得爲説法。除病式叉迦羅尼","得",上圖 146(812596)作󠄀。失譯人《佛説父母恩重經》"兒在欄車,遙見母來,搖頭弄腦。或復曳腹隨行,嗚呼向母。母即爲子屈身下就,長舒兩手拂拭塵垢。吹和其口開懷出乳,以乳與之","復",石經 3.555 作󠄀,S.1323 作󠄀,S.4476 作󠄀,S.7203 作󠄀,BD00439 作󠄀。

【飢：飢】

失譯人《佛説父母恩重經》："飢時須食,非母不哺。"

按:"飢",石經 3.555 作飢, S.2084 作飢, S.5433 作飢, S.5642 作飢,上博 48(41379) 作飢; P.2285 作飢, P.3919A.3 作飢,北大 D100 作飢。

《説文·食部》:"飢,餓也。从食,几聲。"因構件"几""凡"形近易混,"飢"亦作"飢"。

他例如,東晉帛尸梨蜜多羅譯《佛説灌頂章句拔除過罪生死得度經》"治生不得飢寒困厄","飢",石經 3.2 作飢, P.2178V⁰ 作飢,津藝 119 (77·5·4458) 作飢,津藝 270(77·5·4609) 作飢, S.1968 作飢, BD00032 作飢, BD00737 作飢, BD02232 作飢; Дх00913 作飢, BD00033 作飢, BD000317 作飢, BD00848 作飢, BD01397 作飢, BD02791 作飢, BD03407 作飢,麗藏本、《大正藏》俱作"飢"。

反之,"几"亦可異寫作"凡",如失譯人《佛説父母恩重經》"帝釋梵王諸天人民一切衆生聞經歡喜,發菩提心,涕泣動地,淚下如雨五體投地,信受頂禮佛足,歡喜奉行","梵",Дх00975 作梵, Дх01982 作梵;北大 D101 作梵, Дх01595、BD00439 俱作"梵"。

【弊：弊】

失譯人《佛説父母恩重經》："遂至長大,朋友相隨,梳頭摩髮。欲得好衣,覆蓋身體。弊衣破故,父母自著。"

按:"弊",石經 3.555 作"弊", S.1189 作弊, S.3228 作弊, S.4476 作弊, S.5433 作弊, Дх01689 作弊; S.1323 作弊, S.1548 作弊, S.1907 作弊, S.7203 作弊, P.3919A.3 作弊, BD00439 作弊。

"弊",从廾,敝聲。因聲符"敝"與"敞"形近易訛混,故"弊"又從"敞"作"弊"。

【澡：澡】

東漢安世高譯《佛説温室洗浴衆僧經》:"吾當爲汝先説澡浴衆僧反報之福。"

按:"澡",石經 1.87 作澡, P.3919B 作澡;金藏廣勝寺本、麗藏本俱作"澡"。

《説文·水部》:"澡,洒手也。从水,喿聲。"因構件"口""厶"混用,"澡"異寫作澡。六朝碑刻的"澡"字,僅見其構件"木"異寫作"朩"者,如東魏武定八年(550)《元韶及妻侯氏合葬誌》作澡，北齊天保八年(557)《僧静明等修塔造像碑》作澡。"澡"字作構件使用時，出現"澡"字形體，如北魏延昌二年(513)《元怊貴華王普賢墓誌》作藻，正光五年(524)《元昭墓誌》作藻。

他例如，同前"佛告耆域：澡浴之法，當用七物除去七病，得七福報"，"澡"，P.3919B 作澡；金藏廣勝寺本、麗藏本俱作"澡"。同前"何謂爲七物？一者燃火，二者净水，三者澡豆，四者蘇膏"，"澡"，P.3919B 作澡；金藏廣勝寺本、麗藏本俱作"澡"。

【閒：間】

東晉帛尸梨蜜多羅譯《佛説灌頂章句拔除過罪生死得度經》："乃與世間衆魔從事。"

按："閒"，石經 3.2 作間，P.2013 作閒，P.4666 作閒，S.1968 作閒，BD00033 作閒，BD00317 作閒，BD00602 作閒，BD00848 作閒，BD01397 作閒，BD01495 作閒，BD02130 作閒，BD02656 作閒，BD02791 作閒，BD02909 作閒，BD03143 作閒，BD03619 作閒，麗藏本作閒；P.2178V⁰ 作閒，BD00032 作閒，BD02232 作閒，《大正藏》作"間"。

《説文・門部》："閒，隙也。从門，从月。閑，古文閒。"字書《類篇》最早收釋字形"間"，《類篇・門部》："間，《説文》'隙也'，一曰近也，中也，亦姓。"實際上戰國秦文字已見間秦珍展112，六朝碑刻亦屢見，如北魏永平四年(511)《司馬紹墓誌》作間，建義元年(528)《元倓墓誌》作間，北周大象二年(580)《如是我聞佛經摩崖》作間等。因構件"月"異寫作"日"，"閒""間"成爲構件訛混異體字。

他例如，東晉帛尸梨蜜多羅譯《佛説灌頂章句拔除過罪生死得度經》"佛言：世間有人好自稱譽皆是貢高，當墮三惡道中"，"間"，石經 3.2 作間，P.4666 作閒，Дx03278A 作閒，S.1968 作閒，BD00033 作閒，BD000317 作閒，BD00602 作閒，BD01495 作閒，BD02130 作閒，BD02656 作閒，BD02791 作閒，BD03407 作閒，麗藏本作閒；BD00032 作閒，BD00848 作閒，BD01397 作閒，BD02232 作閒，BD02909 作閒，《大正藏》作"間"。同前"閻羅王者，主領世間名籍之記"，"閒"，石經 3.2 作間，津藝 119(77・5・4458)作閒，津藝 270(77・5・4609)作閒，BD00033 作閒，BD000317 作閒，BD00737 作閒，BD00848 作閒，BD01495 作閒，BD02791 作閒，BD03143 作閒，BD03407 作閒，BD03567 作閒，BD03619 作閒，麗藏本作閒；BD0003 作閒，BD00391 作閒，BD01169 作閒，BD02103 作閒，BD02232 作閒，

BD03306 作 [間]。同前"世間痿黄之病困篤不死一絶一生由其罪福未得料簡,録其精神在彼王所","間",石經 3.2 作 [間],津藝 119(77·5·4458)作 [間],S.1968 作 [間],BD00033 作 [間],BD000317 作 [間]、[間],BD00737 作 [間],BD00848 作 [間],BD01495 作 [間],BD02791 作 [間],BD02909 作 [間],BD03306 作 [間],BD03407 作 [間],麗藏本作 [間];BD00032 作 [間],BD00391 作 [間],BD02103 作 [間],BD02232 作 [間]。

【惱：[惱]、[惱]】

後秦佛陀耶舍譯《四分大尼戒本》:"若比丘尼妄作異語惱他者。"

按:"惱",石經 2.379 作"[惱]",S.0440、P.2310、Φ156、北大 D088、津藝 087(77·5·4430)俱作"[惱]",BD00014 作 [惱],金藏廣勝寺本作 [惱]。

《説文·女部》:"嬈,有所恨也。从女,𡿪聲。今汝南人有所恨曰嬈。""嬈",又作"惱","惱"異寫作"[惱]"。《集韻·晧韻》:"惱""[惱]",同"嬈"。北齊武平元年(570)《潛悼王妃李尼墓誌銘》:"毒兹煩[惱],邈心利益。"因構件"山""止"形近訛混,"惱"又寫作"[惱]"。

【誣：[誣]】

東漢安世高譯《佛説罪業應報教化地獄經》:"何罪所致。佛以前世時坐誹謗三寶輕毀聖道,論他好醜求人長短,強誣良善憎嫉賢人。故獲斯罪。"

按:"誣",石經 3.607 作 [誣],麗藏本作 [誣],《大正藏》作"誣"。

《説文·言部》:"誣,加也。从言,巫聲。"構件"巫""𠀐"形近訛混,"誣"寫作"[誣]"。

【因：[因]】

三國吳支謙譯《佛説三品弟子經》:"年壽未盡頓遣惡神,因其犯戒之間奪餘命。"

按:"因",石經 3.442 作 [因],麗藏本、《大正藏》、金藏廣勝寺本俱作"因"。

《説文·口部》:"因,就也。从囗、大。"《龍龕手鏡·口部》:"[因],音因。"《字彙補·口部》:"[因],見《篇韻》。"實則字形"[因]"唐碑已見,系"因"的構件"大""火"形近訛混而來,《漢語大字典》可據以提前補充例證。

第六節 改　　換

改換，指某字的異體，或是改變結構方式，或是結構方式不變，僅是更換構件。具體包括改換造字方法，改換構件，形聲字改換形符，形聲字改換聲符，形聲字形符、聲符皆換等幾種情況，其中以形聲字改換形符最爲普遍。

【鬘：鬠】

　　失譯人《現在賢劫千佛名經》："持鬘佛。"

按："鬘"，石經 1.109 作 ![字], 北大 D079 作 ![字], S.4601 作 ![字], S.6485 作 ![字], 麗藏本作 ![字], 《大正藏》《中華大藏經》俱作"鬘"。

"持鬘"（mālyadhara），宋從義《法華經三大部補注》卷五有釋："持鬘，持華鬘天也。若有衆生施香華鬘，必生此天於其胸前，天悅意，華自然爲鬘。具七種色，謂黑黄赤天紺紅蓮，及如火銅光明炫耀，故號彼天爲持鬘耳。"其他佛典文獻亦有用例。後秦佛陀耶舍、前秦竺佛念譯《佛説長阿含經》卷十八亦云："其中階道有鬼神住，名曰持鬘。其上階道有鬼神住，名曰喜樂。"隋闍那崛多等譯《起世經》卷一："諸比丘！於下級中，有夜叉住，名曰鉢手；第二級中，有夜叉住，名曰持鬘；於上級中，有夜叉住，名曰常醉。"唐不空《佛母大孔雀明王經》卷中："持鬘藥叉神，住在勝水國。"S.2551《藥師經疏》："有藥叉神名爲堅手，住初層級。有名持鬘，住第二級。有名恒憍，住第三級。此三皆是四大天王所部天衆。"《慧琳音義》卷七十釋《阿毗達磨俱舍論頌》："堅手及持鬘，馬班反。堅手天、持鬘天、恒驕天，並住須彌山層級，悉是地居天四天王之附庸國也。釋天主之兵將也。"

"鬘"，《玄應音義》卷一釋《大方廣佛華嚴經》卷一"華鬘"條云："梵言俱蘇摩。此譯云'華'。摩羅，此譯云'鬘'，音蠻。案：西國結鬘師多用蘇摩那華行列結之，以爲條貫，無問男女貴賤，皆此莊嚴，或首或身，以爲飾好。則諸經中有'華鬘''市天鬘''寶鬘'等，同其事也。字體從彡，音所銜反；鬠聲。鬠，音彌然反。經文作鬘，非體也。"清錢坫按："據《説文》，應用鬠字，亦可通於鬠也。鬘非古字，故辨之。"①

"華鬘"，爲梵語 kusumamālā 的半意譯半音譯詞，kusuma 意譯作"華"，原指一種素馨屬的植物，音譯作"俱蘇摩、拘藪摩、須曼那、須末那"等，特指

---

　　① ［唐］玄應《一切經音義》，海山仙館叢書，道光二十五年乙巳（1845）刻，卷一第 3 葉 a 面。

它的花，mālā 音譯作"鬘"，梵語義爲花環、環狀物。唐玄奘撰《大唐西域記》卷二"衣飾"條中，記自己在古代南亞次大陸親眼所見，無論男女，均可"首冠花鬘，身佩瓔珞"。特別是貴族："國王、大臣，服玩艮異：花鬘寶冠，以爲首飾；環釧瓔珞，而作身佩。"梵語中的 kusumamālā，漢語中本無事物和它對應，於是把 kusuma 音譯作"俱蘇摩"等，mālā 這種花環既用於"首冠"，與髮關係密切，故以"髟"爲部首"曼"爲聲符造出一個新字，換言之，這是專爲音譯詞 mālā 造的一個字，這個字既記錄其音，又記錄其義。錢坫認爲，當用正字"髳""髶"。二字《説文》皆收。《髟部》："髳，髮長也。从髟，兩聲。"同部云："髶，髮皃。从髟，勞聲。"可知"髳""髶"分別義爲"髮長也""髮皃"，與音譯詞"鬘"（mālā）實無關涉，而且"髳""髶"造字在先，"鬘"造字在後，"鬘"是《説文》後產生的新字，是爲音譯詞造的表意字。錢坫認爲"據《説文》，應用髳字，亦可通於髶也"的按斷不確。"髶"爲"髳"字異寫。

"髶"，字書《龍龕手鏡・髟部》收釋："髶"，"鬘"的俗字。"髶"實爲"鬘"字省簡字形，爲會意字，會與首上頭髮有關之意。《可洪音義》收釋"髶"字。其書第九册釋《施燈功德經》"燈髶"條："燈髶，莫顔反。前作鬘。"同前第廿二册釋《達摩多羅禪經》"華髶"條："華髶，莫顔反。正作鬘。"同前第十五册釋《摩訶僧祇律》卷一"髶師"條："髶師，上莫顔反。正作鬘也。"同前第十八册釋《阿毗曇毗婆沙》卷卅"指髶"條："指髶，莫奸反。《新論》作指鬘。"同前第廿一册釋《賢愚經》卷十四"指髶"條："指髶，莫奸反。悞。"其中"髶"爲"鬘"的異寫字。失譯人《毘尼母經》卷八："衣相應不相應。應者，十種衣財應。不應者，上色衣錦衣白色衣著髶衣，如是等衆多皆不相應。是名衣不應。三衣，獨受持一衣亦不應，乃至頭有髶欽婆羅衣亦不應。"此例中兩個"髶"，宋、元、明、宫本皆作"鬘"。

"髶"還可以進一步省簡字形作"髦"。《慧琳音義》卷二十釋《大方廣佛華嚴經》卷一"華髦"條："華髦，梵言摩羅，此譯云鬘音。案西國結鬘師多用蘇摩那華，行列結之，以爲條貫，無問男女貴賤，皆此莊嚴，或首或身，以爲飾好。則諸經中有華髦、市天髦、寶髦等，同其事也。字體從髟，音所銜反；邊聲。勞，音彌然反。經文作髦，非體也。"

鈔經僧又將"髶"字錄作"鬚"，與髵鬚的"鬚"成爲同形字。《釋名・釋形體》："頤下曰鬚。"《説文・須部》"須，頤下毛也"段玉裁注："俗假須爲需，別製鬚、鬚字。"①《古今韻會舉要・虞韻》："鬚，《復古編》：今以須爲所須字，而鬚毛字別作鬚，俗又傳寫作鬚。'"《左傳・昭公二十六年》："有君子

---

① ［清］段玉裁《説文解字注》，上海古籍出版社，1988 年，第 424 頁。

白皙，鬢鬘眉，甚口。"《荀子·解蔽》："故人心譬如槃水，正錯而勿動，則湛濁在下而清明在上，則足以見鬚眉而察理矣。"《慧琳音義》卷十一釋《大寶積經》卷一"其鬚"條："其鬚，相瑜反。蓮花鬚也。《説文》正體從頁，賢結反，頁，頭也；從彡，音衫，作須，象形字也。今隸書加髟，必遥反，作鬚亦通用。"很明顯，"鬚"爲形聲字，"須"爲省簡形旁"彡"的異體字。正因爲"須""鬚"異體，鈔經僧很自然的作類推鈔録，將"鬘"的異體字"鬢"書作"鬚"。導致佛經中産生大量的異文。

西晉竺法護譯《度世品經》卷六："以戒定道場，興慧華鬘浄，以明消塵勞，枯竭恩愛流。"《大正藏》作"鬘"，宋、元、明、宫本作"鬚"。

東晉僧伽提婆譯《中阿含經》卷三："三曰邪婬，彼或有父所護，或母所護，或父母所護，或姊妹所護，或兄弟所護，或婦父母所護，或親親所護，或同姓所護，或爲他婦女，有鞭罰恐怖，及有名假賃至華鬘，親犯如此女。"《大正藏》作"鬘"，宋本作"鬚"。

東晉佛馱跋陀羅譯《大方廣佛華嚴經》卷十四："阿僧祇塗香、阿僧祇鬘、阿僧祇衣……阿僧祇一切華座、阿僧祇一切香座、阿僧祇一切鬘座、阿僧祇一切清浄栴檀座……阿僧祇一切香輪、阿僧祇一切鬘莊嚴輪、阿僧祇一切寶衣輪……阿僧祇一切香宫殿、阿僧祇一切寶鬘宫殿、阿僧祇一切栴檀宫殿……阿僧祇一切華、一切鬘、一切香、一切塗香。"上例五個"鬘"字，《大正藏》皆作"鬘"，宫本皆作"鬚"。

東晉佛馱跋陀羅譯《大方廣佛華嚴經》卷三十二："如來有大人相，名勝海雲，勝上虚空寶放香光明，普照十方一切道場，圓滿瑠璃寶香燈鬘充滿十方。"《大正藏》作"鬘"，聖本作"鬚"。同前卷四十四所載的"鬘幢""雨一切鬘雲""垂天鬘帶雲""華鬘"等，卷四十六載"寶鬘幢幡"，卷五十一載"一切鬘"，聖本皆作"鬚"。

東晉瞿曇僧伽提婆譯《中阿含經》卷二十八："或復有人爲念彼女，求利及饒益，求安隱快樂，以青蓮華鬚、或瞻蔔華鬘、或修摩那華鬚、或婆師華鬚、或阿提牟多華鬚，持與彼女。"此例中，《大正藏》作"青蓮華鬚"，宋、元、明本作"青蓮華鬘"；"摩那華鬚""婆師華鬚"，元、明本分别作"摩那華鬘""婆師華鬘"。

北魏般若流支譯《正法念處經》卷二十七："其華開敷優鉢羅華，天子天女坐華鬚上遊戲娱樂。"《大正藏》作"鬚"，宫本作"鬘"。

北涼曇無讖譯《菩薩地持經》卷七："華鬚塗香衆具不足苦。"《大正藏》"鬚"，宋、元、明、宫、知本作"鬘"。

北涼曇無讖譯《大方等無想經》卷二："鬘三昧、龍王三昧、風三昧、風行王三昧……"《大正藏》作"鬘",宋、元、明、宫本作"鬚"。同前卷三:"復有諸佛菩薩大雲不退地鬘陀羅尼。"《大正藏》作"鬘",宫本作"鬚"。

唐實叉難陀譯《大方廣入如來智德不思議經》:"或集衆光摩尼色、或師子鬘摩尼色、或師子幢摩尼色。"《大正藏》作"鬘",宋、元、明本作"鬚",宫本作"髻"。

唐波羅頗蜜多羅譯《寶星陀羅尼經》卷七:"更經二十六百千大劫,過彼已後有大劫名能度,世界名摩尼華鬚,其國衆生皆壽四十千歲。"《大正藏》作"鬚",宋、元、明、宫本作"鬘"。

失譯人《現在賢劫千佛名經》"南無持鬘佛",《大正藏》作"鬘",宋、元、宫本皆作"鬚"。

【臭:臰】

後秦佛陀耶舍譯《四分大尼戒本》:"不得遠塔四邊燒死屍使臭氣來入式叉迦羅尼。"

按:"臭",石經 2.384 作臰,P.2310 作臰;麗藏本作臭,S.0440 作臰,北大 D088 作臰,津藝 087(77·5·4430)作臰,金藏廣勝寺本、《大正藏》俱作"臭"。

《説文·犬部》:"臭,禽走臭而知其迹者,犬也。从犬,从自。""臭"爲會意字。《玉篇·自部》:"臭,惡氣息。臰,同上,俗。"《慧琳音義》卷八釋《大般若波羅蜜多經》卷五百六十八"臭穢"條:"臭穢,上昌獸反。《玉篇》:臭者,凡物氣之總名。《説文》:禽走臭而知其跡者犬也。從犬從自。自者,古文鼻字也。經從死作臰者,非也。"更換構件"犬"爲"死"後,"臰"仍是會意字。該字形魏碑已見,如北魏孝昌二年(526)《元壽安墓誌》"不肅而成,如蘭之臰";東魏興和三年(541)《房悦墓誌》"濟濟同寮,莫非臰味"。

【國:国】

東漢安世高譯《佛説長者子懊惱三處經》:"聞如是,一時佛在舍衛國神祇樹給孤獨精舍,與大比丘衆千二百五十人俱。"

按:"國",石經 3.615 作国,《大正藏》作"國",麗藏本作国,金藏廣勝寺本作"国"。

《説文·口部》:"國,邦也。从口,从或。""國"是從口、或聲的形聲字,石經作国,變成會意字。

他例如,唐義净譯《佛説浴像功德經》"我今勸化國王大臣一切信心樂功德者","國",石經 3.473 作国;石經 3.522 作国,3.514 作国,3.581 作国,麗藏本作㈤,《大正藏》作"國"。

【遊：趉】

唐義浄譯《金光明最勝王經》卷一:"自在遊戲,微妙神通,逮得總持。"

按:"遊",石經3.535作遊,BD03170作趉;BD03340作逰,BD04208作遊,BD04578作遊,BD04953作遊,Дx00216＋Дx00218＋Дx01845＋Дx04332＋Дx04339、Дx01694、甘博083、上圖038(812445)、麗藏本、金藏廣勝寺本字形俱同前,《大正藏》作"遊"。

《説文・㫃部》:"游,旌旗之流也。从㫃,汓聲。遊,古文游。"《説文》古文作"遊"。《玉篇・辵部》:"遊,遨遊也。與游同。"《龍龕手鏡・辵部》:"遊,通;遊,正。""遊"字形,南北朝碑刻已見,如南朝宋大明二年(458)《爨龍顔碑》作遊,南朝宋元徽三年(475)《明曇憘墓誌》作遊,南朝梁中大同三年(548)《比丘□愛秦造像記》作遊等。由上可知,"游"字本爲"从㫃,汓聲",後來"遊"改變構字理據,從辵、斿聲,構件"方"異寫作"扌","遊"寫作"遊";"遊"省簡"斿"爲"孚"而作"逰",《改併四聲篇海・辵部》引《類篇》:"逰,行也。"形符"辵""走"義通换用,"遊"换形並省聲作"趉",成爲新的形聲字。《龍龕手鏡・走部》:"趉,音由。"《中華字海・走部》:"趉,同'游',字見《龍龕》。"正是。

他例如,同前BD03236:"烏與鴝鵒鳥同共一處趉,彼此相順從,方求佛舍利。"同前BD03236:"假使鴛鴦鳥以嘴銜香山,隨處任趉行,方求佛舍利。"

【暫：蹔】

唐義浄譯《佛説無常經》:"如其壽命盡,須臾不暫停。"

按:"暫",石經3.339作蹔,BD00535作蹔,BD01030作蹔,BD01063作蹔,BD03608作蹔,BD03874作蹔,S.0153作蹔,S.0311作蹔,TK137作蹔,酒博013作蹔,津藝193(77・5・4532)作蹔,麗藏本作蹔,S.2540、S.2926、S.4713、S.5160、S.5447、Дx02845俱作"蹔";BD01367作暫,BD03554作暫,S.1479作暫,S.3887作暫,S.6367作暫,P.3924作暫,TK323作暫,《大正藏》作"暫"。

《説文・日部》:"暫,不久也。从日,斬聲。"《玉篇・足部》:"蹔,不久也。與暫同。"《慧琳音義》卷三釋《大般若波羅蜜多經》"蹔捨"條:"蹔捨,俗字也。正體從日作暫。"《正字通・足部》:"蹔,俗暫字。《説文》有暫無蹔。""蹔",字形魏碑已見,如北魏神龜元年(518)《鄧羨妻李榘蘭墓誌》作蹔,正光六年(525)《元茂墓誌》作蹔,孝昌元年(525)《元熙墓誌》作蹔。

他例如,同前"少年容貌暫時停不久咸悉成枯悴","暫",BD01367、BD03554、S.1479、S.3887、S.5447、S.6367、P.3924、TK323、《大正藏》俱作"暫";BD00535、BD01030、BD01063、BD03608、BD03874、S.0153、S.0311、S.2540、S.4529、S.4713、S.5160、Дx02833+Дx02853、TK137、酒博013、北大D093、津藝193(77・5・4532)、津藝202(77・5・4541)、麗藏本俱作"蹔"。

【險：嶮】

後秦佛陀耶舍譯《四分大尼戒本》："如御入險道,失轄折軸憂。"

按："險",石經2.376作"嶮",麗藏本作嶮,P.2310作嶮,北大D088作嶮,《大正藏》作"險"。

《説文・阜部》："險,阻難也。从阜,僉聲。"因"阜"本義爲"土山","阜""山"二形義通,可以换用,"險"换形符"阜"爲"山"作"嶮"。

他例如,同前"譬如明眼人能避險惡道","險",石經2.384作嶮,金藏廣勝寺本作嶮,P.2310作嶮;S.0440作嶮,北大D088作嶮,上圖146(812596)作嶮,津藝087(77・5・4430)作嶮,麗藏本、《大正藏》俱作"險"。

【默：嘿】

後秦佛陀耶舍譯《四分大尼戒本》："若四反五反六反在前默然住,得衣者善。"

按："默",石經2.378作"嘿",金藏廣勝寺本、《大正藏》俱作"默";S.0440、P.2310、Φ156、BD00014、北大D088、津藝087(77・5・4430)俱作"默"。

《玉篇・口部》："嘿,與默同。"《集韻・德韻》："嘿,静也。通作默。"《説文・犬部》："默,犬暫逐人也。从犬,黑聲。""嘿"字魏碑已見,如北魏永平四年(511)《鄭羲下碑》：'南使宋國,宋主客郎孔道均就邸設會,酒行樂作,均謂公曰："樂其何如?"公答曰：'哀楚有餘,而雅正不足,其細已甚矣,而能久于?'均嘿然而罷。"熙平二年(517)《元懷墓誌》："老尚蘭嘿,孔貴雅言。"正光二年(521)《穆纂墓誌》："士不銜枚而自嘿,馬闕秣而能强。"因"默"引申爲"閉口不言","默"改换形符"犬"爲"口",以準確地記録和反映詞義。"嘿"則爲"默"的構件位移異體字。

【頸：䅴、脛】

後秦佛陀耶舍譯《四分大尼戒本》："不得衣纏頸入白衣舍式叉迦羅尼。"

按："頸"，石經2.383作"䅴"，S.0440作"脛"，北大D088作"脛"，津藝087（77·5·4430）作"脛"；《大正藏》作"頸"，金藏廣勝寺本作"頭"。

《説文·頁部》："頸，頭莖也。从頁，巠聲。"因表人體器官的詞多從形符"肉"，書寫者改換形符"頁"爲"肉"作"脛"（脛）。這與表小腿義的"脛"成爲同形字。"䅴""脛"爲換形異體關係。

【絟：紵、㧕】

後秦佛陀耶舍譯《四分大尼戒本》："若比丘尼持兜羅綿絟，繩牀木牀若卧具坐蓐者。波逸提。"

按："絟"，石經2.380作"紵"，《大正藏》作"紵"；BD00014作"紵"，北大D088作"紵"，津藝087（77·5·4430）作"紵"。金藏廣勝寺本作"紵"，麗藏本作"紵"。

"兜羅"，梵語、巴利語 tūla 的音譯詞，又作堵羅、兜羅綿、兜羅貯。意譯爲綿、細綿。乃總稱草木所生的花絮，種類頗多。

《玉篇·糸部》："絟，麻屬，所以緝布也。"《詩·陳風·東門之池》："東門之池，可以漚紵。""綿"、"緜"的異體，絲綿之意。《廣韻·仙韻》："緜，精曰緜，麤曰絮。"《後漢書·東夷傳·濊》："知種麻、養蠶，作緜布。"

棉花原產地爲印度與阿拉伯，古代中國有麻和蠶絲綿而無草本棉，音譯 tūla 時用音譯加類屬詞的方法，加上中土本有的紡織材料"絟"或"綿"，成爲"兜羅綿絟"，或換形作"兜羅綿紵"，構件"糹""衤"混用，又作"兜羅綿㧕"。

【醫：毉】

東晉帛尸梨蜜多羅譯《佛説灌頂章句拔除過罪生死得度經》："不值良醫爲病所困於是滅亡。"

按："醫"，石經3.2作"醫"，津藝270（77·5·4609）作"醫"，S.1968作"醫"，BD000317作"醫"，BD00848作"醫"，BD01169作"醫"，BD02103作"醫"，BD02791作"醫"，BD02909作"醫"，BD03306作"醫"，BD03619作"醫"，麗藏本作"醫"，《大正藏》作"醫"；BD00032作"毉"，BD00033作"毉"，BD00391作"毉"，BD00737作"毉"，BD01495作"毉"，BD02756作"毉"，BD03143作"毉"，BD03407作"毉"，BD03567作"毉"。

《説文·酉部》："醫，治病工也。殹，惡姿也，醫之性然。得酒而使，从酉。"王筠句讀:"从酉,殹聲。"①古者巫醫不分家,故改換形符"酉"爲"巫"作"毉"。

他例如,東漢安世高譯《佛説温室洗浴衆僧經》"佛慰勞曰:善來,毉王!欲有所問,莫得疑難","毉",石經 1.87 作■,P.3919B 作■,麗藏本作■,《大正藏》作"醫"。同前 1.87"佛告■王:善哉,妙意! 治衆人病,皆蒙除愈,遠近慶賴,莫不歡喜","■",P.3919B 作■,麗藏本作■,《大正藏》作"醫"。

【跂：屐】

後秦佛陀耶舍譯《四分大尼戒本》:"不得爲著木跂人説法,除病式叉迦羅尼。"

按:"跂",石經 2.383 作"跂",S.0440、P.2310、北大 D088、津藝 087 (77・5・4430)俱作"屐",金藏廣勝寺本、《大正藏》俱作"屐"。

《説文・履部》:"屐,屬也。从履省,支聲。"王筠句讀:"玄應引作履屬也。又曰,屐有草有帛者,非止木也。"②《字彙補・足部》:"跂,與屐同。"《莊子・天下》:"使後世之墨者,多以裘褐爲衣,以跂蹻爲服。"郭慶藩集釋:"李云:麻曰屬,木曰屐。屐與跂同,屬與蹻同。"③"跂""屐"爲換形異體字。

【欣：忻】

東漢安世高譯《佛説温室洗浴衆僧經》:"若生天王家,生即常潔净,洗浴以香湯,苾芬以熏身,形體與衆異,見者莫不欣。"

按:"欣",石經 1.87 作■,P.3919B、金藏廣勝寺本、麗藏本俱作"欣"。《説文・欠部》:"欣,笑喜也。从欠,斤聲。"《説文・心部》:"忻,闓也。从心,斤聲。《司馬法》曰:'善者,忻民之善,閉民之惡。'"《玉篇・心部》:"忻,喜也。"三國魏嵇康《聲無哀樂論》:"夫會賓盈堂,酒酣奏琴,或忻然而歡,或慘爾而泣。"從本字、本詞一一對應的角度看,"忻"爲啓發義,"忻"的喜悦義與本義啓發義無意義引申關係,因此,記録喜悦義時,"忻"爲"欣"的換形異體字,《漢語大字典》歸入 xīn 音項下作爲本義爲啓發義的"忻"的引申義項,誤,可據正。

---

① [清]王筠《説文解字句讀》,中華書局,1988 年,第 598 頁。
② [清]王筠《説文解字句讀》,中華書局,1988 年,第 320 頁。
③ [清]郭慶藩《莊子集釋》,中華書局,2006 年,第 1078 頁。

【俙：倦】

　　唐義浄譯《佛説無常經》："大捨防非忍無倦，一心方便正慧力。"

　　按："倦"，S.4713 作 俙；石經 3.339、BD00535、BD01030、BD01063、BD03554、BD03874、BD01367、S. 1103、S. 3887、S. 5138、S. 5447、S. 6367、P.3924、TK137、TK323、津藝 193（77・5・4532）、麗藏本、《大正藏》俱作"倦"。

　　《説文・人部》："倦，罷也。从人，卷聲。"朱駿聲通訓定聲："字亦作勌、作惓。"①《集韻・線韻》："倦，《説文》：'罷也。'或作惓。"《列子・湯問》："飢惓則飲神瀵。"殷敬順釋文："惓，音倦。"②"俙"爲"倦"的換聲異體字。"俙"，魏晉南北朝碑刻文獻已見字例。北魏建義元年（528）《楊暐墓誌》："式揚幽軌，闡耀玄風。樂道不俙，辭吐無窮。"

　　他例如，後秦佛陀耶舍、前秦竺佛念譯《佛説長阿含經》："敬持戒者，瞻視護養，未嘗懈倦不？"《大正藏》作"倦"，宋、元、明本作"俙"。前秦瞿曇僧伽提婆譯《中阿含經》："但爲疲倦得止息故，得静坐故也。"《大正藏》作"倦"，宋、元、明本作"俙"。南朝宋求那跋陀羅譯《雜阿含經》："常爲四衆説法不倦。"《大正藏》作"倦"，宋、元、明、聖本作"俙"。失譯人《大乘悲分陀利經》："令其中衆生身無疲懈，心無勞倦。"《大正藏》作"倦"，宋、元、明、聖本作"俙"。

【嘴：觜、紫、柴】

　　唐義浄譯《金光明最勝王經》卷一："假使鴛鶖鳥以嘴銜香山，隨處任遊行，方求佛舍利。"

　　按："嘴"，石經 3.536 作 觜，《大正藏》作"嘴"；BD00288 作 觜，BD04208 作 觜，麗藏本作 觜，金藏廣勝寺本作 觜；BD00071 作 紫，BD00981 作 紫，BD02688 作 紫，BD03011 作 紫，BD03138 作 紫，BD03236 作 紫，BD03664 作 紫，BD04064 作 紫，BD04381 作 紫，BD04667 作 紫，BD04900 作 紫，BD04911 作 紫，上圖 038（812445）作 紫；BD05239 作 紫；BD00233 作 柴。

　　《説文・角部》："觜，鴟舊頭上角觜也。从角，此聲。"段玉裁注："角觜，'萑'下云'毛角'是也。毛角，頭上毛有似角者也。觜猶柴，鋭詞也。毛角

---

① ［清］朱駿聲《説文通訓定聲》，《續修四庫全書》第 221 册，上海古籍出版社，2002 年，第 208 頁。

② ［晉］張湛注，［唐］盧重玄解，［唐］殷敬順，［宋］陳景元釋文，陳明校點《列子》，上海古籍出版社，2014 年，第 146 頁。

銳,凡羽族之咮銳,故鳥咮曰觜。"①"觜",本義指貓頭鷹之類頭上的毛角,引申指"鳥嘴"。《廣韻·紙韻》:"觜,喙也。"

《集韻·紙韻》:"觜,鴟舊頭上角觜。或作嘴。""嘴"爲"觜"的加形異體字。《五音集韻·旨韻》:"觜,喙也。或作嘴。"

《廣雅·釋親》:"策,口也。"王念孫疏證:"《衆經音義》卷一引《字書》云:'策,鳥喙也。'"②《玉篇·此部》:"策,口也;鳥喙也。"《廣韻·紙韻》:"策",同"觜"。"策"爲"觜"的換形異體字。因構件"朿""束"形近混用,"策"異寫作"棻"。構件"朿"又異寫作"東",BD05239作棻。

因構件"朿"異寫作"木","策"遂異寫作"柴",BD00233作柴。"策"異寫作"柴",佛經音義裏有用例。《慧琳音義》卷七十五釋《道地經》"髓髑"條:"髓髑,上雖柴反。《說文》云:骨中脂也,從骨,從隨省聲也。"《大正藏》作"柴",甲本作"策"。

【終:終】

東晉帛尸梨蜜多羅譯《佛說灌頂章句拔除過罪生死得度經》:"假使壽命自欲盡時臨終之日。"

按:"終",石經3.2作終,P.2178V0作終,Дx01500作終,津藝119(77·5·4458)作終,S.1968作終,BD00032作終,BD00033作終,BD00602作終,BD00848、BD01397、BD01495、BD02130、BD02232、BD02656、BD02791、BD02909、BD03407、BD03619、麗藏本、《大正藏》俱作"終"。

"終",《說文·糸部》:"終,絿絲也。从糸,冬聲。"甲骨文作◠合20726、◠合14209正,像人體的腳後跟(踵)部位,人體從首始,至踵終,引申爲終結的終,後引申爲人死。《釋名·釋喪制》:"老死曰壽終,壽久也。"《周禮·天官·疾醫》:"凡民之有疾病者,分而治之。死終則各書其所以,而入於醫師。"鄭玄注:"少者曰死,老者曰終。"③

"終","終"的換形異體字。《玉篇·歹部》:"終,歿也。今作終。"北齊河清四年(565)《封子繪墓誌》:"其年閏九月二十日遘疾,終於京師,春秋五十二。"

他例如,東晉帛尸梨蜜多羅譯《佛說灌頂章句拔除過罪生死得度經》

---

① [清]段玉裁《說文解字注》,上海古籍出版社,1988年,第186頁。
② [清]王念孫《廣雅疏證》,上海古籍出版社,2018年,第798頁。
③ [清]阮元校刻《十三經注疏》,中華書局,1980年,第668頁。

"欲望長生終不能得","終",石經 3.2 作終,津藝 119(77・5・4458)作終,津藝 270(77・5・4609)作終,S.1968 作終,BD00032 作終,BD00033 作終,BD000317 作終,BD00391、BD00737、BD00848、BD01169、BD01495、BD02103、BD02232、BD02791、BD02909、BD03306、BD03407、BD03567、BD03619、麗藏本、《大正藏》亦俱作"終"。唐義净譯《金光明最勝王經》卷一"我今求佛舍利如芥子許,持還本處,置寶函中恭敬供養,命終之後得爲帝釋,常受安樂","終",石經 3.536 作終,BD00071 作終,BD02688 作終,BD03236 作終,上圖 038(812445)作終,BD03664 作終,麗藏本作終,金藏廣勝寺本作終;BD00233 作終,BD00288 作終,BD00981 作終,BD03011 作終,BD03138 作終,BD04064 作終,BD04208 作終,BD04381 作終,BD04667 作終,BD04900 作終,BD04911 作終,BD05239 作終。

【挑:掉】

後秦佛陀耶舍譯《四分大尼戒本》:"不得挑臂入白衣舍式叉迦羅尼。"

按:"挑",S.0440、P.2310、北大 D088、津藝 087(77・5・4430)、金藏廣勝寺本、《大正藏》俱作"掉";石經 2.383、上博 02(2415)作"挑"。

《説文・手部》:"掉,摇也。从手,卓聲。"《集韻・嘯韻》:"掉,《説文》:'摇也。'或从兆。""挑""掉"爲換聲異體字。下一條【跳:趠】中的"卓""兆"亦可作爲本條換聲的例證。

【跳:趠】

後秦鳩摩羅什譯《佛臨般涅槃略説教戒經》:"譬如狂象無鈎,猿猴得樹騰躍趠躑難可禁制,當急挫之無令放逸。"

按:"趠",石經 3.380 作趠,BD00696 作趠,BD02701 作趠,BD03355 作趠,BD05468 作趠,P.2290 作跳,麗藏本、《大正藏》俱作"跳"。

《可洪音義》第七册釋《佛説正恭敬經》"趠足"條:"跳也。"同前第十册釋《大智度論》"趠上"條:"丑孝反,跳也。"晉左思《吴都賦》:"狖鼯猱㹶,騰趠飛超。"《集韻・嘯韻》:"趠,越也。亦作趠。"語言文字發展史表明,在人類語言發展的某一歷史時期,常用詞的使用量是有限的,但漢字異體字的使用量卻要大得多,這是漢字表意文字性質決定的。所以,"趠""趠"均爲"跳"的異體字,或是形聲俱换、或是更换聲符,衹是前人較爲謹慎,没有溝通它們之間的異體關係。上一條"挑""掉"换聲異體字即是如此。

【姊：姉、姊】

後秦佛陀耶舍譯《四分大尼戒本》："大姊！是中清净，嘿然故，是事如是持。"

按："姊"，石經 2.376 作"姉"，《大正藏》作"姊"；P.2310 作"姉"，北大 D088 作"姉"，上圖 146（812596）作"姉"，津藝 087（77・5・4430）作"姊"，麗藏本作"姉"。

《説文・女部》："姊，女兄也，从女，𠂔聲。"《龍龕手鏡・女部》："姉，女兄也。""姊""姉"爲换聲異體字。

就字形看，"姉"爲"姊"字形之誤，因爲就聲符看，"市""𠂔"中古音皆爲止韻，可以作爲聲符替换使用。字書當以"姉"爲"姊"的異體，從文字異寫的角度看，"姉"則是"姊"字形近異體字。

【氂：牦】

後秦佛陀耶舍譯《四分大尼戒本》："當護持是戒，如氂牛愛尾。"

按："氂"，石經 2.384 作"牦"，北大 D088 作"犛"，上圖 146（812596）、津藝 087（77・5・4430）俱作"犛"；P.2310 作"牦"。

《説文・氂部》："氂，西南夷長髦牛也。從牛，𠩺聲。"中原人或以其特徵命名爲"髦牛"，或以其尾之專名代指全牛而名之爲"氂牛"，或以其用途名其尾進而以此專名指稱全牛而名之爲"牦牛"，皆讀爲"毛"。由於語音嫁接，後"氂"（本音 lí）也改讀作"毛"。① "牦"，石經、P.2310 均改换聲符爲"苗"作"牦"、"牦"；北大 D088 作"犛"，上圖 146（812596）、津藝 087（77・5・4430）則改换聲符爲"牧"作"犛"。

【驅：駈】

後秦佛陀耶舍譯《四分大尼戒本》："若爲王王大臣所捉，若縛若煞若驅出國。"

按："驅"，石經 2.376 作"驅"，金藏廣勝寺本作"駈"，麗藏本作"駈"，P.2310 作"駈"，北大 D088 作"駈"。

《説文・馬部》："驅，馬馳也。从馬，區聲。""驅"改换聲符作"駈"，字形六朝已見，如南朝梁太清三年（549）《程虔墓誌》作"駈"，北涼承平三年

---

① 嚴成均《異名語音嫁接現象與字典處理方式》，李格非、趙振鐸主編《漢語大字典論文集》，湖北辭書出版社、四川辭書出版社，1990 年，第 176—181 頁。彭澤芳《〈説文解字〉之"氂"與"旄"》一文通過古文獻的梳理，認爲"氂牛""旄牛"是兩種不同的牛，恐是未能溝通二者關係造成，詳參《赤峰學院學報（漢文哲學社會科學版）》2016 年第 9 期。

（445）《沮渠安周造像記》作 𩧢，北魏正光元年（520）《元賄墓誌》作 𩧢。

【蟣：蚔】

失譯人《佛說父母恩重經》："甚年老色衰，多饒蟣虱，夙夜不臥，長吟歎息。"

按："蟣"，石經 3.555 作"蟣"，S.0149 作 蚔，北大 D100 作 蚔，上博 48（41379）作 蚔；S.0865 作 𧋒，S.1189 作 𧎬，S.1323 作 𧏛，S.1907 作 蟣，S.2084 作 𧎢，S.2269 作 𧌢，S.4724 作 𧋮，P.3919A.3 作 蟣，Дх01595 作 蟣，BD00439 作 𧍯，北大 D101 作 𧍯。

《說文·虫部》："蟣，蝨子也。一曰齊謂蛭曰蟣。从虫，幾聲。"S.0149、北大 D100、上博 48（41379）等，改聲符"幾"爲"己"，分別作 蚔、蚔、蚔。

【狗：猗】

東晉帛尸梨蜜多羅譯《佛說灌頂章句拔除過罪生死得度經》："殺豬狗牛羊種種衆生。"

按："狗"，石經 3.2、BD00033、BD000317、BD00737、BD01169、BD01495、BD02103、BD02756、BD02909、BD03143、BD03306、BD03407、BD03567、BD03619、《大正藏》俱作"狗"；S.1968、BD00032、BD00848、BD02232、BD02791、麗藏本俱作"猗"。

"狗""猗"爲換聲異體字。《干祿字書·上聲》："猗狗，上俗下正。"《古今韻會舉要·有韻》："狗，或作猗。""狗"，《侯馬盟書》作 狗，《古鉢》作 狗，《老子》甲六五作 狗，《居延簡》甲三八作 狗。"猗"，北齊天統三年（567）《韓裔墓誌》作 猗。

他例如，東漢安世高譯《佛說罪業應報教化地獄經》："佛言：以前世時坐飛鷹走狗彈射禽獸，或斷其頭或斷其足，生搣鳥翼，故獲斯罪。""狗"，石經 3.607 作 狗，麗藏本、《大正藏》、《中華大藏經》俱作"狗"。

【啖：噉】

失譯人《佛說父母恩重經》："於其食時非母不知父，母行來值他座席，或得餅肉，不啖噉味懷俠來歸，來向其子。"

按："啖"，石經 3.555 作"噉"，石經 3.389 作"啖"，S.0149 作 啖，S.1189 作 啖，S.1323 作 啖，S.1548 作 啖，S.1907 作 啖，S.2084 作 啖，S.2269 作 啖，S.4476 作 啖，北大 D100 作 啖。

《說文·口部》:"啖,嚵啖也。从口,炎聲。一曰噉。""啖""噉"爲换聲異體關係。

【瓔:瑛】

東漢安世高譯《佛說溫室洗浴衆僧經》:"金體玉爲瓔,塵垢不著身。圓光相具足,斯由洗衆僧。"

按:"瓔",石經 1.88 作瑛,P.3919B、麗藏本俱作"瓔"。

《玉篇·玉部》:"瓔,《埤蒼》云:瓔琅,石似玉也。"《集韻·清韻》:"瓔,石似玉。""瓔"改換聲符"嬰"爲"央"作"瑛"。"瑛""瓔"爲换聲異體字。

【淫:濕】

東漢安世高譯《佛說溫室洗浴衆僧經》:"何謂除七病:一者四大安隱,二者除風病,三者除淫痹,四者除寒冰,五者除熱氣,六者除垢穢,七者身體輕便,眼目精明。是爲除衆僧七病。"

按:"淫",石經 1.87 作淫,麗藏本作淫,金藏廣勝寺本作淫;P.3919 作濕,《大正藏》作"濕"。

《說文·水部》:"淫,幽淫也。从水;一,所以覆也,覆而有土,故淫也;㬎省聲。"段玉裁注:"今字作濕。"①《玉篇·水部》:"濕,同"淫"。漢隸多作"濕",後來通用無別。在經文中,"淫"爲中醫術語,風、寒、暑、淫、燥、火爲六淫,"淫"屬陰邪,流行於夏季。《素問·天元紀大論》:"寒暑燥淫風火,天之陰陽也。""淫"改變聲符作"濕"。石經字形淫省簡聲符"㬅"最上部横筆,"土"加點增繁作"圡"。

他例如,唐義淨譯《金光明最勝王經》卷一"其名曰具壽阿若憍陳如、具壽阿說侍多、具壽婆濕波、具壽摩訶那摩、具壽婆帝利迦","濕",石經 3.535 作淫,BD02386 作淫,BD03011 作淫,BD03236 作淫,BD04578 作淫,BD04900 作淫,BD05981 作淫,BD06514 作淫,上圖 038(812445)作淫;BD00288 作濕,BD00432 作濕,BD04208 作濕,BD04953 作濕,BD03340 作濕,麗藏本作濕,金藏廣勝寺本作濕,《大正藏》作"濕"。

【憐:怜】

北魏法場譯《佛說辯意長者子經》:"諸沙門皆有慈心,憐吾貧寒施食充飽得濟數日。"

---

① [清]段玉裁《說文解字注》,上海古籍出版社,1988 年,第 560 頁。

按:"憐",石經3.626作**怜**;敦研185作**怜**,敦博021作**撛**,麗藏本作**怜**,《大正藏》作"憐"。

《說文·心部》:"憐,哀也。从心,粦聲。""怜"爲"憐"的換聲異體字,字形魏碑已見,如北魏建義元年(528)《元譚墓誌》:"玄夜莫艾,黄鳥徒**怜**。"北周《二聖廟碑》:"舉紀綱,**怜**孤恤寡。"北齊天統元年(565)《法義優婆姨等造像記》:"法義田紹妃,法義張玉**怜**,法義王樂勝。"

【械:核】

北涼法盛譯《佛説菩薩投身飼餓虎起塔因緣經》:"於時,仙師咒願太子因爲説法,太子心喜,志樂無爲,不欲還國,顧惟宫室生地獄想,妻子眷屬生杻械想,觀五欲樂爲地獄想。"

按:"械",石經2.403作**核**,麗藏本、《大正藏》俱作"械"。

《説文·木部》:"械,桎梏也。从木,戒聲。一曰器之總名。一曰持也。一曰有盛爲械,無盛爲器。""械"本從木,戒聲,石經中改換聲符"戒"爲"亥"作"核"。佛典中有"杻核""鑷核""桁核"等語,其中"核"皆同"械"。《可洪音義》第十四册釋《正法念處經》卷卅二"杻核"條:"杻核,上勑酉反,下乎戒反。"同前第十册釋《受十善戒經》"鑷核"條:"鑷核,胡戒反,正作械。"同前第十一册釋《十住婆沙論》卷五"鑷核"條:"鑷核,力戒反。正作械。"同前第十三册釋《别譯阿含經》卷九"桁核"條:"桁核,上户郎反,下户界反。拘罪人手足者也。"《慧琳音義》卷五十二釋《别譯阿含經》卷九"桁械"條:"《通俗文》:拘罪者足曰桁。械,胡戒反。械亦桁類也。經文作核,非也。"

【種:穜】

東漢安世高譯《佛説温室洗浴衆僧經》:"諸佛從行得,種種不勞勤,所施三界人,無所不周遍。"

按:"種種",石經1.88作**穜穜**,P.3919B、P.3919、麗藏本俱作"種種"。《説文·禾部》:"穜,埶也。从禾,童聲。"徐鍇繫傳:"布之也。"①《類篇·禾部》:"種,種埴也。"《詩·大雅·生民》:"種之黄茂,實方實苞。""穜""種"爲換聲異體字關係。

【涕:啼、洟】

後秦佛陀耶舍譯《四分大尼戒本》:"若比丘尼知女人常漏,大小便

---

① [南唐]徐鍇《説文解字繫傳》,中華書局,2017年,第144頁。

洟唾常出者,與受具足戒。波逸提。"

按:"洟",石經 2.382 作㖒,S.0440、北大 D088、津藝 087(77·5·4430)作𣵀。

"㖒"爲"洟"的異體字。《說文·水部》:"洟,泣也。从水,弟聲。"段玉裁注:"按:'泣也'二字,當作'目液也'三字,轉寫之誤也。"①因與"唾"字連用,"洟"改換形符"氵"爲"口"作"㖒",成爲類化字。

"𣵀"爲"洟"的異寫字。《說文·水部》:"洟,鼻液也。"段玉裁注:"古書弟、夷二字多相亂,於是謂自鼻出者曰洟,而目出者別製涕字,皆許所不取也。"②"㖒""𣵀"爲換形換聲異體關係。

《玄應音義》卷十七釋《阿毗曇毗婆沙論》卷二十一"洟唾"條:"洟唾,古文𦝨,同。勑計反。《三蒼》:洟,鼻液也。《周易》:齎咨涕洟。自目曰涕,自鼻曰洟。論文從口作㖒,又作洟,並非體也。"

"洟"作"涕""㖒"者,《可洪音義》第六冊釋《月燈三昧經》卷一"洟唾"條:"洟唾,上音剃,鼻液也。正作洟也。"同前第十八冊釋《善現律毗婆沙》卷十"㖒唾"條:"㖒唾,上他計反。正作洟也,又音提,悮。"同前第廿三冊《諸經要集》卷三"唾㖒"條:"唾㖒,音剃。正作洟,又音提,非也。"③

他例如,同前"不水中大小便洟唾,除病式叉迦羅尼","洟",石經 2.383 作㖒,S.0440、P.2310 作"洟",北大 D088、津藝 087(77·5·4430)作𣵀。同前"不得在塔下洟唾式叉迦羅尼","洟",石經 2.384 作㖒,P.2310 作𣵀,北大 D088 作𣵀,津藝 087(77·5·4430)作"洟",津藝 087(77·5·4430)作𣵀。同前"不得向塔洟唾式叉迦羅尼","洟",石經 2.384 作㖒,P.2310 作𣵀,北大 D088 作𣵀,上圖 146(812596)作𣵀,津藝 087(77·5·4430)作𣵀,上圖 146(812596)作𣵀。

【劍:劒、釖】

後秦佛陀耶舍譯《四分大尼戒本》:"人持劍,不應爲說法。"

按:"劍",石經 2.384 作劒,金藏廣勝寺本、《大正藏》俱作"劍";麗藏本作劒,S.0440 作劒,P.2310 作劒,北大 D088 作劒,上圖 146(812596)作劒,津藝 087(77·5·4430)作劒。

---

① [清] 段玉裁《說文解字注》,上海古籍出版社,1988 年,第 565 頁。
② [清] 段玉裁《說文解字注》,上海古籍出版社,1988 年,第 565 頁。
③ 付義琴《洟有鼻洟義不是語義引申》運用傳統文獻故訓材料和佛典文獻及佛經音義材料,認爲由於"弟""夷"二字的小篆和隸書字形相近,"洟"訛誤成"洟",而非由眼淚義引申爲鼻洟義。詳參《殷都學刊》2008 年第 4 期。

《説文・刃部》："劒，人所帶兵也。从刃，僉聲。劍，籀文劒，从刀。""劒""劍"爲換形異體字。"釼"，因多數形聲字爲左形右聲結構，故改"劍"字聲符"僉"爲"金"，"釼"變成雙形符字。

【收：扴】

北涼法盛譯《佛説菩薩投身飼餓虎起塔因緣經》："時，群臣白王：'太子布施誓度群生。非無常煞鬼所侵奪也。及未臭爛，宜説供養。'即收骸骨出於山谷。"

按："收"，石經 2.404 作扴，《大正藏》作"收"；金藏廣勝寺本作扱，麗藏本作扱。

《説文・攴部》："收，捕也。从攴，丩聲。"因"收取"用手，且形聲字多爲左形右聲結構，原字形表意不彰顯，故改聲符"丩"爲"扌"作"扴"，成爲雙形符字。雙形符字是一種特殊的字形，它不屬於六書中的任何一種。"收"又異化作扱、扱。

【軟：濡】

後秦鳩摩羅什譯《佛説彌勒下生成佛經》："舍利弗！四大海水以漸減少三千由旬。是時，閻浮提地長十千由旬，廣八千由旬，平坦如鏡，名花軟草，遍覆其地，種種樹木花果茂盛。"

按："軟"，石經 3.434 作濡，石經 1.129 作濡，BD00393 作㚼，BD03532 作㚼，BD05812 作濡，P.2071 作濡，麗藏本、《大正藏》俱作"軟"。

《集韻・獼韻》："輭，柔也。或從欠，亦作濡。""濡"字內構件類化作"濡"。《玉篇・車部》："輭，柔也；軟，俗。"《廣雅・釋詁一》："㚼，弱也。"構件"大""火"形近混用，"㚼"寫作"㚼"。《龍龕手鏡・火部》："㚼，柔也，弱也。""濡"，從水，需聲；"軟"，從車，欠聲；"㚼"，從大，而聲，三字爲形聲俱換異體字關係。

他例如，後秦鳩摩羅什譯《思益梵天所問經》卷一"一者其心柔濡"，"濡"，石經 2.282 作𩞁，BD00477 作濡，BD01888 作濡，BD04215 作濡，BD06440 作濡；BD01661 作軟，BD03496 作㚼，麗藏本、《大正藏》俱作"軟"。

【漂：㵱】

東晉帛尸梨蜜多羅譯《佛説灌頂章句拔除過罪生死得度經》："六者橫爲水火焚漂。"

按："漂"，石經3.2作𣻌，津藝119（77·5·4458）作𣻌，津藝270（77·5·4609）作𣻌，BD00033作𣻌，BD000317作𣻌，BD00391作𣻌，BD00848作𣻌，BD01169作𣻌，BD01397作𣻌，BD01495作𣻌，BD02103作𣻌，BD02232作𣻌，BD02791作𣻌，BD02909作𣻌，BD03143作𣻌；敦研355作㵸，BD0003作㵸，BD00737作㵸，BD02756作㵸，BD03306作㵸，BD03407作㵸，BD03567作㵸，BD03619作㵸，麗藏本、《大正藏》俱作"漂"。

《說文·水部》："漂，浮也。从水，票聲。""漂"作"𣻌"，表聲構件"票"改換作"尉"。《說文·刀部》："剽，砭刺也。从刀，票聲。一曰剽，劫人也。""剽"異寫作"尉"，《龍龕手鏡·刀部》："尉，匹妙反。擊也。""擊也"爲"剽"的引申義。《廣韻·笑韻》："尉，匹妙切。《說文》：劫也。或从寸。""劫也"爲《說文》又義。《字彙·寸部》溝通"剽""尉"二字關係："尉，俗剽字。"

"剽"從"票"得聲，故"漂""𣻌"爲換聲異體字。六朝碑刻已見該字形，如北齊武平七年（576）《宋始興一百人等造像記》："欲海𣻌流，死生如炎。"

他例如，後秦佛陀耶舍譯《四分大尼戒本》"若比丘尼奪衣失衣燒衣漂衣，是非親里居士，若居士婦自恣請多與衣"，"漂"，石經2.378作𣻌，S.0440、P.2310、Φ156、BD00014、北大D088、津藝087（77·5·4430）、金藏廣勝寺本、《大正藏》俱作"漂"。

【蝎：蠍】

東晉帛尸梨蜜多羅譯《佛說灌頂章句拔除過罪生死得度經》："蚖虵蝮蝎種種雜類。"

按："蝎"，石經3.2作蝎，BD00033作蠍，BD03407作蠍，麗藏本作蠍，《大正藏》作"蠍"；P.2178V⁰作蝎，津藝119（77·5·4458）作蝎，S.1968作蝎，BD00032作蝎，BD000317作蝎，BD00391作蝎，BD00848作蝎，BD01397作蝎，BD01495作蝎，BD02103作蝎，BD02232作蝎，BD02435作蝎，BD02791作蝎，BD02909作蝎，BD03567作蝎，BD03619作蝎。

"蝎"，蝎子，一種尾部有毒鉤的毒蟲。東晉干寶《搜神記》卷十八："（書生）乃握劍至昨夜應處，果得老蝎，大如琵琶，毒長數尺。"《廣韻·月韻》："蠍，螫人蟲。"《莊子·天運》："其知憯於蠣蠆之尾"陸德明《經典釋文》引《通俗文》："長尾爲蠆，短尾爲蠍。"①成玄英疏："蠣蠆尾端有毒也。"②《篇海

---

① ［唐］陸德明《經典釋文》，中華書局，1983年，第381頁。
② ［晉］郭象注，［唐］成玄英疏《莊子注疏》，中華書局，2011年，第287—288頁。

類編・麟介類・蟲部》："蠍，或作蝎。""蝎""蠍"爲換聲異體字關係。

【寂：宋、䆫】

後秦佛陀耶舍譯《四分大尼戒本》："弟子之所行，入寂滅涅槃。"

按："寂"，石經 2.384 作宋，《大正藏》作"寂"，金藏廣勝寺本作䆫；麗藏本作䆫；S.0440 作宋，P.2310 作宋，北大 D088 作䆫，上圖 146（812596）作宋，津藝 087（77・5・4430）作宋。"宋""䆫"爲歷時異體字關係。

《説文・宀部》："宋，無人聲。从宀，未聲。"段玉裁注："宋，今字作寂。"①《玉篇・宀部》："宋，無聲也。寂、宋，並同上。""寂"，戰國時晉國文字作宋《中國璽印集萃》34，南北朝碑刻同於《説文》正字，如北魏神龜三年（520）《元暉墓誌》作宋，永安二年（529）《爾朱紹墓誌》作宋，北齊武平元年（570）《隴東王感孝頌》作宋。"宋"爲會意字，會"家"無人即安静、冷清之意。如北魏天安元年（466）《曹天度造像記》作宋，孝昌二年（526）《元朗墓誌》作宋，東魏興和四年（542）《李顯族造像碑》作宋。"䆫"爲"寂"的異體字，漢魏碑刻已見，如西晉咸寧四年（278）《臨辟雍碑》作䆫，北魏太和十二年（488）《暉福寺碑》作䆫，太和十八年（494）《弔比干文》作䆫。

【寂：家】

西晉竺法護譯《佛説鶩掘摩經》："又問世尊：唯然大聖，凶害逆人焉得至道履行寂義乎！今爲安在？"

按："寂"，石經 3.386 作家，金藏廣勝寺本亦作家。麗藏本、《大正藏》作"寂"。

"家"爲"寂"的異體字，"家"爲異體字"宋"的進一步異寫。石經、金藏廣勝寺本作"家"，是受強勢構件"豕"影響而成。

又，西晉竺法護譯《佛説鶩掘摩經》"大聖無極慧，讚寂於四衢"，"寂"，石經 3.386 作家，金藏廣勝寺本、麗藏本、《大正藏》俱作"寂"。"讚寂"，宋、元、明本作"講寂"。《佛光大辭典》："讚歌，讚美佛菩薩及祖師等功德偉業之韻文章句。又作讚、讚頌。有關之梵語有 stava, stotra, stuti, saṃgīti。其内容除讚歎外，抑或含有譬喻、故事性内容。"②"寂"，即上文"寂義"，即"寂滅義"。西晉竺法護譯《阿差末菩薩經》卷七："何謂寂義？於寂無寂乃謂爲寂，所解脱者而於澹泊亦無澹泊，是謂爲寂。所謂脱者，修於静默除一切想；

---

① ［清］段玉裁《説文解字注》，上海古籍出版社，1988 年，第 339 頁。
② 慈怡《佛光大辭典》，佛光出版社，1988 年，第 6975 頁中欄。

除諸想已斯曰無爲泥洹之寂,此謂寂滅義。"東晉佛馱跋陀羅譯《大方廣佛華嚴經》卷四十二:"佛子! 菩薩摩訶薩有十種義。何等爲十?……空義,解第一空故;寂滅義,令一切衆生離生死故。"故作"讚美"的"讚",代入語境不辭。"講寂"即宣講寂義。"讚"爲"講"的異寫字。

第七節　類　　化

類化,是指受上下文字形的影響,某字被加上或更改構件,與鄰字的某一構件相同起來;或者字内構件相影響變得相同起來。類化現象爲漢字所特有。

類化字包括字際類化和字内類化兩種情況。字際類化最常見,具體包括類化加形、類化換形等幾種。

一、字際類化

【惡:偲】

東漢安世高譯《佛說普法義經》:"從是二十因緣,意惡₁復惡₂,恐復恐,卻離復卻離。"

按:"惡₁",石經 3.453 作𢞎,石經 3.601 作𢙉,麗藏本作忌,金藏廣勝寺本作惡,《大正藏》作"惡"。

"惡₂",石經 3.453 作𢞎,石經 3.485 作𢞎,石經 3.601 作𢞎,麗藏本作惡,金藏廣勝寺本作惡,《大正藏》作"惡"。

《說文・心部》:"惡,過也。从心,亞聲。"引申爲壞、不好。《韓非子・說疑》:"不明臣之所言,雖節儉勤勞,布衣惡食,國猶自亡也。"《玉篇・心部》:"惡",同"惡"。《集韻・鐸韻》:"偲,惡或从人。"字書未收形體"偲"及其例證,可據補。

在本條異文中,從"惡"意義本身看不出增加形符的理據性,蓋因"惡₁""惡₂"與"復"連用,被類化加形符"亻",形符"亻""亻"形近易混,"惡"的異體"惡"寫作"偲"。

【間:𥥉】

西晉竺法護譯《佛說盂蘭盆經》:"當此之日,一切聖僧或在山間禪定或得四道果,或樹下經行,或六通自在教化聲聞緣覺。"

按:"間",石經 3.586 作𥥉,石經 1.139 作間,石經 2.483 作間,S.2540

作闲, S. 3171 作闲, S. 6163 作閒, P. 2055 作間, 麗藏本作閒, S. 4264、S. 6163、《大正藏》俱作"間"。

《説文・門部》："閒, 隙也。从門, 从月。"後在間隔、間隙義上, 另造今字"間"。因"山""間"連用, 故類化加形符"山"作"𡶇"。

【磨：磨】

失譯人《佛説父母恩重經》："父母云何可報, 但父母至於行來, 東西鄰里井竈碓磨, 不時還家, 即知家中我兒啼哭憶母, 母即心驚而乳汁出, 即來還家。"

按："磨", 石經 3.555 作"磨", P. 3919A. 3 作磨；S. 0149、S. 1189、S. 1323、S. 1548、S. 1907、S. 2084、S. 2269、S. 4476、S. 5215、S. 5253、S. 5433、S. 7203、P. 2285、Дx00044、Дx00139、Дx00140、Дx02909、BD00439、北大 D100 俱作"磨"；石經 3.340、3.389 俱作"磨"。

《爾雅・釋器》："玉謂之琢, 石謂之磨。"郭璞注："皆治器之名。"①《玄應音義》卷十四釋《四分律》"舂磨"條："郭璞注《方言》云'磨即磨也'。《世本》'輪斑作磨', 北土名也, 江南呼磨。"因"碓""磨"連用, "磨"類化加形符作"磨"。

【泉：湶】

北涼法盛譯《佛説菩薩投身飼餓虎起塔因緣經》："即以其中起七寶塔, 四面縱廣十里, 列衆華菓, 流泉、浴池端嚴浄潔。"

按："泉", 石經 2.404 作湶, 金藏廣勝寺本、麗藏本、《大正藏》俱作"泉"。

《説文・泉部》："泉, 水原也。象水流出成川形。"因與"流""浴"連用, "泉"被類化增加形符"氵"作"湶"。

【胃：胭】

北魏法場《佛説辯意長者子經》："餓鬼甚爲苦, 身不見衣裳, 腹大咽如針。東西行求食, 洋銅灌其口, 不欲得飲之, 拍口强令咽, 一口入腹中, 肝肺腹胃爛。如是之勤苦, 更歷數万年, 罪畢乃得出, 生爲貧賤人。"

按："胃", 石經 3.626 作胃,《大正藏》作"胃"；麗藏本作胭,《中華大藏經》作胭。

---

① ［清］郝懿行《爾雅義疏》, 上海古籍出版社, 1983 年, 第 697 頁。

《説文·肉部》:"胃,穀府也。从肉、⿴。象形。"因"腹""胃"連用,"胃"被類化加形符"肉"作"膶"。

【展:輾】
　　北魏法場譯《佛説辯意長者子經》:"五者,當來有欲爲道①已得爲道,便不順師教誨而自貢高輕慢誹謗師,是爲五事死入地獄,展轉地獄無有出期。"
按:"展",石經 3.626、麗藏本作"展";《中華大藏經》《大正藏》俱作"輾"。
《説文·尸部》:"展,轉也。从尸,㠭省聲。"徐灝注箋:"《廣雅》曰:'展,舒也。'此乃展之本義。"②因"展""轉"連用,"展"被類化加形符"車"作"輾"。這種情況,古已有之,俞樾《古書疑義舉例》卷七"八十　字因上下相涉而加偏旁例":"字有本無偏旁,因與上下字相涉而誤加者。如《詩·關雎篇》:'展轉反側',展字涉下'轉'字而加車旁。"③
他例如,南朝梁僧伽婆羅譯《度一切諸佛境界智嚴經》"此一切取,無明所闇,渴愛所欺,以展轉相生故","展",石經 3.449、3.557、麗藏本俱作"展";《大正藏》作"輾"。

【蓰:屣】
　　後秦佛陀耶舍譯《四分大尼戒本》:"若比丘尼著革屣持蓋行,除時因緣者波逸提。"
按:"屣",石經 2.382 作"蓰",S.0440、北大 D088、津藝 087(77·5·4430)作屣,《大正藏》、金藏廣勝寺本俱作"屣"。
《爾雅·釋器》:"屣,屬也。"《玉篇·履部》:"屣,履也。"與"革"字連用,"屣"被類化更換形符"尸"爲"艹"作"蓰"。
佛典中,"革蓰""草蓰""履蓰"等,"蓰"皆同"屣"。同前"不得著革屣入佛塔裹式叉迦羅尼","屣",石經 2.383 作屣、S.0440、P.2310、北大 D088、津藝 087(77·5·4430)、金藏廣勝寺本、《大正藏》俱作"屣"。三國吳支謙譯《佛説孛經抄》:"今我自有食鉢、水瓶、革蓰、繖蓋、漉水之囊,斯足用矣。"《大正藏》作"蓰",宋、元、明、宮本作"屣"。《可洪音義》第四册釋《大般涅

---

① 按:麗藏本、《大正藏》"道"下皆有"者"字,今據石經删。
② [清]徐灝《説文解字注箋》,《續修四庫全書》第 225 册,上海古籍出版社,2002 年,第 177 頁。
③ [清]俞樾等《古書疑義舉例五種》,中華書局,1956 年,第 146 頁。

槃經》卷四"草蓰"條:"草蓰,所起反。皮履也。"同前第十五册釋《摩訶僧祇律》卷三"草蓰"條:"草蓰,所綺反。正作屣、鞾二形。"同前第五册釋《正法華經》卷二"履屣"條:"履屣,所綺反。《上方經》作蓰。"

【袒:佢】

失譯人《佛説父母恩重經》:"阿難從坐而起,偏袒右肩,長跪合掌,前白佛言。"

按:"袒",石經 3.555 作"袒",Дx01982 作佢;S.6007 作袒,北大 D101 作袒,石經 3.340、3.396、S.0149、S.0149、《大正藏》俱作"袒"。

《説文·衣部》:"袒,衣縫解也。从衣,旦聲。"因與"偏"連用,"袒"改變形符"衤"爲"亻"作佢。

【佯:咩】

失譯人《佛説父母恩重經》:"一過不得,憍啼佯哭。"

按:"佯",石經 3.555 作"佯",北大 D100 作咩;S.5433 作佯。

《玉篇·人部》:"佯,詐也。""佯"本從人,羊聲。因與"啼""哭"連用,類化更换形符"亻"爲"口"作"咩"。

又,"佯"字省簡横筆異寫作佯(S.5433)。

【僂:腰】

東漢安世高譯《佛説罪業應報教化地獄經》:"第十三,復有衆生攣背僂腰髖不遂,脚跛手俱不能操涉。"

按:"僂",石經 3.607 作腰,麗藏本、《大正藏》俱作"僂"。

"僂",背脊彎曲。《説文·人部》:"僂,尪也。从人,婁聲。"段玉裁注:"蓋尪是曲脛之名,引申爲曲脊之名。"①因"僂""背""腰"連用,"僂"被類化,更换形符"亻"爲"肉(月)"作"腰"。與祭祀名的"腰"字同形,《説文·肉部》:"腰,楚俗以二月祭飲食也。从肉,婁聲。一曰祈穀食新曰離腰。"

《慧琳音義》卷五十二釋《增一阿含經》卷十二"脊僂"條:"脊僂,力矩反。《廣雅》:僂,曲也。經文作腰,力侯反,祭名也。腰,非字體也。"《慧琳音義》卷六十八釋《阿毘達磨大毘婆沙論》卷三十八"背僂"條:"背僂,録矩反。《廣雅》:僂,曲也。《説文》:尪也。周公背僂。從人,婁聲。論從肉作

---

① [清]段玉裁《説文解字注》,上海古籍出版社,1988 年,第 382 頁。

腰,非也。"《可洪音義》第五册釋《廣博嚴淨不退轉輪經》卷三"脊膢"條:"脊膢,下力主反,曲也。正作僂。"同前第十一册釋《大莊嚴論經》卷一"背膢"條:"背膢,力主反,正作僂。"同前第十六册釋《四分律》卷卅一"膒膢"條:"膒膢,上於主反,下力主反。曲脊也,正作傴僂也。"

【結∶跰】

南朝宋沮渠京聲譯《佛説觀彌勒菩薩上生兜率天經》:"於蓮華上結跏趺坐。"

按:"結",BD05812 作 跰;石經 1.107、2.406、3.379、3.560、BD02538、BD04049、BD04161、S.5555、P.2071、P.2373、上圖 004(795017)、北大 D075、TK58、TK60、TK81+TK82+TK83 俱作"結"。

"跏趺坐",即互交二足,將右腳盤放於左腳上,左腳盤放於右腿上的坐姿。在諸坐法之中,以此坐法爲最安穩而不易疲倦。《説文·糸部》:"結,締也。从糸,吉聲。"在經文中,因與下字"跏"連用而被類化,改形符"糸"爲"足"作 跰。

【執∶熱】

南朝宋沮渠京聲譯《佛説觀彌勒菩薩上生兜率天經》:"此聲出時,諸女自然執衆樂器,競起歌舞。所詠歌音演説十善四弘誓願,諸天聞者皆發無上道心。"

按:"執",BD04049 作 熱;石經 1.105、2.405、3.379、3.432、3.560、BD04161、S. 5555、P. 2373、TK58、TK60、TK81 + TK82 + TK83、上圖 004(795017)、麗藏本、《大正藏》俱作"執"。

《説文·䘖部》:"執,捕罪人也。从丮,从䘖,䘖亦聲。"在經文中,因與上字"然"連用,故被類化,加形符"灬"作"熱",與"熱烈"的"熱"成爲同形字。

【沐∶牀】

唐義净譯《佛説浴像功德經》:"於清淨處以好土作壇,或方或圓隨時大小,上置浴沐中安佛像,灌以香湯淨潔洗沐,重澆清水。"

按:"沐",石經 3.522 作 沐;3.473 作 牀,3.514 作 牀,3.581 作 牀,麗藏本作 牀,《大正藏》作"牀"。

《説文·木部》:"牀,安身之坐者。从木,爿聲。"在經文中,因與"浴"連用,改構件"爿"爲"氵"作"沐",與"沐浴"的"沐"成爲同形字。

【惱：㶇】

唐義浄譯《金光明最勝王經》卷一："諸漏已除，無復煩惱。"

按："惱"，石經 3.535 作 㶇，BD00394 作 㶇；BD00432、BD03340、BD04208、BD04578、BD06514、上圖 038（812445）、麗藏本、金藏廣勝寺本字形俱同於石經。

"㶇"爲"惱"的異體字。因"煩""㶇"連用，故字際類化改換形符"忄"爲"火"作"㶇"。

【后：姤】

失譯人《佛説像法決疑經》："善男子！未來世中比丘、比丘尼、優婆塞、優婆夷、國主、大臣、中宮妃后，毀犯禁戒不知慚愧，不知懺悔，以是因緣令法穢濁。"

按："后"，石經 2.474 作 姤，P.2087、《大正藏》俱作"后"。

《説文·后部》："后，繼體君也。象人之形。施令以告四方，故厂之，从一口。發號者，君后也。"本義爲繼體君，後泛化指君王。因君王之妻爲女王，故亦曰后。《釋名·釋親屬》："天子之妃曰后。"在經文中"妃""后"連用，"后"加形符"女"作"姤"。與"遇"義的"姤"爲同形字。

他例如，西晉竺法護譯《佛説如來興顯經》卷三："金翅鳥在空，遥望察水中，知龍命所終，舉食龍妃后。"《大正藏》"后"，聖本作"姤"。隋釋慧遠述《涅槃義記》卷六："阿闍世者舉阿闍世般取世王後宮妃姤及王舍城一切婦女。"唐釋道世撰《法苑珠林》卷三十八："其華臺中有一童子結跏趺坐，有三十二相八十種好，口出優鉢羅華香，身諸毛孔出栴檀香。王及妃姤見甚歡喜，即抱還宮養育漸大。"《漢語大字典》認爲"妃姤"之"姤"爲"后"的假借字，非。

【甘：䨟】

唐義浄譯《佛説無常經》："佛教如甘露，除熱得清涼。"

按："甘"，石經 3.339 作 甘，BD01367 作 䨟，S.6367 作 䨟；BD00535、BD01030、BD01063、BD03554、BD03608、BD03874、S.0153、S.0311、S.1479、S.2540、S.2926、S.3887、S.4529、S.4713、S.5160、S.5447、S.5447、P.3924、Дx02845、TK137、TK323、酒博 013、津藝 193（77·5·4532）、麗藏本、《大正藏》俱作"甘"。

《説文·甘部》："甘，美也。从口含一。一，道也。"在敦煌寫卷 BD01367、S.6367 中，因"甘""露"連用，被"露"字類化，增加形符"雨"作"䨟"，成爲類化加形字。

"甘雨""甘霖",佛典作"霝雨""霝霖"。清尊説、明圓等編《古宿尊禪師語録》卷六《送藴長老歸秦》:"驀地相逢興味長,一天霝雨助群芳。"性明編、海闊等録《終南蟠龍子肅禪師語録》:"願速垂慈霝霖普澤。"

【焦：燋】

西晉白法祖譯《佛説菩薩修行經》:"觀身盛燥淫欲火熾,觀身焦燒興恚毒火,觀身愚冥癡矇毒盛。"

按:"焦",石經 3.458 作焦,石經 3.561 作雀,麗藏本、金藏廣勝寺本、《大正藏》俱作"燋"。

《説文·火部》:"雥,火所傷也。从火,雥聲。焦,或省。"義爲燒傷。"焦燒",同義連文復合成詞,義爲燒。因"焦燒"連用,"焦"被類化加形作"燋"。《説文·火部》:"燋,所以然持火也。从火,焦聲。"即引火。"焦"的異體字"燋"與"所以然持火也"義的"燋"字成爲同形字。

他例如,東晉瞿曇無蘭譯《鐵城泥犁經》:"人足著地者即燋,舉足肉復生。"《大正藏》作"燋",明本作"焦"。

二、字内類化

【術：秫】

後秦鳩摩羅什譯《佛臨般涅槃略説教戒經》:"節身時食清浄自活,不得參預世事通致使命,咒術仙藥。"

按:"術",BD02701 作秫,BD03355 作術,BD05468 作術,P.2243 作術,石經 3.380、P.2290、麗藏本、《大正藏》俱作"術"。

《説文·行部》:"術,邑中道也。从行,术聲。"在敦煌文獻 BD02701 中,因"術"字聲符爲"术",構件"术""木"形近,故字内構件"丁"被構件"木"("术"的省簡)同化,"術"字内類化作秫。

【鷦：鶅】

唐義浄譯《金光明最勝王經》卷一:"假使鷦鷯鳥,以嘴銜香山,隨處任遊行,方求佛舍利。"

按:"鷦",石經 3.536 作鶅,BD03011 作鷞,BD03138 作鷦,BD05239 作鹋;BD03236 作鶪,BD03664 作鶳,BD04064 作鷦,BD04208 作鶺,BD04381 作鷦,BD04667 作鶺,BD04900 作鶺,BD04911 作鶺,上圖 038(812445) 作鶺,麗藏本作鶺,金藏廣勝寺本作"鷦"。

《方言》卷八:"桑飛,自關而東謂之工爵,或謂之過蠃,或謂之女鳩。"郭璞注:"桑飛,即鷦鷯也。又名鷦鸎;女鷗,今亦名爲巧婦,江東呼布母。"①《廣雅·釋鳥》:"鷦鵰,工雀也。"王念孫疏證:"鷦鵰者,鷦鷯之轉聲。鷦鵰、鷦鷯,皆小貌也。"②"鷦"爲從鳥、焦聲的形聲字,BD03011 作鷦,BD03138 作鷦,BD05239 作鷦,"鷦"字聲符"焦"被形符"鳥"類化,其下部多一向內折筆,與"鳥"相類,變成字內類化異體字"鷦"。

【害:宮】

東晉帛尸梨蜜多羅譯《佛説灌頂章句拔除過罪生死得度經》:"慈心相向無諸災害。"

按:"害",石經 3.2 作宮,敦研 355 作宮;津藝 119(77·5·4458)作害,津藝 270(77·5·4609)作害,S.1968 作害,BD00032 作害,BD00033 作宮,BD000317 作宮,BD00737 作害,BD00848 作害,BD01397、BD01495、BD02103、BD02232、BD02791、BD03407 俱同前,麗藏本、《大正藏》作"害"。

《説文·宀部》:"害,傷也。从宀,从口。宀、口,言从家起也。丯聲。"或秉承戰國文字作"宮",構件"工"被類化作"口","害"字内類化作"宮"。

他例如,唐善無畏譯《阿吒薄俱元帥大將上佛陀羅尼經修行儀軌》卷上:"我或現作馬頭金剛王,即衆生怖畏。或作大光力士,則阿修羅不安宮室。世尊我故作鬼神元帥大將。"《大正藏》"宮室"的"宮",甲本作"害"。這是反推致誤,可據正。

【焚:炎】

東晉帛尸梨蜜多羅譯《佛説灌頂章句拔除過罪生死得度經》:"世尊説言横乃無數,略而言之大横有九:……六者横爲水火焚漂。"

按:"焚",石經 3.2 作焚,BD00737 作焱,BD03407 作焱;BD00848 作焚,BD01169 作焚,BD01397 作焚,BD01495 作焚,BD02103 作焚,BD02232 作焱,BD02791 作焚,麗藏本作"焚"。

《説文·火部》:"燓,燒田也。从火、棥,棥亦聲。"段玉裁改"燓"爲"焚"。③ "焚",甲骨文作合28800、合20768,字形正合燒田之義。BD00737 作焱,BD03407 作焱,爲字内類化字,改構件"林"爲"炏"。

---

① [漢]揚雄撰,[晉]郭璞注《方言》,中華書局,2016 年,第 100 頁。
② [清]王念孫《廣雅疏證》,上海古籍出版社,2018 年,第 1494 頁。
③ [清]段玉裁《説文解字注》,上海古籍出版社,1988 年,第 484 頁。

【顛：顛】

　　唐義净譯《金光明最勝王經》卷一："二者，佛於衆生不作是念，此諸愚夫行顛倒見，爲諸煩惱之所纏迫，我今開悟令其解脱。"

　　按："顛"，石經 3.536 作顛，BD00288 作顛，BD00717 作顛，BD00828 作顛，BD00981 作顛，BD01583 作顛，BD01960 作顛，BD03011 作顛，BD03236 作顛，BD03664 作顛，BD04208 作顛，BD04667 作顛，BD04900 作顛，BD05239 作顛，BD05965 作顛，上圖 038（812445）作顛，BD02688 作顛，麗藏本作顛，金藏廣勝寺本作"顛"。

　　《説文·頁部》："顛，頂也。从頁，真聲。"《小爾雅·廣言》："顛，殞也。"跌倒之義。《玉篇·頁部》："顛，頂也；山頂爲之顛。"BD01583、BD04667、上圖 038（812445）等字内類化作"顛"；BD00288、BD00717、BD00828、BD00981、BD01960、BD03011、BD03236、BD03664、BD04208、BD04900、BD05239、BD05965 則省簡横畫作"顛"。

第八節　位　移

　　構件位移字，是一個字的組成構件在空間方位構架上的幾種組合方式，分別構成不同的字形，這幾個字形形成構件位移字關係。這種結構方式甲骨文字早已有之，相沿至今。這幾個組合方式不佔用其他字位，一般不會與其他字成爲同形字，但有時也會形成同形字關係，因有語境的制約而不致混淆，但它是漢字規範化的對象。

【蘇：蘓】

　　後秦佛陀耶舍譯《四分大尼戒本》："若諸病比丘尼畜藥蘇油生蘇蜜石蜜齊，七日得服。若過服者，尼薩耆波逸提。"

　　按："蘇"，S.0440、P.2310 俱作"蘇"；石經 2.379、Φ156、BD00014、北大 D088、上博 02（2415）、津藝 087（77·5·4430）俱作"蘓"。

　　"蘇"，金文字形作蘇酥公簋，戰國文字作蘓孫子128。後世碑刻承之，如南朝梁太清三年（549）《丁文亂造像記》"梁太清三年，七月八日，佛弟子丁文亂，爲亡妻蘓氏敬造釋迦雙身尺六刑石像一丘"；北魏延昌元年（512）《鄴乾墓誌銘》"唯君韜節，夙稟門矩。室友廉蘓，賓無濫與"；孝昌三年（527）《蘇屯墓誌》"魏故密陽令武功蘓君墓誌銘"；建義元年（528）《王誦墓誌》作"外參八元，内居喉舌。民詠來蘓，遠至邇悦"。《四分大尼戒本》尚有一例：

"若比丘尼无病,乞蘇食者。犯應懺可呵法。"

他例如,東漢安世高譯《佛説温室洗浴衆僧經》"何謂爲七物? 一者燃火,二者浄水,三者澡豆,四者蘇膏","蘇",石經1.87作[字],P.3919B作[字],麗藏本作[字],金藏廣勝寺本作"蘓"。

【穀：[字]】

東晉帛尸梨蜜多羅譯《佛説灌頂章句拔除過罪生死得度經》:"是經能除穀貴飢凍,是經能除惡星變怪,是經能除疫毒之病。"

按:"穀",石經3.2作[字],BD00737作[字],BD02691作[字],BD03306作[字],BD03619作[字];BD00848作[字],BD01178作[字],BD01397作[字],BD01495作[字],BD02103作[字],BD02232作[字],BD0275作[字],BD02791作[字],麗藏本、《大正藏》俱作"穀"。

《説文·禾部》:"穀,續也。百穀之總名。从禾,殼聲。""穀"字形結構爲形佔一角。形符"禾"位移到字下部,字形結構變成上下結構,作"[字]";同時,聲符"殼"的構件"壴"異寫作"[字]"。

【障：鄣】

西晉竺法護譯《佛説盂蘭盆經》:"即鉢盛飯往餉其母,母得鉢飯,便以左手障鉢,右手摶食食未入口化成火炭,遂不食。"

按:"障",麗藏本、《大正藏》俱作"障";石經3.586作鄣,石經2.483作鄣,石經1.139作鄣,S.5959作鄣,S.6163作鄣,P.2055作鄣,S.5959、S.6163、P.2055俱作"鄣"。

《説文·阜部》:"障,隔也。从阜,章聲。""障"構件位移作"鄣",漢碑有用例,如建寧元年(168)《衡方墓碑》作[字],南朝梁中大通元年(529)《□景光等造釋迦像記》作[字],北魏景明年間(500—503)《魏靈藏、薛法紹等造像記》作[字],北齊天統三年(567)《韓永義造像記》作[字]。不過構件"十"字豎筆上穿構件"日"。

他例如,後秦佛陀耶舍譯《四分大尼戒本》"若比丘尼作如是語,我知佛所説法,行婬欲非障道法,彼比丘尼諫此比丘尼言",石經2.380作"鄣",金藏廣勝寺本、《大正藏》俱作"障";S.0440、P.2310、Φ156、BD00014、北大D088、津藝087(77·5·4430)、麗藏本俱作"鄣"。失譯人《佛説像法决疑經》"遣人防門守户,遮障,比丘不聽入會,若貧窮乞人欲入乞食,復障$_2$不聽,如此設會徒喪飲食了無善分","障$_1$",石經2.472作"鄣",P.2087作"障",S.2075作"鄣",《大正藏》作"障";"障$_2$",石經2.472作"鄣",P.2087作"鄣",

S.2075作𩕳,《大正藏》作"障"。

【臂：䏌】

後秦佛陀耶舍譯《四分大尼戒本》："不得挑臂入白衣舍式叉迦羅尼。"

按："臂",石經2.383作䏌,S.0440、《大正藏》俱作"臂";金藏廣勝寺本作䏌,麗藏本作臂,P.2310作臂,北大D088作臂,津藝087(77·5·4430)作䏌。

《說文·肉部》："臂,手上也。从肉,辟聲。"魏碑字形已見構件位移者,如北魏普泰元年(531)《赫連悦墓誌》作臂,北齊武平五年(581)《李祖牧妻宋靈媛墓誌》作臂;再省簡構件"口",如北魏孝昌二年(526)《于景墓誌》作臂。

他例如,南朝宋沮渠京聲譯《佛說觀彌勒菩薩上生兜率天經》"修諸淨業發弘誓願,命終之後譬如壯士屈申臂頃,即得往生兜率陀天","臂",石經3.433作臂,石經2.406作臂,石經3.379作臂,石經1.107作臂,TK58作臂,TK60作臂,TK81+TK82+TK83作臂,BD04049作臂,BD04161作臂,上圖004(795017)作臂,BD05812、S.5555、P.2373、北大D075、P.2071、麗藏本字形同石經。

【譬：辟】

後秦佛陀耶舍譯《四分大尼戒本》："譬如蜂採華,不壞色以香。"

按："譬",石經2.384作辟,S.0440、《大正藏》俱作"譬",金藏廣勝寺本作辟,P.2310作辟,北大D088作辟,上圖146(812596)作辟,津藝087(77·5·4430)作辟。

《說文·言部》："譬,諭也。从言,辟聲。"魏碑字形已出現構件位移者,如東魏興和三年(541)《元子遼妻李艷華墓誌》作辟,興和三年(541)《李挺墓誌》作辟;再省簡構件"口",如北魏正光四年(523)《元譚妻司馬氏墓誌》作辟,孝昌二年(526)《楊乾墓誌》作辟。

他例如,東晉帛尸梨蜜多羅譯《佛說灌頂隨願往生十方淨土經》"廣爲病者說因緣,譬喻言辭微妙經義,苦空非身四大假合","譬",石經3.387作辟,S.0002作辟,S.0297作辟,S.1348作辟,BD03042作辟,麗藏本作辟,《大正藏》作"譬"。北魏慧覺譯《賢愚經》卷四"是人則斷世間佛種,其罪甚重不可稱計。辟如大海,江河萬流,悉入其中。此人罪報。亦復如是","辟",石經1.229作辟,《大正藏》作"譬",麗藏本作辟,《中華大藏經》作辟。

【槃：槃】

後秦佛陀耶舍譯《四分大尼戒本》:"世尊涅槃時,興起於大悲。"

按:"槃",石經 2.384"槃",津藝 087(77·5·4430)作槃,《大正藏》作"槃",金藏廣勝寺本作槃,上圖 146(812596)作槃,麗藏本作槃,P.2310 作槃,S.0440 作槃。

《說文·木部》:"槃,承槃也。从木,般聲。鏧,古文,从金。盤,籀文,从皿。"石經"槃"字形符"木"位移作槃,構件"舟""月"訛混,金藏廣勝寺本作槃,P.2310 作槃。

他例如,東晉帛尸梨蜜多羅譯《佛説灌頂隨願往生十方净土經》"脩何福業令我父母,解脱厄難不遭苦患,悉得生天封受自然,快樂無極得涅槃道","槃",S.0002 作槃,S.0297 作槃,BD01843 作槃,BD03042 作槃,麗藏本作槃,石經 3.388、《大正藏》作"槃"。又如,同前"爾時世尊般涅槃時,十方國土無鞅數衆,天龍八部悉皆悲号嘆息","槃",石經 3.387 作槃,BD03042 作槃,Дx01856 作槃,S.1348 作槃,BD03042 作槃。

【樂:樂】

北魏法場譯《佛説辯意長者子經》:"時王出迎,與諸群臣稽首佛足,燒香散花伎樂供養。"

按:"樂",石經 3.627 作樂,敦研 185 作樂,敦研 254 作樂,麗藏本、《大正藏》俱作"樂"。

《説文·木部》:"樂,五聲八音總名。象鼓鞞。""樂"的構件"白"上移,敦研 185 作樂,成爲構件位移字。

他例如,同前"人民安樂稱王之德","樂",石經 3.627 作樂,敦研 185 作樂,敦研 254 作樂。

構件"樂"亦類推,"轢",同前"時惡念者在深草中卧寐不覺,車轢斷其頭","轢",石經 3.627 作轢,敦研 185 作轢;敦研 254 作轢,金藏廣勝寺本、麗藏本、《大正藏》俱作"轢"。

【鄰:隣】

失譯人《佛説父母恩重經》:"東西鄰里井竈碓磨。"

按:"鄰",石經 3.555 作隣,《大正藏》作"鄰";S.0149 作隣,S.1189 作隣,S.1323 作隣、S.1548、S.1907、S.2084、S.2269、S.5215、S.5253、S.5433、S.7203、P.2285、P.3919A.3、BD00439、北大 D100 俱作"隣"。

《説文·邑部》："鄰，五家爲鄰。从邑，粦聲。"《廣韻·真韻》："鄰，俗作隣。""隣""鄰"爲構件位移異體字。

【聾：𦕕】

東晉帛尸梨蜜多羅譯《佛説灌頂章句拔除過罪生死得度經》："聾者能聽。"

按："聾"，石經3.2作𦕗，Дx00014作𦕕，BD00317作𦕕，BD00848作𦕕，BD01414作𦕕，BD01495作𦕗，BD02791作𦕕，BD02909作𦕕，麗藏本作𦕕;《大正藏》作聾;BD00032作聲，BD02232作䏁。

《説文·耳部》："聾，無聞也。从耳，龍聲。""聾"，《説文》字形作上下結構，Дx00014、BD00317等把構件"耳"移至右邊，省簡"龍"字右邊部分而作𦕕;《大正藏》則變上下結構爲左右結構作聾。

他例如，唐義净譯《金光明最勝王經》卷一"若身不具皆蒙具足，盲者能視，聾者得聞"，"聾"，石經3.536作𦕕，BD00233作𦕕，BD00288作聲，BD00417作𦕕，BD00648作𦕕，BD01317作𦕕，BD02177作𦕕，BD03138作𦕕，BD03170作𦕕，BD03664作𦕕，BD03852作𦕕，BD04208作𦕕，BD0438作𦕕，BD04578作𦕕，BD04667作𦕕，BD04900作𦕕，BD04953作𦕕，BD05239作𦕕，BD06025作𦕕，上圖038（812445）作𦕕，麗藏本作聾，金藏廣勝寺本作聾。

【挲：抄】

東漢安世高譯《佛説長者子懊惱三處經》："摩挲占視，永絶不蘇。"

按："挲"，石經3.615作抄，麗藏本、《中華大藏經》《大正藏》俱作"挲"。

"抄"，同"挲"。《集韻·戈韻》："抄，摩抄也。或書作挲。""抄""挲"爲構件位移異體字。《集韻·戈韻》："抄，摩抄也。或書作挲。"《改並四聲篇海·手部》引《對韻音訓》："挲，摩挲也。"辛棄疾《水調歌頭·我志在寥闊》："摩挲素月，人世俛仰已千年。"

"摩挲"義爲撫摸，佛經音義已收釋。《玄應音義》卷十三釋《馬有八態譬人經》"摩抄"條："桑何反。《聲類》：摩抄猶捫摸也。"《玄應音義》卷二十釋《陁羅尼雜集經》第二卷"摩抄"條："又作摋、攃二形，同。莫何反。下蘇何反。《聲類》：摩抄，猶捫摸也。亦抹撼也。經文作搓（搓）。粗何反。挏搓（搓）也。搓（搓）非此義。抹，音莫鉢反。撼，蘇曷反。"

"摩挲"的最早詞形作"摩莎""摩娑"。《禮記·郊特牲》"汁獻涗於醆酒"漢鄭玄注:"摩莎沸之,出其香汁。"①"摩莎"義爲揉搓。《釋名·釋姿容》:"摩娑,猶末殺也,手上下之言也。""摩娑"義爲撫摸。

第九節 避諱字

缺筆避諱字,從外在字形看屬於異體字的"省簡"類型,但這是一種特殊的文化現象,從内在省減的原因看,是因爲避諱使然,故單列一類。

缺筆避諱是避諱的一種方式,唐高宗朝,人爲地製造一批異體字,作爲時代的烙印,反過來可以幫助後世讀者斷定語料的產生時代。"避諱缺筆之例始於唐。唐以前刻石,字多別體,不能定何者爲避諱。北齊顔之推《家訓·風騷》言當時避諱之俗甚詳,亦祇云'凡避諱者皆須得其同訓以代換之',可見當時尚無缺筆之例。"②"乾封元年《贈泰師孔宣公碑》,兩引'生民以來',俱作'生人';'愚智齊泯','泯'作'泜'。此爲唐碑缺筆避諱始見,以後缺筆避諱之字漸多。"③

【愍：愍】

北魏法場譯《佛説辯意長者子經》:"欲有所問,唯願世尊慈愍敷演。"

按:"愍",石經 3.626 作 愍,改字避諱,改構件"民"爲"户"。麗藏本作 愍。

《説文·心部》:"愍,痛也。从心,敃聲。"陸遊《老學庵筆記》卷十:"唐初不避二名。太宗時猶有民部。李世勣、虞世南皆不避也。至高宗即位,始改爲户部。世南已卒,世勣去'世'字,惟名勣。或者尚如古卒哭乃諱歟?"④高宗朝改"民部"爲"户部",麗藏本從"民"的字"愍"亦改從"户"作 愍。

【民：尸】

後秦鳩摩羅什譯《佛説彌勒下生成佛經》:"時世人民福德所致,巷陌處處有明珠柱,皆高十里,其光明曜,晝夜無異,燈燭之明,不復爲用。"

按:"民",BD00393 作 尸,BD03532 作 尸;石經 1.129、2.407、2.408、

---

① [清] 阮元校刻《十三經注疏》,中華書局,1980年,第1457頁。
② 陳垣《史諱舉例》,中華書局,2004年,第5頁。
③ 陳垣《史諱舉例》,中華書局,2004年,第6頁。
④ [宋] 陸游《老學庵筆記》,中華書局,1979年,第129頁。

3.434、BD00967、BD05812、麗藏本、《大正藏》俱作"民"。

《説文·民部》:"民,衆萌也。从古文之象。""民",金文作㦸孟鼎、㦸黼鎛。郭沫若《甲骨文研究》:"(周代彝器)作一左目形,而有刃物以刺之。""周人初以敵囚爲民時,乃盲其左目以爲奴徵。"①後隸定作"民",義爲奴隸。在敦煌文獻 BD00393、BD03532 中,缺筆避諱作"㦸",係避唐太宗李世民名諱。太宗對名諱做過規定,《貞觀政要·禮樂》載:"其官號人名,及公私文集,有'世'及'民'兩字不連續,並不須諱。"因此,虞世南、蘇世常、李世勣等人皆不避"世"字,尚書省所轄民部亦未改稱户部,至高宗朝方改,"民"亦缺筆避諱作"㦸"。

【愍:愍、愍】

唐義浄譯《金光明最勝王經》卷一:"世尊! 若實如來於諸衆生有大慈悲,憐愍利益,令得安樂。"

按:"愍",石經 3.536 作愍,BD03664 作愍,BD04064 作愍,BD04208 作愍,BD04381 作愍,BD04667 作愍,BD04911 作愍,BD04953 作愍,BD05239 作愍,上圖 038(812445)作愍;BD04900 作愍,麗藏本作愍,金藏廣勝寺本作愍,《大正藏》作"愍"。

《説文·心部》:"愍,痛也。从心,敃聲。"因避太宗李世民名諱。"民"字缺筆,從"民"的"愍"亦缺筆作愍。本例中既有"愍"缺筆作愍者,亦有改構件"民"爲"户"者,還有"敃"假借作"愍"者。

他例如,同前"唯願世尊哀愍我等","愍",石經 3.536 作愍,BD04208 作愍,BD04667 作愍,BD04900 作愍,BD05239 作愍,BD05965 作愍,上圖 038(812445)作愍,麗藏本作愍,金藏廣勝寺本、《大正藏》俱作"愍"。五代宋初比丘道真譯《佛説救護身命經》"佛説此經已,復告阿難:我今憐愍衆生故,便當更説六神名字:一名波奈羅,二名迦奈羅,三名禪吒迦,四名懃迦,五名摩頭,六名摩祁,此是六神名字","愍",石經 3.557 作愍,《大正藏》作"愍"。同前"我所出法悉付囑汝,吾今憐愍一切衆生故,欲令解脱故","愍",石經 3.557 作愍,《大正藏》作"愍"。同前"阿難我憐愍衆生故,唯囑此法","愍",石經 3.557 作愍,《大正藏》作"愍"。

【敬:敬】

北魏法場譯《佛説辯意長者子經》:"三者,四輩轉相誹謗,不信殃

---

① 郭沫若《甲骨文字研究》,《郭沫若全集》第一卷,科學出版社,1982 年,第 70—71 頁。

罪無敬順意。"

按:"敬",石經 3.626 作𢽤,麗藏本作㪯,《中華大藏經》作㪯。

《說文·苟部》:"敬,肅也。从攴、苟。"金藏廣勝寺本、麗藏本均爲《開寶藏》的複刻本,裝幀、版式保留著《開寶藏》的基本特點。《開寶藏》始刻於宋太祖開寶四年(971),至太宗太平興國八年(983)告成。宋太祖趙匡胤的祖父名趙敬,《開寶藏》缺筆避諱,"敬"作"㪯",金藏廣勝寺本、麗藏本承之。

【鏡:鐄】

唐義淨譯《金光明最勝王經》卷一:"九者,如來無有一法不知,不善通達,於一切處鏡智現前無有分別。然而如來見彼有情所作事業,隨彼意轉方便誘引令得出離,是如來行。"

按:"鏡",麗藏本作鐄;石經 3.536、BD00186、BD00288、BD03236、BD03664、BD04208、BD04900、BD05239、BD05965、上圖 038(812445)、BD00717、BD00981、BD01583、BD02688、金藏廣勝寺本、《大正藏》俱作"鏡"。

因宋太祖趙匡胤的祖父名趙敬,麗藏本缺筆避諱:"敬"作"㪯",同音字"鏡"亦缺筆作"鐄"。

【慇:慇】

東漢安世高譯《佛說罪業應報教化地獄經》:"爾時世尊觀時已至,見斯菩薩勸請慇勤,即放眉間白豪相光照於世界,地獄休息苦痛安寧。"

按:"慇",石經 3.607 作慇,《大正藏》作"殷懃"。麗藏本作慇。

《說文·心部》:"慇,痛也。从心,殷聲。"因宋太祖趙匡胤的父親名趙弘殷,"殷"缺筆避諱作"慇",從構件"殷"的字均缺筆避諱,"慇",麗藏本作慇。

第十節　武周新字

武周新字,是武則天載初元年(690)至長安四年(704)十五年間創製和使用的新字。多爲新創,也有部分承用舊字(如"埊")。其數量有 17 個,其中"月"字改寫兩次,故共 18 個。①

---

① 施安昌《武周新字"囝"制定的時間——兼談新字通行時的例外》,《故宮博物院院刊》,1991 年第 1 期。

【天：�】【日：囜】【月：囝】

北涼法盛譯《佛説菩薩投身飼餓虎起塔因緣經》："於是太子后妃被髪亂頭號天叩地,四望顧視不見太子,號天叩頭飲淚而言,天地日月父母靈神。"

按：

（1）"天",石經 2.403 作 ⿵,金藏廣勝寺本、麗藏本、《大正藏》俱作"天"。

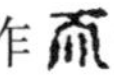

《説文‧一部》："天,顛也。至高無上,從一、大。"《集韻‧先韻》："天,唐武后作⿵。"石經作⿵。

（2）"日月",石經 2.403 作 ☯☮,金藏廣勝寺本、麗藏本、《大正藏》俱作"日月"。

《説文‧日部》："日,實也。太陽之精不虧。從囗、一。象形。"《集韻‧質韻》："日,唐武后作囜。"石經作☯。

《説文‧月部》："月,闕也。大陰之精。象形。"《集韻‧月韻》："月,武后作囝。"石經作☮。

他例如,如東晉帛尸梨蜜多羅譯《佛説灌頂章句拔除過罪生死得度經》"第四願者,使我來世佛道成就,巍巍堂堂如星中之月,消除生死之雲令無有翳","月",P.4842 作 ☮,石經 3.2、BD00032、BD00317、BD00848、BD01414、BD01495、BD02232、BD02791、麗藏本、《大正藏》俱作"月"。北魏慧覺譯《賢愚經》卷四之《刻經記》"長壽三年四月八日佛説出家功德經","月",石經 2.408 作 ☮；"日",石經 2.408 作 ☯。

【星：○】

東晉帛尸梨蜜多羅譯《佛説灌頂章句拔除過罪生死得度經》："第四願者,使我來世佛道成就,巍巍堂堂如星中之月,消除生死之雲令無有翳。"

按："星",P.4842 作 ○,石經 3.2、BD00032、BD00848、BD01414、BD01495、BD02232、BD02791、麗藏本、《大正藏》俱作"星"。

《説文‧晶部》："曐,萬物之精,上爲列星。從晶,生聲。星,曐或省。"《集韻‧青韻》："星,唐武后作○。"

【地：埊】

東晉帛尸梨蜜多羅譯《佛説灌頂章句拔除過罪生死得度經》："第五願者,使我來世發大精進,凈持戒地令無濁穢,慎護所受令無缺犯。"

按："地"，P. 4842 作埊，石經 3.2、BD00032、BD00848、BD01414、BD01495、麗藏本、《大正藏》俱作"地"。

《説文·土部》："地，元气初分，輕清陽爲天，重濁陰爲地。萬物所陳剡也。从土，也聲。"武周新字作埊。《玉篇·土部》："埊，古地字。"《集韻·至韻》："地，或作埊，唐武后作埊。"《字彙補·土部》："埊字或謂武后所製。然寶苹《唐書音義》已云見《戰國策》，又《亢倉》《鶡冠》皆以地作埊，其爲古文無疑。又《集韻》或作坔，省文也。"可見，"埊"本"地"字古文，後來罕用，武后啓用它代替"地"，所謂"新字"，實則古字。

【正：㘰】

唐義净譯《金光明最勝王經》卷一："七者，諸佛如來善能了知一切有情非有情，一切諸法皆無性，不正分別，永除滅故，名爲涅槃。"

按："正"，BD02688 作㘰，BD03236 作㘰；BD03011 作正，BD03664 作正，BD04208 作㐫，BD04667 作㐫，BD04900 作㐫，BD05965 作正；BD03664 作正，BD05239 作正，麗藏本、金藏廣勝寺本、《大正藏》俱作"正"。

《説文·正部》："正，是也。从止，一以止。"《集韻·勁韻》："正，唐武后作㘰。"BD02688 作㘰，BD03236 作㘰，爲武周新字。

BD03664、BD05239、麗藏本、金藏廣勝寺本、《大正藏》俱作"正"，爲"正"字的正體；BD03664、BD04208、BD04667、BD04900、BD05965 P.3187、上圖 038（812445）俱作㐫，爲《干禄字書》通用字。

他例如，西晉竺法護譯《佛説當來變經》"五由説是正法稍稍見捨無精修者"，"正"，石經 2.404 作㐫，《大正藏》、麗藏本俱作"正"。北涼法盛譯《佛説菩薩投身飼餓虎起塔因緣經》"太子曰：煩卿送書與我父王。烏曰：宜急，今正是時。太子作書以授與烏，烏口銜書飛到本國"，"正"，石經 2.403 作㐫，金藏廣勝寺本、《大正藏》俱作"正"。

又如，唐義净譯《金光明最勝王經》卷一"紹隆正法能使不絶"，"正"，BD03170 作㘰；BD03863 作㐫，BD04208 作㐫，BD04381 作㐫，BD04578 作㐫，BD04953 作㐫，BD05239 作㐫，BD06025 作㐫，BD06514 作㐫，甘博 083 作㐫；BD03664 作正，麗藏本、金藏廣勝寺本、《大正藏》俱作"正"。其中，BD03664、麗藏本、金藏廣勝寺本、《大正藏》俱作"正"，爲"正"的正體；BD03863、BD04208、BD04381、BD04578、BD04953、BD05239、BD06025、BD06514、甘博 083、上圖 038（812445）俱作㐫，爲《干禄字書》通用字。

又如,同前 BD03170"是等藥叉悉皆愛樂如來㊣法";同前 BD03170"唯除無上㊣遍知者。時四如來。欲説釋迦牟尼佛所有壽量";同前 BD03170"如是等類令生㊣解速得成就無上菩提";同前 BD03170"若遇如來心生敬信。聞説㊣法生實語想";同前 BD03170"爾時妙幢菩薩摩訶薩與無量百千菩薩及無量億那庾多百千衆生,俱共往詣鷲峰山中釋迦牟尼如來㊣遍知所,頂禮佛足,在一面立";同前 BD03170"爾時釋迦牟尼如來應㊣等覺,告彼侍者諸菩薩言";同前 BD03236"勸請於我宣揚㊣法";同前 BD03236"爲益諸衆生。法身是㊣覺";同前 BD03236"佛不般涅槃,㊣法亦不滅";同前 BD03236"能解如來應㊣等覺真實理趣,説有究竟大般涅槃";同前 BD03236"九者,真如法界實際平等,得㊣智故,名爲涅槃";同前 BD03236"此施及果,不㊣分别永除滅故,名爲涅槃";同前 BD03236"此戒及果,不㊣分别永除滅故,名爲涅槃";同前 BD03236"此忍及果,不㊣分别永除滅故,名爲涅槃";同前 BD03236"此勤及果,不㊣分别永除滅故,名爲涅槃";同前 BD03236"五者,如來善知定及定果,無我我所,此定及果,不㊣分别永除滅故,名爲涅槃";同前 BD03236"善男子!如是當知,如來應㊣等覺,説有如是無邊㊣行。汝等當知,是謂涅槃真實之相"。

【臣：恖】

唐義浄譯《金光明最勝王經》卷一:"由此經威力能離諸災横,及餘衆苦難,無不皆除滅。護世四王衆,及大<u>臣</u>眷屬,無量諸藥叉,一心皆擁護。"

按:"臣",石經 3.536 作㊣,BD04381 作恖;BD03664 作㊣,BD03863 作㊣,BD04208 作㊣,BD04578 作㊣,BD04667 作㊣,BD04900 作㊣,BD04953 作㊣,BD05239 作㊣,BD06025 作㊣,P.3042 作㊣,甘博 083 作㊣,上圖 038(812445)作㊣,S.0032、麗藏本、金藏廣勝寺本、《大正藏》俱作"臣"。

《集韻·真韻》:"臣,唐武后作恖。"石經 3.536、BD03664、BD03863、BD04208、BD04578、BD04667、BD04900、BD04953、BD05239、BD06025、P.3042、甘博 083、上圖 038(812445)、S.0032、麗藏本、金藏廣勝寺本、《大正藏》俱作"臣",爲"臣"的正體。

他例如,後秦佛陀耶舍譯《四分大尼戒本》"若比丘尼,若王,若大臣,若婆羅門,若居士、居士婦,遣使爲比丘尼送衣價",石經 2.378"臣",S.0440 作恖;P.2310、Ф156、BD00014、北大 D088、津藝 087(77·5·4430)、麗藏本、《大正藏》俱作"臣"。

【授：穮】

唐義浄譯《金光明最勝王經》卷一："復有梨車毗童子五億八千，其名曰師子光童子、師子惠童子、法授$_1$童子、因陁羅授$_2$童子。"

按："授$_1$"，BD04381 作 穮；"授$_2$"，BD04381 作 穮；BD04578、BD04953、BD05239、BD06025、BD06514、S.32、甘博 083、上圖 038（812445）、麗藏本、金藏廣勝寺本、《大正藏》俱作"授"。

《龍龕手鏡·禾部》："穮，古文授字。"實爲武則天所造新字。

【國：圀】

唐義浄譯《金光明最勝王經》卷一："山林河海一切神仙，并諸大國所有王衆。"

按："國"，石經 3.536 作 国，BD03170 作 囗，BD04381 作 圀；BD00288 作 囯，BD00394 作 囯，BD00417 作 國，BD00648 作 囯，BD02197 作 國，BD02383 作 囯，BD02386 作 國，BD03138 作 囯，BD03664 作 囯，BD03863 作 囯，BD04208 作 囯，BD04578 作 囯，BD04900 作 囯，BD04953 作 囯，BD05239 作 囯，BD06025 作 囯，甘博 083 作 囯，上圖 038（812445）作 國，麗藏本、金藏廣勝寺本、《大正藏》俱作"國"。

《玉篇·囗部》："圀，古文國字。"實則武周時期所造新字。BD00288、BD00394、BD00417、BD00648、BD02197、BD02383、BD02386、BD03138、BD03664、BD03863、BD04208、BD04578、BD04900、BD04953 作 囯 或 國，爲"國"之正體。

他例如，同前卷一"是四如來各於其座加趺而坐，放大光明周遍照耀王舍大城，及此三千大千世界，乃至十方恒河沙等諸佛國土，雨諸天花奏諸天樂"，"國"，石經 3.536 作 国，BD03170 作 囗；如 BD00233 作 國，BD00288 作 囯，BD00417 作 國，BD00648 作 囯，BD01317 作 囯，BD02177 作 囯，BD03138 作 囯，BD03664 作 囯，BD03852 作 囯，BD04208 作 囯，BD04381 作 囯，BD04578 作 國，BD04667 作 囯，BD04900 作 囯，BD04953 作 國，BD05239 作 囯，BD06025 作 囯，S.0032、上圖 038（812445）字形同前；麗藏本、金藏廣勝寺本、《大正藏》俱作"國"。

第十一節　卦象符號成字

卦象符號成字，指《周易》中卦象符號作爲文字使用，漢魏六朝時期已經出現，且碑刻文獻中僅見"坤"字一例。

【坤：巛】

南朝宋惠簡譯《佛母波泥洹經》："阿難答曰：佛說乾坤雖爲長久始必有終，盛者有衰恩愛當離。"

按："坤"，石經 3.627 作㔫，麗藏本作巛，《大正藏》作"坤"。

坤卦卦象符號作☷，東漢建和二年(148)《石門頌》作㠯，永興元年(153)《乙瑛碑》作㠯，建寧五年(172)《成陽靈臺碑》作㠯等形，與"坤"構成異體字。又與"川"的異體字"巛"爲同形字。

小　　結

一、本章研究異體字異文。佛經異文對異體字的釋讀、確定具有重要的提示作用。一是釋讀未識字，如"惡"，石經本東漢安世高譯《佛說普法義經》作㤟；"晉"，石經本西晉竺法護譯《佛說鴦掘摩經》作㬜；"異"，石經本西晉竺法護譯《佛說鴦掘摩經》作㸦；惡，西晉竺法護譯《佛說當來變經》作㤟；"遊"，BD03170 唐義淨譯《金光明最勝王經》作"趍"等，如果沒有異文材料作參照，這些異體字的釋讀難度將大大增加；二是佛經異文對區分同形字俱有重要提示作用，異體字形成的多種原因都可能產生同形字，如因省簡，"叉"寫作"义"、"果"寫作"杲"、"朋"寫作"用"；因增繁，"乃"寫作"及"、"和"寫作"啝"；因異化，"兩"寫作"雨"；因構件訛混，"彼"寫作"佊"、"幢"寫作"憧"、"幡"寫作"憣"；因改換，"械"寫作"核"；因類化，"佯"寫作"咩"；因構件位移，"障"寫作"鄣"等。這些字形，本來記錄一個詞，現在又記錄另一個詞，形成同形字，要區分同形字，不僅要靠上下文，異文也是一個重要的依據和參照。

二、佛經異體字異文可以提供大量字形材料，如"婿""最""因""蟲""民""漂""器""臾""眷""婬""險""姊""涕""匣""笑""愈""答""族""㻞""收"等，石經分別作婿、冣、囙、䖝、民、㵣、器、㬰、春、婬、嶮、姉、㖒、迊、㗅、愈、荅、㺨、㻞、扱等，這些字形可爲漢字史、漢字構形的研究提供材料，又可爲《漢語大字典》等大型漢語字典的修訂提供新的字形材料。

三、佛經異體字異文中避諱字、武周新字都是確定版本抄寫或刻寫的重要依據。唐代避諱字，爲避唐太宗李世民名諱，"民"字缺筆避諱，

BD05239 唐義净譯《金光明最勝王經》作"愍"。可見,這些佛經抄寫或刻寫於太宗朝。至高宗朝,改"民部"爲"户部","愍",石經本、麗藏本北魏法場譯《佛説辯意長者子經》俱作"愍",石經本 3.557 五代宋初比丘道真譯《佛説救護身命經》作"愍",石經本、BD04064、BD04208、BD04381、BD04667、BD04911、BD04953、BD05239、上圖 038(812445)唐義净譯《金光明最勝王經》俱作"愍"。宋代避諱字,宋太祖趙匡胤的祖父趙敬,父親趙弘殷,《開寶藏》缺筆避諱,"敬"作"敬","殷"作"殷",金藏廣勝寺本、麗藏本承之。"敬",麗藏本北魏法場譯《佛説辯意長者子經》作"敬";"鏡",麗藏本唐義净譯《金光明最勝王經》作"鏡";"慇",麗藏本東漢安世高譯《佛説罪業應報教化地獄經》作"慇"。武周新字,如"國",BD03170、BD04381 唐義净譯《金光明最勝王經》俱作"圀";"授",BD04381 唐義净譯《金光明最勝王經》作"稔";"臣",S.0440 後秦佛陀耶舍譯《四分大尼戒本》、BD03170、BD04381 唐義净譯《金光明最勝王經》俱作"恵";"日""月",石經本北魏慧覺譯《賢愚經》卷四、北涼法盛譯《佛説菩薩投身飼餓虎起塔因緣經》俱作"囧""囝";"正",BD02688、BD03236、BD03170 唐義净譯《金光明最勝王經》俱作"缶";"地",P.4842 東晉帛尸梨蜜多羅譯《佛説灌頂章句拔除過罪生死得度經》作"埊";"星",P.4842 東晉帛尸梨蜜多羅譯《佛説灌頂章句拔除過罪生死得度經》作"〇";"天",石經本北涼法盛譯《佛説菩薩投身飼餓虎起塔因緣經》作"而",武周新字的使用,客觀上標明這些佛經都抄寫或刻寫於武周時期。

四、異體字異文爲漢字造字法歷史的研究提供資料。從使用頻率來看,異體字異文中的異寫字使用頻率較高,但這並不改變其整體的結構方式;從結構方式來看,中古以來新產生的異體字多運用會意、形聲兩種造字法,又以形聲字爲主,這説明會意、形聲是今文字階段的兩種造字法,除武周新字☉(日)、☽(月)、〇(星)外,不再使用象形造字法,未見使用指事造字法者。如"臣""恵"爲象形字與會意字之别,"臭""巢"皆爲會意字,"地""埊"、"國""圀"、"國""国"則爲形聲字與會意字之别;"險""嶮"、"默""嘿"、"紵""䌟"、"頸""脛"爲换形形聲字關係;"鄰""邻"、"姊""姉"、"犛""牦"、"驅""馳"、"蟻""蚍"、"瓔""瑛"、"械""核"、"種""種"爲换聲形聲字關係。當然,也有符號成字的例子,僅"坤"字一例:"坤",南朝宋惠簡譯《佛母波泥洹經》作𠂆。

五、異體字異文可以爲唐代漢字實際書寫面貌的研究提供資料。唐代的字樣書有顔師古《字樣》、顔元孫《干禄字書》、張參《五經文字》、唐玄度《新加九經字樣》等,其中以顔元孫《干禄字書》爲典型代表。唐刻房山石經的文字分别合於"正""通""俗"者,如"驅""忙""牢",《干禄字書》正字分別作"驅""惱""牢";"扵""莭""邪",《干禄字書》通用字分別作"扵""莭""耶";"擗""怜""醫""嘿""皃""者",《干禄字書》俗字分別作"擗""怜""醫""嘿""皃""者""者""普"。還有一部分石經文字,如"聾"作"恼","国"作"囯","甦"作"甦","彼"作"佊","祖"作"祖","曳"作"申","膝"作"脒"等,均未見於《干禄字書》。這説明,隋唐刻房山石經刻於唐代,反映唐代的實際書寫面貌,卻並不體現唐代漢字規範,而是寬鬆得多。

第二章　假借字異文

　　假借字,是用本來爲甲詞造的甲義來表示乙義。《説文解字敘》最早爲之定義:"假借者,本無其字,依聲託事,令長是也。"許慎所下的定義是對的,但舉例不當,"令""長"二字實爲引申義,而非假借義。後人從《説文》中找出"來""烏""韋""西"四字爲例,這是"本無其字"的假借字。其後,鄭玄也提出了"假借"的概念,陸德明在《經典釋文·序録》中引鄭康成言:"其始書之也,倉卒無其字,或以音類比方假借爲之,趣於近之而已。"①這是"本有其字"的假借字,侯康《説文假借例釋》稱這類假借字爲"通假":"製字之假借,無其字而依託一字之聲或事以當之,以一字爲二字者也。用字之假借,是既有此字,復有彼字,音義略同,因而通假,合二字爲一字者也。"②後世承用這個名稱。"本無其字"的假借與"本有其字"的假借是假借的兩種類型。目前,學界區分二者,把前者叫做"假借字",把後者叫做"通假字"。我們採用傳統的名稱,把假借字和通假字合稱假借字,這也是假借字的兩個類別。

　　假借的性質是借字記詞。關於是否要區分這兩種"假借",學界的意見不一。劉又辛認爲沒有必要區分,他説:"叫做假借或通假都可以,但必須承認這兩者本無區別。因爲,第一,本無其字的假借和已有其字的假借這兩種假借很難區分;第二,這二者的性質並無不同,沒有區分的必要。"③許嘉璐則持相反意見,他認爲:"前人把用字通假也叫'假借',其實它與六書説中的假借是不同的。""六書説中的假借字,其形體與意義的結合關係是固定的,即使脱離具體語句也照樣存在;而通假字的形體與意義的結合關係是臨時的,不固定的,祇有在具體語句中,它纔作爲具有通假字的音義關係。"④但劉又辛又認爲:"漢字發展經過形意字、假借字和形聲字三個階段。形意

---

① [唐]陸德明《經典釋文》,中華書局,1983年,第2頁。
② [清]侯康《説文假借例釋》,見丁福保編纂《説文解字詁林》,中華書局,1988年,第653—658頁。
③ 劉又辛《通假概説》,巴蜀書社,1988年,第21頁。
④ 許嘉璐主編《古代漢語》,中華書局,1962年,第541頁。

字的時間下限是商代甲骨文,假借字階段時間從商代甲骨文至秦統一,形聲字階段從秦漢到現在。"①這一點,已爲學界接受。但從使用情況來看,假借字是"借而不還",通假字則是"臨時借用",二者還是不同。不過二者性質相同,都是借字表音,借字記詞。本書沿用傳統的稱呼,一律叫做"假借字"。

　　假借的判定條件有二:一是理論標準,即音同音近;二是要有書證。音同音近,即聲韻皆同或皆近。王力説:"有時候假借字與本字雖然也可以祇是雙聲或疊韻,但是如果韻部相差很遠,即使是雙聲,也不能假借;如果聲母相差很遠,即使是疊韻,也不能假借。""可見假借字必須是同音字,至少也要是聲音十分相近的字。"②關於書證,王力説:"兩字完全同音,或者聲音十分相近,古今通假的可能性雖然大,但仍舊不可以濫用。如果沒有任何證據,沒有其他例子,古今通假的解釋仍然有穿鑿附會的危險。"③異文裏承用上古的假借字,我們既採用上古的例證,同時舉出異文中的其他例證;異文裏中古產生的假借字,則使用異文中的其他例證來佐證。

　　關於假借字的讀音,我們分期標注:如果承用上古時期產生的假借字,則標以上古時期字音的聲紐、韻部;如果是中古時期產生的假借字,則標以中古時期的聲母、韻目。對於上古音,我們採用大多數學者認同的王力的上古三十韻部和三十二聲類系統,具體字的歸部歸類,以郭錫良的《漢字古音手册》爲準。中古音同樣以郭錫良的《漢字古音手册》爲準。

　　同源詞與假借字有交叉關係,我們放在同源詞異文部分討論。

　　本章討論的假借字爲假借字的第二類,即通假字。本書把假借字分爲聲符相同的形聲字的假借、形聲字與其聲符字假借、與字形無關的假借三類進行研究。

第一節　聲符相同的形聲字的假借

一、聲韻皆同

【昳:趺(跌)】

　　　　西晉竺法護譯《佛説鶖掘摩經》:"恐日移趺,道業不具,欲還害母,

---

① 劉又辛《論假借》,見《通假概説》,巴蜀書社,1988年,第132頁。
② 王力主編《古代漢語(校訂重排本)》,中華書局,1999年,第550頁。
③ 王力《訓詁學上的一些問題》,見《龍蟲並雕齋文集》(一),中華書局,1980年,第339頁。

以充其數。"

按:"跌",石經 3.386 作𧺆,金藏廣勝寺本作昳,麗藏本作昳,《大正藏》作"昳"。

《方言》卷十三:"跌,蹷也。"《玉篇·足部》:"跌,仆也。""跌"爲"跌"的省簡異體字。《可洪音義》第十九册釋《阿毗達磨俱舍釋論》卷十八"雖跌"條:"雖跌,田結反,差也。正作跌也。又音夫,悮。"《説文新附·日部》:"昳,日昃也。从日,失聲。""昳"爲"昳"的省簡異體字。《可洪音義》第十三册釋《佛説鴦掘摩經》"移跌"條:"移跌,田結反。正作昳。""跌"於經意不合,"昳"正相諧和。"跌",定屑;"昳",定屑。定紐雙聲,屑韻疊韻。"跌"通"昳",義爲太陽偏西。

他例如,三國魏白延譯《佛説須賴經》:"於是,須賴以日跌時與大衆人。""跌",《大正藏》作"跌",元本、明本、宫本作"昳"。

【圍:違】

東晉帛尸梨蜜多羅譯《佛説灌頂章句拔除過罪生死得度經》:"燒香散華,歌詠讚歎,違遶百匝,還本坐處。"

按:"違",麗藏本、《大正藏》、P.2178V⁰、津藝 119(77·5·4458)、BD00032、BD00033、BD000317、BD00391、BD00602、BD02909、BD00848、BD01397、BD01495、BD02130、BD02232、BD03143、BD03407、BD03567、BD03619 俱作"圍",石經 3.2、S.1968、BD02791 俱作"違"。

《説文·辵部》:"違,離也。从辵,韋聲。"《説文·囗部》:"圍,守也。"引申爲環繞。《玉篇·囗部》:"圍,繞也。""違"於經意不合,"圍"正相諧和。"違",雲微;"圍",雲微。雲紐雙聲,微韻疊韻。"違"通"圍",義爲環繞。

【勉:挽】

西晉竺法護譯《佛説鴦掘摩經》:"所言未竟,女尋勉軀,兒亦獲安。"

按:"勉",石經 3.386 作𠠎,金藏廣勝寺本、麗藏本、《大正藏》俱作"挽"。

《説文·力部》:"勉,彊也。从力,免聲。"《説文·子部》:"挽,生子免身也。从子,从免。"朱駿聲《説文通訓定聲·屯部》:"挽,字亦作娩。《纂要》云:齊人謂生子曰娩。"①《廣韻·阮韻》:"挽,子母相解。""勉"於經意不合,

---

① 〔清〕朱駿聲《説文通訓定聲》,《續修四庫全書》第 221 册,上海古籍出版社,2002 年,第 274 頁。

"挽"正相諧和。"勉",明獼;"挽",明獼。明紐雙聲,獼韻疊韻。"勉"通"挽",義爲分娩。

【襦:曘、濡、燸】

失譯人《佛說父母恩重經》:"常無恩受,復無襦被寒,苦辛厄難遭之。"

按:"襦",石經 3.555 作襦,石經 2.513 作"曘";S.1189 作濡,S.1323 作濡,S.1548 作濡,S.1907 作濡,S.2084 作濡,S.3228 作濡,P.2285 作濡,Дx01595 作濡,BD00439 作濡,北大 D101 作濡,上博 48(41379)作濡,《大正藏》作"濡";S.2269 作鴥;S.4476 作燸,S.5253 作燸,S.7203 作襦,P.3919A.3 作襦,北大 D100 作襦,S.0149 作襦,S.0865 作襦。

《玉篇·日部》:"曘,日色。"《字彙·日部》:"曘,日光。"《說文·水部》:"濡,水。出涿郡故安,東入漆涑。从水,需聲。"王筠句讀認爲,"漆涑"實爲"涞"之譌。① 《集韻·虞韻》:"燸,溫也。"《說文·衣部》:"襦,短衣也。从衣,需聲。一曰曡衣。""曘、濡、燸"於經意皆不合,"襦"正相諧和。"曘",日虞;"濡",日虞;"燸",日虞;"襦",日虞。日紐雙聲,虞韻疊韻。"濡""曘""燸"皆通"襦",義爲短襖。

【裂:烈】

東漢安世高譯《佛說罪業應報教化地獄經》:"諸鳥失子,悲鳴叫烈,眼中血出。"

按:"烈",石經 3.607 作烈,麗藏本、《大正藏》俱作"裂"。

《說文·衣部》:"裂,繒餘也。从衣,列聲。"《說文·火部》:"烈,火猛也。从火,列聲。"引申爲猛烈、激烈。《廣韻·薛韻》:"烈,猛也。""裂"於經意不合,"烈"正相諧和。"裂",來薛;"烈",來薛。來紐雙聲,薛韻疊韻。"裂"通"烈",義爲猛烈、激烈。

他例如,吳康僧會譯《六度集經》卷五:"四天大王僉然俱臻,同聲恚曰:斯王酷烈,其爲難齊。"《大正藏》作"酷烈",宋、元、明本作"酷裂"。失譯人《佛滅度後棺斂葬送經》:"即下書考推諸沙門,其毒酷烈,臣民覩之靡不怨王。"《大正藏》作"酷烈",宋、元、宮本作"酷裂"。"酷烈"即猛烈。

---

① [清]王筠《說文解字句讀》,中華書局,1988 年,第 426 頁。

【憶：億】

西晉竺法護譯《佛説盂蘭盆經》:"是佛弟子修孝順者,應念念心常憶父母供養乃至七世父母。"

按:"憶",石經 3.586 作 憶,S.4264 作 憶;石經 2.483 作 憶,S.2540 作 憶,S.3171 作 億,P.2055 作 憶,Дx00389 作 憶,麗藏本作 憶,《大正藏》俱作"憶"。

《玉篇·人部》:"億,安也。"《廣韻·職韻》:"憶,念也。""億"於經意不合,"憶"正相諧和。"億",影職;"憶",影職。影紐雙聲,職韻疊韻。"億"通"憶",義爲思念、想念。

他例如,東晉僧伽提婆譯《增壹阿含經》卷二十四:"汝可憶本所作緣本,自言:'我當因彼見佛。'今正是時,可見世尊;若不往者,後必有悔。"同前卷三十:"若有人曾見女人,後更生想,憶其頭目,於中生想。"上兩例,《大正藏》皆作"憶",聖本皆作"億"。失譯人《大乘悲分陀利經》卷二:"眠覺起坐憶所見夢。"《大正藏》作"憶",明本作"億"。

【誠：城】

東晉帛尸梨蜜多羅譯《佛説灌頂隨願往生十方浄土經》:"佛告普廣菩薩摩訶薩,若有男子善女人等命終之日,願生上方欲林刹者,其佛號曰至城精進菩薩。"

按:"城",石經 3.387 作 城,S.0002 作 誠,S.1348 作 誠,BD03042 作 誠,麗藏本作 誠,《大正藏》作"誠"。

《説文·土部》:"城,以盛民也。从土,从成,成亦聲。"《説文·言部》:"誠,信也。从言,成聲。""城"於經意不合,"誠"正相諧和。"城",禪清;"誠",禪清。禪紐雙聲,清韻疊韻。"城"通"誠",義爲真心誠意。

【蹇：謇】

東漢安世高譯《佛説罪業應報教化地獄經》:"求死不得求生不得,五窮六極長夜苦,以坐貪酒過。受罪已,始得爲人,癃殘跛蹇,爲人之所憎嫉。"

按:"蹇",石經 3.607 作 蹇,麗藏本作 蹇,《大正藏》俱作"蹇"。

經文中"癃殘""跛蹇"二詞並舉。"癃殘",衰老病弱,肢體殘廢。《舊唐書·文宗紀下》:"京城内鰥寡癃殘無告不能自存者,委京兆尹量事濟恤,具數以聞。"《説文·足部》:"蹇,跛也。从足,寒省聲。""跛蹇",瘸腿。《莊子·達生》:"汝得全而形軀,具而九竅,無中道夭於聾盲跛蹇,而比於人數,亦幸矣。"《玉篇·言部》："謇,吃也。""謇"於經意不合,"蹇"正相諧和。"謇",見獮;"蹇",見獮。見紐雙聲,獮韻疊韻。"謇"通"蹇",義爲跛。

反之,"蹇"亦通"謇"。三國吳康僧會譯《六度集經》卷二:"言語蹇吃,兩目又青,狀類若鬼。"《大正藏》作"蹇吃",宋、元、明本作"謇吃"。隋闍那崛多譯《發覺淨心經》卷下:"彼之舌根常蹇吃,行戲論者有斯患。"《大正藏》作"蹇吃",元、明本作"謇吃"。隋闍那崛多譯《佛本行集經》卷三十九:"倒錯參差,不能得解,文句蹇澁。"《大正藏》作"蹇澁",宋、元、明本作"謇澁"。"謇吃"指口吃;"謇澁"指文筆不流暢或言語遲滯。"謇吃""謇澁"等中"謇"作"蹇",爲借字。

【懇:墾】

東晉帛尸梨蜜多羅譯《佛説灌頂隨願往生十方淨土經》:"諸命過者脩行福業,至心懇惻應代亡者,悔過衆罪罪垢即滅。"

按:"墾",石經3.387作"懇",S.0002作墾,S.0297作懇,S.1348作墾,BD03042作墾,麗藏本作懇,《大正藏》作"懇"。

《説文新附·土部》:"墾,耕也。从土,豤聲。"《玉篇·心部》:"懇,誠也;信也。""墾"於經意不合,"懇"正相諧和。"墾",溪很;"懇",溪很。溪紐雙聲,很韻疊韻。"墾"通"懇",義爲真誠。

反之,"懇"亦通"墾",義爲翻耕。失譯人《佛説目連五百問戒律中輕重事經釋》卷下:"若行走他男女半擇迦之人田地中,或耕懇種植有所生苗,或無有所生苗。"《可洪音義》第十七册釋《根本薩婆多部律攝》卷十三"耕懇"條:"耕懇,音墾。"唐沙門懷海集、清儀潤證義《百丈叢林清規證義記》卷六:"田畝應時開懇種植,怠慢者罰。"

【痤:矬】【縩:撩】

東漢安世高譯《佛説罪業應報教化地獄經》:"第二十,復有衆生,其形甚醜,身體黑如漆,兩目復青,頭頰俱坢,皰面平鼻,兩目黄赤,牙齒疏缺,口氣星臭,痤短癰腫,大腹腰髖,腳復縩戾,僂脊匡肋,費衣健食。"

按:

(1)"痤",石經3.607作痤,麗藏本、《大正藏》俱作"矬";S.1904作痤。

《説文·疒部》:"痤,小腫也。从疒,坐聲。一曰族絫。"《玄應音義》卷七十一釋《阿毗達磨順正理論》卷四十五"身矬"條引《通俗文》:"侏儒曰矬。""痤"於經意不合,"矬"正相諧和。"痤",從戈;"矬",從戈。從紐雙聲,戈韻疊韻。"痤"通"矬",義爲身材矮小。

他例如,西晉竺法護譯《佛説胞胎經》:"其胞裹内於母腹藏,自然風起名曰痤短,吹其胎裹急病暴卒,而甚堅强。"後秦鳩摩羅什譯《小品般若波羅蜜經》卷八:"菩薩如是學者,不盲不瞎,不睞眼,不痤短,不聾瘂,不頑鈍,不形殘,身根具足。"上兩例中,《大正藏》皆作"痤短",宋、元、明、宫本皆作"矬短"。"矬短"指身材矮小。《可洪音義》第二册釋《胞胎經》"痤短"條:"痤短,上昨禾反。正作矬。"北魏慧覺等譯《賢愚經》卷十一:"有一比丘,形極痤陋,音聲異妙,振聲高唄,音極和暢。"《大正藏》作"痤陋",宋、元、明本作"矬陋"。"矬陋"指矮小醜陋。

(2)"繚",S.1904作撩,麗藏本作繚,石經3.607、《大正藏》皆作"繚"。

《説文·手部》:"撩,理也。从手,尞聲。"《説文·糸部》:"繚,纏也。从糸,尞聲。""繚戾",纏繞紐結、迴旋曲折。《楚辭·劉向〈九歎·逢紛〉》:"龍卬脀圈,繚戾宛轉,阻相薄兮。""撩"於經意不合,"繚"正相諧和。"撩",來蕭;"繚",來蕭。來紐雙聲,蕭韻疊韻。"撩"通"繚",義爲彎曲。

他例如,南朝宋求那跋陀羅譯《佛説樹提伽經》:"手脚繚戾,腰髖妸婆,狀似醉容。"《大正藏》作"繚戾",宋、宫本作"撩捩"。《可洪音義》第十册釋《樹提伽經》"撩戾"條:"撩戾,上力烏反。正作繚。下力計、力結二反。"唐釋道世集《諸經要集》卷六抄作"手脚撩戾,腰臗娿婆,狀似醉容",《大正藏》作"撩戾",宋、元、明、宫本作"繚戾"。

【汲:急】

唐義凈譯《佛説無常經》:"循環三界内,猶如汲井輪。"

按:"汲",BD01367作急,S.1479作念;石經3.339、BD00535、BD01030、BD01063、BD03554、BD03608、BD03874、S.0153、S.0311、S.2540、S.2926、S.3887、S.4529、S.4713、S.5160、S.5447、S.6367、P.3924、Дx02845、TK137、TK323、酒博013、津藝193(77·5·4532)、麗藏本、《大正藏》俱作"汲"。

《説文·心部》:"急,褊也。从心,及聲。"《説文·水部》:"汲,引水於井也。从水,从及,及亦聲。""急"於經意不合,"汲"正相諧和。"急",見緝;"汲",見緝。見紐雙聲,緝韻疊韻。"急"通"汲",義爲從井裏提水。

【密:蜜】

唐義凈譯《金光明最勝王經》卷一:"於大師教能敷演秘密之法,甚深空性,皆已了知。"

按:"密",石經 3.535 作蜜,BD00288 作蜜,BD00394 作蜜,BD02383 作蜜,BD04208 作蜜;BD00432、BD00648、BD02386、BD03170、BD03340、BD03664、BD03863、BD04050、BD04381、BD04578、BD04953、BD06514、S.0032、Дх02589、上圖 038(812445)、甘博 083、麗藏本、金藏廣勝寺、《大正藏》俱作"密"。

《説文·䖵部》:"䗈,䗈甘飴也。从䖵,鼏聲。蜜,䗈或从宓。"《説文·山部》:"密,山如堂者。从山,宓聲。"引申爲秘密。《集韻·質韻》:"密,秘也。""蜜"於經意不合,"密"正相諧和。"蜜",明質;"密",明質。明紐雙聲,質韻疊韻。"蜜"通"密",義爲秘密。

他例如,同前卷一"諸佛秘密教。千萬劫難逢","密",BD02197 作蜜,BD02386 作蜜,BD04208 作蜜;BD03138 作密,BD03170 作密,BD03664 作密、BD03863 作密、BD04381 作密、BD04578 作密、BD04667 作密、BD04900 作密、BD04953、BD05239、BD06025、S.0032、P.3042、甘博 083、上圖 038(812445)、麗藏本、金藏廣勝寺本、《大正藏》俱作"密"。"密教",大乘佛教後起的一派,相對於"顯教"而言。唐開元年間由善無畏等傳入中國。自稱受於法身佛大日如來親證的秘密法門和真實言教。儀軌嚴格複雜,須由上師秘密傳授,纔能修行。同前卷一"爾時,佛告妙幢菩薩及諸大衆:汝等當知,云般涅槃有舍利者,是密意説。如是之義,當一心聽","密",BD00233 作蜜,BD04064 作蜜,BD05965 作密;BD00717 作密,BD00828 作密,BD00981 作密,BD01583 作密,BD01960 作密,BD02688 作密,BD03011 作密,BD03236 作密,BD03664 作密,BD04208 作密,BD04381 作密,BD04667 作密,BD04900 作密,BD05239、上圖 038(812445)、麗藏本、金藏廣勝寺本、《大正藏》俱作"密"。"密意",佛教語,謂深奧難知的宗旨。

【暗:闇】

後秦佛陀耶舍譯《四分大尼戒本》:"喻如日没時,世界皆闇冥。"

按:"闇",S.0440、上圖 146(812596)作"暗";石經 2.384、P.2310、北大 D088、津藝 087(77·5·4430)、金藏廣勝寺本、麗藏本、《大正藏》俱作"闇"。

《説文·門部》:"闇,閉門也。从門,音聲。"《説文·日部》:"暗,日無光也。从日,音聲。""闇"於經意不合,"暗"正相諧和。"闇",影勘;"暗",影勘。影紐雙聲,勘韻疊韻。"闇"通"暗",義爲光綫不足、不明亮。《小爾雅·門部》：“闇，冥也。”《玉篇·門部》：“闇，與暗同。”《周禮·春官·眡祲》：“五曰闇。”鄭玄注引鄭司農云：“闇，日月食也。”①孫詒讓正義：“闇，即暗之借字。”②《後漢書·郎顗傳》：“正月以來，陰闇連日。”朱駿聲《説文通訓定聲·臨部》：“暗，經傳皆以闇爲之。”③

【殫：單】

西晉竺法護譯《佛説鴦掘摩經》：“我跳度江河解諸繫縛，投捭勇猛曾無匹敵，重關固塞無不開闢，而此沙門徐步裁動，我走不及，單盡威勢永不摩近。”

按：“單”，石經 3.386 作單，金藏廣勝寺本、麗藏本、《大正藏》俱作“殫”。

《説文·吅部》：“單，大也。”《説文·歺部》：“殫，殛盡也。”段玉裁注：“窮極而盡之也。極，鉉本作殛，誤。古多假單字爲之。”④“單”於經意不合，“殫”正相諧和。“單”，端寒；“殫”，端寒。端紐雙聲，寒韻疊韻。“單”通“殫”，義爲盡。朱駿聲《説文通訓定聲·乾部》：“單，叚借爲殫。”⑤《莊子·列禦寇》：“朱泙漫學屠龍於支離益，單千金之家，三年技成而無所用其巧。”陸德明釋文：“單，盡也。”⑥故《可洪音義》第十三册釋《佛説鴦掘摩經》“單盡”條云：“單盡，上音丹。正作殫。”

他例如，南宋宗曉編《法華經顯應録》卷上“幽居日積。衣糧單盡”，《大正藏》校曰：“單疑畢。”非，“單”通“殫”，義爲盡。

二、聲近韻同

【猪：諸】

東晉帛尸梨蜜多羅譯《佛説灌頂隨願往生十方浄土經》：“若有人來從求索者悉當施與，於是長者便辭父母遠至他方，如是去後父母耶見無念子心。沙門婆羅門及貧乏者往從乞丐，慳貪耶見無施與心。子行去後，若干日數應還到舍。父母計其應還歸家，往到市所，取諸羊骨頭

---

① ［清］孫詒讓《周禮正義》，中華書局，1987 年，第 1980 頁。
② ［清］孫詒讓《周禮正義》，中華書局，1987 年，第 1981 頁。
③ ［清］朱駿聲《説文通訓定聲》，《續修四庫全書》第 220 册，上海古籍出版社，2002 年，第 177 頁。
④ ［清］段玉裁《説文解字注》，上海古籍出版社，1988 年，第 163 頁。
⑤ ［清］朱駿聲《説文通訓定聲》，《續修四庫全書》第 221 册，上海古籍出版社，2002 年，第 199 頁。
⑥ ［唐］陸德明《經典釋文》，中華書局，1983 年，第 402 頁。

蹄膏血,果蓏雜穀持散家中。"

按:"諸",石經 3.388 作諸,BD01843 作猪,麗藏本作猪,《大正藏》作"猪";宋本作"諸",BD03042 作諸,S.0002 作"諸"。

《說文·言部》:"諸,辯也。从言,者聲。"《說文·豕部》:"豬,豕而三毛叢居者。从豕,者聲。"《廣韻·魚韻》:"豬,《爾雅》曰豕子曰豬。猪,俗。"南北朝時期已見"猪"字,北魏《蔡氏等造像記》:"東戴陽叔公得主仲練妻蔡氏修羅漢一尊。妻王氏男仲勋,妻李氏男仲元,妻孫氏孫子男猪哥、囗哥。""諸"於經意不合,"豬"正相諧和。"諸",章魚;"豬",知魚。章[tɕ]、知[ʈ]聲近,魚韻疊韻。"諸"通"猪",爲家畜名。

【注:駐、住】

東晉帛尸梨蜜多羅譯《佛說灌頂章句拔除過罪生死得度經》:"若人爲惡作諸非法,無孝順心造作五逆,破滅三寶無君臣法。又有衆生不持五戒不信正法,設有受者多所毀犯。於是地下鬼神及伺候者奏上五官,五官料簡除死定生,或注錄精神未判是非。若已定者奏上閻羅,閻羅監察隨罪輕重拷而治之。"

按:"注",石經 3.2 作注;BD01169"駐",津藝 119(77·5·4458)作駐,津藝 270(77·5·4609)作駐,BD00848 作駐,BD03306 作住,BD03619 作住,S.1968 作注,BD00032 作注,BD00033 作注,BD000317 作注,BD00391 作注,BD00737 作注,BD01495 作注,BD02103 作注,BD03407 作注,BD02232、BD02756、BD02791、BD03143、BD03567、麗藏本、《大正藏》俱作"注";BD02909 作汪。

《說文·馬部》:"駐,馬立也。从馬,主聲。"《廣韻·遇韻》:"住,止也。"《說文·水部》:"注,灌也。从水,主聲。"引申爲記載、登記。《廣韻·遇韻》:"注,注記也。""駐""住"於經意不合,"注"正相諧和。"駐",知遇;"住",澄遇;"注",章遇。章[tɕ]、知[ʈ]、澄[ʈ]聲近,遇韻疊韻。"駐""住"皆通"注",義爲記載、登記。

【新:親】

失譯人《佛說父母恩重經》:"遂至長大,朋友相隨,梳頭摩髮。欲得好衣,覆蓋身體。弊衣破故,父母自著。新好綿帛,先與其子。"

按:"新",石經 3.555 作"新",S.2084 作親;S.2269、S.5433、《大正藏》俱作"新"。

經文"弊衣破故,父母自著。新好綿帛,先與其子",用對比的寫法,寫出了父母對兒子的疼愛之情：自己穿破舊衣裳，嶄新上好的綿帛衣料留給兒子穿。"綿帛"前的修飾語"親"當爲形容詞，作形容詞時"親"有"本人的、自己的""有直接血統關係的""關係密切的、值得信任的"三義，在這些義項上，"親"與"綿帛"不搭配，於經意不合，"新"正相諧和。"親"，清真；"新"，心真。清[tsʰ]、心[s]聲近，真韻疊韻。"親"通"新"，義爲没有用過的。《韓非子·亡徵》："親臣進而故人退，不肖用事而賢良伏。"王先慎集解："親，讀爲新。"①

他例如，東晉釋道安譯《道行般若經》卷一："須菩提白佛言：若有新學菩薩，聞是語得無恐怖？佛言：設使新學菩薩，與惡師相得相隨，或恐或怖；與善師相得相隨，不恐不怖。"《大正藏》"若有新學菩薩"的"新"，聖本作"親"。根據下文"設使新學菩薩"知，聖本作"親"，當通"新"。

反之，"新"亦通"親"。清朱駿聲《説文通訓定聲·坤部》："新，叚借爲親。"②《書·金縢》："惟朕小子其新逆。"陸德明釋文："新逆，馬本作親迎。"③南朝宋求那跋陀羅譯《雜阿含經》卷三十九："汝新於如來，獲得無量罪，汝謂呼如來，受諸苦惱耶？"宋、元、明、聖本作"親"，《大正藏》"新"，通"親"。清通理述《法華指掌疏》卷五"尚功德無量，何況親於如來，發隨喜心，其功德寧可思議"，各本皆作"親"。

【催：摧】

唐義净譯《佛説無常經》："死王催伺命，親屬徒相守。"

按："催"，BD01367作摧、S.6367作摧；石經3.339、BD00535、BD01030、BD01063、BD03608、BD03874、BD03554、S.0153、S.0311、S.1479、S.2540、S.2926、S.3887、S.4007、S.4529、S.4713、S.5447、S.5160、P.3924、TK137、TK323、酒博013、北大D093、津藝193（77·5·4532）、津藝202（77·5·4541）、麗藏本、《大正藏》俱作"催"。

《説文·手部》："摧，擠也。一曰挏也。"徐鍇繫傳："挏，推動也。"④《廣雅·釋詁三》："摧，推也。"《説文·人部》："催，相儔（擣）也。"徐鍇繫傳："擣，相迫蹙也。"⑤《玉篇·人部》："催，迫也。"根據上下文例，"催"爲"催

---

① [清]王先慎撰，鍾哲點校《韓非子集解》，中華書局，1998年，第113頁。
② [清]朱駿聲《説文通訓定聲》，《續修四庫全書》第221册，上海古籍出版社，2002年，第286頁。
③ [清]阮元校刻《十三經注疏》，中華書局，1980年，第197頁。
④ [南唐]徐鍇《説文解字繫傳》，中華書局，2017年，第244頁。
⑤ [南唐]徐鍇《説文解字繫傳》，中華書局，2017年，第169頁。

促"義。其他佛經亦有類似語境。宋法天譯《妙法聖念處經》卷五："縱逸癡所盲,不覺死王<u>摧</u>。""摧"於經意不合,"催"正相諧和。"催",清灰;"摧",從灰。清[tsʰ]、從[dz]聲近,灰韻疊韻。"摧"通"催",義爲催促。

他例如,南朝梁僧祐撰《釋迦譜》："是諸魔衆互相<u>摧</u>切,各盡威力<u>摧</u>破菩薩。"隋釋吉藏撰《中觀論疏》："時來衆生就,時去則<u>摧</u>促,是故時爲因。"隋慧遠撰《維摩義記》："三行矣下<u>摧</u>令速去。"唐釋道宣撰《廣弘明集》："故位稱大寶,無以<u>摧</u>於死王,力拔青山,莫有亡於老病。"

反之,"催"亦通"摧",義爲摧殘。唐實叉難陀譯、澄觀疏《大方廣佛華嚴經綱要》"若有惑可<u>催</u>,未應於常,無惑可<u>催</u>,寧免於斷,今永離斷常等邊",《大正藏》注曰"催疑摧",是。清智祥集《妙法蓮華經授手》"如雹之<u>催</u>害物也",《大正藏》注曰"催與摧通",正是。

《漢語大字典·手部》"摧"字分立出"催促"的義項,其用例有三:《太玄·衆》:"丈人摧拏。"范望注:"摧,趣也。"北周庾信《和靈法師遊昆明池》:"落花摧十酒,栖鳥送一絃。"《水滸全傳》第五十八回:"後軍便差孫立、楊林、歐鵬、凌振,摧軍作合後。"這三個例證中的"摧",皆爲假借字,而非"摧"字引申義。

【啜:輟、惙】

失譯人《佛說父母恩重經》："於其食時非母不知父,母行來值他座席,或得餅肉,不噉<u>啜</u>味懷俠來歸,來向其子。"

按:"啜",石經 3.555 作𠯵,石經 2.513 作"啜",S.7203 作𠯵,P.3919A.3 作𠯵。S.1189 作𫗧,S.1323 作𫗧,S.1548 作𫗧,S.1907 作𫗧,S.2084 作𫗧,《大正藏》作"輟";S.0149 作惙,S.2269 作惙,北大 D100 作惙。

《爾雅·釋言》:"啜,茹也。"《說文·口部》:"啜,嘗也。"《廣雅·釋詁二》:"啜,食也。""噉啜",即吃、飲。又作"啜噉""啜啖""啜唔"等。北宋沙門遇榮鈔《佛說盂蘭盆經疏孝衡鈔》卷下:"[鈔]次下云:二歲三歲,弄意欲行,至於食時,非母不知,父母行來。值他坐席,或得餅果,不敢噉<u>啜</u>,懷歸與子。十來九得,恒常歡喜。一迴不得,嬌啼佯哭。嬌子不孝,必有五摘。孝子不嬌,必有慈順。"失譯人《無明羅刹集》卷上:"復以髑髏盛滿血膿安置于前,呀吸<u>啜</u>噉以爲飽足,手捉利戟燒死人屍。"《慧琳音義》卷七十六釋《無明羅刹集》"啜噉"條:"啜噉,川拙反。下音淡,俗字也。正作啗。"《可洪音義》第廿二冊釋《无明羅刹經》"啜噉"條:"啜噉,上昌悅反。"元釋念常集《佛祖歷代通載》卷十九:"衆吐飯蒼黃,蜂窘蟻鬧。而元<u>啜</u>啖自若,高視屋梁,食畢無所問。"《可洪音義》第廿五册釋《玄應音義》卷二"啜噉"條:"啜噉,上尺悦反,下徒敢反。"《説文·車部》:"輟,車小缺復合者。从車,叕聲。"《説文·心部》:"惙,憂也。从心,叕聲。""輟""惙"於經意不合,"啜"正相諧和。"輟",知薛;"惙",知薛;"啜",昌薛。昌[tɕʰ]、知[ʈ]聲近,薛韻疊韻。"輟""惙"皆通"啜",義爲吃。

三、聲同韻近

【愚:遇】

北魏法場譯《佛説辯意長者子經》:"此諸沙門放逸遇惑,有何道哉？貧者從乞,無心見與。長者迷惑,用爲飴此無慈愍意。"

按:"遇",石經 3.627 作遇,敦博 021 作遇;敦研 185 作愚,麗藏本、《大正藏》俱作"愚"。

《説文·辵部》:"遇,逢也。从辵,禺聲。"《説文·心部》:"愚,戆也。从心,从禺。"王筠句讀:"當云:从心,禺聲。"① "遇"於經意不合,"愚"正相諧和。"遇",疑遇;"愚",疑虞。疑紐雙聲,遇[ǐu]、虞[ǐu]韻近。"遇"通"愚",義爲蠢笨。《墨子·非儒下》:"盛爲聲樂,以淫遇民。"孫詒讓閒詁:"遇與愚通。畢云:當爲愚民。"②

他例如,同前"即遣使者,往請佛言:蒙世尊遺恩得爲人王,願屈尊神來化此國遇冥之人得見教訓","遇",石經 3.627 作遇,敦研 254 作遇;敦研 185 作愚,麗藏本、《大正藏》俱作"愚"。唐義净譯《佛説無常經》"生死迷愚鎮沉溺,咸令出離至菩提",石經 3.339"愚",BD03608 作遇,S.2540 作遇,S.5138 作遇;BD00535、BD01030、BD01063、BD01367、BD03554、BD03874、S.0153、S.0311、S.1479、S.2926、S.3887、S.4529、S.4713、S.5447、S.6367、P.3924、Дx02845、TK137、TK323、津藝 193(77·5·4532)、麗藏本、《大正藏》俱作"愚"。

【覩:都】

東晉帛尸梨蜜多羅譯《佛説灌頂隨願往生十方净土經》:"長者那舍語其家言:我數日中,善神將我,以福堂無極之樂,又到地獄靡不逕歷,眼中所覩唯苦痛耳。"

按:"覩",石經 3.388 作覩,S.0002 作都,BD03042 作覩,S.0297、

---

① [清]王筠《説文解字句讀》,中華書局,1988 年,第 406 頁。
② [清]孫詒讓撰,孫啓治點校《墨子閒詁》,中華書局,2008 年,第 300 頁。

BD01843、麗藏本、《大正藏》俱作"覩"。

《説文・邑部》："都，有先君之舊宗廟曰都。从邑，者聲。"《説文・目部》："覩，見也。从目，者聲。覩，古文从見。""都"於經意不合，"覩"正相諧和。"都"，端模；"覩"，端姥。端紐雙聲，模[u]、姥[u]韻近。"都"通"覩"，義爲看見。

他例如，南朝宋惠簡譯《佛母波泥洹經》"阿難又説：三界是幻覩爲非常，身爲苦器癰痛所聚，唯泥曰安，故三尊歸之也"，石經 3.627 作"覩"，麗藏本、《大正藏》俱作"都"。

【灸：疚】

東漢安世高譯《佛説罪業應報教化地獄經》："佛言：以前世時坐爲針疚醫師，針人身體不能差病，誑他取財使受苦痛，令他苦惱故獲斯罪。"

按："疚"，石經 3.607 作疚，麗藏本、《大正藏》俱作"灸"。

《爾雅・釋詁上》："疚，病也。"《説文・火部》："灸，灼也。从火，久聲。""針灸"，中醫針法和灸法的總稱。"疚"於經意不合，"灸"正相諧和。"疚"，見宥；"灸"，見有。見紐雙聲，宥[iu]、有[iu]韻近。"疚"通"灸"，義爲灼，即中醫療法之一，以艾絨所製艾炷或艾條燒灼或熏熨人體穴位表面。

【怒：弩】

西晉竺法護譯《佛説鴦掘摩經》："師聞悵然意懷盛弩，欲加楚罰指治姦暴。"

按："弩"，石經 3.385 作弩，金藏廣勝寺本、麗藏本、《大正藏》俱作"怒"。

《説文・弓部》："弩，弓有臂者。《周禮》四弩：夾弩、庾弩、唐弩、大弩。从弓，奴聲。"《説文・心部》："怒，恚也。从心，奴聲。""弩"於經意不合，"怒"正相諧和。"弩"，泥姥；"怒"，泥暮。泥紐雙聲，姥[o]、暮[o]韻近。"弩"通"怒"，義爲生氣、憤怒。

【煮：諸】

東漢安世高譯《佛説罪業應報教化地獄經》："佛言：以前世時坐焚燒山澤，火燒雞子，燒他村陌，燒諸衆生身爛皮剥，故獲斯罪。"

按："諸"，石經 3.607 作諸，宋、元、明、宮本皆作"諸"；麗藏本作煮；《大正藏》作"煮"。

《説文・言部》："諸，辯也。从言，者聲。"《説文・鬻部》："鬻，孚也。从粥,者聲。煮,鬻或从火,䰞,鬻或从水在其中。"從後世抄錄引用該經的文獻來看,皆作"燒煮衆生",唐釋道世撰《法苑珠林》卷六十七:"以前世時坐焚燒山澤,火煨雞子,燒煮衆生爛身皮剥,故獲斯罪。"唐釋道世集《諸經要集》卷十八亦作"燒煮衆生"。民國釋佛瑩編《四分比丘尼戒本注解》亦載"以前世時坐焚燒山澤,火煨雞子,燒他村陌,燒煮衆生身爛皮剥,故獲斯罪"。且"燒煮衆生"的組合在其他佛經中亦有用例,如北魏瞿曇般若流支譯《正法念處經》卷六:"所謂作集惡不善業,燒煮衆生。"隋闍那崛多等譯《起世經》卷四:"世界中間,所有諸風,吹彼地獄燒煮衆生,身肉脂髓,種種不净,臭穢之氣,甚可畏惡。"宋智吉祥等譯《佛説巨力長者所問大乘經》卷中:"如大火聚,燒煮衆生,甚可怖畏,不應戀著。""諸"於經意不合,"煮"正相諧和。"諸",章魚;"煮",章語。章紐雙聲,魚[cɪ]、語[cɪ]韻近。"諸"通"煮",義爲烹熟。

【狹:俠】

東晉帛尸梨蜜多羅譯《佛説灌頂章句拔除過罪生死得度經》:"佛言:汝智慧狹劣,少見少聞。"

按:"狹",津藝 270(77·5·4609)、BD00737、BD02691 俱作"俠";石經 3.2、Φ200、津藝 119(77·5·4458)、S.1968、BD0003、BD00033、BD000317、BD00848、BD01397、BD01495、BD02232、BD02756、BD03407、麗藏本、《大正藏》俱作"狹"。

《説文·人部》:"俠,俜也。从人,夾聲。"《説文·阜部》:"陝,隘也。从阜,夾聲。"段玉裁注:"俗作陿、峽、狹。"①"俠"於經意不合,"狹"正相諧和。"俠",匣帖;"狹",匣洽。匣紐雙聲,帖[ep]、洽[ɐp]韻近。"俠"通"狹",義爲狹隘、狹窄。

他例如,北涼浮陀跋摩、道泰等譯《阿毘曇毘婆沙論》卷六:"如園②中閉衆多羊門俠少,喻如羊園俠小門中一一羊出。"《大正藏》作"俠",宋、元、明本作"狹",宫本作"陝"。

【忤:仵】

東晉帛尸梨蜜多羅譯《佛説灌頂章句拔除過罪生死得度經》:"若夜惡夢鳥鳴、百怪、蜚尸、耶忤、魍魎、鬼神之所繞者,亦當禮敬琉璃

---

① [清]段玉裁《説文解字注》,上海古籍出版社,1988年,第732頁。
② 按:《大正藏》作"園",宋、元、明、宫本作"圈",下同。

光佛。"

按："忤",BD02791 作忤;石經 3.2、BD03567、BD00032、P.2178V⁰、津藝 119（77·5·4458）、S.1968、BD00033、BD000317、BD00391、BD00848、BD01397、BD01495、BD02103、BD02232、BD02909、BD03143、BD03407、BD03567、BD03619、麗藏本、《大正藏》俱作"忤"。

《玉篇·人部》："仵,偶敵也。"《廣韻·暮韻》："忤,逆也。""耶"爲"邪"的異體,"耶忤"即"邪忤",指觸逆人的邪戾怪物。《玄應音義》卷四釋《大灌頂經》"邪忤"條："邪忤,吾故反。《通俗文》：得忤曰痾。音苦駕反,非體也。"《慧琳音義》卷三十一釋《大灌頂經》"邪忤"條："邪忤,下五故反。《聲類》云：忤,逆也。《考聲》云：犯也。古今正字從心午聲,或作仵。""仵"於經意不合,"忤"正相諧和。"仵",疑姥；"忤",疑暮。疑紐雙聲,姥[o]、暮[o]韻近。"仵"通"忤",義爲觸犯。

【壞：懷】

唐義淨譯《佛説無常經》："假使妙高山,劫盡皆散壞。"

按："壞",石經 3.339 作壞、BD01367 作懷、S.3887 作懷、S.5447 作懷、S.6367 作懷、P.3924 作懷；BD03554 作壞、BD03608 作壞、BD03874 作壞、S.5138 作壞、TK137 作壞、TK323 作壞、酒博 013 作壞、津藝 193（77·5·4532）作壞、S.0153、S.0311、S.1479、S.2926、S.4713、S.5160、麗藏本、《大正藏》俱作"壞"。

《説文·心部》："懷,念思也。从心,裹聲。"《説文·土部》："壞,敗也。从土,裹聲。""懷"於經意不合,"壞"正相諧和。"懷",匣皆；"壞",匣怪。匣紐雙聲。皆[iɛ]、怪[iɛ]韻近。"懷"通"壞",義爲破敗、衰敗。

他例如,同前"外事莊彩咸歸壞,内身衰變亦同然","壞",S.6367 作懷、P.3924 作壞；BD01367、BD03554、BD03608、BD03874、S.0153、S.0311、S.1479、S.2540、S.2926、S.3887、S.4713、S.5160、S.5447、Дx02833、Дx02853、TK137、TK323、酒博 013、北大 D093、津藝 193（77·5·4532）、津藝 202（77·5·4541）、麗藏本、《大正藏》俱作"壞"。

【晡：補】

唐義淨譯《金光明最勝王經》卷一："紹隆正法能使不絶,各於晡時往詣佛所,頂禮佛足。"

按："晡",BD04208 作補；石經 3.535 作"晡"、BD03170 作晡、BD03664 作晡、BD03863 作晡、BD04381 作晡、BD04578 作晡、BD04953 作晡、

BD05239作哺，BD06025作哺，BD06514作哺，上圖038（812445）作哺，麗藏本、金藏廣勝寺本、《大正藏》俱作"哺"。

《説文·衣部》："補，完衣也。从衣，甫聲。"《廣韻·模韻》："哺，申時。""補"於經意不合，"哺"正相諧和。"補"，幫姥；"哺"，幫模。幫紐雙聲，姥[u]、模[u]韻近。"補"通"哺"，義爲申時，即午後三時至五時。《玄應音義》卷十四釋《四分律》卷三"補時"條："補時，補胡反。淮南子云：日行至於悲谷也。今日加申時是也。"

【忖：村】

唐義净譯《金光明最勝王經》卷一："爾時，四佛告妙幢菩薩言：善男子！汝今不應思忖如來壽命長短。"

按："忖"，石經3.536作忖，BD03170作村；BD03664作忖，BD03852作忖，BD04064作忖，BD04208作忖，BD04381作忖，BD04578作忖，BD04667作忖，BD04900作忖，BD04953作忖，BD05239作忖，BD06025作村，S.0032、上圖038（812445）、麗藏本、金藏廣勝寺本、《大正藏》俱作"忖"。

《廣韻·魂韻》："村，墅也。"《集韻·魂韻》："村，聚也。"《説文新附·心部》："忖，度也。从心，寸聲。"《玉篇·心部》："忖，思也。""村"於經意不合，"忖"正相諧和。"村"，清魂；"忖"，清混。清紐雙聲，魂[uən]、混[uən]韻近。"村"通"忖"，義爲揣度、思量。

【慚：暫】

失譯人《佛説像法決疑經》："善男子！未來世中比丘比丘尼、優婆塞優婆夷、國主大臣、中宫妃姤，毁犯禁戒，不知暫愧，不知懺悔，以是因緣令法穢濁。"

按："暫"，石經2.474作暫，P.2087作慙，《大正藏》作"慚"。

《説文·日部》："暫，不久也。从日，斬聲。""慚"，"慙"的構件位移異體字。《説文·心部》："慙，媿也。从心，斬聲。"段玉裁注："《女部》曰：'媿，慙也。'二篆爲轉注。"①"慚愧"，因有缺點、錯誤或未能盡責等而感到不安或羞恥。《國語·齊語》："是故大國慙媿，小國附協。""暫"於經意不合，"慚"正相諧和。"暫"，從闞；"慙"，從談。從紐雙聲，闞[ɑm]、談[ɑm]韻近。"暫"通"慚"，義爲羞愧。

---

① ［清］段玉裁《説文解字注》，上海古籍出版社，1988年，第515頁。

【溝：講】

東漢安世高譯《佛說罪業應報教化地獄經》："第四，復有衆生，兩目盲瞎，都無所見，或抵樹木，或墮溝坑，於時死以更復受身，亦復如是。"

按："溝坑"，石經 3.607 作講坑，麗藏本作溝坑，《大正藏》俱作"溝坑"。

《說文·言部》："講，和解也。从言，冓聲。"《說文·水部》："溝，水瀆，廣四尺、深四尺。从水，冓聲。"引申爲流水道。按之下文佛言可知，"以前世時坐不信罪福障佛光明，縫鷹眼合籠繫衆生，皮囊盛頭不得所見"，故獲"兩目盲瞎""或抵樹木或墮溝坑"之罪。故石經作"墮講坑"不辭。"講"於經意不合，"溝"正相諧和。"講""溝"皆由"冓"得聲，"講"，見講；"溝"，見侯。見紐雙聲，講[ɔŋ]、侯[əu]韻近。"講"通"溝"，義爲流水道。

【繞：嬈】

東晉帛尸梨蜜多羅譯《佛說灌頂章句拔除過罪生死得度經》："若夜惡夢鳥鳴、百怪、蚩尸、耶忤、魍魎、鬼神之所繞者，亦當禮敬琉璃光佛。"

按："繞"，石經 3.2 作繞，BD03567 作繞；BD00032 作遶；P.2178V⁰ 作嬈，津藝 119（77·5·4458）作嬈，S.1968 作嬈，BD00033 作嬈，BD000317 作嬈，BD00391 作嬈，BD00848 作嬈，BD01397 作嬈，BD01495 作嬈，BD02103 作嬈，BD02232 作嬈，BD02791 作嬈，BD02909 作嬈，BD03143、BD03407、BD03619、麗藏本、《大正藏》俱作"嬈"。

《說文·糸部》："繞，纏也。从糸，堯聲。""遶""繞"爲異體字關係。《說文·女部》："嬈，苛也。一曰擾、戲弄也。一曰嬥。从女，堯聲。"《慧琳音義》卷九釋《摩訶般若波羅蜜經》卷一"不嬈"條："不嬈，《字林》：乃了反。《三蒼》：嬈，弄也。《說文》：嬈，苛也。苛煩也，謂煩擾戲弄也。嬈亦惱也。"《廣韻·小韻》："嬈，亂也。""嬈"即"嬈亂""嬈害"。東晉帛尸梨蜜多羅譯《佛說灌頂塚墓因緣四方神呪經》卷六："我今歸命於佛世尊，施我法術令身安寧，及餘一切無量衆生，皆令離苦得安隱樂，不爲鬼神之所嬈亂。"北魏瞿曇般若流支譯《佛說護諸童子陀羅尼經》："護諸童子不爲諸惡鬼神之所嬈害。"唐菩提流志譯《不空羂索神變真言經》卷一："或爲鬼神之所嬈亂，或爲人民種種譏謗。"唐智通譯《千眼千臂觀世音菩薩陀羅尼神呪經》卷上："我當常隨擁護是人，不令一切鬼神之所嬈害。""繞"於經意不合，"嬈"正相諧和。"繞"，日笑；"嬈"，日小。日紐雙聲，笑[ɣɛu]、小[ieu]韻近。"繞"通"嬈"，義爲煩擾。

【採：菜】

後秦鳩摩羅什譯《佛臨般涅槃略説教戒經》："如蜂採華,但取其味,不損色香。"

按:"採",石經 3.380 作採,BD02701 作菜;BD00696、BD03355、BD05468、P.2243、P.2290、麗藏本、《大正藏》俱作"採"。

《説文·艸部》:"菜,艸之可食者。从艸,采聲。"段玉裁注:"此舉形聲包會意,古多以采爲菜。"《説文·爪部》:"采,捋取也。"後作"採"。《玉篇·手部》:"採,採摘也。""菜"於經意不合,"採"正相諧和。"菜",清代;"採",清海。清紐雙聲,代[ɒi]、海[ɒi]韻近。"菜"通"採",義爲採摘。

四、聲韻皆近

【故：胡】

東晉帛尸梨蜜多羅譯《佛説灌頂隨願往生十方浄土經》:"於是長者便往到佛所,頭面作禮,故跪合掌,而白佛言,欲有啓請,唯願世尊慈愍不怪。"

按:"故",石經 3.388 作故,S.0002 作蹦,BD01843 作蹦,BD03042 作胡,麗藏本作胡,《大正藏》作"胡"。

《説文·支部》:"故,使爲之也。"段玉裁注:"今俗云原故是也,凡爲之必有使之者,使之而爲之則成故事矣。"①《説文·肉部》:"胡,牛頷垂也。"引申指古代西方或北方的少數民族。《慧琳音義》卷三十六釋《金剛頂瑜伽修習毗盧遮那三摩地法》"胡跪"條:"胡跪,逵葦反,右膝著地豎左膝危坐,或云互跪也。""故"於經意不合,"胡"正相諧和。"故""胡"皆從"古"得聲。"故",見暮;"胡",匣模。匣[ɣ]、見[k]發音部位相近,暮[u]、模[u]韻近。"故"通"胡",指古代西方或北方的少數民族。S.0002、BD01843 作"蹦",爲"胡"的類化加形異體字。"故"通"胡",上古漢語已有用例。《墨子·尚賢中》:"今王公大人之君人民,主社稷,治國家,欲脩保而勿失,故不察尚賢爲政之本也?"孫詒讓《閒詁》引畢沅曰:"故,一本作胡。"②

他例如,三國吳康僧會譯《六度集經》卷四:"所獲多少,輒還四姓。四姓曰:'子展力致此寶,胡爲相還?'"《大正藏》作"胡",宋、元、明本作"故"。"胡"爲疑問代詞,相當於"何",爲何還此寶之義。他本作"故",爲借字記詞。唐輸迦婆羅譯《蘇悉地羯囉經》卷上:"謂故麻粳米豆子等,阿毘遮嚕迦

---

① [清]段玉裁《説文解字注》,上海古籍出版社,1988年,第 123 頁。
② [清]孫詒讓撰,孫啓治點校《墨子閒詁》,中華書局,2008年,第 49 頁。

用。""故麻",在同經卷上的另外兩處皆作"胡麻":"謂胡麻粳米豆子等,是阿毘遮噜迦用","謂胡麻粳米豆子等,阿毘遮噜迦用"。唐不空譯、明弘贊會釋撰《七俱胝佛母所説準提陀羅尼經會釋》卷中亦載"味苦辛淡者,及胡麻粳米豆子等,阿毗遮噜迦用。"故"故麻"的"故"通"胡"。

《漢語大字典》收釋"故,通胡。代詞,表示疑問,相當於何、爲什麽",用例《墨子·尚賢中》已見上舉,不贅述。從上述佛典文獻用例來看,"故"通"胡",不僅僅是疑問代詞"胡",還有"胡麻""胡(蹦)跪"等亦可借"故"來記錄。佛典用例可補《漢語大字典》例證。

【勸:歡】

東晉帛尸梨蜜多羅譯《佛説灌頂章句拔除過罪生死得度經》:"若有噁心來相向者,心當存念琉璃光佛,山中諸難不能爲害。若他方怨賊偷竊惡人,怨家債主欲來侵陵,心當存念琉璃光佛,則不爲害。以善男女禮敬琉璃光如來功德,所致華報如是,況果報也。吾今歡諸四輩,禮事瑠璃光佛至真等正覺。"

按:"歡",石經 3.2 作歡,P.2178V⁰ 作勸,津藝 119(77·5·4458)作勸,S.1968 作勸,BD00032 作勸,BD00033 作勸,BD000317 作勸,BD00391 作勸,BD00848 作勸,BD01397 作勸,BD01495 作勸,BD02232 作勸,BD02435 作勸,BD02791 作勸,BD02909 作勸,BD03143 作勸,BD03407 作勸,BD03567 作勸,BD03619 作勸,麗藏本作勸。

《説文·欠部》:"歡,喜樂也。从欠,藿聲。"《説文·力部》:"勸,勉也。从力,藿聲。""歡"於經意不合,"勸"正相諧和。"歡""勸"皆從"藿"得聲,上古皆屬元部,疊韻。"歡",曉桓;"勸",溪願。曉[x]、溪[kʰ]聲近,桓[uan]、願[ɨwen]韻近。"歡"通"勸",義爲盡力。朱駿聲《説文通訓定聲·乾部》亦曰:"歡,叚借爲勸。"①《韓非子·説林上》:"齊攻宋,宋使臧孫子南求救於荆,荆大説,許救之,甚歡。"陳奇猷集釋引顧廣圻曰:"歡,當从《策》作勸。高注:'勸,力也。'"②

他例如,同前"救脱菩薩叉手白佛言:若族姓男女其有厄羸,著牀痛惱無救護者,我今當勸呼衆僧","勸",石經 3.2 作勸,BD00032 作歡,P.4914、Дx02016+Дx02034+Дx02294+Дx03724、敦研 355、津藝 119(77·5·4458)、

---

① [清]朱駿聲《説文通訓定聲》,《續修四庫全書》第 221 册,上海古籍出版社,2002 年,第 165 頁。
② 陳奇猷《韓非子新校注》,上海古籍出版社,2000 年,第 468 頁。

S.1968、BD00033、敦研 000317、BD00391、BD00737、BD00848、BD01178、BD01397、BD01495、BD02103、BD02232、BD02691、BD02791、BD03306、BD03567、BD03619、麗藏本、《大正藏》俱作"勸"。唐義淨譯《佛說無常經》"是故勸諸子,諦聽真實法","勸",石經 3.339 作[勸],BD01367 作[勸];BD03554 作[勸],BD03608 作[勸],BD03874 作[勸],S.0153 作[勸],S.0311 作[勸],S.1479、S.2540、S.2926、S.3887、S.4529、S.4713、S.5160、S.5447、S.6367、P.3924、Дx02845、TK137、TK323、津藝 193(77・5・4532)、麗藏本、《大正藏》俱作"勸"。

反之,"勸"亦通"歡",義爲歡樂。東晉帛尸梨蜜多羅譯《佛說灌頂章句拔除過罪生死得度經》"是經能除他方逆賊悉令消滅,四方夷狄各還正治不相嬈惱,國土交通人民歡喜","歡",石經 3.2 作[歡],BD02691 作[勸];敦研 355、津藝 119(77・5・4458)、S.1968、BD00032、BD00033、BD000317、BD00737、BD01178、BD01397、BD01495、BD02232、BD02756、BD02791、BD03143、BD03306、BD03567、麗藏本、《大正藏》俱作"歡"。

【痺:脾】

東漢安世高譯《佛說罪業應報教化地獄經》:"復有衆生,身體頑痺,眉鬚墮落,舉身洪爛,鳥栖鹿宿,人跡永絕。"

按:"痺",石經 3.607 作[痺],P.5028(1)作[脾];麗藏本作[痺],《大正藏》作"痺"。

《説文・肉部》:"脾,土藏也。从肉,卑聲。"《釋名・釋形體》:"脾,裨也。在胃下,裨助胃氣,主化穀也。""痺",字又作"痺",《説文・疒部》:"痺,溼病也。"《素問・痺論》:"風、寒、溼三氣雜至,合而爲痺也。"《玄應音義》卷十三釋《罪業報應教化地獄經》"頑痺"條:"頑痺,今作痺,同。婢利反。《説文》:足氣不至也。經文作俾,俾利反,痿痺不能行也。"①《可洪音義》第十七册釋《根本薩婆多部律攝》卷十二"頑痺"條:"頑痺,下卑鼻反,腳冷溼病也。"《集韻・至韻》:"痺,病也。或从卑。""頑痺",病名,麻木無知覺。唐釋道世撰《法苑珠林》卷六十七:"若孔行蟲而起瞋恚,行於血中令身粗涉,頑痺無知。""脾"於經意不合,"痺"正相諧和。"脾",並支;"痺",幫至。並[b]、幫[p]聲近,支[ie]、至[iə]韻近。"脾"通"痺",義爲麻木無知覺。《可洪音義》第十三册釋《佛說罪業報應教化地獄經》"頑脾"條:"頑脾,卑至反,腳冷濕病也。正作痺也。又經音義以痺字替之,蒲利反,腳氣未至

---

① 徐時儀校注《一切經音義三種校本合刊》,上海古籍出版社,2008 年,第 277 頁。

也。俗謂腳痺。"

【當：常】

東晉帛尸梨蜜多羅譯《佛説灌頂章句拔除過罪生死得度經》："佛言：若復有人受佛浄戒，遵奉明法不解罪福，唯知明經不及中義，不能分別曉了中事，以自貢高恒當瞢憒。乃與世間衆魔從事，更作縛著不解行之，戀著婦女恩愛之情，口爲説空行在有中，不能發覺復不自知，但能論説他人是非。如此人輩皆當墮三惡道中。"

按："當"，石經 3.2 作當，P.2013 作常，Дx03278A 作常，BD00032 作常，BD00033 作常，BD00602 作常，BD00848 作常，BD01397 作常，BD02909 作常，麗藏本、《大正藏》俱作"常"；P.2178V⁰ 作當，P.4666 作當，S.1968 作當，BD000317 作當，BD01495 作當，BD02130 作當，BD02232 作當，BD02656 作當，BD02791 作當，BD03143 作當，BD03407 作當，BD03619 作當。

《説文·巾部》："常，下帬也。从巾，尚聲。"《説文·田部》："當，田相值也。从田，尚聲。"引申爲應該。《字彙·田部》："當，理合如是也。"楊樹達《詞詮》卷二："當，助動詞，直也，應也。今言'該當''應當'。"①"常"於經意不合，"當"正相諧和。"常"，禪陽；"當"，端唐。禪[ʑ]、端[t]聲近，陽[iaŋ]、唐[ɑŋ]韻近。"常"通"當"，義爲應該。

他例如，同前"是時，當有諸天善神，四天大王龍神八部，當來營衛愛敬此經"，"常"，石經 3.2 作常，BD00391 作當，BD03143 作當，《大正藏》作"當"；P.2178V⁰ 作常，津藝 119（77·5·4458）作常，S.1968 作常，BD00032 作常，BD00033 作常，BD000317 作常，BD00602 作常，BD00848 作常，BD01397 作常，BD01495 作常，BD02130 作常，BD02232 作常，BD02791 作常，BD02909 作常，BD03407 作常，BD03619、麗藏本俱作"常"。

【地：池】

南朝宋沮渠京聲譯《佛説觀彌勒菩薩上生兜率天經》："佛滅度後，我諸弟子，若有精勤修諸功德，威儀不缺，掃塔塗地。"

按："地"，石經 3.379 作池；石經 1.107、3.560、BD02538、BD04049、BD04161、BD05812、S.5555、P.2071、P.2373、TK58、TK60、TK81+TK82+TK83、上圖 004（795017）、北大 D075、麗藏本、《大正藏》俱作"地"。

---

① 楊樹達《詞詮》，中華書局，1954 年，第 50 頁。

《玉篇・水部》:"池,渟水。"《説文・土部》:"地,元氣初分,輕清陽爲天;重濁陰爲地。萬物所陳列也。从土,也聲。"引申爲地面。"塗地"即讓地面平整無污染,這既是莊嚴道場,也是表達虔誠之心。唐窺基撰《觀彌勒上生兜率天經贊》卷下亦作:"若有精勤修諸功德,威儀不缺,掃塔塗地。"新羅元曉撰《彌勒上生經宗要》:"三者行於掃塔塗地香華供養等諸事業。"宋僧守千集《上生經瑞應鈔》卷下:"三掃塔塗地者,且舉塗掃,其蓋造等,並在其內。""掃塔塗地"爲佛教十種業之一。東晉佛陀跋陀羅譯《佛説觀佛三昧海經》卷九:"滿一室已復更精進燒香散華,掃塔塗地澡浴衆僧,爲父母師長案摩調身,洗浴身體上塗足油,四方乞食得好美者,先上師長分奉父母。"南朝宋沮渠京聲譯《治禪病祕要法》卷上:"説此語已,復教掃塔、塗地、作諸苦役,更教觀佛,見佛放金色光以手摩頭。"南朝梁曼陀羅仙譯《寶雲經》卷二:"若有掃塔塗地,願使一切衆生悉得端正莊嚴之具。"北宋天息災譯《分別善惡報應經》卷上:"復云何業獲報端嚴? 有十種業。云何十業? 一修慈忍,二惠施佛塔,三塗掃塔寺,四修嚴精舍,五莊嚴佛像,六孝養父母,七信重聖賢,八謙卑離慢,九梵行無缺,十遠離損害;如是十種獲報端嚴。"北宋惟淨譯《佛説除蓋障菩薩所問經》卷四:"又若掃塔塗地之時,當願一切有情離諸惡相,獲得相好端嚴具善威儀。""池"於經意不合,"地"正相諧和。"池",澄支;"地",定至。澄[ʈ]、定[d]聲近,支[ǐe]、至[i]韻近。"池"通"地",義爲地面。

【經:逕、輕】

失譯人《佛説像法決疑經》:"善男子! 何故未來世中一切俗人輕賤三寶,正以比丘比丘尼不如法故。身被法服,逕理俗緣,或復市肆販賣自活,或復涉路商價求利,或作畫師工巧之業。"

按:"逕",石經 2.474 作逕,P.2087 作逕,《大正藏》作"輕"。

石經 2.474、P.2087 作"逕理",《大正藏》作"輕理"。《玉篇・辵部》:"逕,路逕也。"《説文・車部》:"輕,輕車也。从車,巠聲。"引申指"輕重""隨意"等。從構詞理據來看,"逕理""輕理"皆不成詞。"俗緣"指俗務,塵世間的各種事務。"逕理/輕理俗緣"當爲"經理俗緣"。"經理俗緣"即料理塵世間的各種事務。《説文・糸部》:"經,織也。从糸,巠聲。"姚文田、嚴可均校議:"經,《御覽》卷八百廿六引作'織從絲也。'此脱'從絲'二字。從與縱同。"[1]引申爲治理、經營。《字彙・糸部》:"經,經理。""經理"義爲治理、經營。《法苑珠林》《沙彌律儀毗尼日用合參》引《佛説像法決疑經》皆作"經

---

① [清]姚文田、嚴可均《説文校議》,國家圖書館出版社,2010年,第550頁。

理俗緣",唐釋道世撰《法苑珠林》卷九十:"又像法決疑經云。……身披法服,<u>經理俗緣</u>。"明袾宏輯集,濟嶽彙箋《沙彌律儀毗尼日用合參》卷下:"像法決疑經,未來世中,……身披法服,<u>經理俗緣</u>。"失譯人《示所犯者瑜伽法鏡經》作"經理俗務":"復次善男子應修破寺破塔、破像破經,如前所説,得無量福。復次,善男子,於未來世,我法之中,多有三寶被人輕賤。正以苾芻及苾芻尼不如法故。身披法服,<u>經理俗務</u>。市肆販賣,涉路往來;或復營農,貯積糴糶;或復使人商賈求利;常行如是非法活命,或作種種工巧之業,爲財利故。"故"輕""逕"於經意不合,"經"正相諧和。"逕",見徑;"輕",溪清;"經",見青。見[k]、溪[kʰ]聲近,徑[ieŋ]、清[ɪɛŋ]、青[ieŋ]韻近。"輕""逕"皆通"經",義爲治理、經營。

又,"經理""營理"同義。"營理俗人家務",指"與在家人營作俗業"。唐義净譯《根本説一切有部苾芻尼毘奈耶》卷十九:"若復苾芻尼,營理俗人家務者,波逸底迦。尼者,謂吐羅難陀等。<u>營理俗人家務</u>者,謂與在家人營作俗業。釋罪相等,廣説如前。"

【掌:常】

唐義净譯《金光明最勝王經》卷一:"爾時,妙幢菩薩見四如來及希有事,歡喜踊躍合<u>掌</u>一心,瞻仰諸佛殊勝之相。"

按:"掌",BD00233作常;石經3.536作掌,BD00288作掌,BD00648作掌,BD01317作掌,BD02177作掌,BD03138作掌,BD03170作掌,BD03664作掌,BD03852作掌,BD04064作掌,BD04208作掌,BD04381作掌,BD04578作掌,BD04667作掌,BD04900作掌,BD04953作掌,BD05239作掌,BD06025、上圖038(812445)、麗藏本、金藏廣勝寺本、《大正藏》俱作"掌"。

《説文·巾部》:"常,下帬也。从巾,尚聲。裳,常或从衣。"《説文·手部》:"掌,手中也。从手,尚聲。"王筠句讀:"《增韻》:'掌,手心也。'謂指本也。"① "常"於經意不合,"掌"正相諧和。"常",禪陽;"掌",章養。禪[ʐ]、章[tɕ]聲近,陽[ɪaŋ]、養[ɪaŋ]韻近。"常"通"掌",義爲手掌。

他例如,唐釋道宣撰述《四分律刪繁補闕行事鈔》卷下:"僧祇若爲律師法師數師子座,散華著上不拂卻不得坐,打静法維那先户外具儀斂掌,傍門面入已至打處,立合<u>常</u>右手取椎舉起,擬砧訖然後打一聲不得有重響,方乃卧椎手從柄處捋之,然後合掌有所啓白。"《大正藏》作"合常",甲本作

---

① [清]王筠《説文解字句讀》,中華書局,1988年,第473頁。

"合掌"。

【扉：排】

後秦佛陀耶舍譯《四分大尼戒本》:"若比丘尼作大房,户排窗牖及餘莊餝具。"

按:"排",石經2.379作"排",BD00014、北大D088、津藝087(77·5·4430)、麗藏本、《大正藏》俱作"扉"。

《説文·手部》:"排,擠也。从手,非聲。"《廣雅·釋詁三》:"排,推也。"《禮記·少儀》:"排闔説屨於户内者,一人而已矣。"孔穎達疏:"闔謂門扇,謂排推門扇,説屨於户内者,一人而已矣。"①《爾雅·釋宫》:"闔謂之扉。"邢昺疏:"闔,門扇也。一名扉。"②《説文·户部》:"扉,户扇也。从户,非聲。"《左傳·襄公二十八年》:"子尾抽桷擊扉三。"杜預注:"扉,門闔也。"③"排"於經意不合,"扉"正相諧和。"排"、並皆;"扉",幫微。並[b]、幫[p]聲近,皆[ɐi]、微[ĭwəi]韻近。"排"通"扉",義爲"門扇"。《可洪音義》第十六册釋《四分律》卷廿四"户排"條:"户排,音非。正作扉。又步皆反,悮。"同前第十七册釋《四分尼戒本》"户排"條:"户排,音非。正作扉。"

【戁：難、歎】

東漢安世高譯《佛説温室洗浴衆僧經》:"何謂七福,一者四大無病。……三者身體常香,衣服潔净,見者歡喜,莫不恭敬。四者肌體濡澤,威光德大,莫不敬難,獨步無雙。"

按:"難",石經1.87作難,P.3919作𩁾;金藏廣勝寺本、麗藏本、《大正藏》俱作"歎"。

《説文·鳥部》:"𪆍,鳥也。从鳥,堇聲。難,𪆍或从隹。"段玉裁注:"今難易字皆作此。"④《玉篇·隹部》:"難,不易之稱。"《廣韻·寒韻》:"難,艱,不易稱也。"將詞義"艱難、不容易"代入詞語"敬難",不辭。考察語境義,"難"通"戁",义爲恭敬。《禮記·儒行》:"儒有居處齊難,其坐起恭敬。"王引之述聞:"難,讀爲戁。《説文》:'戁,敬也。'徐鍇傳曰:'今《詩》作戁。'……燠、戁、難,聲相近,故字相通。齊難與恭敬,義亦相近也。"⑤《説

---

① [清]阮元校刻《十三經注疏》,中華書局,1980年,第1511頁。
② [清]阮元校刻《十三經注疏》,中華書局,1980年,第2598頁。
③ [清]阮元校刻《十三經注疏》,中華書局,1980年,第2000頁。
④ [清]段玉裁《説文解字注》,上海古籍出版社,1988年,第151頁。
⑤ [清]王引之《經義述聞》,上海古籍出版社,2018年,第951頁。

文·心部》："戁，敬也。"段玉裁注："敬者，肅也。"①"敬難"，即"恭敬"之義。"敬""難"皆爲"恭敬"。後秦弗若多羅譯《十誦律》卷十八："受敕掃灑除卻衆人，唯有一人著故弊衣在佛前坐聽法，敬難佛故不敢驅去。"《大正藏》作"敬難"，宋、元、明本皆作"恭敬"。

"歎"亦通"戁"，義爲恭敬。《説文·欠部》："歎，吟也。"《説文·心部》："戁，敬也。""歎"，中古音透紐翰韻；"戁"，中古音泥紐潸韻，透[tʰ]、泥[n]聲近，翰[an]、潸[an]韻近。二字可以通假使用。

"難""歎"皆通"戁"，"敬難""敬歎"即"敬戁"，"敬""戁"同義複合成詞，義爲恭敬。"敬難""敬歎"常以異文形式出現。東漢安世高《佛説尸迦羅越六方禮經》："南向拜者，謂弟子事師，當有五事：一者當敬難之；二者當念其恩；三者所教隨之；四者思念不厭；五者當從後稱譽。"《大正藏》作"敬難"，宋、元、明本皆作"敬歎"。唐釋道世撰《法苑珠林》卷二十："南向拜者，謂弟子事師，當有五事：一者當敬歎之，二者當念其恩。"《大正藏》作"敬歎"，宋、元、明、宮本皆作"敬難"。

此外，"歎"通"戁"，義爲慚愧。《可洪音義·略教誡經》："慨歎，女板反，面赤也。亦作戁。"《小爾雅·廣義》："面慙曰戁。""面赤"即"慙而面赤"之義。

當然，"歎"還可通"難"，義爲困難、艱難、不容易。前秦竺佛念譯《出曜經》："時彼田主聞道人教，以手揮淚哽咽歎言。""歎言"即"難言"，《大正藏》作"歎"，宋、元、明本作"難"。

第二節　形聲字與其聲符字假借

一、聲韻皆同

【惑：或】

東晉帛尸梨蜜多羅譯《佛説灌頂隨願往生十方浄土經》："長者聞佛神口所説，疑或永除作如是言，是我之過非父母咎。"

按："或"，石經 3.388 作或，S.0297 作或，BD03042 作或；S.0002 作惑，BD01843 作惑，麗藏本作惑，《大正藏》作"惑"。

《説文·戈部》："或，邦也。从口，从戈，以守一。一，地也。""或"爲

---

① ［清］段玉裁《説文解字注》，上海古籍出版社，1988年，第503頁。

"國"的初文。《説文·心部》:"惑,亂也。从心,或聲。""或"於經意不合,"惑"正相諧和。"或",匣德;"惑",匣德。匣紐雙聲,德韻疊韻。"或"通"惑",義爲疑惑、迷惑。《玉篇·戈部》:"或,有疑也。"《戰國策·魏策三》"今大王與秦伐韓,而益近秦,臣甚或之","或",《史記·魏世家》作"惑"。北魏正光五年(524)《孫遼浮圖銘記》:"靈刹開神,梵堂啓或。"北齊乾明元年(560)《高淯墓誌》:"請或必辯,稽疑則折。"二例中"或"亦通"惑"。

他例如,東晉帛尸梨蜜多羅譯《佛說灌頂章句拔除過罪生死得度經》"第八願者,使我來世以善業因緣,爲諸愚冥無量衆生講宣妙法,令得度脫入智慧門,普使明了無諸疑或","或",石經 3.2 作𢧵,BD00848 作𢧵,BD03619 作𢧵;P.4027V⁰作𢧵,Дх00014 作𢧵,BD00032 作𢧵,BD00317 作𢧵,BD01414 作𢧵,BD01495 作𢧵,BD02232 作𢧵,BD02791 作𢧵,BD02909 作𢧵,麗藏本作𢧵,《大正藏》作"惑"。又,同前"汝諦信之莫作疑或","或",石經 3.2、S.1968、BD000317、BD00848、BD00391、BD02691、BD02791、BD03407、BD03567、P.2178V⁰俱作"或";P.4914、Φ200、敦研 355、津藝 119(77·5·4458)、BD0003、BD00033、BD00737、BD01178、BD01397、BD01495、BD02103、BD02232、BD02756、BD02909、BD03306、BD03619、麗藏本俱作"惑"。同前"人常用是六事以自迷或","或",石經 3.2、P.2178V⁰、津藝 270(77·5·4609)、S.1968、BD000317、BD00391、BD01178、BD02791、BD03567 俱作"或";P.4914、敦研 065、津藝 119(77·5·4458)、BD00032、BD00033、BD00737、BD00848、BD01397、BD01495、BD02103、BD02232、BD02435、BD03407、BD02756、BD03619、麗藏本俱作"惑"。後秦鳩摩羅什譯《佛臨般涅槃略說教戒經》"當自端心正念求度,不得苞藏瑕疵顯異或衆,於四供養知量知足,取得供事不應畜積","或",石經 3.380 作𢧵,BD02701 作𢧵,BD03355 作𢧵,BD05468、P.2243 俱作"或";P.2290、麗藏本、《大正藏》俱作"惑"。

反之,"惑"亦通"或",義爲或許。東晉帛尸梨蜜多羅譯《佛說灌頂章句拔除過罪生死得度經》卷十二"救脫菩薩語阿難言:其世間人痿黄之病,困篤著牀,求生不得,求死不得,考楚萬端。此病人者或其前世,造作惡業罪過所招殃咎所引故使然也",BD00737 作𢧵,BD03306 作𢧵;石經 3.2 作𢧵,BD00848 作𢧵,BD01169 作𢧵,BD01495 作𢧵,BD02103 作𢧵,BD02791 作𢧵,BD03407、敦 03567、BD03619、麗藏本、《大正藏》俱作"或"。同前"又有衆生不持五戒不信正法,設有受者多所毀犯。於是地下鬼神及伺候者奏上五官,五官料簡除死定生,或注錄精神未判是非。若已定者奏上閻羅,閻羅監察隨罪輕重拷而治之",

"或",BD00391作[字],津藝119(77·5·4458)作[字],津藝270(77·5·4609)作[字],S.1968作[字],BD0003作[字],BD00033作[字],BD00737作[字],BD00848作[字],BD01495作[字],BD02103作[字],BD02232作[字],BD02791作[字],BD03306作[字],BD03567、麗藏本、《大正藏》俱作"或"。

【癩：賴】

東漢安世高譯《佛說罪業應報教化地獄經》："第二復有衆生,身體頑痺,眉鬚墮落,舉身洪爛,烏栖鹿宿,人跡永絶,沾污親族,人不喜見。名之癩病。"

按："癩",P.5028(1)作[字];石經3.607、麗藏本、《大正藏》俱作"癩"。《説文·貝部》："賴,贏也。从貝,剌聲。"《説文·疒部》："癘,惡疾也。从疒,蠆省聲。"《集韻·夳韻》："癘、癩,《説文》：'惡疾也。'或從賴。""賴"於經意不合,"癩"正相諧和。"賴",來泰;"癩",來泰。來紐雙聲,泰韻疊韻。"賴"通"癩",義爲惡瘡病。《史記·刺客列傳》："豫讓又漆身爲厲。"唐司馬貞索隱："厲,音賴。賴,惡瘡病也。凡漆有毒,近之多患瘡腫,若賴病然,故豫讓以漆塗身,令其若癩耳。然厲賴聲相近,古多假'厲'爲'賴',今之'癩'字從'疒'。"①

他例如,後秦鳩摩羅什譯《妙法蓮華經》卷二："若狗野干,其形頇瘦,黧黮疥癩,人所觸嬈。"《大正藏》作"疥癩",博本作"疥賴"。"疥癩"即疥瘡。"賴"通"癩"。

【邑：悒】

西晉竺法護譯《佛說當來變經》："天龍鬼神不以爲喜,心懷悒慼口能發言。"

按："悒",石經2.404作[字],麗藏本、《大正藏》本皆作"悒"。

《説文·邑部》："邑,國也。"石經作[字],爲"邑"的異體字。《説文·心部》："悒,不安也。"徐鍇繫傳："憂悒也。"②《楚辭·天問》："武發殺殷何所悒？載尸集戰何所急？"洪興祖補注："悒,音邑。憂也,不安也。"③"邑"於經意不合,"悒"正相諧和。"邑",影緝;"悒",影緝。影紐雙聲,緝部疊韻。"邑"通"悒",義爲憂愁不安。"悒慼"爲同義連用的聯合式合成詞。朱駿聲

---

① [漢]司馬遷撰,[宋]裴駰集解,[唐]司馬貞索隱,[唐]張守節正義《史記》(修訂本),中華書局,2013年,第3043頁。
② [南唐]徐鍇《説文解字繫傳》,中華書局,2017年,第215頁。
③ [宋]洪興祖撰,白化文點校《楚辭補注》,中華書局,1983年,第114頁。

《説文通訓定聲·臨部》亦云:"邑,假借爲悒。"①

他例如,西晉竺法護譯《正法花經》卷六:"汝輩瞿曇彌,勿懷悒悒而爲愁感悲顔觀佛。"《大正藏》作"悒悒",宫本作"邑邑"。竺法護譯《度世品經》卷六:"消除不順、侵枉、苦惱、悒感之患。"《大正藏》作"悒感",宫本作"邑感"。竺法護譯《慧上菩薩問大善權經》卷下:"念如來及弟子衆,將必憂悒。"《大正藏》作"憂悒",宋、宫本作"憂邑"。竺法護譯《佛説鴦掘摩經》"進退沉吟將如之何,乃伊悒歎曰"之"悒",石經 3.385、金藏廣勝寺本皆作"邑",麗藏本、《大正藏》俱作"悒"。東晉瞿曇僧伽提婆譯《增壹阿含經》卷十二:"目連見已,倍增愁悒,生變悔心。"《大正藏》"愁悒",宋、元本作"愁邑"。同前卷四十六"勿懷愁悒",《大正藏》作"愁悒",聖本作"愁邑"。

【央:鞅、殃】

東晉帛尸梨蜜多羅譯《佛説灌頂隨願往生十方浄土經》:"爾時世尊般涅槃時,十方國土無鞅數衆,天龍八部悉皆悲號嘆息,禽獸雜類亦皆如是。"

按:"鞅",石經 3.387 作鞅,S.1348 作鞅,BD03042 作鞅;Дx01856 作殃;麗藏本、《大正藏》俱作"央"。

《説文·革部》:"鞅,頸靼也。从革,央聲。"《説文·歺部》:"殃,咎也。从歺,央聲。"《説文·冂部》:"央,中央也。从大在冂之内。大,人也。央、旁同意。一曰久也。"引申爲盡。《廣雅·釋詁一》:"央,盡也。"《詩·小雅·庭燎》:"夜如何其?夜未央。"鄭玄箋:"夜未央,猶言夜未渠央也。"②"鞅""殃"於經意不合,"央"正相諧和。"鞅",影養;"殃",影陽;"央",影陽。影紐雙聲,陽韻疊韻;養韻[iaŋ]、陽韻[iaŋ]韻近。"鞅""殃"皆通"央",義爲盡。

他例如,東漢安世高譯《佛説寶積三昧文殊師利菩薩問法身經》"見東方無鞅數阿僧祇刹土及佛",石經 3.566"鞅",麗藏本、金藏廣勝寺本、《大正藏》俱作"央"。北魏法場譯《佛説辯意長者子經》"於是佛告諸弟子,當受彼請,佛與弟子無央數衆往到彼國","央",石經 3.627 作央,麗藏本、《大正藏》俱作"央";敦研 185 作鞅,敦研 254 作鞅。"鞅"通"央",義爲盡。後秦鳩摩羅什譯《佛説彌勒下生成佛經》"此四大藏及諸小藏自然涌出,形如

---

① [清]朱駿聲《説文通訓定聲》,《續修四庫全書》第 220 册,上海古籍出版社,2002 年,第 202 頁。
② [清]阮元校刻《十三經注疏》,中華書局,1980 年,第 432 頁。

蓮花。無央數人皆共往觀,是時衆寶汙守護者,衆人見之心不貪著。棄之於地猶如瓦石草木土塊,時人見者皆生厭心而作是念","央",石經 3.434、BD03532、麗藏本、《大正藏》俱作"央";石經 2.408、2.407、BD00967、BD00992、BD03952、BD05812、P.2071 俱作"軮"。

【盛:成】

東晉帛尸梨蜜多羅譯《佛說灌頂隨願往生十方淨土經》:"佛語長者今諸聖衆,安居三月行道欲竟,可還家中作百味飲食之具種種甘美。以好淨器盛持供養,及好衣服種種華香,金銀珍寶雜碎供具以施於僧,令汝得福使汝父母解脫此難,不復受苦餓鬼形也。"

按:"盛",石經 3.388 作䆀,S.0002 作成,S.0297 作成,BD01843 作成;BD03042 作盛,麗藏本作成,《大正藏》作"盛"。

《說文·戊部》:"成,就也。从戊,丁聲。"《說文·皿部》:"盛,黍稷在器中以祀者也。从皿,成聲。""成"於經意不合,"盛"正相諧和。"成",禪清;"盛",禪清。禪紐雙聲,清韻疊韻。"成"通"盛",義爲把食物飲料或其他東西放進容器裏。《荀子·非十二子》:"成名況乎諸侯,莫不願以爲臣。"俞樾平議:"成與盛通。"①

他例如,西晉白法祖譯《佛說菩薩修行經》"觀身機關展轉無數,觀身係屬飲食所成,觀身頗視膿血臭滿","成",石經 3.458 作成,石經 3.561 作成,麗藏本、金藏廣勝寺本、《大正藏》俱作"盛"。

【未:味】

西晉竺法護譯《佛說聖法印經》:"心自念言:'吾我起滅,從何所興。'思惟解知:'其吾我者,所因習未分別諸識,皆從因緣而致此業,從是因緣致有神識。'"

按:"未",石經 3.485 作未,麗藏本作味,金藏廣勝寺本作味,《大正藏》作"味"。

《說文·口部》:"味,滋味也。从口,未聲。"《說文·未部》:"未,味也。六月,滋味也。五行,木老於未,象木重枝葉也。"李孝定認爲,未之字形與木極近未,木聲母復同,疑古文木、未同源,後始衍爲二字。② 假借作否定副

---

① [清]俞樾《諸子平議》,浙江古籍出版社,2016年,第259頁。
② 李孝定編述《甲骨文字集釋》,臺灣"中研院"歷史語言研究所,1982年,卷十四第4381—4384頁。

詞,義爲不。"味"於經意不合,"未"正相諧和。"味",明未;"未",明未。明紐雙聲,未韻疊韻。"味"通"未",表示否定,相當於"不"。

【里:理】

後秦佛陀耶舍譯《四分大尼戒本》:"若比丘尼自求縷,使非親理織師織作衣者。尼薩耆波逸提。"

按:"理",石經 2.378 作"理",S.0440、P.2310、Φ156、BD00014、北大 D088、津藝 087(77·5·4430)、金藏廣勝寺本、麗藏本、《大正藏》俱作"里"。

《説文·玉部》:"理,治玉也。从玉,里聲。""里",《説文·里部》:"里,居也。从田,从土。"引申爲古代户籍管理的一級組織。《周禮·地官·遂人》:"五家爲鄰,五鄰爲里。"在比丘尼作衣的戒律裏規定,不可讓親里代爲織作衣。失譯人《梵網經述記》(真如題記本)卷一載:"如求衣鉢,如是自求種種絲縷,令非親里爲織作衣,爲利他故。"明釋弘贊輯《式叉摩那尼戒本》亦載:"不得自求縷,使非親里織師織作衣。""親里",沙門慧述《四分戒本疏》卷二釋云:"論云,所言親里者,父母七世骨血之親。"明釋弘贊輯《四分戒本如釋》卷四亦曰:"親里者,父母親里。謂從七世已來,所有親族皆名親里,異此非親。""理"於經意不合,"里"正相諧和。"理",來止;"里",來止。來紐雙聲,止韻疊韻。"理"通"里",指父母七世骨血之親。

他例如,西晉竺法護譯《大寶積經》卷十六:"若夢被繫在死屍中,是見五地。若被縛至親里圍繞,是六地。"《大正藏》作"親里",宋、宫、聖本作"親理"。後秦鳩摩羅什譯《大智度初品總説如是我聞釋論》卷二:"初父母兄姊親里,中官法,下師法——今世三種法治,後世閻羅王治,佛以今世樂、後世樂及涅槃樂利益,故名師。"《大正藏》作"親里",聖本作"親理"。後秦佛陀耶舍、前秦竺佛念譯《佛説長阿含經》卷十四:"衣服、飲食、親里之事。"《大正藏》作"親里",宋、元、明本作"親理"。唐釋道世撰《法苑珠林》卷三十五:"僮僕逃失,親里斷絕。"《大正藏》作"親里",宋、元本作"親理"。

【露:路】

(1)東晉帛尸梨蜜多羅譯《佛説灌頂隨願往生十方净土經》:"普廣菩薩又白佛言:若人在世不歸三寶不行法誡,若其命終應墮三塗受諸苦痛。其人臨終方欲精誠歸命三寶,受行法誡悔過罪釁,發露懺謝改更脩善,臨壽終時聞説經法,善師化導得聞法音,欲絶之日生是善心得解脱。"

按："露"，BD03042作■；石經3.387作■，S.0002作■，S.0297作■，S.1348作■，麗藏本、《大正藏》俱作"露"。

《說文·足部》："路，道也。从足，从各。"徐鍇繫傳作"从足，各聲"。①《說文·雨部》："露，潤澤也。从雨，路聲。"王筠句讀："當云'所以潤澤萬物者也'。"②引申爲顯露。《玉篇·雨部》："露，見也。"《集韻·莫韻》："露，彰也。""發露"，佛教語，謂顯露表白所犯之過失而無所隱覆。"路"於經意不合，"露"正相諧和。"路"，來暮；"露"，來暮。來紐雙聲，暮韻疊韻。"路"通"露"，義爲顯露。

（2）東晉帛尸梨蜜多羅譯《佛說灌頂章句拔除過罪生死得度經》："第十二願者，使我來世若有貧凍裸路眾生即得衣服，窮乏之者施以珍寶。"

按："路"，石經3.2作■，BD00317作■；P.4027V⁰作■，S.1968作■，BD00032作■，BD00848作■，BD01414作■，BD02791作■，BD02909作■，BD03407作■，BD01495、BD02130、BD02232、BD03619、麗藏本、《大正藏》俱作"露"。

由上文分析可知，"路"本義爲道路；"露"，本義爲露水，引申爲顯露。"路"於經意不合，"露"正相諧和。二字音同。"路"通"露"，義爲顯露。

他例如，西晉竺法護《佛說尊上經》"彼時尊者盧耶強者，晨起而起出窟已，在路地敷繩牀"，"路"，石經3.440作■，石經3.599作■；麗藏本、《大正藏》俱作"露"。竺法護譯《佛說決定總持經》"即從座起偏路右肩，右膝著地叉手白佛"，"路"，石經3.565作■，金藏廣勝寺本、麗藏本、《大正藏》俱作"露"。後秦佛陀耶舍譯《四分大尼戒本》"若比丘尼取僧繩牀，若木牀若臥具坐蓐，露地自敷若教人敷"，石經2.379"露"，S.0440、Φ156作"路"；P.2310、BD00014、北大D088、津藝087（77·5·4430）俱作"露"。

【免：勉】

東晉帛尸梨蜜多羅譯《佛說灌頂隨願往生十方淨土經》："長者那舍語其家言：我數日中，善神將我，以福堂無極之樂，又到地獄靡不逕歷，眼中所覩唯苦痛耳。今我又見餓鬼住處，所生父母在中受苦，見我來看悲號懊惱，欲求勉脱不能得出。我思父母在世之時，大脩福德意謂生天，而更墮在餓鬼獄中受諸苦惱。"

---

① ［南唐］徐鍇《說文解字繫傳》，中華書局，2017年，第40頁。
② ［清］王筠《說文解字句讀》，中華書局，1988年，第455頁。

按：“勉”，石經 3.388 作 ❰字❱，BD01843 作 勉；BD01843 作 免，麗藏本作 免，《大正藏》作“免”。

《説文·力部》：“勉，彊也。从力，免聲。”“免”，金文作 ❰字❱兔卣、❰字❱史免匡，象人著冕之形，爲“冕”的初文。引申爲脱掉。“免脱”，免掉、脱離。“勉”於經意不合，“免”正相諧和。“勉”，明獮；“免”，明獮。明紐雙聲，獮韻疊韻。“勉”通“免”，義爲脱掉。

他例如，三國吴康僧會譯《六度集經》卷七：“又如奴使免爲良民，困病獲瘳，九族日興，牢獄重罪逢赦得出。”同前卷三：“大赦衆罪，壞牢獄、裂池塞，免奴使，慰孝悌、養孤獨。”上二例，《大正藏》皆作“免”，宋、元、明本作“勉”。西晉竺法護譯《佛説分别經》“雖云事佛，其過難量，用是之故，長堕三塗，苦痛萬端，難得勉出”，“勉”，石經 3.619 作 ❰字❱，宫本作“勉”；麗藏本、《大正藏》俱作“免”。東晉僧伽提婆譯《增壹阿含經》卷十八：“雖當壽百歲，皆當歸於死，無免此患苦，盡當歸此道。”同前卷二十一：“於四事供養衣被、飲食、牀卧具、病瘦醫藥，無所短乏，但不免餓鬼、畜生、地獄道，亦復不免惡趣中。是謂此人身樂心不樂。”上二例，《大正藏》皆作“免”，聖本皆作“勉”。

在佛典中，有“勉斯”“不勉”“勉大”“勉罪”“勉離”“勉於”“勉此”“勉濟”“當勉”“能勉”“勉脱”“不抛”“爲勉”等語，“勉”皆通“免”，義爲脱。《可洪音義》第三册釋《大方廣十輪經》卷六“勉斯”條：“勉斯，上音免，脱也。”同前第四册釋《十住經》卷一“不勉”條：“不勉，音免，脱也。”同前第五册釋《普曜經》卷五“不勉”條：“不勉，音免，脱也，止也。正單作免也。”同前第六册釋《大净法門經》“勉大”條：“勉大，上音免，脱也。正單作免。”同前第七册釋《佛説月光童子經》“勉罪”條：“勉罪，上音免，脱也。正單作免。”同前第八册釋《請觀世音菩薩消伏毒害陁羅尼呪經》“勉離”條：“勉離，上音免，脱也。下力義反。”同前第十册釋《優婆塞戒經》卷四“勉於”條：“勉於，上音免，脱也。”同前第十二册釋《增一阿含經》卷五十“勉此”條：“勉此，上音免，脱也。”同前第十四册釋《佛説興起行經》卷上“不勉”條：“不勉，音免，脱也。”同前第十五册釋《摩訶僧祇律》卷十三“勉濟”條：“勉濟，上音免，脱也。”同前第十六册釋《四分律》卷十七“當勉”條：“當勉，音免，脱也。”同前第十八册釋《阿毗曇毗婆沙》卷廿一“能勉”條：“能勉，音免，脱也。”同前第十九册釋《阿毗達摩大毗婆沙論》卷一百卅五“勉脱”條：“勉脱，上音免，脱也。”同前第二十册釋《成實論》卷八“不抛”條：“不抛，音免，脱也。正作免也。”同前第廿一册《佛所行讚》卷四“爲勉”條：“爲勉，音免，脱也。”

【腥：星、醒】

東漢安世高譯《佛説罪業應報教化地獄經》："第二十復有衆生，其形甚醜，身體黑如漆，兩目復青，頭頰俱垍，皰面平鼻，兩目黄赤，牙齒疏缺，口氣星臭，痤短癰腫，大腹腰髖，腳復繚戾，僂脊匡肋，費衣健食。"

按："星"，石經 3.607 作星，S.1904 作醒；麗藏本、《大正藏》俱作"腥"。《説文·晶部》："曑，萬物之精，上爲列星。从晶，生聲。一曰象形，从口，古口復注中，故與日同。曑，古文星。星，曑或省。"《説文·酉部》："醒，醉解也。从酉，星聲。"《説文·肉部》："腥，星見食豕，令肉中生小息肉也。从肉，从星，星亦聲。"引申爲臭氣。"星""醒"於經意不合，"腥"正相諧和。"星"，心青；"醒"，心青；"腥"，心青。心紐雙聲，青韻疊韻。"星""醒"皆通"腥"，義爲臭氣。

【兔：菟】

唐義浄譯《金光明最勝王經》卷一："假使持兔角，用成於梯蹬，可昇上天官，方求佛舍利。"

按："兔"，石經 3.536 作兔，BD04900 作菟，BD04911 作菟，S.0032 作"菟"；BD00071 作兔，BD00233 作兔，BD00288 作兔，BD00981 作兔，BD02688 作兔，BD03011 作兔，BD03138 作兔，BD03236 作兔，BD03664 作兔，BD04064 作兔，BD04208 作兔，BD04381 作兔，BD04667 作兔，BD05239 作兔，上圖 038（812445）作菟，麗藏本作兔，金藏廣勝寺本作兔，《大正藏》作"兔"。

《爾雅·釋草》："菟絲，女蘿。"《説文·兔部》："兔，獸名。象踞，後其尾形，兔頭與龟頭同。""兔"，甲骨文作 合477、 合10458。羅振玉《增訂殷虚書契考釋》："長耳而厥尾，象兔形。"①"兔角"，兔不生角，故以"兔角"喻必無之事。《楞嚴經》卷一："無則同於龜毛兔角，云何不著？""菟"於經意不合，"兔"正相諧和。"菟"，透暮；"兔"，透暮。透紐雙聲，暮韻疊韻。"菟"通"兔"，義爲兔子。《楚辭·天問》："厥利維何，而顧菟在腹？"洪興祖補注："菟，與兔同。"②《可洪音義》第六册釋《緣生經》序文"菟浮"條："菟浮，上奴頭反，兔子也。"同前第十二册釋《三無性品》卷上"菟角"條："菟角，上他故反，正作兔。"同前第二十七册釋《續高僧傳》十五卷"菟俓"條："菟俓，上他故反，正作兔。"同前第廿八册《續高僧傳》卷廿九"狐菟"條："狐菟，他故

---

① 羅振玉《殷虚書契考釋三種》，中華書局，2006 年，第 445 頁。
② ［宋］洪興祖撰，白化文點校《楚辭補注》，中華書局，1983 年，第 89 頁。

反,正作兔。"同前第三十册釋《廣弘明集》卷二十七"全菟"條:"全菟,他故反,正作兔。"

他例如,北涼曇無讖譯《大般涅槃經》卷三十六:"若有説言一切衆生都無佛性,猶如兔角,從方便生,本無今有,已有還無,當知是人謗佛法僧。"同前卷三十七:"亦如兔角是無物故。"上二例,《大正藏》皆作"兔",宋本皆作"菟"。南朝宋釋慧嚴等依泥洹經加之《大般涅槃經》卷二十五:"佛性雖常,以諸衆生無明覆故不能得見,又未能渡十二緣河,猶如兔、馬。何以故?"同前卷三十一:"如大師子殺香象時皆盡其力,殺兔亦爾,不生輕想。"同前卷三十二:"四者畢竟名無,如兔角、龜毛。"上三例,《大正藏》作"兔",聖本皆作"菟"。北齊那連提耶舍譯《大方等大集經》卷五十:"如我往昔生在難處,受於兔身止住林中,爲令仙人得於食故,即自踊身投大火聚。"《大正藏》作"兔",聖本皆作"菟"。

【落:洛】

失譯人《佛説像法決疑經》:"如此人輩其福微劣,復有衆生見他舊時塔廟形像及以經典破洛毁壞不肯修治,便作是言:非我先宗所造,何用治爲,我寧更自造立新者。"

按:"洛",石經 2.472 作洛;P.2087 作落,S.2075 作落,《大正藏》作"落"。

《説文·水部》:"洛,水。出左馮翊歸德北夷界中,東南入渭。从水,各聲。"《説文·艸部》:"落,凡艸曰零,木曰落。从艸,洛聲。"《慧琳音義》卷六釋《大般若波羅蜜多經》"凋落"條引《説文》作"草木凋衰也"。引申爲衰謝、零落。"破落",破敗衰落。北魏酈道元《水經注·洛水》:"又西北逕潘岳父子墓,前有碑。岳父茈,瑯琊太守,碑石破落,文字缺敗。""洛"於經意不合,"落"正相諧和。"洛",來鐸;"落",來鐸。來紐雙聲,鐸韻疊韻。"洛"通"落",義爲衰謝、零落。

他例如,同前"從是已後一切道俗競造塔寺遍滿世間,塔廟形像處處皆有,或在山林曠野,或在道邊,或在巷路臭穢惡處,頽落毁壞無人治理",石經 2.473 作洛,P.2087 作落,《大正藏》作"落"。同前"當爾之時若國王大臣若城邑聚落主","落",石經 2.474 作洛,P.2087 作落,《大正藏》作"落"。隋末唐初胡吉藏撰《維摩經義》卷三:"行乞食,二入聚洛,三有所見聞。""聚洛"通"聚落"。遼釋子非濁集《三寶感應要略録》卷下:"生舍衛國多羅聚洛梵德婆羅門家。"《大正藏》作"聚洛",甲本作"聚落"。後秦鳩摩羅什譯《妙法蓮華經》卷七作"或被惡人逐,墮落金剛山。""墮落",後秦鳩摩羅什譯、明末清初徐昌治注《妙法蓮華經卓解》卷七作"墮洛",通"墮落"。上例中,"破洛""頹洛""聚洛""墮洛"等,"洛"皆通"落",分別爲"破敗衰落""居處""掉下"等義。

【際:祭】

唐義净譯《金光明最勝王經》卷一:"十方佛土悉已莊嚴,六趣有情無不蒙益,成就大智,具足大忍。住大慈悲心有大堅固力,歷事諸佛不般涅槃,發弘誓心盡未來際。廣於佛所深種净因,於三世法悟無生忍,逾於二乘所行境界,以大善巧化世間。"

按:"際",BD00288 作 祭;石經 3.535 作 際,BD00394 作 際,BD00432 作 際,BD02383 作 際,BD02386 作 際,BD03170 作 際,BD03340 作 際,BD03664 作 際,BD04050 作 際,BD04208 作 際,BD04381 作 際,BD04578 作 際,BD04953 作 際,BD06514 作 際,BD00648、S.0032、Дx01694、甘博 083、上圖 038(812445)、麗藏本、金藏廣勝寺、《大正藏》俱作"際"。

《説文·示部》:"祭,祭祀也。从示,以手持肉。"《説文·阜部》:"際,壁會也。从阜,祭聲。"引申爲先後交接或局勢形成的時候。"祭"於經意不合,"際"正相諧和。"祭",精祭;"際",精祭。精紐雙聲,祭韻疊韻。"祭"通"際",義爲先後交接或局勢形成的時候。

二、聲近韻同

【房:方】

後秦佛陀耶舍譯《四分大尼戒本》:"若比丘尼於僧房中取僧卧具,自敷若教人敷,在中若坐若卧,從彼處捨去,不自舉不教人舉者,波逸提。"

按:"房",S.0440 作"方";石經 2.379、P.2310、Φ156、BD00014、北大 D088、津藝 087(77·5·4430)、金藏廣勝寺本、麗藏本、《大正藏》俱作"房"。

《説文·方部》:"方,併船也。象兩舟省總頭形。汸,方或从水。""方",甲骨文作 𠂇 合20436、𠂇 合33094、金文作 𠂇 召卣。"方之象末,上短横(如《番生敦》等),象柄首横木,下長横即足所蹈履處,旁兩短畫或即飾文,小篆力作 𠂇,即其遺形。古者秉耒而耕,剌土曰推,起土曰方,方或借伐、發、墢等字爲之。"①《説文·户部》:"房,室在旁也。从户,方聲。""方"於經意不合,"房"

---

① 徐中舒《耒耜考》,《農業考古》,1983 年第 4 期。

正相諧和。"方",幫陽;"房",並陽。幫[p]、並[b]聲近,陽韻疊韻。"方"通"房",義爲房子。《墨子·備城門》:"五十步一方,方尚必爲關籥守之。"俞樾平議:"方者,房之叚字。五十步置一房,爲守者入息之所。"①

【辟:擗】

南朝宋惠簡譯《佛母般泥洹經》:"梵志理家聞阿難言,靡不辟地椎心滅髮宛轉哀號云:'當奈何?吾等孤露將復誰恃乎。'"

按:"辟",石經3.627作"辟",麗藏本、《大正藏》俱作"擗"。

《説文·辟部》:"辟,法也。从卩,从辛,節制其辠也;从口,用法者也。""辟"爲"璧"的本字,後借爲訓法之辟。②《玉篇·手部》:"擗,拊心也。""辟"於經意不合,"擗"正相諧和。"辟",幫昔;"擗",並昔。幫[p]、並[b]聲近,昔韻疊韻。"辟"通"擗",義爲搥打。《詩·邶風·柏舟》:"静言思之,寤辟有摽。"毛傳:"辟,拊心也。"③

反之,"擗"亦通"辟"。如隋闍那崛多譯《佛本行集經》卷十四:"但是心意所不好喜,及非吉祥,並令除擗,勿使太子於路見之。"《大正藏》作"除擗",宋、元、明本作"除辟",聖本作"除僻"。辟義爲除,"除辟"指清除。《小爾雅·廣言》:"辟,除也。""除擗""除僻"皆通"除辟"。

【啖:敢】

失譯人《佛説父母恩重經》:"於其食時非母不知父,母行來值他座席,或得餅肉,不啖啜味,懷俠來歸,來向其子。"

按:"啖",石經3.555作"啖",S.5433作敢,S.7203作敢;S.0149作敢,S.1189作敢,S.1323作敢,S.1548作敢,S.1907作敢,S.2084作敢,S.2269作啖,S.4476作敢,北大D100作啖。

《説文·受部》:"叔,進取也。从受,古聲。叔,籀文叔;敢,古文叔。"段玉裁注:"今字作敢,叔之隸變。"④《説文·口部》:"啖,噍啖也。从口,炎聲。一曰啖。"《集韻·叔韻》:"啖,或作啖。""敢"於經意不合,"啖"正相諧和。"敢",見敢;"啖",定敢。見[k]、定[d]聲近,敢韻疊韻。"敢"通"啖",義爲吃、嚼食。

---

① [清]俞樾《諸子平議》,浙江古籍出版社,2016年,第231頁。
② 羅振玉《增訂殷虚書契考釋》,羅繼祖主編《羅振玉學術論著集》第1集,上海古籍出版社,2010年,第254頁。
③ [清]阮元校刻《十三經注疏》,中華書局,1980年,第297頁。
④ [清]段玉裁《説文解字注》,上海古籍出版社,1988年,第161頁。

他例如，東晉帛尸梨蜜多羅譯《佛說灌頂章句拔除過罪生死得度經》"寧自割身肉而噉食之，不肯持錢財布施求後世之福"，"噉"，石經 3.2 作🈳，Дx03223 作🈳；P.2013 作🈳，P.2178V⁰作🈳，P.4027V⁰作🈳，S.1968 作🈳，BD00032 作🈳，BD00033 作🈳，BD000317 作🈳，BD00602 作🈳，BD01495 作🈳，BD02791 作🈳，麗藏本作🈳，《大正藏》作"噉"。北宋施護等譯《佛說無畏授所問大乘經》卷中："菩薩觀身爲他所食，鷲鳥、豺狼等食噉故。"《大正藏》作"噉"，宋本作"敢"。

【學：覺】

（1）失譯人《佛說像法決疑經》："諸惡比丘見他修定，復作是言，此人愚癡，猶如株杌，不學經論，何所修行，作是語者，殃咎累劫。"

按："學"，石經 2.473 作🈳，P.2087 作🈳，甲本作"學"；《大正藏》作"覺"。

《說文·見部》："覺，寤也。"《廣雅·釋詁三》："學，效也。"《玉篇·子部》："學，受教也。""覺"於經意不合，"學"正相諧和。"覺"，見覺；"學"，匣覺。見[k]、匣[ɣ]聲近，覺韻疊韻。"覺"通"學"，義爲學習。

（2）西晉竺法護譯《佛說八陽神咒經》："爾時，第一四天王彌勒菩薩等白佛言：我曹當共擁護持是八陽咒經一切覺者，我曹當并力擁病者令愈。"

按："覺"，石經 3.377 作🈳，麗藏本、《大正藏》俱作"學"。

"覺者"，梵語 buddha 的意譯，又作覺、知者，即已捨去迷妄分別，自徹真源，開顯真理，具有大慈悲、大智慧、自覺、覺他、覺行圓滿的聖者。"學者"，又稱學徒、學人，佛教中指從師受業之人。"覺者""學者"二詞意義迥然。結合原經上文佛所說"若在縣官中當讀是經。若在怨家中當讀是經。若在盜賊中當讀是經。若在水火中當讀是經。若在海水中逢風浪恐怖當讀是經。若在軍兵對鬥中當讀是經。若爲蠱毒所中當讀是經。若聞惡鳥鳴若惡夢當讀是經。若爲龍神所中當讀是經。若爲諸魔所中恐怖毛起者當讀是經。若有急恐病疫疾痛者，持是八陽咒經咒之立得除愈"，並頌偈語後，第一四天王、彌勒菩薩等馬上表態：願意擁護持是八陽咒經一切學徒，願意并力擁病者令愈。故石經作"覺者"，"覺"通"學"，義爲學習。

他例如，三國吳支謙譯《大明度經》卷四："若其不增，何因闓士近無上正真道得爲正學？"《大正藏》作"正學"，宋、元、明、宮、聖本皆作"正覺"。西晉竺法護譯《度世品經》卷六："此說度無極，教諸不學者，解諸根通利，中間調定本。"宋、元、明、宮本作"覺"，《大正藏》作"學"。竺法護譯《普曜經》卷八：“精進奉行無上正真之道爲最正學。”《大正藏》作“正學”，宋、元、明本皆作“正覺”。西晉白法祖譯《佛説菩薩修行經》“得無上等最正覺，志作所應及其學法”，“學”，石經 3.458 作[字]，石經 3.561 作[字]，金藏廣勝寺本作[字]；麗藏本作[覺]，《大正藏》作“覺”。後秦佛陀耶舍、前秦竺佛念譯《佛説長阿含經》卷八：“所謂十無學法，無學正見、正思、正語、正業、正命、正念、正方便、正定、正智、正解脱。”《大正藏》作“學”，聖本作“覺”。失譯人《牟梨曼陀羅呪經》：“呼云佛子汝今學習持此法故。”《大正藏》作“學”，甲本作“覺”。

反之，“學”亦通“覺”，義爲覺悟。唐窺基撰《般若波羅蜜論》卷中：“我今當學令魔王等及一切衆生，立無上戒，乃至正學，入無餘涅槃。”《大正藏》作“正學”，甲本作“正覺”。上例中，《大正藏》作“學”，皆通“覺”。

三、聲同韻近

【窟：屈】

西晉白法祖譯《佛説菩薩修行經》：“觀身巢窟受衆色愛，觀身貪惑迷著五樂。”

按：“窟”，石經 3.458 作[窟]，石經 3.561 作[窟]，麗藏本作[窟]，金藏廣勝寺本作[窟]；《大正藏》作“屈”。

《説文・尾部》：“屈，無尾也。从尾，出聲。”《玉篇・穴部》：“窟，穴也。”引申爲所居之處。《戰國策・齊策四》：“狡兔有三窟，僅得免其死耳。”“巢窟”，本義爲蟲鳥獸類棲身之處，引申爲安樂的生活場所。“屈”於經意不合，“窟”正相諧和。“屈”，溪物；“窟”，溪没。溪紐雙聲，物[ĭwət]、没[uət]韻近。“屈”通“窟”，義爲所居之處。

反之，“窟”亦通“屈”。西秦釋聖堅譯《佛説羅摩伽經》卷上：“遥見善勝長者在窟頭摩城，發意欲向漸渉道路。”《大正藏》“窟”，宋本、元本、明本、宮本作“屈”。同前“我在此海岸屈頭摩城重閣講堂，晝夜常説大慈大悲菩薩淨行法門”，各本又作“屈頭摩城”，推知，《大正藏》“窟”，亦通“屈”。唐金剛智譯《金剛頂瑜伽中略出念誦經》卷三：“我今當次第，説諸三摩耶契法，作金剛縛契已，申忍願度，窟其初分，相拄爲刀，曲進力度於刀傍，此是毘盧遮那金剛界自在契密語。”《大正藏》作“窟”，宋、元、宮、乙、丙本皆作“屈”。“窟其初分”義爲“屈其初分”，上下兩句“申”“屈”對舉，皆爲結三摩耶等契時的具體動作。同前卷三載“次如本縛契已，合申忍願二度”，同前卷三載“如本願縛契已，屈忍願度，初分相拄”，前後兩句亦“申”“屈”對舉。故《大正藏》作“窟”，通“屈”。

【相：想】

東晉帛尸梨蜜多羅譯《佛說灌頂隨願往生十方净土經》："十二者行此法時不擇富貴豪樂之人，貧苦求者等心看之无有異相。"

按："相"，石經3.388作**佂**，S.0002作**想**，BD01843作**想**，BD03042作**想**，麗藏本作**想**，《大正藏》作"想"。

《説文・目部》："相，省視也。从目，从木。"《説文・心部》："想，冀思也。从心，相聲。""相"於經意不合，"想"正相諧和。"相"，心陽；"想"，心養。心紐雙聲，陽[Iaŋ]、養[Iaŋ]韻近。"相"通"想"，義爲想法。

他例如，後秦佛陀耶舍、前秦竺佛念譯《佛説長阿含經》卷八："於是，比丘越一切色想，先盡瞋恚想，不念異想，思惟無量空處，捨空處已入識處，捨識處已入不用處，捨不用處已入有想無想處。"《大正藏》作"想"，宋本作"相"。唐玄奘譯《大般若波羅蜜多經》卷五百四十八："今此衆中六十菩薩，已於過去五百佛所親近供養，雖修佈施、净戒、安忍、精進、靜慮，而不攝受甚深般若波羅蜜多方便善巧，起別異想修別異行，不入菩薩正性離生故，於今時雖聞大法，而宿因力，不受諸漏心得解脱。"《大正藏》作"想"，宋、元、明本作"相"。

又，"相"通"想"，義爲希望、打算。如唐義净《佛説無常經》"上生非想處。下至轉輪王"，"想"，BD01367、BD03608、S.0153、S.1479、S.2540、P.3924俱作"相"；石經3.339、BD03554、BD03874、S.0311、S.2926、S.3887、S.4529、S.5160、S.5447、S.6367、TK137、TK323、津藝193（77・5・4532）、麗藏本、《大正藏》俱作"想"。

【厭：猒】

東晉帛尸梨蜜多羅譯《佛説灌頂章句拔除過罪生死得度經》："日月之神南斗北辰諸鬼神，所作諸咒誓，或作人形像，或作符書以相厭禱咒咀言説。"

按："厭"，石經3.2作**厭**，P.2178V⁰作**猒**，Дx01500作**猒**，S.1968作**猒**，BD000317作**猒**，BD00602作**猒**，BD01495作**猒**，BD02130作**猒**，BD02656作**猒**，BD02909作**猒**，P.4666作**厭**，BD00032作**厭**，BD00033作**厭**，BD00848作**厭**，BD01397作**厭**，BD02232作**厭**，BD02791作**厭**，BD03143作**厭**，BD03407作**厭**，麗藏本作**厭**，《大正藏》作"厭"。

《説文・厂部》："厭，笮也。从厂，猒聲。"段玉裁注："《竹部》曰：笮者，迫也。此義今人字作壓，乃古今字之殊。"① 引申指以詛咒鎮住、制服他人或

---

① ［清］段玉裁《説文解字注》，上海古籍出版社，1988年，第448頁。

邪惡,又稱"厭勝"。《玄應音義》卷四釋《大灌頂經》卷十二"厭禱"條:"厭禱,於冉反,下都道反。伏合人心曰厭,求福曰禱。禱,請也,請於鬼神也。""厭禱",指以巫術祈禱鬼神,以詛咒鎮住、制服他人或邪惡。《説文·甘部》:"猒,飽也。从甘,从肰。猒,猒或从目。"段玉裁注:"'厭'專行而'猒'廢矣……'猒''厭'古今字。"① "厭""猒"在"飽"義上相同,但在"鎮壓""迷信指以詛咒鎮住、制服他人或邪惡"等意義上無涉。"猒"於經意不合,"厭"正相諧和。"猒",影豔;"厭",影葉。影紐雙聲,豔[ĭɛm]、葉[ĭɛp]韻近。"猒"通"厭",義爲迷信指以詛咒鎮住、制服他人或邪惡。《可洪音義》第十七册釋《四分雜羯磨》"猒禱"條:"猒禱,上於琰反。猒,禳也。正作厭、厭二形。又於焰反,非。下都老反。"

【放:方】

東晉帛尸梨蜜多羅譯《佛説灌頂隨願往生十方浄土經》:"所以者何如人負債依附王者,債主更畏不從求財,此譬亦然。天帝方赦閻羅除遣,及諸五官伺候之神,反更恭敬不生惡心,緣此福故不墮惡道解脱厄難,隨心所願皆得往生。"

按:"方",石經 3.387 作 方,S.0002 作 放,S.1348 作 放,BD03042 作 放,S.0297、麗藏本、《大正藏》俱作"放"。

《説文·方部》:"方,併船也。象兩舟省總頭形。汸,方或从水。""方",甲骨文作 方 合27979、方 合6406,其形象耒,上短横爲柄首横木,下長横即足所蹈履處,旁兩短横或爲飾文。古者秉耒而耕,起土曰方。《説文·放部》:"放,逐也。从攴,方聲。"引申爲釋放。"放赦",釋放赦免。"方"於經意不合,"放"正相諧和。"方",幫陽;"放",幫漾。幫紐雙聲,陽[ĭwaŋ]、漾[ĭwaŋ]韻近。"方"通"放",義爲釋放。

【吾:五】

東漢安世高譯《佛説温室洗浴衆僧經》:"吾當爲汝先説澡浴衆僧反報之福。"

按:"吾",P.3919B 作 五;石經 1.87、麗藏本、《大正藏》俱作"吾"。

《説文·五部》:"五,五行也。从二。陰陽在天地間交午也。X,古文五省。"林義光《文源》:"五,本義爲交午,假借爲數名。"② "五",甲骨文作

---

① [清]段玉裁《説文解字注》,上海古籍出版社,1988年,第202頁。
② 林義光《文源》,中西書局,2017年,第59頁。

✗合28054、✗合17076，金文作✗士上盂，隸變作"五"。《玉篇·五部》："五，數也，次四也。"《説文·口部》："吾，我自稱也。从口，五聲。""五"於經意不合，"吾"正相諧和。"五"，疑姥；"吾"，疑模。疑紐雙聲，姥[u]、模[u]韻近。"五"通"吾"，義爲第一人稱代詞我。

他例如，失譯人《佛説父母恩重經》"罵詈瞋恚，不如早死，强在地上。父母聞之，悲號懊惱，流淚雙下，啼泣目腫。汝初小時非吾不長，但吾生汝，不如本無"，"吾"，石經 3.555 作"吾"，S.2084 作 五。北魏法場譯《佛説辯意長者子經》"吾爲王者以鐵輞車轢斷其頭，言已便去"，"吾"，石經 3.627 作 吾，敦博 021 作 五；麗藏本、《大正藏》俱作"吾"。

四、聲韻皆近

【宗：崇】

失譯人《佛説像法決疑經》："如此人輩，其福微劣。復有衆生，見他舊時塔廟形像及以經典，破洛毀壞，不肯修治，便作是言：非我先宗所造，何用治爲，我寧更自造立新者。"

按："宗"，石經 2.472 作 宗，P.2087 作 宗，S.2075 作 宗，甲本作"宗"，《大正藏》作"崇"。

《説文·山部》："崇，嵬高也。"段玉裁改"嵬高"作"山大而高"。①《説文·宀部》："宗，尊祖廟也。"段玉裁注："當云：尊也，祖廟也。今本奪上也字。"②引申爲祖先。"崇"於經意不合，"宗"正相諧和。"崇"，崇東；"宗"，精冬。崇[dʒ]、精[ts]聲近，東[ĭuŋ]、冬[uoŋ]韻近。"崇"通"宗"，義爲祖先。

反之，"宗"亦通"崇"，義爲崇敬、崇拜。東漢竺大力、康孟詳譯《修行本起經》卷上："時未至城門，路側神廟一國所宗，梵志相師咸言：'宜將太子禮拜神像。'即抱入廟，諸神形像，皆悉顛覆。"《大正藏》作"宗"，宋、元、明本作"崇"。後秦佛陀耶舍、前秦竺佛念譯《佛説長阿含經》卷十五："又沙門瞿曇爲諸聲聞弟子之所宗奉，禮敬供養，亦爲諸天、餘鬼神衆之所恭敬，釋種、俱利、冥寧、跋祇、末羅、酥摩皆悉宗奉。"《大正藏》作"宗"，聖本作"崇"。失譯人《大方便佛報恩經》卷七："若説法者尊重於法，聽法之人亦生宗敬，至心聽受，不生輕慢，是名清净説法。"《大正藏》作"宗"，宋、元、明本作"崇"。

---

① ［清］段玉裁《説文解字注》，上海古籍出版社，1988年，第440頁。
② ［清］段玉裁《説文解字注》，上海古籍出版社，1988年，第342頁。

【營：榮】

東晉帛尸梨蜜多羅譯《佛説灌頂章句拔除過罪生死得度經》:"是時,當有諸天善神,四天大王龍神八部,常來營衛愛敬此經。"

按:"營",石經 3.2 作營,S.1968 作榮,BD00848 作榮,BD01397 作榮;BD00032 作營,BD00033 作營,BD000317 作營,BD00391 作營,BD00602 作營,BD01495 作營,BD02130 作營,BD02232 作營,BD02791 作營,BD02909、BD03143、BD03407、BD03619、麗藏本、《大正藏》俱作"營"。

《説文·木部》:"榮,桐木也。从木,熒省聲。一曰屋梠之兩頭起者爲榮。"《説文·宫部》:"營,市居也。从宫,熒省聲。"段玉裁注:"帀,各本作市。"①引申爲護衛。《玄應音義》卷十七釋《阿毗曇毗婆沙論》"營壘"條引《三蒼》:"營,衛也。""榮"於經意不合,"營"正相諧和。"榮",雲庚;"營",餘青。雲[ɤ]、餘[j]聲近,庚[ǐwɐŋ]、青[ǐwɛŋ]韻近。"榮"通"營",義爲衛護。朱駿聲《説文通訓定聲·鼎部》:"榮,叚借爲營。"②

此外,"榮"通"營",義爲管理。如後秦佛陀耶舍、前秦竺佛念譯《佛説長阿含經》卷七:"吾欲設一切大施,汝當爲我經營處分。"《大正藏》作"營",聖本作"榮"。

【咸:減】

唐義浄譯《佛説無常經》:"七八能開四諦門,修者咸到無爲岸。"

按:"咸",BD03608 作減;石經 3.339、BD00535、BD01030、BD01063、BD01367、BD03874、S.1479、S.2540、S.3887、S.4713、S.5138、S.5447、S.6367、P.3924、TK137、TK323、津藝 193(77·5·4532)、麗藏本、《大正藏》俱作"咸"。

《説文·水部》:"減,損也。从水,咸聲。"《説文·口部》:"咸,皆也,悉也。从口,从戌。""減"於經意不合,"咸"正相諧和。"減",見豏;"咸",匣咸。見[k]、匣[ɤ]聲近,豏[ɐm]、咸[ɐm]韻近。"減"通"咸",義爲都。

反之,"咸"亦通"減",義爲減弱、衰退。如南朝宋求那跋陀羅譯《雜阿含經》卷四十一:"我今受汝憐愍故,令汝善法增長,終不退減。"《大正藏》作"減",聖本作"咸"。

---

① [清]段玉裁《説文解字注》,上海古籍出版社,1988 年,第 342 頁。
② [清]朱駿聲《説文通訓定聲》,《續修四庫全書》第 221 册,上海古籍出版社,2002 年,第 316 頁。

【髓：随】

　　唐義净譯《金光明最勝王經》卷一："然釋迦牟尼如來，曾於無量百千萬億無數大劫，不害生命行十善道，常以飲食惠施一切飢餓衆生，乃至已身血肉骨随，亦持施與令得飽滿，況飲食。"

　　按："随"，石經 3.536 作随，BD00233 作随；BD00288 作髓，BD00417 作髓，BD00648 作髓，BD01317 作随，BD03138 作髓，BD03170 作髓，BD03664 作髓，BD03852 作髓，BD04208 作髓，BD04381 作髓，BD04578 作髓，BD04667 作髓，BD04900 作髓，BD04953 作髓，BD05239 作髓，BD06025 作髓，S.0392、P.3042、上圖 038（812445）字形同前；麗藏本、金藏廣勝寺本、《大正藏》俱作"髓"。

　　《説文・辵部》："随，从也。从辵，隋省聲。"徐鍇繫傳："随，從也。從辵，隋聲。"①"随"，"隨"的省簡異體字。《慧琳音義》卷二十八釋《無量義經》"隋腦"條："上雖壘反。《説文》云：隋，骨中脂也，從骨隋省聲，或作髓。髓，經作髓，俗字也。"《素問・解精微論》："髓者，骨之充也。"王冰注："充，滿也，言髓填於骨充而滿也。"②"随"於經意不合，"髓"正相諧和。"随"，邪支；"髓"，心紙。邪[j]、心[s]聲近，支[ĭwe]、紙[ĭwe]韻近。"随"通"髓"，義爲骨髓。

【時：寺】

　　失譯人《佛説像法決疑經》："如此人輩，其福微劣。復有衆生，見他舊時塔廟形像及以經典，破落毁壞，不肯修治，便作是言：非我先宗所造，何用治爲，我寧更自造立新者。"

　　按："時"，石經 2.472 作時，P.2087 作時，S.2075 作時，甲本作"時"；《大正藏》作"寺"。

　　《説文・寸部》："寺，廷也，有法度者也。从寸，之聲。"朱駿聲《通訓定聲・頤部》："朝中官曹所止理事之處。"③《廣雅・釋宫》："寺，官也。"王念孫疏證："皆謂官舍也。"④引申義爲佛寺。《説文・日部》："時，四時也。從日，寺聲。""舊時"指從前，"舊時塔廟"即過去建造的塔廟。唐室利末多譯《示所犯者瑜伽法鏡經》："復次善男子，未來世時，復有諸衆生等見他舊時

---

① ［南唐］徐鍇《説文解字繫傳》，中華書局，2017 年，第 33 頁。
② ［唐］王冰《重廣補注黄帝内經素問》，中醫古籍出版社，2015 年，第 491 頁。
③ ［清］朱駿聲《説文通訓定聲》，《續修四庫全書》第 220 册，上海古籍出版社，2002 年，第 246 頁。
④ ［清］王念孫《廣雅疏證》，上海古籍出版社，2018 年，第 825 頁。

破塔破寺破經破像零落毀壞,無心修理。有人勸修,而作是言:非我先宗眷屬所造,何用修?""寺"於經意不合,"時"正相諧和。"寺",邪志;"時",禪之。邪[j]、禪[ʑ]聲近,志[ɪə]、之[ɪə]韻近。"寺"通"時",義爲光陰、歲月。

【浄:争】

失譯人《現在賢劫千佛名經》:"浄垢佛。"

按:"浄垢佛",S.4601 作"争垢佛";石經 1.110 作"淨垢佛",北大 D079、S.1238、S.6485、麗藏本、清藏本、《大正藏》俱作"浄垢佛"。

"浄",梵語 śuddha、viśuddha、pariśuddha 的音譯詞"清浄"的節譯,指遠離因惡行所致之過失煩惱,一般常用身語意三種清浄。"垢",梵語 mala,煩惱的異名。指污穢心的垢物。"浄垢"指清除污穢心的垢物。作"争垢"則不辭。《説文・𠬪部》:"争,引也。"段玉裁注:"凡言争者,皆謂引之使歸於己。"①徐灝注箋:"争之本義爲兩手争一物。"②"争"於經意不合,"浄"正相諧和。"争",莊耕;"浄",從勁。莊[tʃ]、從[dz]聲近,耕[æŋ]、勁[ɪɛŋ]韻近。"争"通"浄",義爲清浄。

第三節　與字形無關的假借

一、聲韻皆同

【猶:由】

(1)南朝宋沮渠京聲譯《佛説觀彌勒菩薩上生兜率天經》:"其光金色,遠祇陁園周遍七匝,照須達舍,亦作金色,有金色光,由如叚雲,遍舍衛國。"

按:"由",石經 3.432、3.560 俱作"由";石經 1.105、3.379、BD02155、BD04049、S.3807、S.4607、S.5555、P.2373、TK58、TK60、TK81+TK82+TK83、上圖 004(795017)、麗藏本、《大正藏》俱作"猶"。

《説文・犬部》:"猶,玃屬。从犬,酋聲。一曰隴西謂犬子爲猷。"清吴

---

① [清]段玉裁《説文解字注》,上海古籍出版社,1988 年,第 160 頁。
② [清]徐灝《説文解字注箋》,《續修四庫全書》第 225 册,上海古籍出版社,2002 年,第 436 頁。

昌瑩《經傳衍詞》卷一：“由，同猶，若也。”①“由”，餘尤；“猶”，餘尤。餘紐雙聲，尤韻疊韻。“由”通“猶”，義爲同、和……一樣。《周禮·考工記·梓人》：“是故擊其所縣，而由其虡鳴。”鄭玄注引鄭司農云：“由，若也。”②清劉淇《助字辨略》卷二：“由，與猶通。”③

他例如，西晉白法祖譯《佛説菩薩修行經》"佛世難值人身猶然"，"猶"，石經 3.458 作"猶"，石經 3.561、麗藏本、金藏廣勝寺本、《大正藏》俱作"由"。東晉帛尸梨蜜多羅譯《佛説灌頂章句拔除過罪生死得度經》"第二願者，使我自身猶如琉璃内外明徹净無瑕穢"，"猶"，BD00032 作"由"；石經 3.2、BD01414、BD02232、BD02791、麗藏本、《大正藏》亦俱作"猶"。北魏瞿曇般若流支譯《佛説不增不減經》"此二種見與彼三見，不相捨離由如羅網"，"由"，麗藏本、《大正藏》俱作"猶"。

（2）東晉帛尸梨蜜多羅譯《佛説灌頂章句拔除過罪生死得度經》："世間痿黄之病困篤不死一絶一生由其罪福未得料簡，録其精神在彼王所。"

按："由"，S.1968、BD00033、BD000317、BD00391、BD00737、BD01495、BD02103、BD02909、BD03143、BD03306、BD03407、BD03567、BD03619 俱作"猶"；石經 3.2、BD00032、BD00848、BD02232、BD02791、麗藏本、《大正藏》俱作"由"。

"猶"通"由"，義爲因爲。朱駿聲《説文通訓定聲·孚部》："猶，叚借爲由。"④王引之《經傳釋詞》卷一："莊四年《公羊傳》：'紀侯之不誅至今有紀者，猶無明天子也。' 猶亦與由同。"⑤

【長：腸】

唐義净譯《佛説無常經》："長喘連胸急，噎氣喉中乾。"

按："長"，BD01367 作腸；石經 3.339、BD01030、BD01063、BD03554、BD03608、BD03874、S.0153、S.0311、S.1479、S.2540、S.2926、S.3887、S.4164、S.4529、S.4713、S.5160、S.5447、S.6367、P.3924、TK137、TK323、酒博 013、津藝 193（77·5·4532）、津藝 202（77·5·4541）、麗藏本、《大正藏》俱

---

① ［清］吴昌瑩《經傳衍釋》，中華書局，1956年，第15頁。
② ［清］孫詒讓《周禮正義》，中華書局，1987年，第3380頁。
③ ［清］劉淇著，張錫琛校注《助字辨略》，中華書局，1954年，第115頁。
④ ［清］朱駿聲《説文通訓定聲》，《續修四庫全書》第220册，上海古籍出版社，2002年，第328頁。
⑤ ［清］王引之《經傳釋詞》，中華書局，1819年，第25頁。

作"長"。

《説文·肉部》:"腸,大小腸也。从肉,昜聲。"《説文·長部》:"長,久遠也。从兀,从匕。"甲骨文作 合27641、合28195,故余永梁《殷虚文字考續考》云:"長,實象人髮長皃,引申爲長久之義。""腸"於經意不合,"長"正相諧和。"腸",澄陽;"長",澄陽。澄紐雙聲,陽韻疊韻。"腸"通"長",義爲時間長。

【菀:苑】

唐義浄譯《佛説無常經》:"始從鹿菀至雙林,隨佛一代弘真教。"

按:"菀",石經 3.339 作菀,BD00535 作菀,BD01030 作菀,BD01367 作菀,BD03554 作菀,S.0311 作菀,S.1479 作菀,S.2540 作菀,S.3887 作菀,S.4713 作菀,S.5138 作菀,S.5447 作菀,S.6367 作菀,P.3924 作菀,津藝 193(77·5·4532)作菀;BD01063 作苑,BD03608 作苑,BD03874 作苑,S.0153 作苑,S.2926 作苑,S.4529 作苑,TK137 作苑,TK323 作苑,麗藏本作苑,《大正藏》作"苑"。

《説文·艸部》:"菀,茈菀,出漢中房陵。从艸,宛聲。"《説文·艸部》:"苑,所以養禽獸也。从艸,夗聲。""菀"於經意不合,"苑"正相諧和。"菀",影阮;"苑",影阮。影紐雙聲,阮韻疊韻。"菀"通"苑",義爲養禽獸植樹木的地方。《管子·水地》:"地者,萬物之本原,諸生之根菀也。"尹知章注:"菀,囿,城也。"①朱駿聲《説文通訓定聲·乾部》:"菀,叚借爲苑。"②

他例如,西晉竺法護譯《大哀經》卷三:"在波羅奈鹿苑之中住世尊前,稽首足下勸請世尊令轉法輪。""苑",《大正藏》作"苑",宋本作"菀"。

【仁:人】

失譯人《現在賢劫千佛名經》:"仁賢佛。"

按:"仁",北大 D079 作"人";石經 1.110、清藏本、麗藏本、《大正藏》俱作"仁"。

《説文·人部》:"人,天地之性最貴者也。此籀文,象臂脛之形。""人",甲骨文作 屯3072、合1022乙,象人側面而立之形,《説文》釋義爲文化義。《説文·人部》:"仁,親也。从人,从二。""仁"爲會意字。"仁賢",梵名

---

① 黎祥鳳《管子校注》,中華書局,2004 年,第 899 頁。
② [清]朱駿聲《説文通訓定聲》,《續修四庫全書》第 221 册,上海古籍出版社,2002 年,第 169 頁。

Bhadrika 的意譯，爲佛陀最初所度五比丘之一，屬釋迦族。"人"於經意不合，"仁"正相諧和。"人"，日真；"仁"，日真。日紐雙聲，真韻疊韻。"人"通"仁"，義爲仁愛、憐憫。《穀梁傳·莊公元年》："接練時，録母之變，始人之也。"王引之述聞："人之者，仁之也。"①

反之，"仁"亦通"人"，義爲某人或某些人。如唐義净譯《佛説無常經》"唯有勝法不滅亡，諸有智人應善察"，"人"，S.3887 作仁；石經 3.339、BD00535、BD01030、BD01063、BD01367、BD03554、BD03608、BD03874、S.0153、S.0311、S.1479、S.2540、S.2926、S.4529、S.4713、S.5160、S.5447、S.6367、P.3924、TK137、TK323、酒博 013、北大 D093、津藝 193（77·5·4532）、津藝 202（77·5·4541）、麗藏本、《大正藏》俱作"人"。

【愆：騫】

失譯人《佛説父母恩重經》："常無恩受，復無襦被寒，苦辛厄難遭之，甚年老色衰，多饒蟣虱，夙夜不卧，長吟歎息，何罪宿愆生此不孝之子。"

按："愆"，石經 3.555 作愆，石經 3.340 作"騫"，《大正藏》作"愆"；S.0149 作愆，S.0865 作愆，S.1323 作愆，S.1907 作愆，S.2084 作愆，S.2269 作愆，S.3228 作愆，北大 D100 作愆，北大 D101 作愆，上博 48（41379）作愆。

《説文·馬部》："騫，馬腹縶也。从馬，寒省聲。"徐鍇繫傳作"馬腹熱也"②。"愆"，《玄應音義》卷三釋《勝天王般若經》卷一"三愆"條："古文蹇、遍二形，籀文作諐，今作愆，同。"《説文·心部》："愆，過也。从心，衍聲。""騫"於經意不合，"愆"正相諧和。"騫"，溪仙；"愆"，溪仙。溪紐雙聲，仙韻疊韻。"騫"通"愆"，義爲過失、延誤。《荀子·正名》："長夜漫兮，永思騫兮。"楊倞注："騫，咎也。"③

【友：有】

失譯人《佛説父母恩重經》："遂至長大，朋友相隨，梳頭摩髮。欲得好衣，覆蓋身體。弊衣破故，父母自著。新好綿帛，先與其子。"

按："友"，石經 3.555 作"友"，S.5433 作有；S.1189 作友，S.1323 作友，

---

① ［清］王引之撰，虞思徵等校點《經義述聞》，上海古籍出版社，2016 年，第 1518 頁。
② ［南唐］徐鍇《説文解字繫傳》，中華書局，2017 年，第 199 頁。
③ ［清］王先謙撰，沈嘯寰、王星賢點校《荀子集解》，中華書局，2013 年，第 503 頁。

P.2285作󰀀，BD00439作󰀀，S.1548作󰀀，S.7203作󰀀，S.1907作󰀀，S.2269作󰀀，北大D100作󰀀，S.2084作󰀀，S.3228作󰀀，P.3919A.3作󰀀。

《説文·有部》："有，不宜有也。《春秋傳》曰：'日月有食之。'从月，又聲。"林義光《文源》："有，持有也。古从又持肉，不从月。"①《説文·又部》："友，同志爲友。从二又相交友也。""有"於經意不合，"友"正相諧和。"有"通"友"，義爲朋友。《詩經》裏有假借用例，但意義不同與此。"有"，雲有；"友"，雲有。雲紐雙聲，有韻疊韻。"有"通"友"，義爲相親愛。《小雅·四月》："盡瘁以仕，寧莫我有。"陳奂傳疏："有，相親有也。"②

他例如，西晉白法祖譯《佛説菩薩修行經》"觀身昧冥意懷喜悦，觀身無住生死種異，觀身識念懷想衆賤，觀身無有極養會離，觀身衆食狐吞狼争"，"有"，麗藏本、金藏廣勝寺本、《大正藏》俱作"友"。

【德：得】

失譯人《現在賢劫千佛名經》："精進得佛。"

按："得"，石經1.109作"淂"，S.4601作"得"；S.6485、北大D079、清藏本、麗藏本、《大正藏》俱作"德"。

"淂"，"得"的異體字。《説文·彳部》："得，行有所得也。从彳，䙷聲。䙷，古文省彳。""得"，甲骨文作󰀀合849、󰀀合3347。羅振玉《增定殷虚書契考釋》："󰀀，此从又持貝，得之意也。或增彳。許書古文从見，殆从貝之譌。"③《説文·彳部》："德，升也。从彳，悳聲。"記錄道德、品行義時，爲"悳"字借字。《説文·心部》："悳，外得於人，内得於己也。从直，从心。"《玉篇·心部》："悳，今通用德。"《廣韻·德韻》："德，德行。悳，古文。"佛祖釋迦牟尼的十大弟子之一富樓那從事弘法利生事業時，謹記佛陀對布教工作者應具備十德的訓示：一、善知法義德；二、能爲宣説德；三、處衆無畏德；四、辯才無礙德；五、方便巧説德；六、隨法行法德；七、具足威儀德；八、勇猛精進德；九、身心無倦德；十、成就威力德。"得"於經意不合，"德"正相諧和。"得"，端德；"德"，端德。端紐雙聲，德韻疊韻。"得"通"德"，義爲道德、品行。《荀子·解蔽》："宋子蔽於欲而不知得。"俞樾平議："古'得''德'字通用。"④

---

① 林義光《文源》，中西書局，2017年，第126頁。
② ［清］陳奂《詩毛氏傳疏》，鳳凰出版社，2018年，第679頁。
③ 羅振玉《殷虚書契考釋三種》，中華書局，2006年，第503頁。
④ ［清］俞樾《諸子平議》，浙江古籍出版社，2016年，第301頁。

他例如,東晉帛尸梨蜜多羅譯《佛説灌頂隨願往生十方浄土經》"若得生已,當爲人作福得之子,不爲耶鬼所得便種族豪强","得",石經 3.387 作得,S.0002 作德,S.0297 作德,S.1348 作德,BD03042 作德,麗藏本作德,《大正藏》作"德"。

反之,"德"亦通"得",義爲得到、能够。如三國吴支謙譯《黑氏梵志經》"鄙心開解,如盲得目聾者德聽,真爲普見審一切智","德",石經 3.618 作德,麗藏本、《大正藏》俱作"得"。南朝梁僧伽婆羅譯《度一切諸佛境界智嚴經》"彼諸衆生不知此地是宮殿影,乃布施持戒修諸功德,爲德如此宮殿果報","德",石經 3.448 作德,石經 3.556、《大正藏》、麗藏本俱作"得"。

【夙:宿】

失譯人《佛説父母恩重經》:"常無恩受,復無襦被寒,苦辛厄難遭之,甚年老色衰,多饒蟣虱,夙夜不卧,長吟歎息。"

按:"夙",石經 3.555 作"夙",S.4724 作佰,上博 48(41379)作宿;S.3228 作夙。

《説文·夕部》:"夙,早敬也。从丮持事,雖夕不休,早敬者也。""夙",甲骨文作 合20346反、合補9601,金文作利簋、師酉簋。胡光煒《説文古文考》:"象人執事于月下,侵月而起,故其義爲早。"①又,《説文·夕部》:"佰,古文夙,从人、囟。佀,亦古文夙,从人、丙。宿从此。"從構字理據來看,佰、佀二字與、、含義完全不同,《説文》所謂"夙"的古文實爲"宿"的初文,商承祚《説文中之古文考》:"佰、佀實宿之初字……象人在席旁。"②《説文·宀部》:"宿,止也。从宀,佰聲。""宿",甲骨文作 合29351、合27805、合27812,會意字,會人卧於簟席上之意。容庚《金文編》:"許書从囟、丙,乃由傳寫之訛。""宿"於經意不合,"夙"正相諧和。"宿",心屋;"夙",心屋。心紐雙聲,屋韻疊韻。"宿"通"夙",義爲早。

他例如,西晉白法祖譯《般泥洹經》卷下:"吾所以宿夜約己自損,正心行慈者,但欲遠離此貪欲耳。"西晉竺法護譯《普曜經》卷三:"人命速駛猶山水流,宿夜逝疾難可再還,老亦然矣,不亦苦哉。"上二例,《大正藏》作"宿",宋、元、明本作"夙"。

---

① 胡光煒《説文古文考》,《胡小石論文集三編》,上海古籍出版社,1995 年,第 463 頁。
② 商承祚《説文中之古文考》,上海古籍出版社,1983 年,第 66 頁。

【伐：罰】

東漢安世高譯《佛説罪業應報教化地獄經》："朝廷不以其爵，趣爲趣作，心意顛倒無有其度，煞君害師，罰國掠人，攻城破塢偷寨過盜，惡業非一。"

按："罰"，石經3.607作𦋐，S.1904作罰；麗藏本、《大正藏》俱作"伐"。《説文·刀部》："罰，辠之小者。从刀，从詈。"《説文·人部》："伐，擊也。从人持戈。一曰敗也。""伐"，甲骨文作 㐲合6540、㐲合27009，象以戈殺人之形，引申爲攻打、征伐。"罰"於經意不合，"伐"正相諧和。"罰"，並月；"伐"，並月。並紐雙聲，月韻疊韻。"罰"通"伐"，義爲攻打、征伐。

他例如，三國吴支謙譯《撰集百緣經》卷四："人民熾盛，豐樂無極，無諸兵甲，不相征罰。""罰"，《大正藏》作"罰"，元、明本作"伐"。作"討罰""攻罰""征罰"，"罰"皆通"伐"。後秦佛陀耶舍、前秦竺佛念譯《佛説長阿含經》卷三："大王！有所討罰，王不足憂，我自能辦。"

反之，"伐"亦通"罰"，義爲處罰、懲治。如南朝宋求那跋陀羅譯《雜阿含經》卷二十三："世尊責罰我，住世未滅度，護持我正法，勿令法没盡。"《大正藏》作"責罰"，聖本作"責伐"，麗本作"責𦋐"。"𦋐"爲"罰"的異體字。"責伐"即"責罰"。

【拘：俱】

東漢安世高譯《佛説罪業應報教化地獄經》："第十三復有衆生，攣背僂腰髖不遂，腳跛手俱，不能操涉。"

按："俱"，石經3.607作俱，麗藏本、《大正藏》俱作"拘"；宋、元、明、宫本作"折"。

《説文·人部》："俱，偕也。从人，具聲。"《説文·手部》："拘，止也。从句，从手，句亦聲。"引申爲拘攣不能伸直，《素問·生氣通天論》："緛短爲拘，弛長爲痿。"王冰注："縮短，故拘攣而不伸，引長，故痿弱而無力。緛，縮也。弛，引也。"①"俱"於經意不合，"拘"正相諧和。"俱"，見虞；"拘"，見虞。見紐雙聲，虞韻疊韻。"俱"通"拘"，義爲拘攣不能伸直。

又，宋、元、明、宫本作"折"，與"拘"爲同義詞關係。《廣韻·薛韻》："折，斷而猶連也。"

---

① ［唐］王冰《重廣補注黄帝内經素問》，中醫古籍出版社，2015年，第14頁。按：注文中"弛，引也"，原書作"拖，引也"，今正。

【瞻：占】

　　東漢安世高譯《佛說長者子懊惱三處經》："夫便上樹，爲取此華。樹枝細劣，即時摧折，兒便墮地，斷絕而死。父母聞之，知墮樹死，便走奔趣，母抱其頭，父抱兩腳，摩抄占視，永絕不蘇。父母悲哀，五內摧傷，衆客見之，亦代哀痛。"

按："占"，石經 3.615 作"占"，麗藏本、《大正藏》俱作"瞻"。

《說文·卜部》："占，視兆問也。从卜，从口。""占"，甲骨文作 合19886、合1148正， 象卜骨之形。《說文·目部》："瞻，臨視也。从目，詹聲。""占"於經意不合，"瞻"正相諧和。"占"，章鹽；"瞻"，章鹽。章紐雙聲，鹽韻疊韻。"占"通"瞻"，義爲向下看。

他例如，東漢支婁迦讖譯《般舟三昧經》卷下："若有菩薩聞是三昧，欲行至彼聞求是三昧者，當承事其師十歲、百歲，悉具足供養占視。"失譯人《佛說菩薩本行經》卷下："諸有病者悉來詣我，當給醫藥飲食占視。"上二例，《大正藏》皆作"占視"，元、明本皆作"瞻視"。南朝宋沮渠京聲譯《佛說諫王經》："所有珍寶與民共之，占視老病及諸鰥寡。"《大正藏》作"占視"，聖本作"瞻視"。

【設：說】

　　北涼法盛譯《佛說菩薩投身飼餓虎起塔因緣經》："時，群臣白王：'太子布施誓度群生。非無常煞鬼所侵奪也。及未臭爛，宜說供養。'"

按："說"，石經 2.404 作"說"，金藏廣勝寺本、麗藏本、《大正藏》俱作"設"。

《說文·言部》："說，說釋也。从言、兌。一曰談說。"徐鍇繫傳作"從言，兌聲。"① 《說文·言部》："設，施陳也。从言，从殳。殳，使人也。""說"於經意不合，"設"正相諧和。"說"，書薛；"設"，書薛。書紐雙聲，薛韻疊韻。"說"通"設"，義爲陳設。

【徒：塗】

　　東晉帛尸梨蜜多羅譯《佛說灌頂章句拔除過罪生死得度經》："王當放赦屈厄之人，徒鎖解脫王得其福。"

按："徒"，S.1968 作塗；石經 3.2、BD00032、BD00033、BD00317、BD03567、BD00391、BD00737、BD00848、BD01169、BD01397、BD01495、BD02103、

---

① ［南唐］徐鍇《說文解字繫傳》，中華書局，2017 年，第 45 頁。

BD02232、BD02691、BD02756、BD02791、BD03306、BD03407、BD03619、麗藏本、《大正藏》俱作"徒"。

《説文新附·土部》："塗，泥也。从土，涂聲。"《説文·辵部》："徒，步行也。从辵，土聲。"引申爲衆。《玉篇·彳部》："徒，衆也。""塗"於經意不合，"徒"正相諧和。"塗"，定模；"徒"，定模。定紐雙聲，模韻疊韻。"塗"通"徒"，义爲衆。

【志：至】

唐義浄譯《佛説無常經》："天阿蘇羅藥叉等，來聽法者應至心。"

按："至"，BD01367 作 志，S. 6367 作 志；石經 3. 339、BD00535、BD01030、BD01063、BD03554、BD03874、S. 0153、S. 0311、S. 2540、S. 2926、S.3887、S.4007、S.4164、S.4529、S.4713、S.5447、P.3924、TK137、TK323、酒博013、北大 D093、津藝 193（77·5·4532）、津藝 202（77·5·4541）、麗藏本、《大正藏》俱作"至"。

《説文·至部》："至，鳥飛從高下至地也。从一，一猶地也。象形。不上去而至下，來也。""至"，甲骨文作 ♉合2199正、♉合10964，故羅振玉《雪堂金石文字跋尾》認爲："象矢遠來降至地之形，非象鳥形也。"①《説文·心部》："志，意也。从心，之聲。""志心"即專心。"至"於經意不合，"志"正相諧和。"至"，章至；"志"，章志。章紐雙聲，至[i]、志[Iə]韻近。"至"通"志"，義爲專一。

他例如，隋闍那崛多譯《佛本行集經》卷六："汝等諸天！今可至心諦聽諦受，我今説之。"《大正藏》作"至心"，宋、元、明本作"志心"。宋法賢譯《佛説最上根本大樂金剛不空三昧大教王經》卷四："若依法以衆香花伎樂等，隨力供養而發誓願，志心持誦吽字大明者，速得一切成就。"《大正藏》作"志心"，宋、元本作"至心"。

【垣：園】

南朝宋沮渠京聲譯《佛説觀彌勒菩薩上生兜率天經》："時諸天子作是願已，是諸寶冠化作五百萬億寶宫，一一寶宫有七重垣，一一垣七寶所成。"

按：本例中的兩個"垣"，石經 3.432、3.560、3.379、BD04049、S.5555、

---

① 羅振玉《雪堂金石文字跋尾》，《石刻史料新編》第三輯第三十八册，新文豐出版社，1986年，第 283 頁。

P.2373、P.4535、上圖004(795017)俱作"園";石經1.105、TK58、TK60、TK81+TK82+TK83、麗藏本、《大正藏》俱作"垣"。

《説文·口部》:"園,所以樹果也。从口,袁聲。"《説文·土部》:"垣,牆也。从土,亘聲。""園"於經意不合,"垣"正相諧和。"園",雲元;"垣",雲元。云紐雙聲,元韻疊韻。"園"通"垣",義爲墙、矮墙。

他例如,東晉佛陀跋陀羅、法顯譯《摩訶僧祇律》卷八:"周匝有垣牆者,無罪。"《大正藏》作"垣",宋、元、明、宫本作"園"。東晉佛馱跋陀羅譯《大方廣佛華嚴經》卷四十五:"三有爲城郭,高①慢爲園牆。"《大正藏》作"園",宋、元、明、宫本作"垣"。南朝宋求那跋陀羅譯《佛説菩薩行方便境界神通變化經》卷下:"七寶莊嚴周匝百千,七寶垣牆以爲莊嚴,有百千墼,七種香水充滿其中。"《大正藏》作"垣",聖本作"園"。

【傘:散】

唐義净譯《金光明最勝王經》卷一:"假使波羅葉,可成於傘蓋,能遮於大雨,方求佛舍利。"

按:"傘",BD00071作散;石經3.536、BD00288、BD00981、BD02688、BD03011、BD03138、BD03236、BD03664、BD04064、BD04208、BD04381、BD04667、BD04900、BD04911、BD05239、上圖038(812445)、麗藏本、金藏廣勝寺本、《大正藏》俱作"傘"。

《説文·肉部》:"散,雜肉也。从肉,㪔聲。"引申爲鬆散。《説文新附·糸部》:"繖,蓋也。从糸,散聲。"《玉篇·罙部》:"繖,蓋也。"《集韻·緩韻》:"繖,亦作傘。"引申爲遮陽或遮雨的工具。《正字通·人部》:"傘,禦雨蔽日,可以卷舒者。""散"於經意不合,"傘"正相諧和。"散",心旱;"傘",心旱。心紐雙聲,旱韻疊韻。"散"通"傘",義爲遮陽遮雨的工具。

【甦:蘇】

東晉帛尸梨蜜多羅譯《佛説灌頂隨願往生十方浄土經》:"家中問言那舍長者病苦如是,本死今甦從何而來。"

按:"甦",石經3.388作甦,S.0002作蘓,S.0297作蘇,BD01843作蘓,BD03042作蘇,麗藏本作蘇,《大正藏》作"蘇"。

《廣雅·釋詁一》:"穌,取也。今樵蘇字皆以蘇爲之。"《説文·禾

---

① 按:"高",《大正藏》作"高",聖本作"憍"。

部》:"穌,把取禾若也。"段玉裁改爲"杷取禾若也"。① 邵瑛群經正字:"穌爲把取禾若,轉義即爲死而更生曰穌,今經典統用蘇字。"②《説文·艸部》:"蘇,桂荏也。从艸,穌聲。"即紫蘇艸。"蘓""蘇"爲構件位移異體字關係。《集韻·模韻》:"穌,一曰死而更生曰穌。通作蘇。俗作甦,非是。"即"穌"的死而復生義,後借"蘇"記録,南北朝時造會意字"甦"來記録。"蘇",心模;"甦",心模。心紐雙聲,模韻疊韻。"蘇"通"甦",義爲蘇醒、死而復生。

他例如,後秦佛陀耶舍、前秦竺佛念譯《佛説長阿含經》卷四:"時,諸末羅聞是言已,舉聲悲號,宛轉躃地,絶而復<u>甦</u>。"《大正藏》作"甦",聖本作"蘇"。北魏瞿曇般若流支譯《正法念處經》卷二十一:"如人弄鈴,垂死乃放。象既放已,得少<u>甦</u>息,語阿修羅言。"《大正藏》作"甦",宋、元、明、宫本作"蘇"。

【壽:受】

東漢安世高譯《佛説温室洗浴衆僧經》:"勇猛天中尊,端正<u>受</u>延長。"

按:"受",石經1.87作𠭥,P.3919B作夀,麗藏本、《大正藏》俱作"壽"。

《説文·𠬪部》:"受,相付也。从𠬪,舟省聲。"林義光《文源》:"象相授受形,舟聲。授、受二字,古皆作受。"③《説文·老部》:"壽,久也。从老省,疇聲。""壽延"即壽命。"受"於經意不合,"壽"正相諧和。"受",禪有;"壽",禪有。禪紐雙聲,有韻疊韻。"受"通"壽",義爲壽命。

他例如,唐義浄譯《佛説無常經》"假使壽命滿百年,終歸不免無常逼","壽",S.1479作受,S.2540作壽,S.3887作受,S.5160作受;石經3.339、BD00535、BD01030、BD01063、BD01367、BD03554、BD03608、BD03874、S.0153、S.0311、S.2926、S.4529、S.4713、S.5447、S.6367、P.3924、TK137TK323、酒博013、北大D093、津藝193(77·5·4532)、津藝202(77·5·4541)、麗藏本、《大正藏》俱作"壽"。同前"如其壽命盡,須臾不暫停","壽",S.1479作受;石經3.339、BD01030、BD01063、BD01367、BD03554、BD03608、BD03874、S.0153、S.0311、S.2540、S.2926、S.3887、S.4713、S.5160、S.5447、S.6367、P.3924、TK137、TK323、津藝193(77·5·4532)、麗藏本、《大正藏》俱作"壽"。

---

① [清]段玉裁《説文解字注》,上海古籍出版社,1988年,第327頁。
② [清]邵瑛《説文解字群經正字》,《續修四庫全書》第211册,上海古籍出版社,2002年,第189頁。
③ 林義光《文源》,中西書局,2017年,第95頁。

【慧：惠】

東晉帛尸梨蜜多羅譯《佛説灌頂章句拔除過罪生死得度經》："長得歡樂聰明智慧，遠離惡道得生善處。"

按："慧"，P. 2013 作惠，BD02656 作恵，BD03619 作恵；石經 3.2、P.4666、S. 1968、BD00032、BD00033、BD000317、BD00602、BD00848、BD01397、BD01495、BD02232、BD02791、BD02909、麗藏本、《大正藏》俱作"慧"。

《說文·叀部》："惠，仁也。从心，从叀。"馬敘倫疏證："鍇本作从心叀，蓋奪聲字耳。叀爲穿鑿之穿本字，聲在真類。叀聲脂類。脂真對轉也。當入心部。"①《說文·心部》："慧，儇也。从心，彗聲。""惠"於經意不合，"慧"正相諧和。"惠"，匣霽；"慧"，匣霽。匣紐雙聲，霽韻疊韻。"惠"通"慧"，義爲聰明。

他例如，同前"天上福盡若下生人間，當爲帝王家作子，或生豪姓長者居士富貴家生，皆當端正聰明智慧高才踴猛"，"慧"，石經 3.2 作慧，BD00032 作惠，BD02656 作恵，BD03619 作恵；BD00033、BD000317、BD00602、BD00848、BD01397、BD01495、BD02232、BD02791、BD02909、BD03407、麗藏本、《大正藏》俱作"慧"。北魏法場譯《佛說辯意長者子經》"晝夜常學問，智惠是大寶"，"惠"，石經 3.626 作惠，麗藏本、《大正藏》俱作"慧"。唐義淨譯《佛說無常經》"大捨防非忍無倦，一心方便正惠力"，"惠"，石經 3.339 作惠，BD01367 作惠、S. 1103 作惠、S. 3887 作恵、S. 6367 作惠；BD00535、BD01030、BD01063、BD03554、BD03874、S. 4713、S. 5138、S. 5447、P. 3924、TK137、TK323、津藝 193（77·5·4532）、麗藏本、《大正藏》俱作"慧"。唐義淨譯《佛說無常經》"明眼無過惠，黑闇不過癡"，"惠"，石經 3.339 作惠，BD00535、BD01030、BD01063、BD03554、BD03608、BD03874、S.0153、S.1479、S.2926、S. 3887、S. 4164、S. 4529、S. 4713、S. 5160、S. 5447、P. 3924、TK137、TK323、酒博 013、北大 D093、津藝 193（77·5·4532）、津藝 202（77·5·4541）、麗藏本、《大正藏》俱作"慧"；BD01367 作惠，S.0311 作惠，S.6367 作恵。

【惡：汙】

唐義淨譯《金光明最勝王經》卷一："若心亂者得本心，若無衣者得衣服，被惡賤者人所敬，有垢穢者身清潔，於此世間所有利益，未曾有事悉皆顯現。"

按："惡"，石經 3.536 作惡，BD04578 作汙；BD03664、BD03852、

---

① 馬敘倫《說文解字六書疏證》（三），上海書店出版社，1985 年，卷八第 9 頁。

BD04064、BD04208、BD04381、BD04667、BD04900、BD04953、BD05239、BD06025、上圖 038(812445)、麗藏本、金藏廣勝寺本俱作惡。

《説文·水部》：" 汙，薉也。一曰小池爲汙，一曰涂也。从水，于聲。"《玉篇·心部》："惡"，同"惡"。《廣韻·暮韻》："惡，憎惡也。"《慧琳音義》卷二十九釋《金光明最勝王經》卷一"惡賤"條："惡賤，上烏故反。顧野王云：惡，猶憎嫌也。從亞作惡，正體字也。今俗改從严，誤錯也。"《玄應音義》卷十五釋《十誦律》卷四十八"惡賤"條："惡賤，烏故反，謂憎惡也。下茨箭反，《廣雅》：賤卑也。經文作汙濺，非也。濺，音子旦反。"《慧琳音義》卷五十八釋《十誦律》卷四十八"惡賤"條："惡賤，烏故反，謂憎惡也。下茨箭反。《廣雅》：賤卑也。經文作汙濺，非也。濺，音子旦反。"《慧琳音義》卷二十六釋《大般涅槃經》卷十二"惡賤"條："惡賤，上烏故反，憎嫌也。亦作偓，字用同。"故"汙"於經意不合，"惡"正相諧和。"汙"，影暮；"惡"，影暮。影紐雙聲，暮韻疊韻。"汙"通"惡"，義爲憎嫌。《可洪音義》第十五册釋《十誦律》卷卅八"汙賤"條："汙賤，上烏故反，嫌也。正作惡。"《可洪音義》第十八册釋《毗尼母經》卷六"汙賤"條："汙賤，上烏故反，嫌也。正作惡也。"《可洪音義》第十八册釋《毗尼母經》卷三"污賤"條："污賤，上烏悟反。又屋乎反，非也。"

他例如，後秦佛陀耶舍、前秦竺佛念等譯《四分律》卷四十一："爾時比丘患下脱痔病，以粗木作籌草患痛，佛言：'聽以毳、若劫貝、若鳥毛故衣物拭之。'用竟舉置不浣，諸比丘見便汙賤，白佛，佛言：'不應用竟舉置不浣應浣。'彼浣已不絞去水爛壞蟲生，佛言：'應絞去水曬令乾。'"《大正藏》作"汙賤"，宋、元、明、宫本作"惡賤"。同前卷四十二："時有比丘，自往塚間，取人髮人脂持去。時諸居士，見皆憎惡汙賤。諸比丘白佛，佛言：聽静無人時取。"上二例，《大正藏》皆作"汙賤"，宋、元、明、宫本皆作"惡賤"。唐釋道世撰《法苑珠林》卷九十四："若腹中有病，急者應出外，莫令人生惡賤心。"《大正藏》作"惡賤"，宋、元、明、宫本皆作"汙賤"。

【上：尚】

唐義净譯《佛説無常經》："無尚諸世尊，獨覺聲聞衆。"

按："尚"，石經 3.339 作 尚，BD00535、BD01030、BD01063、BD01367、BD03554、BD03608、BD03874、S. 0153、S. 0311、S. 1479、S. 2540、S. 2926、S.3887、S.4529、S.4713、S.5160、S.5447、S.6367、P.3924、TK137、TK323、津藝 193(77·5·4532)、麗藏本、《大正藏》俱作"上"。

《説文·八部》："尚，曾也，庶幾也。从八，向聲。"徐灝箋："尚者，尊上之義,向慕之儞。《論語·里仁篇》'好仁者無以尚之'是也。尚之言上也,加也。曾猶重也,亦加也,故訓爲曾。庶幾,冀及之詞。"①《説文·上部》:"⊥,高也。此古文上,指事也。上,篆文⊥。"段玉裁注:"古文上作二。"②"上",甲骨文作 二 合30388、二 合14257,金文作 二 大豐簋、二 牆盤,正是。《詩·周頌·敬之》:"無曰高高在上。""無上",至高,無出其上。"尚"於經意不合,"上"正相諧和。"尚",禪漾;"上",禪漾。禪紐雙聲,漾韻疊韻。"尚"通"上",義爲高處。《玄應音義》卷七十一釋《袛音阿毘達磨順正理論》"尚年"條引《倉頡訓詁》:"尚,上也。"《廣雅·釋詁一》:"尚,上也。"《國語·晉語》:"尚有晉國。"注:"尚,上也。"③清朱駿聲《説文通訓定聲·壯部》:"尚,叚借爲上。"④

二、聲同韻近

【俱顯:居濕】

失譯人《佛説父母恩重經》:"歲滿月充,母子俱顯,生墮草上。"

按:"俱顯",石經 3.555 作"俱顯",石經 2.513 作"居濕";S.0149、S.0865、S.1189、S.1323、S.1548、S.1907、S.2084、S.5433、S.7203、P.2285、上博48(41379)俱作"俱顯"。

《説文·頁部》:"顯,頭明飾也。从頁,㬎聲。""濕",同"隰",低濕的地方。《集韻·緝韻》:"隰,《説文》'阪下溼也。'或作濕。""顯"的"頭明飾"之義、"濕"的"低濕的地方"之義,代入原經文,皆扞格難通。北宋沙門遇榮鈔《佛説盂蘭盆經疏並序孝衡鈔》卷上云:"《恩重經》云:佛告大衆:人生在世,父母爲親;非父不生,非母不養。是以寄託母胎。懷身十月,歲滿月充。母子俱險,生墮草上。"同前卷下亦載:"恩重經云:……十月懷身,歲滿月充。子母俱險,生墮草上。"皆作"俱險"。東晉竺曇無蘭譯《五苦章句經》載"王曰:諦聽,當爲汝曹説!五使者:一曰世間母人,懷妊十月,身爲之病⑤,臨當產時日⑥,父母怖危,既得挽身,從死得生,乳哺懷抱,推燥居濕,逮⑦得

---

① [清]徐灝《説文解字注箋》,《續修四庫全書》第 225 册,上海古籍出版社,2002 年,第 216 頁。
② [清]段玉裁《説文解字注》,上海古籍出版社,1988 年,第 1 頁。
③ 徐元誥撰,王樹民、沈長雲點校《國語集解》,中華書局,2002 年,第 340 頁。
④ [清]朱駿聲《説文通訓定聲·壯部》,《續修四庫全書》第 221 册,上海古籍出版社,2002 年,第 347 頁。
⑤ 《大正藏》"病",宋、元、明、宮本作"痛"。
⑥ "日",《大正藏》"曰",今據宋、元、明、宮、知本作"日"。
⑦ "逮",《大正藏》"遞",今據宋、元、明、宮本作"逮"。

長大,憂慮萬端,汝見之不?"這段話爲"母子俱險"做了注腳。"顯",曉銑,"險",曉琰。曉母雙聲,銑[ien]、琰[ĭɛm]韻近。"顯"通"險",義爲危險。"濕",邪[z]紐、緝[ĭəp]韻,與"險"音近。"濕"亦通"險"。

又,《説文·尸部》:"居,蹲也。"《説文·人部》:"俱,偕也。""居"於經意不合,"俱"正相諧和。"居",見魚[ĭo];"俱",見虞[ĭu]。見紐雙聲,魚[ĭo]、虞[ĭu]韻近。"居"通"俱",義爲共同、一起。

【施:世】

西晉竺法護譯《佛説盂蘭盆經》:"佛告目連:十方衆僧七月十五日自恣時,當爲七世父母及現在父母厄難中者,具食百味五果汲灌盆器,香油燈燭牀榻卧具,盡施甘美以著盆中,供養十方大德僧。"

按:"施",S.6163作世,麗藏本作世,《大正藏》作"世";石經2.455作施,石經2.483作施,石經3.586作施,S.2540作施,S.4264作施,P.2055作施。

《説文·丗部》:"世,三十年爲一世,从卅而曳長之,亦取其聲也。"林義光《文源》:"當爲葉之古文,象莖及葉之形。草木之葉重累百疊,故引申爲世代之世字。亦作葉。"①《説文·㫃部》:"施,旗皃。从㫃,也聲。"引申爲給予。《廣雅·釋詁三》:"施,予也。""世"於經意不合,"施"正相諧和。"世",書祭;"施",書支。書紐雙聲,祭[ĭɛi]、支[ĭe]韻近。"世"通"施",義爲給予。

【設:攝】

東晉帛尸梨蜜多羅譯《佛説灌頂章句拔除過罪生死得度經》:"第七願者,使我來世十方世界,若有苦惱無救護者,我爲此等設大法藥,令諸疾病皆得除愈,無復苦患至得佛道。"

按:"設",《大正藏》作"攝";石經3.2作設,P.2178V⁰作設,P.4027V⁰作設,P.4842作設,Дx00014作設,BD00032作設,BD00317作設,BD00848作設,BD01414作設,BD01495、BD02232、BD02791、BD02909、麗藏本俱作"設"。

《説文·手部》:"攝,引持也。从手,聶聲。"《説文·言部》:"設,施陳也。从言,从殳。殳,使人也。"引申爲開設。《廣雅·釋詁三》:"設,施也。""攝"於經意不合,"設"正相諧和。"攝",書葉;"設",書薛。書紐雙聲,葉[ĭɛp]、薛[ĭɛt]韻近。"攝"通"設",義爲制定、開設。

---

① 林義光《文源》,中西書局,2017年,第43頁。

【之：諸】

后秦佛陀耶舍譯《四分大尼戒本》:"和合一處坐,如佛之所説。"

按:"之",S.0440、P.2310、上圖 146(812596)作"諸";石經 2.384、北大 D088、津藝 087(77·5·4430)、麗藏本、《大正藏》俱作"之"。

《説文·言部》:"諸,辯也。从言,者聲。"段玉裁注:"辯,當作辨,判也。按辨下奪詞字。諸不訓辨,辨之詞也。詞者,意内言外也。《白部》曰:'者,別事詞也。'諸、者音義皆同。"①馬敘倫疏證:"是諸之本義爲辯也。"②《説文·之部》:"之,出也。象艸過屮,枝莖益大,有所之。一者地也。"羅振玉《增訂殷虛書契考釋》:"案:卜辭从止,从一,人所之也。《爾雅·釋詁》:'之,往也。'當爲'之'之初誼。"③"諸"於經意不合,"之"正相諧和。"諸",章魚;"之",章之。章紐雙聲,之[ĭə]、魚[ĭo]韻近。"諸"通"之",湊足音節,無實義。

【視：是】

后秦佛陀耶舍譯《四分大尼戒本》:"我雖般涅槃,當視如世尊。"

按:"視",S.0440、上圖 146(812596)作"是";石經 2.384、P.2310、北大 D088、津藝 087(77·5·4430)、麗藏本、《大正藏》俱作"視"。

《説文·是部》:"是,直也。从日、正。"段玉裁注:"以日爲正則曰是。从日、正,會意。天下之物莫正於日也。"④《説文·見部》:"視,瞻也。从見、示。""是"於經意不合,"視"正相諧和。"是",禪紙;"視",禪旨。禪紐雙聲,紙[ĭe]、旨[i]韻近。"是"通"視",義爲看待、對待。《荀子·解蔽》:"是其庭可以摶鼠,惡能與我歌矣。"楊倞注:"是,蓋當爲視。"⑤

【是：市】

東漢安世高譯《佛説長者子懊惱三處經》:"時婆羅門,使奴將車入山斫樵於是賣之。"

按:"是",石經 3.615 作 是 ,麗藏本、《大正藏》俱作"市"。

《説文·是部》:"是,直也。从日、正。"段玉裁注:"以日爲正則曰是。

---

① 〔清〕段玉裁《説文解字注》,上海古籍出版社,1988 年,第 90 頁。
② 馬敘倫《説文解字六書疏證》(二),上海書店出版社,1985 年,卷五第 37 頁。
③ 羅振玉《殷虛書契考釋三種》,中華書局,2006 年,第 510 頁。
④ 〔清〕段玉裁《説文解字注》,上海古籍出版社,1988 年,第 69 頁。
⑤ 〔清〕王先謙撰,沈嘯寰、王星賢點校《荀子集解》,中華書局,2013 年,第 475 頁。

从日、正,會意。天下之物莫正於日也。"①《説文·门部》:"市,買賣所之也。市有垣,从门,从;乀,乀,古文及,象物相及也。之省聲。""是"於經意不合,"市"正相諧和。"是",禪紙;"市",禪止。禪紐雙聲,紙[Ĭe]、止[ɪə]韻近。"是"通"市",義爲市場。

【治:持】

(1) 東漢安世高譯《佛説罪業應報教化地獄經》:"佛言:以前世時坐持生販賣,自譽己物,毁呰他財,嚻升弄斗,躡秤前後,欺詒於人,故獲斯罪。"

按:"持",石經3.607作持,麗藏本、《大正藏》俱作"治"。

《説文·手部》:"持,握也。从手,寺聲。""治",修治。《玉篇·水部》:"治,修治也。"引申爲治理。《廣韻·至韻》:"治,理也。""治生"指經營家業、謀生計。佛典常見,東晉僧伽提婆譯《中阿含經》卷六十:"是時,第十居士八城持多妙貨,往至波羅利子城治生販賣。"後秦佛陀耶舍、前秦竺佛念譯《佛説長阿含經》卷二十:"閻浮提人以金銀、珍寶、穀帛、奴僕治生販賣以自生活。"北齊那連提耶舍譯《大方等大集經》卷四十二"房宿白月一日用事,能於世間作速疾事,其日病者,作青豆飯,以用祭神,十日除愈,其日生者,有墮崖岸刀兵之厄,於此二事須自護身,宜於治生販賣之業,軟弱儒雅,樂法信福。"唐般若譯《大乘理趣六波羅蜜多經》卷八:"復次,菩薩摩訶薩欲修静慮,先應捨離一切世間治生販賣種殖根栽。""持"於經意不合,"治"正相諧和。"持",澄之;"治",澄志。澄紐雙聲,之[ɪə]、志[ɪə]韻近。"持"通"治",義爲治理。

(2) 東漢安世高譯《佛説溫室洗浴衆僧經》:"佛告耆域:作此澡浴衆僧開士,七福如是。從此因緣,或爲人臣,或爲帝王,或爲日月四天神王,或爲帝釋轉輪聖王,或生梵天,受福難量。或爲菩薩,發意治地,功成志就,遂致作佛。"

按:"治",石經1.87作治,宋、元、明、宫本作"治";P.3919B、麗藏本、《大正藏》俱作"持"。

"治地"即"治地住",又作阿闍浮菩薩法住、持地住。爲菩薩十住之一。三國吳支謙譯《佛説菩薩本業經》一卷:"第一發意,第二治地,第三應行,第四生貴,第五修成,第六行登,第七不退,第八童真,第九了生,第十補處。"東晉佛馱跋陀羅譯《大方廣佛華嚴經》卷八:"何等爲十?一名初發心,二名治

---

① [清] 段玉裁《説文解字注》,上海古籍出版社,1988年,第69頁。

地,三名修行,四名生貴,五名方便具足,六名正心,七名不退,八名童真,九名法王子,十名灌頂。"唐實叉難陀譯《大方廣佛華嚴經》卷十六:"所謂:初發心住、治地住、修行住、生貴住、具足方便住、正心住、不退住、童真住、王子住、灌頂住。"

"治地",即鑄治心地。唐般剌蜜帝譯《大佛頂如來密因修證了義諸菩薩萬行首楞嚴經》卷八:"心中發明如净瑠璃,内現精金,以前妙心履以成地,名治地住。"唐法藏述《華嚴經探玄記》卷五:"二精練此心使離染明净。故云治地。謂鑄治心地也。"唐澄觀撰《大方廣佛華嚴經疏》卷十八:"二治地者,謂常隨空心净,八萬四千法門清净潔白,故爲①練治心地,使悲智增明名治地住。"唐窺基撰《般若波羅蜜論等》卷中:"華嚴十住品亦説十住名:一發心住,創總發心。二治地住,净行自業地。三修行住,勝修理觀,起上妙行。"唐慧苑述《續華嚴略疏刊定記》卷五:"二治地者,脩治前心,令離過失,於八萬四千法門,清净明白,心有生成住持之義,故名爲地。從喻立稱,脩治之地,依主釋也。"宋比丘戒環集《大方廣佛華嚴經要解》:"一發心住者,翔依正智發菩提心也。二治地住者,爲利衆生開擴心地也。三修行住,善觀諸法增正行也。"趙宋沙門思坦集注《楞嚴經集注》:"治地住中,如净下二句釋治義。以前下二句釋地義,心中發明。謂去惑染故得如净瑠璃内現精金之義,非治不至此也。以前妙心智也,智以照理,如履地然,此釋地義也。"宋比丘戒環解《大佛頂如來密因修證了義諸菩薩萬行首楞嚴經要解》卷十五:"心中發明,内外精瑩,牒心精發暉義也。履是妙心以爲真基,名曰治地。如將築室必先治地,乃可興作也。"宋可度箋《楞嚴經箋》:"名治地住。箋云:平治心地,曰治地住。"唐般剌蜜帝譯,明釋德清述《大佛頂如來密因修證了義諸菩薩萬行首楞嚴經通議》卷八:"議曰:此第二住以中道觀圓照自心,故曰心中發明。所觀理境了然現於觀智心中,故如净瑠璃内現精金。即以前微妙觀智遊履此心净治無明,故曰以前妙心履以成地名治地住。"唐般剌蜜帝譯,明釋乘峕講録《大佛頂如來密因修證了義諸菩薩萬行首楞嚴經講録》卷八:"心中發明,躡前位琉璃喻智。精金喻理,謂以前開涉圓成之妙心。爲真智,而契於真理,從此履踐平坦如地,一切施行步無錯亂,故名治地住。"明曾鳳儀宗通《楞嚴經宗通‧大佛頂如來密因脩證了義諸菩薩萬行首楞嚴經卷第八》:"通曰:見地分明,乃可踐履。見處不明,縱能踐履。非是陶鎔自性,祇事外馳。如築室他人地上,於已何與,此心中發明,無師智,自然智,從法界性中顯現。如净琉璃内現精金,見之極真,悟之極徹。見處與佛無二,行

---

① 按:《大正藏》"爲",甲本作"謂"。

處尚未湊泊。從此保任，從此踐履，以前十種妙心，一一躬行實踐，身心如一，步步踏著，如地相似。彼築室者，必先治地，此特發足之初耳，故名治地住。"清通理述《楞嚴經指掌疏》卷八："二治地住，心中發明，如淨琉璃內現精金。以前妙心履以成地名治地住，依菩提心重起真智，故曰心中發明。菩提之心清淨皎潔，故以琉璃喻之。真實之智，體精用明，故以精金喻之。以前妙心履以成地者，謂真智一發，運用前之十種妙心，修真實行，踐履真如，以成進趣後位之地，如山徑之蹊間，介然用之而成路相似，由此所以名治地住也。"

故"持"通"治"，義爲整治。

【奄：閹】

東晉帛尸梨蜜多羅譯《佛説灌頂隨願往生十方淨土經》："於是那舍忽得重病，閹便欲死唯心下暖。"

按："閹"，石經 3.388 作閹，S.0002 作閹，S.0297 作"閹"；BD01843 作奄，BD03042 作奄，麗藏本、《大正藏》俱作"奄"。

《説文·門部》："閹，閉門也。从門，音聲。"《説文·大部》："奄，覆也。大有餘也，又欠也。从大，从申。申，展也。"引申爲急劇、忽然。《方言》第二："奄，遽也。吴揚曰芒，陳穎之間曰奄。""閹"於經意不合，"奄"正相諧和。"閹"，影勘；"奄"，影琰。影紐雙聲，勘[ɒm]、琰[ɪɛm]韻近。"閹"通"奄"，義爲急劇、忽然。《文選·傅毅〈舞賦〉》："翼爾悠往，閹復輟已。"李善注："閹，猶奄也。古人呼閹，殆與奄同。《方言》曰：'奄，遽也。'"①

他例如，同前"長者那舍説向因緣，父母在世常脩福德，及命終後爲供三七至安厝畢，謂言生天而更隨在地獄中，已問者宿者宿不了，今故問佛爲我決疑，緣我重病閹便欲死。七日乃蘇"，"閹"，石經 3.388 作閹，麗藏本作奄，《大正藏》作"奄"；BD03042 作閹，S.0002、S.0297 俱作"閹"。

【掌：障】

西晉竺法護譯《佛説盂蘭盆經》："即鉢盛飯往餉其母，母得鉢飯，便以左手鄣鉢，右手揣食，食未入口，化成火炭，遂不食。"

按："障"，石經作"鄣"，S.2540 作掌；石經 1.139、2.483、3.586、S.5959、S.6163、P.2055、S.5959、S.6163、P.2055 俱作"鄣"；麗藏本、《大正藏》俱作"障"。

---

① ［梁］蕭統編，［唐］李善等注《六臣注文選》，中華書局，2012 年，第 323 頁。

"郶"爲"障"的構件位移異體字。《説文·阜部》:"障,隔也。从阜,章聲。"《説文·手部》:"掌,手中也。从手,尚聲。"引申爲手拿、執持。"障"於經意不合,"掌"正相諧和。"障",章漾;"掌",章養。章紐雙聲,漾[ɣaŋ]、養[ɣaŋ]韻近。"障"通"掌",義爲手拿、執持。

【捨:赦】

唐義净譯《佛説無常經》:"大捨防非忍無倦,一心方便正慧力。"

按:"捨",S.3887 作 赦;石經 3.339、BD00535、BD01030、BD01063、BD03554、BD03874、BD01367、S.1103、S.4713、S.5138、S.5447、P.3924、TK137、TK323、津藝193(77·5·4532)、麗藏本、《大正藏》俱作"捨"。

《説文·攴部》:"赦,置也。从攴,赤聲。"《説文·手部》:"捨,釋也。从手,舍聲。""赦"於經意不合,"捨"正相諧和。"赦",書禡;"捨",書馬。書紐雙聲,禡[ɣa]、馬[ɣa]韻近。"赦"通"捨",義爲捨棄。

【離:利】

唐義净譯《佛説無常經》:"稽首歸依真聖衆,八輩上人能利染。"

按:"利",石經 3.339 作 利;BD00535、BD01030、BD01063、BD01367、BD03608、BD03874、S.0153、S.0311、S.1479、S.2540、S.3887、S.4713、S.5447、S.6367、P.3924、TK137、TK323、津藝193(77·5·4532)、麗藏本、《大正藏》俱作"離"。

《説文·刀部》:"利,銛也。从刀,和然後利。从和省。""利",甲骨文作 𥝢 合33401、𥝢 屯2277。屈翼鵬《殷虚文字甲編考釋》:"按,利當是犁之初文。從禾,從刀。其小點當象犁出之土㞢也。"①《説文·隹部》:"離黄,倉庚也。鳴則蠶生。从隹,离聲。"假借爲離開義。《廣雅·釋詁三》:"離,刏也。"錢大釗疏義:"刏古别字。離又爲别也。"②"利"於經意不合,"離"正相諧和。"利",來至;"離",來支。來紐雙聲,至[i]、支[ɣe]韻近。"利"通"離",義爲離開。

【園:圓】

南朝宋沮渠京聲譯《佛説觀彌勒菩薩上生兜率天經》:"如是我聞,一時佛在舍衛國祇樹給孤獨園。"

---

① 屈萬里《殷虚文字甲編考釋》,臺灣"中研院"歷史語言研究所,1992年,卷十二第3519頁。
② [清]錢大昭撰,黄建中、李發舜整理《廣雅疏義》,中華書局,2016年,第420頁。

按:"園",BD02155 作 ⟨圓⟩;石經 1.105、3.379、3.432、3.560、BD04049、S.4607、S.5555、P.2373、TK58、TK60、TK81+TK82+TK83、上圖 004(795017)、麗藏本、《大正藏》俱作"園"。

《説文·囗部》:"圓,圜全也。从囗,員聲,讀若員。"《説文·囗部》:"園,所以樹果也。从囗,袁聲。"引申爲供人休息、遊樂、觀賞的地方。"圓"於經意不合,"園"正相諧和。"圓",雲仙;"園",雲元。雲紐雙聲,仙[ǐwɛn]、元[ǐwɐn]韻近。"圓"通"園",義爲供人休息、遊樂、觀賞的地方。

【勝:聖】

唐義浄譯《佛説無常經》:"勝因生善道,惡業墮泥犁。"

按:"勝",BD01367、S.6367 俱作"聖";石經 3.339、BD00535、BD01030、BD01063、BD03554、BD03608、S. 0153、S. 0311、S. 1479、S. 2926、S. 3887、S.4164、S.4529、S.4713、S.5160、S.5447、P.3924、TK137、TK323、酒博 013、北大 D093、津藝 193(77·5·4532)、津藝 202(77·5·4541)、麗藏本、《大正藏》俱作"勝"。

《説文·耳部》:"聖,通也。从耳,呈聲。""聖",甲骨文作 ⟨字⟩合18089、⟨字⟩合18089。李孝定《甲骨文字集釋》:"象人上著大耳,从口,會意。聖知初誼爲聽覺官能之敏鋭,故引申訓'通';聖賢之義,又其引申也……許君以形聲説之,非是。聽、聲、聖三字同源,其始當本一字。"①《説文·力部》:"勝,任也。从力,朕聲。""勝因",殊勝之善因,即世之超絶而稀有者。"聖"於經意不合,"勝"正相諧和。"聖",書勁;"勝",書證。書紐雙聲,勁[ǐɛŋ]、證[ǐəŋ]韻近。"聖"通"勝",義爲殊勝,即世之超絶而稀有者。

【弘:紅】

唐義浄譯《金光明最勝王經》卷一:"住大慈悲心有大堅固力,歷事諸佛不般涅槃,發弘誓心盡未來際,廣於佛所深種浄因,於三世法悟無生忍,逾於二乘所行境界,以大善巧化世間。"

按:"弘",BD00288 作 ⟨紅⟩;石經 3.535 作 ⟨弘⟩,BD00394 作 ⟨弘⟩,BD00432 作 ⟨弘⟩,BD02386 作 ⟨弘⟩,BD03664 作 ⟨弘⟩,BD03863 作 ⟨弘⟩,BD04050 作 ⟨弘⟩,BD04381 作 ⟨弘⟩,BD06514 作 ⟨弘⟩,BD00648、S. 0032、上圖 038(812445) 字形同前;BD02383 作 ⟨弘⟩,BD03170 作 ⟨弘⟩,BD03340 作 ⟨弘⟩,

---

① 李孝定編述《甲骨文字集釋》,"中研院"歷史語言研究所,1982 年,卷十二第 3519 頁。

BD04208作弘，BD04578作弘，BD04953作弘，麗藏本作引，金藏廣勝寺作弧，Дx01694、甘博083、《大正藏》俱作"弘"。

《説文·糸部》："紅，帛赤白色。从糸，工聲。"《説文·弓部》："弘，弓聲也。从弓，厶聲。""弘"，甲骨文作㢻合5382、㢻合16329。于省吾《甲骨文字釋林》："甲骨文弘字作㢻，在弓背隆起處加一邪畫以爲標志，於六書爲指事，而《説文》誤認以爲聲符。弓背隆起處是弓之强有力的部分，故弘的本義爲高爲大，高與大義相因。"①引申爲大。《爾雅·釋詁上》："弘，大也。"邢昺疏："弘者，含容之大也。"②"弘誓"，佛教語，謂普度衆生的大願。三國魏康僧鎧譯《無量壽經》卷上："發斯弘誓，建此願已，一向專志，莊嚴妙土。""紅"於經意不合，"弘"正相諧和。"紅"，匣東；"弘"，匣登。匣紐雙聲，東[uŋ]、登[uəŋ]韻近。"紅"通"弘"，義爲大。

【思：斯】

唐義净譯《金光明最勝王經》卷一："是時妙幢菩薩獨於静處作是思惟，以何因緣釋迦牟尼如來壽命短促唯八十年。"

按："思"，BD05239作斯；石經3.536、BD00233、BD00288、BD00417、BD00648、BD01317、BD03138、BD03170、BD03664、BD03852、BD04208、BD04381、BD04578、BD04667、BD04900、BD06025、S.0032、Дx02797A+Дx02798B、P.3042、上圖038(812445)、麗藏本、金藏廣勝寺本、《大正藏》俱作"思"。

《説文·斤部》："斯，析也。从斤，其聲。《詩》曰：'斧以斯之。'"《説文·心部》："思，容也。从心，囟聲。""思惟"，梵語cintanā，即思考推度。思考真實的道理，稱爲正思惟，係八正道之一；反之，則稱爲邪思惟，爲八邪道之一。"斯"於經意不合，"思"正相諧和。"斯"，心支；"思"，心之。心紐雙聲，支[ǐe]、之[ǐə]韻近。"斯"通"思"，義爲思考。

【門：明】

失譯人《佛説像法决疑經》："善男子！此布施法明，三世諸佛所共敬重，是故四攝法中財攝最勝。"

按："明"，石經2.472作明，P.2087、S.2075、《大正藏》俱作"門"。

《爾雅·釋言》："明，朗也。"《廣韻·庚韻》："明，光也。"《説文·門

---

① 于省吾《甲骨文字釋林》，中華書局，1979年，第351頁。
② [清]阮元校刻《十三經注疏》，中華書局，1980年，第2568頁。

部》:"門,聞也。从二户,象形。"段玉裁注:"聞者,謂外可聞於内,内可聞於外也。"①"法門",佛教語,指修行者入道的門徑。亦泛指佛門。後秦佛陀耶舍、前秦竺佛念譯《佛説長阿含經》卷一:"爾時,世尊告梵王曰:吾潛汝等,今當開演甘露法門,是法深妙,難可解知,今爲信受樂聽者説,不爲觸擾無益者説。""明"於經意不合,"門"正相諧和。"明",明庚;"門",明魂。明紐雙聲,庚[ɪɐŋ]、魂[uən]韻近。"明"通"門",義爲房屋或區域可以開關的出入口。

【士:事】

唐義浄譯《佛説無常經》:"稽首歸依無上士,常起弘誓大悲心。"

按:"士",石經 3.339 作 ；BD01063、BD01367、BD03554、BD03608、BD03874、S.1103、S.2540、S.3887、S.4713、S.5138、S.6367、P.3924、TK137、TK323、津藝 193(77·5·4532)、麗藏本、《大正藏》俱作"士"。

《説文·史部》:"事,職也。从史,之省聲。""士"爲對品德好、有學識或有技藝的人的美稱。《白虎通·爵》:"士者,事也,任事之稱也。故傳曰:通古今、辨然否爲士。""無上士(Anuttara)",是佛的德號之一。佛有十種德號,分别是應供、正遍知、明行足、善逝、世間解、無上士、調御丈夫、天人師、佛、世尊。"無上士"這一德號主要反映的是佛境界的至高無上。佛的覺悟已經達到了究竟圓滿,世出世間没有高出其上者。無上之士夫也,人中最勝無有過之者,故云無上士。"事"於經意不合,"士"正相諧和。"事",崇志;"士",崇止。崇紐雙聲,志[ɪ]、止[ɪ]韻近。"事"通"士",爲對品德好、有學識或有技藝的人的美稱。

【叵:頗】

西晉白法祖譯《佛説菩薩修行經》:"觀身機關展轉無數,觀身係屬飲食所成,觀身頗視膿血臭滿,觀身毁滅趣非常法。"

按:"頗",石經 3.458 作 頗,石經 3.561 作 頗,麗藏本、金藏廣勝寺本、《大正藏》俱作"叵"。

《説文·頁部》:"頗,頭偏也。"《説文新附·可部》:"叵,不可也,从反可。"徐灝注箋:"叵者,不可之合聲。"②細品上下文,"觀身頗視膿血臭滿"是釋迦牟尼佛回答威施的疑惑時所説,認爲如果用長者菩薩大士的四十二

---

① [清] 段玉裁《説文解字注》,上海古籍出版社,1988 年,第 587 頁。
② [清] 徐灝《説文解字注箋》,《續修四庫全書》第 225 册,上海古籍出版社,2002 年,第 514 頁。

事來觀照自身,這樣就會去除貪念、是非。在這個語境中,以"叵"爲優:"頗視膿血臭滿"即看不見自己身上的膿血臭滿。"頗"於經意不合,"叵"正相諧和。"頗",滂戈;"叵",滂果。滂紐雙聲,戈[uɑ]、果[uɑ]韻近。"頗"通"叵",義爲不可。《慧琳音義》卷十八釋《十輪經》卷四"頗有"條:"頗有,破麽反。《字書》云:'頗,或云不可也。'亦作叵也。"《降魔變文》:"過去百千諸佛,皆曾止住其中,說法度人,量塵沙而頗苄(箕)。"蔣禮鴻《敦煌變文字義通釋》:"頗,和叵相同,就是'不可'。"①

他例如,三國吳支謙譯《撰集百緣經》卷一:"如此之身,叵可得不? 姑即答曰:汝今若能修諸功德,發於無上廣大心者,亦可獲得所有相好。""叵",《大正藏》作"叵",元、明本皆作"頗"。吳支謙譯《撰集百緣經》卷八:"汝叵曾聞,阿闍世王、波瞿利王,如是等比數十諸王,皆由妄語,墮地獄中。""叵",《大正藏》作"叵",元、明本皆作"頗"。西晉竺法護譯《修行道地經》卷六:"蚖蛇而懷毒,弊惡叵觸近,各處在四角,謂人身四大。""叵",《大正藏》作"叵",宋、元、明、宫本皆作"頗"。北魏般若流支譯《正法念處經》卷三十八:"離因則無果,無因果叵得,放逸求功德,究竟不可獲。""叵",《大正藏》作"叵",宋、元、明、宫本皆作"頗"。北魏慧覺譯《賢愚經》卷十三:"汝等頗識此蟲宿緣所造行不? 時諸比丘,咸皆思量,無有能知斯所造行。俱共白佛,皆云:不知。""頗",《大正藏》作"頗",宋、元、明本作"叵"。北涼曇無讖譯《大方廣三戒經》卷中:"云何名爲不起諸想? 如是諸想是中頗得。""頗",《大正藏》作"頗",宋、元、明、聖本作"叵"。隋闍那崛多譯《佛本行集經》卷十八:"譬如有人,說彼月天種種惡事毀辱之言,叵有人聞如此事者,能信以不?"同前卷三十七:"而今已過如是無量無邊億數百千萬年,叵有彼佛釋迦如來出世以不?"二例中"叵",《大正藏》作"叵",元、明本皆作"頗"。唐菩提流志譯《大寶積經》卷二十四:"法王叵思議,能作大依怙,願垂加護我,念我持法者。""叵",《大正藏》作"叵",宋、宫本皆作"頗"。

【譽:喻】

東漢安世高譯《佛說温室洗浴衆僧經》:"衆德難稱喻,斯由洗衆僧。"

按:"喻",石經 1.87 作 , P.3919B、麗藏本、《大藏經》俱作"譽"。

《廣韻·遇韻》:"喻",同"諭"。《說文·言部》:"諭,告也。从言,俞

---

① 蔣禮鴻《敦煌變文字義通釋》,浙江大學出版社,2015 年,第 392—393 頁。

聲。"嚴章福議曰:"疑諭下當作告曉也。"①認爲"告也"疑當爲"告曉也"的脱漏。《説文·言部》:"譽,稱也。从言,與聲。""喻"於經意不合,"譽"正相諧和。"喻",餘遇;"譽",餘御。餘紐雙聲,遇[ǐu]、御[ǐo]韻近。"喻"通"譽",義爲稱頌、讚美。

【而:如】

唐義浄譯《金光明最勝王經》卷一:"如是等諸大聲聞,各於晡時從定而起,往詣佛所,頂禮佛足。"

按:"而",石經 3.535 作▢,BD00288 作▢;BD00394 作▢,BD00432 作▢,BD02386 作▢,BD03340 作▢,BD04208 作▢,BD04381 作▢,BD04578 作▢,BD04953 作▢,BD06514 作▢,上圖 038(812445)、麗藏本、金藏廣勝寺本、《大正藏》俱作"而"。

《説文·而部》:"而,頰毛也。象毛之形。《周禮》曰:'作其鱗之而。'""而",金文作▢真敖簋,爲象形字,義爲絡腮鬍子。借以記録連詞"而",連接狀語與謂語動詞,無實義。《説文·女部》:"如,从隨也。从女,从口。""如"於經義不合,"而"正相和諧。"如",日魚;"而",日之。日紐雙聲,魚[ǐo]、之[ǐə]韻近。"如"通"而",連接狀語與謂語動詞,無實義。

三、聲韻皆近

【業:葉】

東晉帛尸梨蜜多羅譯《佛説灌頂隨願往生十方浄土經》:"九者不貪世葉衣服伎樂資生之物,常好苦行依四依法。"

按:"葉",石經 3.388 作▢,S.0002 作▢,BD01843 作▢,BD03042 作▢;麗藏本、《大正藏》作"榮"。

《説文·艸部》:"葉,艸木之葉也。从艸,枼聲。""葉",金文作▢柏敦蓋、▢丞相觸殘戟,象木上多葉之形。《説文·丵部》:"業,大版也。所以飾縣鍾鼓。捷業如鋸齒,以白畫之。象其鉏鋙相承也。从丵,从巾。巾象版。《詩》曰:'巨業維樅。'"引申爲産業、財産。"世業",在佛典中,主要指出家須捨棄的世俗間的事務。三國吳康僧會譯《六度集經》卷五:"吾去家爲沙門,不豫世業,嫁娶之事,一由父王。"東晉佛馱跋陀羅譯《大方廣佛華嚴經》卷六:"當願衆生,棄捨世業,心無所著。"後漢曇果、康孟詳譯《中本起經》卷上:

---

① [清]嚴章福《説文校議議》,《續修四庫全書》第 214 册,上海古籍出版社,2002 年,第 32 頁。

"莫親世業戀著故家。"唐窺基撰《般若波羅蜜多心經幽贊》卷上:"諸出家者離攝親屬。棄世業務。能行梵行。捨證圓滿。""葉"於經意不合,"業"正相諧和。"葉",餘葉;"業",疑業。餘[j]、疑[ŋ]聲近,葉[ĭɛp]、業[ĭɐp]韻近。"葉"通"業",義爲事務。

又,麗藏本、《大正藏》作"榮",爲"業"字形近之誤,詳見"隋唐刻房山石經與同名佛經互校"部分。

【盡:進】

北魏法場譯《佛説辯意長者子經》:"進心不犯惡,便得壽命長。"

按:"進",石經 3.626 作遖,宫本作"進";麗藏本作盡,《大正藏》俱作"盡";宋、元、明本作"心"。

《説文·辵部》:"進,登也。从辵,閵省聲。""進",甲骨文作🦅合32535、🦅合29673。高鴻晉《字例》:"(甲骨文)字从隹,从止,會意。止即腳,隹腳能進不能退,故以取意……周人變爲隹辵,意亦同。不當爲形聲。"①《説文·皿部》:"盡,器中空也。从皿,夆聲。""盡",甲骨文作🖐合3521正、🖐合3519。羅振玉《增訂殷虚書契考釋》:"(甲文)从又持🌿,从皿,象滌器形。食盡器斯滌矣,故有終盡之意。"②"進"於經意不合,"盡"正相諧和。"進",精震;"盡",從軫。精[ts]、從[dz]聲近,震[ĭĕn]、軫[ĭĕn]韻近。"進"通"盡",義爲完。《列子·天瑞》:"終進乎? 不知也。"張湛注:"進,當爲盡。此書盡字例多作進也。"③

又,"盡心",宋、元、明本作"心心",前一"心"字涉下而誤。

【是:始】

後秦佛陀耶舍譯《四分大尼戒本》:"此是釋迦牟尼如來無所著等正覺,於十二年中,爲无事僧説是戒經,從是以後廣分別説。諸比丘尼,自爲樂法樂沙門者,有慚有愧欲學戒者,當於中學。"

按:"是",S.0440、P.2310、北大 D088 作"始",石經 2.384、上圖 146(812596)、津藝 087(77·5·4430)、麗藏本、《大正藏》俱作"是"。

《説文·女部》:"始,女之初也。从女,台聲。"《説文·是部》:"是,直也。从日、正。"段玉裁注:"以日爲正則曰是。从日、正,會意。天下之物莫

---

① 高鴻晉《中國字例》,三民書局,2008 年,第 489 頁。
② 羅振玉《殷虛書契考釋三種》,中華書局,2006 年,第 532 頁。
③ [晉]張湛注,[唐]盧重玄解《列子》,上海古籍出版社,2014 年,第 15 頁。

正於日也。"①語法化作代詞,義爲這。《廣雅·釋言》:"是,此也。""始"於經意不合,"是"正相諧和。"始",書止;"是",禪紙。書[ɕ]、禪[ʑ]聲近,止[ɿ]、紙[ǐe]韻近。"始"通"是",義爲代詞這。

【捉：著】

後秦佛陀耶舍譯《四分大尼戒本》:"不得手捉革屣入佛塔裏式叉迦羅尼。"

按:"捉",石經2.383作"捉",北大D088作著;S.0440作足,P.2310作捉,津藝087(77·5·4430)作捉。

《慧琳音義》卷五十一釋《大乘法界無差別論》"混著"條引《考聲》云:"著,附也。"《字彙·艸部》:"著,麗也,粘也。"《説文·手部》:"捉,搤也。从手,足聲。一曰握也。"失譯人《毗尼母經》卷五有戒律:"有比丘著革屣入塔,佛即制戒,不聽著革屣入塔繞塔,乃至富羅亦不得著入塔。所以爾者,彼土諸人著革屣富羅者,皆起憍慢心,是故佛不聽著也,是名著革屣因緣。"結合《四分大尼戒本》經文上文"不得著革屣入佛塔裏式叉迦羅尼","不得著富羅入佛塔裏式叉迦羅尼,不得手捉富羅入佛塔裏式叉迦羅尼","著"於經意不合,"捉"正相諧和。"著",知藥;"捉",莊覺。知[ȶ]、莊[tʃ]聲近,藥[ǐak]、覺[ɔk]韻近。"著"通"捉",義爲持、握。

他例如,同前"不得手捉革屣佛塔裏式叉迦羅尼","捉",S.0440作著,P.2310作著,麗藏本作"著";北大D088作捉。"著"亦通"捉"。

【身：生】

東漢安世高譯《佛説罪業應報教化地獄經》:"二復有眾生,身體頑痺眉鬚墮落舉身洪爛,鳥栖鹿宿人跡永絶。"

按:"身",P.5028(1)作生。石經3.607、麗藏本、《大正藏》俱作"身"。

《説文·生部》:"生,進也。象艸木生出土上。"《説文·身部》:"身,躳也。象人之身。从人,厂聲。""身",甲骨文作合13713正、懷504,象女子懷胎之形,爲象形字。引申爲人或動物的軀體。"生"於經意不合,"身"正相諧和。"生",山庚;"身",書真。生[ʃ]、書[ɕ]聲近,庚[ɐŋ]、真[ǐěn]韻近。"生"通"身",義爲人或動物的軀體。

---

① [清]段玉裁《説文解字注》,上海古籍出版社,1988年,第69頁。

【生：心】

东晋帛尸梨蜜多罗译《佛说灌顶章句拔除过罪生死得度经》："闻我说是药师琉璃光本愿功德，无不两作和解，俱生慈心，恶意悉灭。"

按："生"，BD00032作心；石经3.2作生，BD00033、BD000317、BD00602、BD00848、BD01397、BD01495、BD02130、BD02232、BD02656、BD02791、BD02909、BD03407、丽藏本、《大正藏》亦皆作"生"。

《说文·心部》："心，人心，土藏，在身之中。象形。"《说文·生部》："生，进也。象艸木生出土上。"引申为产生。《玉篇·生部》："生，起也。""心"于经意不合，"生"正相谐和。"心"，心侵；"生"，山庚。心[s]、山[ʃ]声近，侵[ǐĕm]、庚[ɐŋ]韵近。"心"通"生"，义为产生。

【慎：顺】

东晋帛尸梨蜜多罗译《佛说灌顶章句拔除过罪生死得度经》："九者有病不治又不脩福汤药不慎针灸失度，不值良医为病所困于是灭亡。"

按："慎"，津艺119（77·5·4458）作顺，BD00032作顺，BD00033作顺，BD00737作顺，BD00848作顺，BD01397作顺，BD02756作顺，BD02791作顺，BD02909作顺，BD03407作顺，丽藏本、《大正藏》俱作"顺"；石经3.2作慎，津艺270（77·5·4609）作慎，S.1968作慎，BD000317作慎，BD00391作慎，BD01169作慎，BD01495作慎，BD02103作慎，BD02232作慎，BD03143作慎，BD03306作慎，BD03567作慎，BD03619作慎。

《说文·页部》："顺，理也。从页，从巛。"《说文·心部》："慎，谨也。从心，真声。""顺"于经意不合，"慎"正相谐和。"顺"，船稕；"慎"，禅震。船[dʑ]、禅[ʑ]声近，稕[ǐuĕn]、震[ǐĕn]韵近。"顺"通"慎"，义为谨慎、慎重。《墨子·非攻下》："必顺虑其义，而后为之行，是以动则不疑，速通成得其所欲。"于省吾新证："顺、慎古字通。"①朱骏声《说文通训定声·屯部》："顺，叚借为慎。"②

他例如，西晋白法祖译《佛说菩萨修行经》"顺行戒具忍进定智"，"顺"，石经3.458作顺，石经3.561作顺，丽藏本作慎，金藏广胜寺本、《大正藏》

---

① 于省吾《双剑誃诸子新证》，上海书店出版社，1999年，第273页。
② ［清］朱骏声《说文通训定声》，《续修四库全书》第221册，上海古籍出版社，2002年，第269页。

俱作"慎"。西晉竺法護譯《佛説當來變經》"不護禁戒,不能守心,不修智慧,放逸其意,唯求華名不慎道教,不肯勤慕度世之業,是爲一事","慎",石經 2.404 作 慎,麗藏本作 順,《大正藏》作"順"。北魏法場譯《佛説辯意長者子經》"若佛弟子四輩之衆,蒙佛遺恩得爲道名,外著法衣内懷嫉妬,无有慎敬轉相誹謗,揚惡遏善貢高非彼,此之人輩,皆是地獄餓鬼畜生之分",石經 3.626"慎敬",麗藏本、《大正藏》俱作"敬順"。後秦鳩摩羅什譯《佛臨般涅槃略説教戒經》"戒是正順解脱之本","順",BD00696 作 慎;BD03355、BD05468、P.2243、P.2290、麗藏本、《大正藏》俱作"順"。

【切：劫】

西晉竺法護譯《佛説盂蘭盆經》:"是時目連其母,即於是日得脱一切餓鬼之苦。"

按:"切",石經 3.586 作 切;石經 1.139、2.455、2.483、S.2540、S.3171、S.4264、P.2055、麗藏本、《大正藏》俱作"劫"。

《説文·力部》:"劫,人欲去以力脅止曰劫。或曰:以力止(段注本删"止"字①)去曰劫。"《説文·刀部》:"切,刌也。从刀,七聲。"在佛典中,"劫"是梵語 kalpa 的音譯"劫波""劫簸"的節譯。意爲極久遠的時節。古印度傳説世界經歷若干萬年毁滅一次,重新再開始,這樣一個週期叫做一"劫"。"一切",梵語 sarva、巴利語 sabba 的意譯,音譯作薩婆,總該萬物之詞。《大智度論》卷二十七:"薩婆,秦言一切。"佛典中雖有"一切""一劫"二語,但經文中祇言目連之母罪根深結,生餓鬼道中而不得食,後借助十方衆僧威神之力,遠離所有惡鬼之苦。當此,經文當作"一切"爲是。"劫"於經意不合,"切"正相諧和。"劫",見業;"切",清屑。見[k]、清[tsʰ]聲近,業[ɣɐp]、屑[iet]韻近。"劫"通"切","一切",總該萬物之詞。

【以：益】

唐義浄譯《佛説無常經》:"恒用戒香塗瑩體,常持定服以資身。"

按:"以",BD01367 作 爯,S.6367 作 㠯;石經 3.339、BD01030、BD01063、BD03554、BD03608、BD03874、S.0153、S.0311、S.2540、S.2926、S.4164、S.4529、S.4713、S.5447、P.3924、TK137、TK323、酒博 013、北大 D093、津藝 193(77·5·4532)、津藝 202(77·5·4541)、麗藏本、《大正藏》俱作"以"。

---

① [清]段玉裁《説文解字注》,上海古籍出版社,1988 年,第 701 頁。

《説文·皿部》："益，饒也。从水、皿。皿，益之意也。"李孝定《甲骨文字集釋》："益用爲饒益、增益之義既久，而本義轉晦，遂別製溢字以當之。……此字當以氾溢爲本義，增益則其引申義也。"①《説文·巳部》："㠯，用也。从反巳。"引申作連詞用，義爲用來。"益"於經意不合，"以"正相諧和。"益"，影昔；"以"，餘止。影[∅]、餘[j]聲近，昔[ĭɛk]、止[ĭə]韻近。"益"通"以"，義爲用來。

【樂：藥】

失譯人《現在賢劫千佛名經》："妙樂佛。"

按："樂"，石經 1.110 作"樂"，S.6485 作樂，北大 D079 作樂。

《説文·艸部》："藥，治病艸。从艸，樂聲。"《説文·木部》："樂，五聲八音總名。象鼓鞞。木，虡也。""樂"，甲骨文作💠合26779、💠合33153，金文作💠樂鼎、💠召樂父匜、💠沇兒鐘。羅振玉《增訂殷虛書契考釋》："从絲附木上，琴瑟之象也。或增白以象調弦之器……借濼爲樂，亦从💠。"②引申爲娛樂。"妙樂"，梵語 sufata 的意譯，又意譯作"妙適""妙住"，本指男女交媾的娛樂；轉指金剛薩埵之内證大樂大貪染之理趣；或爲梵語 Mañjiumśri 文殊師利菩薩的意譯。"妙藥"，靈驗的藥品。唐李華《潤州鶴林寺故徑山大師碑銘》："銷大毒者，伽陀妙藥，拔陷扶墜，而生大師。"漢語史上遂有"妙藥"一詞，但佛理卻無此一説，是以"妙樂佛"是。"藥"於經意不合，"樂"正相諧和。"藥"，餘藥；"樂"，疑覺。餘[j]、疑[ŋ]聲近，藥[ĭak]、覺[ɔk]韻近。"藥"通"樂"，義爲娛樂。

【示：是】

唐義净譯《金光明最勝王經》："五者，如來之身無有饑渴，亦無便利羸憊之相，雖行乞取而無所食，亦無分別。然爲任運利益有情，示有食相。"

按："示"，BD00186、BD00233、BD00288、BD00717、BD00828、BD00981、BD01583、BD02688、BD02732、BD03236、BD03664、BD04208 俱作"是"；石經 3.536 作示，麗藏本、金藏廣勝寺本、《大正藏》俱作"示"。

《説文·是部》："是，直也。从日、正。"《説文·示部》："示，天垂象，見吉凶，所以示人也。""示"，甲骨文作🔹合20463反、🔹合14840、🔹合36482，義爲地

---

① 李孝定編述《甲骨文字集釋》，臺灣"中研院"歷史語言研究所，1982年，卷五第1715頁。
② 羅振玉《殷虛書契考釋三種》，中華書局，2006年，第463頁。

祇。《説文》之"天垂象,見吉凶,所以示人也"爲引申義。再引申爲把事物擺出來或指出來讓別人知道。唐慧苑《華嚴經音義上》引《倉頡篇》:"示,現也。""是"於經意不合,"示"正相諧和。"是",禪紙;"示",船至。禪[ʑ]、船[dʑ]聲近,紙[ǐe]、至[i]韻近。"是"通"示",義爲把事物擺出來或指出來讓別人知道。

【印:亦】

失譯人《佛説像法決疑經》:"爾時,佛告常施菩薩:善哉!善哉!快説是法,汝今所説佛所印可,菩薩行四攝六度,應當如是觀衆生相。"

按:"印",石經2.475作卯,P.2087作卬,《大正藏》作"亦"。

《説文·亦部》:"亦,人之臂亦也。从大,象兩亦之形。"徐灝箋:"夾隸變作亦,即古腋字。从大左右作點,指事。"①《説文·印部》:"印,執政所持信也。从爪,从卩。"引申爲驗、相合。《玄應音義》卷七引《蒼頡篇》:"印,驗也。""印可",指"印信"。《慧琳音義》卷七十釋《阿毘達磨俱舍論》卷四"印可"條:"印可,伊振反,印信也。文記施行所在信用也。字從爪卩,卩音節。"佛教謂經印證而認可,禪宗多用之。亦泛指同意。後秦佛陀耶舍、前秦竺佛念譯《佛説長阿含經》卷六:"此梵善説,非不善説;此梵善受,非不善受。我時即印可其言,所以者何?""亦"於經意不合,"印"正相諧和。"亦",餘昔;"印",影震。餘[j]、影[∅]聲近,昔[ǐɛk]、震[ǐěn]韻近。"亦"通"印",義爲驗、相合。

【覆:伏】

東漢安世高譯《佛説罪業應報教化地獄經》:"佛言:以前世時坐不信三尊,不孝父母破壞塔寺,剥脱道人斬射賢聖,傷害師長常無返覆,背恩忘義,常行苟且,婬匿尊卑無所忌諱,故獲斯罪。"

按:"覆",石經3.607作覆,P.5028(1)作伏;麗藏本、《大正藏》俱作"復"。

《説文·人部》:"伏,司也。从人,从犬。"《説文·襾部》:"覆,覂也。"段玉裁注:"《又部》'反'下曰:'覆也。'反覆者,倒易其上下。"②引申爲回、回復。《爾雅·釋言》:"復,返也。"《説文·彳部》:"復,往來也。"段玉裁

---

① [清]徐灝《説文解字注箋》,《續修四庫全書》第225冊,上海古籍出版社,2002年,第337頁。
② [清]段玉裁《説文解字注》,上海古籍出版社,1988年,第357頁。

注:《辵部》曰:返,還也。還,復也。皆訓往而仍來。"①"覆""復"爲非全同異體字關係。"返復",又作"反復"。指不忘恩義,返報前恩。西晉竺法護譯《佛說受歲經》:"謂彼人不知恩潤無反復者,此反戾難教,是爲諸賢反戾難教法。"竺法護譯《普曜經》卷二:"今仁君等,假使菩薩獨往降神處於母胎,我等諸天不往侍從,墮無反復不識恩養。"西晉白法祖譯《佛般泥洹經》卷上:"天下智慧者少,無反復者多。"後秦佛陀耶舍、前秦竺佛念譯《佛說長阿含經》卷二:"五者嶮危救厄知反復者,此人難得。"東漢安世高譯《佛說七處三觀經》:"二人世間難得。何等二人? 一者前施人者,二者有返復不忘恩。"東晉僧伽提婆譯《增壹阿含經》卷十一:"所以然者,比丘當知,我恒歎譽知返復者,諸有衆生不知反復者,大恩尚不憶,何況小者!"前秦僧伽跋澄等譯《僧伽羅刹所集經》卷上:"猶如飛鳥止此樹木,當有返復之心,與彼相應便起恩意。"失譯人《大方廣十輪經》卷二:"若有衆生不持戒者,少於精進、懈怠、懶惰、忘失正念,無慈潛心亦無返復,不畏後世在欲淤泥。""伏"於經意不合,"覆""復"正相諧和。"伏",並職;"覆",滂覺;"復",並覺。並紐雙聲,並滂聲近,職[Iwək]、覺[Iəuk]韻近。"伏"通"覆""復",義爲回、回復。

作"返覆""反覆"者,如三國吳康僧會譯《六度集經》卷五:"背恩無反復,虛飾行諂僞。"《大正藏》作"反復",宋本作"反覆"。西晉竺法護譯《生經》卷五:"諸賢難及,所作難及,是爲報恩,而有反復,設行少有所作不失。"《大正藏》作"反復",明本作"反覆"。西秦釋法堅譯《佛說阿難分別經》:"進退失理,違負佛恩,而無反復,遂爲三塗所見綴縛,自作禍福。"《大正藏》作"反復",宋、元、明、宮本作"反覆"。

【粗:祚】

失譯人《佛說像法決疑經》:"善男子! 未來世中一切衆生造立形像皆不具足成就衆相,或作半身,或手足不成,耳鼻眼口悉不成就,祚有影嚮而已,或造塔廟不安形像,若有塔壞更不修治,如此人輩獲罪無量。"

按:"祚",石經2.474作𥛱,P.2087作𥛱,《大正藏》作"粗"。《說文新附・示部》:"祚,福也。从示,乍聲。"《說文・米部》:"粗,疏也。从米,且聲。"引申爲略微。《文選・張衡〈東京賦〉》:"不能究其精詳,

---

① [清] 段玉裁《說文解字注》,上海古籍出版社,1988年,第76頁。

故粗爲賓言其梗概如此。"薛綜曰:"粗猶略也。"①在石經中,佛說一切眾生在未來世中造立形象時,若僅作半身,或手足不雕刻完畢,耳鼻眼口亦皆未雕刻,這樣做祇是略微有一點影響而已。如此"粗"字的"略微"義正相契合,"祚"字"福"義則不通。"祚",從暮;"粗",清模。從[dz]、清[tsʰ]聲近,暮[u]、模[u]韻近。"祚"通"粗",義爲略微。

【之:知】

後秦鳩摩羅什譯《佛臨般涅槃略說教誡經》:"汝等比丘,已能住戒,當制五根,勿令放逸,入於五欲。譬如牧牛之人執杖視之,不令縱逸,犯人苗稼。"

按:"之",BD03355 作 知,石經 3.380、BD02701、BD00696、BD03355、BD05468、P.2243、P.2290、麗藏本、《大正藏》俱作"之"。

《說文·矢部》:"知,詞也。"段玉裁注:"此'詞也'之上亦當有'識'字。"②"知"即知識。《爾雅·釋詁上》:"之,往也。"《小爾雅·廣詁》:"之,適也。"後引申作代詞用。"知"於經意不合,"之"正相諧和。"知",知支;"之",章之。知[ȶ]、章[tɕ]聲近,支[ǐe]、之[ǐə]韻近。"知"通"之",代指所牧之牛。

【漸:轉】

失譯人《佛說像法決疑經》:"於未來世中像法之時,善法漸衰,惡漸熾盛。"

按:"漸",石經 2.472 作 漸,S.2075 作 漸;P.2087 作 轉,《大正藏》亦作"轉"。

徐鍇《說文解字繫傳·車部》:"轉,還也。"③段玉裁《說文解字注·車部》:"轉,還……還者復也。復者往來也。"④《廣雅·釋詁二》:"漸,進也。"段玉裁《說文解字注·水部》:"按:《走部》有'趣'字,訓進也。今則皆用漸字,而趣廢矣。"⑤"漸"義爲漸漸地、逐漸發展地。"轉"於經意不合,"漸"正相諧和。"轉",知獼;"漸",從琰。知[ȶ]、從[dz]聲近,獼[ǐwɐn]、琰[ǐɛn]韻近。"轉"通"漸",義爲漸漸地、逐漸發展地。

---

① [梁]蕭統編,[唐]李善注《文選》,上海古籍出版社,1986年,第129頁。
② [清]段玉裁《說文解字注》,上海古籍出版社,1988年,第227頁。
③ [南唐]徐鍇《說文解字繫傳》,中華書局,2017年,第279頁。
④ [清]段玉裁《說文解字注》,上海古籍出版社,1988年,第531頁。
⑤ [清]段玉裁《說文解字注》,上海古籍出版社,1988年,第227頁。

小　　結

一、本章研究的假借字異文既有上古時期假借字的承用，又有中古時期新產生的假借字。下述各組爲上古時期假借字的承用，其使用語句可以補充該假借字中古時期用例："惙""輟"，"遇""愚"，"俠""狹"，"或""惑"，"賴""癩"，"成""盛"，"菟""兔"，"方""房"，"辟""擗"，"由""猶"，"菀""苑"，"騫""愆"，"有""友"，"進""盡"，"得""德"，"之""諸"，"惠""慧"，"是""視"，"順""慎"。以下兩組可以補充《漢語大字典》不同的義項："榮"假借作"營"，義爲衛護，上古假借用例未見義爲衛護者，僅見義爲迷惑者；"崇"假借作"宗"，義爲祖先，上古假借用例未見義爲祖先者，僅見假借義爲歸往、歸嚮者。以下兩組可以反向假借使用："歡""勸"，"人""任"。

二、中古時期新産生的假借字，可以補充《漢語大字典》假借字的成員："違""圍"，"濡""曘""燸"皆假借作"襦"，"裂""烈"，"億""憶"，"城""誠"，"墾""懇"，"撩""繚"，"痤""矬"，"急""汲"，"蜜""密"，"諸""猪"，"諸""煮"，"駐""住"假借作"注"，"都""覩"，"疢""灸"，"作""忤"，"脾""痺"，"謇""蹇"，"懷""壞"，"補""哺"，"村""忖"，"暫""慚"，"常""當"，"地""池"，"遥""輕"，"常""掌"，"鞅""殃"皆假借作"央"，"夷""姨"，"理""里"，"疲""皮"，"勉""免"，"洛""落"，"祭""際"，"方""放"，"五""吾"，"取""趣"，"減""咸"，"隨""髓"，"時""寺"，"腸""長"，"宿""夙"，"罰""伐"，"俱""拘"，"占""瞻"，"説""設"，"塗""徒"，"志""至"，"園""垣"，"散""傘"，"伏""復"，"葉""業"，"受""壽"，"吏""里"，"世""施"，"攝""設"，"是""市"，"始""是"，"喻""譽"，"障""掌"，"赦""捨"，"利""離"，"圓""圜"，"聖""勝"，"汙""惡"，"紅""弘"，"斯""思"，"明""門"，"著""捉"，"生""身"，"心""生"，"劫""切"，"益""以"，"藥""樂"，"是""示"，"亦""印"；"路""露"（一義爲顯露，二義爲裸露），"相""想"（一義爲想法，二義爲希望、打算）。以下兩組字的假借《漢語大字典》已收，本書可以爲之補充例證："醒""腥"（《漢語大字典》認爲是用同，實則假借），"闇""奄"。這些材料，爲研究中古音提供了重要的語料，也爲研究漢字假借歷史與漢字使用歷史提供重要材料。

三、就假借字和本字的對應關係看，本書研究的假借字異文既有一字對一字的假借關係，也有一字對多字的假借關係，本書所見前者居多，兹不贅述，後者如"是"假借作"視""市""示"，"諸"假借作"猪""煮"，"常"假借作"當""掌","説""攝"假借作"設","濡""嚅""懦"皆假借作"襦";既有一個假借義項者,也有兩個假借義項者,本書所見前者居多,兹不舉例,後者如"相"假借作"想",義爲想法(名詞)或希望、打算(動詞),"路"假借作"露",義爲顯露或裸露;既包括實字與實字的假借,又有實字與虚字的假借,還有虚字與虚字的假借,本書所見主要爲第一種情況,兹不贅述,第二種情況如"諸""猪","諸""煮","常""掌","亦""印";第三種情況如"由""猶","之""諸","常""當","益""以"。

四、中古時期新産生的假借字對於研究中古音和現代漢語方言具有重要參照作用。如"説""設"的假借,從《廣韻》音系看,"説"中古音爲書紐薛部,與"設"同音,直到現在,晉語中"説""設"仍然同音。至於"亦""印"、"心""生"、"生""身"、"明""門"等,從《廣韻》音系看,這幾組假借字的語音關係較遠,但在今之四川安岳方言裏,它們卻讀音相印或相同,説明這幾組假借字的研究,對漢語語音史的研究和方言的研究具有重要語料價值。

第三章　同源詞異文

　　同源詞,是同一語源的詞,這些詞的讀音相同或相近,詞義相同或相關。① 王力所謂的同源字,實際上就是同源詞,②因爲傳統語言學習慣以"字"爲單位。從字詞關係來看,稱同源詞更爲科學。

　　"音近義通"是判斷同源詞的傳統方法。其判斷條件有二,缺一不可。一是理論條件,從語音上看,讀音要相同或相近,而且必須以先秦古音爲依據:韻部、聲母要都相近,如果僅是韻部相同而聲母相差很遠,或僅是聲母相同而韻部相差很遠,都不能認爲是同源詞;③從詞義上看,意義要相同或相近。僅是語音上的相同,爲同音詞關係,僅是因爲層層引申而導致意義上的相同,爲普通同義詞關係。二是文獻條件,即要有大量文獻證實有同一來源。這也是同源詞的判斷標準。同時,研究同源詞,還必須弄清楚如下三個問題:

　　第一,同源詞與同義詞的關係。同源詞儘管在語源上有共同義素,但是如果在使用過程中,沒有出現共同的義項,也就不是同義詞。同源詞不一定是同義詞,反之亦然,同義詞未必是同源詞。普通的同義詞僅僅是因詞義引申而造成意義上的巧合,而不必有語音上的聯繫,更没有語源上共同的義素。

　　第二,記録同源詞的字與區別字的關係。區別字的主要價值在於分化,前代數詞或數義用一個字來記録,無形中造成了一個字記録的詞過多,或一個字所記録的詞義過多,這皆與交際經濟性原則不符。於是就出現了分化本原字的區別字。這裏主要包含兩種關係:一,因詞義引申需要分化,出現了區別字,與本原字構成一組"本原字與區別字"的關係。這種情況所產生的區別字所記録的詞實際上是本原字所記録的詞中的某一個或幾個義項,

---

① 蔣紹愚《古漢語詞彙綱要》,商務印書館,2005年,第172頁。
② 王力《同源字典》:"我們所謂同源字,實際上就是同源詞。"商務印書館,1982年,第5頁。
③ 王力《同源字典》,商務印書館,1982年,第12頁。

區別字產生後,本原字所記錄的詞就分爲兩個或兩個以上的詞,這些詞之間一定有共同的語源義素,而且讀音相同或相近,故爲同源詞。記錄這類同源詞的兩個字爲"本原字與區別字"的關係。二,因假借出現一字記錄多詞的情況而需要分化,所產生的區別字又有兩種情況:一爲本義造字而成的區別字,如"其""箕",但從詞的角度看,在"簸箕"意義上,二者是重合的,爲同源詞;二爲假借義造字而成的區別字,如"栗""慄",本原字和區別字所記錄的詞没有語源上的聯繫,不屬於同源詞。

　　第三,記錄同源詞的字與假借字的關係。這裏包含兩種情況:一,傳統意義上的假借字,這類假借字和本字所記錄的最初的那個詞,二詞僅僅音同音近,没有任何意義聯繫,更没有共同的語源義,故不是同源詞。如"蚤"義爲"跳蚤","早"義爲"早晨",二詞分别用"蚤""早"二字記錄,意義不相涉,僅音同。在表示"早晨"意義時,作"蚤"爲借字記詞。儘管二者發生了借用關係,但是在意義上還是維持最初"互不相涉"的狀態,故不存在"同源詞"關係。二,同源詞成員之間一定讀音相同相近,這和字的借用條件要求讀音相同相近同,故記錄同源詞的文字之間具備通借的可能性。當同一組同源詞中成員甲和乙在某些義項上不同,而又出現文字混用的情況,這不是同義詞的替换,那麽記錄甲乙二詞的字中一定有一個是借字。如"性""姓"這一組同源詞,共同義素爲[＋本源],但義項各不相同,"性"有"人的本性""事物的性質""性情、脾性""性命""性别""姿態"等意義,"姓"有"標誌家族的字""官吏""平民""姓氏"等意義。"性""姓"有共同的語源,但用法各不相同,故當它們在某一語境中成爲異文時,就是文字的借用。在"人的本性""事物的性質""性情、脾性""性命""性别""姿態"等意義上,字作"姓",即是假借作"性",反之亦然。

　　研究同源詞,屬於詞語的研究範疇;研究記錄同源詞的文字之間的關係,屬於文字研究的範疇。本章在研究異文中的同源詞時,同時從詞和文字兩個角度展開。

　　從詞的角度研究同源詞,主要涉及到判斷同源詞的標準問題:同源詞成員一定是不同的詞、詞與詞之間古音相同或相近、詞與詞之間語源義相同。同時還要研究同源詞義項之間的異同,把它和同義詞的關係梳理清楚。

　　從字的角度考察同源詞,即從記錄同源詞這一小的範圍來觀察文字使用的複雜關係。這些複雜關係有利於幫助我們理清同一組同源詞的内部各成員,在詞義引申道路上的異同關係。有的同源詞本義不同,但在某一個或幾個引申義上同義,這類同源詞就是同義詞;有的同源詞本義相同,但引申義各不相同;還有的同源詞是本義和另一成員的引申義相同,這些具有共同義項的同源詞皆是同義詞。有的同源詞本義和引申義皆沒有重合的義項，這類同源詞不是同義詞。但不是同義詞的同源詞在使用過程中，記錄同一組同源詞的文字之間，出現了借用現象。如果不仔細考察文字的借用，就很容易誤把"假借義"當成同源詞成員的義項，誤判爲同義詞。另外，同源詞成員甲的本義和成員乙的引申義相同的情況，如果再從文字的角度考察，就會發現記錄成員甲、乙的字大致分爲兩種情況：第一，甲、乙二字沒有特殊關係；第二，甲、乙二字存在分化關係。這就是換角度研究纔能發現的。

關於同源字的分類，可以從不同的角度作出分類，如從音的角度可以分爲聲韻皆同、聲同韻近、聲近韻同等類；從詞形角度可以分爲：一是聲符相同的同源詞，二是形聲字與聲符字同源，三是與字形無關的同源詞。我們還可以從記錄同源詞的字際關係入手，分爲記錄同源詞的字爲本原字與區別字的關係、記錄同源詞的字爲本字與假借字的關係、其他關係等三類。從字際關係入手的分類，可以幫助我們理清同一組同源詞異文中複雜的字詞對應關係。

同一組同源詞，在不同語境，意義可能不同，從字用角度考察文字關係，得出的字際關係結論也不同，我們在歸類時，爲了凸顯其整體性，往往以同一條同源詞異文下的第一個例子爲依據來歸類，如"歷"和"曆"，二字所記錄的詞爲同源詞。但從字用角度看，二字在"曆法"這一意義上，字用上屬於本原字和區別字的關係；而在"經歷"這一義項上，"曆"爲"歷"的借字。本書把二字歸屬於本字與借字的關係，因爲這一組同源詞異文按照例（1）唐義净譯《金光明最勝王經》"歷事諸佛不般涅槃"，異文"歷"和"曆"表示"經歷"，故我們把"歷"和"曆"這一組同源詞異文歸入"本字與借字所記錄的詞同源"類，其他的情況就分別附在後面一並討論，不再歸入另一節單獨研究。

第一節　記錄同源詞的字爲本原字和區別字

【㧓：腋】

後秦佛陀耶舍譯《四分大尼戒本》："若比丘尼染汙心，與染汙心男子從相摩觸㧓已下膝已上，若摩若捼，若逆摩若順摩，若牽若推，若舉若下，若捉若急捺，是比丘尼波羅夷不共住。"

按："㧓"，P.2310、麗藏本、《大正藏》俱作"腋"；石經 2.376"㧓"，P.2310作**挟**，北大 D088 作**㧓**。

"㧓"，本義爲挾持。《說文·亦部》："亦，人之臂亦也。从大，象兩亦之形。""亦"後寫作"掖"。《說文·手部》:"掖,以手持人臂投地也。从手,夜聲。一曰臂下也。"姚文田、嚴可均校議:"掖,《左傳·僖廿五年》釋文引無'投地'二字。"①引申爲名詞"腋下"義。王筠《說文句讀》:"《左傳正義》云:'掖本持臂之名,遂謂臂下脅上爲掖,是因名轉而相生也。'……俗作腋。"②《史記·商君列傳》:"千羊之皮,不如一狐之掖。""掖"本義爲挾持,上古音爲餘紐鐸部。

"腋",《廣雅·釋親》:"胳謂之腋。"《玉篇·肉部》:"腋,肘腋也。"《莊子·秋水》:"腹壓水則接腋持頤,蹶泥則沒足滅跗。""腋"義爲腋下,上古音爲餘紐鐸部。

語音上,"掖""腋"上古音均爲餘紐鐸部,爲音同關係;共同的義素爲[＋臂亦]。"掖""腋"二詞同源。字用上,在"腋下"義上,"掖""腋"爲本原字與區別字關係。《慧琳音義》卷六十四釋《四分羯磨》"腋已下"條:"腋已下,上音亦。《考聲》:髆下也。《埤蒼》:謂胳也,在肘後。胳亦腋也,古今正字,與埤蒼義同。從肉夜聲。經從手作掖,是掖亭字,非經義。胳音各。"

他例如,三國吳康僧會譯《六度集經》卷六:"衆以過畢,兩掖俱絶,墮水邊岸,絶而復蘇。"南朝宋求那跋陀羅譯《雜阿含經》卷十九:"此衆生者,過去世時,於此舍衛國迦葉佛法中出家作沙彌,持石蜜餅供養衆僧,盜取二餅著於掖下,緣斯罪故,已地獄中受無量苦。"前秦竺佛念譯《出曜經》卷十四:"猶如毒箭入人胸掖不可得拔。"上三例,《大正藏》皆作"掖",宋、元、明本皆作"腋"。

【斂:殮】

東晉帛尸梨蜜多羅譯《佛説灌頂隨願往生十方浄土經》:"久後之間父母衰老,得諸病苦便就後世。那舍即便殯斂尸骸,安厝粗畢,從父母命終轉讀尊經。"

按:"斂",石經 3.388 作 ![字形], BD03042 作 ![字形], 麗藏本作 ![字形],《大正藏》作"殮";S.0002 作 ![字形], S.0297 作 ![字形], BD01843 作 ![字形]。

"斂",《説文·攴部》:"斂,收也。从攴,僉聲。"《爾雅·釋詁下》:"斂,聚也。"引申爲殯殮,後造專字作"殮"。《釋名·釋喪制》:"衣尸棺曰斂。"《禮記·檀弓下》:"季康子之母死,公輸若方小,斂,般請以機封。"鄭玄注:

---

① [清]姚文田、嚴可均《説文校議》,國家圖書館出版社,2010年,第517頁。
② [清]王筠《説文解字句讀》,中華書局,1988年,第486頁。

"敛,下棺於椁。"①"敛"義爲收,上古音爲來紐談部。

"殮",《玉篇·歹部》:"殮,殯殮也。入棺也。"《晉書·劉琨傳附劉輿》:"延愛妾荆氏有音伎,延尚未殮,輿便聘之。""殮"義爲給死者穿衣入棺,上古音爲來紐談部。

語音上,"敛""殮"均爲來紐談部,爲音同關係。語義上,"敛"義爲收,"殮"義爲給死者穿衣入棺,共同義素爲[+收]。"敛""殮"二詞同源。字用上,在"殯殮"義上,"敛""殮"爲本原字與區別字關係。

【婬:淫】

東漢安世高譯《佛説轉法輪經》:"何謂苦盡?謂覺從愛復有所樂,婬念不受,不念無餘無婬,捨之無復禪,如是爲習盡。"

按:"婬",石經 3.489 作"婬",麗藏本作淫,《中華大藏經》作淫,《大正藏》作"淫"。

"淫",《説文·水部》:"淫,侵淫隨理也。从水,㸒聲。一曰久雨爲淫。"引申爲過度。《書·召誥》:"其惟王勿以小民淫用非彝。"孔安國傳:"勿用小民過用非常,欲其重民秉常。"②再引申爲不正當的男女關係。《小爾雅·廣義》:"男女不以禮交謂之淫。"《易·繫辭上》:"慢藏誨盜,冶容誨淫。""淫"本義爲浸入,上古音爲餘紐侵部。

"婬",《説文·女部》:"婬,私逸也。从女,㸒聲。"段玉裁注:"婬之字,今多以淫字代之,淫行而婬廢矣。"③"婬"義爲不正當的男女關係,上古音爲餘紐侵部。

語音上,"婬""淫"均爲餘紐侵部,爲音同關係。詞義上,"淫"本義爲浸入,"婬"義爲不正當的男女關係,共同義素爲[+過度]。"婬""淫"二詞同源。字用上,在"不正當的男女關係"義上,"淫""婬"爲本原字與區別字關係。

他例如,西晉白法祖譯《佛説菩薩修行經》"觀身盛燥淫欲火熾,觀身焦燒興恚毒火,觀身愚冥癡矇毒盛","淫",石經 3.458 作滛,石經 3.561 作滛,麗藏本作婬,金藏廣勝寺本、《大正藏》俱作"婬"。東漢安世高譯《佛説普法義經》"十爲貪淫","淫",石經 3.452、3.484、3.600 俱作"淫";《大正藏》、麗藏本、金藏廣勝寺本俱作"婬"。

---

① [清]阮元校刻《十三經注疏》,中華書局,1980 年,第 1310 頁。
② [清]阮元校刻《十三經注疏》,中華書局,1980 年,第 213 頁。
③ [清]段玉裁《説文解字注》,上海古籍出版社,1988 年,第 625 頁。

【被：披】

北涼法盛譯《佛説菩薩投身飼餓虎起塔因緣經》："於是太子,被鹿皮衣留住山中,從師學道攢尋道術。"

按："被",石經 2.403 作被,金藏廣勝寺本、麗藏本、《大正藏》俱作"披"。

"被",《説文·衣部》："被,寢衣,長一身有半。从衣,皮聲。"引申爲覆蓋,後造專字"披"。《楚辭·涉江》："帶長鋏之陸離兮,冠切雲之崔嵬。被明月兮佩寶璐。"王逸注："在背曰被。"①"被"義爲被子,上古音爲並紐歌部。

"披",《説文·手部》："披,从旁持曰披。从手,皮聲。"引申爲覆蓋。三國魏曹植《雜詩》："展轉不能寐,披衣起彷徨。""披"義爲覆蓋,上古音爲滂紐歌部。

語音上,"被"爲並紐歌部,"披"爲滂紐歌部,並滂旁紐,歌部疊韻,二字爲音近關係。詞義上,"被"義爲被子,"披"義爲覆蓋,共同義素爲[+覆蓋]。"被""披"二詞同源。字用上,在"覆蓋"義上,"被""披"爲本原字與區别字關係。

他例如,唐義浄譯《金光明最勝王經》卷一"假使用龜毛,織成上妙服,寒時可披著,方求佛舍利","披",石經 3.536 作披,麗藏本、金藏廣勝寺本、《大正藏》俱作"被";BD00071、BD00233、BD00288、BD00981、BD02688、BD03011、BD03138、BD03236、BD03664、BD04064、BD04208、BD04381、BD04667、BD04900、BD04911、BD05239、上圖 038(812445)俱作"披"。

又如,三國吴支謙譯《佛説賴吒和羅經》"晨起披袈裟持應器入父母里中向家門乞食","披",石經 3.598 作披,麗藏本、《大正藏》俱作"被"。

【反：返】

(1) 西晉竺法護譯《佛説鶩掘摩經》："去來往反而無覺者。"

按："反",石經 3.385 作"反",藏廣勝寺本、麗藏本、《大正藏》俱作"返"。

《説文·又部》："反,覆也。从又,厂。反形。"引申爲返回,《論語·子罕》："吾自衛反魯,然後樂正,《雅》《頌》各得其所。"引申爲回歸。《左傳·宣公五年》："冬,來,反馬也。"杜預注："禮,送女留其送馬,謙不敢自安。三

---

① [漢]劉向輯,[漢]王逸注,黄靈庚點校《楚辭章句》,上海古籍出版社,2017 年,第 99 頁。

月廟見,遣使反馬。"①後來爲此義造專字"返"。"反"本義爲翻轉,上古音爲幫紐元部。

《説文·辵部》:"返,還也。从辵,从反,反亦聲。《商書》曰:祖甲返。"《廣雅·釋詁二》:"返,歸也。"《古今韻會舉要·阮韻》:"返,還也。通作反。"《孫子·行軍》:"粟馬肉食,軍無懸瓴,不返其舍者,窮寇也。""返"義爲回歸,上古音爲幫紐元部。

語音上,"反""返"均爲幫紐元部,爲音同關係。詞義上,"反"本義爲翻轉,"返"義爲回歸,共同義素爲[+翻轉]。"反""返"二詞同源。字用上,在"回歸"義上,"反""返"爲本原字與區別字關係。《漢語大字典》釋爲"反,同返,返回",不確。

他例如,西晉竺法護譯《佛説心明經》"曾頗往反舍衛羅閲",石經 3.487 "反",金藏廣勝寺本、麗藏本、《大正藏》俱作"返"。

(2) 北涼法盛譯《佛説菩薩投身飼餓虎起塔因緣經》:"命終之後無善報恩,返墮地獄受無量苦。夫人身者,唯應令苦不得與樂。"

按:"返",石經 2.404 作"返",麗藏本作反,金藏廣勝寺本、《大正藏》俱作"反"。爲"反"的區別字。

由上條分析可知,"反""返"二詞同源。在本條異文中,"返"通"反",爲副詞,義爲反而、相反。

【照:昭】

唐義浄譯《金光明最勝王經》卷一:"是四如來各於其座加趺而坐,放大光明周遍照耀王舍大城,及此三千大千世界,乃至十方恒河沙等諸佛國土,雨諸天花奏諸天樂。"

按:"照",石經 3.536 作照,BD03138 作照;BD03170 作照、BD03664 作照,BD03852 作照,BD04064 作照,BD04208 作照,BD04381 作照,BD04578 作照,BD04667 作照,BD04900 作照,BD04953 作照,BD05239 作照,BD06025 作照,S.0032、上圖 038(812445)、金藏廣勝寺本字形同前;麗藏本、《大正藏》作"照"。

"昭",《爾雅·釋詁下》:"昭,光也。"《説文·日部》:"昭,日明也。从日,召聲。"段玉裁注:"引申爲凡明之稱。"②引申爲照亮。《三國志·魏志·陳思王植傳》:"惠洽椒房,恩昭九族。"後爲此義造專字"照"。"昭"本義爲

---

① [清]阮元校刻《十三經注疏》,中華書局,1980年,第1872頁。
② [清]段玉裁《説文解字注》,上海古籍出版社,1988年,第303頁。

光明,上古音爲章紐宵部。

"照",《説文·火部》:"照,明也。从火,昭聲。"《易·恒》:"《象》曰:日月得天而能久照,四時變化而能久成。""照"義爲照耀,上古音爲章紐宵部。

語音上,"昭""照"均爲章紐宵部,爲音同關係。詞義上,"昭"本義爲光明,"照"義爲照耀,共同義素爲[+光]。"照""昭"二詞同源。字用上,在"照耀"義上,"昭""照"爲本原字與區别字關係。在"照耀"義上,《漢語大字典》認爲"昭"是"照"的省簡異體字,並引用《集韻·笑韻》"照,《説文》:'明也。'亦省",不確。

【道:導】

南朝梁僧伽婆羅譯《度一切諸佛境界智嚴經》:"道師天中天,今天攝受我。"

按:"道",石經 3.448 作道,石經 3.556 作導,麗藏本、《大正藏》俱作"導"。

"道",《説文·辵部》:"道,所行道也。从辵,从首。一達謂之道。"引申爲教導。《莊子·田子方》:"其諫我也似子,其道我也似父。"成玄英疏:"訓導我也,似父之教子。"①"道"本義爲道路,上古音爲定紐幽部。

"導",《説文·寸部》:"導,導引也。从寸,道聲。"《孟子·離婁下》:"有故而去,則君使人導致出疆。""導"義爲帶領,上古音爲定紐幽部。

語音上,"道""導"均爲定紐幽部,爲音同關係。詞義上,"道"本義爲道路,"導"義爲引路,共同義素爲[+路]。"道""導"二詞同源。字用上,在"引導"義上,"道""導"爲本原字與區别字關係。

他例如,唐義凈譯《佛説無常經》"難化之徒使調順,隨機引導非强力","導",BD01063 作道,BD01367 作道,S.3887 作道,S.5447 作道,S.6367 作道,津藝 193(77·5·4532)作道;石經 3.339、BD03608 作道,BD03874 作導,S.0153、S.1103、S.1479、S.2540、S.4529、S.4713、S.5138、P.3924、TK137、TK323、麗藏本、《大正藏》俱作"導"。

【賈:價】

後秦佛陀耶舍譯《四分大尼戒本》:"若比丘尼,若王若大臣,若婆羅門,若居士居士婦,遣使爲比丘尼送衣價,持如是衣價,與某甲比丘

---

① [晉]郭象注,[唐]成玄英疏《莊子注疏》,中華書局,2011 年,第 376 頁。

尼,彼使至比丘尼所語言:阿姨,爲汝送衣賈。"

按:"賈",石經 2.378 作"賈",S.0440、P.2310、Φ156、BD00014、北大 D088、津藝 087(77・5・4430)、麗藏本、《大正藏》俱作"價"。

"賈",《爾雅・釋言》:"賈,市也。"《説文・貝部》:"賈,賈市也。从貝,西聲。一曰坐賣售也。"引申爲價格、價值。《小爾雅・廣言》:"賈,價也。"《集韻・禡韻》:"賈,售直也。或从人。"後爲此義造專字"價"。《説文解字注・貝部》:"賈,凡賣者之所得,買者之所出,皆曰賈。俗又別其字作價,別其音入禡韻,古無是也。"①《論語・子罕》:"有美玉於斯,韞匵而藏諸?求善賈而沽諸?"《白虎通・商賈》引《魯論》作"價"。《漢書・宣帝紀》:"今年郡國頗被水災,已振貸。鹽,民之食,而賈咸貴,衆庶重困。其減天下鹽賈。"顏師古注曰:"賈讀曰價。"②《漢書・楊僕傳》:"欲請蜀刀,問君賈幾何?對曰:率數百。"顏師古注曰:"賈讀曰價。"③"賈"本義爲做買賣,上古音爲見紐魚部。

"價",《説文新附・人部》:"價,物直也。从人、賈,賈亦聲。"《集韻・禡韻》:"價,售直也。"《管子・輕重乙》:"國貧而用不足,請以平價取之子,皆案困窌而不能挹損焉。"④"價"義爲價值,上古音爲見紐魚部。

語音上,"賈""價"均爲見紐魚部,爲音同關係。詞義上,"賈"本義爲做買賣,"價"義爲價值,共同義素爲[+買賣]。"賈""價"二詞同源。字用上,在"價值"義上,"賈""價"爲本原字與區別字關係。

他例如,南朝宋沮渠京聲譯《佛説觀彌勒菩薩上生兜率天經》"我今持是無賈寶珠及以天冠,爲供養大心衆生故","賈",石經 2.405、3.432 俱作"賈",石經 3.560、3.379、1.105、BD04049、S.5555、P.2373、P.4535、TK58、TK60、TK81+TK82+TK83、上圖 004(795017)、麗藏本、《大正藏》俱作"價"。

【圓:員】

東漢安世高譯《佛説温室洗浴衆僧經》:"金體玉爲瓔,塵垢不著身,圓光相具足,斯由洗衆僧。"

按:"圓",P.3919B 作圓,P.3919 作員;石經 1.88 作圓,麗藏本作圓,麗藏本作"圓"。

---

① [清]段玉裁《説文解字注》,上海古籍出版社,1988 年,第 281 頁。
② [漢]班固撰,[唐]顏師古注《漢書》,中華書局,1962 年,第 252 頁。
③ [漢]班固撰,[唐]顏師古注《漢書》,中華書局,1962 年,第 3661 頁。
④ 黎翔鳳撰,梁運華整理《管子校注》,中華書局,2004 年,第 1462 頁。

"員",《説文·員部》:"員,物數也。从貝,口聲。鼏,籒文从鼎。"甲骨文作[字]合20072、[字]合20592,金文作[字]員壺。林義光《文源》:"口,鼎口也,鼎口圓象。"①《孟子·離婁下》:"規矩,方員之至也。"後爲此義造專字"圓"。"員"義爲圓形,上古音爲匣紐文部。

"圓",《説文·囗部》:"圓,圜全也。从囗,員聲。讀若員。"《玉篇·囗部》:"圓,周也。"《詩·商頌·長發》:"外大國是疆,幅隕既長。"鄭玄箋:"隕當作圓。圓謂周也。"②"圓"義爲完整、周全,上古音爲匣紐文部。

語音上,"員""圓"均爲匣紐文部,爲音同關係。詞義上,"員"義爲圓形,"圓"義爲完整、周全,共同義素爲[+圓形]。"員""圓"二詞同源。字用上,在"圓形"義上,"員""圓"爲本原字與區别字關係。

【影:景】

東漢安世高譯《佛説温室洗浴衆僧經》:"觀諸三界中,天人受影福。"

按:"影",麗藏本、《大正藏》俱作"景";石經1.87作[影],P.3919B作"影"。

"景",《説文·日部》:"景,光也。从日,京聲。"段玉裁注:"光所在處,物皆有陰……後人名陽曰光,名光中之陰曰影,别製一字,異義異音。"③引申爲陰影。《詩·邶風·二子乘舟》:"二子乘舟,汎汎其景。"孔穎達疏"景"爲"舟影"④,陸德明釋文:"景,如字,或音影。"⑤是以《集韻·梗韻》曰:"景,物之陰影也。葛洪始作影。"後爲此義造專字"影"。"景"本義爲日光,上古音爲影紐陽部。

"影",《玉篇·彡部》:"影,形影。"《淮南子·脩務》:"干木雖以已易寡人不爲,吾日悠悠慙於影,子何以輕之哉!"高誘注:"影,形影也。"⑥"影"義爲陰影,上古音爲影紐陽部。

語音上,"景""影"均爲影紐陽部,爲音同關係。詞義上,"景"本義爲日光,"影"義爲陰影,共同義素爲[+光影]。"景""影"二詞同源。字用上,在"形影"義上,"景""影"爲本原字與區别字關係。

---

① 林義光《文源》,中西書局,2017年,第83頁。
② [清]阮元校刻《十三經注疏》,中華書局,1980年,第626頁。
③ [清]段玉裁《説文解字注》,上海古籍出版社,1988年,第304頁。
④ [清]阮元校刻《十三經注疏》,中華書局,1980年,第311頁。
⑤ [唐]陸德明《經典釋文》,中華書局,1983年,第60頁。
⑥ [漢]劉安等編著,[漢]高誘注《淮南子》,中華書局,1986年,第335頁。

【燃：然】

東漢安世高譯《佛說温室洗浴衆僧經》："何謂爲七物？一者燃火，二者浄水，三者澡豆，四者蘇膏。"

按："燃"，石經 1.87 作 [燃]，P.3919B 作 [然]，麗藏本作 [然]，麗藏本作"然"。

"然"，《説文·火部》："然，燒也。从火，肰聲。"《孟子·公孫丑上》："若火之始然，泉之始達。"後爲此義造專字"燃"。徐鉉注："然，今俗別作燃。"《漢書·賈誼傳》："火未及燃，因謂之安。""然"本義爲燃燒，上古音爲日紐元部；"燃"義爲燃燒、點火，上古音爲日紐元部。

語音上，"然""燃"均爲日紐元部，爲音同關係。詞義上，"然"本義爲燃燒，"燃"義爲燃燒、點火，共同義素爲[＋燃燒]。"然""燃"二詞同源。字用上，在"燒"義上，"然""燃"爲本原字與區别字關係。

他例如，東漢安世高譯《佛説罪業應報教化地獄經》"水流不常滿，火盛不久燃"，"燃"，麗藏本、《大正藏》俱作"然"；石經 3.607、BD05969 作 [燃]。東晉帛尸梨蜜多羅譯《佛説灌頂隨願往生十方浄土經》"若人臨終未終之日，當爲燒香燃燈續明，於塔寺中表刹之上"，"燃"，石經 3.387 作 [燃]，S.1348、麗藏本、《大正藏》俱作"然"；S.0002、S.0297、BD03042 俱作"燃"。同前"燃燈續明懸雜幡蓋。請召衆僧轉讀尊經。脩福業得福多不"，"燃"，石經 3.387 作 [燃]，S.0002、S.0297、BD03042、麗藏本、《大正藏》俱作"然"。東晉帛尸梨蜜多羅譯《佛説灌頂章句拔除過罪生死得度經》"亦應造立五色繒幡，燃燈續明救諸生命"，"燃"，敦研 355、津藝 270（77·5·4609）、BD00032、BD00033、BD000317、BD00391、BD00737、BD01169、BD01495、BD02103、BD03306、BD03407、BD03567、BD03619、麗藏本、《大正藏》俱作"然"；石經 3.2、S.1968、BD00737、BD01397、BD02232、BD02691 俱作"燃"。同前"造續命神幡燃卅九燈放諸生命"，"燃"，石經 3.2、BD00032、BD00033、BD000317、BD00391、BD00737、BD01169、BD02103、BD02909、BD03306、麗藏本、《大正藏》俱作"然"；BD00848、BD01495、BD02232、BD02791 俱作"燃"。

【周：賙】

北涼法盛譯《佛説菩薩投身飼餓虎起塔因緣經》："子今密去必投他國求財布施，或自賣身周給貧苦。"

按："周"，麗藏本、《大正藏》俱作"賙"；石經 2.403 作 [周]，金藏廣勝寺本作"周"。

"周",《説文·口部》:"周,密也。从用、口。"引申爲經濟上的援助、救濟。《詩·大雅·雲漢》:"靡人不周。"毛傳:"周,救也。"①鄭玄箋:"周,當作賙。王以諸臣困於食,人人賙給之,權救其急。"②後爲此義造專字"賙"。上古音爲章紐幽部。

"賙",《玉篇·貝部》:"賙,給也,贍也。"《周禮·地官·大司徒》:"五黨爲州,使之相賙。"鄭玄注:"賙者,謂禮物不備,相給足也。"③"賙"義爲救助、救濟,上古音爲章紐幽部。

語音上,"周""賙"均爲章紐幽部,爲音同關係。詞義上,"周"本義爲周密、謹嚴,"賙"義爲救助、救濟,共同義素爲[+周密、全面]。"周""賙"二詞同源。字用上,在"救濟"義上,"周""賙"爲本原字與區別字關係。

他例如,三國吴支謙譯《佛説阿難四事經》"周諸窮乏,以濟其命","周",石經 3.610 作周,麗藏本、《大正藏》俱作"賙"。

【亭:停】

唐義浄譯《佛説無常經》:"如其壽命盡,須臾不暫亭。"

按:"亭",石經 3.339 作亭,BD01030 作停,BD01063 作停,BD01367 作停,BD03554 作停,BD03608 作停,BD03874 作停,S.0153 作停,S.0311 作停,S.1479 作停,S.3887 作停,TK137 作停,S.2540、S.2926、S.4529、S.4713、S.5160、S.5447、S.6367、P.3924、Дx02845、TK323、酒博 013、津藝193(77·5·4532),麗藏本、《大正藏》俱作"停"。

"亭",《説文·高部》:"亭,民所安定也。亭有樓。从高省,丁聲。"引申爲停止。《説文解字注·高部》:"亭之引申爲亭止,俗乃製停、渟字。"④《漢書·西域傳上》:"其水亭居,冬夏不增減。"後爲此義造專字"停"。"亭"義爲古代設在道旁供行人停留食宿的處所,上古音爲定紐耕部。

"停",《説文新附·人部》:"停,止也。"《莊子·德充符》:"平者,水停之盛也。"郭慶藩集釋:"停,止也。"⑤"停"義爲停留、停滯,上古音爲定紐耕部。

語音上,"亭""停"均爲定紐耕部,爲音同關係。詞義上,"亭"義爲古代設在道旁共供行人停留食宿的處所,"停"義爲停留、停滯,共同義素

---

① [清]阮元校刻《十三經注疏》,中華書局,1980年,第562頁。
② [清]阮元校刻《十三經注疏》,中華書局,1980年,第562頁。
③ [清]孫詒讓《周禮正義》,中華書局,1987年,第752頁。
④ [清]段玉裁《説文解字注》,上海古籍出版社,1988年,第227頁。
⑤ [清]郭慶藩《莊子集釋》,中華書局,2006年,第215頁。

爲[+止]。"亭""停"二詞同源。字用上,在"停止"義上,"亭""停"爲本原字與區別字關係。

【捨:舍】

唐義净譯《佛說無常經》:"大捨防非忍無倦,一心方便正慧力。"

按:"捨",S.6367 作"舍";石經 3.339、BD00535、BD01030、BD01063、BD03554、BD03874、BD01367、S. 1103、S. 4713、S. 5138、S. 5447、P. 3924、TK137、TK323、津藝 193(77·5·4532)、麗藏本、《大正藏》俱作"捨"。

"舍",《説文・人部》:"舍,市居曰舍。"引申爲止息,再引申爲安置,再引申爲放下、放棄。《廣韻・馬韻》:"舍",同"捨"。《荀子・勸學》:"鍥而不舍,金石可鏤。"楊倞注:"舍與捨同。"①在放下、放棄義上,後造專字作"捨"。"舍"本義爲客館,上古音爲書紐魚部。

"捨",《説文・手部》:"捨,釋也。"段玉裁注:"釋者,解也。"②《後漢書・郭躬傳論》:"若乃推己以議物,捨狀以貪情,法家之能慶延于世,蓋由此也。""捨"義爲放下、放棄,上古音爲書紐魚部。

語音上,"舍""捨"均爲書紐魚部,爲音同關係。詞義上,"舍"本義爲客館,"捨"義爲放下、放棄,共同義素爲[+置]。"舍""捨"二詞同源。字用上,在"棄置"義上,"舍""捨"爲本原字與區別字關係。

他例如,同前"尚捨無常身,何況諸凡夫","捨",BD01367、S.6367 俱作"舍";BD03554、BD03608、BD03874、S.0153、S.2540、S.2926、S.3887、S.4529、S.4713、S.5160、S.1479、S.5447、P.3924、Дх02845、TK323、TK137、津藝 193(77·5·4532)、麗藏本、《大正藏》俱作"捨"。

【申:伸】

南朝宋沮渠京聲譯《佛說觀彌勒菩薩上生兜率天經》:"修諸净業發弘誓願,命終之後譬如壯士屈申臂頃,即得往生兜率陁天。"

按:"申",TK58、TK60、TK81+TK82+TK83 俱作"伸";石經 1.107、2.406、3.379、3.433、3.560、BD02538、BD04049、BD04161、BD05812、S.5555、P.2071、P.2373、上圖 004(795017)、北大 D075、麗藏本、《大正藏》俱作"申"。

"申",《説文・申部》:"申,神也。七月,陰气成,體自申束。从臼,自持也。吏臣餔時聽事,申旦政也。""申",甲骨文作 ![]合4035、![]合1439。葉玉森

---

① [戰國] 荀況撰,[唐] 楊倞注《荀子》,國家圖書館出版社,2017年,第 1 册第 21 頁。
② [清] 段玉裁《説文解字注》,上海古籍出版社,1988年,第 598 頁。

《殷虛書契前編集釋》:"象電燿屈折。《說文》'虹'下……許君曰'申,電也',與訓'申,神也'異。余謂象電形爲朔誼,神乃引申誼。"引申爲伸展、舒展。《廣雅·釋詁四》:"申,伸也。"《戰國策·魏策四》:"衣焦不申,頭塵不去。"吳師道補注:"申,舒布也。"①後爲該義項造專字"伸"。"申"本義爲電,上古音爲書紐真部。

"伸",《說文·人部》:"伸,屈伸。从人,申聲。"段玉裁注:"伸,古經傳皆作信……古但作詘信,或用申爲之……宋毛晃曰:'古惟申字,後加立人以別之。'"②《荀子·樂論》:"執其干戚,習其俯仰屈伸,而容貌得莊焉。""伸"義爲伸展、舒展,上古音爲書紐真部。

語音上,"申""伸"均爲書紐真部,爲音同關係。詞義上,"申"本義爲電,"伸"義爲伸展、舒展,共同義素爲[+舒展]。"申""伸"二詞同源。字用上,在"伸展"義上,"申""伸"爲本原字與區別字關係。

【皮:剝】

東漢安世高譯《佛說罪業應報教化地獄經》:"佛言:以前世時坐橫道作賊剝奪人衣,使冬月之日令他凍死,生皮牛羊痛不可堪,故獲斯罪。"

按:"皮",石經 3.607 作𠂇,麗藏本、《大正藏》俱作"剝"。

"皮",《說文·皮部》:"皮,剝取獸革者謂之皮。从又,爲省聲。"金文作𠂇叔皮父簋,由字形可知,"皮"當爲會意字,本義爲剝皮,所剝之皮亦曰皮,爲引申義。《廣雅·釋詁三》:"皮,剝也。"《戰國策·韓策二》:"(聶政)因自皮面抉眼,自屠出腸,遂以死。"鮑彪注:"去面之皮。"③後爲此義造專字"剝"。"皮"本義爲剝皮,中古音爲並紐支韻。

"剝",《玉篇·刀部》:"剝,剝也。"《集韻·支韻》:"剝,刀析也。"漢牟融《理惑論》:"聶政剝面自刑。""皮"義爲剝皮,中古音爲並紐支韻。

語音上,"皮""剝"均爲並紐支部,爲音同關係。詞義上,"皮"本義爲剝皮,"皮"義爲剝皮,共同義素爲[+剝皮]。"皮""剝"二詞同源。字用上,在"剝皮"義上,"皮""剝"爲本原字與區別字關係。

---

① [宋]鮑彪注,[元]吳師道補正《戰國策校注》,《文淵閣四庫全書》史部第 165 册,上海古籍出版社,1987 年,第 258 頁。
② [清]段玉裁《說文解字注》,上海古籍出版社,1988 年,第 377 頁。
③ [宋]鮑彪注,[元]吳師道補正《戰國策校注》,《文淵閣四庫全書》史部第 165 册,上海古籍出版社,1987 年,第 282 頁。

【尸：屍】

東晉帛尸梨蜜多羅譯《佛説灌頂隨願往生十方浄土經》："久後之間父母衰老,得諸病苦便就後世,那舍即便殯殮尸骸,安厝粗畢,從父母命終轉讀尊經。"

按:"尸",石經 3.388 作"𠒇",BD01843 作"尸",BD03042 作"尸";S.0002 作"屍",S.0297 作"屍",麗藏本作"屍",《大正藏》作"屍"。

"尸",《説文·尸部》:"尸,陳也。象卧之形。"義爲陳列。引申爲尸體。《左傳·隱公元年》:"贈死不及尸。"杜預注:"尸,未葬之通稱。"① 後爲此義造專字"屍"。"尸"本義爲陳列,上古音爲書紐脂部。

"屍",《説文·尸部》:"屍,終主。"《玉篇·尸部》:"屍,在牀曰屍。"《管子·小匡》:"今齊求而得之,則必長爲魯國憂,君何不殺而受之其屍。""屍"義爲未葬的尸體,上古音爲書紐脂部。

語音上,"尸""屍"均爲書紐脂部,爲音同關係。詞義上,"尸"本義爲陳列,"屍"義爲未葬的尸體,共同義素爲[+陳列]。"尸""屍"二詞同源。字用上,在"尸體"義上,"尸""屍"爲本原字與區别字關係。

【解：懈】

北魏法場譯《佛説辯意長者子經》:"四者精進,勸化解怠。"

按:"解",石經 3.626 作"解",麗藏本、《大正藏》俱作"懈"。

"解",《説文·角部》:"解,判也。从刀判牛角。一曰解廌,獸也。"朱駿聲《説文通訓定聲·解部》:"解,叚借爲懈。"② 實則是引申爲懈怠。《詩·大雅·烝民》:"夙夜匪解,以事一人。"《韓詩外傳》作"夙夜匪懈"。《漢書·趙充國傳》:"虜久屯聚,解弛。"顔師古注:"解,讀曰懈。弛,放也。"③ 後爲該義項造專字作"懈"。"解"本義爲以刀解牛角,上古音爲見紐錫部。

"懈",《爾雅·釋言》:"懈,怠也。"《説文·心部》:"懈,怠也。从心,解聲。"《吕氏春秋·古樂》:"禹立,勤勞天下,日夜不懈。""懈"義爲懈怠、鬆懈,上古音爲見紐錫部。

語音上,"解""懈"皆爲見紐錫部,爲音同關係。詞義上,"解"本義爲以刀解牛角,"懈"義爲懈怠、鬆懈,共同義素爲[+鬆開]。"解""懈"二詞同源。字用上,在"懈怠"義上,"解""懈"爲本原字與區别字關係。

---

① [清]阮元校刻《十三經注疏》,中華書局,1980 年,第 1717 頁。
② [清]朱駿聲《説文通訓定聲》,《續修四庫全書》第 220 册,上海古籍出版社,2002 年,第 617 頁。
③ [漢]班固撰,[唐]顔師古注《漢書》,中華書局,1962 年,第 2983 頁。

他例如,同前"洋銅灌其口。晝夜無休懈","懈",石經 3.626 作"解",麗藏本、《大正藏》俱作"懈"。

【義:儀】

東漢安世高譯《佛說罪業應報教化地獄經》:"背恩忘義,常行苟且。"

按:"義",P.5028(1) 作義;石經 3.607、麗藏本、《大正藏》俱作"義"。
"義",《説文·我部》:"義,己之威儀也。从我、羊。"引申爲正當、正派。再引申爲品德的根本,倫理的原則。《孟子·公孫丑上》:"其爲氣也,配義與道。"趙岐注:"義謂仁義,可以立德之本也。"①"義"義爲品德的根本,倫理的原則,上古音爲疑紐歌部。

"儀",《説文·人部》:"儀,度也。从人,義聲。"爲"義"的區別字。王筠《説文釋例》"義"條:"古用義者,今用儀也。"②《詩·曹風·鳲鳩》:"淑人君子,其儀一兮。"鄭玄注:"淑,善;儀,義也。善人君子其執義當如一也。"③"儀"義爲法度、準則,上古音均爲疑紐歌部。

語音上,"義""儀"均爲疑紐歌部,爲音同關係。詞義上,"儀"義爲品德的根本,倫理的原則,"儀"義爲禮節,共同義素爲[+約束行爲的準則]。"儀""義"二詞同源。字用上,在"仁義"義上,"義""儀"爲本原字與區別字關係。《漢語大字典》"義,同儀",把記錄"禮節""容貌""準則"三義的"義",視爲"儀"的異體字,不確。

【炎:燄】

失譯人《現在賢劫千佛名經》:"明炎佛。"

按:"炎",石經 1.109 作"炎",清藏本、《大正藏》俱作"焰",麗藏本作燄。
"炎",《説文·炎部》:"炎,火光上也。从重火。"引申爲火光。《後漢書·任光傳》:"使騎各持炬火,迷滿澤中,光炎燭天地。"後爲此義造專字"燄"。清徐灝《説文解字注箋·火部》:"炎、燄,古今字。"④則"燄"爲"炎"的區別字。"炎"義爲火苗升騰,上古音爲匣紐談部。

---

① [清] 阮元校刻《十三經注疏》,中華書局,1980 年,第 2685 頁。
② [清] 王筠《説文釋例》,中華書局,1987 年,第 227 頁。
③ [清] 阮元校刻《十三經注疏》,中華書局,1980 年,第 385 頁。
④ [清] 徐灝《説文解字注箋》,《續修四庫全書》第 225 册,上海古籍出版社,2002 年,第 325 頁。

"㶇",《説文·炎部》:"㶇,火行微㶇㶇也。从炎,召聲。"《書·洛誥》:"無若火,始㶇㶇。"孔安國傳:"無令若火始然,㶇㶇尚微。"①"焰"爲"㶇"的後起異體字。《玉篇·火部》:"焰,光也。""㶇"義爲火光,上古音爲餘紐談部。

語音上,"炎"爲匣紐談部,"㶇"爲餘紐談部,談部疊韻。詞義上,"炎"義爲火苗升騰,"㶇"義爲火光,共同義素爲[＋火]。"炎""㶇"二詞同源。字用上,在"火焰"義上,"炎""㶇"爲本原字與區别字關係。

他例如,同前 1.109"炎肩佛""衆炎佛"、1.110"須炎摩佛""寶炎佛"、1.111"炎熾佛""多炎佛"、1.112"火炎佛"、1.113"燈炎佛"等,清藏本、《大正藏》俱作"焰"。

【現:見】

西晉竺法護譯《佛説盂蘭盆經》:"佛告目連:十方衆僧七月十五日自恣時,當爲七世父母及現在父母厄難中者,具食百味五果汲灌盆器,香油燈燭床榻卧具,盡施甘美以著盆中,供養十方大德僧。"

按:"現",石經 3.586 作 現、S.2540 作 見;S.3171 作 現,S.6163 作 現,P.2055 作 現,麗藏本作 現,金藏廣勝寺本、《大正藏》俱作"現"。

"見",《説文·目部》:"見,視也。从儿,从目。"段玉裁注:"用目之人也,會意。"②引申爲顯示、出現。再引申爲現在。《漢書·外戚傳·始皇孫王夫人》:"我果見行,當之柳宿。"後爲顯示、出現、現在等義造專字"現"。"見"本義爲看見、看到,上古音爲匣紐元韻。

"現",《廣韻·霰韻》:"見,露也。現,俗。"引申爲現在,南朝梁武帝《立神明成佛義記》:"生滅遷變,酬於往因;善惡交謝,生乎現境。""現"義爲顯露、出現,上古音爲匣紐元韻。

語音上,"見""現"均爲匣紐元韻,爲音同關係。詞義上,"見"本義爲看見、看到,"現"義爲顯露、出現,共同義素爲[＋顯露於前]。"見""現"二詞同源。字用上,在"見在""現在"(即當前)義上,"見""現"爲本原字與區别字關係。

【華:花】

後秦佛陀耶舍譯《四分大尼戒本》:"譬如蜂採華,不壞色以香。"

按:"華",S.0440、P.2310、北大 D088、上圖 146(812596)、津藝 087

---

① [清]阮元校刻《十三經注疏》,中華書局,1980 年,第 215 頁。
② [清]段玉裁《説文解字注》,上海古籍出版社,1988 年,第 407 頁。

(77·5·4430)、麗藏本、《大正藏》俱作"花";石經 2.384、上博 02（2415）作"華"。

"華",《說文·華部》:"華,榮也。从艸,从雩。""華",金文作䔢古鉢。徐灝箋云:"雩華亦一字,而《說文》別之者,以所屬之字相從各異也。……雩乃古象形文,上象蓓蕾,下象莖葉,小篆變為亏耳。"①指出"華"之古字"雩"為象形字。高鴻縉《中國字例》:"按,雩即古華字。故舉可以雩為聲。"②《詩·周南·桃夭》:"桃之夭夭,灼灼其華。""花"是六朝人為"華"另造的今字。"按字原象形,甲文用為祭名。秦人或加艸為意符,遂有華字。及後華借用為光華意,秦漢人乃另造荂,荂見《方言》。六朝人又另造花字。日久而華字為借意所專,荂字少用,花字遂獨行。"③本原字"華"改變聲符而成區別字"花"。"華"本義為花朵,中古音為匣紐麻韻。

"花",《廣雅·釋草》:"花,華也。"《廣韻·麻韻》:"華,《爾雅》云'華,荂也'。花,俗,今通用。"魏碑最早見該字形,北魏神瑞元年（414）《淨悟浮圖記》:"遂□□□太乙山之靈岩寺。品行高□,廣建道場。衆擅越大會香花。""施化力主花之僧,大檀越主任妙宗仝造,香火院主陳起善。"孝昌元年（525）《王君妻元華光墓誌》:"蘊玉沖闌,潛花春猷。"孝昌元年（525）《元顯魏墓誌》:"大啓磐石,花萼本枝。""花"義為花朵,中古音為匣紐麻韻。

語音上,"華""花"均為匣紐麻韻,為音同關係。詞義上,"華"本義為花朵,"花"義為花朵,共同義素為[+花朵]。"華""花"二詞同源。字用上,在"花朵"義上,"華""花"為本原字與區別字關係。

他例如,西晉竺法護譯《佛說盂蘭盆經》"若父母現在者,福報百年。已④七世父母生天,自在化生,入天花光","花",石經 3.586 作花,石經 2.483 作葊,石經 1.139 作華,S.4264 作華,P.2055 作葊,麗藏本作華,《大正藏》俱作"華";S.2540 作花,S.3171 作花。北魏法場譯《佛說辯意長者子經》"時王出迎,與諸群臣稽首佛足,燒香散花伎樂供養",石經 3.627 "花",敦研 185 作芐,麗藏本、《大正藏》俱作"華";敦研 254 作"花"。唐義淨譯《佛說無常經》"菩提妙花遍莊嚴,隨所住處常安樂","花",石經 3.339、BD00535、BD01063、BD01367、BD03554、BD03608、BD03874、S.0153、

---

① ［清］徐灝《說文解字注箋》,《續修四庫全書》第 225 冊,上海古籍出版社,2002 年,第 629—630 頁。
② 高鴻縉編著《中國字例》,三民書局,2008 年,第 552 頁。
③ 高鴻縉編著《中國字例》,三民書局,2008 年,第 552 頁。
④ "已",《大正藏》、S.3171 作"若已亡",石經 2.483、S.4264、P.2055 作"若已",S.2540、宋、元、明、宮本皆作"若",今據石經 3.586。

S.0311、S.2926、S.3887、BD03874、S.4164、S.4529、S.5447、S.6367、TK137、酒博 013、北大 D093、津藝 193（77・5・4532）、津藝 202（77・5・4541）俱作"花"；BD01030、S.2540、S.4713、TK323、麗藏本、《大正藏》俱作"華"。

【歸：皈】

唐義净譯《佛説無常經》："稽首歸依妙法藏，三四二五理圓明，七八能開四諦門，修者咸到無爲岸。"

按："歸"，石經 3.339 作 𢁛，BD01367 作"皈"；BD00535、BD01030、BD01063、BD03554、BD03608、BD03874、S.2540、S.3887、S.4713、S.5138、S.5447、S.6367、P.3924、津藝 193（77・5・4532）、TK137、TK323、麗藏本、《大正藏》俱作"歸"。同前"稽首歸依真聖衆"亦同。

"歸"，《説文・止部》："歸，女嫁也。从止，从婦省，𠂤聲。"引申爲歸附、歸依。《廣雅・釋詁一》："歸，往也。"《詩・曹風・蜉蝣》："心之憂矣，於我歸處。"鄭玄箋："歸，依歸。"①後爲此義造專字"皈"。"歸"本義爲女子出嫁，中古音爲見紐微韻。

"皈"，由"歸"分化而來，專門記録歸信佛教與返回二義。北魏永平元年（508）《道守造像記》："大魏永平元年，歲在戊子，清州□泉寺道守，自彼□遊處，蒙三寶之皈依缽□造彌勒像一區，并七佛二菩薩。"神龜二年（519）《比丘尼慧静墓誌》："少小棄家，皈依三寶。"北齊天保九年（558）《宋敬業等造塔頌》："故使人知覆護，勿識皈依。""皈"義爲歸信佛教，中古音爲見紐微韻。

語音上，"歸""皈"均爲見紐微部，爲音同關係。詞義上，"歸"本義爲女子出嫁，"皈"義爲歸信佛教，共同義素爲[＋往]。"皈""歸"二詞同源。字用上，在"歸順"義上，"歸""皈"爲本原字與區别字關係。"歸依""皈依"指信仰佛教者的入教儀式。因對佛、法、僧三寶表示歸順依附，故稱。

他例如，同前"生者皆皈死，容顔盡變衰"，"皈"，石經 3.339 作 皈，BD00535、BD01030、BD01063、BD01367、BD03554、BD03608、BD03874、S.0153、S.0311、S.1479、S.2926、S.3887、S.4529、S.4713、S.5160、S.5138、S.5447、S.6367、P.3924、Дx02845、TK137、TK323、津藝 193（77・5・4532）、麗藏本、《大正藏》俱作"歸"。同前 3.339"時至皆皈盡"，亦同。

【受：授】

東漢安世高譯《佛説温室洗浴衆僧經》："諸佛所記，非我獨造。行

---

① ［清］阮元校刻《十三經注疏》，中華書局，1980 年，第 384 頁。

者得度，非神授與，求清淨福，自當奉行。"

按："授"，石經 1.88 作󰀀，金藏廣勝寺本、麗藏本俱作"授"；P.3919B、P.3919 俱作"受"。

"受"，《説文·叟部》："受，相付也。从叟，舟省聲。""受"，甲骨文作󰀀合6498、󰀀合22247。林義光《文源》："象相授受形，舟聲。授、受二字，古皆作受。"① 故"受"兼有接受與授予二義。《書·大禹謨》："滿招損，謙受益。""受"義爲接受。《商君書·定分》："今先聖人爲書而傳之後世，必師受之，乃知所謂之名。""授"義爲授予。後爲授予義造專字"授"。石經使用"受"的授予義，上古音爲禪紐幽部。

"授"，《説文·手部》："授，予也。从手，从受，受亦聲。"《廣雅·釋詁三》："授，與也。"《玉篇·手部》："授，付也。"《詩·豳風·七月》："七月流火，九月授衣。""授"義爲授予、付給，上古音爲禪紐幽部。

語音上，"受""授"均爲禪紐幽部，爲音同關係。詞義上，"受"義爲授予，"授"義爲授予、付給，共同義素爲[+給予]。"受""授"二詞同源。字用上，在"授予"義上，"受""授"爲本原字與區别字關係。

他例如，北魏法場譯《佛説辯意長者子經》"誦斯經者當爲彌勒佛所受決，如來廣長舌所語無有異"，石經 3.627"受"，麗藏本、《大正藏》俱作"授"。後秦佛陀耶舍譯《四分大尼戒本》"若比丘尼作大房，户排窗牖及餘莊飾具，指受覆苫齊二三節，若過者波逸提"，石經 2.379"受"，S.0440、P.2310、Φ156、BD00014、北大 D088、津藝 087（77·5·4430）、麗藏本、《大正藏》俱作"授"。

【屬：囑】

（1）五代宋初比丘道真譯《佛説救護身命經》："我等眷屬一心救護，不令他人而得擾亂，於無量無邊劫中，常念此經。何以故？此經世尊慇懃所屬之法，令久流布。"

按："屬"，石經 3.557 作󰀀，《大正藏》作"囑"。

"屬"，《説文·尾部》："屬，連也。从尾，蜀聲。"引申爲叮囑。《戰國策·西周策》："將死，而屬其子曰：'必無獨知。'"後爲此義造專字"囑"。"屬"本義爲連接、連續，中古音爲章紐燭韻。

"囑"，《玉篇·口部》："囑，付囑也。"東魏元象元年（538）《南宗和尚塔銘》："召門弟子文華，與同氣至親，及法門中，若長若幼，聽師付囑。"東魏武

---

① 林義光《文源》，中西書局，2017 年，第 95 頁。

定四年(546)《道穎造像記》:"乃啓囑雲騰,無不稱願也。""囑"義爲叮囑、告誡,中古音爲章紐燭韻。

語音上,"屬""囑"均爲章紐燭韻,爲音同關係。詞義上,"屬"本義爲連接、連續,"囑"義爲叮囑、告誡,共同義素爲[+連接]。"屬""囑"二詞同源。字用上,在"叮囑、告誡"義上,"屬""囑"爲本原字與區别字關係。

(2)東漢安世高譯《佛説温室洗浴衆僧經》:"於是耆域,夜欻生念。明至佛所,當問我疑。晨旦敕家大小眷屬,嚴至佛所。"

按:"属",石經 1.87 作屬,P.3919B 作屬;麗藏本、《中華大藏經》皆作"屬"。

由上條分析可知,"屬""囑"二詞同源。在本條異文中,"囑"通"屬",義爲"親屬"。

【弟：第】

(1)南朝宋沮渠京聲譯《佛説觀彌勒菩薩上生兜率天經》:"弟一大神名曰寶幢。"

按:"弟",石經 3.360 作弟,石經 2.405 作弟,S.5555 作弟;石經 3.379 作弟,1.106 作第,TK58 作第,TK60 作第,TK81+TK82+TK83、麗藏本、《大正藏》亦俱作"第";BD04049 作弟,BD04161 作第,BD05812 作弟,P.2373 作弟,P.4535 作第,上圖 004(795017)作第。

"弟",《説文・弟部》:"弟,韋束之次弟也。从古字之象。""弟",甲骨文作弟合6829、弟合21722,金文作弟諫簋、弟應公簋。朱芳圃《殷周文字釋叢》:"弟象繩索束戈之形。繩之束戈,展轉圍繞,勢如螺旋,而次弟之義生焉。"①《墨子・迎敵祠》:"舉屠酤者,置廚給事,弟之。"畢沅注:"言次第居之,古次第字祇作弟。"②後爲該義項造專字作"第"。"弟"本義爲次第、順序,上古音爲定紐脂部。

"第",《廣雅・釋詁三》:"第,次也。"《吕氏春秋・原亂》:"亂必有弟。大亂五,小亂三,訓亂三。"高誘注:"弟,次也。"③畢沅注:"弟,本一作第,今從汪本,乃古第字。"④"第"義爲次第、次序,上古音爲定紐脂部。

語音上,"弟""第"均爲定紐脂部,爲音同關係。詞義上,"弟"本義爲次第、順序,"第"義爲次第、次序,共同義素爲[+次序]。"弟""第"二詞同源。

---

① 朱芳圃《殷周文字釋叢》,中華書局,1962 年,第 82 頁。
② [清]畢沅《墨子集注》,清乾隆四十九年(1784)靈巖山館刻本,第 219 頁。
③ [漢]高誘注,[清]畢沅校《吕氏春秋》,上海古籍出版社,1996 年,第 427 頁。
④ [漢]高誘注,[清]畢沅校《吕氏春秋》,上海古籍出版社,1996 年,第 427 頁。

字用上，在"次第"義上，"弟""第"爲本原字與區別字關係。

他例如，三國吳支謙譯《佛說四願經》"弟一願者，是人身沐浴莊飾，飯食五樂，常先與之"，"弟"，石經 3.611 作弟，麗藏本、《大正藏》俱作"第"。西晉竺法護譯《佛說鴦掘摩經》"色像弟一師所嘉異"，"弟"，石經 3.385 作弟，金藏廣勝寺本、麗藏本、《大正藏》俱作"第"。後秦鳩摩羅什譯《佛臨般涅槃略說教戒經》"戒爲苐一安隱功德之所住處"，"弟"，BD02701 作苐，BD05468、P.2243、P.2290 俱作"苐"；麗藏本、《大正藏》俱作"第"。同前"于諸莊嚴最爲苐一"，"苐"，BD02701 作弟、BD05468 作弟、BD03355、P.2290 俱作"苐"，麗藏本、《大正藏》俱作"第"。

（2）西晉竺法護譯《佛說盂蘭盆經》："四輩弟子，歡喜奉行。"

按："弟"，石經 3.586 作弟，S.3171 作弟，S.4264 作弟，Дx00389 作弟；P.2055 作弟，麗藏本作弟。

因構件"竹""艹"形近混用，"第"異寫作"苐"。

由上條分析可知，"弟""第"二詞同源。在本例中：

"弟"，由本義"次弟"引申爲弟子。東漢延熹七年（164）《孔宙碑》："弟子北海劇陸遷，字孟輔。"北魏正始三年（506）《楊小妃造像記》："大代正始三年，十二月廿二日，佛弟子楊小妃，爲亡造釋加像一區。"真王五年（528）《王起同造觀世音像銘記》："真王五年，佛弟子王起同造觀世音像一區。""第"通"弟"，義爲"弟子"。

他例如，西晉竺法護譯《佛說盂蘭盆經》"是佛弟子修孝順者，應念爾心常憶父母供養乃至七世父母"，"弟"，石經 3.586 作弟，S.3171 作弟，S.4264 作弟；P.2055 作弟，麗藏本作弟，《大正藏》作"弟"。東晉帛尸梨蜜多羅譯《佛說灌頂章句拔除過罪生死得度經》"天龍鬼神四輩苐子，皆各嘿然聽佛所說"，"苐"，石經 3.2 作苐，P.2178V⁰作苐，BD01414 作苐，BD02791 作苐，BD00032 作"苐"，《大正藏》作"弟"，敦研 055 作苐，麗藏本作弟。同前"若四輩弟子誦持此經"，"弟"，BD00032 作苐；BD00033、BD000317、BD00391、BD00848、BD02103、BD02232、BD03306、BD03407、BD03567、麗藏本、《大正藏》俱作"弟"。後秦佛陀耶舍譯《四分大尼戒本》"大姊！如是佛弟子衆得增益，展轉相諫，展轉相教，展轉懺悔"，石經 2.377"弟"，S.0440 作弟、BD00014 作苐；P.2310、北大 D088、津藝 087（77·5·4430）、金藏廣勝寺本、麗藏本、《大正藏》俱作"弟"。失譯人《佛說像法決疑經》"我諸弟子不解我意"，"弟"，石經 2.472、P.2087、《大正藏》俱作"弟"，S.2075 作苐。同前"未來世中我諸弟子，樂好衣服貪嗜美味"，"弟"，石經 2.472、P.2087、《大正藏》俱作"弟"，S.2075 作苐。

(3)唐義浄譯《佛説無常經》:"父母及妻子,兄弟並眷屬。"

按:"弟",石經 3.339 作弟,S.2540 作弟,S.2926 作弟,P.3924 作弟;津藝 193(77・5・4532)作弟,BD00535、BD01030、S.0153、S.0311、S.1479、S.3887、S.4713、S.5160、S.6367、TK137、TK323、酒博 013、BD01063、BD01367、BD03554、BD03608、BD03874 俱作"弟"。

由上分析可知,"第"通"弟",義爲兄弟。

【座:坐】

(1)東漢安世高譯《佛説父母恩難報經》:"阿難從坐而起,偏袒右肩,長跪合掌,前白佛言。"

按:"坐",Дx01595 作坐,Дx01982 作坐,BD00439 作坐,S.0149、S.1323、S.1548、S.1907、S.2269、S.3228、S.4476、S.5253、S.5408、S.6087、P.2285、Дx00975、北大 D101 俱作"座";石經 3.500、S.0865 作坐,S.4724 作坐,S.6007 作坐。

"坐",《説文・土部》:"坐,止也。从土,从留省。土,所止也。"林義光《文源》:"象二人對坐土上形。"①其引申義席位。《字彙補・土部》:"坐,與牀座之座通。"後爲此義造專字"座"。《韓非子・外儲説左下》:"鄭人有且置履者,先自度其足而置之其坐。""坐"本義爲跪坐,是我國古人的一種止息方式,上古音爲從紐歌部。

"座",《玉篇・广部》:"座,牀座也。"《集韻・過韻》:"座,坐具。"《梁書・張率傳》:"清輦道于上林,肅華臺之金座。""座"義爲坐具,上古音爲從紐歌部。

語音上,"坐""座"均爲從紐歌部,爲音同關係。詞義上,"坐"本義爲跪坐,"座"義爲坐具,前者爲動作,後者爲工具,共同義素爲[+跪坐]。"坐""座"二詞同源。字用上,在"座位"義上,"坐""座"爲本原字與區別字關係。

他例如,南朝宋沮渠京聲譯《佛説觀彌勒菩薩上生兜率天經》"亦有七寶大師子坐高四由旬","坐",石經 2.405、3.379、3.433、3.560、P.2373、上圖 004(795017)俱作"坐";石經 1.106、S.5555、P.4535、TK58、TK60、TK81+TK82+TK83、BD04049、BD04161、麗藏本、《大正藏》俱作"座"。同前"各持寶花以布座上","座",石經 3.560、1.106 俱作"座",石經 3.379、P.2373、上圖 004(795017)俱作"坐";S.5555、BD04049、BD04161、P.4535、TK58、TK60、

---

① 林義光《文源》,中西書局,2017 年,第 92 頁。

TK81+TK82+TK83、麗藏本、《大正藏》俱作"座"。

（2）失譯人《佛説父母恩重經》："於其食時非母不知父，母行來值他座席，或得餅肉，不噉啜味懷俠來歸，來向其子。"

按："座"，石經 3.555 作座，S.0149、S.2269、S.7203、P.2285、北大 D100 俱作"坐"；S.1189、S.1323、S.1548、S.1907、S.2084、S.3228、S.4476、S.5253、Дx00044、Дx00139、Дx00140、Дx02909、Дx01689、BD00439 俱作"座"。S.5433 作座，P.3919A.3 作坐，爲"坐"之構件訛混字。

由上條分析可知，"坐""座"二詞同源。在本條中，在"跪坐"義上，"坐""座"爲本原字與區别字關係。

他例如，北魏法場譯《佛説辯意長者子經》"辯意起行澡水敬意奉食，下食未訖有一乞兒前歷坐乞，佛未咒願無敢與者，遍無所得瞋恚而出便生惡念"，"坐"，石經 3.627 作坐，敦博 021 作坐；《大正藏》俱作"座"，麗藏本作座。

第二節　記録同源詞的字爲本字和借字

這一類主要指記録同源詞的兩個字，在某些意義上的通用現象，即記録同源詞的兩個字之間的借用關係。這和"假借字異文"章所討論的不同，那裏主要討論記録兩個毫不相干的詞的漢字之間的借用關係。而記録同源詞的兩個字，在具體語境中某些意義上是本字與借字的關係，單從它們所記録的原詞的源頭看，可以找到其意義上的聯繫。

在漢語發展早期的很長時間，語言的傳播主要是口耳相傳，聽音知義，加之人們文化水平參差不齊等多種原因，導致語言轉爲書面記録傳播時，出現了大量的同音替代字，這就是文字的借用。仔細研究這些同音替代字之間的形體關係、語音關係、記詞功能等，我們發現漢字在借用時，首先考慮的是讀音相同相近，意義是否相關不是優先考慮的因素，於是出現了大量的音同音近而意義毫不相涉的借字，即我們所稱的假借字（包含通假）。但是，當讀音相同相近的條件滿足之後，意義上有聯繫的字，對書寫者來説更具有干擾性，在文字借用行爲發生時，也具有其獨特的吸引力，於是漢字史上也出現了一批讀音相同相近，而且意義有聯繫的文字借用，這些有聯繫的意義主要指語源義，這就是傳統所謂"同源字的借用"，我們稱之爲記録同源詞的二字之間的借用關係。

【獸：狩】

東晉帛尸梨蜜多羅譯《佛説灌頂隨願往生十方浄土經》："爾時，世尊般涅槃時,十方國土無軮數衆天龍八部悉皆悲號嘆息,禽獸雜類亦皆如是。"

按:"獸",石經 3.387 作 ![字形], S.1348 作 ![字形], BD03042 作 ![字形];麗藏本作![字形],《大正藏》作"獸"。

"獸",《説文·嘼部》:"獸,守備者。从嘼,从犬。"義爲打獵。《詩·小雅·車攻》:"建旐設旄,搏獸于敖。"鄭玄箋:"獸,田獵搏獸也。"①後爲此義造專字"狩"。"獸"引申指獸類。《書·益稷》:"夔曰:於予擊石拊石,百獸率舞。"孫星衍疏:"《周禮·夏官》'服不氏掌養猛獸而教擾之'注云:'……猛獸,虎豹熊羆之屬。'"②換言之,"獸"既可以作動詞,義爲打獵,也可以作名詞,義爲獸類。"獸"本義爲打獵,上古音爲書紐幽部。

"狩",《説文·犬部》:"狩,犬田也。从犬,守聲。"《公羊傳·桓公四年》:"狩者何？田狩也。"何休注:"取獸于田,故曰狩。"③"狩"義爲打獵,上古音爲書紐幽部。

語音上,"獸""狩"均爲書紐幽部,爲音同關係。詞義上,均爲打獵義,共同義素爲[+打獵]。"狩""獸"二詞同源。字用上,在"打獵"意義上,"獸""狩"爲本原字與區別字關係。在本條異文中,"狩"通"獸",義爲獸類。

他例如,東晉帛尸梨蜜多羅譯《佛説灌頂章句拔除過罪生死得度經》"若入山谷爲虎狼熊羆蛺蝶諸獸象,蚖虵蝮蠍種種雜類","獸",津藝 119(77·5·4458)、S.1968、BD000317、BD00391、BD00848、BD01397、BD01495、BD02103、BD02791、BD03143、BD03407、BD03567 俱作"狩";石經 3.2、BD00032、BD00033、BD02909、BD03619、麗藏本、《大正藏》俱作"獸"。同前"七者横爲雜類禽獸所噉","獸",S.1968、BD000317、BD00848、BD01169、BD02791、BD03567 俱作"狩";BD0003、BD00033、BD00737、BD01397、BD01495、BD02103、BD02232、BD02756、BD02909、BD03407、麗藏本、《大正藏》俱作"獸"。

【歷：曆】

(1) 唐義浄譯《金光明最勝王經》卷一:"十方佛土悉已莊嚴,六趣有情無不蒙益,成就大智,具足大忍。住大慈悲心,有大堅固力,歷事諸

---

① [清] 阮元校刻《十三經注疏》,中華書局,1980 年,第 428 頁。
② [清] 孫星衍《尚書今古文注疏》,中華書局,2003 年,第 71 頁。
③ [清] 阮元校刻《十三經注疏》,中華書局,1980 年,第 2215 頁。

佛,不般涅槃,發弘誓心,盡未來際。廣於佛所深種浄因,於三世法悟無生忍,逾於二乘所行境界,以大善巧化世間。"

按:"歷",石經 3.535 作[歷],BD00394 作[歷],BD00432 作[歷],BD02383 作[歷],BD02386 作[歷],BD03340 作[歷],BD03664 作[歷],BD04050 作[歷],BD04208 作[歷],BD04381 作[歷],BD04578 作[歷],BD04953 作[歷],BD06514 作[歷],BD00648、S.0032、Дx01694、Дx02589、上圖 038(812445)、麗藏本、金藏廣勝寺亦俱作"歷"。

"歷","歷"的異體字。《説文·止部》:"歷,過也。从止,厤聲。"引申爲曆算、曆法。《易·革》:"君子以治厤明時。"後爲此義造專字"曆"。《廣韻·錫韻》:"歷,或作曆。"朱駿聲《説文通訓定聲·解部》:"歷,字亦作从日,厤聲。"①"歷"本義爲經過,上古音爲來紐錫部。

"曆",《説文新附·日部》:"曆,曆象也。从日,厤聲。《史記》通用歷。"鄭珍新附考:"按:歷乃曆象本字,非通用也。"②《書·堯典》:"乃命羲和,欽若昊天,曆象日月星辰,敬授人時。""曆"義爲推算日月星辰運行及季節時令的方法,上古音爲來紐錫部。

語音上,"歷""曆"均爲來紐錫部,爲音同關係。詞義上,"歷"本義爲經過,"曆"義爲推算日月星辰運行及季節時令的方法,共同義素爲[+經過]。"歷""曆"二詞同源。字用上,在"曆法"義上,"歷""曆"爲本原字與區別字關係。《漢語大字典》在"曆法""壽命"等意義上,認爲"歷"爲"曆"的異體字,不確。在本條異文中,"曆"通"歷",義爲經歷過。

(2) 後秦鳩摩羅什譯《佛臨般涅槃略説教戒經》:"仰觀星宿推步盈虛歷數算計,皆所不應。"

按:"歷",石經 3.380 作[歷],BD00696 作[歷],BD03355 作[歷],P.2243 作[歷];BD02701 作[曆],P.2290、麗藏本、《大正藏》俱作"曆"。

在本條異文中,"歷、歷"皆爲"歷"的異體字,BD02701 作[曆],爲"曆"的異體字。異文"歷""曆"表示"曆數、曆法"之義,根據上例(1)分析可知,在"曆法"義上,"歷""曆"爲本原字與區別字關係。

【創:瘡】

西晉白法祖譯《佛説菩薩修行經》:"觀身如創衆患纏繞,觀身可患

---

① [清]朱駿聲《説文通訓定聲》,《續修四庫全書》第 220 册,上海古籍出版社,2002 年,第 622 頁。

② [清]鄭珍《説文新附考》,中華書局,1985 年,第 108 頁。

四百四病。"

按:"創",石經 3.458 作 創,麗藏本、金藏廣勝寺本、《大正藏》俱作"瘡"。

"創",《說文·刃部》:"刅,傷也。从刃,从一。創,或从刀,倉聲。"《荀子·禮論》:"創巨者其日久,痛甚者其癒遲。"楊倞注:"創,傷也。"①"創"本義為創傷,上古音為初紐陽部。

"瘡",《玉篇·疒部》:"瘡,瘡痍也。古作創。"《廣韻·陽韻》:"創,《說文》曰:'傷也。'《禮》曰:'頭有創則沐。'今作瘡。"引申為潰瘍。《文選·張衡〈西京賦〉》:"所惡成瘡痏。"薛綜注:"瘡痏,謂瘢痕也。"②李善本《文選》作"創痏"。③"瘡"本義為傷口,上古音為初紐陽部。王力認為,"創""瘡"本同一詞,後人加以區分,創傷寫作"創",瘡痏寫作"瘡"。

語音上,"創""瘡"均為初紐陽部,為音同關係。詞義上,"創"本義為創傷,"瘡"本義為傷口,共同義素為[+傷]。"創""瘡"二詞同源。字用上,在"傷"義上,"創""瘡"為本原字與區別字關係。在本條異文中,"創"通"瘡",指皮膚或黏膜上的潰爛處。

【響:嚮】

東漢安世高譯《佛說溫室洗浴眾僧經》:"斯由洗眾僧,福報如影響。"

按:"響",石經 1.87 作 響,P.3919B 作 嚮;麗藏本作 響,《大正藏》作"響"。

"嚮",《集韻·漾韻》:"鄉,面也。或从向。"《書·多士》:"嚮于時夏,弗克庸帝。"孔穎達疏:"天歸嚮於是夏家。"④"嚮"義為相向,上古音為曉紐陽部。

"響",《說文·音部》:"響,聲也。从音,鄉聲。"《玉篇·音部》:"響,應聲也。"《易·繫辭上》:"是以君子將有為也,將有行也,問焉而以言,其受命也如響。""響"義為回聲,上古音為曉紐陽部。

語音上,"嚮""響"均為曉紐陽部,為音同關係。詞義上,"嚮"義為相向,"響"義為回聲,共同義素為[+相向]。"嚮""響"二詞同源。在本條異文中,"嚮"通"響",義為回聲、聲音。

---

① [戰國]荀況撰,[唐]楊倞注《荀子》,國家圖書館出版社,2017 年,第 3 冊第 140 頁。
② [梁]蕭統編,[唐]李善等注《六臣注文選》,中華書局,2012 年,第 52 頁。
③ [梁]蕭統編,[唐]李善注《文選》,上海古籍出版社,1986 年,第 63 頁。
④ [清]阮元校刻《十三經注疏》,中華書局,1980 年,第 219 頁。

【刑：形】

　　　北魏法場譯《佛説辯意長者子經》："若在人中常被誹謗，爲人所憎，刑體醜惡，心意不安常懷恐怖。"

按："刑"，石經3.626作"刑"，麗藏本、《大正藏》俱作"形"。

《廣雅·釋詁三》："刑，治也。"《論語·公冶長》："邦無道，免於刑戮。""刑"義爲懲治，上古音爲匣紐耕部。

《説文·彡部》："形，象形也。从彡，开聲。"桂馥義證："开聲者，當爲井聲。"①《增韻·青韻》："形，體也。"《易·繫辭上》："在天成象，在地成形，變化見矣。""形"義爲形體，上古音爲匣紐耕部。

語音上，"刑""形"均爲匣紐耕部，爲音同關係。詞義上，"刑"義爲懲治，"形"義爲形體，共同義素爲[＋模型]。"刑""形"二詞同源。在本條異文中，"刑"通"形"，義爲形體。

他例如，東漢安世高譯《佛説普法義經》"九爲無有横，十爲不隨刑，十一爲不求矜"，"刑"，石經3.453、3.484、3.601俱作"刑"；金藏廣勝寺本、《大正藏》、麗藏本俱作"形"。

（2）東晉帛尸梨蜜多羅譯《佛説灌頂章句拔除過罪生死得度經》："王法所加臨當刑戮無量畏怖愁憂苦惱。"

按："刑"，石經3.2作刑，BD00032作形，BD03619作形；BD00317作刑，BD00848作刑，BD01414作刑，BD01495作刑，麗藏本作刑，BD02130、BD02791、《大正藏》俱作"刑"。

由上條分析可知，"形""刑"二詞同源。在本條異文中，"形"通"刑"，義爲懲治。

他例如，東漢安世高譯《佛説普法義經》"二十爲法當死從死法未得度譬刑急當觀是"，"刑"，石經3.453作刑，石經3.485作形，《大正藏》、麗藏本、金藏廣勝寺本俱作"形"。

【問：聞】

　　　東晉帛尸梨蜜多羅譯《佛説灌頂章句拔除過罪生死得度經》："佛告文殊師利：善哉！善哉！汝慈無量，愍念罪苦一切衆生，問此往昔諸佛名字，及國土清净莊嚴之事，利益一切無量衆生，度諸危厄令得安隱。汝今諦聽諦受善思念之，吾當爲汝分别説之。"

---

① ［清］桂馥《説文解字義證》，《續修四庫全書》第209册，上海古籍出版社，2002年，第140頁。

按:"問", P.2178V⁰作問,BD00032 作聞;石經 3.2 作問,P.4826 作問,敦研 055 作問,BD01414 作問,麗藏本、《大正藏》俱作"問"。

《説文·口部》:"問,訊。从口,門聲。"《論語·泰伯》:"以能問於不能,以多問於寡。""問"義爲詢問,上古音爲明紐文部。

《説文·耳部》:"聞,知聞也。从耳,門聲。"《易·夬》:"聞言不信,聰不明也。"孔穎達疏:"由聽之不明,故聞言不信也。"①"聞"義爲聽見,上古音爲明紐文部。

語音上,"問""聞"均爲明紐文部,爲音同關係。詞義上,"問"義爲詢問,"聞"義爲聽見,共同義素爲[+訊息]。"問""聞"二詞同源。在本條異文中,"聞"通"問",義爲詢問。

【性:姓】

(1)後秦佛陀耶舍譯《四分大尼戒本》:"若比丘尼先知如是賊女,罪應死人所知,不問王大臣,不問種性,便度出家受戒,是比丘尼犯初法應捨僧伽婆尸沙。"

按:"性",石經 2.377 作"性",金藏廣勝寺本、麗藏本、《大正藏》俱作"姓",P.2310作性,BD00014 作姓,北大 D088 作姓,津藝 087(77·5·4430)作姓。

"性",《説文·心部》:"性,人之陽气。性,善者也。从心,生聲。"《論語·陽貨》:"性相近也,習相遠也。"劉寶楠正義引《漢書·刑法志》:"風俗移人,人性相近,而習相遠,信矣。"②"性"義爲人的本性,上古音爲心紐耕部。

"姓",《説文·女部》:"姓,人所生也。从女,从生,生亦聲。《春秋》傳曰:'天子因生以賜姓。'"《白虎通·姓名》:"姓者,生也。""姓"義爲標誌家族的字,上古音爲心紐耕部。

語音上,"性""姓"均爲心紐耕部,爲音同關係。詞義上,"性"義爲人的本性,"姓"義爲標誌家族的字,共同義素爲[+本源]。"性""姓"二詞同源。在本條異文中,"性"通"姓",義爲標誌家族的字。

(2)北涼法盛譯《佛説菩薩投身飼餓虎起塔因緣經》:"太子答曰:萬物無常形不久存,室家歡娛離別則苦,性命由天不得自在,無常對至。"

---

① [清]阮元校刻《十三經注疏》,中華書局,1980 年,第 57 頁。
② [清]劉寶楠撰,高流水點校《論語正義》,中華書局,1990 年,第 678 頁。

按:"性",石經 2.403 作"性",金藏廣勝寺本、麗藏本、《大正藏》俱作"姓"。

由上條分析可知,"性""姓"二詞同源。在本條異文中,"姓"通"性",義爲性命。清朱駿聲《説文通訓定聲·鼎部》:"姓,叚借爲性。"①《國語·周語中》:"而帥其卿佐,以淫於夏氏,不亦瀆姓矣乎?"韋昭注:"姓,命也。"②

【濃:膿】

東漢安世高譯《佛説罪業應報教化地獄經》:"第六復有衆生,腹大頸細不能下食,若有所食變爲濃血,何罪所致。"

按:"濃",石經 3.607 作濃,金藏廣勝寺本、麗藏本、《大正藏》俱作"膿"。

"濃",《説文·水部》:"濃,露多也。从水,農聲。"《詩·小雅·蓼蕭》:"蓼彼蕭斯,零露濃濃。"毛傳:"濃濃,厚貌。"③"濃"義爲露多,上古音爲泥紐冬部。

"膿",《説文·血部》:"䁿,腫血也。从血,農省聲。膿,俗䁿从肉,農聲。"《玉篇·肉部》:"膿,癰疽潰也。"《論衡·幸偶》:"潰爲疽創,流血出膿。"上古音爲泥紐冬部。

語音上,"濃""膿"均爲泥紐冬部,爲音同關係。詞義上,"濃"義爲露多,"膿"義爲"味之厚也",共同義素爲[+厚]。"濃""膿"二詞同源。在本條異文中,"濃"通"膿",義爲腫血。

他例如,同前"惡瘡膿血水腫乾痟。疥癩癰疽。種種諸惡集在其身","濃",石經 3.607 作濃,S.1904 作膿,麗藏本作膿,金藏廣勝寺本、《大正藏》俱作膿。

【環:還】

唐義净譯《佛説無常經》:"循環三界内,猶如汲井輪。"

按:"環",BD01063、BD03554、S.1479、S.2540、S.5160 俱作"還";石經 3.339、BD00535、BD01030、BD01367、BD03608、BD03874、S.0153、S.6367、S.0311、S.2926、S.3887、S.4529、S.4713、S.5447、P.3924、津藝 193(77·5·4532)、TK137、TK323、麗藏本、《大正藏》俱作"環"。

---

① [清]朱駿聲《説文通訓定聲》,《續修四庫全書》第 221 册,上海古籍出版社,2002 年,第 313 頁。
② 徐元誥撰,王樹民、沈長雲點校《國語集解》,中華書局,2002 年,第 68 頁。
③ [清]阮元校刻《十三經注疏》,中華書局,1980 年,第 420 頁。

"環",《説文·玉部》:"環,璧也。肉好若一謂之環。从玉,睘聲。"《左傳·昭公十六年》:"宣子有環,其一在鄭商。"杜預注:"玉環。同工共樸,自共爲雙。"①孔穎達疏引李巡云:"肉好若一,其孔及邊肉大小適等曰環。"②"環"義爲玉環,上古音爲匣紐元部。

"還",《爾雅·釋詁》:"還、復,返也。"《説文·辵部》:"還,復也。从辵,睘聲。"《詩·小雅·何人斯》:"爾還而入,我心易之;還而不入,否難知也。"鄭玄箋:"還,行反也。"③"還"義爲返回,上古音爲匣紐元部。

語音上,"環""還"均爲匣紐元部,爲音同關係。詞義上,"環"義爲玉環,"還"義爲返回,共同義素爲[＋圓]。"環""還"二詞同源。在本條異文中,"還"通"環",義爲循環。

【俠:挾】

失譯人《佛説父母恩重經》:"於其食時非母不知父,母行來值他座席,或得餅肉,不噉啜味懷俠來歸,來向其子。"

按:"俠",石經 3.555 作俠,石經 3.340 作"挾",S.1323 作挾,S.1548 作挾,S.1907 作挾,S.2084 作挾,S.3228 作挾,S.5433 作挾,P.2285 作挾,BD00439 作挾,Дx01689 作挾,P.3919A.3 作挾,《大正藏》作"挾";S.0149 作俠,S.2269 作伙,S.4476 作俠,S.5253 作挾,S.7203 作俠,北大 D100 作俠。

"挾",Дx01689 作挾,P.3919A.3 作挾,均爲"挾"之構件訛混異體字。

"俠",《説文·人部》:"俠,俜也。从人,夾聲。"《廣韻·帖韻》:"俠,任俠。"《史記·季布欒布列傳》:"季布者,楚人也。爲氣任俠,有名於楚。"裴駰集解引如淳曰:"相與信爲任,同是非爲俠。所謂'權行州里,力折公侯'者也。或曰:任,氣力也;俠,俜也。"④"俠"義爲俠義、見義勇爲,上古音爲匣紐葉部。

"挾",《説文·手部》:"挾,俾持也。从手,夾聲。"《儀禮·鄉射禮》:"凡挾矢於二指間橫之。"鄭玄注:"此以食指將指挾之。"⑤"挾"義爲夾持,上古音爲匣紐葉部。

---

① [清]阮元校刻《十三經注疏》,中華書局,1980年,第 2079 頁。
② [清]阮元校刻《十三經注疏》,中華書局,1980年,第 2079 頁。
③ [清]阮元校刻《十三經注疏》,中華書局,1980年,第 455 頁。
④ [漢]司馬遷撰,[南朝宋]裴駰集解,[唐]司馬貞索隱,[唐]張守節正義《史記》(修訂本),中華書局,2013年,第 3288 頁。
⑤ [清]阮元校刻《十三經注疏》,中華書局,1980年,第 1011 頁。

語音上，"俠""挾"均爲匣紐帖部，爲音同關係。詞義上，"俠"義爲俠義、見義勇爲，"挾"義爲夾持，共同義素爲[+持]。"俠""挾"二詞同源。在本條異文中，"俠"通"挾"，義爲挾帶。《全三國文·桓範〈世要論·爲君難〉》："臣有外顯相薦，内陰相除，謀事託公而實俠私，可不慮之以欺乎？"嚴可均校注："《長短經》作挾，俠與挾通。"①

【翳：瞖、醫】

唐義浄譯《金光明最勝王經》卷一："大雲寶栴檀香清涼身菩薩，大雲除闇菩薩、大雲破瞖菩薩，如是等無量大菩薩衆。"

按："翳"，石經3.535作翳，BD03138作翳，BD03170作醫，BD03664作瞖，BD04050作瞖，BD04208作瞖，BD04381作醫，BD04953作瞖，BD06025作翳，Дx01999作瞖，甘博083作翳，麗藏本作醫，S.0032、《大正藏》俱作"醫"；BD03863作翳，BD04578作翳，BD05239作翳，BD06514作翳，上圖038（812445）作瞖，金藏廣勝寺本作翳，BD00288、BD00394、BD00417、BD00648、BD02383、BD02386俱作"翳"。

《慧琳音義》卷二十九釋《金光明最勝王經》卷一"破瞖"條："破瞖，嬰計反。《考聲》：目中瞖也。从目，殹聲。殹音同上。"

"殹"，《方言》卷十二："殹，幕也。"郭璞注："謂蒙幕也，音醫。"②義爲蒙幕，上古音爲影紐脂部。

"瞖"，《玉篇·目部》："瞖，眼疾也。"《廣韻·霽韻》："瞖，目瞖。"宋梅堯臣《别張景嵩》："猶能洗君目，病瞖雲銷岑。""瞖"義爲白内障，眼疾的一種，中古音爲影紐霽部。該字上古未見，據語音折合，上古音當爲影紐脂部。

"翳"，《説文·羽部》："翳，華蓋也。从羽，殹聲。"朱駿聲《通訓定聲·履部》："以羽覆車蓋，所謂羽葆幢也。"③引申爲遮蔽、遮蓋。《方言》卷十三："翳，掩也。"郭璞注："謂掩覆也。"④漢劉向《九歎·遠逝》："阜隘險以幽險兮，石參嵯以翳日。""翳"義爲遮蔽，上古音爲影紐脂部。

"醫"，《説文·酉部》："醫，治病工也。"《周禮·天官·醫師》："凡邦之有疾病者、疕瘍者造焉，則使醫分而治之。""醫"義爲醫生（名詞）、醫治（動詞），上古音爲影紐之部。

語音上，"瞖""翳"皆爲影紐脂部，"醫"爲影紐之部，影紐雙聲，脂

---

① ［清］嚴可均《全三國文》，商務印書館，1999年，第381頁。
② ［漢］揚雄撰，［晉］郭璞注《方言》，中華書局，2016年，第148頁。
③ ［清］朱駿聲《説文通訓定聲》，《續修四庫全書》第221册，上海古籍出版社，2002年，第64頁。
④ ［漢］揚雄撰，［晉］郭璞注《方言》，中華書局，2016年，第160頁。

[iei]、之[iə]韻近。詞義上,"瞖"義爲白内障,"翳"義爲遮蔽,"醫"義爲醫生(名詞)、醫治(動詞),共同義素爲[+覆蓋]。"瞖""翳""醫"三詞同源。在本條異文中,"瞖""醫"皆通"翳",義爲遮蔽。

【杈:叉】

東漢安世高譯《佛説罪業應報教化地獄經》:"第八復有衆生,常在鑊湯中爲牛頭阿傍,以三股鐵杈人内著鑊湯中煮之令爛還復吹活而復煮之,何罪所致。"

按:"杈",石經 3.607 作杈,金藏廣勝寺本、麗藏本、《大正藏》俱作"叉"。

"叉",《説文·又部》:"叉,手指相錯也。从又,象叉之形。"引申爲用叉刺取東西。《正字通·又部》:"叉,取也。"唐李群玉《仙明洲口號》:"半浦夜歌聞盪槳,一星幽火照叉魚。""叉"本義爲手指相交錯,上古音爲初紐歌部。

"杈",《説文·木部》:"杈,枝也。从木,叉聲。"段玉裁注:"《廣韻》曰:'《方言》云江東言樹枝爲椏杈也。'枝如手指相錯之形,故從叉。"① "杈"義爲樹的分叉,上古音爲初紐歌部。

語音上,"杈""叉"均爲初紐歌部,爲音同關係。詞義上,"叉"本義爲手指相交錯,"杈"義爲樹的分叉,共同義素爲[+分叉]。"杈""叉"二詞同源。在本條異文中,"杈"通"叉",義爲用叉子叉取物體。

【士:仕】

東晉帛尸梨蜜多羅譯《佛説灌頂章句拔除過罪生死得度經》:"聞我説是藥師琉璃光佛,各各得心中所願,士官皆得高遷。"

按:"士",BD00032、BD00033、BD000317、BD00737、BD01397、BD01495、BD02103、BD02232、BD02435、BD02791、BD02909、BD03407、BD03567、BD03619、麗藏本、《大正藏》俱作"仕";石經 3.2、S.1968、BD00848 俱作"士"。

"士",《説文·士部》:"士,事也。數始於一,終於十。从一,从十。孔子曰:'推十合一爲士。'""士"實則古代社會有職事的統治階層的統稱,"事"爲職事,"士"則是職事的執行者,二詞同源。"士"義爲職事的執行者,上古音爲崇紐之部。

"仕",《説文·人部》:"仕,學也。从人,从士。"義爲學習政事。引申作

---

① [清]段玉裁《説文解字注》,上海古籍出版社,1988 年,第 249 頁。

任職、做官。《周禮·地官·載師》："以宅田、士田、賈田，任近郊之地。"鄭玄注："士讀爲仕，仕者亦受田，所謂圭田也。"①北魏正光元年（520）《劉滋墓誌》："弱冠，始士尚書郎中，轉爲尚書左丞。"太昌元年（532）《介休男邢安周造像記》："現存居眷，士進高榮。""仕"爲學習政事，上古音爲崇紐之部。

語音上，"士""仕"均爲崇紐之部，爲音同關係。詞義上，"士"義爲職事的執行者，"仕"爲學習政事，共同義素爲[＋踐行]。"士""仕"二詞同源。在本條異文中，"士"通"仕"，義爲做官。清朱駿聲《説文通訓定聲·頤部》："士，叚借爲仕。"②

【亡：忘、妄】

（1）東晉帛尸梨蜜多羅譯《佛説灌頂章句拔除過罪生死得度經》："八者橫爲怨讎符書厭禱耶神牽引，未得其福但受其殃先亡牽引亦名橫死。"

按："亡"，S.1968 作忘；石經 3.2、BD00032、BD00033、BD000317、BD00391、BD00737、BD00848、BD01169、BD01495、BD02103、BD02232、BD02791、BD02909、BD03306、BD03407、BD03567、麗藏本、《大正藏》俱作"亡"。

"亡"，《説文·亡部》："亡，逃也。从人，从乚。"段玉裁注："會意，謂入於迟曲隱蔽之處也。"③引申爲死。《字彙·亠部》："亡，死也。"《公羊傳·桓公十五年》："曷爲末言爾？祭仲亡矣。"何休注："亡，死亡也。"④"亡"義爲死，上古音爲明紐陽部。

"忘"，《説文·心部》："忘，不識也，从心，从亡，亡亦聲。"《玉篇·心部》："忘，不憶也。"《詩·小雅·隰桑》："中心藏之，何日忘之。""忘"義爲忘記，上古音爲明紐陽部。

《説文·心部》："妄，亂也。从女，亡聲。"《韓非子·八説》："暴人在位，則法令妄而臣主乖。""妄"義爲狂亂，上古音爲明紐陽部。

語音上，"亡""忘""妄"均爲明紐陽部，爲音同關係。詞義上，"亡"義爲死，"忘"義爲忘記，共同義素爲[＋失去]。"亡""忘""妄"三詞同源。在本條異文中，"忘""妄"皆通"亡"，義爲死亡。

---

① ［清］孫詒讓《周禮正義》，中華書局，1987年，第938頁。
② ［清］朱駿聲《説文通訓定聲》，《續修四庫全書》第220册，上海古籍出版社，2002年，第256頁。
③ ［清］段玉裁《説文解字注》，上海古籍出版社，1988年，第634頁。
④ ［清］阮元校刻《十三經注疏》，中華書局，1980年，第2222頁。

他例如，東晉帛尸梨蜜多羅譯《佛説灌頂章句拔除過罪生死得度經》"困苦疲極亡去人身"，"亡"，BD00032、BD000317、BD02909 俱作"忘"；BD02232 作"妄"；P.2013、P.2178V⁰、P.4666、S.1968、BD00033、BD00602、BD00848、BD01397、BD01495、BD02130、BD02656、BD02791、BD03407、BD03619、麗藏本、《大正藏》俱作"亡"。"忘""妄"皆通"亡"，義爲死亡。

（2）東晉帛尸梨蜜多羅譯《佛説灌頂隨願往生十方浄土經》："實不脩福忘言爲作脩諸福緣，以慳貪故墮彼地獄。"

按："忘"，石經 3.388 作忘，S.0002 作妄，S.0297 作妄，BD03042 作妄，麗藏本作妄，《大正藏》作"妄"；BD01843 作忘。

由上條分析可知，"忘""妄"二詞同源。在本條異文中，"忘"通"妄"，義爲胡亂、隨意。《老子》第十六章："不知常，忘作，凶。"朱謙之校釋："忘、妄古通。"①《韓非子·解老》："前識者，無緣而忘意度也。"王先慎集解："忘與妄通。"②

他例如，東晉帛尸梨蜜多羅譯《佛説灌頂章句拔除過罪生死得度經》"爲作恐動寒熱言語妄發禍福，所犯者多心不自正"，"妄"，S.1968 作忘；石經 3.2、BD00032、BD00033、BD000317、BD00737、BD00848、BD01169、BD01495、BD02103、BD02232、BD02756、BD02791、BD02909、BD03143、BD03306、BD03407、BD03567、BD03619、麗藏本、《大正藏》俱作"妄"。

【冕：免】

西晉竺法護譯《佛説瑠璃王經》："太子父王名波斯匿，與后末利，駕乘道從，詣祇樹園。下車卻蓋，冕冠解劍，屏拂脱屣，除四種兵。"

按："冕"，石經 3.486 作冕，石經 3.606 作冕，麗藏本、《大正藏》俱作"免"。

"免"，金文作𠂈兔卣、𠂈史免匡，从宀、从人，故郭沫若《兩周金文辭大系圖録考釋》釋"免"爲："余謂乃冕之初文，象人箸冕之形。"③"免"義爲帽子，上古音爲明紐元部。

《説文·冃部》："冕，大夫以上冠也。邃延、垂瑬、紞纊。从冃，免聲。古者黄帝初作冕。"《玉篇·冃部》："冕，冠冕也。"《字彙·冂部》："古者諸侯、大夫皆有冕，但以旒之多寡别耳。""冕"義爲帽子，上古音爲明紐元部。

---

① 朱謙之《老子校釋》，中華書局，1963 年第 2 版，第 69 頁。
② ［清］王先慎《韓非子集解》，中華書局，1998 年，第 134 頁。
③ 郭沫若《兩周金文辭大系圖録考釋》，科學出版社，1957 年，第 90 頁。

語音上，"免""冕"均爲明紐元部，爲音同關係。詞義上，"免"本義爲帽子，"冕"本義爲古代帝王、諸侯及卿大夫所戴的禮帽，共同義素爲[＋帽子]。"免""冕"二詞同源。字用上，在"帽子"義上，"免""冕"爲本原字與區別字關係。在本條異文中，"冕"通"免"，義爲脱掉。

【中：忠】

（1）東漢安世高譯《佛説温室洗浴衆僧經》："若爲大臣子，財富常吉安，勇健中賢良，出入無罣㝵。"
按："中"，石經 1.87 作 中，P.3919B、麗藏本俱作"中"；《大正藏》作"忠"。
"中"，《説文·丨部》："中，内也。从口、丨，上下通。"《周禮·考工記·匠人》："國中九經九緯。"鄭玄注："國中，城内也。"①"中"義爲内，上古音爲端紐冬部。
"忠"，《説文·心部》："忠，敬也。从心，中聲。"段玉裁補"盡心曰忠"，注云："各本無此四字，今依《孝經疏》補。"②《書·伊訓》："爲下克忠。"孔安國傳："事上竭誠。"③"忠"義爲盡心竭力、忠誠無私，上古音爲端紐冬部。
語音上，"中""忠"均爲端紐冬部，爲音同關係。詞義上，"中"義爲内，"忠"義爲盡心竭力、忠誠無私，共同義素爲[＋内]。"中""忠"二詞同源。在本條異文中，"中"通"忠"，義爲盡心竭力、忠誠無私。

（2）北魏法場譯《佛説辯意長者子經》："一心不退轉，中心念反傷，供事諸尊長，所生無艱難，若行此五事，輒得爲人王。"
按："中"，石經 3.626 作"中"，麗藏本、《大正藏》俱作"忠"。
由上條分析可知，"忠"通"中"，義爲内心。

【辯：辨】

（1）東晉帛尸梨蜜多羅譯《佛説灌頂隨願往生十方浄土經》："長者那舍即如佛言，還家供辯不違尊教作供養已，緣此生天封受自然無爲快樂。"
按："辯"，石經 3.388 作 辯，BD03042 作 辨，麗藏本作 辨；S.0002 作 辨，S.0297 作 辨，BD01843 作 辨，《大正藏》作"辦"。

---

① [清] 孫詒讓《周禮正義》，中華書局，1987 年，第 1980 頁。
② [清] 段玉裁《説文解字注》，上海古籍出版社，1988 年，第 502 頁。
③ [清] 阮元校刻《十三經注疏》，中華書局，1980 年，第 163 頁。

"辨",《説文·刀部》:"辨,判也。从刀,辡聲。"桂馥義證:"辨,隸定作辨。"①《廣韻·獮韻》:"辨,别也。"《易·同人》:"君子以族類辨物。"《説文新附·力部》:"辦,致力也。从力,辡聲。"鈕樹玉新附考:"辦即辨之俗體。"②故上例異文中作"辦"者,爲"辨"的構件"刀"形近異寫作"力"而成的異體字;作"辦"者,後隸定作"辦",義爲分開,上古音爲並紐元部。

"辯",《説文·辡部》:"辯,治也。从言在辡之間。"《左傳·昭公元年》:"主齊盟者,誰能辯焉。"杜預注:"辯,治也。"③"辯"本義爲治理,上古音爲並紐元部。

語音上,"辯""辨"均爲並紐元部,爲音同關係。詞義上,共同義素爲 [+使明晰]。"辯""辨"二詞同源。在本條異文中,"辯"通"辨",義爲準備、備辦。

他例如,唐義净譯《金光明最勝王經》卷一"此經能生無量無邊福德果報,乃至成辦無上菩提","辦",石經 3.536 作 [字形],BD04900 作 [字形],BD04911 作 [字形],BD05239 作 [字形],上圖 038(812445)作 [字形],麗藏本作 [字形],金藏廣勝寺本、《大正藏》俱作"辦"。

(2)同前:"大辨才天女,尼連河水神,訶利底母神,堅牢地神衆。"

按:"辨",石經 3.536 作 [字形],BD04208 作 [字形];BD00233 作 [字形],BD00288 作 [字形],BD00417 作 [字形],BD00648 作 [字形],BD02197 作 [字形],BD02386 作 [字形],BD03138 作 [字形],BD03170 作 [字形],BD03664 作 [字形],BD03863 作 [字形],BD04381 作 [字形],BD04578 作 [字形],BD04667 作 [字形],BD04900 作 [字形],BD04953 作 [字形],BD05239、BD06025、S.0372、P.3042、甘博 083、上圖 038(812445)、麗藏本、金藏廣勝寺本、《大正藏》俱作"辯"。

由上例(1)可知,"辯""辨"二詞同源。在本條異文中,"辨"通"辯",義爲巧言、善言辭。

【孼：櫱】

東晉帛尸梨蜜多羅譯《佛説灌頂章句拔除過罪生死得度經》:"又信世間妖孼之師。"

按:"孼",BD02232 作 [字形],石經 3.2、津藝 119(77·5·4458)、S.1968、BD00032、BD00033、BD000317、BD00391、BD00737、BD00848、BD01495、

---

① [清]桂馥《説文解字義證》,《續修四庫全書》第 209 册,上海古籍出版社,2002 年,第 361 頁。
② [清]鈕樹玉《説文新附考》,中華書局,1985 年,第 267 頁。
③ [清]阮元校刻《十三經注疏》,中華書局,1980 年,第 2021 頁。

BD02103、BD02756、BD02791、BD03143、BD03306、BD03407、BD03567、BD03619、麗藏本、《大正藏》作"孽",津藝 270(77·5·4609)、BD01169、BD02909 俱作"櫱"。

"孼",《正字通·女部》:"孼,俗孽字。"《説文·子部》:"孽,庶子也。从子,辥聲。"段玉裁注:"凡木萌旁出皆曰櫱,人之支子曰孽,其義略同。"①邵瑛群經正字:"今經典作孽。"②《晏子春秋·内篇諫上十一》:"故孽不亂宗。""孽"義爲庶子,妾媵所生之子,上古音爲疑紐月部。

"櫱",《廣雅·釋詁一》:"櫱,始也。"王念孫疏證:"櫱,與萌芽同義。《盤庚》云:'若顛木之有由櫱。'芽米謂之櫱,災始生謂之孽,義並與櫱同。"③《集韻·薛韻》:"櫱,木餘也。或作枿。"《書·盤庚上》:"若顛木之有由櫱。""櫱"義爲樹木被砍到後再生出來的枝芽,上古音爲疑紐月部。

語音上,"孽(孼)""櫱"均爲疑紐月部,爲音同關係。詞義上,"孽"義爲庶子,妾媵所生之子,"櫱"義爲樹木被砍到後再生出來的枝芽,共同義素爲[+旁生]。"孽""櫱"二詞同源。在本條異文中,"孽""櫱"皆通"蠥",義爲邪惡。《説文·虫部》:"蠥,衣服、歌謡、艸木之怪謂之祴,禽獸、蟲蝗之怪謂之蠥。"徐灝注箋:"蠥者妖孽本字,孽其假借也。"④清朱駿聲《説文通訓定聲·泰部》:"孽(孼),叚借爲蠥。"⑤這類屬於記錄同源詞的兩個字,在使用中,皆可借去表示另一個同音的詞。在具體語境中,二字皆爲第三詞的借字。

第三節 記録同源詞的字没有借用或分化關係

没有借用或分化關係一組字,所記録同源詞,在本書整理的異文材料中,這類同源詞往往在某一義項上成爲同義詞。如"崖""涯"皆引申泛指"邊際";"戒""誡"皆引申爲"佛教的戒律";"矇""瞢(瞢)""懜(懵)"皆有"昏暗不明";"正""政"皆可引申爲"君主"。

---

① [清]段玉裁《説文解字注》,上海古籍出版社,1988年,第743頁。
② [清]邵瑛《説文解字群經正字》,《續修四庫全書》第211册,上海古籍出版社,2002年,第360頁。
③ [清]王念孫《廣雅疏證》,上海古籍出版社,2018年,第1—2頁。
④ [清]徐灝《説文解字注箋》,《續修四庫全書》第225册,上海古籍出版社,2002年,第631—632頁。
⑤ [清]朱駿聲《説文通訓定聲》,《續修四庫全書》第221册,上海古籍出版社,2002年,第136頁。

【崖：涯】

後秦佛陀耶舍譯《四分大尼戒本》:"戒如海無崖,如寶求無猒。"

按:"崖",石經 2.376 作"厓",P.2310、北大 D088、金藏廣勝寺本、麗藏本、《大正藏》俱作"涯"。

"崖",《説文・厂部》:"厓,山邊也。"段玉裁注:"高邊則曰厓。"①《集韻・佳韻》:"厓,或作崖。"《説文・屵部》:"崖,高邊也。从屵,圭聲。"漢馬融《長笛賦》:"惟籦籠之奇生兮,于終南之陰崖。""崖"本義爲山邊,上古音爲疑紐支部。

"涯",《説文新附・水部》:"涯,水邊也。从水,从厓,厓亦聲。"《玉篇・水部》:"涯,水際也。"《書・微子》:"今殷其淪喪,若涉大水,其無津涯。""涯"本義爲水邊,上古音爲疑紐支部。

語音上,"崖""涯"均爲疑紐支部,爲音同關係。詞義上,"崖"本義爲山邊,"涯"本義爲水邊,共同義素爲[+邊緣]。"崖""涯"二詞同源。"崖""涯"皆引申泛指"邊際"。在本條異文中,在引申義"邊際"上,"崖""涯"同義,可替換使用。

【誡：戒】

東漢安世高譯《佛説轉法輪經》:"一切世間諸天人民若梵若魔沙門梵志,自知證已受行誡定惠解度知見成,是爲四極。"

按:"誡",石經 3.489 作𢦏,麗藏本作戒,金藏廣勝寺本、《大正藏》俱作"戒"。

"戒",《説文・廾部》:"戒,警也。从廾持戈,以戒不虞。"引申指佛教的戒律。《慧琳音義》卷五十九釋《四分律》"説戒"條:"戒,亦律之別義也。梵言'三婆囉',此譯云'禁戒'者,亦禁義也。"竺曇無蘭撰《大比丘二百六十戒三步合異序》:"戒者乃三藏之一也。""戒"本義爲防備、戒備,上古音爲見紐職部。

"誡",《説文・言部》:"誡,敕也。从言,戒聲。"《玉篇・言部》:"誡,告也。"引申指佛教的戒律。《晉書・會稽王道子傳》:"佛者,清遠玄虛之神,以五誡爲教。""誡"本義爲告誡,上古音爲見紐職部。

語音上,"誡""戒"均爲見紐職部,爲音同關係。詞義上,"戒"本義爲防備、戒備,"誡"本義爲告誡,共同義素爲[+告曉]。"戒""誡"二詞同源。"戒""誡"皆可引申出"佛教的戒律"義。在引申義"佛教的戒律"上,"戒"

---

① [清]段玉裁《説文解字注》,上海古籍出版社,1988 年,第 446 頁。

"誡"同義,可替換使用。

他例如,三國吳支謙譯《瓶沙王五願經》"願具聞神佛所施行教戒,當所奉行","戒",石經 3.428 作戒,麗藏本、《大正藏》作"誡"。吳支謙譯《佛說阿難四事經》"聞佛教戒,無不欣然",石經 3.610"戒",麗藏本、《大正藏》俱作"誡"。西晉竺法護譯《佛說受歲經》"君當教戒君當愛念,謂第一故","戒",石經 3.510 作戒,石經 3.508 作戒,麗藏本、《大正藏》俱作"誡"。東晉帛尸梨蜜多羅譯《佛說灌頂隨願往生十方淨土經》"又有衆生不信三寶不行法戒,或時生信或時誹謗。或是父母兄弟親族。卒得病苦緣此命終","戒",石經 3.387 作戒,S.0002 作戒,S.0297 作戒,S.1348 作戒,BD03042 作誡,麗藏本作戒,《大正藏》作"戒"。"戒",石經作戒,誤,具體參見第五章。同前"普廣菩薩又白佛言,若人在世不歸三寶不行法誡","誡",石經 3.387 作誡,S.0002 作戒,S.0297 作戒,S.1348 作誡,BD03042 作誡,麗藏本作戒,《大正藏》作"戒"。"誡",石經作誡,誤,具體參見第五章。

【矇:瞢(瞢)、懵】

東晉帛尸梨蜜多羅譯《佛說灌頂章句拔除過罪生死得度經》:"佛言:若復有人受佛淨戒,遵奉明法不解罪福,唯知明經不及中義,不能分別曉了中事,以自貢高恒當矇憒。"

按:"矇",石經 3.2 作矇,P.2013 作瞢,P.2178V⁰作瞢,P.4666 作懵,Дx03278A 作瞢,S.1968 作瞢,BD00032 作瞢,BD00033 作瞢,BD000317 作瞢,BD00602 作瞢,BD00848 作瞢,BD01397 作瞢,BD01495 作懵,BD02130 作瞢,BD02232 作瞢,BD02656 作瞢,BD02791 作瞢,BD02909 作瞢,BD03143 作懵,BD03407 作瞢,BD03619 作瞢,麗藏本作瞢,《大正藏》作"瞢"。

"瞢",《說文·目部》:"瞢,目不明也。"《周禮·春官·眡祲》:"六曰瞢。"鄭衆注引鄭司農云:"瞢,日月瞢瞢無光也。"①引申爲昏瞶、愚昧。《太玄·衝》:"瞢久而益憂。"范望注:"闇致咎也。"②《集韻·登部》:"瞢,或作瞢。""瞢"本義爲目不明,上古音爲明紐蒸部,中古音爲明紐東韻。

"懵",《說文·心部》:"懵,不明也。从心,夢聲。"字又作"懵"。《文選·江淹〈雜體詩〉》:"言謀懵浮賤。"李善注引《說文》:"懵,不明也。"③引

---

① [清]孫詒讓《周禮正義》,中華書局,1987 年,第 1980 頁。
② [漢]揚雄撰,[晉]范望注《太玄經》,《四庫全書萃要》第 247 册,人民文學出版社,2009 年,第 459 頁。
③ [梁]蕭統編,[唐]李善注《文選》,上海古籍出版社,1986 年,第 1475 頁。

申爲昏昧無知。"懞"本義爲不明,上古音爲明紐蒸部,中古音爲明紐董韻。

"曚",《玉篇·日部》:"曚,曚曨也。又時也。"《廣韻·董韻》:"曚,曈曚,不明也。"引申爲昏暗、不明。《晉書·瑯琊悼王焕傳》:"今晚生曚弱,何論於此!""曚"本義爲不明,中古音爲明紐東韻。

語音上,"瞢(瞢)""懞(懵)"均爲明紐蒸部,爲音同關係;語義上,"瞢"(瞢)本義爲目不明,"懞(懵)"本義爲不明,共同義素爲[+不明]。"瞢(瞢)""懞(懵)"二詞同源。"曚"中古音爲明紐東韻,"瞢"中古音爲明紐東韻,"懞"(懵)中古音爲明紐董韻,明紐雙聲,董、東韻近;"曚"本義爲不明,"瞢(瞢)""懞(懵)""曚"三詞共同義素爲[+不明]。"曚""瞢(瞢)""懵"三詞同源。在本條異文中,"曚""瞢(瞢)""懞(懵)"指"昏暗不明"義。在這一引申意義上,三詞同義。

【正:政】

(1)北魏法場譯《佛說辯意長者子經》:"王受政位迴車入國,車騎侍從輒斷其頭。"

按:"政",石經 3.627 作"政",金藏廣勝寺本、麗藏本、《大正藏》俱作"正"。

"正",《説文·正部》:"正,是也。从止,一以止。"義爲正中、不偏斜。《吕氏春秋·君守》:"有繩不以正。"高誘注:"正,直。"①引申義爲官長、君長。《爾雅·釋詁下》:"正、伯,長也。"郭璞注:"正、伯皆官長。"②《廣韻·勁韻》:"正,君也。"《老子》第四十五章:"清淨爲天下正。"高亨正詁:"正,長也,君也。"③"正"本義爲正中、不偏斜,上古音爲章紐耕部。

"政",本義爲匡正,《説文·支部》:"政,正也。从攴,从正,正亦聲。"《周禮·夏官·序官》:"使帥其屬而掌邦政。"鄭玄注:"政,正也,政所以正不正者也。"④引申爲官長、主事者。《法言·先知》:"政吏駔惡。"李軌注:"政,君也。"⑤"政"本義爲匡正,上古音爲章紐耕部。

語音上,"正""政"均爲章紐耕部,爲音同關係。詞義上,"正"本義爲正中、不偏斜,"政"義爲匡正,共同義素爲[+正中]。"正""政"二詞同源。在本條異文中,"正位""政位"意爲"君主之位","正""政"指"君主"。在引申義"君主"義上,"正""政"同義。

---

① [漢]高誘注,[清]畢沅校《吕氏春秋》,上海古籍出版社,1996年,第291頁。
② [清]郝懿行《爾雅義疏》,上海古籍出版社,1983年,第297頁。
③ 高亨《老子正詁》,清華大學出版社,2011年,第73頁。
④ [清]孫詒讓《周禮正義》,中華書局,1987年,第2235頁。
⑤ 汪榮寶撰,陳仲夫點校《法言義疏》,中華書局,1987年,第290頁。

(2) 東漢安世高譯《佛説温室洗浴衆僧經》："何謂七福？一者四大無病，所生常安，勇武丁健，衆所敬仰。二者所生清淨，面首端正，塵垢不著，爲人所敬。"

按："正"，石經1.87作正，P.3919B作"政"；麗藏本作正，金藏廣勝寺本、《大正藏》俱作"正"。

由上條分析可知，"正""政"二詞同源。在本條異文中，"政"通"正"，義爲整齊匀稱。

他例如，東晉帛尸梨蜜多羅譯《佛説灌頂章句拔除過罪生死得度經》"天上福盡若下生人間，當爲帝王家作子，或生豪姓長者居士富貴家生，皆當端正聰明智慧高才踴猛"，"正"，石經3.2作正，S.1968作政，BD000317作政，BD01495作政，BD02232作政；P.2178V⁰作正，津藝119（77·5·4458）作正，BD00032作正，BD00033作正，BD00602、BD01397、BD02130、BD02656、BD02791、BD02909、BD03619、麗藏本、《大正藏》俱作"正"。北魏法場譯《佛説辯意長者子經》"賢者阿難正衣服，從坐而起爲佛作禮長跪白佛言"，石經3.627"正"，金藏廣勝寺本、麗藏本、《大正藏》俱作"政"。"政"通"正"，義爲使端正、使整齊匀稱。

小　　結

我們在考察同源詞時，從語音、語源義入手可以判斷兩個不同的詞是否爲同源詞。我們還可以從字詞關係的角度、文字使用中的發展變化情況等多角度來考察同源詞。

一、本章研究同源詞異文。

從字詞對應的關係看，記錄同源詞的各字之間，有的存在借用現象、有的存在分化現象，有的字際没有借用或分化等特殊關係。不管文字之間存在什麽關係，異文中的詞語在具體語境中的具體意義是固定的。所以我們在分析問題時，一定是結合語境考察詞義，根據字詞對應關係找到字際聯繫。如"正""政"這一組同源詞，它們有相同的引申義"君主"，在這意義上，"正""政"爲同義詞異文；在"整齊匀稱"這意義上，"政"假借作"正"，"正""政"當歸入記錄同源詞的文字之間存在本字與借字的關係類。所以我們在對佛典異文中同源詞進行分類時，一定是結合具體意義來判斷，而不能抽象地討論字際關係。

本章研究的同源詞，包括"記錄的同源詞的字爲本原字和區别字""記録同源詞的字爲本字和借字""記錄同源詞的字沒有借用或分化關係"三種類型。

1. 記錄的同源詞的字爲本原字和區別字

詞義分化導致本原字與區別字的出現,則二字所記錄的詞同源。從字形最外在的形式來考察,這些異文中的不同用字,包括增加形符、增加聲符、改換形符、改換聲符、形聲俱換等類。

增加形符者,如"反""返"、"昭""照"、"道""導"、"賈""價"、"員""圓"、"景""影"、"然""燃"、"知""智"、"周""賙"、"亭""停"、"舍""捨"、"申""伸"、"皮""刨"、"解""懈"、"義""儀"、"受""授"、"屬""囑"、"坐""座"、"弟""第"、"見""現"。增加聲符者,如"炎""焱"、"尸""屍"。改換形符者,如"掖""腋"、"斂""殮"、"婬""淫"、"被""披"。改換聲符者,"華""花";形聲俱換者,如"歸""皈"。

2. 記錄同源詞的字爲本字和借字

這些同源詞,從詞語產生的角度看,二詞語源相同,爲同源詞;其字形存在假借關係,從文字使用的角度看,二字讀音相同或相近,意義不同,爲假借字關係。如:

"獸""狩"、"歷(歴)""曆"、"創""瘡"、"響""嚮"、"刑""形"、"問""聞"、"性""姓"、"濃""膿"、"環""還"、"俠""挾"、"毉""醫"、"翳""权""叉"、"士""仕"、"亡""忘""妄"、"免""冕"、"中""忠"、"辯""辨"、"蘗""蘖""糵"、"第""弟"(弟子)、"囑""属"(親屬)、"忘""亡"(死亡)。

記錄同源詞的兩個字之間的借用,從本書整理的材料來看,主要包含兩種情況,有甲假借爲乙的情況,如在"做官"意义上,"士"假借作"仕"。有甲乙互相假借的情況,如"刑""形"這組異文,在"形體"這一意義上,"刑"假借作"形";在"懲治"這一意義上,"形"假借作"刑"。"性""姓"這組異文,在"標誌家族的字"這一意義上,"性"假借作"姓";在"性命"這一意義上,"姓"假借作"性"。

從理論上說,甲乙二字具有互相通借的可能性,但從本書整理的異文材料來看,互相借用的例子相對少得多。

3. 記錄同源詞的字沒有借用或分化關係

有一部分同源詞有相同的引申義,如"崖""涯"、"戒""誡"、"曹(瞸)""懜(憎)""矇"、"妓""伎"、"正""政"。

總之,在上述三種類型中,記錄的同源詞的各字,字用關係爲本原字和區別字的用例最多。字用上沒有特殊關係的用例最少。

二、研究記錄同源詞的漢字字際關係，可以爲文字的研究和字書的編纂補充新材料。

通過詳細梳理記錄同源詞的漢字之間的關係，我們發現很多材料可以補充字書。如《漢語大字典》未收釋者："性"假借作"姓"，義爲"標誌家族的字"；"濃"假借作"膿"，義爲"腫血"；"還"假借作"環"，義爲"循環"；"杈"假借作"叉"，義爲用叉子叉取物體；在"死亡"意義上，"忘""妄"皆假借作"亡"；在"親屬"意義上，"囑"假借作"屬"；在"準備、備辦"意義上，"辯"假借作"辨"。

三、本章的研究可爲漢語詞源學的研究提供資料上的支持。

漢語的造詞經過兩個階段，一個階段是原生詞產生階段，一個是再生詞產生階段。原生詞階段主要採用語音造詞，同源詞爲其表現形式和結果；再生詞階段主要運用複合法構詞，主要運用並列、偏正、動賓、補充、主謂等五種結構方式。同源詞客觀上說明了漢語造詞的理據性，本章的研究可爲漢語詞源學的研究提供支持資料。

產生於中古的同源詞在同源詞中佔少數，這說明中古時期是同源詞產生的尾聲階段。"斂""坐""周""皮""屬""見""華""殷""歸"等的同源詞在中古時期分別出現了記錄字形，即區別字，如《玉篇·广部》："座，牀座也。"《玉篇·貝部》："賙，給也，贍也。"《玉篇·刀部》："剫，剥也。"《玉篇·口部》："囑，付囑也。"《廣雅·釋草》："花，華也。"《廣韻·霰韻》："見，露也。現，俗。"其中"慇""皈"二字字書未收。這些材料說明，儘管漢語詞彙已經進入複合造詞階段，但語音造詞法還在使用。

總之，在研究記錄同源詞的文字之間的字用關係時，不能抽象地討論二者之間的關係。在實際用字過程中，情況往往是複雜多變的，因此，我們需要具體情況具體分析，結合語境所記錄的意義，綜合歷時、共時平面，字詞對應關係的具體情況，綜合判斷字際關係。如"獸""狩"這一組異文，從文字使用的角度看，"獸""狩"在"打獵"這一意義上爲本字與借字的關係。但全面分析"獸""狩"分別所記錄的詞的全部意義，梳理所有義項，發現它們分別所記錄的詞之間在語源上有聯繫，甚至有相同義項"打獵"。在"打獵"這一相同意義上，前後用了"獸""狩"兩個不同的字來記錄，二字爲本原字與區別字關係。但在其他義項如"禽獸"義上，二字就是通假關係，"狩"通"獸"。

第四章　同義詞異文

　　同義詞，"就是語音不同、具有一個或幾個類似意義的詞，這些意義表現同一個概念，但在補充意義、風格特徵、感情色彩以及用法（包括跟其他詞的搭配關係）上則可能有所不同"①。蔣紹愚認爲這個定義説得比較全面："（1）同義詞是幾個詞的某一個或某幾個義位相同，而不是全部義位都相同。（2）同義詞祇是所表達的概念（即理性意義）的相同，而在補充意義（即隱含意義）、風格特徵、感情色彩、搭配關係等方面卻不一定相同。"②同義詞包括等義詞和近義詞兩類，其中主要是近義詞。

　　異文是確定同義詞的重要方法和依據。洪成玉認爲異文同義詞是古漢語同義詞的一種存在形式。他説："一般説，屬下列情況之一的，都可以認爲是古漢語中的同義詞：（一）互訓，（二）同訓，（三）遞訓，（四）互文，（五）異文。"③這既指出了同義詞的存在形式，又點明了同義詞在異文研究中的作用和價值。前賢時哲在同義詞的確定方法上做出了有益的探索。英國萊昂斯《理論語言學導論》提出替換法，他説："同義現象可以這樣來下定義，如果一個句子中某個詞拿另一個詞來替換而意思不變，這兩個詞就是同義詞。"④然而實際語言中存在"不是同義詞卻可以互相替換，是同義詞卻不能互相替換"⑤的情況。蔣紹愚提出了確定古漢語同義詞的方法，他説："一般來説，在古代字書中兩個詞如果能互訓的，就是同義詞。""如果兩個或兩個以上的詞在多數上下文中都能互換，就説明它們的某一義位的中心變體相同，就是同義詞。"⑥互訓是訓詁成果，不是對語言材料的直接判斷和鑒定。用替換法來確認同義詞，是對語言材料的直接處理，適用於可直接口頭替換

---

① 張永言《詞彙學簡論》，華中工學院出版社，1982年，第108頁。
② 蔣紹愚《古漢語詞彙綱要》，商務印書館，2005年，第94頁。
③ 洪成玉《古漢語同義詞及其辨析方法》，《中國語文》，1983年第6期。
④ 轉引自蔣紹愚《古漢語詞彙綱要》，商務印書館，2005年，第96頁。
⑤ 蔣紹愚《古漢語詞彙綱要》，商務印書館，2005年，第97頁。
⑥ 蔣紹愚《古漢語詞彙綱要》，商務印書館，2005年，第98—99頁。

的活語言現代漢語，不適用於古人的語言古漢語。萬藝玲、鄭振峰、趙學清等認爲："詞的同義關係是在詞的具體運用中體現出來的，所以確定詞的同義關係不能衹靠主觀臆測，必須運用古代文獻語言材料來證明。"① 這些文獻材料有四種：互用、對用、連用、義訓。② 然而四者不能等量齊觀，前三者是具體的語言現象，是同義詞的研究材料，義訓則是前人對同義詞的研究方式。但也不得不承認，上述方法或材料對於研究同義詞的確認，各有利弊，各有短長，難以一一奏效。異文也是確認同義詞的重要方法或材料。它符合替換的精神。因爲異文同義詞産生於後人引用前人文獻時的同義替換或者同一文獻在傳抄過程中的同義替換。趙克勤説："古人在引用前人著作時常常有同義詞替換的情況，這就構成了大量異文。"③ 此語指出了異文産生的第一個原因。本書研究的同義詞異文則是第二種類型，即版本異文。當然，對同義詞確認的方法可以繼續探討，但異文是同義詞研究的重要方法和材料確是不爭的事實。

同義詞的判定標準有二，一是理論標準，即語音不同且至少一個義項相同；二是要有書證。語音不同，指的是這些詞在語音上沒有必然的淵源關係，如果音同或音近，則可能是假借字、同源字、區別字、異體字。意義相同，指的是有一個義項是相同的，衹要有一個義項是相同的，二詞在該義項上成爲同義詞。書證，即古訓有證，本書引用字書和其他上古文獻，以及中古的文獻作爲佐證。

本書研究的同義詞不包括同源詞。王寧説："聲音沒有淵源而意義局部相近的詞叫同義詞。同義詞必定不同源。"④

本書研究的同義詞，既包括嚴格意義上的同義詞，又包括語境同義詞。我們把同義詞分爲名詞同義詞、動詞同義詞、形容詞同義詞、其他類同義詞等幾類。要説明的是，同一外來詞的不同音譯形式爲名稱異文，不屬於同義詞，但其音譯詞與意譯詞之間既是名稱異文，又是同義詞，而且是同義詞中的等義詞；音節不等的詞也算作同義詞。

第一節　名詞同義詞

【灾害：怨害、惡害、怨惡】

東晉帛尸梨蜜多羅譯《佛説灌頂章句拔除過罪生死得度經》："王

---

① 萬藝玲、鄭振峰、趙學清編著《詞彙應用通則》，春風文藝出版社，1999年，第99頁。
② 萬藝玲、鄭振峰、趙學清編著《詞彙應用通則》，春風文藝出版社，1999年，第132—134頁。
③ 趙克勤主編《古代漢語詞彙學》，商務印書館，1994年，第156頁。
④ 王寧《訓詁學原理》，中國國際廣播出版社，1996年，第48頁。

當放赦屈厄之人,徒鎖解脱王得其福,天下泰平雨澤以時人民歡喜。惡龍攝毒無病苦者,四方夷狄不生逆害,國土通洞,慈心相向,無諸<u>灾害</u>,四海歌詠稱王之德。乘此福禄在意所生,見佛聞法信受教誨,從是福報至無上道。"

按:"灾害",石經 3.2 作"灾害",敦研 355、津藝 119(77·5·4458)、津藝 270(77·5·4609)、BD00032、BD00033、BD00848、BD00391、BD00737、BD01169、BD01397、BD01495、BD02103、BD02756、BD02791、BD02791、BD03143、BD03306、BD03407、BD03567、BD03619、麗藏本、《大正藏》俱作"怨害";S.1968、BD00317、BD02691 俱作"惡害";BD02232 作"怨惡"。

《説文·火部》:"烖,天火曰烖。"本指自然界發生的火災,后泛指各種自然界或人爲的禍害。《説文·宀部》:"害,傷也。從宀,從口。宀、口,言從家起也。丯聲。"《説文·心部》:"怨,恚也。從心,夗聲。"引申爲怨仇、仇人。《廣韻·元韻》:"怨,怨讎。"《説文·心部》:"惡,過也。從心,亞聲。"引申爲害。"悪"爲"惡"的異體字。故"灾""怨""惡""害"等同義單音詞作爲語素使用,分别組合起來,成爲同義複音詞"灾害""怨害""惡害""怨惡"。語文辭書未收"怨害""惡害"二詞,可據補;"怨惡"未收災害義,可據補。

【宮殿:宮宅】

東晉帛尸梨蜜多羅譯《佛説灌頂章句拔除過罪生死得度經》:"佛語阿難:此經能照諸天<u>宮殿</u>。若三災起時中有天人,發心念此琉璃光佛本願功德經者,皆得離於彼處之難。是經能除水澇不調,是經能除他方逆賊悉令消滅,四方夷狄各還正治不相嬈惱,國土交通人民歡喜。"

按:"宮殿",P.4914、敦研 355、S.1968、BD00391、BD00737、BD00848、BD02691、BD02791、BD02909、BD03143、BD03306、BD03619、麗藏本、《大正藏》俱作"宮宅";石經 3.2、Ф200、Дx02016+Дx02034+Дx02294+Дx03724、津藝 119(77·5·4458)、BD00032、BD00033、BD000317、BD01178、BD01397、BD01495、BD01495、BD02103、BD02232、BD02756、BD03407、BD03567 俱作"宮殿"。

"宮",《説文·宮部》:"宮,室也。"本爲房屋的統稱,後用來專指帝王的住處。唐陸德明《經典釋文·爾雅音義》:"宮,古者貴賤同稱宮,秦漢以來唯王者所居稱宮焉。"①《漢書·百官公卿表上》:"郎中令,秦官,掌<u>宮</u>殿掖門

---

① [唐]陸德明《經典釋文》,中華書局,1983 年,第 415 頁。

戶,有丞。""宮宅",宮中的房舍。在異文中,"宮殿""宮宅"二詞同義,指諸天神所居之處。語文辭書未收"宮宅"一詞,可據補。

他例如,西晉竺法護譯《普曜經》卷二:"時白淨王亦在其上,興立宮宅嚴好如天。於時菩薩承大净定,使其王后普見宮殿,身處其中皆懷菩薩。時諸天王所上宮殿各不相見,各自念言:今菩薩母在我宮殿,不在餘所。"《大正藏》"興立宮宅"之"宮宅",宋、元、明本作"宮殿"。

【以去:已去、以後、已後】

東晉帛尸梨蜜多羅譯《佛說灌頂章句拔除過罪生死得度經》:"佛之所說,我從今日以去無復爾心。"

按:"以去",Φ200 作"以後";敦研 355、津藝 119(77・5・4458)、S.1968BD00032、BD00033、BD000317、BD00391、BD00737、BD00848、BD01178、BD01397、BD01495、BD02103、BD02232、BD02909、BD03306、BD03407、BD03567、BD03619、麗藏本、《大正藏》同於石經 3.2 作"以去";BD02691 作"已後";BD02756、BD02791 俱作"已去"。

"以去",以下,以後。唐成玄英《莊子序》:"自《外篇》以去,則取篇首二字爲其題目,《駢拇》《馬蹄》之類是也。"①"以後",比現在或某一時間晚的時期。《後漢書・列女傳序》:"故自中興以後,綜其成事,述爲《列女篇》。""已去""以後"二詞同義。

《正字通・已部》:"已,與㠯古共一字。隸作㠯、以。"《荀子・非相》:"人之所以爲人者,何已也?"楊倞注:"已與以同。"②"以""已"二字同源同義換用。故"已去""以去""以後""已後"四詞同義。"已去""以去"二詞語文辭書未收,可據補。

【現世:現在】【福報:福樂】

西晉竺法護譯《佛說盂蘭盆經》:"其有供養此等自恣僧者,現世父母六種親屬,得出三途之苦,應時解脫衣食自然。若父母現在者福報百年,已七世父母生天,自在化生,入天花光。"

按:

(1)"現世",S.2540、麗藏本、《大正藏》俱作"現在";石經 2.455、2.483、

---

① [晉]郭象注,[唐]成玄英疏《莊子注疏》,中華書局,2011 年,成玄英撰《南華真經疏序》第 2 頁。
② [趙]荀況撰,[唐]楊倞注《荀子》,國家圖書館出版社,2017 年,第 1 冊第 112 頁。

3.586、S.3171、S.4264、S.6163、P.2055作"現世"。

《佛光大辭典》:"現在世",又稱現在、現世、現生。三世之一,相對於尚未生起作用的未來世與作用已經滅謝的過去世而言的。故"現世""現在"同義。

(2)"福報",石經3.586作"福報";石經2.455、2.483、S.2540、S.3171、S.4264、S.6163、P.2055、麗藏本、《大正藏》俱作"福樂"。

《佛光大辭典》"福因":"指招感福德果報之業因,即布施等善根功德之總稱。據《福力太子因緣經》卷一載,若諸有情能勤修福因,則所獲之福果必極勝。若依諸善業因而獲得之福德果報,即稱爲福果,亦可稱爲福報,如於六趣中得人、天之善果。"即福德報應。

《説文·示部》:"福,祐也。从示,畐聲。"《説文·木部》:"樂,五聲八音總名。"即音樂。引申爲喜悦、愉快。作爲"福報"的同義異文,"福樂"當爲福德報應之意。"福樂"一詞語文辭書未收,可據補。

同經下文還有"福樂"一詞,石經、敦煌寫卷及傳世《大正藏》俱作"福樂":西晉竺法護譯《佛説盂蘭盆經》:"乃至七世父母離餓鬼苦。生天人中福樂無極。"

【大衆:大會】

西晉竺法護譯《佛説盂蘭盆經》:"時目連比丘及此大衆大菩薩衆皆大歡喜,而目連悲啼泣聲釋然除滅。是時目連其母即於是日,得脱一劫餓鬼之苦。"

按:"大衆",石經3.586、S.2540、S.4264、P.2055俱作"大衆";石經2.455、麗藏本、《大正藏》俱作"大會"。

"大衆",梵語mahā-samgha、sabhā或mahā-sabhā,巴利語同。意譯多數之衆。一般指比丘等多人集會。又對上座長老而言,年少下臘者特稱大衆。語文辭書未收該義,可據補。《説文·會部》:"會,合也。"即會和、聚合義。則"大會"與"大衆"同義。

【世間:世俗、世界】

(1)西晉竺法護譯《佛説盂蘭盆經》:"大目揵連始得六通,欲度父母報乳哺之恩,即以道眼觀視世界,見其亡母生餓鬼中,不見飲食皮骨連立。"

按:"世界",S.6163、麗藏本、《大正藏》俱作"世間";石經1.139、2.455、2.483、3.586、S.2540、S.5959、P.2055俱作"世界"。

（2）東晉帛尸梨蜜多羅譯《佛説灌頂章句拔除過罪生死得度經》："第四願者,使我來世佛道成就,巍巍堂堂如星中之月,消除生死之雲令無有翳,明照世間行者見道,熱得清涼解除垢穢。"

按："世間",石經 3.2、BD02232 俱作"世間";麗藏本、《大正藏》、P.2178V⁰、P.4027V⁰、P.4842、BD00032、BD00848、BD01414、BD01495、BD02791 俱作"世界"。

（3）同前："佛復語阿難言：世間人雖有眼耳鼻舌身意,人常用是六事以自迷或,信世俗魔邪之言,不信至真至誠,度世苦切之語,如是人輩難可開化。"

按："世俗",石經 3.2、敦研 065、津藝 119（77·5·4458）、津藝 270（77·5·4609）、S.1968、BD000317、BD00737、BD01397、BD03619 俱作"世俗";P.2178V⁰、P.4914、BD00032、BD00033、BD00391、BD00848、BD01178、BD01495、BD02103、BD02232、BD02435、BD02756、BD02791、BD03407、BD03567、麗藏本、《大正藏》俱作"世間"。

（4）南朝梁僧伽婆羅譯《度一切諸佛境界智嚴經》："非世間非非世界,無覺無觀。"

按："世界",石經 3.449 作"世界",石經 3.556、麗藏本、《大正藏》俱作"世間"。

《佛光大辭典》："世界",梵語 loka-dhātu,巴利語同。略稱界。世,即遷流之義;界,指方位。世界,於時間上有過去、現在、未來三世之遷流,空間上有東西南北、上下十方等定位場所之意,亦指衆生居住之所依附處。"世間",梵語 loka,音譯作"録迦",即毀壞之意。又作 laukika,即世俗、凡俗之義。略稱世。因"世"有遷流之義,"間"爲間隔之義,故與"世界"一語同義。《漢語大詞典》"世俗",指塵世;世間。故"世界""世俗""世間"三詞同義。"世間"語文辭書未收,可據補。

【神：祇】

西晉竺法護譯《佛説盂蘭盆經》："汝雖孝順聲動天地,天神地神耶魔外道,道士四天王神,亦不能奈何。"

按："神",S.6163 作 祇;石經 2.483、3.586、S.2540、S.3171、P.2055、麗藏本《大正藏》俱作"神"。

《説文·示部》："神,天神,引出萬物者也。"《説文·示部》："祇,地祇,提出萬物者也。"即地神。當二詞泛指神靈時同義換用。

【飯食：飲食、飯】

西晉竺法護譯《佛説盂蘭盆經》:"以百味飯食安盂蘭盆中,施十方自恣僧。"

按:"飯食",石經 3.586、S.2540、S.3171、S.4264、P.2055 俱作"飯食";石經 2.455、麗藏本、《大正藏》俱作"飲食";石經 2.483 作"飯"。

《説文·食部》:"飯,食也。"引申爲煮熟的穀類食物。"飯"和"食"構成複音詞"飯食",亦指煮熟的穀類食物。漢賈誼《新書·匈奴》:"每一關,屠沽者、賣飯食者、羹臇炙臍者,每物各一二百人。"因印度僧人不戒葷腥,不戒奶酪,也吃瓜果蔬菜,所以這裏的"飯食""飲食"包括飯和菜兩類。"飯食""飲食""飯"三詞同義。在四川安岳方言裏,"飲食"又稱"火食",即飯菜之義,可以爲證。"飯食"之飯和菜義,《漢語大詞典》引明代《金瓶梅》例,例證晚出,可據以提前至西晉。

【飴：飯】

北魏法場譯《佛説辯意長者子經》:"貧者從乞無心見與,長者迷惑用爲飴此無慈愍意。"

按:"飴",石經 3.627 作"飴",敦博 021、麗藏本、《大正藏》俱作"飯"。

《説文·食部》:"飴,米糵煎也。"即用米、麥芽熬成的糖漿。引申爲美食。《説文·食部》:"飯,食也。"引申爲煮熟的穀類食物。"飴""飯"二詞同義。

【聖僧：聖衆】

西晉竺法護譯《佛説盂蘭盆經》:"當此之日,一切聖僧或在山間禪定或得四道果,或樹下經行,或六通自在教化聲聞緣覺。"

按:"聖僧",石經 3.586 作"聖僧";石經 1.139、2.483、S.2540、S.4264、S.6163、P.2055、麗藏本、《大正藏》俱作"聖衆"。

"聖僧",已證正果的高僧。唐白居易《遊悟真寺》:"經成號聖僧,弟子名揚難。""聖衆",指佛、菩薩、緣覺、聲聞等。"聖僧""聖衆"二詞同義。"聖衆"在佛經中常用,帛尸梨蜜多羅譯《佛説灌頂隨願往生十方浄土經》:"作是思惟,我父母在世極憂念我多脩福德,今我又復請諸聖衆,想我父母緣此功德故,應往生十方刹土,供養恭敬面見諸佛。"同前"佛語長者今諸聖衆,安居三月行道欲竟,可還家中作百味飲食之具種種甘美,以好浄器盛持供養。""聖僧"的例證,《漢語大詞典》引唐白居易詩,可據以提前至西晉年間。"聖衆"一詞語文辭書未收,可據補。

他例如,西晉竺法護譯《佛説盂蘭盆經》"或十地菩薩大人權現比丘,在大衆中皆同一心受鉢和羅飯,具清净戒聖僧之道其德汪洋","聖僧",石經1.139、2.455、2.483、S.2540、S.3171、S.4264、S.6163、P.2055、麗藏本、《大正藏》俱作"聖衆"。

【年:歲】

後秦佛陀耶舍譯《四分大尼戒本》:"若比丘尼年十八童女,不與二年學戒。"

按:"年",石經2.381作"年",S.0440、P.2310、BD00014、北大D088、津藝087(77·5·4430)、金藏廣勝寺本、《大正藏》俱作"歲"。

《説文·禾部》:"秊,穀孰也。从禾,千聲。""年"甲骨文作 ${}_{合9775}$、${}_{合27941}$。是以容庚《金文編》曰:"年,从禾,从人,人亦聲。"于省吾《甲骨文字詁林》:"年乃就一切穀類全年的成熟而言。"①引申爲年歲義。

"歲"爲"歲"的異體字。《説文·步部》:"歲,木星也。越歷二十八宿,宣徧陰陽,十二月一次。从步,戌聲。""歲"甲骨文作 ${}_{合39475}$、${}_{合20795}$、${}_{合13475}$,乃斧鉞的象形字,假借爲歲星的歲字。因歲星運轉一周爲十二月,故引申爲年歲義。"年""歲"二詞引申義相同,可以互换使用。

【中:内、裏】

後秦佛陀耶舍譯《四分大尼戒本》:"若比丘尼在有比丘僧伽藍中起塔者,波逸提。"

按:"中",石經2.382作"中",S.0440、P.2310、北大D088、津藝087(77·5·4430)、金藏廣勝寺本、《大正藏》俱作"内"。

同前"不得著革屣入佛塔裏式叉迦羅尼","裏",S.0440、P.2310、北大D088、津藝087(77·5·4430)、金藏廣勝寺本、《大正藏》俱作"中"。

《説文·丨部》:"中,内也。从口、丨,上下通。"《廣雅·釋言》:"内,裏也。"《説文·衣部》:"裏,衣内也。从衣,里聲。"《正字通·衣部》:"裏,借凡内稱表之對也。"可知"裏"之引申義與"中""内"同義。

【女人:婦女】

後秦佛陀耶舍譯《四分大尼戒本》:"若比丘尼作女人莊嚴,香塗摩身者,波逸提。"

---

① 于省吾《甲骨文字釋林》,中華書局,1979年,第250—251頁。

按："女人"石經 2.382 作"女人",S.0440、P.2310、北大 D088、津藝 087 (77·5·4430)、金藏廣勝寺本、《大正藏》俱作"婦女"。

"女人",泛稱成年女子。漢班昭《女誡·婦行》："女有四行……此四者女人之大德。""婦女",成年女子的通稱。《禮記·曲禮下》："居喪不言樂,祭事不言凶,公庭不言婦女。""女人""婦女"二詞同義。

【人：者】

後秦佛陀耶舍譯《四分大尼戒本》："不得爲著木屐人説法,除病式叉迦羅尼。"

按："人",石經 2.383 作"人",S.0440、P.2310、北大 D088、津藝 087 (77·5·4430)、金藏廣勝寺本、《大正藏》俱作"者"。

《説文·人部》："人,天地之性最貴者也。此籀文,象臂脛之形。""人",甲骨文作 ⺅合1045、⺅合10869,象人側面站立之形。引申作某人、某些人、某種人,"著木屐人"的"人"即爲其例。《説文·白部》："者,別事詞也。從白,㫃聲。㫃,古文旅字。"代詞,表人。"人""者"二詞詞性不同,意義一致,可換用。

【蟣蝨：蚤蝨】

失譯人《佛説父母恩重經》："甚年老色衰,多饒蟣蝨,夙夜不卧,長吟歎息。"

按："蟣蝨",石經 3.555 作"蟣蝨",石經 2.513 作"蟣蝨";S.0865 作"蟣蝨",S.1323 作"蟣蝨",S.1907 作"蟣蝨",S.2084 作"蟣蝨",S.2269 作"蟣蝨",P.3919A.3 作"蟣蝨",Дx01595 作"蟣蝨",BD00439 作"蟣蝨",北大 D101 作"蟣蝨"。

《説文·䖵部》："蚤,齧人跳蟲。從䖵,叉聲。叉,古爪字。"《説文·虫部》："蟣,蝨子也。一曰齊謂蛭曰蟣。從虫,幾聲。""蚤"爲跳蚤,往往用來指稱成蟲;"蟣"爲"蝨子",指跳蚤的卵子。"蟣蝨",蝨及其卵。《韓非子·喻老》："天下無道,攻擊不休,相守數年不已,甲冑生蟣蝨,燕雀處帷幄,而兵不歸。""蚤蝨",跳蚤和蝨子。漢王充《論衡·變動》："人在天地之間,猶蚤蝨之在衣裳之内,螻蟻之在穴隙之中。"二詞意義迥異。但在《佛説恩重經》中,"蟣蝨"與"蚤蝨"形成語境同義詞。

【世人：世民、後人】

失譯人《佛説父母恩重經》："若復有人,能爲父母書寫此經,流布世人。"

按："世人"，石經 3.555 作"世人"，石經 3.396 作"世民"，S.2269 作"浚(後)人"。

"世人"，世間的人；一般的人。《楚辭·漁父》："世人皆濁，我獨清；衆人皆醉，我獨醒。"爲避唐太宗李世民名諱，佛經改"世"爲"後"，改"民"作"人"。因避諱改普通語詞，改"民風"爲"人風"，唐柳宗元《捕蛇者説》："故爲之説，以俟夫觀人風者得焉。"改官名，改"民部"爲"户部"，《舊唐書·高宗紀》："貞觀二十三年六月，改民部尚書爲户部尚書。"改經傳用字，改"世"爲"代"，《梁書·蕭子恪傳》："殷鑒不遠，在夏后之代。"語文辭書未收"世民"的"世間的人"義，可據補。因避諱改字，"世人""世民""後人"此處形成同義詞。

【疾：病】

東漢安世高譯《佛説温室洗浴衆僧經》："今復請佛及僧洗浴，願及十方衆藥療疾，洗浴除垢，其福無量。"

按："疾"，石經 1.87 作"疾"，P.3919B、麗藏本、《大正藏》俱作"病"。

《説文·疒部》："疾，病也。从疒，矢聲。""疾"，甲骨文作 ⿰ 合21045、⿰ 合13666、⿰ 合34076、⿰ 合21054、⿰ 合36766，由字形可知，"疾"或爲卧病在牀之意，或爲受箭矢之傷卧牀休養之意。《説文·疒部》："病，疾加也。从疒，丙聲。""疾""病"二詞並舉，輕者爲疾，重者爲病。經文中二詞同義，互換使用。

他例如，東漢支曜譯《佛説阿那律八念經》："比丘知足，謂應器法衣牀卧病藥，得食足止，不畜遺餘，義當從是。"後秦佛陀耶舍、前秦竺佛念譯《佛説長阿含經》卷十四："或爲醫方、鍼炙、藥石，療治衆病。"北魏慧覺等譯《賢愚經》卷七："前種稻米，爲獲實不？欲得與王治夫人病。"上述三例，《大正藏》皆作"病"，宋、元、明本皆作"疾"。

【面首：面目】

東漢安世高譯《佛説温室洗浴衆僧經》："何謂七福？一者四大無病，所生常安，勇武丁健，衆所敬仰。二者所生清净，面首端正，塵垢不著，爲人所敬。"

按："面首"，石經 1.87 作"面首"，P.3919B、麗藏本、《大正藏》俱作"面目"。

"面首"，容顏；面貌。北魏慧覺等譯《賢愚經·師質子摩頭羅世質品》：

"時師質婦，便覺有娠，日月已足，生一男兒，面首端正，世之少雙。""面目"，面孔；面貌。《詩·小雅·何人斯》："有靦面目，視人罔極。""面首""面目"二詞同義。

在佛典中，"面首""面目"常互換。如西晉法炬、法立譯《法句譬喻經》："著眼耳鼻口，身之大賊，面首端正，身之大患，破家滅族殺親害子，皆由女色。"《大正藏》作"面首"，宋、元、明、聖本作"面目"。北魏吉迦夜、曇曜譯《雜寶藏經》卷一："中有童子，面目端正。"《大正藏》作"面目"，宋、元、明本作"面首"。同前卷八："汝婦孫陀利，面首端政，何如此獼猴也？"《大正藏》作"面首"，元、明本作"面目"。

【塵垢：塵水】

東漢安世高譯《佛説溫室洗浴眾僧經》："何謂七福？一者四大無病，所生常安，勇武丁健，眾所敬仰。二者所生清淨，面首端正，塵垢不著，爲人所敬。"

按："塵垢"，石經 1.87 作"塵垢"，P.3919B、麗藏本、《大正藏》俱作"塵水"。

"塵垢"，灰塵和污垢。《國語·晉語二》："亡人之所懷挾纓纕，以望君之塵垢者。""塵水"，灰塵與污水。"塵垢""塵水"二詞本不同義，在經文中成爲語境同義詞。《漢語大詞典》未收"塵水"，可據補。

【塵垢：塵土】

失譯人《佛説父母恩重經》："嗚呼向母，母即爲子屈身下就，長舒兩手拂拭塵垢。吹和其口開懷出乳，以乳與之。"

按："塵垢"，石經 3.555 作塵垢，S.2084 作塵土，S.2269 作塵土，S.5433 作塵土，S.7203 作塵土，P.2285 作塵土，P.3919A.3 作塵土，Дx01140 作塵土，BD00439 作塵土，北大 D100 作塵土，S.0149、S.1189、S.1323、S.1548、S.1907、S.4476、S.5253、《大正藏》俱作"塵土"。

"塵垢"，灰塵和污垢。《國語·晉語二》："亡人之所懷挾纓纕，以望君之塵垢者。""塵土"，細小的灰土。晉張華《博物志》卷六："徐州人謂塵土爲蓬塊，吳人謂跛跌。""塵垢""塵土"二詞同義。

【因由：因緣】

東漢安世高譯《佛説溫室洗浴眾僧經》："斯之因由，供養眾僧，無量福田，旱澇不傷。"

按："因由",麗藏本、《大正藏》俱作"因緣",石經 1.87、P.3919B 作"因由"。

"因由",因緣,緣分;因果。唐王建《望定州寺》詩:"回看佛閣青山半,三四年前到上頭。省得老僧留不住,重尋可更有因由？""因緣",佛教語,佛教謂使事物生起、變化和壞滅的主要條件爲因,輔助條件爲緣。東漢迦葉摩騰、法蘭譯《四十二章經》卷十三:"沙門問佛,以何因緣,得知宿命,會其至道？""因由""因緣"二詞同義。《漢語大詞典》爲"因由"引用唐代例證,疏證晚出,可據以提前至東漢。

【穢濁：垢穢】

東漢安世高譯《佛説温室洗浴衆僧經》:"梵魔三鉢天,浄居修自然,行浄無穢濁,後無女人形。"

按："穢濁",石經 1.87 作"穢濁",P.3919B、麗藏本、《大正藏》俱作"垢穢"。

"穢濁",污濁;骯髒。《後漢書·何進傳》:"卿言省内穢濁,公卿以下忠清者爲誰？""垢穢",骯髒之物。漢秦嘉《贈婦詩》:"芳香去垢穢,素琴有清聲。""穢濁""垢穢"二詞同義。

【衆患：苦患】

東漢安世高譯《佛説温室洗浴衆僧經》:"今欲請佛及僧菩薩大士入浴室澡洗,願令衆生長夜清浄,穢垢消除,不遭衆患。唯佛聖旨,不忽所願！"

按："衆患",P.3919B 作"苦患",石經 1.87、麗藏本、《大正藏》俱作"衆患"。

"苦患",義爲苦痛。唐張賁《酬襲美先見寄倒來韻》:"近年已絶詩書癖,今日兼將筆硯焚。爲有此身猶苦患,不知何者是玄醺。""衆患",衆多的迫害和困厄。《楚辭·遠遊》:"免衆患而不懼兮,世莫知其所如。"胡文英注:"衆患,時俗之迫陁也。"①"衆患""苦患"同義。"苦患"一詞《漢語大詞典》引用唐代例證,疏證晚出,可據以提前至東漢。

【磨：磑】

失譯人《佛説父母恩重經》:"東西鄰里井竈碓磨,不時還家,即知

---

① [清]胡文英《屈騷指掌》,北京古籍出版社,1979 年,第 187 頁。

家中我兒啼哭憶母,母即心驚而乳汁出,即來還家。"

按:"磨",石經 3.555 作"磨",石經 3.340、3.389 俱作"䃺";S.0149、S.1189、S.1323、S.1548、S.1907、S.2084、S.2269、S.4476、S.5215、S.5253、S.5433、S.7203、P.2285、Дx00044、Дx00139、Дx00140、Дx02909、BD00439、北大 D100 作"磨"。

《爾雅·釋器》:"玉謂之琢,石謂之磨。"郭璞注:"皆治器之名。"①《説文·石部》:"䃺,礦也。从石,豈聲。"《玄應音義》卷十四釋《四分律》卷七十二"舂磨"條:"郭璞注《方言》云'䃺即磨也'。《世本》'輸斑作䃺',北土名也,江南呼磨。""䃺""磨"二詞同義。

【身心:心意】

北魏法場譯《佛説辯意長者子經》:"若在人中常被誹謗,爲人所憎形體醜惡,身心不安常懷恐怖。"

按:"身心",石經 3.626 作"身心",麗藏本、《大正藏》俱作"心意"。

"身心",身體和精神。唐翁洮《夏》:"身心已在喧闃處,惟羨滄浪把釣翁。""心意",意思;心情。《史記·李斯列傳》:"所以飾後宫,充下陳,娱心意,説耳目者,必出於秦然後可,則是宛珠之簪、傅璣之珥、阿縞之衣、錦繡之飾不進於前。""身心""心意"二詞本不同義,在經文中成爲同義詞,義爲身體和精神。《漢語大詞典》爲"身心"引用唐代例證,疏證晚出,可據以提前至北魏。

【泥犁:地獄】

東晉曇無蘭譯《佛説中心經》:"見父母不敬,不念世間苦,不知泥犁中考治劇,是名爲癡。"

按:"泥犁",石經 3.499、3.623 作"泥犁",麗藏本、《大正藏》俱作"地獄"。

"泥犁",梵語 niraya 的音譯,意爲地獄。在此界中,一切皆無,爲十界中最惡劣的境界。"泥犁""地獄"二詞爲梵語的音譯詞與意譯詞的關係,二詞同義。

【繼後:係嗣】

北魏法場譯《佛説辯意長者子經》:"時彼國王忽然崩亡,無有繼

---

① [清]郝懿行《爾雅義疏》,上海古籍出版社,1983 年,第 697 頁。

後。時國相師明知相法,讖書記曰:'當有賤人應爲王者。'"

按:"繼後",麗藏本、《大正藏》俱作"係嗣";石經3.627、敦研185作"繼後"。

"係嗣",繼嗣。《後漢書·姜肱傳》:"及各娶妻,兄弟相戀,不能別寢,以係嗣當立,乃遞往就室。"《説文·糸部》:"繼,續也。从糸、𢇍。"引申爲繼承者。《説文·彳部》:"後,遲也。从彳、幺、夊者,後也。"引申爲子孫、後代。《詩·大雅·瞻卬》:"式救爾後。""繼後""係嗣"二詞同義。《漢語大詞典》未收"繼後",可據補。

【目∶眼】

東漢安世高譯《佛説罪業應報教化地獄經》:"第二十復有衆生,其形甚醜,身體黑如漆,兩目復青,頭頰俱㘯,皰面平鼻,兩目黄赤,牙齒疏缺,口氣星臭,痤短癰腫,大腹腰髖,腳復繚戾,僂脊匡肋,費衣健食。"

按:"目",S.1904作"眼",石經3.607、麗藏本、《大正藏》俱作"目"。

《説文·目部》:"目,人眼。象形。重童子也。囧,古文目。""目",甲骨文作 合6946正、 合6194、 合20173,爲人眼之象形,而非重童子。《説文·目部》:"眼,目也。从目,艮聲。""目""眼"二詞同義。

【鬼魅∶鬼神】

東漢安世高譯《佛説罪業應報教化地獄經》:"佛言:以前世時坐信邪倒見祠祀鬼魅,屠殺衆生湯灌燖毛,鑊湯煮鍛,不可限量故獲斯罪。"

按:"鬼魅",石經3.607作"鬼魅",麗藏本、《大正藏》俱作"鬼神"。

"鬼魅",鬼怪。《韓非子·外儲説左上》:"鬼魅,無形者,不罄於前,故易之也。""鬼神",本義爲鬼與神的合稱。《易·謙》:"鬼神害盈而福謙,人道惡盈而好謙。"引申爲偏指鬼或死去的祖先。《左傳·昭公七年》:"今君若步玉趾,辱見寡君……致君之嘉惠,是寡君既受賑矣,何蜀之敢望?其先君鬼神實嘉賴之,豈唯寡君?""鬼魅"與"鬼神"的引申義同義。

【三寶∶三尊】

東漢安世高譯《佛説罪業應報教化地獄經》:"何罪所致?佛以前世時坐誹謗三寶輕毀聖道,論他好醜求人長短,强誣良善憎嫉賢人,故獲斯罪。"

按:"三寶"石經3.607作"三寶",麗藏本、《大正藏》俱作"三尊"。

"三寶",梵語Triratna的意譯,指佛、法、僧。《釋氏要覽·三寶》:"三寶,謂佛、法、僧。""三尊",三種最受尊敬的人,指佛、法、僧。《四十二章經》

宋真宗注:"三尊者,佛、法、僧也。"故"三寶""三尊"二詞同義。

【罪愆:罪業】

東晉帛尸梨蜜多羅譯《佛說灌頂隨願往生十方淨土經》:"亡者在世若有罪愆應墮八難,幡燈功德必得解脫。"

按:"罪愆",石經 3.387、S.0002、S.0297、S.1348、BD03042 俱作"罪愆",麗藏本、《大正藏》俱作"罪業"。

"愆"為"愆"的異體字。"罪愆",罪過;過失。唐顧況《歸陽肖寺》詩:"盡力答明主,猶自招罪愆。""罪業",梵語 nigha 的意譯,指身、口、意三業所造之罪。《法華經·化城喻品》:"罪業因緣故,失樂及樂想。""罪愆"一詞,《漢語大詞典》引用唐代例證,可據以提前至西晉。

【床榻:床敷、床褥、床枕】

西晉竺法護譯《佛說盂蘭盆經》:"佛告目連:十方眾僧七月十五日自恣時,當為七世父母及現在父母厄難中者,具食百味五果汲灌盆器,香油燈燭床榻臥具,盡施甘美以著盆中,供養十方大德僧。"

按:"床榻",石經 2.483、3.586 俱作"床榻";石經 2.455、S.3171、《大正藏》、麗藏本、《中華大藏經》俱作"床敷";S.2540 作"床褥";P.2055 作"床枕"。

"床"為"牀"的異體字。"牀榻",床和榻的總稱。泛指牀。《二十年目睹之怪現狀》第五十回:"要睡,床榻被窩,都是現成的。""牀敷",牀鋪。宋王安石《半山春晚即事》詩:"牀敷每小息,杖屨或幽尋。""褥",坐臥的墊具。"牀褥",指牀和墊具。"枕",枕頭。"牀枕",指床和枕頭。"床榻""床敷""牀褥""床枕"四詞同義。"牀褥""牀枕"二詞《漢語大詞典》未收,可據補;"牀榻""牀敷"二詞《漢語大詞典》各引清末例證與北宋例證,可提前至西晉。

【狩:禽】

北涼法盛譯《佛說菩薩投身飼餓虎起塔因緣經》:"爾時父王為太子去城不遠造立園觀,其園縱廣面八由旬,列種華菓奇狩異鳥清淨嚴麗,處處皆有流泉浴池。"

按:"狩",石經 2.403 作狩,金藏廣勝寺本作"狩";麗藏本、《大正藏》俱作"禽"。

從上下文看,"狩"通"獸",義為野獸,"奇狩"與"異鳥"對舉,麗藏本、《大正藏》作"禽"。《說文·內部》:"禽,走獸總名。""禽""獸"同義,"奇禽"正是"奇獸"之意,與"異鳥"對舉。

【式叉迦羅尼:應當學、學戒法】

後秦佛陀耶舍譯《四分大尼戒本》:"不得衣纏頸入白衣舍式叉迦羅尼。"

按:"式叉迦羅尼",石經 2.383 作"式叉迦羅尼",S.0440、P.2310、北大 D088、津藝 087（77·5·4430）、金藏廣勝寺本、麗藏本俱作"應當學"。

"式叉迦羅尼",梵語 śiksā-karaniya 的音譯,含有應當學、應學作、守戒等義。乃有關食事、服裝、説法及其他禮儀細則之規定。如果違犯,則犯突吉羅之輕罪。梵語 śiksā-karaniya 的音譯詞"式叉迦羅尼"與意譯詞"應當學"構成同義詞。

又,後秦佛陀耶舍譯《四分大尼戒本》"諸大姉！我已説戒序,已説八波羅夷法,已説十七僧伽婆尸沙法,已説卅尼薩耆波逸提法,已説一百七十八波逸提法,已説八波羅提提舍尼法,已説衆式叉迦羅尼法",石經 2.384"式叉迦羅尼法",S.0440、P.2310、北大 D088、上圖 146（812596）、津藝 087（77·5·4430）、金藏廣勝寺本、麗藏本、《大正藏》俱作"學戒法"。"學戒法",梵語 sambahulāh śaiksa-dharmāh 的意譯,又作衆學戒法、衆學法,即有關修行僧衣、食、住、行等之細則戒法。sambahulāh śaiksa-dharmāh 又稱"式叉迦羅尼"（śiksā-karaniya）,"式叉迦羅尼""學戒法"成爲同義詞。

【净行:梵行】

後秦佛陀耶舍譯《四分大尼戒本》:"若比丘尼瞋恚不喜,於異分事中取片,非波羅夷比丘尼。以無根波羅夷法謗,欲壞彼比丘尼净行。"

按:"净行",石經 2.376 作"净行",BD00014、北大 D088、津藝 087（77·5·4430）、金藏廣勝寺本、麗藏本、《大正藏》俱作"梵行"。

"梵行",梵語 brahma-caryā,巴利語 brahma-cariya 的半音譯半意譯詞,意譯爲净行,即道俗二衆所修的清净行爲。

【毗尼:律】

後秦佛陀耶舍譯《四分大尼戒本》:"若比丘尼知比丘尼爲僧所舉,如法如毗尼如佛所教,不順從未懺悔。"

按:"毗尼",石經 2.377 作"毗尼",P.2310、BD00014、北大 D088、津藝 087（77·5·4430）、北大 D088、津藝 087（77·5·4430）、金藏廣勝寺本、麗藏本、《大正藏》俱作"律"。

"毗尼",梵語 vinaya 的譯音,又譯作"毗奈耶",意譯爲律。《楞嚴經》卷一:"嚴浄毗尼,弘範三界。"

【氣量：器量】

唐義浄譯《金光明最勝王經》卷一:"六者,佛無是念,此諸衆生有上中下,隨彼機性,而爲説法。然佛世尊無有分别,隨其氣量,善應機緣,爲彼説法,是如來行。"

按:"氣",石經 3.536 作氣,BD00186 作器,BD00233 作器,BD00288 作器,BD00981 作器,BD01583 作器,BD02688 作器,BD02732 作器,BD03011 作器,BD03236 作器,BD03664 作器,BD04208 作器,BD04900 作器,BD05239 作器,BD05965 作器,Дx03102A 作器,上圖 038(812445)作器,麗藏本作器,BD00717、BD00828、金藏廣勝寺本、《大正藏》俱作"器"。

"器",爲"器"的異體字。"氣量",胸懷,度量。唐杜甫《最能行》:"此鄉之人氣量窄,誤競南風疏北客。""器量",才識;度量。漢蔡邕《郭有道碑文》:"夫其器量弘深,姿度廣大,浩浩焉,汪汪焉,奥乎不可測已。""氣量""器量"二詞同義。

【尊容：尊顔】

唐義浄譯《金光明最勝王經》卷一:"各各至心合掌恭敬,瞻仰尊容,目未曾捨,願樂欲聞殊勝妙法。"

按:"尊容",BD04953 作"尊顔";石經 5.536、BD02197、BD02383、BD02386、BD03138、BD03170、BD03664、BD03863、BD04208、BD04381、BD04578、BD05239、BD06025、BD06514、Дx02706 + Дx02744B、甘博 083、上圖 038(812445)、麗藏本、金藏廣勝寺本、《大正藏》俱作"尊容"。

"尊顔",對長者儀容的敬稱。"尊容",尊貴的容貌,特指佛像、神像。北魏酈道元《水經注·漯水》:"立祇洹舍於東皋,椽瓦梁棟,臺壁櫺陛,尊容聖像,及牀坐軒帳,悉青石也。"《漢語大詞典》爲"尊顔"所舉例證元吳昌齡《東坡夢》第一折:"久聞老師父大名,今日得睹尊顔,三生有幸。"爲元代之例,可提前至唐代。

【困苦：苦厄】

失譯人《佛説像法決疑經》:"當爾之時悲心布施貧窮孤老一切困苦乃至蟻子,其福最勝。"

按:"困苦",石經 2.474 作"困苦",P.2087、《大正藏》俱作"苦厄"。

"困苦",艱難窮苦。《莊子·逍遥遊》:"今子有大樹……不夭斤斧,物無害者,無所可用,安所困苦哉!""苦厄",苦難,災厄。唐唐玄奘《大唐西域記·施鹿林東涸池》:"受胎出胎,備經苦厄。""困苦""苦厄"二詞同義。

【利養:利益】

失譯人《佛説像法決疑經》:"未來世中我諸弟子樂好衣服貪嗜美味,貪求利養慳貪積聚,不脩慈心,專行恚怒,見他作善,祥共譏嫌。"

按:"利養",《大正藏》作"利益",石經2.472、P.2087、S.2075俱作"利養"。

"利養",指財利。後秦鳩摩羅什譯《妙法蓮華經·序品》:"貪著利養,雖復讀誦衆經而不通利,多所忘失。""利益",好處。《後漢書·衛颯傳》:"教民種殖桑柘麻紵之屬,勸令養蠶織履,民得利益焉。""利養""利益"同義。

【世業:世榮】

東晉帛尸梨蜜多羅譯《佛説灌頂隨願往生十方浄土經》:"九者不貪世葉衣服伎樂資生之物,常好苦行依四依法。"

按:"葉",石經3.388作葉,《大正藏》作"榮",麗藏本作榮;S.0002作業,BD01843作業,BD03042作業,宋本、元本、明本《大藏經》皆作"業"。

"世業"之"業",石經3.388作"葉",同音假借,具體見"假借字"部分,此不贅述。"世業"即世務。出家須捨棄世俗間的事務,隋闍那崛多等譯《大西晉法炬陀羅尼經》卷三載:"斷除世務,捨家出家。"南朝宋求那跋陀羅譯《雜阿含經》卷二十六載:"若族姓子捨諸世務,出家學道。"東晉佛馱跋陀羅譯《大方廣佛華嚴經》卷六:"當願衆生,棄捨世業,心無所著。"隋闍那崛多等譯《無所有菩薩經》卷二:"彼氣噓門頗有種族,受彼世業資生已不?"

"世榮"即"世俗榮華"。三國吴支謙譯《撰集百緣經》卷八:"白父母言:我今不貪世俗榮華,願樂出家。""世榮"一詞在佛經中常用,如東漢安世高譯《佛説太子慕魄經》:"不貪富貴,不重珍寶,棄捐世榮,思想大道,高翔遠逝,自濟於世。"西晉竺法護譯《賢劫經》卷二:"雖家奉禁而有捨家不貪世榮,是曰持戒。"西晉白法祖譯《佛般泥洹經》卷下:"一輩高士,行净無穢,聞無數世,乃有一佛,覩佛經典,欣然心寤,捐家棄欲,不貪世榮,來作比丘。"宋法賢譯《佛説護國經》:"父母當念,我厭輪迴,棄捨世榮,志求出家,唯願聽許。"

在佛經中,"世業"亦與"世樂"構成異文,北魏瞿曇般若流支譯《正法念處經》卷二:"彼離瞋者於現在世業行果報。"《大正藏》作"世業",宋、元、明本作"世樂"。"世樂"即世俗歡樂，前秦竺佛念譯《出曜經》卷二十七："如世俗歡樂及彼天上樂者，世俗樂者欲界之樂，及彼天樂者色界之樂。"

總之，在佛典中，"世榮""世業""世樂""世務"皆爲出家學道應該棄捨之物，故在語境中"世榮""世業"可以替換，因義近而形成異文。

他例如，東晉僧伽提婆譯《增壹阿含經》卷三十四："不著事務，不修世榮，轉進於上，不爲魔天所得其便，是謂第三不退轉之法也。"《大正藏》作"世榮"，宋、元、明本作"世業"。

【嫗：婦】

東漢安世高譯《佛説阿含正行經》："貪人嫗₁女，無得形相人嫗₂女，坐自思惟，去貪愛之心，乃得爲道耳。"

按："嫗₁"，石經 3.609 作 ；"嫗₂"，石經 3.609 作 。二"嫗"，《大正藏》、麗藏本皆作"婦"。

"嫗"本義指母親。《説文·女部》："嫗，母也。从女，區聲。"引申爲婦女的通稱。《史記·高祖本紀》："有一老嫗夜哭。"《説文·女部》："婦，服也。"《廣雅·釋親》："女子謂之婦人。"引申爲已嫁的女子。《正字通·女部》："婦，女子已嫁曰婦。"換言之，"嫗女""婦女"，即妻女之意，爲同義詞。

【罪業：罪障】

唐義浄譯《佛説無常經》："所有罪業並消除，遠離衆苦皈圓寂。"

按："罪業"，BD01367、S.0311、S.2540、S.5447、S.6367、TK323 俱作"罪障"；石經 3.339、BD01063、BD03554、BD03608、BD03874、S.0153、S.2926、S.3887、BD03874、S.4164、S.4529、S.4713、P.3924、TK137、酒博 013、北大 D093、津藝 193（77·5·4532）、津藝 202（77·5·4541）、麗藏本、《大正藏》俱作"罪業"。

"罪障"，罪惡障礙聖道，爲得善果之障，故稱罪障。唐地婆訶羅譯《方廣大莊嚴經》卷三："是時一切衆生，遠貪恚癡憂悲驚恐，亦離不善諸惡罪障。"唐流志譯《實相般若波羅蜜經》："當知是人所有罪障皆自消滅，心常調暢第一安樂。"

"罪業"，梵語 nigha 的意譯，指身、口、意三業所造之罪。據北本《大般涅槃經》卷二十載，一切衆生所造之罪有二，一爲輕，一爲重；心、口所造之罪爲輕，身、口、心所造之罪爲重。前秦僧伽提婆譯《增壹阿含經》卷二十四："彼於人間所作罪業，要使除盡，後乃得出。"隋闍那崛多譯《佛本行集經》卷三十二："除滅一切諸罪業，是故名爲婆羅門。"宋法賢譯《佛説帝釋所問經》:"如是等種種罪業不善之法,皆悉得滅。"

"罪障""罪業"二詞同義。

【容貌:容顔】

唐義净譯《佛説無常經》:"少年容貌暫時停不久咸悉成枯悴。"

按:"容貌",S.3887 作"容顔";石經 3.339、BD00535、BD01030、BD01063、BD01367、BD03554、BD03608、BD03874、S.0153、S.0311、S.1479、S.2540、S.2926、S.4529、S.5160、S.5447、S.6367、P.3924、Дx02833+Дx02853、TK137、TK323、酒博 013、北大 D093、津藝 193(77·5·4532)、津藝 202(77·5·4541)、麗藏本、《大正藏》俱作"容貌"。

"容貌",容顔相貌。"容顔",容貌神色。二詞爲同義詞。

他例如,西晉法炬、法立譯《法句譬喻經》:"即到佛所,至精舍門瞻覩世尊,光相晃然,容顔奇異,如星中月。"《大正藏》作"容顔",聖本作"容貌"。後秦鳩摩羅什譯《大智度論釋初品中禪波羅蜜》:"容顔世無比,而常閉目坐。"《大正藏》作"容顔",宋、元、明、宫本作"容貌"。

【日夜:晝夜】

唐義净譯《佛説無常經》:"常於人世起慈心,日夜自身依法住。"

按:"日夜",BD01367、BD03554、BD03874、S.0311、S.4007、S.5447、S.6367、TK137、津藝 193(77·5·4532)、麗藏本、《大正藏》俱作"晝夜";石經 3.339、BD01030、BD01063、BD03608、S.0153、S.2540、S.2926、S.3887、S.4164、S.4713、P.3924、TK323、酒博 013、北大 D093、津藝 202(77·5·4541)俱作"日夜"。

"日夜",白天黑夜。"晝夜",白晝和黑夜。"日夜""晝夜"二詞同義。

【地獄:五道】

北魏法場譯《佛説辯意長者子經》:"展轉地獄中,不脱衆苦難。"

按:"地獄",石經 3.626 作"地獄",麗藏本、《大正藏》俱作"五道"。

"地獄",梵語 Naraka 的意譯,意爲"苦的世界"。古印度傳説人在生前做了壞事,死後要墮入地獄,受種種苦。"五道",佛教謂天、人、畜生、餓鬼、地獄五處輪迴之所。前秦竺佛念譯《菩薩處胎經》卷一之《佛樹品第四》云:"生天不生天者,生人不生人者,生餓鬼不生餓鬼者,生地獄不生地獄者,生畜生不生畜生者,分别五道以天耳聽。""地獄"是"五道"中之一道,在經文中成爲同義詞,義爲做了壞事的人死後所往之處。

【至暮：竟日】

失譯人《佛說父母恩重經》:"父母年高氣力衰老,終朝至暮不來借問。"

按:"至暮",石經 3.555 作"至暮",石經 3.389 作"竟日"。

"竟日",終天;從早到晚,整天。《列子·説符》:"不笑者竟日。"南朝宋劉義慶《世説新語·言語》:"(張天錫)爲孝武所器,每入言論,無不竟日。""至暮",到晚上。"至暮""竟日"爲同義詞。

【串習：慣習】

唐義净譯《金光明最勝王經》卷一:"四者,佛無是念,我今往彼城邑聚落,王及大臣婆羅門刹帝利薛舍戍達羅等舍,從其乞食,然由往昔身語意行串習力故,任運詣彼,爲利益事,而行乞食,是如來行。"

按:"串習",石經 2.488、3.536、BD00186、BD00233、BD00288、BD00717、BD00981、BD01583、BD02688、BD02732、BD03011、BD03236、BD03664、BD04208、BD04667、BD04900、BD05239、BD05965、上圖 038(812445)俱作"串習";麗藏本、金藏廣勝寺本、《大正藏》俱作"慣習"。

"串",《爾雅·釋詁下》:"串,習也。"邢昺疏:"便習也。"①《荀子·大略》:"國法禁拾遺,惡民之串以無分得也。"楊倞注:"串,習也。"②"串習"即習慣。

"慣",《爾雅·釋詁下》"貫,習也",陸德明釋文:"慣,本又作貫。"③《玉篇·心部》:"慣,習也。""慣習",即習慣。唐杜甫《前苦寒行》之一:"秦城老翁荆揚客,慣習炎蒸歲絺紛。"

故"串習""慣習"同義,皆爲"習慣"之義。在佛經中,經常互爲異文。唐玄奘譯《大般若波羅蜜多經》:"實由串習惡語業故,造作增長感匱法業。"《大正藏》作"串習",宋、元、明本作"慣習"。唐金剛智譯《金剛頂瑜伽中略出念誦經》:"凡所障礙皆從心起,由往昔串習慳貪力故。"《大正藏》作"串習",宋、元、明、丙、丁本作"慣習"。唐玄奘譯《阿毘達磨發智論》:"理何緣能憶本所作事,答有情於法,由串習力。"《大正藏》作"串習",宋、元、明本作"慣習"。唐義净譯《金光明最勝王經》卷一:"然由往昔身語意行慣習力故,任運詣彼,爲利益事而行乞食,是如來行。"《大正藏》作"慣習",宋、西本作

---

① 〔清〕阮元校刻《十三經注疏》,中華書局,1980 年,第 2576 頁。
② 〔戰國〕荀況撰,〔唐〕楊倞注《荀子》,國家圖書館出版社,2017 年,第 4 册第 165 頁。
③ 〔唐〕陸德明《經典釋文》,中華書局,1983 年,第 109 頁。

"串習"。

關於"串""慣"二字的關係，《慧琳音義》的看法前後不同：

《慧琳音義》有時認爲是異體字。《慧琳音義》卷六釋《大般若波羅蜜多經》卷五〇六"慣習"條云："慣習，卦患反。前第四百三十八卷已釋。《爾雅》：慣，習也。言久習於事曰慣。《說文》作遦，從辵。醜略反，貫聲也。經文有作串，俗字也，非正體也。"《慧琳音義》卷八釋《大般若波羅蜜多經》卷五九二"慣習"條："慣習，關患反。《爾雅》：慣，習也。言久習於事曰慣。從心貫聲也。《左傳》作貫，《說文》從辵作遦，同。經作串，俗字也。"《慧琳音義》卷四十一釋《波羅蜜多經》卷八"慣習"條："慣習，關患反。杜注《左傳》：慣，習也。《說文》作遦①，亦習也。從辵貫聲。經有作串，俗字也。"

《慧琳音義》有時認爲是古今字。《慧琳音義》卷五釋《大般若波羅蜜多經》卷四三八"慣習"條："慣習，開患反。《考聲》云：謂習也。《左傳》作貫，假借字也。《說文》作遦，通也。經中作串，古字，亦通也。"

《慧琳音義》有時認爲是誤字。《慧琳音義》卷二十三釋《大方廣佛花嚴經》卷五十七"慣習"條："慣習，慣，古患反。案，諸字書正宜作慣，有作串字者，謬。"

實際上，"串"，上古爲見紐元部；"貫(毌)"，上古爲見紐元部。二字同音。《說文·毌部》："毌，穿物持之也。""串"，《爾雅·釋詁下》："串，習也。"即習慣，是長期以來養成的不易改變的行爲。也是一以貫之的。"串""貫(毌)"二詞同源，而非異體字、古今字、誤字關係。

【阿姨：阿夷】

後秦佛陀耶舍譯《四分大尼戒本》："若比丘尼，若王若大臣，若婆羅門，若居士居士婦，遣使爲比丘尼送衣價，持如是衣價，與某甲比丘尼，彼使至比丘尼所語言：阿姨，爲汝送衣賈。"

按："姨"，S.0440、P.2310、BD00014、北大 D088、津藝 087(77·5·4430)、金藏廣勝寺本俱作"夷"；石經 2.378、麗藏本、《大正藏》俱作"姨"。

"阿夷"，梵語 ārya、巴利語 arya 或 ariya 的音譯，又作阿梨耶，意譯爲尊者、聖者、大德、出苦者、遠惡，是對通曉諦理者的敬稱。中印度迦毗羅衛國的仙人阿私陀別名"阿夷"；在稱友梵文《俱舍論釋》中，佛弟子阿若憍陳如、摩訶迦葉、獅子賢皆尊稱爲"阿夷"，這些得道者皆爲男子。對於得道的佛教女修行者亦可稱爲"阿夷"。因這些人爲女子，故按義加形符作"姨"。"阿

---

① 按："遺"，爲"遦"之誤。

姨""阿夷"爲同義詞。南朝宋佛陀什、竺道生等譯《五分律》卷十二:"若王、若大臣、婆羅門、居士爲比丘尼故,遣使送衣直。使到比丘尼所言:阿姨!彼王、大臣送此衣直,阿姨受之!是比丘尼言:我不應受衣直。若得淨衣,當手受持。"《大正藏》作"阿姨",宋、宮、聖本作"阿夷"。同前卷十三:"諸比丘尼後還,毘舍佉母問言:阿姨!汝不失物不?"《大正藏》作"阿姨",宋、元、明、宮、聖本作"阿夷"。

對於"阿夷""阿姨"的關係及其構詞理據,古之高僧曾試圖作出解釋。清釋弘贊輯《四分律名義標釋》卷三十一釋《律藏》卷四十八"阿夷"條曰:"阿夷,律文自稱云阿夷,稱女僧及上尊亦云阿夷,疑是梵音,譌濫也。若稱僧及上尊,應云阿棃夷。或云阿棃耶。此言尊者,亦言聖者。《僧祇律》稱爲阿棃耶,是也。若自稱。應云阿夷恬,此言新學,亦云新發意。夷字或加女旁,聲還同夷,若順俗稱。自言阿姨者,即是卑小之稱。如俗姊妹同出稱爲姨。同出者謂已嫁也。稱女僧阿姨者,即尊上之稱。如稱姊,及母之姊妹,亦曰爲姨。然今同一如來法中出家,即是法中之姊妹,以姊妹阿姨相稱者,準理無傷也。但應分別自他、尊卑之義。"同書卷十九釋《律藏》卷二十二"阿姨"條亦曰:"阿姨,阿,阿葛切,音遏。俗呼爲亞。姨,今稱比丘尼爲阿姨者,有云以大愛道比丘尼,是佛姨母,故傚喚阿姨。餘如比丘尼犍度中釋。"很明顯,清釋弘贊在解釋"阿夷"時,指出其外來詞的身份及音譯、意譯形式,這是很有見地的;但他又用漢字"姨"的意義來比附,則失之甚遠,因爲"阿夷"是可以用來稱呼佛教中一切得道的男子、女子修行者的。加上"女"旁,僅是在稱呼得道女子修行者時的用字而已,與"妻之姊妹同出"義(《爾雅‧釋親》)的"姨"爲同形字。漢字是表意文字,可見文知義;但對於借字記音的音譯詞"阿姨"來説,望文生義就會導致穿鑿附會、不得要領了。

第二節　動詞同義詞

【照耀：照輝】

唐義净譯《金光明最勝王經》卷一:"是四如來各於其座加趺而坐,放大光明周遍照耀王舍大城,及此三千大千世界,乃至十方恒河沙等諸佛國土,雨諸天花奏諸天樂。"

按:"照耀",BD04667作"照輝";石經3.536、BD00648、BD01317、BD02177、BD03138、BD03170、BD03664、BD03852、BD04064、BD04208、BD04381、BD04578、BD04900、BD04953、BD05239、BD06025、S.0032、上圖038

（812445）、麗藏本、金藏廣勝寺本、《大正藏》俱作"照耀"。

"照耀"，强烈的光綫映射。"耀"又作"曜"，《尸子》卷上："五色照曜，乘土而王。"語文辭書未收"照輝"一詞。從構詞語素看，《説文·火部》："輝，光也。從火，軍聲。"後寫作"輝"。引申爲照耀。《淮南子·道應》："昭昭之光，輝燭四海。"則"輝""耀"同義，則"照耀""照輝"二詞同義，二詞語素替换，較之"照輝"，"照耀"更常用，這反映了語言自身發展中的篩選過程。《漢語大詞典》未收"照輝"，可據補。

【擁護：擁衛】

唐義浄譯《金光明最勝王經》卷一："由此經威力，能離諸災横，及餘衆苦難，無不皆除滅。護世四王衆及大臣眷屬，無量諸藥叉，一心皆擁護。"

按："擁護"，石經3.536、BD00417、BD04953、甘博083、金藏廣勝寺本俱作"擁護"；BD00233、BD00648、BD02197、BD02386、BD03138、BD03170、BD03664、BD03863、BD04208、BD04381、BD04578、BD04667、BD04900、BD05239、BD06025、S.0032、P.3042、上圖038（812445）、麗藏本俱作"擁衛"。

"擁護"，扶助，保護。《漢書·匈奴傳下》："郅支單于自以道遠，又怨漢擁護呼韓邪，遣使上書求侍子。""擁衛"，保衛；護衛。《後漢書·虞延傳》："王莽末，天下大亂，延常嬰甲胄，擁衛親族，扞禦鈔盗，賴其全者甚衆。""擁護""擁衛"二詞同義。

【飲食：飯食】

失譯人《佛説父母恩重經》："佛告阿難：此經名父母恩經。若有衆生能爲父母作福造經燒香請佛禮拜供養三寶，或飲食衆僧，當知是人能報父母恩。"

按："飲食"，石經3.555作"飯食"，S.6087作"飯食"，Дx01982作"飯食"；Дx00975作"飲食"，Дx01595作"飲食"，BD00439作"飲食"，北大D101作"飲食"、S.1323、S.1548、S.1907、S.2084、S.3228、S.4476、S.5253、S.5408、P.2285、Дx00304俱作"飲食"。

在漢語史上，"飲食""飯食"二詞均爲常用複音詞。"飲食"有吃喝義，給人或牲口吃喝兩義。"飲食"的吃喝義，《書·酒誥》："爾乃飲食醉飽。"給人或牲口吃喝義，《左傳·昭公二十九年》："昔有飂叔安，有裔子曰董父，實甚好龍，能求其耆欲以飲食之。"

"飯食"有二義，一是吃飯，二是煮熟的穀類食物。吃飯義，如《禮記·

射義》:"故男子生,桑弧,蓬矢六,以射四方。天地四方者,男子之所有事也。故必先有志於其所有事,然後敢用穀也,飯食之謂也。"煮熟的穀類食物義,如漢賈誼《新書・匈奴》:"每一關,屠沽者、賣飯食者、羹臛炙贖者,每物各一二百人。"

在本例中,"飯食""飲食"二詞同義,均用作動詞,義爲給……吃喝。

【食:飯】

西晉竺法護譯《佛說盂蘭盆經》:"具食百味五果汲灌盆器,香油燈燭床榻卧具,盡施甘美以著盆中。"

按:"食",石經 1.139、S.2540、S.6163、P.2055、麗藏本、《大正藏》作"飯";石經 2.483、3.586、S.3171 俱作"食"。

《説文・食部》:"食,一米也。从皀,人聲。或說人皀也。""食",甲骨文作 _{合20791}、_{合20956},""爲張口向下,""爲食器簋,會飯食之意。《説文・食部》:"飯,食也。从食,反聲。""食""飯"二詞同義。

他例如,同前"母得鉢飯,便以左手障鉢,右手揣食食未入口化成火炭,遂不食","食",麗藏本、《大正藏》俱作"飯",石經 1.139、2.455、2.483、3.586、S.2540、S.6163、P.2055 俱作"食"。後秦佛陀耶舍譯《四分大尼戒本》"若比丘尼至檀越家,殷勤請與餅麨食",石經 2.379"食",S.0440、P.2310、Ф156、BD00014、北大 D088、津藝 087(77・5・4430)俱作"飯"。

【恐怖:恐】

後秦佛陀耶舍譯《四分大尼戒本》:"若比丘尼恐怖他比丘尼者。"

按:"恐怖",S.0440、金藏廣勝寺本、《大正藏》俱作"恐";石經 2.380、P.2310、Ф156、BD00014、北大 D088、津藝 087(77・5・4430)俱作"恐怖"。

《説文・心部》:"恐,懼也。从心,巩聲。"《説文・心部》:"怖,惶也。从心,甫聲。怖,或从布聲。""恐""怖"同義複合成詞"恐怖",與"恐"同義。

【除:滅】

東晉帛尸梨蜜多羅譯《佛説灌頂章句拔除過罪生死得度經》:"是經能除穀貴飢凍,是經能除惡星變怪,是經能除疫毒之病。"

按:"除",石經 3.2、BD00737、BD02791 俱作"除";P.4914、Дх02016+Дх02034+Дх02294+Дх03724、敦研 355、津藝 119(77・5・4458)、S.1968、BD00032、BD00033、BD000317、BD00391、BD00848、BD01178、BD01397、

BD01495、BD02103、BD02232、BD02691、BD0275、BD03306、BD03407、BD03619、麗藏本、《大正藏》俱作"滅"。

《説文・阜部》："除，殿陛也。从阜，余聲。"引申爲清除、去掉。《廣雅・釋詁二》："除，去也。"《説文・水部》："滅，盡也。从水，威聲。"引申爲消除。"除""滅"二詞引申義同義。

【消滅：斷滅】

東晉帛尸梨蜜多羅譯《佛説灌頂章句拔除過罪生死得度經》："是經能除他方逆賊悉令消滅，四方夷狄各還正治不相嬈惱，國土交通人民歡喜。"

按："消滅"，石經 3.2、S.0196、BD00391、BD00737、BD01495、BD02103、BD02691、BD03143、BD03407 俱作"消滅"；P.4914、敦研 355、津藝 119（77・5・4458）、BD0003、BD00033、BD000317、BD00848、BD01178、BD01397、BD02232、BD02756、BD02791、BD02909、BD03306、BD03567、BD03619、麗藏本、《大正藏》俱作"斷滅"。

"消滅"，消失，滅亡。《列子・楊朱》："生則有賢愚貴賤，是所異也；死則有臭腐消滅，是所同也。""斷滅"，滅絶。《朱子語類》卷七一："《坤卦》純陰無陽，如此，陽有斷滅也，何以能生於《復》？""消滅""斷滅"二詞同義。《漢語大詞典》爲"斷滅"引南宋例，可據以提前至東晉。

【消滅：銷滅】

東晉帛尸梨蜜多羅譯《佛説灌頂章句拔除過罪生死得度經》："所在安隱惡氣消滅，諸魔鬼神亦不中害。"

按："消滅"，BD00033 作"銷滅"；石經 3.2、BD00391、BD00602、BD00848、BD01397、BD01495、BD02232、BD02791、BD02909、BD03407、BD03567、BD03619、麗藏本、《大正藏》俱作"消滅"。

"消滅"，消失，滅亡。《後漢書・劉陶傳》："臣敢吐不時之義於諱言之朝，猶冰霜見日，必至消滅。""銷滅"，消除；消失。《漢書・孝成趙皇后》："且襃廣將順君父之美，匡捄銷滅既往之過，古今通義也。""消滅""銷滅"二詞同義。

【士官：仕官、仕宦】

東晉帛尸梨蜜多羅譯《佛説灌頂章句拔除過罪生死得度經》："聞我説是藥師琉璃光佛，各各得心中所願，士官皆得高遷。"

按："士官"，石經 3.2、S.1968、BD00848 俱作"士官"；BD00032、BD000317、BD00737、BD01397、BD01495、BD02103、BD02232、BD02791、BD03567、

BD03619、麗藏本、《大正藏》俱作"仕官";BD00033、Дх00913、Дх02524、BD02435、BD02909、BD03407俱作"仕宦"。

《説文·人部》:"仕,學也。"即學習政事。引申爲任職、做官。《説文·宀部》:"宦,仕也。"即學習官吏的事物。引申爲做官。"仕宦",出仕;爲官。《史記·魯仲連鄒陽列傳》:"(魯仲連)好奇偉俶儻之畫策,而不肯仕宦任職,好持高節。遊於趙。""士""仕"二詞同源,義爲做官。"仕官""仕官""仕宦"同義,義爲出仕爲官。

【憂惱:憂患、憂苦】

東晉帛尸梨蜜多羅譯《佛説灌頂章句拔除過罪生死得度經》:"聞我説是藥師琉璃光如來本願功德者,皆當一心歡喜踊躍便作謙敬,即得解脱衆苦之患,長得歡樂聰明智慧,遠離惡道得生善處,與善知識共相值遇,无復憂惱離諸魔縛。"

按:"憂惱",石經3.2、麗藏本、《大正藏》、P.2013、P.2178V⁰、P.4666、S.1968、BD00033、BD00602、BD00848、BD01397、BD02130、BD02656、BD02791、BD02909俱作"憂惱";BD00032作"憂患";BD000317、BD01495俱作"憂苦"。

"憂惱",憂愁煩惱。晉干寶《搜神記》卷二:"鎮西謝尚所乘馬忽死,憂惱甚至。""憂苦",爲憂愁痛苦。《史記·孝文本紀》:"今朕夙興夜寐,勤勞天下,憂苦萬民,爲之怛惕不安,未嘗一日忘於心。""憂患",憂愁擔心。語文辭書未收此義,可據補。"憂惱""憂患""憂苦"三詞同義。

【罵詈:罵辱】

東晉帛尸梨蜜多羅譯《佛説灌頂章句拔除過罪生死得度經》:"世間愚癡人輩,兩舌鬭諍惡口罵詈更相嫌恨,或就山神樹下鬼神。"

按:"罵詈",石經3.2、麗藏本、《大正藏》、P.4666、BD02656、BD02791、BD02909、BD03407、BD03619俱作"罵詈";BD02232作"罵辱"。

《説文·网部》:"詈,罵也。"《説文·网部》:"罵,詈也。"二詞同義互訓。《説文·辰部》:"辱,恥也。从寸在辰下。失耕時,於封畺上戮之也。辰者,農之時也。故房星爲辰,田候也。"《説文》小篆作 ![辱], 戰國文字作 ![辱] 睡虎地簡8.11,漢隸作 ![辱] 老子甲113、![辱] 縱橫家書39。故楊樹達《積微居小學述林·釋辱》:"字形中絶不見失時之義也……辱字从寸从辰,寸謂手,蓋上古之世,尚無金鐵,故手持摩鋭之蜃以芸除穢草,所謂耨也。"①後假借作"恥

---

① 楊樹達《積微居小學述林全編》,上海古籍出版社,2007年,第78—79頁。

辱",再引申爲侮辱。故"罵詈""罵辱"二詞同義。《漢語大詞典》未收"罵詈""罵辱",可據補。

【賜與：施與】

東晉帛尸梨蜜多羅譯《佛説灌頂章句拔除過罪生死得度經》："第十一願者,使我來世若有衆生饑渴所惱,令得種種甘美飲食,天諸餚饍種種我數,悉以賜與令身充足。"

按："賜與",P.2178V⁰、P.4027V⁰、S.1968、BD00032、BD00317、BD00602、BD02130、BD02232、BD02656、BD02909、BD03619 俱作"施與";石經3.2、Дx01675、BD00848、BD01414、BD01495、BD02791、BD03407、麗藏本、《大正藏》俱作"賜與"。

"賜與",賜給;賞賜。《韓非子·外儲説右下》："司城子罕謂宋君曰：'慶賞賜與,民之所喜也,君自行之。殺戮誅罰,民之所惡也,臣請當之。'""施與",給予,以財物周濟人。《韓非子·奸劫弑臣》："夫有施與貧困,則無功者得賞;不忍誅罰,則暴亂者不止。""賜與""施與"二詞同義。

【長跽：長跪】

東漢安世高譯《佛説温室洗浴衆僧經》："耆域長跽白佛言,雖得生世,爲人疏野,隨俗衆流,未曾爲福。"

按："長跽",石經1.87作"長跽",P.3919B作"長跪",麗藏本作跪,金藏廣勝寺本、《大正藏》俱作"長跪"。

"長跽",直身而跪。古時席地而坐,坐時兩膝據地,以臀部著足跟。跪則伸直腰股,以示莊敬。《戰國策·魏策四》："秦王色撓,長跽而謝之曰：'先生坐,何至於此,寡人諭矣。'""長跽",長跪。清蒲松齡《聊齋志異·胡四姐》："生(尚生)益傾動,恨不一見顔色,長跽哀請。""長跪""長跽"二詞同義。《漢語大字典》爲"長跽"引清代例,可據以提前至東漢。

他例如,西晉竺法護譯《佛説鴦掘摩經》"指鬘聞之,惶悸怖懼。毛衣起豎,跽而答曰","跽",石經3.385作跽,金藏廣勝寺本、麗藏本、《大正藏》俱作"跪"。

【蹞跪：長跪、跽跪】

東晉帛尸梨蜜多羅譯《佛説灌頂章句拔除過罪生死得度經》："座中諸鬼神有十二神王。從座而起往到佛所。蹞跪合掌白佛言。"

按："蹞跪",津藝119(77·5·4458)、BD02232 俱作"長跪";BD02791作

"跽跪";石經 3.2、S.1968、BD0003、BD01169、BD02103、BD02909、BD03306、BD03619 俱作"蛌跪";BD00848、BD03567、麗藏本、《大正藏》俱作"胡跪"。

"胡跪",是通行於古代印度、西域等地通俗敬儀之一,系啓請、悔過或授受等儀式中所採取的跪姿,伴隨著佛教而傳入中國。西晉安法欽譯《阿育王傳》卷二:"王見賓頭盧頭白眉秀,身體相好如辟支佛,即爲作禮五體投地,鳴尊者足起而胡跪,説於偈言。"因字形類化,"胡跪"又作"蛌跪"。《集韻·模韻》:"蛌,蛌跪,夷人屈節禮。"《正字通·足部》:"蛌,俗字。"東晉佛陀跋陀羅、法顯譯《摩訶僧祇律》卷三十:"即日,和上尼應將到比丘僧所,和上尼應爲乞,蛌跪合掌作如是言。""胡跪",佛經音義收釋。《慧琳音義》卷三十六釋《金剛頂瑜伽修習毗盧遮那三摩地法》"胡跪"條:"胡跪,逵葦反,右膝著地豎左膝危坐,或云互跪也。""互跪"首見於南北朝時期,如南朝宋佛陀什、竺道生譯《五分律》卷二十七第五分之四《威儀法》:"洗缽時應互跪,不得立,若洗鐵缽聽離地一尺。"因字形類化,"互跪"又作"跽跪"。北魏月婆首那譯《僧伽吒經》卷一:"繞仙人已前面跽跪。"由此可見,"胡跪(蛌跪)""互跪(跽跪)"爲同義詞。

關於"互跪"這一禮儀,唐釋道宣《釋門歸敬儀·威容有儀篇》第八曰:"佛右手按地以降天魔,令諸弟子右膝著地。言互跪者,左右兩膝交互跪地,此謂有所啓請,悔過授受之儀也。佛法順右,即以右膝拄地,右骰在空,右指拄地,又左膝上戴,左指拄地,使三處翹翹曲身前就。經中以行事經久,苦弊集身,左右兩膝交互而跪。"在關鍵語句"右膝著地""左右兩膝交互跪地"中,"交互"一詞的理解至關重要。西晉竺法護譯《佛說方等般泥洹經》卷上:"爾時阿難從座起下,胡跪累膝,兩手據地仰向視佛。"由此可見,在印度習俗以左膝著地,佛教以右膝著地的前提下,"累膝"即豎起左膝,右膝著地於左膝下方,二者上下交疊,臀部坐在右腳跟上,上身直立。這種跪姿,極其吃力,極易疲勞。因此,對於女子而言,《毘奈耶》云:

敦煌莫高窟第328窟北側的胡跪菩薩像
(現藏哈佛大學博物館)

"尼女體弱,互跪要倒,佛聽長跪。"①即使傳世的互跪佛像,也不是嚴格地依照要求雕刻的。敦煌莫高窟第328窟的胡跪菩薩像,雖然左膝豎起,右膝著地,兩腿略略分開,二膝並未交互,具體可見下圖。於工具書而言,《漢語大詞典》釋"胡跪"曰"倦則兩膝姿勢互換",釋"互跪"條曰"謂兩膝交換而跪";丁福保《佛學大辭典》釋"互跪"條"以右膝著地爲通相,行事久時則交互而跪",皆誤,可據正。

敦煌莫高窟第 328 窟劫餘的三尊胡跪菩薩像

"長跪",上條已討論過,是雙膝著地、直身而跪的一種坐姿。與豎起左膝,右膝著地於左膝下方,二者上下交疊,臀部坐在右腳跟上,上身直立的"互跪"迥然不同。作爲異文,二者僅爲語境同義詞。

【栲楚:考楚】

東晉帛尸梨蜜多羅譯《佛説灌頂章句拔除過罪生死得度經》:"其世間人痿黄之病,困篤著牀,求生不得,求死不得,考楚萬端。此病人者或其前世造作惡業罪過所招殃咎所引故使然也。"

按:"考楚",石經 3.2、津藝 119(77·5·4458)、津藝 270(77·5·4609)、S.1968、BD0003、BD000317、BD00391、BD00737、BD00848、BD01169、BD01495、BD02103、BD02232、BD02756、BD02791、BD02909、BD03143、BD03306、BD03407、BD03567、BD03619、麗藏本、《大正藏》俱作"考楚";BD00033 作"栲楚"。

---

① 馮雪冬、黄曉寧《"胡跪"義正》,《南開語言學刊》,2019 年第 1 期。

《爾雅·釋木》:"栲,山樗。"郭璞注:"栲,似樗,色小白,生山中,因名云。亦類漆樹。"①《漢語大字典》認爲:"用同'拷'。"並舉例宋歐陽徹《上皇帝萬言書》:"或受賄而欲脱死囚,則嚴栲連累之人而承之。"我們認爲,因構件"扌""木"形近相混,"栲"爲"拷"的訛混異體字。《玉篇·手部》:"拷,打也。"《説文·老部》:"考,老也。"通"攷",義爲考察、考核,再引申爲訊問,再引申爲拷打。《説文·林部》:"楚,叢木。一名荆也。"古時用作刑杖。故"拷楚""考楚"二詞同義,義爲用荆杖拷打。"栲楚",《漢語大詞典》引唐代例;"考楚",《漢語大詞典》引南朝宋例,可提前至東晉。

【發露:懺悔】

後秦佛陀耶舍譯《四分大尼戒本》:"憶念有罪不發露者,得故妄語罪,佛説故妄語罪是障道法。彼比丘尼自憶知有罪,欲求清浄當發露,發露則安隱,不發露罪益深。"

按:"發露",石經 2.376 作"發露",P.2310、北大 D088、金藏廣勝寺本、麗藏本、《大正藏》俱作"懺悔"。

"發露",佛教語,謂顯露表白所犯之過失而無所隱覆。"懺悔",謂悔謝罪過以請求諒解。二詞本不同義,在經文中,二詞成爲同義詞。"發露",《漢語大詞典》未收義項顯露表白所犯之過失而無所隱覆,可據補。

同前"諸大姊。我今欲説戒。衆集現前嘿然聽善思念之。若有犯者。當發露",石經 2.376"發露",P.2310、北大 D088、金藏廣勝寺本、麗藏本、《大正藏》俱作"懺悔"。亦同義。

【悔過:懺悔】

後秦佛陀耶舍譯《四分大尼戒本》:"大姊!我犯可呵法所不應爲,我今向大姊悔過。是名悔過法。"

按:"悔過",石經 2.382 作"悔過",S.0440、P.2310、北大 D088、津藝 087(77·5·4430)、金藏廣勝寺本、《大正藏》俱作"懺悔"。

"懺悔",佛教語,梵文 ksama,音譯爲"懺摩",節譯爲懺,意譯爲悔,合稱"懺悔"。佛教規定,出家人每半月集合舉行誦戒,給犯戒者以説過悔改的機會。後遂成爲自陳己過、悔罪祈福的一種宗教儀式。引申爲認識錯誤或罪過而感到痛心。"悔過",悔改過錯。《孟子·萬章上》:"太甲悔過,自怨自

---

① [清]郝懿行《爾雅義疏》,上海古籍出版社,1983 年,第 1060 頁。

艾。"悔過""懺悔"二詞同義。

【隨順：順從】

後秦佛陀耶舍譯《四分大尼戒本》："若比丘尼知比丘爲僧所舉，如法知毗尼如佛所教，不順從不懺悔，僧未與作共住，便隨順，彼比丘諸比丘尼諫此比丘尼言：大姊！彼比丘爲僧所舉，如法如毗尼如佛所教，犯威儀未懺悔，僧未與作共住，汝莫隨順。"

按："隨順"，石經 2.376 作"随順"，P.2310、北大 D088、金藏廣勝寺本、麗藏本、《大正藏》俱作"順從"。

"隨順"，依順；依從。唐韓愈《答陳生書》："所謂順乎在天者，貴賤窮通之來，平吾心而隨順之，不以累乎其初。""順從"，順服，服從。《國語·吳語》："夫諸侯無二君，而周無二王，君若無卑天子，以幹其不祥，而曰吳公，孤敢不順從君命長弟？""隨順""順從"二詞同義。"隨順"，《漢語大詞典》引唐代例，可提前至姚秦時代。

【經：更、逕】

（1）東晉帛尸梨蜜多羅譯《佛說灌頂章句拔除過罪生死得度經》："佛告阿難：我作佛以來，從生死至生死，憨苦累劫無所不經無所不歷，無所不作無所不爲如是不可思議。"

按："經"，P.4914、津藝 119（77·5·4458）、S.1968、BD00848、BD01397、BD02691、BD02791、BD03567 俱作"更"；敦研 355、BD00391、BD01495、BD00737、BD02103、BD03306、BD03407、BD03619 俱作"逕"；石經 3.2、Φ200、BD0003、BD00033、BD000317、BD01178、BD02232、BD02756、麗藏本、《大正藏》俱作"經"。

《字彙·辵部》："逕，過也。"《水經注·河水》："河水自臨河縣，東逕陽山南。"《說文·糸部》："經，織也。从糸，巠聲。"段玉裁依《太平御覽》卷八百二十六補"從絲"二字作"經，織從絲也"①。姚文田、嚴可均校議："經，《御覽》卷八百廿六引作'織從絲也。'此脫'從絲'二字。從與縱同。"②"經"引申爲經過、經歷，《孟子·盡心下》："經德不回，非以干祿也。"趙岐注："經，行也。"③在引申義上，"逕""經"二詞同義。《說文·攴部》："更，改也。

---

① ［清］段玉裁《說文解字注》，上海古籍出版社，1988 年，第 644 頁。
② ［清］姚文田、嚴可均《說文校議》，國家圖書館出版社，2010 年，第 550 頁。
③ ［清］阮元校刻《十三經注疏》，中華書局，1980 年，第 2779 頁。

从攴,丙聲。"後來隸變作"更"。引申爲經歷、經過。《玉篇·攴部》:"更,歷也。"則"逕""經""更"三詞同義。

他例如,東晉帛尸梨蜜多羅譯《佛説灌頂章句拔除過罪生死得度經》:"昔沙彌救蟻以脩福故,盡其壽命不經苦患身體安隱,福德力强使之然也。""經",BD00737作"逕";敦研355、津藝119(77·5·4458)、津藝270(77·5·4609)、S.1968、BD00032、BD00032、BD000317、BD00391、BD00848、BD01169、BD01397、BD01495、BD02103、BD02232、BD02756、BD02791、BD03306、BD03567、BD03619、麗藏本、《大正藏》俱作"更";石經3.2、BD03407作"經"。失譯人《佛説父母恩重經》:"佛告阿難:若善男子善女人能爲父母受持讀誦書寫父母恩重大乘摩訶般若波羅蜜經一句,一經耳目者,所有五逆重罪悉得消滅。""經",石經3.555作"經",S.0149、S.1189、S.1548、S.1907、S.2084、S.2269、S.4476、S.5253、S.5408、P.2285、Дх00975、Дх01595、Дх01982、北大D101俱作"逕"。S.0865、S.1323、S.4724、S.6007、S.6087、BD00439俱作"經"。後秦佛陀耶舍譯《四分大尼戒本》"若比丘尼衣已竟,迦絺那衣已捨,畜長衣逕十日","逕",石經2.378作"逕",S.0440、P.2310、Ф156、BD00014、津藝087(77·5·4430)、金藏廣勝寺本、麗藏本、《大正藏》俱作"經"。

又,同前"若比丘尼衣已竟,迦絺那衣已捨,五衣中若離一一衣,異處宿逕一夜,除僧羯磨,尼薩耆波逸提",石經2.378"逕",金藏廣勝寺本、《大正藏》俱作"經"。南朝宋沮渠京聲譯《佛説觀彌勒菩薩上生兜率天經》"經一時中成就五百億天子","經",石經1.107、3.560、S.5555、Дх01296、TK58、TK60、TK81+TK82+TK83、上圖004(795017)、麗藏本、《大正藏》俱作"經";石經2.406、3.379、BD04049、BD04161、BD05812、P.2373、S.3024、P.2071俱作"逕"。

【憍:嬌】

失譯人《佛説父母恩重經》:"一過不得,憍啼佯哭,憍兒不孝,又必五擿,孝子不憍,必有慈順。"

按:"憍啼","憍",石經3.555作憍,石經3.389作"嬌";S.0149作憍,S.1189作憍,S.1548作憍,S.1907作憍,S.2084作憍,S.2269作憍,S.3228作憍,S.4476作憍,S.5433作憍,P.2285作憍,P.3919A.3作憍,Дх01689作憍,BD00439作憍,北大D100作憍。

"憍兒","憍",石經3.555作"憍",石經3.389作"嬌";S.0149作憍,S.1189作憍,S.1323作憍,S.1548作憍,S.1907作憍,S.2084作憍,S.2269作憍,S.4476作憍,S.5433作憍,P.2285作憍,P.3919A.3作憍,

BD00439 作憍,北大 D100 作憍。

"不憍","憍",石經 3.555 作憍,石經 3.389 作"嬌";"憍",S.0149 作憍,S.1189 作憍,S.1548 作憍,S.1907 作憍,S.2269 作憍,S.4476 作憍,S.5433 作憍,S.7203 作憍,P.2285 作憍,P.3919A.3 作憍,Дx01689 作憍,BD00439 作憍,北大 D100 作憍。

《玉篇·女部》:"嬌,嬌姿也。"《說文新附·女部》:"嬌,姿也。""嬌"義爲"姿態嫵媚可愛"。引申爲寵愛、嬌慣。《廣韻·宵韻》:"憍,憐也。本亦作驕。""憍"同"驕",義爲憐愛。"憍""嬌"爲同義詞。

【瞋:嗔】

失譯人《佛説父母恩重經》:"或時喚呼,瞋目驚怒,婦兒駡詈,低頭含笑,妻復不孝,子復五逆,夫妻和合同作五逆。"

按:"瞋",石經 3.555 作"瞋",S.1323 作嗔,S.1548 作嗔,S.1907 作嗔,S.4476 作嗔,S.5253 作嗔,Дx01595 作嗔,BD00439 作嗔;S.2084 作瞋,S.2269、S.3228、S.4724、P.2285、P.3919A.3、北大 D100、北大 D101、上博 48(41379)俱作"瞋"。

"嗔"爲"謓"的換形異體字,義爲"生氣"。《説文·言部》:"謓,恚也。从言,真聲。"《集韻·真韻》:"嗔,謓或从口。"《世説新語·德行》:"丞相見長豫輒喜,見敬豫輒嗔。"《説文·目部》:"瞋,張目也。从目,真聲。"引申爲怒。《廣韻·真韻》:"瞋,怒也。"南齊孔稚圭《北山移文》:"於是叢條瞋膽,疊穎怒魄。""嗔"與"瞋"的引申義怒爲同義詞。

他例如,後秦佛陀耶舍譯《四分大尼戒本》"若比丘尼趣以一小事瞋恚不喜","瞋",S.0440 作"嗔",石經 2.378、P.2310、BD00014、北大 D088、津藝 087(77·5·4430)俱作"瞋"。

【詣:至、入】

後秦佛陀耶舍譯《四分大尼戒本》:"常爲比丘尼執事,彼使詣執事人所與衣價已。"

按:"詣",石經 2.378 作"詣",S.0440、P.2310、Φ156、BD00014、北大 D088、津藝 087(77·5·4430)、金藏廣勝寺本、麗藏本、《大正藏》俱作"至"。

《説文·言部》:"詣,候至也。从言,旨聲。"引申爲往。《玉篇·言部》:"詣,往也,到也。"《説文·至部》:"至,鳥飛从高下至地也。"《玉篇·至部》:"至,到也。"《玉篇·入部》:"入,進也。""詣"的引申義與"至""入"同義。

他例如,同前"若比丘尼染汙心,與染汙心男子,共捉手捉衣至屏處,立屏處共語","至",石經 2.376 作"至",P.2310、北大 D088、金藏廣勝寺本、麗藏本、《大正藏》俱作"入"。

【言：説、語】

（1）後秦佛陀耶舍譯《四分大尼戒本》："是比丘尼先不受自恣請,到二居士家作如是言。"

按："言",S.0440、P.2310、Φ156、北大 D088、津藝 087（77·5·4430）俱作"説",石經 2.378、BD00014 作"言"。

又,東晉帛尸梨蜜多羅譯《佛説灌頂章句拔除過罪生死得度經》"阿難白佛言：唯天中天佛之所言何敢不信耶","言",BD00033、BD000317、BD02232、BD02435、麗藏本、《大正藏》俱作"説"；石經 3.2、BD00391、BD00737、BD00848、BD01178、BD01397、BD01495、BD02103、BD02756、BD02791、BD03407、BD03567、BD03619 俱作"言"。

（2）東晉帛尸梨蜜多羅譯《佛説灌頂章句拔除過罪生死得度經》："佛言至誠無有虛偽亦無二言,佛爲信者施,不爲疑者説也。"

按："言",S.1968、BD0003、BD00033、BD000317、BD00391、BD00737、BD00848、BD01178、BD01397、BD01495、BD02103、BD02232、BD02756、BD02791、BD02909、BD03306、BD03407、BD03567、BD03619、麗藏本、《大正藏》俱作"語",石經 3.2、BD02691 作"言"。

又,同前"佛復語阿難言：世間人雖有眼耳鼻舌身意,人常用是六事以自迷或,信世俗魔邪之言,不信至真至誠,度世苦切之語,如是人輩難可開化","言",BD000317、BD02435 俱作"語",BD00737、BD00848、BD01178、BD01397、BD01495、BD02103、BD02232、BD02756、BD02791、BD03407、BD03567、BD03619、麗藏本、《大正藏》俱作"言"。

《説文·言部》："言,直言曰言,論難曰語。从口,辛聲。""言",甲骨文作 ᗉ合3685、ᗉ合440正,象舌從口伸出之形。引申爲言語、話語。《説文·言部》："説,説釋也。从言、兑。一曰談説。"徐鍇繫傳作"從言,兑聲"。① 引申爲言語。在引申義上,"言""説""語"三詞同義。

【告：語、言】

（1）東晉帛尸梨蜜多羅譯《佛説灌頂章句拔除過罪生死得度經》：

---

① ［南唐］徐鍇《説文解字繫傳》,中華書局,2017 年,第 45 頁。

"佛告阿難：汝口爲言善，而汝内心狐疑我言。"

按："告"，石經 3.2 作"告"，Ф200、BD00032、BD02232、BD02435、BD02756、BD03567、BD03619 俱作"語"；敦研 065、津藝 119（77·5·4458）、津藝 270（77·5·4609）、S.1968、BD00033、BD000317、BD00391、BD01178、BD01397、BD01495、BD02103、BD02791、BD03407、麗藏本、《大正藏》俱作"言"。

（2）東晉帛尸梨蜜多羅譯《佛說灌頂章句拔除過罪生死得度經》："佛告文殊：我稱譽顯說琉璃光佛至真等正覺。"

按："告"，石經 3.2 作"告"，麗藏本、《大正藏》、P.2178V^0、津藝 119（77·5·4458）、S.1968、BD00032、BD00033、BD000317、BD00602、BD00848、BD01397、BD01495、BD02130、BD02232、BD02656、BD02791、BD02909、BD03407 俱作"語"。

《廣雅·釋詁一》："告，語也。"《書·盤庚下》："今予其敷心腹腎腸，歷告爾百姓于朕志。"孔安國傳："言輸誠於百官以告志。"[1]《說文·言部》："語，論也。从言，吾聲。"引申爲告訴，《左傳·隱公元年》："公語之故，且告之悔。""告"與"語"的引申義"告訴"同義。《說文·言部》："言，直言曰言。"引申爲告訴。則"告""語""言"三詞同義。

【販賣：買賣】

後秦佛陀耶舍譯《四分大尼戒本》："若比丘尼種種販賣寶物者，尼薩耆波逸提。"

按："販賣"，石經 2.378 作"販賣"，S.0440 作"賣買"，P.2310、Ф156、BD00014、北大 D088、上博 02（2415）、金藏廣勝寺本、麗藏本、《大正藏》俱作"買賣"。

"販賣"，商人買進貨物再加價賣出以獲取利潤。《史記·秦本紀》："鄭販賣人弦高，持十二牛將賣之周。""買賣"，買進賣出；販賣。《戰國策·趙策三》："夫良商不與人爭買賣之賈，而謹司時。""販賣""買賣"二詞同義，"賣買"爲"買賣"之倒序詞。

【呵：毀】

後秦佛陀耶舍譯《四分大尼戒本》："說是戒時，令人惱愧懷疑，輕呵戒故。"

按："呵"，石經 2.380 作"呵"，S.0440、P.2310、Ф156、BD00014、北大

---

[1] ［清］阮元校刻《十三經注疏》，中華書局，1980 年，第 171 頁。

D088、津藝 087（77·5·4430）、金藏廣勝寺本、《大正藏》俱作"毁"。

《説文·土部》："毁，缺也。从土，毇省聲。"王筠句讀："毁之而後缺，缺非毁之正訓，當作敳也。"①引申作誹謗。《論語·衛靈公》："吾之於人也，誰毁誰譽？"朱熹集注："毁者，稱人之惡而損其真。"②《玉篇·口部》："呵，責也。與訶同。""毁"的引申義與"呵"同義。

【已：竟】

後秦佛陀耶舍譯《四分大尼戒本》："若比丘尼與欲已，後更呵者波逸提。"

按："已"，石經 2.380 作"已"，S.0440、P.2310、Φ156、BD00014、北大 D088、津藝 087（77·5·4430）、金藏廣勝寺本、《大正藏》俱作"竟"。

《説文·音部》："竟，樂曲盡爲竟。从音，从人。"《玉篇·音部》："竟，終也。"《漢書·韓信傳》："公，小人，爲德不竟。"《廣雅·釋詁三》："已，成也。"《玉篇·已部》："已，畢也。"《易·損》："已事遄往。"孔穎達疏："已，竟也。"③"已""竟"二詞引申義同。

【抄：叉】

後秦佛陀耶舍譯《四分大尼戒本》："不得抄腰行入白衣舍式叉迦羅尼。"

按："抄"，石經 2.383 作"抄"，S.0440、P.2310、北大 D088、津藝 087（77·5·4430）、金藏廣勝寺本、《大正藏》俱作"叉"。

《説文·又部》："叉，手指相錯也。从又，象叉之形。"《集韻·爻韻》："鈔，《説文》：'叉取也。'或作抄。"引申作兩手交叉。與"叉"成爲同義詞。"叉腰"，大指和其餘四指分開，緊按在腰間。吳組緗《山洪》十二："（三官）一手握著漁叉，一隻手叉腰，站的穩穩的。"《漢語大詞典》例證晚出，可據補。

【次第：以次】

後秦佛陀耶舍譯《四分大尼戒本》："次第食式叉迦羅尼。"

按："次第"，石經 2.383 作"次弟"，S.0440、P.2310、北大 D088、津藝 087（77·5·4430）、金藏廣勝寺本、《大正藏》俱作"以次"。

---

① ［清］王筠《説文解字句讀》，中華書局，1988 年，第 551 頁。
② ［南宋］朱熹《四書章句集注》，中華書局，1983 年，第 166 頁。
③ ［清］阮元校刻《十三經注疏》，中華書局，1980 年，第 53 頁。

"苐"爲"第"的構件訛混字。"次第",依次。《漢書·燕刺王劉旦傳》:"及衛太子敗,齊懷王又薨,旦自以次第當立,上書求入宿衛。""以次",按次序。《史記·刺客列傳》:"諸樊知季子札賢而不立太子,以次傳三弟,欲卒致國于季子札。""次第""以次"二詞同義。

【持:擔】

後秦佛陀耶舍譯《四分大尼戒本》:"不得持死屍從塔下過式叉迦羅尼。"

按:"持",石經 2.384 作"持",S.0440、P.2310、北大 D088、津藝 087(77·5·4430)、《大正藏》俱作"擔"。

《說文·手部》:"持,握也。从手,寺聲。"引申爲攜帶。《史記·滑稽列傳》:"其人家有好女者,恐大巫祝爲河伯取之,以故多持女遠逃亡。"《說文·人部》:"儋,何也。从人,詹聲。"《集韻·談部》:"儋,《說文》:'何也。'或从手。"引申爲背負、負載。《搜神記》:"鬼便先擔定伯數里。"在引申義善上,"持""擔"二詞同義。

【布:覆】

後秦佛陀耶舍譯《四分大尼戒本》:"應與如草布地,當與如草布地。"

按:"布",石經 2.384 作"布",S.0440、P.2310、北大 D088、上圖 146(812596)、津藝 087(77·5·4430)、金藏廣勝寺本、《大正藏》俱作"覆"。

《說文·巾部》:"布,枲織也。从巾,父聲。"引申爲散布、分布。《說文·襾部》:"覆,覂也。一曰蓋也。从襾,復聲。""布"的引申義散布、分布,與"覆"的蓋義同義。

【置:著】

後秦佛陀耶舍譯《四分大尼戒本》:"不得落囊盛鉢貫杖頭置肩上而行式叉迦羅尼。"

按:"置",石經 2.384 作"置",S.0440、北大 D088、上圖 146(812596)、津藝 087(77·5·4430)、金藏廣勝寺本、《大正藏》俱作"著",P.2310 作"着"。

"着"爲"著"的異寫字。《說文·网部》:"置,赦也。从网、直。"段玉裁注:"直亦聲。"①實則當爲"从网、直聲"。引申義見《玉篇》,《网部》:"置,安

---

① [清] 段玉裁《說文解字注》,上海古籍出版社,1988 年,第 356 頁。

置。"《慧琳音義》卷五十一釋《大乘法界無差別論》"混著"條引《考聲》云:"著,附也。""置"的引申義與"著"同義。

【疾:嫉】【持:行】
後秦佛陀耶舍譯《四分大尼戒本》:"不謗亦不疾,當奉持於戒。"
按:
(1) "疾",石經 2.384 作"疾",S.0440、P.2310、北大 D088、上圖 146 (812596)、津藝 087(77·5·4430)、金藏廣勝寺本、《大正藏》俱作"嫉"。
《篇海類編·人事類·疒部》:"疾,妒也。"《戰國策·秦策五》:"其爲人疾賢妒功臣。"《説文·人部》:"倿,妒也。从人,疾聲。一曰毒也。嫉,倿或从女。"《説文·女部》:"妒,妒也。""疾""嫉"二詞同義。
(2) "持",石經 2.384 作"持",S.0440、P.2310、北大 D088、上圖 146 (812596)、津藝 087(77·5·4430)俱作"行"。
《説文·手部》:"持,握也。从手,寺聲。"《説文·行部》:"行,人之步趨也。从彳,从亍。""行",甲骨文作 ⿰ 合4903、⿰ 合27978。羅振玉《殷虚書契考釋·文字第五》:" ⿰ 象四達之衢,人所行也。"①引申爲施行。"持"與"行"的引申義同義。

【澡浴:洗浴】
東漢安世高譯《佛説温室洗浴衆僧經》:"佛告耆域,作此澡浴衆僧開士,七福如是。"
按:"澡浴",石經 1.87 作"澡浴",P.3919B、金藏廣勝寺本、麗藏本、《大正藏》俱作"洗浴"。
"澡浴",洗澡。《三國志·魏書·倭人傳》:"已葬,舉家詣水中澡浴。""洗浴",洗澡。晉干寶《搜神記》卷十四:"丹陽宣騫母,年八十矣,亦因洗浴,化爲黿。""澡浴""洗浴"二詞同義。

【屈:曲】【吹和:嗚和】
失譯人《佛説父母恩重經》:"兒在欄車,遥見母來,摇頭弄腦。或復曳腹隨行,嗚呼向母,母即爲子屈身下就,長舒兩手拂拭塵垢。吹和其口開懷出乳,以乳與之。"
按:

---

① 羅振玉《殷虚書契考釋三種》,中華書局,2006 年,第 140 頁。

（1）"屈"，石經 3.555 作"屈"，S.0149、S.1189、S.1323、S.1548、S.1907、S.2084、S. 2269、S. 5253、S. 5433、S. 5642、S. 7203、P. 2285、P. 3919A. 3、BD00439、《大正藏》俱作"曲"。

《説文·尾部》："屈，無尾也。从尾，出聲。"引申爲彎曲、曲折。《玉篇·出部》："屈，曲也。"《易·繫辭》："尺蠖之屈，以求信也。"《説文·曲部》："曲，象器曲受物之形。"引申爲彎曲，《詩·小雅·采緑》："予髮曲局，薄言歸沐。""屈""曲"二詞的引申義相同。

（2）"吹"，石經 3.555 作吹，S.0149 作鳴，S.1323 作鳴，S.1548 作吹，S.1907 作鳴，S.0208 作鳴，S.7203 作鳴，P.2285 作鳴，P.3919A.3 作鳴，Дx01140 作鳴，BD00439 作鳴，北大 D100 作鳴，《大正藏》作"嗚"。

"嗚"，親吻。南朝宋劉義慶《世説新語·惑溺》："乳母抱兒在中庭，兒見充喜踊，充就乳母手中嗚之。"周祖謨曰："'嗚之'者，親之也。"①《説文·口部》："吹，噓也。从口，从欠。""嗚""吹"二詞本不同義，在經文中同義。"吹和""嗚和"二詞同義，指母親用親吻來迴應小兒。

【吟：呼、吁】

失譯人《佛説父母恩重經》："常無恩受，復無襦被寒，苦辛厄難遭之，甚年老色衰，多饒蟣虱，夙夜不卧，長吟歎息。"

按："吟"，石經 3.555 作吟，S.1189、S.1907、S.2269、S.3228、S.4476、S.5253、S.7203、P.2285、Дx01595、北大 D101 俱作"吁"；P.3919A.3、《大正藏》俱作"呼"。S.1323、S.4724、BD00439、北大 D100、上博 48（41379）俱作"吟"。

《説文·口部》："吟，呻也。从口，今聲。"引申爲呻吟，歎息。《廣韻·侵韻》："吟，歎也。"《説文·口部》："呼，外息也。从口，乎聲。"引申爲大聲喊叫。《説文·口部》："吁，驚也。从口，于聲。"引申爲歎息。"吟""呼""吁"三詞在引申義上同義。

【唤：呼】

失譯人《佛説父母恩重經》："十唤九違，盡不從順。"

按："唤"，石經 3.555 作"唤"，上博 48（41379）作呼；S.0149 作唤，S.1189 作唤，S.1323 作唤，S.1548 作唤，S.1907 作唤，S.2084 作唤，

---

① ［南朝宋］劉義慶著，［南朝梁］劉孝標注，余嘉錫箋疏，周祖謨等整理《世説新語箋疏》，上海古籍出版社，2007 年，第 1076 頁。

S.3228作"㖦", S.4476作"喚", S.5253作"㖦", P.2285作"喚", P.3919A.3作"嗅", BD00439作"㖦", 北大D100作"喚", 北大D101作"喚"。

《説文新附·口部》:"喚,呼也。从口,奐聲。古通作奐。"《説文·口部》:"呼,外息也。从口,乎聲。"引申作招呼,《廣韻·模韻》:"呼,喚也。""喚"與"呼"的引申義同義互訓,爲同義詞。

【悲號:悲哭】

失譯人《佛説父母恩重經》:"罵詈瞋恚,不如早死,强在地上。父母聞之,悲號懊惱,流淚雙下,啼泣目腫。汝初小時非吾不長,但吾生汝,不如本無。"

按:"悲號",石經3.555作"悲號", S.0149作"悲哭", S.0865作"悲哭", S.1189作"悲哭", S.1323作"悲哭", S.1548作"悲哭", S.1907作"悲哭", S.2084作"悲哭", S.5253作"悲哭", P.2285作"悲哭", P.3919A.3作"悲哭", Дх01595作"悲哭", BD00439作"悲哭", 北大D101作"悲哭", 上博48(41379)作"悲哭", S.3228作"悲哭", S.4476作"悲哭", 石經3.340、3.389、《大正藏》俱作"悲哭"。

《説文·号部》:"號,呼也。从号,从虎。"引申爲哭。《左傳·宣公十二年》:"申叔視其井,則茅經存焉,號而出之。"杜預注:"號,哭也。"①"悲號",悲傷呼號。《史記·淮南衡山列傳》:"民皆引領而望,傾耳而聽,悲號仰天,叩心而怨上。""悲哭",悲痛號哭。漢王充《論衡·明雩》:"夫泣不可請而出,雨安可求而得?雍門子悲哭,孟嘗君爲之流涕。""悲號""悲哭"二詞同義。

【啼泣:啼哭】

失譯人《佛説父母恩重經》:"罵詈瞋恚,不如早死,强在地上。父母聞之,悲號懊惱,流淚雙下,啼泣目腫。汝初小時非吾不長,但吾生汝,不如本無。"

按:"啼泣",石經3.555作"啼泣", 石經3.340作"啼哭", 3.389、3.396、《大正藏》俱作"啼哭";S.0865作"啼哭", S.1189作"啼哭", S.1323作"啼哭", S.1548作"啼哭", S.1907作"啼哭", S.2084作"啼哭", S.2269作"啼哭", S.3228作"啼哭", S.4476作"啼哭", S.4724作"啼哭", S.5253作"啼哭", P.2285作"啼哭", P.3919A.3作"啼哭", Дх01595作"啼哭", BD00439作"啼哭", 北大D100作"啼哭", 北大D101

---

① [清]阮元校刻《十三經注疏》,中華書局,1980年,第1883頁。

作"啼൵",上博48(41379)作"啼൵"。

"啼泣",哭泣。《史記·趙世家》:"太子母日夜啼泣。""啼哭",放聲地哭。《荀子·非相》:"俄則束乎有司而戮乎大市,莫不呼天啼哭。""啼泣""啼哭"二詞同義。

【涕泣:啼哭、嗥哭】

失譯人《佛説父母恩重經》:"帝釋梵王諸天人民一切衆生聞經歡喜,發菩提心,涕泣動地,淚下如雨。五體投地,信受頂禮佛足,歡喜奉行。"

按:"涕泣",石經3.555作"涕泣",石經3.396、S.4724、S.6007俱作"啼哭";S.0149作"嗶൵",S.1323作"嗥൵",S.2084作"嗶൵",S.4476作"嗶൵",S.5408作"嗶൵",S.6087作"嗥൵",P.2285作"嗶൵",Дх01595作"嗶൵",BD00439作"嗥൵",北大 D101作"嗶൵",《大正藏》作"嗥哭",Дх01982作"嗥൵"。

"涕泣",哭泣;流淚。《史記·刺客列傳》:"(豫讓)死之日,趙國志士聞之,皆爲涕泣。""嗥"通"號","嗥哭"即痛哭。"嗥"爲"嗥"的異體字。"涕泣""啼哭""嗥哭"三詞同義。《漢語大詞典》未收"嗥哭",可據補。

【計論:論、計説】

失譯人《佛説父母恩重經》:"計論母恩,昊天罔極。"

按:"計論",石經3.555作"計論",S.0149、S.2269、上博48(41379)、北大 D100俱作"論";S.1189、S.1323、S.1907、S.2084、S.4476、S.5215、S.5253、S.5433、P.2285、P.3919A.3俱作"計論";S.5642作"計説"。

《説文·言部》:"論,議也。从言,侖聲。"《説文·言部》:"計,會也,筭也。从言,从十。"《説文·言部》:"説,説釋也。从言、兑。一曰談説。"徐鍇繫傳作"從言,兑聲"①。三詞皆可引申作衡量、評定。複合成詞,"論""計論""計説"三詞同義。"計論",《漢語大詞典》未收衡量、評定義,可據補。"計説",《漢語大詞典》未收衡量、評定義,可據補;且引例爲宋代例,可提前至南北朝時期。

【横簪:横緇】

失譯人《佛説父母恩重經》:"至於行來,官私急疾,傾心南北,逐子

———————

① [南唐]徐鍇《説文解字繫傳》,中華書局,2017年,第45頁。

東西,攢簪上頭,既索妻婦得他子女,父母轉踈。"

按:"横簪",石經 3.555 作"横簪",BD00439 作"横緇";S.7203 作"横簮",北大 D100 作"横簮",S.1189、S.1323、S.1548、S.1907、S.2084、S.2269 亦俱作"横簪"。

《說文·兂部》:"兂,首笄也。从人,匕象簪形。簪,俗兂从竹从朁。"古人用來插定髮髻或連髮於冠的一種長針。古時男子二十行冠禮,要改變前髮下垂至眉,其餘披散開來的"髦"之髮式,用把頭髮向頭頂挽起,並用簪子別起。所以男子"横簪頭上"或說"横簪上頭"就是男子成年的代稱。男子行冠禮,表示已成年,可以婚娶,並作爲氏族中的一個成年人,參與政事、經濟、軍事等活動。《說文·糸部》:"緇,帛黑色也。从糸,甾聲。""緇纚",束髮的黑繒。古人加冠時,用黑巾籠髮再加冠。《儀禮·士冠禮》:"緇纚,廣終幅,長六尺。"鄭玄注:"纚,今之幘梁也。終,充也。纚一幅長六尺,足以韜髮而結之矣。"①要之,"横緇"與"横簪"是古代冠禮中兩個重要環節,所以被用以代指成年,爲成年的同義詞。是以"横緇""横簪"二詞同義。《漢語大詞典》未收二詞,可據補。

【堕:墜】

失譯人《佛說父母恩重經》:"歲滿月充,母子俱顯生堕草上。"

按:"堕",石經 3.555 作堕,S.4476 作㘝;《大正藏》作"堕",S.0149、S.1189、金藏廣勝寺本、麗藏本俱作"堕"。

"堕"是"墜"的省減異體字。《廣韻·果韻》:"堕,落也。"《說文新附·土部》:"墜,陊也。从土,隊聲。""堕""墜"二詞同義。

【教誨:教】【誹謗:謗】

北魏法場譯《佛說辯意長者子經》:"五者當來有欲爲道已得爲道,便不順師教誨而自貢高輕慢誹謗師,是爲五事死入地獄,展轉地獄無有出期。"

按:

(1)"教誨",石經 3.626 作"教誨",麗藏本、《大正藏》俱作"教"。

《說文·攴部》:"教,上所施下所效也。从攴,从孝。"引申爲教育、教誨。"教誨",教導,訓誨。《書·無逸》:"古之人,猶胥訓告,胥保惠,胥教誨。""教"的引申義與"教誨"同義。

---

① [清]阮元校刻《十三經注疏》,中華書局,1980 年,第 950 頁。

（2）"誹謗"，石經 3.626 作"誹謗"，麗藏本、《大正藏》俱作"謗"。

"誹謗"，以不實之辭毀人。《韓非子·難言》："大王若以此不信，則小者以爲毀訾誹謗，大者患禍災害死亡及其身。"《説文·言部》："謗，毀也。從言，旁聲。""誹謗""謗"二詞同義。

【勸化：開化】

北魏法場譯《佛説辯意長者子經》："利一時之榮，不知後世劫數之殃，當以何法而勸化之，唯願世尊，具示教化。"

按："勸化"，石經 3.626 作"勸化"，麗藏本、《大正藏》俱作"開化"。

"勸化"，佛教語，宣傳教義，使人感悟向善。南朝宋慧琳撰《均善論》："務勸化之業，結師黨之勢，苦節以要厲精之譽，護法以展陵競之情。""開化"，開導；感化。唐玄奘撰《大唐西域記·婆羅痆斯國》："迦葉波佛出現於世，轉妙法輪，開化含識，授護明菩薩記曰：'是菩薩於當來世衆生壽命百歲之時，當得成佛，號釋迦牟尼。'""勸化""開化"二詞同義。

"開化""勸化"石經裏俱有用例，如同前"佛言。善哉善哉。辯意長者子。乃於佛前作師子吼。有所發起開化一切"；同前"四者精進。勸化解怠。"又，"開化"一詞《漢語大詞典》引唐代例，可提前至北魏。

【解：説】

北魏法場譯《佛説辯意長者子經》："如來當爲分別解之。"

按："解"，石經 3.626 作解，麗藏本、《大正藏》俱作"説"。

《説文·角部》："解，判也。從刀判牛角。一曰解廌，獸也。"引申爲解釋、講解。《説文·言部》："説，説釋也。從言、兑。一曰談説。"徐鍇繫傳作"從言，兑聲"。① "解"的引申義與"説"同義。

【奉持：奉侍】

北魏法場譯《佛説辯意長者子經》："若當所生處，天人常奉持。"

按："奉持"，石經 3.626 作"奉持"，麗藏本、《大正藏》俱作"奉侍"。

"奉侍"，奉養侍候。唐柳宗元《先侍御史府君神道表》："奉侍温清，未嘗見憂。"在經文中，"奉持""奉侍"二詞同義。"奉持"，《漢語大詞典》未收奉養侍候義，可據補。

---

① ［南唐］徐鍇《説文解字繫傳》，中華書局，2017 年，第 45 頁。

【欺詐：欺誑】

北魏法場譯《佛説辯意長者子經》:"至誠不欺詐,是行人所敬。"

按:"欺詐",石經 3.626 作"欺詐",麗藏本、《大正藏》俱作"欺誑"。

"欺詐",用狡猾奸詐的手段騙人。《漢書·西域傳下·車師後國》:"其後莽復欺詐單于,和親遂絕。""欺誑",欺騙迷惑。晉葛洪《抱樸子·勤求》:"每見此曹欺誑天下以規世利者,遲速皆受殃罰。""欺詐""欺誑"二詞同義。

【顧視：顧見】

北魏法場譯《佛説辯意長者子經》:"時國相師明知相法,識書記曰:'當有賤人應爲王者。'諸臣百官千乘萬騎,案行國界,誰應爲王。顧視道邊深草之中,上有雲蓋,相師占曰:'中有神人。'即見乞兒,相應爲王。諸臣拜謁,各稱爲臣。"

按:"顧視",石經 3.627 作"顧視",麗藏本、《大正藏》、敦研 185 俱作"顧見"。

"顧視",轉視,回視。漢趙曄《吳越春秋·王僚使公子光傳》:"子胥行數步顧視,漁者已覆船自沉於江水之中矣。""顧見",看見。宋洪邁《夷堅乙志·海中紅旗》:"方張帆早行,風力甚勁,顧見洪濤間紅旗靡靡,相逐而下。""顧視""顧見"二詞義近。《漢語大詞典》爲"顧見"引宋代例,可提前至北魏。

【視：觀】

北魏慧覺譯《賢愚經》卷四:"以爲涅槃之因,以毗尼爲足,以踐浄戒之地,阿毗曇爲目,視世善惡,恣意遊步八正之路,至涅槃之妙城。"

按:"視",石經 1.229 作"視",石經 2.408 作"觀",《大正藏》作"視"。

《說文·見部》:"視,瞻也。从見、示。"《說文·見部》:"觀,諦視也。从見,雚聲。""視""觀"二詞同義。

【斬：斫】

東漢安世高譯《佛説罪業應報教化地獄經》:"佛言:以前世時坐不信三尊,不孝父母破壞塔寺,剝脱道人斬射賢聖,傷害師長常無返覆,背恩忘義,常行苟且,婬匿尊卑無所忌諱,故獲斯罪。"

按:"斬",P.5028(1) 作"斫",石經 3.607、麗藏本、《大正藏》俱作"斬"。

《説文·車部》:"斬,截也。从車,从斤。斬法車裂也。"林義光《文源》:

"車裂不謂之斬。斬,伐木也。《考工記·輪人》:'斬三材。'从斤从車,謂斬木爲車。"①引申爲砍殺。《説文·斤部》:"斫,擊也。从斤,石聲。""斫"與"斬"的引申義砍殺同義。

【剥奪:剥脱】

東漢安世高譯《佛説罪業應報教化地獄經》:"何罪所致?佛言:以前世時坐橫道作賊剥奪人衣,使冬月之日令他凍死,生皮牛羊痛不可堪,故獲斯罪。"

按:"剥奪",石經 3.607 作"剥奪",麗藏本、《大正藏》俱作"剥脱"。

"剥奪",盤剥,掠奪。唐陳子昂《上蜀川安危事》:"實緣官人貪暴,不奉國法;典吏遊容,因此侵漁。剥奪既深,人不堪命。""剥脱",脱去。漢焦贛《易林·乾之既濟》:"袍衣剥脱,夏熱冬寒。""剥奪""剥脱"二詞義近。

"剥奪",《漢語大詞典》引唐代例,可提前至東漢。

【燒:煨】

東漢安世高譯《佛説罪業應報教化地獄經》:"佛言:以前世時坐焚燒山澤,火燒雞子,燒他村陌,燒諸衆生身爛皮剥,故獲斯罪。"

按:"燒",石經 3.607 作燒,麗藏本、《大正藏》俱作"煨"。

《説文·火部》:"燒,爇也。从火,堯聲。"引申爲加熱。《説文·火部》:"煨,盆中火。从火,畏聲。"引申爲用文火加熱。"燒""煨"二詞引申義同義。

【更苦:受苦】

東漢安世高譯《佛説轉法輪經》:"於是有自然法輪,飛來當佛前轉,佛以手撫輪曰:止往者吾從無數劫來,爲名色轉更苦無量,今者癡愛之意已止,漏結之情已解,諸根已定生死已斷,不復轉於五道也,輪即止。"

按:"更",石經 3.489 作更,麗藏本、《大正藏》俱作"受"。

《説文·攴部》:"㪅,改也。从攴,丙聲。"隸變作"更"。引申爲經歷、經過。《玉篇·攴部》:"更,歷也。"《史記·大宛列傳》:"道必更匈奴中。"司馬貞索隱:"更,經也。"②《説文·𠬪部》:"受,相付也。从𠬪,舟省聲。"引申爲遭

---

① 林義光《文源》,中西書局,2017 年,第 159 頁。
② [漢]司馬遷撰,[南朝宋]裴駰集解,[唐]司馬貞索隱,[唐]張守節正義《史記》(修訂本),中華書局,2013 年,第 3806 頁。

到。"更""受"二詞引申義同義,故"更苦""受苦"同義,義爲遭受痛苦。

"更苦",《漢語大詞典》未收,可據補。"受苦",《漢語大詞典》引元代例,可提前至東漢。

【周接：周足】

北涼法盛譯《佛説菩薩投身飼餓虎起塔因緣經》："太子見已,即以身瓔珞服飾及金錢銀錢、車乘象馬,悉用布施。及至城門無復餘物,貧者猶多,恨不周接。太子還宮,念諸貧人,憂不能食。"

按："周接",麗藏本、《大正藏》俱作"周足"。石經 2.403、金藏廣勝寺本作"周接"。

"周接",足給。《北史·崔鴻傳》："臣家貧禄微,唯任孤力,至於書寫所資,每不周接。""周足",完備;充足。《漢語大詞典》引蘇軾《論葉温叟分擘度牒不公狀》"切慮所用斛㪷數多,不能周足",例證晚出,可提前至北涼。

【挑眼：失目】

北魏慧覺譯《賢愚經》卷四："又有千人,罪應挑眼。一人有力,能救其罪,令不挑眼。此二人福。"

按："挑眼",石經 1.229、2.408 皆作"挑眼",金藏廣勝寺本、麗藏本、《大正藏》俱作"失目"。

"挑眼",挖去眼睛。《百喻經·婦女患眼痛喻》："有眼必痛。我雖未痛,並欲挑眼,恐其後痛。""挑眼"的結果,即是"失目"。二者爲動作與結果的關係,爲同義詞。《漢語大詞典》未收"失目",可據補。

【乞：匄】

東晉帛尸梨蜜多羅譯《佛説灌頂章句拔除過罪生死得度經》："人從索頭與頭,索眼與眼,乞妻與妻,乞子與子。"

按："乞",石經 3.2 作乞,P.2013 作乞,P.2178V⁰ 作乞,S.1968 作乞,BD00032 作乞,BD01414 作乞,BD02656 作乞;BD00848 作匄,麗藏本作匄,《大正藏》作"匄"。

《廣韻·微韻》："乞,求也。""乞",甲骨文作 ☰ 合12532、☰ 合16242。于省吾《甲骨文字釋林》："甲骨文之 ☰ 即今气字,俗作乞。《説文》:'气,雲氣也。'……气字之用法有三：一爲气求之气,二爲迄至之迄,三爲終止之訖。"① 如

---

① 于省吾《甲骨文字釋林》,中華書局,1979 年,第 80 頁。

此,則"气""乞"同字。《玉篇·勹部》:"丐",同"匂"。《廣韻·泰韻》:"匂,乞也。丐,上同。""乞""匂"同義,今已合併爲複合詞"乞丐"。

【能:解】

失譯人《佛説像法決疑經》:"諸惡比丘或有修禪不依經論,自逐己見以非爲是,不能分別是邪是正,遍向道俗作如是言:我能₁知是,我能₂見是。當知此人速滅我法,諸惡比丘亦復持律。於毗尼藏不達深義便作是言,毗尼藏中佛聽食肉。"

按:"能₁",石經 2.473 作"䏻",P.2087 作"觧",《大正藏》作"能";"能₂",石經作"䏻",P.2087 作"觧",《大正藏》作"能"。

《説文·角部》:"解,判也。从刀判牛角。一曰解廌,獸也。"甲骨文作 合18387、 合18388,商承祚《殷虛文字類編》:"此象兩手解牛角,丶象其殘靡。"①本義爲用刀分割動物。引申爲能够、會。晉陶淵明《九日閑居》:"酒能袪百慮,菊解制頽齡。"故"能""解"二詞同義。

【修禪:修福】

失譯人《佛説像法決疑經》:"諸惡比丘爲名利故迭相毀呰,諸惡比丘或有修禪不依經論,自逐己見以非爲是,不能分別是邪是正。"

按:"修禪",石經 2.473 作"修禪",P.2087 作"修禪",《大正藏》作"修福"。

"修禪",學佛坐禪。南朝陳徐陵《東陽雙林寺傅大士碑》:"自修禪遠豁,絕粒長齋,非服流霞,若食朝沆。""修福",行善積德,以求來世及子孫之福。晉道恒《釋駁論》:"雲會盡餚饍,寺極壯麗,此修福之家傾竭以儲將來之資,彌盡自爲身之大計耳。"則"修禪""修福"二詞本不同義,在此成爲語境同義詞。

【哽咽:哽噎】

失譯人《佛説像法決疑經》:"時諸大衆聞佛此語,悲泣哽咽不能自止。"

按:"哽咽",石經 2.472、P.2087、S.2075 皆作"哽咽",《大正藏》作"哽噎"。"咽",石經作"咽"。

《説文·口部》:"咽,嗌也。"《玉篇·口部》:"咽,咽喉也。"《説文·口

---

① 商承祚《殷虛文字類編》,1923 年決定不移軒刻本,卷四第 16 葉。

部》:"噎,飯窒也。"《廣韻·屑韻》:"噎,食塞。又作咽。"可見"咽""噎"二字本不同義,但在"食塞"義上,"咽""噎"爲異體字關係。

"哽咽""哽噎"本指食物梗塞,難下咽。也指悲歎氣塞,泣不成聲。在佛經裏多用後一義項。如三國吳康僧會譯《六度集經》卷一:"愍民困窮,言之哽咽。"《大正藏》作"哽咽",宋、元、明本作"哽噎"。失譯人《長壽王經》:"兩人相向,哽咽啼泣。"《大正藏》作"哽咽",宋、元、明本作"哽噎"。東漢竺大力、康孟詳譯《修行本起經》卷上:"淚下哽咽,悲不能言。"《大正藏》作"哽咽",宋、元、明本作"哽噎"。唐般若譯《大乘理趣六波羅蜜多經》卷三:"此相現時,新生天女,皆悉遠離,棄之如草;舊侍天女,愛戀情深,圍遶而觀,如欲捨命,哽咽悲哭,各各就前,哀號問訊。"《大正藏》作"哽咽",明本、和本皆作"哽噎"。

【愕:誤】

三國吳支謙譯《佛說阿難四事經》:"世人愚惑,心存顛倒,自欺自愕,猶以金價,買鍮銅也。身死神去,當墮三塗。"

按:"愕",石經 3.610 作"愕",《大正藏》麗藏本俱作"誤"。

"愕"義爲"欺"。《集韻·莫韻》:"愕,欺也。"又,疑惑。《集韻·莫韻》:"愕,疑也。"《字彙·心部》:"愕,惑也。"

"誤"有"迷惑"義。《荀子·正論》:"是特姦人之誤於亂說,以欺愚者,而潮陷之,以偷取利焉。夫是之謂大姦。"《史記·齊太公世家》:"桓公之中鈎,詳死以誤管仲。"

"愕""誤"爲語境同義詞。

【評諄:平詞】

東漢安世高譯《佛說普法義經》:"一當爲有時可聞,二當爲多聞,三當爲向耳聽,四當爲事,五當爲莫評諄,六當爲莫訶失,七當爲莫求長短。"

按:"評諄",石經 3.452 作 *評諄*,石經 3.484 作 *評諄*,石經 3.600 作 *評諄*,金藏廣勝寺本 *評諄*;麗藏本、《大正藏》俱作"平詞"。

"評諄",《慧琳音義》卷五十四釋《普法義經》釋云:"評諄,上病朋反。《考聲》:評,議也。《古今正字》:訶也。《文字典說》:評事者,大理司官名也。從言,平聲。下準純反。《考聲》:告之丁寧也。鄭注《禮記》云:誠懇兒也,至也。《說文》:告曉之熟也。從言,享聲。"《可洪音義》第四冊釋《菩薩本業經》"平諄"條亦曰:"平諄,之倫反,誠也,至也。又之閏反,寧也。"換言之,"評諄"義爲評議且告誡。

"平訶","平"通"評",評議。《説文·言部》:"訶,大言而怒也。"《廣韻·歌韻》:"訶,責也。""訶"爲大聲斥責、責備之意。"平訶"即評議責備之意。

"評諄""平訶"爲語境同義詞。

在佛典文獻中,"評諄"還有別的同義異文。三國吳支謙譯《佛説菩薩本業經》:"三聞菩薩善菩薩惡心無異,四聞人相評論心無異。"《大正藏》作"評論",宋元明聖、聖乙皆作"平諄",宫本作"平謀"。"評論""平謀"也與"評諄"同義。

【遠離:永斷、永離】

唐義浄譯《佛説無常經》:"所有罪業並消除,<u>遠離</u>衆苦皈圓寂。"

按:"遠離",BD01030、BD01063 俱作"永斷";石經 3.339、BD01367、BD03554、BD03608、BD03874、S. 0153、S. 0311、S. 2540、S. 2926、S. 4164、S.4529、S.4713、S.5447、S.6367、P.3924、TK137、TK323、酒博 013、北大 D093、津藝 193(77·5·4532)、津藝 202(77·5·4541)、麗藏本、《大正藏》俱作"遠離";S.3887 作"永離"。

按之佛經文意,僧尼圓寂後即永遠遠離各種苦難,所以"遠離""永離""永斷"爲語境同義詞。

第三節　形容詞同義詞

【熾盛:熾然】

失譯人《佛説像法決疑經》:"常施菩薩白佛言:世尊如來去世後,一切衆生不復覩見如來色身,不聞真法。於未來世中像法之時,善法漸衰惡漸<u>熾盛</u>,當爾之時教諸衆生作何福德,最爲殊勝。"

按:"熾盛",石經 2.472、P.2087、S.2075 俱作"熾盛",《大正藏》作"熾然"。

"熾盛",火勢猛烈旺盛。引申指情感、欲望等強烈。《韓非子·備内》:"水煎沸竭盡其上,而火得熾盛焚其下,水失其所以勝者矣。""熾然",猛烈貌;強烈貌。金元好問《清真觀記》:"蕩然大壞不收之後,殺心熾然如大火聚。""熾盛""熾然"二詞同義。"熾然"在猛烈貌、強烈貌義上,《漢語大詞典》用例晚出,可提前至南北朝。

【清潔：清淨】

唐義淨譯《金光明最勝王經》卷一："若心亂者得本心,若無衣者得衣服,被惡賤者人所敬,有垢穢者身清潔,於此世間所有利益,未曾有事悉皆顯現。"

按："清潔",BD00233作"清淨",BD01317作"清淨";BD00288、BD00417、BD00648、BD02177、BD03138、BD03170、BD03664、BD03852、BD04208、BD04381、BD04578、BD04667、BD04900、BD04953、BD05239、BD06025、S.0032、上圖038(812445)、麗藏本、金藏廣勝寺本、《大正藏》俱作"清潔"。

"清潔",清白、潔淨無塵。漢劉向《說苑·尊賢》:"將謂桓公清潔乎?閨門之内無可嫁者,非清潔也。"《說文新附·水部》:"潔,瀞也。從水,絜聲。"《說文·水部》:"瀞,無垢薉也,從水,靜聲。"段玉裁注:"此今之淨字也。古瀞今淨,是之謂古今字。"①《廣韻·勁韻》:"淨,無垢也。""潔""淨"二詞同義互訓。"清潔""清淨"二詞同義,義爲清白、潔淨無塵,語文辭書收釋"清淨"一詞,但未收釋該義項,可據補。

【安隱：安樂】

後秦佛陀耶舍譯《四分大尼戒本》:"彼比丘尼自憶知有罪,欲求清淨當發露,發露則安隱,不發露罪益深。"

按："安隱",石經2.376作"安隱",P.2310、北大D088、金藏廣勝寺本、麗藏本、《大正藏》俱作"安樂"。

"安隱",安穩、安定;平靜。《詩·大雅·緜》:"迺慰迺心。"鄭玄箋:"民心定,及安隱其居。"②"安樂",安逸,快樂。"安隱""安樂"二詞意義不同,在經文中成爲同義詞。

【安隱：安寧】

東晉帛尸梨蜜多羅譯《佛説灌頂章句拔除過罪生死得度經》:"昔沙彌救蟻以脩福故,盡其壽命不經苦患身體安隱,福德力強使之然也。"

按："安隱",石經3.2作"安隱",敦研355、津藝119(77·5·4458)、津藝270(77·5·4609)、S.1968、BD00032、BD00033、BD000317、BD00391、BD00737、BD00848、BD01169、BD01397、BD01495、BD02103、BD02232、BD02756、

---

① ［清］段玉裁《説文解字注》,上海古籍出版社,1988年,第560頁。
② ［清］阮元校刻《十三經注疏》,中華書局,1980年,第510頁。

BD02791、BD03143、BD03407、BD03567、BD03619、麗藏本、《大正藏》俱作"安寧"。

"安隱",安穩,平安。晉王凝之《與庾氏女書》:"得鄴中書書,説汝勉難安隱,深慰懸心。""安寧",康寧,安康。唐白居易《蜀路石婦》詩:"其夫有父母,老病不安寧。""安隱""安寧"二詞同義。"安寧",《漢語大詞典》引唐朝例,可提前至東晉。

【安:寧】

北魏法場譯《佛説辯意長者子經》:"若在人中常被誹謗,爲人所憎形體醜惡,身心不安常懷恐怖。"

按:"安",石經3.626作"安",麗藏本、《大正藏》俱作"寧"。

《説文·宀部》:"安,静也。从女在宀下。"徐鍇繫傳:"安,止也。從女在宀中。"①《説文·丂部》:"寧,願詞也。從丂,寍聲。""寍",甲骨文作 ⫯合30259、⫯合16435,象居住的地方有食具,會安寧之意。故"安""寧"二詞同義。

【虚僞:虚空】

東晉帛尸梨蜜多羅譯《佛説灌頂章句拔除過罪生死得度經》:"佛言至誠無有虚僞亦無二言,佛爲信者施,不爲疑者説也。"

按:"虚僞",P.2178V⁰作"虚空",石經3.2、P.4914、Φ200、敦研355、津藝119(77·5·4458)、S.1968、BD0003、BD00033、BD000317、BD00391、BD00737、BD00848、BD01178、BD01397、BD01495、BD02103、BD02232、BD02691、BD02756、BD02791、BD03407、麗藏本、《大正藏》俱作"虚僞"。

"虚僞",不真實;虚假。《莊子·盜跖》:"子之道狂狂汲汲,詐巧虚僞事也,非可以全真也,奚足論哉?""虚空",《漢語大詞典》僅收"空虚""天空;空中""猶荒野。空曠無人之處"三義,在此處,"虚空"爲虚僞義,《漢語大詞典》失收,可據補。

【歡喜:歡樂】

東晉帛尸梨蜜多羅譯《佛説灌頂章句拔除過罪生死得度經》:"是經能除他方逆賊悉令消滅,四方夷狄各還正治不相嬈惱,國土交通人民歡喜。"

---

① [南唐]徐鍇《説文解字繫傳》,中華書局,2017年,第152頁。

按："歡喜"，BD00032、BD00033、BD000317、BD00737、BD01178、BD02232、BD02691、BD02756、BD02791、BD03567、麗藏本、《大正藏》俱作"歡樂"；石經3.2、BD00391、BD00848、BD01397、BD01495、BD02103、BD03143、BD03306俱作"歡喜"。

"歡喜"，高興；快樂。《戰國策·中山策》："長平之事，秦軍大尅，趙軍大破；秦人歡喜，趙人畏懼。""歡樂"，快樂。《莊子·漁父》："飲酒則歡樂，處喪則悲哀。""歡喜""歡樂"二詞同義。

他例如，同前"天下泰平雨澤以時人民歡喜"，"歡喜"，BD000317、BD00391、BD00737、BD00848、BD01169、BD01397、BD01495、BD02103、BD02232、BD02791、BD03143、BD03407、BD03567、麗藏本、《大正藏》俱作"歡樂"；BD03306、BD03619俱作"歡喜"。同前"即得解脫衆苦之患，長得歡樂聰明智慧"，"歡樂"，石經3.2、麗藏本、《大正藏》BD00033、BD000317、BD00602、BD00848、BD02130、BD02232、BD02656、BD02791、BD02909、BD03619俱作"歡樂"；S.1968、BD00032、BD01397、BD01495、BD03407俱作"歡喜"。

【平正（平政）：端正、平整】

東晉帛尸梨蜜多羅譯《佛說灌頂章句拔除過罪生死得度經》："若他婦女產生難者，心當存念琉璃光佛，兒即易生身體平正，無諸疾痛六情完具，聰明智慧壽命得長，不遭枉橫善神擁護，不爲鬼神舐其頭也。"

按："平正"，石經3.2、BD00391、BD00737、BD00848、BD01397、BD01495、BD02103、BD02756、BD02791、BD03567、BD03619、麗藏本、《大正藏》俱作"平正"；BD000317、BD02232、BD02435俱作"平政"；BD02909作"端正"；BD03407作"平整"。

"平正"，端正；平整。南朝齊時中天竺僧求那毘地譯《百喻經》卷二："昔有一人，往至他舍，見他屋舍牆壁塗治，其地平正，清净甚好。""政"通"正"，義爲端正，P.3919B東漢安世高譯《佛說溫室洗浴衆僧經》："何謂七福。一者四大無病，所生常安，勇武丁健，衆所敬仰；二者所生清净，面首端政，塵垢不著，爲人所敬。""平整"，平正整齊；平坦整齊。晉法顯《佛國記》："屋宇嚴麗，巷陌平整。"則"平正（平政）""端正""平整"皆同義。

【端正：端嚴】

東晉帛尸梨蜜多羅譯《佛說灌頂章句拔除過罪生死得度經》："第十二願者，使我來世若有貧凍裸路衆生即得衣服，窮乏之者施以珍寶，倉庫盈溢無所乏少，一切皆受無量快樂，乃至無有一人受苦。使諸衆生和顏悦色，形貌端正人所喜見，琴瑟鼓吹如是無量最上音聲，施與一切無量衆生，是爲十二微妙大願。"

按："端正"，石經 3.2 作"端正"，P.2178V⁰、P.4027V⁰、S.1968、BD00032、BD00317、BD00848、BD01414、BD01495、BD02130、BD02232、BD02656、BD02791、BD02909、BD03407、BD03619、麗藏本、《大正藏》俱作"端嚴"。

"端嚴"，端正、莊嚴。漢應劭《風俗通·十反·宗正南陽劉祖》："太守公孫慶當祠章陵，舊俗常以衣冠子孫、容止端嚴、學問通覽、任顧問者以爲御史。""端正""端嚴"二詞同義。

【精勤：精進】

南朝宋沮渠京聲譯《佛説觀彌勒菩薩上生兜率天經》："佛滅度後我諸弟子，若有精勤修諸功德威儀不缺掃塔塗地。"

按："精勤"，石經 1.107、3.379、BD04049、BD05812、P.2071、P.2373、上圖 004（795017）、北大 D075 俱作"精懃"，石經 3.560、BD02538、BD04161、麗藏本、《大正藏》俱作"精勤"；S.5555、TK58、TK60、TK81+TK82+TK83 俱作"精進"。

"懃"爲"勤"的異體字。"精勤"，專心勤勉。《後漢書·馮勤傳》："以圖議軍糧，在事精勤，遂見親識。""精進"，梵語 vīrya 的意譯，爲"六波羅蜜"之一，指堅持修善法，斷惡法，毫不懈怠。北魏酈道元《水經注·河水一》："有優婆塞，姓釋，可二十餘家，是昔浄王之苗裔，故爲四姓，住在故城中，爲優婆塞，故尚精進，猶有古風。""精勤""精進"二詞同義。

【少：小】

後秦佛陀耶舍譯《四分大尼戒本》："若比丘尼度少年曾嫁婦女，與二年學戒。"

按："少"，石經 2.381 作"少"，S.0440、P.2310、BD00014、北大 D088、津藝 087（77·5·4430）、麗藏本、《大正藏》俱作"小"。

《説文·小部》："小，物之微也。从八、丨，見而分之。"甲骨文作 ⺌合20960、⺌合32640，象塵沙小物狀，與少本爲一字，後分化爲二字。《説文·小部》："少，不多也。从小，丿聲。"段玉裁注："不多則少，故古少、小互訓通用。"①"少""小"二詞義同。

---

① ［清］段玉裁《説文解字注》，上海古籍出版社，1988 年，第 48 頁。

【新∶鮮】

失譯人《佛説父母恩重經》:"遂至長大,朋友相隨,梳頭摩髮。欲得好衣,覆蓋身體。弊衣破故,父母自著。新好綿帛,先與其子。"

按:"新",石經 3.555 作"新",石經 3.389 作"鮮";S.2269、S.5433、《大正藏》俱作"新"。

《説文·斤部》:"新,取木也。从斤,新聲。"段玉裁注:"當作从斤、木,辛聲。"①王筠釋例:"案:其訓曰取木,則新乃薪之古文。"②引申爲從未用過的,"新好綿帛"是其用。《説文·魚部》:"鮮,魚名,出貉國。从魚,羴省聲。"引申作新、新鮮。《史記·酈生陸賈列傳》:"數見不鮮。""新""鮮"二詞的引申義同義,石經本《佛説父母恩重經》3.389 換用作"鮮"。

【衰老∶衰弱】

失譯人《佛説父母恩重經》:"父母年高氣力衰老,終朝至暮不來借問。"

按:"衰老",石經 3.555 作"衰老",石經 3.389 作"衰弱";S.2269、S.3228、S.4476、S.5253、S.5433、S.7203、P.2585、P.3919A.3、Дx01689、BD00439、北大 D100、上博 48(41379)俱作"衰老"。

"衰老",年邁體衰,精力不濟。《史記·貨殖列傳》:"後年衰老而聽子孫,子孫脩業而息之,遂至巨萬。""衰弱",身體的機能、精力衰退減弱。《戰國策·楚策四》:"今王疾甚,旦暮且崩,太子衰弱,疾而不起。""衰老""衰弱"二詞同義。

【嚴麗∶嚴好】

北涼法盛譯《佛説菩薩投身飼餓虎起塔因緣經》:"爾時,父王爲太子去城不遠造立園觀,其園縱廣面八由旬,列種華菓奇狩異鳥清净嚴麗,處處皆有流泉浴池。"

按:"嚴麗",石經 2.403 作"嚴麗",金藏廣勝寺本、麗藏本、《大正藏》俱作"嚴好"。

"嚴麗",莊嚴華麗。《後漢書·方術傳下·費長房》:"唯見玉堂嚴麗,旨酒甘肴盈衍其中。""嚴好",莊嚴美好。"嚴麗""嚴好"二詞同義。"嚴好"一詞《漢語大詞典》失收,可據補。

---

① 〔清〕段玉裁《説文解字注》,上海古籍出版社,1988 年,第 717 頁。
② 〔清〕王筠《説文釋例》,中華書局,1987 年,第 54 頁。

【太：大】

北涼法盛譯《佛説菩薩投身飼餓虎起塔因緣經》:"爾時,有五通神仙道士名曰勇猛,與五百弟子在此山上太巖窟中,脩禪行道志求菩提欲度衆生苦,教化天下皆令脩善。"

按:"大",石經 2.403 作"太",金藏廣勝寺本、麗藏本、《大正藏》俱作"大"。

《廣雅·釋詁一》:"太,大也。"王念孫疏證:"太者,《白虎通義》云:十二月律謂之大吕何?大者,大也;正月律謂太簇何?太,亦大也。"①《書·禹貢》:"既修太原,至於岳陽。"孔穎達疏:"太原,原之大者。"②《説文·大部》:"大,天大,地大,人亦大。故大象人形。""大",甲骨文作 𠆢合32469、𠆢合33788,故王筠釋例云:"此謂天地之大,無由象之以作字,故象人之形以作大字,非謂大字即是人也。"③

【陰冥:闇冥、瞑闇】

東晉帛尸梨蜜多羅譯《佛説灌頂章句拔除過罪生死得度經》:"若聞佛説,開人耳目破治人病,除人陰冥使覩光明。"

按:"陰冥",石經 3.2、Φ200、津藝 119(77·5·4458)、津藝 270(77·5·4609)、BD00032、BD000317、BD00737、BD00848、BD01178、BD01397、BD01495、BD02103、BD02232、BD02756、BD03407、BD02435、BD02791、BD03567、麗藏本、《大正藏》俱作"陰冥";S.1968、BD03619 俱作"闇冥",BD00033 作"瞑闇"。

《説文·𨸏部》:"陰,闇也。"《説文·冥部》:"冥,幽也。""闇"通"暗",日無光。《周禮·春官·眂祲》:"五曰闇。"鄭玄注引鄭司農云:"闇,日月食也。"④孫詒讓正義:"闇,即暗之借字。"⑤《説文·目部》:"瞑,翕目也。"引申爲昏暗。則"陰冥""闇冥""瞑闇"三詞同義,義爲黑暗。"陰冥"有黑暗義,《漢語大詞典》未收,可據補。"瞑闇",《漢語大詞典》未收,可據補。

【通洞:通同、交同】

東晉帛尸梨蜜多羅譯《佛説灌頂章句拔除過罪生死得度經》:"王

---

① [清]王念孫《廣雅疏證》,上海古籍出版社,2018 年,第 7 頁。
② [清]阮元校刻《十三經注疏》,中華書局,1980 年,第 146 頁。
③ [清]王筠《説文釋例》,中華書局,1987 年,第 26 頁。
④ [清]孫詒讓《周禮正義》,中華書局,1987 年,第 1980 頁。
⑤ [清]孫詒讓《周禮正義》,中華書局,1987 年,第 1981 頁。

當放赦屈厄之人,徒鎖解脱王得其福,天下泰平雨澤以時人民歡喜。惡龍攝毒無病苦者,四方夷狄不生逆害,國土通洞,慈心相向,無諸災害,四海歌詠稱王之德。乘此福禄在意所生,見佛聞法信受教誨,從是福報至無上道。"

按:"通洞",S.1968、BD00033、BD000317、BD00391、BD01495、BD02103、BD03143、BD03407俱作"通同";BD02791、BD02791俱作"交同";BD0003、BD00737、BD00848、BD01169、BD01397、BD02232、BD02756、BD03306、BD03567、BD03619、麗藏本、《大正藏》俱同於石經3.2作"通洞"。

《説文·辵部》:"通,達也。从辵,甬聲。"引申爲貫通。《易·繫辭上》:"一闔一闢謂之變,往來無窮謂之通。"《説文·水部》:"洞,疾流也。从水,同聲。"即水流急之意。引申爲通,即貫通義。《集韻·送韻》:"洞,一曰通也。"朱駿聲《説文通訓定聲·豐部》:"洞,叚借爲迵。"①《漢書·元帝紀贊》:"元帝多材藝,善史書。鼓琴瑟、吹洞簫。"顔師古注引如淳曰:"簫之無底者。"②故"通洞"形容貫通而無阻礙。

東晉帛尸梨蜜多羅譯《佛説灌頂章句拔除過罪生死得度經》"是經能除他方逆賊悉令消滅,四方夷狄各還正治不相嬈惱,國土交通,人民歡喜",在該例中,"交通"正是交相通達,形容國土貫通而無阻礙。可爲證。《説文·同部》:"同,合會也。从冃,从口。"即會和、聚集之意。則"交同""交通""通同"同義。故"通洞""通同""交同"三詞同義。語文辭書未收"交同",可據補;"通同"爲收貫通而無阻礙一義,可據補。

【退轉:疲懈】

失譯人《現在賢劫千佛名經》:"亦爲將來菩薩顯示法明,求無上道心不退轉。"

按:"退轉",石經1.109作"退轉",《大正藏》《中華大藏經》俱作"疲懈"。麗藏本作"疲懱"。

"退轉",佛教語,謂位次下降,功行減退,道心退縮等。佛經中常用,如北宋施護譯《佛説蟻喻經》:"諦心思惟觀察是義,無令放逸生退轉心,亦復轉爲他人開示教導,普令修習得大利樂。"南朝宋求那跋陀羅譯《雜阿含經》卷十二:"我已度疑,離於猶豫,拔邪見刺,不復退轉。"失譯人《大方便佛報

---

① [清]朱駿聲《説文通訓定聲》,《續修四庫全書》第220册,上海古籍出版社,2002年,第123頁。
② [漢]班固撰,[唐]顔師古注《漢書》,中華書局,1962年,第299頁。

恩經卷二》："以生如說修行心已,次生不退轉心;以生不退轉心已,於諸衆生即生等對治心。"北涼曇無讖譯《悲華經》卷六："精勤修集,於無上道不生退轉。"唐地婆訶羅譯《方廣大莊嚴經》卷七："譬如壯士揮彼利刃,上破腦骨,受是苦事,不生疲極退轉之心。"唐玄奘譯《大般若波羅蜜多經》卷五百八十六："定無菩薩住菩薩心有退轉者,若有退轉便非菩薩。"

"疲懈",本指指身體的疲乏。如失譯人《大乘悲分陀利經》卷四："令其中衆生身無疲懈,心無勞倦。"隋闍那崛多譯《佛本行集經》卷三十六："世尊今可教諸比丘,慰勞於彼諸客比丘,又復比丘坐已經久,身體疲懈。"北魏慧覺譯《賢愚經》卷二："王時疲懈,因卧休息。"

"疲懈"也可用以指心理狀態的疲倦鬆懈。與"退轉"近義。如西晉竺法護譯《度世品經》卷三："興大悲哀,立諸衆生於佛正道,歷若干難未曾須臾發疲懈心,常修佛法。"東晉佛馱跋陀羅譯《大方廣佛華嚴經》卷二十三："出生大悲,成就大慈,心不疲懈,以慚愧莊嚴,成就忍辱柔和,敬順諸佛教法,信重善知識。"北齊那連提耶舍譯《大方等大集經》卷三十八："諦聽,諦受! 精勤用心莫生疲懈。"唐實叉難陀譯《大方廣佛華嚴經》卷五十五："皆令得佛無上菩提,乃至不生一念疲懈。"唐實叉難陀譯《大方廣佛華嚴經》卷六十二："善男子! 求善知識勿生疲懈,見善知識勿生厭足。"

故"退轉""疲懈"爲語境同義詞。

【欣然:歡喜】

三國吴支謙譯《佛說阿難四事經》："聞佛教戒,無不欣然。"

按:"欣然",石經 3.610 作"欣然",《大正藏》、麗藏本作"歡喜"。

"欣然",喜悦貌、愉快貌。西晉白法祖譯《佛般泥洹經》："覩佛經典欣然心寤,捐家棄欲,不貪世榮,來作比丘。"西晉支法度譯《佛說善生子經》："於是善生子聞衆祐說已,即稽首佛足,下起繞三匝,欣然自歸,從佛受戒。"失譯人《佛說菩薩本行經》："爾時,世尊欣然而笑,五色光從口中出。"

"歡喜",梵語 pramudita、巴利語 pamudita,音譯波牟提陀,即接於順情之境而感身心喜悦;亦特指衆生聽聞佛陀說法或諸佛名號,而心生歡悦,乃至信受奉行。如後秦佛陀耶舍、前秦竺佛念譯《佛說長阿含經》卷六："時,彼一人復以善言慰勞衆人,衆人聞已,皆大歡喜。"失譯人《七佛父母姓字經》:"諸比丘聞經歡喜,作禮而退。"另外,作爲普通語詞,"歡喜"意爲高興、快樂。如後秦佛陀耶舍、前秦竺佛念譯《佛說長阿含經》卷二十二："猶如父母與一子別,久乃相見,歡喜踊躍,不能自勝。"

"欣然""歡喜"爲近義詞,皆爲欣喜之義。

【醜惡：醜陋】

唐義净譯《佛説無常經》："此老病死皆共嫌,形儀醜惡極可厭。"

按:"醜惡",BD03874 作"醜陋";石經 3.339、BD00535、BD01030、BD01063、BD01367、BD02392、BD03554、BD03608、S. 0311、S. 1479、S. 2540、S. 2926、S.3887、S.4529、S.4713、S.5160、S.5447、S.6367、P.3924、TK137、TK323、酒博 013、北大 D093、津藝 193（77·5·4532）、津藝 202（77·5·4541）、麗藏本、《大正藏》俱作"醜惡"。

"惡"爲"惡"的異體字,"醜惡",相貌或樣子難看。"醜陋",容貌難看。二詞爲同義詞關係。

他例如,前秦僧伽提婆譯《增一阿含經》"又此迦維羅越一國之中,無知無聞,亦無黠慧,爲人醜陋,多諸穢惡,如此瞿曇之比。""醜陋",宋本、元本、明本、聖本作"醜惡"。

【訖塞：謇吃】

北魏法場譯《佛説辯意長者子經》："談論不訖塞,所説衆奉用。"

按:"訖塞",石經 3.626 作"訖塞",麗藏本、《大正藏》、《中華大藏經》俱作"謇吃"。

《玉篇·言部》："謇,吃也。"《説文·口部》："吃,言謇難也。"二詞同義,即説話結巴不流利。《玄應音義》《慧琳音義》等佛經音義皆收釋這個復音詞:《玄應音義》卷九釋《大智度論》卷二十八"謇吃"條："古文謱、謇二形,今作蹇。《聲類》作讛,又作刃,同。居展反。《方言》:謇,吃也。楚人語也。論文作塞,跋蹇也,塞非此義。吃,古文欼,同。居乞反。氣重言也。《通俗文》:言不通利謂之刃吃。"《慧琳音義》卷五十六釋《佛本行集經》卷二十六"謇吃"條："居展反。《通俗文》:言不通利謂之謇吃。《周易》:謇,難也。《方言》:謇吃,楚語也。郭璞曰:亦北方通語也。""訖"爲"吃"的換形異體字。"塞",阻塞、不暢通之意。"吃塞"即説話不暢通,與"謇吃"爲同義詞。

第四節 其他詞類同義詞

【廿：二十】

南朝宋沮渠京聲譯《佛説觀彌勒菩薩上生兜率天經》："一一華上有廿四天女。"

按："廿"，石經 3.379、3.433、3.560、BD04049、上圖 004（795017）俱作"廿"；石經 2.405、1.105、BD04161、S.5555、P.2373、P.4535、TK58、TK60、TK81+TK82+TK83、麗藏本、《大正藏》俱作"二十"。

《説文・十部》："廿，二十并也。古文省。""廿""二十"同義。

他例如，同前"一一花上有廿五玉女"，石經 3.379、3.560、BD04049、BD05812、上圖 004（795017）俱作"廿"；石經 2.405、1.106、BD04161、S.5555、P.2373、TK58、TK60、TK81+TK82+TK83、麗藏本、《大正藏》俱作"二十"。三國吳支謙譯《瓶沙王五願經》"若願欲上第廿五空惠天。恐於廿五天上。壽數千劫不得脱"，"廿"，石經 3.428 分別作 廿、廿，麗藏本、《大正藏》俱作"二十"。

【卅：三十】

後秦佛陀耶舍譯《四分大尼戒本》："諸大姊！是卅尼薩耆波逸提法，半月半月戒經中説。"

按："卅"，石經 2.378 作"卅"，S.0440、P.2310、Φ156、BD00014、北大 D088、津藝 087（77・5・4430）、金藏廣勝寺本、《大正藏》俱作"三十"。

他例如，同前"諸大姊！我已説卅尼薩耆波逸提法竟"，"卅"，石經 2.379 作"卅"，S.0440、P.2310、Φ156、BD00014、北大 D088、津藝 087（77・5・4430）、金藏廣勝寺本、《大正藏》俱作"三十"。

"卅"爲"世"之異寫。《説文・卉部》："世，三十年爲一世。"《廣韻・合韻》："卅，今作卅，直爲三十字。""世""三十"三詞同義換用。

【卅：三十】

後秦佛陀耶舍譯《四分大尼戒本》："已説卅尼薩耆波逸提法。"

按："卅"，石經 2.384 作"卅"，S.0440、P.2310、北大 D088、上圖 146（812596）、津藝 087（77・5・4430）、金藏廣勝寺本、《大正藏》俱作"三十"。

《廣韻・合韻》："卅，今作卅，直爲三十字。""卅""三十"同義。

他例如，南朝宋沮渠京聲譯《佛説觀彌勒菩薩上生兜率天經》"卅二相八十種好皆悉具足"，"卅"，石經 1.107、2.406、BD04161、S.5555、P.2373、TK58、TK60、TK81+TK82+TK83、麗藏本、《大正藏》俱作"三十"；石經 3.560、3.379、3.433、BD04049、BD05812、S.3024、P.2071、上圖 004（795017）俱作"卅"。

又如，三國吳支謙譯《瓶沙王五願經》"身有卅二相"，"卅"，石經 3.428 作 卅，麗藏本、《大正藏》俱作"三十"。

【卅：四十】

　　南朝宋沮渠京聲譯《佛説觀彌勒菩薩上生兜率天經》："化爲卅九重微妙寶宫。"

按："卅"，石經 3.560 作 [字形]、石經 3.379 作 [字形]、BD04049 作 [字形]、上圖 004（795017）作 [字形]；石經 3.432、1.105、BD04161、S.5555、P.2373、P.4535、TK58、TK60、TK81+TK82+TK83、麗藏本、《大正藏》俱作"四十"。

《字彙·十部》："卅，息入切，心入聲。插糞杷也。今俗用爲四十字。""卅""四十"同義。

他例如，東晉帛尸梨蜜多羅譯《佛説灌頂章句拔除過罪生死得度經》"卅九遍讀是經典"，"卅"，敦研 355、BD0003、BD03306、BD03619、麗藏本、《大正藏》俱作"四十"；津藝 119（77·5·4458）、S.1968、BD00033、BD000317、BD00391、BD00737、BD00848、BD01178、BD01397、BD01495、BD02232 俱同於石經 3.2 作"卅"。

【與：共】

　　後秦佛陀耶舍譯《四分大尼戒本》："若比丘尼與未受戒女人同一室宿。"

按："與"，石經 2.379 作"與"，S.0440、P.2310、Φ156、BD00014、北大 D088、津藝 087（77·5·4430）、金藏廣勝寺本、《大正藏》俱作"共"。同前"若比丘尼染汙心。與汙心男子。從相摩觸掖已下膝已上"，"與"，金藏廣勝寺本、麗藏本、《大正藏》俱作"共"。

《説文·舁部》："與，黨與也。从舁，从与。"段玉裁注："黨當作攩。攩，朋群也。"①"與"語法化爲連詞，表並列關係。《説文·共部》："共，同也。""共"語法化爲介詞，表示連及的對象，相當於"跟""同"。在引申義上，二詞同義。

他例如，同前"若比丘尼共未受大戒人共誦者"，"共"，石經 2.379 作"共"，S.0440、P.2310、Φ156、BD00014、北大 D088、津藝 087（77·5·4430）、金藏廣勝寺本、《大正藏》俱作"與"。

【共：同】

　　後秦佛陀耶舍譯《四分大尼戒本》："若比丘尼共一蓐同一被卧，除餘時波逸提。"

---

① ［清］段玉裁《説文解字注》，上海古籍出版社，1988 年，第 105 頁。

按:"共",S.0440 作"同",石經 2.381、P.2310 作"共"。BD00014、北大 D088、津藝 087(77·5·4430)此處作"共同一褥一被"。

《説文·共部》:"共,同也。从廿、廾。""共"即共同具有或承受。《説文·同部》:"同,合會也。从冃,从口。""同",甲骨文作同英1926、同合31680,字形從"凡",不從"冃"。引申爲共用一個。"同"的引申義與"共"同義。

【以:與】

後秦佛陀耶舍譯《四分大尼戒本》:"譬如蜂採華,不壞色以香。"

按:"以",石經 2.384 作"以",S.0440、P.2310、北大 D088、津藝 087(77·5·4430)、金藏廣勝寺本、《大正藏》俱作"與";上圖 146(812596)作"餘";上博 02(2415)作"与"。

清王引之《經傳釋詞》卷一:"以,猶而也。"①即表並列關係連詞,相當於"和"。《詩·大雅·皇矣》:"不大聲以色,不長夏以革。"馬瑞辰通釋:"以、與古通用。"②"餘"爲"與"的假借字。《説文·勺部》:"与,賜予也。一勺爲与。此与與同。"

【斯:此】

北魏法場譯《佛説辯意長者子經》:"若我爲王供養斯等衆聖之僧七日之中。"

按:"斯",石經 3.627 作"斯",麗藏本、《大正藏》俱作"此"。

《説文·斤部》:"斯,析也。从斤,其聲。《詩》曰'斧以斯之。'"借以記録同音代詞"斯",義爲這、這樣。《爾雅·釋詁下》:"斯,此也。"《論語·子罕》:"子在川上曰:逝者如斯夫!不舍晝夜。"

他例如,同前"當以何名斯經","斯",石經 3.627 作"斯",麗藏本、《大正藏》俱作"此"。

【過:迴】

失譯人《佛説父母恩重經》:"於其食時非母不知父,母行來值他座席,或得餅肉,不噉啜味懷俠來歸,來向其子,一過不得,憍啼伴哭。"

按:"過",石經 3.555 作"過",S.2269 作迴,P.3919A.3 作迴;S.3228 作迴,S.4476、S.5253、S.7203、P.2285、Дх00044、Дх00139、Дх00140、

---

① [清]王引之《經傳釋詞》,中華書局,1956年,第 22 頁。
② [清]馬瑞辰《毛詩傳箋通釋》,中華書局,1989年,第 852 頁。

Дx02909、Дx01689、BD00439、北大 D100 俱作"過"。

《説文・辵部》："過,度也。从辵,咼聲。"語法化作量詞,遍、次。《素問・玉版論要》："八風四時之勝,終而復始,逆行一過,不復可①數。"王冰注："過,謂遍也。"②《爾雅・釋天》："迴風爲飄。"郭璞注："旋風也。"③郝懿行義疏："迴者,《説文》作'回'。"④語法化作量詞,如指動作的次數。唐孟郊《怨別》："一別一迴老,志士白髮早。"在量詞用法上,"過""迴"二詞同義。

【無邊：無量】

東晉帛尸梨蜜多羅譯《佛説灌頂章句拔除過罪生死得度經》："第十願者,使我來世若有衆生,王法所加臨當刑戮無量畏怖愁憂苦惱,若復鞭韃枷鎖其體,種種恐懼逼切其身,如是無邊諸苦惱等,悉令解脱無有衆難。"

按："無邊",麗藏本、《大正藏》俱作"無量";石經 3.2、P.2178V^0、P.4027V^0、Дx00014、S. 1968、BD00032、BD00317、BD00848、BD01414、BD01495、BD02232、BD02791、BD02909、BD03619 俱作"無邊"。

"無邊",没有邊際。晉僧朗《答晉主昌明書》："大晉重基,先承孝治,惠同天地,覆養無邊。""無量",不可計算;没有限度。《左傳・昭公十九年》："今宮室無量,民人日駭,勞罷死轉,忘寢與食,非撫之也。""無邊""無量"二詞同義。

【唯：雖】

東晉帛尸梨蜜多羅譯《佛説灌頂章句拔除過罪生死得度經》："佛言:若復有人受佛浄戒,遵奉明法不解罪福,唯知明經不及中義,不能分别曉了中事。"

按："唯",石經 3.2 作唯,BD02791 作唯,BD00848 作唯,BD01397 作唯,BD01495 作唯;P.2013 作雖,P.2178V^0作雖,P.4666 作雖,Дx03278A 作雖,S. 1968 作雖,BD00032 作雖,BD00033 作雖,BD000317 作雖,BD00602 作雖,BD02130 作雖,BD02232 作雖,BD02656 作雖,BD02909 作雖,BD03143 作雖,BD03407 作雖,BD03619 作雖,麗藏本作雖,《大正

---

① ［唐］王冰《重廣補注黃帝内經素問》,中醫古籍出版社,2015 年,第 76 頁。
② ［唐］王冰《重廣補注黃帝内經素問》,中醫古籍出版社,2015 年,第 76 頁。
③ ［清］郝懿行《爾雅義疏》,上海古籍出版社,1983 年,第 754 頁。
④ ［清］郝懿行《爾雅義疏》,上海古籍出版社,1983 年,第 755 頁。

藏》作"雖"。

《說文·口部》："唯,諾也。从口,隹聲。"借以記録連詞"唯",表讓步關係,義爲雖然。《說文·虫部》："雖,似蜥蜴而大。从虫,唯聲。"借以記録同音連詞"雖",表讓步關係,義爲雖然。《玉篇·虫部》："雖,似蜥蜴。又詞兩設也。又推也。""唯""雖"二詞同義,義爲雖然。

【軀:僂】

東晉帛尸梨蜜多羅譯《佛説灌頂章句拔除過罪生死得度經》："軀者能申。"

按:"軀",石經 3.2 作"軀",P.4027V⁰、Дx00014 俱作"瘦";P.2178V⁰、P.4842、BD00848、BD01414、BD02232、BD02791、麗藏本、《大正藏》俱作"僂";BD00032、BD00317、BD01495 俱作"腰"。

"僂",同"傴"。《玉篇·人部》："僂,屈己也。"即脊背彎曲。"軀"爲"曲"的假借字。"軀",溪虞;"曲",溪燭。溪紐雙聲,虞[iu]、燭[iok]陰入旁對轉。《説文·身部》："軀,體也。从身,區聲。"《説文·曲部》："曲,象器曲受物之形。"引申爲彎曲。"軀"通"曲",義爲彎曲。在假借義上,"軀"與"僂"同義。

【如:審如】

東晉帛尸梨蜜多羅譯《佛説灌頂章句拔除過罪生死得度經》："佛言:'阿難!我見汝心我知汝意汝知之不。'阿難即以頭面著地長跪,白佛言:'如天中天所説,我造次聞佛説是藥師琉璃光極大尊貴,智慧巍巍難可度量,我心有小疑敢不首伏。'"

按:"如",石經 3.2、BD000317 作"如";P.4914、Φ200、津藝 119(77·5·4458)、津藝 270(77·5·4609)、S.1968、BD00032、BD00033、BD00391、BD00848、BD01178、BD01397、BD01495、BD02103、BD02232、BD02435、BD02756、BD02791、BD03407、BD03567、BD03619、麗藏本、《大正藏》亦作"審如"。

《説文·女部》："如,从隨也。从女,从口。"引申作如同、好像。《説文·采部》："宷,悉也。知宷諦也。从宀,从采。審,篆文宷从番。"引申爲確實、果真。則"審如"即果真好像之意,與"如"義近。

【諸:衆】

東晉帛尸梨蜜多羅譯《佛説灌頂章句拔除過罪生死得度經》："散雜色華燒諸名香。"

按:"諸",石經 3.2 作"諸",BD00737、BD01169、BD01397、BD01495、BD02232、BD02756、BD02791、BD03306、BD03567、麗藏本、《大正藏》俱作"衆"。

《漢語大詞典》:"諸",指衆;各個。《詩·小雅·沔水》:"嗟我兄弟,邦人諸友,莫肯念亂,誰無父母!"《禮記·祭統》:"夫義者所以濟志也,諸德之發也。"孔穎達疏:"諸,衆也。"①

【聽:聰】

北魏法場譯《佛説辯意長者子經》:"所生常端正,德行自然明。不欺口氣香,言語常聽明。"

按:"聽",石經 3.626 作[字形],麗藏本作"聰";《大正藏》作"聰"。

此爲佛告長者子辯意五事行得生天上:"一者慈心,不煞群生悉養物命令衆得安。二者賢良,不盜他物布施無貪濟諸窮乏。三者貞潔,不犯色男女護戒奉齋精進。四者誠信,不欺於人護口四過无得貪欺。五者不飲酒,不過口行。"行此五事,其中"誠信"的益處是"不欺口氣香,言語常聽明。談論不訖塞,所説衆奉聞",即不行欺騙則口氣清香,耳朵不出毛病,聽取別人的話語而沒有障礙,説話不口吃,所説之言,聽者奉聞。麗藏本、《大正藏》俱作"聰"。《説文·耳部》:"聽,聆也。從耳、䇂,壬聲。""聽",甲骨文作[字形]合110正、[字形]合974反,金文作[字形]大保簋、[字形]辛巳簋。甲、金文皆從耳從口,口表發聲,耳表聞聲。《説文·耳部》:"聰,察也。從耳,怱聲。"故"聰明""聽明"爲同義詞。

他例如,三國吳支謙譯《佛説阿難四事經》"聰明之士,覺知殺罪追人不置,以己度彼,正等無異",石經 3.610"聰明",《大正藏》、麗藏本俱作"聽聰"。東晉帛尸梨蜜多羅譯《佛説灌頂章句拔除過罪生死得度經》"長得歡樂聰明智慧,遠離惡道得生善處","聰",石經 3.2 作[字形],P.2178V⁰作[字形],BD02232 作[字形];P.2013 作[字形],P.4666 作[字形],S.1968 作[字形],BD00032 作[字形],BD00033 作[字形],BD000317 作[字形],BD00602 作[字形],BD01397 作[字形],BD02791 作[字形],麗藏本作[字形],BD00848、BD01495、BD02130、BD02656、BD02909、BD03407、BD03619 亦俱作"聰",《大正藏》作"聰"。同前"皆當端正聰明智慧高才踴猛","聰",石經 3.2 作[字形],P.2178V⁰作[字形],津藝 119(77·5·4458)作[字形],S.1968 作[字形],BD00032 作[字形],BD00033 作[字形],BD000317 作[字形],BD00602 作[字形],BD00848 作[字形],BD01397、BD01495、BD02130、BD02232、BD02656、BD02791、BD02909、BD03407、BD03619、麗藏本亦俱作"聰"。

---

① [清]阮元校刻《十三經注疏》,中華書局,1980 年,第 1606 頁。

【无：不】

後秦佛陀耶舍譯《四分大尼戒本》："若比丘尼无病乞油食者。"

按："无"，石經 2.382 作"无"，S.0440、P.2310、津藝 087（77·5·4430）、金藏廣勝寺本、《大正藏》俱作"不"；北大 D088 作"無"。

"无"爲"無"的異體字。《説文·亡部》："無，亡也。从亡，無聲。"吳大澂《説文古籀補》："古'無'字不从'亡'。"①"無"，甲骨文作 🧍合16013，金文作 🧍鼎盂。本爲舞蹈之"舞"。借以記録有無的"無"。

《説文·不部》："不，鳥飛上翔不下來也。从一，一猶天也。象形。""不"，甲骨文作 🧍合9710、🧍花東321。羅振玉認爲："象花不形，花不爲不之本誼。"②"不"，本義爲鄂足，象形字，名詞。作否定詞爲其假借義。"無""不"二字假借義同義。

同前"若有犯者當發露，无犯者嘿然"，"无"，石經 2.376 作"无"，P.2310、北大 D088、金藏廣勝寺本、麗藏本、《大正藏》俱作"不"。

【深重：深結】

西晉竺法護譯《佛説盂蘭盆經》："佛言：汝母罪根深重，非汝一人力所奈何。"

按："深重"，石經 1.139、2.483、3.586、S.2540、P.2055 俱作"深重"；《大正藏》、麗藏本、《中華大藏經》、S.3171、S.5959、S.6163 俱作"深結"。

"深重"，指罪孽、災難、苦悶等程度深。《三國志·吳志·孫策傳》"曹公表策爲討逆將軍，封爲吳侯"裴松之注引晉張勃《吳録》："惟術狂惑，爲惡深重。"③"罪根深重"這種組合佛經常見。唐般若譯《大乘本生心地觀經》卷二："如是衆生罪根深重，經無量劫不得見聞三寶名字，如彼盲者不覩日光。"後秦鳩摩羅什譯《妙法蓮華經》卷一："此輩罪根深重及增上慢，未得謂得、未證謂證，有如此失，是以不住。"北涼曇無讖譯《大方等無想經》卷五："我以未來薄福衆生，罪根深重，是故唱言此經，當於未來流布。"

佛教語"罪根深結"則是比喻，指罪惡深重猶如植根盤結而不可拔除。"罪根深結"的搭配在佛經中主要見於"目連救母"故事中。《大目乾連冥間救母變文》："目連蒙佛威力，得見慈母罪根深結業力難排。"唐宗密述《佛説盂蘭盆經疏》："故云罪根深結，罪謂身口之業，根謂慳貪之心，多生相續爲

---

① ［清］吳大澂《説文古籀補》，中華書局，1988 年，第 51 頁。
② 羅振玉《殷虚書契考釋三種》，中華書局，2006 年，第 180 頁。
③ ［晉］陳壽著，［南朝宋］裴松之注《三國志》，中華書局，2011 年，第 923 頁。

深,交固難解爲結。"宋遇榮撰《佛說盂蘭盆經疏孝衡鈔》鈔曰:"皆深厚故,皆結縛故,名罪根深結。"

"深重"是形容詞,"深結"是動詞短語。二者爲語境同義詞。

小　　結

一、本章研究同義詞異文。佛經中有大量的名物語詞和反映佛理的名物、動詞,這些都是理解佛經的重點和難點,同義詞異文是研究者理解並研究佛經經意、考辨佛理的重要拐杖。這些詞語如"現世""現在"、"福報""福樂"、"大衆"、"聖僧""聖衆"、"世界"、"因緣"、"三寶""三尊"、"罪業""罪障"、"式叉迦羅尼""應當學""學戒法"、"淨行""梵行"、"毗尼"、"胡跪""互跪"、"發露""懺悔"、"勸化""開化"、"修禪""修福"、"精勤""精進"、"嚴麗""嚴好"等。

二、同義詞有等義詞、近義詞和語境同義詞三種類型。

1. 等義詞,多是借用方言詞或外來詞的結果。"磨""䃺",北方稱碾碎穀物的工具爲"䃺",南方則稱爲"磨"。"式叉迦羅尼""應當學""學戒法"、"梵行""淨行"、"毗尼""律"等幾組詞,前者爲梵語音譯詞,後者爲意譯詞。"廿""二十"、"卅""三十"、"卌""四十"等幾組,爲數詞等義詞。

2. 近義詞主要由語素替換形成,這也是同義詞的主要類型。這些同義語素,或是本義與本義相同,如"三寶"與"三尊"二詞本義相同,"三寶"是梵語 Triratna 的意譯,指佛、法、僧,"三尊"是三種最受尊敬的人或事物,指佛、法、僧。或是本義與引申義相同,如"飯"與"飴",前者本義爲煮熟的穀類食物,後者本義爲米、麥芽熬成的糖漿,引申爲美食,"飯"之本義與"飴"之引申義同義。或是引申義與引申義相同,如"神"與"祇",前者是指天神,後者是指地神,當二詞詞義泛化之後則同義。或是假借義與本義相同,如"狩"與"禽","狩"假借作"獸",義爲野獸,"禽"本義爲走獸,二詞同義;"桂"與"階","桂"假借作"陛",義爲台階,二詞同義。

3. 語境同義詞,本來不是同義詞,但在佛經異文中因互換使用而成爲同義詞。它們或者是有共同語素的詞,如"蟣虱""蚤虱","蟣虱"是虱及其卵,"蚤虱"是跳蚤和蝨子。"胡跪"是僧人跪坐致敬的禮節,右膝著地,豎左膝危坐,倦則兩膝姿勢互換;"長跪"則是中國古代常用坐姿"跽"之跪直身子。"發露"是顯露表白所犯之過失而無所隱覆,"懺悔"則是悔謝罪過以請求諒解,前者是手段,後者是目的。他例如"修禪""修福"、"安隱""安樂"、"塵垢""塵水"、"鬼魅""鬼神"、"身心""心意"等。這類詞是語境同義詞的主體。它們或者本是意義相關的詞，如"地獄""五道"，佛教謂天、人、畜生、餓鬼、地獄五處輪迴之所爲"五道"，"地獄"衹是其中之一。

三、同義詞異文的研究，對漢語史的研究和辭書的編纂提供語料。

1. 可以增補現有大型歷時語文詞典，如"通洞"（貫通而無阻礙之意）、"怨害""惡害"（災害）、"宮宅"（宮殿）、"已去""以去"（以後）、"福樂"（福德報應）、"大衆"（一般指比丘等多人集會，又對上座長老而言，年少下臘者特稱大衆）、"世間"（世界）、"聖衆"（已證正果的高僧）、"塵水"（灰塵和污水）、"繼後"（子孫後代）、"牀褥""牀枕"（牀和鋪蓋）、"照輝"（強烈的光綫映射）、"罵詈""罵辱"（辱罵）、"嗥哭"（痛哭）、"橫緇""横簪"（成年）、"更苦"（遭受痛苦）、"失目"（挖去眼睛）、"嚴好"（莊嚴美好）、"瞑闇"（黑暗）等。

2. 可以增補已有詞語的義項，"通同"有貫通而無阻礙一義，"怨惡"有災害義，"虛空"有虛僞義，"仕官""仕宦"皆有官位義，"虛空"有虛僞義，"世民"有世間的人義，"憂患"有憂愁擔心義，"發露"有顯露表白所犯之過失而無所隱覆義，"計論""計說"均有衡量、評定義，"奉持"有奉養侍候義，"請浄"有清白、潔浄無塵義，"虛空"有虛僞義，"陰冥"有黑暗義，《漢語大詞典》均未收，可據補。

3. 可以提前提前一部分義項的書證。如"因由""苦患"，《漢語大詞典》引用唐代例證，可提前至東漢。"飯食"之飯和菜義，《大詞典》引明代例，可提前至西晉。"聖僧""罪愆"，《大詞典》引唐代例證，可提前至西晉。"牀榻""牀敷"，《大詞典》各引清末例證與北宋例證，可提前至西晉。"身心"，《大詞典》引用唐代例證，可提前至北魏。"尊顔"，《大詞典》引元代例，可提前至唐代。

四、同義詞異文對於詞義的理解具有重要提示作用，"更苦""受苦"、"怨害""惡害""怨惡""災害"、"以去""已去""以後""已後""磑""磨"、"五道""地獄"、"利養""利益"、"蹦跪""跽跪""長跪"、"發露""懺悔"、"周接""周足"、"虛空""虛僞"等，有了異文詞語的提示和幫助，可以使研究者真正地理解原經文。

第五章　隋唐刻房山石經與
　　　　同名佛經互校

　　隋唐刻房山石經與今存其他藏經文獻有版本上的淵源關係。隋唐刻房山石經爲寫本藏經時期的文獻，以唐代宫廷寫本藏經爲底本；《開寶藏》《趙城金藏》《高麗藏》則是木刻印本大藏經時期的文獻，共分北系、中系、南系三系：其中北系爲幽州某寫本藏經，中系爲四川某寫本藏經，南系爲福建某寫本藏經。官刻本《開寶藏》以中系四川某寫本藏經爲底本刻成，遼代官刻本《契丹藏》以北系幽州某寫本藏經爲底本，同時參酌《開寶藏》刻成，這也正是房山石經遼金刻經的直接底本來源；朝鮮官刻本初刻《高麗藏》即據《開寶藏》復刻而成，後又據《開寶藏》的天禧和熙寧兩個修訂本及契丹本，加上高麗沙門義天所編《諸宗教藏總録》所收章疏典籍 3 000 餘卷，進行校勘，在興王寺開雕《高麗續藏經》4 000 餘卷；刻完後，和初雕本經版一同藏於符仁寺。1232 年全部雕版毁於戰火，1236—1251 年又根據印本複刻，雕版原藏禪源寺，1398 年遷至支天寺，次年再遷海印寺，這就是再雕《高麗藏》。《趙城金藏》是金朝熙宗皇統(1141—1149)初年，潞州（今屬山西長治）民女崔法珍在山西、陝西部分地區斷臂化緣，募資所刻漢文大藏經。以福建某寫本藏經爲底本的南系，發展爲北宋時期的閩本，南宋時期的浙本、《磧砂藏》，以及元代的《普寧藏》，明代初刻《南藏》《永樂南藏》《嘉興藏》，清代官刻《乾隆大藏經》。

　　敦煌佛經最早爲前秦苻堅甘露元年（359），最晚爲南宋慶元二年（1196），歷經南北朝、隋唐、宋幾代，其中主要以唐代佛經爲主，可以説，作爲一個特定的地區内的佛經典籍，它既有西域漢譯佛經直接傳入的部分，又有唐代各地官寫大藏經傳入的部分。其唐刻部分要早於北宋初年的《開寶藏》及其後的《契丹藏》。

　　文獻經過傳抄、刻印、排印，都往往會産生錯誤。誠然，佛典文獻亦不例外。這幾種版本每轉寫一次，就可能産生一次變異，這就是異文，其中包括訛錯。不同版本之間的異文放到一起，可以比勘校訂，糾正訛誤。要比勘異文中的訛誤,要具備四方面的知識。首先,要精通語言文字知識,包括文字、音韻、訓詁、文法等。其次,要具備古代文化知識,比如天文、曆法、地理、職官、風俗習慣等。再次,要懂得古書的行文習慣,一般古書是豎寫,自右至左,大字單行正字,小字雙行注文,遇到當朝帝王相關的語句要抬頭等。①第四綜合運用佛理知識,並結合中土文化的實際情況。

本章採用對校法、本校法、理校法、綜合考證法等方法進行校勘,從隋唐刻房山石經訂補敦煌文獻、傳世文獻及石經自身,敦煌文獻、傳世文獻訂補隋唐刻房山石經兩個方面展開討論佛經異文。

第一節　房山石經訂補敦煌寫本、傳世本

隋唐刻房山石經所依據的版本,爲唐高祖李淵佔領隋朝都城長安後,直接接管的隋朝宮廷所藏佛典版本,因未經戰火,故爲完帙。故後來金仙公主直接送至雲居寺者,即此佛典。從時間上看,它要早於金刻本、麗藏本、《大正藏》,故可以校正敦煌文獻及其他傳世文獻;石經中某一經可能會被多次重刻,故某一石經經文也可以用於訂補其他的版本。

【比丘尼：比丘】

　　後秦佛陀耶舍譯《四分大尼戒本》:"是比丘尼如是諫時,堅持不捨,是比丘尼應三諫。捨此事故,乃至三諫捨者善。"

按:"比丘尼",S.0440作"比丘";石經 2.377、P.2310、BD00014、北大 D088、津藝 087(77・5・4430)、麗藏本、《大正藏》俱作"比丘尼"。

該戒律爲比丘尼而制定,佛多次告誡比丘尼,若其他比丘尼違背了戒律,毗鄰的比丘尼有義務多次勸誡,如同經下文"若比丘尼相親近住,共作惡行惡聲流布,展轉共相覆罪。是比丘尼當諫彼比丘尼言。……是比丘尼諫彼比丘尼時,堅持不捨,是比丘尼應三諫";"若比丘尼比丘尼僧爲作呵諫時,餘比丘尼教作如是言。汝等莫別住當共住。……是比丘尼諫彼比丘尼時,堅持不捨,是比丘尼應三諫";"若比丘尼,趣以一小事瞋恚不喜,便作是語。……是比丘尼當諫彼比丘尼言:大姊!汝莫趣以一小事瞋恚不喜便作是語。……是比丘尼諫彼比丘尼時,堅持不捨,彼比丘尼應三諫"。故 S.0440作"比丘",失之太遠,與經義不合,誤,可據正。

---

① 杜澤遜《文獻學概要》,中華書局,2001年,第 171 頁。

他例如,三國吳支謙譯《撰集百緣經·生盲餓鬼緣》:"父母固遮不能令止,遂便出家作比丘尼。時彼父母,爲此女故,造僧伽藍,又請諸比丘尼,共住寺中。時長者女,於戒律中,有少毀犯,諸比丘尼,驅令出寺。""又請諸比丘尼"之"比丘尼",聖本亦誤作"比丘"。

【增益:增送】【安樂:安】

後秦佛陀耶舍譯《四分大尼戒本》:"大姊!汝等莫相親近共作惡行,惡聲流布共相覆罪,汝等若不相親近,於佛法中得增益安樂住。"

按:

(1)"增益",BD00014作"增送";石經2.377、S.0440、P.2310、北大D088、津藝087(77·5·4430)、麗藏本、《大正藏》俱作"增益"。

"增益",梵語svāhā,意譯爲究竟、圓滿、成就、吉祥等,故BD00014作"增送",與佛理不合,誤,可據正。原戒本下一段仍有"若此比丘尼别住。於佛法中有增益安樂住"語,可爲證。

(2)"安樂",S.0440作"安";石經2.377、P.2310、BD00014、北大D088、麗藏本、《大正藏》俱作"安樂"。

"安樂"本爲西方極樂世界之别名,用於指身心時,爲身安心樂之意。唐湛然撰《法華文句》卷八下曰:"身無危險爲安,心無憂惱爲樂。"這裏的"安樂"應爲身安心樂之意,作"安"則不辭。同經"大姊!應與僧和合,與僧和合歡喜不諍,同一師學如水乳合,於佛法中有增益安樂住";"若此比丘尼别住,於佛法中有增益安樂住,是比丘尼諫彼比丘尼時,堅持不捨";"餘比丘尼言,妹汝莫親近居士居士兒,共住作不隨順行,大妹可别住。若别住,於佛法有增益安樂住"。故S.0440作"安",其後脱"樂",可據補。

【姊:妹】

(1)後秦佛陀耶舍譯《四分大尼戒本》:"若比丘尼喜鬥諍,不善憶持諍事,後瞋恚作是語,僧有愛有恚有怖有癡,是比丘尼應諫彼比丘尼言,姊汝莫喜鬥諍。"

按:"姊",石經2.378作"姊",S.0440、P.2310、BD00014、北大D088、津藝087(77·5·4430)、麗藏本、《大正藏》俱作"妹"。

(2)同前:"餘比丘尼言:妹!汝莫親近居士、居士兒,共住,作不隨順行。大妹可别住。"

按:"妹",石經2.378作"妹",S.0440、P.2310、BD00014、北大D088、津藝087(77·5·4430)、麗藏本、《大正藏》俱作"姊"。

按之經文,諸比丘尼之間往往互稱"大姊",佛亦稱聽戒經之諸比丘尼爲"諸大姊","妹"當爲"姊"字誤抄。此外,同經尚有"以下坐鉢與此比丘尼言。妹持此鉢乃至破。應捨此是時";"妹還我衣來,不與汝";"妹汝莫親近居士居士兒";"若比丘尼語式叉摩那言,汝妹捨是學是,當與汝受具足戒"等句,因"妹""姊"二字形近,"姊"誤抄作"妹",可據正。

上述兩條,皆是"姊"誤作"妹",第一條是敦煌寫卷及傳世文獻誤,第二條是石經誤,爲便於行文表述,本章集中討論,不分列在前後兩小節。下同。

【名：多】

(1) 失譯人《現在賢劫千佛名經》："名德佛。"

按："名",石經1.110作"名",S.4601、北大D079、麗藏本、清藏本、《大正藏》俱作"多";S.1238、S.6485作"名"。

"名德",指有名譽、有德行之人。"名德佛"指名譽、德行皆善之佛。"多德佛"一名,於義理雖通,終未見這一説法。故S.4601、北大D079、麗藏本、清藏本、《大正藏》俱作"多"爲"名"字形近之誤,可據正。

(2) 同前："多天佛。"

按："多天佛",石經1.110作"多天佛",清藏本、《大正藏》俱作"名天佛",S.4601、北大D079、麗藏本同於石經作"多天佛"。

"名天","世間天"的又名,也稱"世天",四種天之一,指國王、天子等。國王天子雖居人間,而所得享受猶如天福,故名。故石經、S.4601、北大D079、麗藏本作"多"爲"名"形近之誤,可據正。

【實：寶】

(1) 失譯人《現在賢劫千佛名經》："實語佛。"

按："實",石經1.110作"實","實語佛",S.1238作"寶語佛";S.4601作"寶語佛",S.6485作"寶語佛",北大D079作"寶語佛",麗藏本作"寶語佛",清藏本作"寶語佛",《大正藏》作"寶語佛"。

"實語",梵語Sstya-vāda,即真實、不妄不異之語,指佛或修行者所説的話語。《金剛般若經》："如來是真語者、實語者、如語者、不誑語者、不異語者。"密教經典有位於東西南北四方不同世界之四佛的説法,其中西方佛爲實語佛(見《智炬陀羅尼經》)。故S.4601、S.6485、北大D079、麗藏本、清藏本、《大正藏》作"寶語佛","寶"爲"實"形近之誤,可據正。

(2) 同前："寶相佛。"

按："寶相佛",石經1.110作"寶相佛",S.1238作"寶相佛",S.6485作

"寶相佛";清藏本、麗藏本、《大正藏》俱作"實相佛"。

在佛教中,常用"寶"來形容諸佛菩薩及法之崇高尊貴,稱諸佛菩薩之莊嚴法爲"寶相"。密教經典有位於東西南北四方不同世界之四佛的説法,其中南方佛爲寶相佛(見《陀羅尼集經》卷十、《清净觀世音普賢陀羅尼經》)。唐義净譯《金光明最勝王經》有證:"東方阿閦尊,南方寶相佛。""於蓮花上有四如來。東方不動。南方寶相。西方無量壽。北方天鼓音。"故清藏本、麗藏本、《大正藏》等俱作"實相佛","實"爲"寶"形近之誤,可據正。

【蓋：益】

(1) 失譯人《現在賢劫千佛名經》:"利益佛。"

按:"利益佛",石經 1.111 作"利益佛",S.1238 作"利蓋佛";清藏本作"法益佛",麗藏本作"法益佛";S.6485 作"利蓋佛",《大正藏》作"利益佛"。

"利益",梵語、巴利語 upakāra 的意譯,指隨順佛法而獲得之恩惠及幸福,分爲自利與利他兩種。自利稱爲功德,利他稱爲利益。"利蓋",佛理中無此一説。故 S.1238 作"利蓋佛",誤。"蓋"爲"益"形近之誤,可據正。

(2) 南朝宋沮渠京聲譯《佛説觀彌勒菩薩上生兜率天經》:"身雨衆花彌覆宫牆化成花蓋,一一花蓋百千幢幡以爲導引。"

按:"蓋",石經 3.560 作蓋,石經 3.379 作蓋,石經 3.433 作蓋,石經 1.106 作蓋,S.5555 作益,BD04049 作蓋,BD04161 作蓋,BD05812 作蓋,P.2373 作蓋,TK58 作蓋,TK60 作蓋,TK81+TK82+TK83 作蓋,上圖 004(795017)作蓋,麗藏本作"盖"。

"華蓋",梵語 puspa-cchartra 的意譯,以華裝飾而成的傘蓋成華蓋。在印度、西域等地,氣候炎熱,人多持傘蓋遮陽,傘上或以華裝飾,統稱華蓋。"蓋"省簡、異寫作"盖"。故 S.5555 作"益",爲"盖"形近之誤,可據正。

(3) 失譯人《現在賢劫千佛名經》:"法盖佛。"

按:"法盖佛",石經 1.112 作"法盖佛",S.1238 作"法益佛",S.6485 作"法益佛"。

"法",梵語 dharma、巴利語 dhamma 的意譯,音譯爲"達摩""曇摩""曇"。在佛典中,"法"之用例極多而語義不一,可類别爲任持自性、軌生物解二義。若就軌生物義而言,蒙受教化之利益稱爲法益、法利;又作人名,爲阿育王之子。"法盖"則是法會時所用之大傘。"法益""法盖"二義相較,以佛理命名的佛名"法益佛"更優。故石經作"法盖佛","盖"爲"益"形近之誤,可據正。

本條共三例，其中例（1）、（2）皆爲石經訂補敦煌寫卷，例（3）爲敦煌寫卷訂補石經。因爲三條關涉，故集中討論，不把第三條不放在第二小節討論。

【後：從】

（1）東晉帛尸梨蜜多羅譯《佛說灌頂隨願往生十方淨土經》："子行去後，若干日數應還到舍，父母計其應還歸家，往到市所，取諸羊骨頭蹄膏血，果蓏雜穀持散家中。"

按："後"，BD03042作從；石經3.388、S.0002、S.0297、BD01843、麗藏本、《大正藏》俱作"後"。

《說文·彳部》："後，遲也。"《說文·从部》："從，隨行也。从辵、从，从亦聲。""後""從"二字意義不同。從經文看，作"後"則暢，表時間範圍，BD03042作"從"，爲"後"字形近之誤，可據正。

（2）南朝宋沮渠京聲譯《佛說觀彌勒菩薩上生兜率天經》："佛滅度後我諸弟子，若有精勤修諸功德威儀不缺掃塔塗地。"

按："後"，石經3.379作從；石經3.560作後，石經1.107作後，BD02538作後，BD04049作後，BD04161作後，BD05812作後，S.5555作後，P.2071作後，TK58作後，TK60作後，TK81+TK82+TK83作後，上圖004（795017）作後，北大D075作後，麗藏本作後，《大正藏》作"後"。

按之文意，方位名詞"後"加在短語"佛滅度"之後，成爲方位短語，表時間，石經3.379作"從"，爲"後"形近之誤，可據正。

例（1）爲石經訂補敦煌寫卷中的訛誤，例（2）爲敦煌寫卷及傳世佛典訂補石經，但二例性質相同，故集中討論。

【服：明】

東晉帛尸梨蜜多羅譯《佛說灌頂隨願往生十方淨土經》："佛語長者：今諸聖衆安居三月行道欲竟，可還家中作百味飲食之具種種甘美，以好淨器盛持供養，及好衣服種種華香，金銀珍寶雜碎供具以施於僧，令汝得福使汝父母解脫此難，不復受苦餓鬼形也。"

按："服"，BD01843作明；石經3.388、BD03042作服，麗藏本作服，《大正藏》作"服"。

在經文中，"百味飲食""好衣服""華香（"香華"之倒序詞）""金銀珍寶"等皆爲施捨於僧的物品，BD01843作"衣明"，"明"爲"服"形近之誤，可據正。

【販賣∶販買】

後秦佛陀耶舍譯《四分大尼戒本》∶"若比丘尼種種販賣者,尼薩耆波逸提。"

按∶"販賣",上博 02(2415)作"販買";石經 2.378、S.0440、P.2310、Φ156、BD00014、北大 D088、津藝 087(77・5・4430)、麗藏本、《大正藏》俱作"販賣"。

"販賣",商人買進貨物再加價賣出以獲取利潤。《史記・秦本紀》∶"鄭販賣買人弦高,持十二牛將賣之周。"而"販買"則僅是購買、買進,不能準確表述比丘尼不得通過買賣物品牟利的戒律。故上博 02(2415)作"販買","買"爲"賣"形近之誤,可據正。

【式∶戒】

(1)後秦佛陀耶舍譯《四分大尼戒本》∶"若比丘尼語式叉摩那言,汝妹捨是擧是,當與汝受具足戒。若不方便與受具足戒,波逸提。"

按∶"式",BD00014 作戒,津藝 087(77・5・4430)作戒;石經 2.382、S.0440、P.2310、北大 D088、麗藏本、《大正藏》俱作"式"。

"式叉摩那",梵語Śiksamānā、巴利語 sikkhamānā 的音譯,即未受具足戒前學法中之尼衆。"戒叉摩那",佛典無此術語。故 BD00014、津藝 087(77・5・4430)俱作"戒",爲"式"形近之誤,可據正。沙門賓撰《四分律疏飾宗義記》"云比丘尼波羅夷戒叉等吉羅,即是犯文也",《卍續藏》注曰∶"戒疑式。"正是。

(2)東晉帛尸梨蜜多羅譯《佛説灌頂隨願往生十方净土經》∶"又有衆生不信三寶不行法戒,或時生信或時誹謗,或是父母兄弟親族,卒得病苦緣此命終。"

按∶"式",石經 3.387 作戒,S.0002 作戒,S.0297 作戒,S.1348 作戒,BD03042 作誡,麗藏本作戒,《大正藏》作"戒"。

"法",梵語 dharma、巴利語 dhamma,音譯爲達摩、達磨、曇,意譯爲法。在佛典中,法之用意極多且語義不一。總括之,可分爲任持自性、軌生物解二義。這裏指第二種意義,即規範、法則之意。"戒",梵語 sila 的意譯,音譯爲尸羅,義爲行爲、習慣、性格、道德等,一般限指净戒、善戒,特指爲出家和在家的修行者制定的戒律,有防非止惡之用。經文中"法""戒"同義連用。故石經作式,爲"戒"字形近之誤,可據正。

又,BD03042 作誡,與"戒"同源詞。見第三章同源詞部分。

【試：誡】

　　東晉帛尸梨蜜多羅譯《佛說灌頂隨願往生十方淨土經》："普廣菩薩又白佛言，若人在世不歸三寶不行法誡。"

按："誡"，石經 3.387 作誡，S.0002 作戒，S.0297 作戒，S.1348 作誡，BD03042 作誡，麗藏本作戒，《大正藏》作"戒"。

"誡"，"誡"的構件省簡字，"誡"爲"戒"的加形字。由第三章同源詞異文【誡：戒】條分析可知，"誡""戒"爲同源詞，石經作"誡"，爲"誡"形近之誤，可據正。

【漏：滿】

　　後秦佛陀耶舍譯《四分大尼戒本》："若比丘尼知女人常漏，大小便涕唾常出者，與受具足戒，與受具足戒，波逸提。"

按："漏"，津藝 087（77・5・4430）作滿；石經 2.382、麗藏本、《大正藏》俱作"漏"。

"漏"，中醫上稱人的體液流出不止的疾病或瘡瘍。《素問・刺禁論》："刺眶上陷骨，中脈爲漏，爲盲。"高士宗直解："刺眶上陷骨，中傷其脈，則淚流不止，故爲漏。"①《說文・水部》："滿，盈溢也。""漏""滿"二詞意義謬以千里。故津藝 087（77・5・4430）作"滿"，爲"漏"形近之誤，可據正。

【迎逆：迎送】

　　後秦佛陀耶舍譯《四分大尼戒本》："若比丘尼見新受戒比丘，應起迎逆恭敬禮拜問訊請與坐，不者除因緣波逸提。"

按："迎逆"，S.0440、P.2310、北大 D088、津藝 087（77・5・4430）俱作"迎送"；石經 2.382、麗藏本、《大正藏》俱作"迎逆"。

《說文・辵部》："逆，迎也。从辵，屰聲。關東曰迎，關西曰逆。"迎逆，猶迎接。晉法顯撰《佛國記》："客僧往到，舊僧迎逆，代擔衣鉢。""起迎逆恭敬禮拜問訊請與坐"是按時間先後順序排列的一連串動作，改"逆"爲"送"，則破壞這一時間先後順序。故 S.0440、P.2310、北大 D088、津藝 087（77・5・4430）俱作"迎送"，"送"爲"逆"形近之誤，可據正。

【病：應】

　　後秦佛陀耶舍譯《四分大尼戒本》："若比丘尼無病，乞肉食者，犯

---

① ［清］高士宗《黃帝內經素問直解》，學苑出版社，2011 年，第 351 頁。

應懺可呵法。"

按："病"，P.2310 作 [夜]；石經 2.383、麗藏本、《大正藏》俱作"病"。

按之上下文，其上文有"若比丘尼無病，乞蘇食者"，"若比丘尼無病，乞油食者"，"若比丘尼無病，乞蜜食者"，"若比丘尼無病，乞黑石蜜者"，"若比丘尼無病，乞乳食者"，"若比丘尼無病，乞酪食者"，"若比丘尼無病，乞魚食者"等語排比，故 P.2310 作"應"，爲"病"形近之誤，可據正。

【珎：弥】

失譯人《現在賢劫千佛名經》："珎寶佛。"

按："珎寶佛"，石經 1.109 作"[珎]寶佛"，S.4601 作"[弥]寶佛"；"珎"，麗藏本作[珎]，北大 D079 作[珎]，清藏本、《大正藏》俱作"珍"。

"珎"，"珍"的異寫字。西晉元康九年(299)《徐義墓誌》作[珎]，北魏正始二年(505)《元鸞墓誌》作[珎]，延昌三年(514)《元珍墓誌》作[珎]。佛理中從無"弥寶"一詞，故 S.4601 作"弥寶佛"，"弥"爲"珎"形近之誤，可據正。

【藥師上佛：藥師子佛】

失譯人《現在賢劫千佛名經》："藥師上佛。"

按："藥師上佛"，S.1238、S.6485 俱作"藥師子佛"；石經 1.113、清藏本、麗藏本、《大正藏》俱作"藥師上佛"。

"藥師"，梵語 Bhaiṣajyaguru 的意譯，又作藥師如來、大醫王佛，爲東方浄琉璃世界之教王。此佛於過去世行菩薩道時，曾發十二大願，願爲衆生解除疾苦，使俱足諸根，導入解脱，故依此成佛。"上"，極言佛地位之尊貴，故 S.1238、S.6485 俱作"藥師子佛"，則謬以千里，"子"爲"上"形近之誤，可據正。

【安闍那佛：安闇那佛】

失譯人《現在賢劫千佛名經》："安闍那佛。"

按："安闍那佛"，石經 1.113 作"安[闍]那佛"，S.1238 作"案[闇]那佛"，S.6485 作"案[闇]那佛"；清藏本作、麗藏本、《大正藏》俱作"安闍那佛"。

"安闍那"，梵語 añjana 的音譯，又作"安繕那""安禪那"，印度植物的一種，中印度婆枳多城附近之安禪林，爲佛陀説法舊地，此地即因安闍那樹之繁茂而得名。故 S.1238、S.6485 作"安闇那佛"，俱誤，"闇"爲"闍"形近之誤，可據正。

【具足論佛：異足論佛】

失譯人《現在賢劫千佛名經》："具足論佛。"

按："具足論佛"，S.6485 作"異足輪佛"；石經 1.113、清藏本、麗藏本、《大正藏》俱作"具足論佛"。

"具足"，具備滿足的略稱。《法華經普門品》："觀音妙智力，能救世間苦；具足神通力，廣修智方便。""異足"，佛教無此名物。故 S.6485 作"異足輪佛"，"異"爲"具"形近之誤，可據正。

【諸威德佛：諸盛德佛】

失譯人《現在賢劫千佛名經》："諸威德佛。"

按："諸威德佛"，S.1238 作"諸威德佛"，S.6485 作"諸威德佛"，石經 1.112、清藏本、麗藏本、《大正藏》俱作"諸威德佛"。

"威德"，梵語 yaksa、巴利語 yakkha 的意譯，音譯作藥叉、閱叉，意譯又作輕捷、勇健、能噉等。"盛德"，品德高尚；高尚的品德。《易·繫辭上》："日新之謂盛德。"《史記·老子韓非列傳》："良賈深藏若虛，君子盛德，容貌若愚。"在佛經中，以"威德"命名的佛名很多，如北魏瞿曇般若流支譯《佛説佛名經》卷一"南無五百威德佛，南無一切同名威德佛，南無五百上威德佛，南無一切同名上威德佛"；卷三"威德佛""頂堅勝威德佛""無量威德佛""大威德佛""勝威德佛""解脱威德佛""善疾平等威德佛""天威德佛""高威德佛""淨威德佛"等等。以"盛德"爲佛命名的，僅一例，利州太子寺講經論比丘德雲集《一切佛菩薩名集》卷十五"南无稱佛，南无盛德佛，南无法佛，南无法幢佛，南无法住持佛"。此例中，"盛德佛"爲"威德佛"之誤，在失譯人《佛説佛名經》卷七載"南无稱佛，南无威德佛，南无法佛，南无法幢佛，南无法住持"，佛名順序和名稱皆與德雲所集《一切佛菩薩名集》相同，僅僅有"威德""盛德"之異，當知"盛德"爲誤抄。故 S.1238 作"諸盛德佛"，"盛"爲"威"形近之誤，可據正。

他例如，西晉竺法護譯《正法華經》卷九："若有學人，受是經者，所逮聖明勢力威德，超越若斯。"《大正藏》作"威德"，宋本、元本、明本、宮本皆作"盛德"。隋闍那崛多譯《佛本行集經》卷九："此太子者，有大威德，是大衆生，今生王家。大王！當知，此太子身有三十二大丈夫相。""大威德"，寶成編《釋迦如來應化錄》此句引作"大盛德"。隋闍那崛多譯《佛本行集經》卷二十九："或有多種異狀形容，或有面孔威德甚大。"《大正藏》作"威德"，聖本作"盛德"。

【離畏佛：離山佛】

失譯人《現在賢劫千佛名經》:"寶髻佛、離畏佛、寶藏佛。"

按:"離畏佛",清藏本、《大正藏》俱作"離山佛";石經 1.110、S.1238、S.4601、S.6485、北大 D079、麗藏本俱作"離畏佛"。

"離怖畏",梵名有離怖畏如來之名(Abhayamkara-tathāgata),爲施餓鬼會時,供奉五本尊之一。《秘藏記》以五如來配五佛,離怖畏如來即北方釋迦摩尼佛,其歷經六道四生界,爲一切衆生作諸事業而令無怖畏,故稱離怖畏如來。如此,則"離畏佛"名爲確,清藏本、《大正藏》作"離山佛"則誤,可據正。

另,元王子成集《禮念彌陀道場懺法》卷六"南無寶髻佛、南無離山佛、南無寶藏佛",亦誤。南朝梁諸大法師集撰《慈悲道場懺法》卷七"南無寶髻佛、南無離山佛、南無寶藏佛",《大正藏》誤作"離山佛",甲本、乙本作"離畏佛",是。

【斛：䈉】

失譯人《佛説父母恩重經》:"十指甲中食子不净,應各八斛四斗。"

按:"斛",石經 3.555 作䈉,S.5433 作䈉;P.2285 作䈉,P.3919A.3 作䈉,北大 D100 作䈉,上博 48(41379)作䈉。

《説文·斗部》:"斛,十斗也。从斗,角聲。"S.5433 作䈉,"解"的異體,爲"斛"形近之誤,可據正。"解"異寫作"䈉",同前"佛告阿難。汝好諦聽善思念之。吾當爲汝分別解説","解",石經 3.555 作䈉,S.5433 作䈉,P.2285 作䈉。又如,後秦佛陀耶舍譯《四分比丘戒本》"僧不約敕。出界外作羯磨與解罪","解",石經 2.377 作䈉,BD00014 作䈉,津藝 087(77·5·4430)作䈉。

【始：如、胎】

失譯人《佛説父母恩重經》:"母見兒歡,兒見母喜,二情恩悲慈愛,親重莫復,過此二歲三歲弄意始行。"

按:"始",石經 3.340、3.555 俱作"始",S.2269 作"如";S.5433 作胎;石經 3.389、3.396、S.5253、S.7203、P.3919A.3、《大正藏》俱作"始"。

《説文·女部》:"始,女之初也。从女,台聲。"段玉裁注:"《釋詁》曰:初,始也。此與爲互訓。"①經文指小兒兩三歲時開始走路,S.2269 作"如",

---

① [清]段玉裁《説文解字注》,上海古籍出版社,1988年,第617頁。

S.5433 作󠄀[胎],文意謬以千里,俱爲形近之誤,可據正。

【索:常】

失譯人《佛説父母恩重經》:"至於行來,官私急疾,傾心南北,逐子東西,攬簪上頭,既索妻婦,得他子女,父母轉踈。"

按:"索",石經 3.555 作"索",P.3919A.3 作"帛";北大 D100 作[索],S.5433 作[索],《大正藏》作"索"。

經文"既索妻婦,得他子女"指成年後的兒子要求父母爲他娶媳婦,"索"即"要求、請求"之意,"常"字則謬以千里。故 P.3919A.3 作"常",爲"索"形近之誤,可據正。

【濕:曰】

失譯人《佛説父母恩重經》:"吞苦吐甘,推乾就濕,非義不親,非母不養。"

按:"濕",石經 3.555 作"濕",S.5642 作[曰];S.1189 作[湿],P.2285 作[湿],S.1323 作[濕],S.1907 作[濕],S.4476 作[湿],S.5433 作[濕],北大 D100 作[濕]、[湿],P.3919A.3 作[湿],S.0149、S.2084、S.5215、S.5253、S.7203 俱作"濕"。

經文中"苦""甘"相對,"乾""濕"相對,S.5642 作[曰],則扞格難通,誤,可據正。

【中:口】

南朝宋沮渠京聲譯《佛説觀彌勒菩薩上生兜率天經》:"一一寶珠化成無量樂器,懸處空中不鼓自鳴。"

按:"中",BD04049 作[口];石經 1.105、3.379、3.432、3.560、BD04161、BD05812、S.5555、P.2373、P.4535、TK58、TK60、TK81+TK82+TK83、上圖 004 (795017)、麗藏本、《大正藏》俱作"中"。

"空中",天空之意。如《列子·天瑞》:"夫天地,空中之一細物,有中之最巨者,難終難窮。""中",BD04049 作[口],誤,可據正。

【憍:懷】

失譯人《佛説父母恩重經》:"一過不得,憍啼伴哭。憍兒不孝,又必五摘。孝子不憍,必有慈順。"

按:"憍",石經 3.555 作[憍],S.2084 作[懷],《大正藏》亦作"懷";S.0149

作憍，S.1189作憍，S.1548作憍，S.1907作憍，S.2269作憍，S.4476作憍，S.5433作憍，S.7203作憍，P.2285作憍，P.3919A.3作憍，Дx01689作憍，BD00439作憍，北大D100作憍。

《廣韻·宵韻》："憍，恣也。"《集韻·宵韻》："憍，逸也。"即"憍"爲放縱之意。《説文·心部》："懷，念思也。从心，褱聲。""憍""懷"二字意義不同。上下文是説在父母面前放縱情欲者必然不孝，孝子必然不放縱個人情欲這樣一種事理。故S.2084、《大正藏》俱作"懷"，於事理不合，爲"憍"形近之誤，可據正。

【轉：輕】

北魏法場譯《佛説辯意長者子經》："不奉受師教，死受罪不轉。"

按："轉"，石經3.626作轉，麗藏本、《大正藏》俱作"輕"。

"轉"，佛教輪迴觀念的術語，梵語pravrtti的意譯，義爲生起，謂因緣生起。佛教認爲，衆生從出生以來，即輾轉生死於三界六道之中，如車輪一樣地旋轉，故稱"六道輪回"，至少要修成阿羅漢，乃至成佛，否則無有脱出之期。麗藏本、《大正藏》俱作"輕"，導致經義南轅北轍，當是"轉"形近之誤，可據正。

【解脱：鮮肥】

北魏法場譯《佛説辯意長者子經》："爾時，世尊以偈頌曰：不煞得長壽，無病常解脱。一切受天位，身安光景至。"

按："解脱"，石經3.626作"解脱"，麗藏本、《大正藏》俱作"鮮肥"。

"解脱"，梵語vimukti，巴利語mimutta，義爲解放，指自由煩惱束縛中解放而超脱迷苦之境地。廣而言之，擺脱世俗任何束縛，於宗教精神上感到自由，均可用於稱之。狹義地看，亦指斷絶"生死"原因，與"涅槃、圓寂"同義。佛以度人度己爲己任，近則脱離苦境，遠則歸於寂滅。故麗藏本、《大正藏》作"鮮肥"，實爲"解脱"形近之誤，可據正。唐釋道世撰《法苑珠林》"佛爲辯意長者子，要有五事行得生天，以偈頌曰：不殺得長壽，無病常解脱"，亦是其證。

【王：主】

北魏法場譯《佛説辯意長者子經》："若行此五事，輒得爲人王。"

按："王"，石經3.626作王，麗藏本、《大正藏》俱作"主"。

在《佛説辯意長者子經》中，有例句"吾爲王者以鐵輞車轢斷其頭"，"吾爲王者當供養佛及衆弟子","時彼國王忽然崩亡無有繼後","中有神人。即見乞兒,相應爲王","乞兒驚愕自云,下賤非是王種","即遣使者,往請佛言,蒙世尊遺恩得爲人王,願屈尊神來化此國遇冥之人得見教訓","王到國中,陰陽和調四氣隆赫"等,石經 3.626 均作"王"而不作"主"。故金藏廣勝寺本、麗藏本、《大正藏》俱作"主",爲"王"形近之誤,可據正。

【而：面】

東漢安世高譯《佛説罪業應報教化地獄經》:"爾時世尊,即爲此諸受罪衆生,而説偈言。"

按:"而",《大正藏》作"面";石經 3.607、BD05969、麗藏本作"而"。

在經文中,"而"作連詞,連接狀語"爲此諸受罪衆生"與中心語"説偈言",《大正藏》作"面",則扞格不通,爲"而"形近之誤,可據正。

【恩：思】

東漢安世高譯《佛説罪業應報教化地獄經》:"背恩忘義,常行苟且。"

按:"恩",石經 3.607 作恩,P.5028 作思;麗藏本作恩,《大正藏》俱作"恩"。

"背恩忘義",背棄恩德,忘卻道義。如《晉書·忠義傳序》:"雖背恩忘義之徒不可勝載,而蹈節輕生之士無乏於時。"漢語史上無"背思忘義"一語,故 P.5028 作思,爲"恩"形近之誤,可據正。

【華報：果報】

東晉帛尸梨蜜多羅譯《佛説灌頂章句拔除過罪生死得度經》:"若有噁心來相向者,心當存念琉璃光佛,山中諸難不能爲害。若他方怨賊偷竊惡人,怨家債主欲來侵陵,心當存念琉璃光佛,則不爲害。以善男女禮敬琉璃光如來功德,所致華報如是,況果報也。"

按:"華報",BD02232 作"果報";石經 3.2、BD02791 作"華報",BD02435 作"荜報",BD03143 作"華報",BD03407 作"華報",BD00391、BD00848、BD01397、BD01495、BD03567、BD03619、BD00033、麗藏本、《大正藏》俱作"華報";BD02909 作"花報",BD00032 作"花報"。

"華報",又稱"花報",與"果報"二詞皆爲比方:比如一顆果樹,先開花,後結果,爲獲得果實而植樹,除了果實之外,又可得華,是爲"華報",得到果實,是爲"果報"。華報的報應報在人間,肉眼可以看到,果報則報在地獄,肉眼看不到。如殺生，有花報，亦有果報。花報是多病短命，果報墮地獄。地藏菩薩在《地藏經》裏談了二十三種華報，目的是告訴衆生，受苦惱的時候要懺悔，如此則地域的果報與現在的華報都會慢慢消除。就經文看，佛祖所告訴文殊菩薩的都是華報，故 BD02232 作"果報"，誤，可據正。

【閜：問】

東晉帛尸梨蜜多羅譯《佛説灌頂章句拔除過罪生死得度經》："若遭厄難閜在牢獄枷鎖著身，亦當造立五色神幡。"

按："閜"，BD00391 作閜；石經 3.2 作閜，P.4914 作閜，Дх02016＋Дх02034+Дх02294+Дх03724 作閜，敦研 355 作閜，津藝 119（77·5·4458）作閜，津藝 270（77·5·4609）作閜，S.1968 作閜，BD00032 作閜，BD00033 作閜，BD000317 作閜，BD00737、BD00848、BD01169、BD01495、BD02103、BD02232、BD02691、BD02791、BD03306、BD03567、BD03619、麗藏本亦俱作"閜"；BD01397 作閜，BD02756 作閜，《大正藏》作"閉"。

《説文·門部》："閉，闔門也。從門，才所以距門也。"引申爲關閉、關押。經文用引申義。"閜"爲"閉"的異體。《玉篇·門部》："閜"，"閉"的俗字。《荀子·儒效》："外閜不閜，跨天下而無蘄。"《説文·口部》："問，訊也。""閜""問"二字意義無涉。故 BD00391 作"問"，爲"閜"形近之誤，可據正。

【歎：歡】

唐義浄譯《佛説無常經》："目觀生死隔，云何不愁歎。"

按："歎"，S.5447 作歡；石經 3.339、BD00535、BD01030、BD03608、S.0153、BD01063、BD01367、BD03554、BD03874、S.1479、S.2540、S.2926、S.4713、S.6367、P.3924、TK137、TK323、酒博 013、津藝 193（77·5·4532）、麗藏本、《大正藏》俱作"歎"；S.0311 作"嘆"。

"歎""嘆"爲换聲異體字。"愁歎"，憂愁歎息。《楚辭·九章·抽思》："愁歎苦神，靈遥思兮。"北宋紹德、慧詢等譯《菩薩本生鬘論》："是時王後悔惱愁歎，遍求前藥唯得少滓，以乳煎服後亦有子。"S.5447 作"愁歡"，漢語史上無此語詞，其語素意義組合亦與語境不合，"歡"爲"歎"形近之誤，可據正。

他例如，同前"衆苦與死俱，此時徒歎恨"，"歎"，S.5447 作歡；BD03554、BD03608、BD03874、S.0153、S.0311、S.1479、S.2926、S.3887、S.4164、S.4529、S.4713、S.5160、P.3924、TK137、TK323、酒博 013、北大 D093、

津藝193（77·5·4532）、津藝202（77·5·4541）、麗藏本、《大正藏》"歎"；BD01367、S.6367俱作"嘆"。S.5447作"歡"，亦誤，當正。

【充：无】

唐義净譯《佛説無常經》："眷屬皆捨去，財貨任他將，但持自善根，險道充糧食。"

按："充"，石經3.339作充，津藝193（77·5·4532）作无；BD00535、BD01030、BD01063、BD03608、BD03874、BD01367、BD03554、S.0153、S.0311、S.6367、S.1479、S.2926、S.3887、S.4164、S.4529、S.4713、S.5160、S.5447、P.3924、TK137、TK323、酒博013、北大D093、津藝202（77·5·4541）、麗藏本、《大正藏》俱作"充"。

這是《無常經》偈頌中對衆生難免無常的現實，特別是臨終時的苦痛的具體描述：人之將死，財物、親眷、威勢等都將拋棄，衹有堅持無貪、無嗔、無癡等善根，做積功累德的事就是在蓄積糧資。"充"，即充當、充作之意。《説文·儿部》："充，長也；高也。从儿，育省聲。"朱駿聲《通訓定聲·豐部》認爲："或曰：从育省，會意，育子長大成人也。"①引申爲充當、充任。故津藝193（77·5·4532）作无，則語義失之太遠，"无"爲"充"形近之誤，可據正。

【伏：仗、杖、犬】

唐義净譯《佛説無常經》："唯有佛菩提，是真皈伏處。"

按："伏"，石經3.339作伏，BD01063作伏，S.0311作伏，S.2540作仗；BD00535作仗，BD01030作杖，BD01367作杖，BD03554作仗，BD03608作仗，BD03874作仗，S.0153作仗，S.2926作仗，S.3887作仗，S.4007作仗，S.4164作仗，S.4529作伏，S.4713作犬，S.5447作仗，S.6367作仗，P.3924作仗，TK137作仗，TK323作仗，酒博013作仗，北大D093作杖，津藝193（77·5·4532）作伏，津藝202（77·5·4541）作伏，麗藏本作伏，《大正藏》作"仗"。

"皈伏"，皈依、順服之意。"皈仗"則不辭。"仗""杖"爲"伏"字之誤，本書不認爲兩者是異寫關係。因爲敦煌寫卷中的"伏"字從來不這麽寫。以下各例可爲證：

---

① ［清］朱駿聲《説文通訓定聲》，《續修四庫全書》第220册，上海古籍出版社，2002年，第129頁。

東晉帛尸梨蜜多羅譯《佛說灌頂章句拔除過罪生死得度經》"第九願者，使我來世摧伏惡魔及諸外道，顯揚清淨無上道法，使入正真無諸邪僻，迴向菩提八正覺路"，"伏"，石經 3.2 作伏，P.2178V⁰作伏，P.4027V⁰作伏，Дx00014 作伏，BD00032 作伏，BD00317 作伏，BD00848 作伏，BD01414 作伏，BD01495 作伏，BD02791 作伏，BD02909 作伏，麗藏本作伏，《大正藏》作"伏"。唐義淨譯《金光明最勝王經》卷一"能善調伏如大象王"，"伏"，石經 3.535 作伏，BD00288 作伏，BD00394 作伏，BD00432 作伏；BD03340 作伏，BD04208 作伏，BD04953 作伏，上圖 038（812445）作伏，麗藏本作伏，金藏廣勝寺本作伏，《大正藏》作"伏"。同前卷一"能善調伏如大象王"，"伏"，石經 3.535 作伏，BD00288 作伏，BD00394 作伏，BD00432 作伏；BD03340 作伏，BD04208 作伏，BD04953 作伏，上圖 038（812445）作伏，麗藏本作伏，金藏廣勝寺本作伏，《大正藏》作"伏"。

敦煌寫卷這麼多的卷帙寫作"仗""杖"，或寫作"犬"，已經佔用其他字位，又妨礙經文的閱讀與理解，故本書認爲 BD00535、BD01030、BD01367、BD03554、BD03608、BD03874、S.0153、S.2926、S.3887、S.4007、S.4164、S.4529、S.4713、S.5447、S.6367、P.3924、TK137、TK323、酒博 013、北大 D093、津藝 193（77・5・4532）、津藝 202（77・5・4541）、麗藏本、《大正藏》等作"仗"俱誤，可據正。

【不：忽】

唐義淨譯《佛說無常經》："假使妙高山，劫盡皆散壞。大海深無底，亦復皆枯竭。大地及日月，時至皆皈盡。未曾有一事，<u>不</u>被無常吞。"

按："不"，BD01063 作忽，石經 3.339、BD01367、BD03554、BD03608、BD03874、S.0153、S.0311、S.1479、S.2540、S.2926、S.3887、S.4713、S.5447、S.6367、P.3924、TK137、TK323、酒博 013、津藝 193（77・5・4532）、麗藏本、《大正藏》俱作"不"。

《無常經》這一偈頌說的是劫壞之時萬物俱毀、不復存在的狀況。作爲結語，前一句"未曾有一事"是主語部分，後一句"不被無常吞"是謂語部分，合起來的意思是：沒有任何一件事物不被無常吞噬的。本光等集《橫川和尚語錄》："凡世間有形相者，皆被無常吞卻，無常又被無常吞卻，若能省悟無常之無常，即是上座自己。""忽"則表示突然、快速之意，不表示否定，與經文語義不合，故 BD01063 作"忽"，誤，可據正。

【賊：賤】

(1) 東晉帛尸梨蜜多羅譯《佛説灌頂章句拔除過罪生死得度經》："是經能除他方逆賊悉令消滅,四方夷狄各還正治不相嬈惱。"

按："賊",BD00032 作賤,石經 3.2、BD00033、BD000317、BD00391、BD00737、BD00848、BD01178、BD01397、BD01495、BD02103、BD02232、BD02691、麗藏本、《大正藏》俱作"賊"。

"逆賊",對叛逆者的憎稱。西晉竺法護譯《佛説鴦掘摩經》："有逆賊,遮截要路害人不少,唯願天王,爲民除患。"東晉竺曇無蘭譯《佛説泥犁經》："譬如長吏捕得逆賊,將詣王前白言:此人反逆念國家惡。王敕長吏以矛刺百瘡。"《敦煌變文集·伍子胥變文》："梁國之臣,逆賊子胥,父事於君,不能忠謹。""逆賤",漢語史上無此語詞,BD00032 作"賤",爲"賊"形近之誤,可據正。

(2) 唐義浄譯《金光明最勝王經》卷一："若心亂者得本心,若無衣者得衣服,被惡賤者人所敬,有垢穢者身清潔,於此世間所有利益,未曾有事悉皆顯現。"

按："賤",石經 3.536 作賤,BD04064 作賊,BD04208 作賊;BD04578 作賤;BD04381 作賤,BD04667 作賤,BD04900 作賤,BD04953 作賤,BD05239 作賤,BD06025 作賤,BD00233、BD00288、BD0041、BD00648、BD02177、BD03138、BD03170、BD03664、BD03852、S. 0032、上圖 038（812445）、麗藏本、金藏廣勝寺本、《大正藏》俱作"賤"。

《説文·心部》："惡,過也。"引申爲壞,不好。《説文·貝部》："賤,賈少也。从貝,戔聲。"引申爲地位低下。《玉篇·貝部》："賤,卑下也,不貴也。"結合上下文看,有"心亂者""無衣者""被惡賤者""有垢穢者","被惡賤"爲"者"字的修飾語,義爲遭受不好、卑賤的（人）。故 BD04064、BD04208 作"被惡賊者",不辭,"賊"爲"賤"形近之誤,可據正。

【穀：設】

東晉帛尸梨蜜多羅譯《佛説灌頂隨願往生十方浄土經》："子行去後,若干日數應還到舍,父母計其應還歸家,往到市所,取諸羊骨頭蹄膏血,果蓏雜穀持散家中。"

按："穀",石經 3.388 作"穀",BD01843 作設;S.0002 作榖,BD03042 作榖,麗藏本作穀,《大正藏》作"穀"。

按之經文,父母取"羊骨頭蹄膏血""果蓏雜穀"等物品,持散家中。這些物品皆是可食之物,爲名物詞。《説文·禾部》："穀,續也,百穀之總名。从禾,殻聲。"作"穀"則意合。《説文·言部》："設,施陳也。从言,从殳。"故

BD01843作"設",爲動詞,爲"穀"形近之誤,可據正。

【合：舍】

南朝宋沮渠京聲譯《佛說觀彌勒菩薩上生兜率天經》："爾時會中有一菩薩名曰彌勒,聞佛所說,應時即得百萬億陁羅尼門,即從座起整衣服,叉手合掌住立佛前。"

按："合",BD04049作舍;石經2.405、3.379、3.432、3.560、S.5555、P.2373、P.4535、TK58、TK60、TK81+TK82+TK83、TK86、BD04049、上圖004(795017)、麗藏本、《大正藏》俱作"合"。

"叉手",兩手交叉之意。印度致敬法之一。即合掌交叉兩手之指頭。所以,叉手即合掌,也稱合掌叉手,表示己心專一。密宗稱爲金剛合掌,也叫歸命合掌;天竺稱爲叉手。故BD04049作"舍",爲"合"形近之誤,可據正。

金剛合掌

他例如,唐義淨譯《金光明最勝王經》卷一"諸惡相現前,天神皆捨離","捨",BD03664作拾;BD03863作捨,BD04208作捨,BD04381作捨,BD04578作捨,BD04667作捨,BD04900作捨,BD04953作捨,BD05239作捨,BD06025作捨,P.3042作捨,甘博083作捨,上圖038(812445)作捨,麗藏本、金藏廣勝寺本、《大正藏》俱作"捨"。BD03664作拾,"捨"字構件"舍"寫作"合"致誤,可據正。

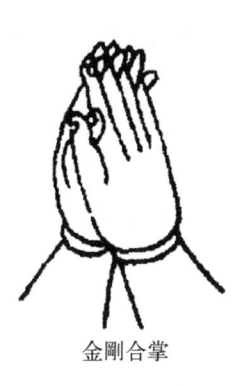

【經：結】

西晉竺法護譯《佛說盂蘭盆經》："當此之日,一切聖僧或在山間禪定或得四道果,或樹下經行,或六通自在教化聲聞緣覺。"

按："經",P.2055作結;石經3.586作經,石經2.483作經,石經2.455作經,S.2540作經,S.4264作經,S.6163作經,麗藏本作經,《大正藏》作"經"。

"經行",佛教語,爲防坐禪而欲睡眠,或爲養身療病,或表示敬意,佛教徒旋繞往返或徑直來回於一定之地。故P.2055作"結行",佛教無此修行之法,誤,可據正。

【況：向】

唐義淨譯《佛說無常經》："無上諸世尊,獨覺聲聞衆,尚捨無常身,何況諸凡夫。"

按:"況",津藝193(77·5·4532)作 向;石經3.339、BD00535、BD01063、BD01367、BD03554、BD03608、BD03874、S.0311、S.1479、S.3887、S.4713、S.5447、S.6367、S.0153、S.2540、S.2926、P.3924、Дx02845、TK137、TK323、麗藏本、《大正藏》俱作"況"。

"何況",用反問的語氣表達更進一層的意思。《後漢書·楊終傳》:"昔殷民近遷洛邑,且猶怨望,何況去中土之肥饒,寄不毛之荒極乎?""何向",如何,怎樣。南朝陳徐陵《報尹義尚書》:"執筆潸然,不知何向。"漢語史上雖"何況""何向"二語並存,但就語義來看,"何況"更合於經意。故津藝193(77·5·4532)作"向",誤,可據正。

【毗尼:比丘、比尼】

南朝宋沮渠京聲譯《佛説觀彌勒菩薩上生兜率天經》:"爾時,優波離亦從座起,頭面作禮而白佛言:世尊往昔於毗尼中及諸經藏説阿逸多次當作佛,此阿逸多具凡我諸波羅蜜夫身未斷諸漏,此人命終當生何處?其人今者雖復出家,不修禪定不斷煩惱。"

按:"毗尼",石經1.105、3.432、3.560、BD04049、S.5555、P.2373、P.2373、P.4535、TK58、TK60、TK81+TK82+TK83、TK86、麗藏本、《大正藏》俱作"毗尼";石經2.405作"比丘";石經3.379、S.4607、上圖004(795017)作"比尼"。

"毗尼",梵語vinaya的譯音,又譯作"毗奈耶",意譯爲律。經文中"毗尼"(即律)與經藏並列,正是。石經2.405作"比丘";石經3.379、S.4607、上圖004(795017)作"比尼",俱誤,可據正。

【肉:宍】

南朝宋沮渠京聲譯《佛説觀彌勒菩薩上生兜率天經》:"時兜率陀天七寶臺内摩尼殿上師子牀座忽然化生,於蓮花結加趺坐,身如閻浮檀金色長十六由旬,卅二相八十種好皆悉具足,頂上肉髻髮如紺瑠璃色。"

按:"肉",石經3.560作 肉,石經1.107作 肉,上圖004(795017)作 宍;P.2071作 宍;BD04161作 肉,P.2373作 肉,TK58作 肉,TK81+TK82+TK83作 肉,TK60、麗藏本、《大正藏》俱作"肉";石經3.433作 宍,BD04049作 宍,BD05812作 宍,S.3024作 宍,S.5555作 宍。

"肉髻",梵語uṣṇīṣa-śiraskatā的意譯,音譯爲嗢瑟尼沙,如來及菩薩之頂上,骨肉隆起,其形如髻,乃尊貴之相,爲三十二相之一。"宍"爲"肉"的歷時異體字,P.2071作 宍,爲"宍"之異寫。上圖004(795017)作 宍,爲

"害"之異體當是"宎"字形近之誤,可據正。

【閣:間】

南朝宋沮渠京聲譯《佛説觀彌勒菩薩上生兜率天經》:"爾時百千無數天子天女眷屬各持寶花以布座上,是諸蓮白拂侍立帳花自然皆出五百億寶女,手執内持宫四角有四寶柱,一一寶柱有百千樓閣,梵摩尼珠以爲交絡,時諸閣間有百千天女。"

按:"閣",石經 1.106、2.405、3.379、3.433、3.560、BD04049、BD04161、S.5555、P.2373、P.4535、上圖 004(795017)、TK58、TK60、TK81+TK82+TK83、麗藏本、《大正藏》俱作"閣";上圖 004(795017)作 間。

由上文"手執内持宫四角有四寶柱。一一寶柱有百千樓閣"可知,"諸閣間有百千天女",這是順承寫法。"閣",上圖 004(795017)作 間,當是涉下文而誤,可據正。

【使:便】

西晉白法祖譯《佛説菩薩修行經》:"如是長者,菩薩大士,有四十二事而以觀身。作是觀已,離想結纏身心意識,縛著吾我貪身壽命,濁亂諸非應使除盡。"

按:"使",石經 3.458、3.561、金藏廣勝寺本俱作"使";麗藏本、《大正藏》俱作"便"。

《説文·人部》:"使,伶也。从人,吏聲。"桂馥義證:"伶也者,通作令。"①即命令、派遣之意。《説文·人部》:"便,安也。人有不便,更之。从人,更。"引申爲就、即之意。石經"濁亂諸非應使除盡"表使令義,故"使"爲是;麗藏本、《大正藏》作"便",爲"使"形近之誤,可據正。

他例如,東晉僧伽提婆譯《中阿含經》:"於是,梵志陀然敬心扶抱尊者舍梨子,將入家中,爲敷好牀,請使令坐。尊者舍梨子即坐其牀,梵志陀然見尊者舍梨子坐已,執金澡灌,請尊者舍梨子食。"《大正藏》作"使令",宋本、元本、明本作"便令",非。

【竟:意】

唐義浄譯《金光明最勝王經》卷一:"世尊之舍利,畢竟不可得,假

---

① [清]桂馥《説文解字義證》,《續修四庫全書》第 210 册,上海古籍出版社,2002 年,第 72 頁。

使用龜毛，織成上妙服，寒時可披著，方求佛舍利假使蚊蚋足，可使成樓觀。堅固不搖動，方求佛舍利。"

按："竟"，石經 3.536 作竟，BD03138 作意，BD04667 作意；BD03236 作竟，BD03664 作竟，BD04064 作竟，BD04208 作竟，BD04381 作竟，BD04900 作竟，BD04911 作竟，BD05239 作竟，上圖 038（812445）作意，麗藏本作竟，金藏廣勝寺本、《大正藏》俱作"竟"。

"畢竟"，終究、到底。唐許渾《聞開江宋相公申錫下世》詩之一："畢竟成功何處是？五湖雲月一帆開。"BD03138、BD04667 作"畢意"，不辭，當是"竟"誤作"意"使然，可據正。

他例如，西晉法炬譯《佛説頂生王故事經》："設於五欲中，竟不愛樂彼，愛盡便得樂，是三佛弟子。"《大正藏》作"竟"，宋本、元本、明本作"意"。東晉僧伽提婆譯《增壹阿含經》卷五十一："百年習放逸，後故入地獄，斯竟何足貪，受罪難稱計。"《大正藏》作"竟"，宋本作"意"。南朝宋求那跋陀羅譯《雜阿含經》卷四十二："我等人人各説第一，竟無定判，當詣世尊！"《大正藏》作"竟"，宋本、元本、明本作"意"。南朝宋求那跋陀羅譯《雜阿含經》卷二十二："若以法調伏，不隨餘異見，無知已究竟，能度世恩愛。"《大正藏》作"竟"，宋本作"意"。

【莊：病】

唐義浄譯《金光明最勝王經》卷一："世尊不思議，妙體無異相。爲利衆生故，現種種莊嚴。"

按："莊"，石經 3.536 作莊，BD04208 作病；BD03664 作莊，BD04064 作莊，BD04381 作莊，BD04667 作莊，BD04900 作莊，BD05239 作莊，上圖 038（812445）作莊，麗藏本作莊，金藏廣勝寺本作莊。

"莊"，"莊"的異體字。"莊嚴"，佛教語，指宏偉精妙境界。BD04208 作病嚴，不辭，當是"莊"誤作"病"使然，可據正。

【終：經】

唐義浄譯《金光明最勝王經》卷一："我今求佛舍利如芥子許，持還本處，置寶函中恭敬供養，命終之後得爲帝釋，常受安樂。"

按："終"，石經 3.536 作"終"，BD00648 作"經"；BD00071、BD02688、BD03236、BD03664、上圖 038（812445）、麗藏本、金藏廣勝寺本俱作"終"；BD00233、BD00288、BD00981、BD03011、BD03138、BD04064、BD04208、BD04381、BD04667、BD04900、BD04911、BD05239 俱作"終"。

《説文・系部》："終，絿絲也。从糸，冬聲。"甲骨文作 ◠ 合20726、◠ 合14209正，象人體的腳後跟（踵）部位，人體從首始，至踵終，引申爲終結的終，後引申爲人死。《釋名・釋喪制》："老死曰壽終，壽久也。"並爲此義造專字"冬"。《説文・系部》："經，織也。"段玉裁依《太平御覽》卷八百二十六補"從絲"二字作"經，織從絲也"①。石經經文"命終之後"，BD00648作"命經之後"，不辭，爲"終"誤作"經"使然，可據正。

【傘：金】

唐義净譯《金光明最勝王經》卷一："假使波羅葉可成於傘蓋，能遮於大雨，方求佛舍利。"

按："傘"，石經 3.536 作傘，BD00233 作金；BD00288 作傘，BD00981 作傘，BD02688 作傘，BD03011 作傘，BD03138 作傘，BD03236 作傘，BD03664 作傘，BD04064 作傘，BD04208 作傘，BD04381 作傘，BD04667 作傘，BD04900 作傘，BD04911 作傘，BD05239 作傘，上圖 038（812445）作傘，麗藏本作傘，金藏廣勝寺本作傘。

"傘蓋"，古代一種長柄圓頂、傘面外緣垂有流蘇的遮陽工具或儀仗物。因印度氣候較熱，故傘蓋是一種很常見的遮陽、避雨用具。"金蓋"，金飾的車蓋。石經中用波羅葉做成傘蓋尚可爲之，若用以做成金飾的車蓋，則恐怕勉強。故 BD00233 作"金蓋"，"金"爲"傘"形近之誤，可據正。

【權：擁】

唐義净譯《金光明最勝王經》卷一："諸佛無作者，亦復本無生。世尊金剛體，權現於化身。是故佛舍利，無如芥子許。"

按："權"，石經 3.536 作權，BD00233 作擁；BD00981 作權，BD01583 作權，BD04064 作權，BD04667 作權，BD04900 作權，BD04911 作權，BD05239 作權，上圖 038（812445）作權；BD00288 作權，BD00717 作權，BD01960 作權，BD02688 作權，BD03011 作權，BD03236 作權，BD03664 作權，BD04208 作權，BD04381 作權，BD05965 作權，麗藏本作權，金藏廣勝寺本作權，《大正藏》作"權"。

"權現"，權，權宜、應機；現，化現。指佛、菩薩爲普度衆生而權巧化現爲各種形相，與權化、權跡、權者、應現、示現、化現等同義。故 BD00233 作"擁現"，不辭，"擁"爲"權"形近之誤，可據正。

---

① ［清］段玉裁《説文解字注》，上海古籍出版社，1988 年，第 644 頁。

他例如，西晉竺法護譯《佛説海龍王經》："善權方便，滅定離欲。"《大正藏》作"善權"，知本作"善擁"。善權，佛教語。謂多方巧説導人覺悟。知本作"善擁"，非。

【鏡：饒】

唐義浄譯《金光明最勝王經》卷一："九者，如來無有一法不知，不善通達，於一切處鏡智現前無有分别。然而如來，見彼有情所作事業，隨彼意轉方便誘引，令得出離，是如來行。"

按："鏡"，石經 3.536 作鏡，BD03011 作饒；BD00186 作鏡，BD00288 作鏡，BD03236 作鏡，BD03664 作鏡，BD04208 作鏡，BD04900 作鏡，BD05239 作鏡，BD05965 作鏡，上圖 038（812445）作鏡，麗藏本作鏡，BD00717、BD00981、BD01583、BD02688、金藏廣勝寺本、《大正藏》俱作"鏡"。

"鏡智"即，佛果四智之一，又稱大圓鏡智、圓鏡智，乃轉第八賴耶識所得之智。此智離諸分别，所緣形相微細難知，不妄不愚一切境相，性相清净，離諸雜染，如大圓鏡之光明，遍映萬象事理，纖毫不遺。故 BD03011 作"饒智"，"饒"爲"鏡"形近之誤，可據正。

【呵：咽】

唐義浄譯《金光明最勝王經》卷一："七者，佛無是念：此類有情，不恭敬我，常於我所，出呵駡言，不能與彼共爲言論。"

按："呵"，石經 3.536 作呵，BD03236 作咽；BD03664 作呵，BD04208 作呵，BD04900 作呵，BD05239 作呵，BD05965 作呵，上圖 038（812445）作呵，上博 20（8918）作呵，麗藏本作呵，金藏廣勝寺本、《大正藏》俱作"呵"。

"咽"，爲"咽"字異體。《玉篇·口部》："呵，責也。與訶同。"《廣韻·歌韻》："訶，責也，怒也。呵，同上。"則"呵"義爲呵斥、斥責。"出呵駡言"義爲大聲呵斥、責駡。故 BD03236 作"出咽駡言"，不辭，"咽"爲"呵"形近之誤，可據正。

【差：着】

唐義浄譯《金光明最勝王經》卷一："五者證得真實無差别相平等法身故，名爲涅槃。"

按："差"，石經 3.536 作差，BD01583 作着；BD01960 作差，BD02688 作差，BD03011 作差，BD03236 作差，BD03664 作差，BD04064 作差，

BD04208作䒟，BD04667作䒟，BD04900作䒟，BD05239作䒟，BD05965作䒟，上圖038(812445)作䒟，麗藏本作䒟，金藏廣勝寺本作䒟。石經3.536作䒟、BD03664作䒟等，皆爲"差"字異寫。"著","著"之異體。"差別"，差異；不同。《百喻經·人謂故屋中有惡鬼喻》："然諸衆生橫計是非，強生諍訟，如彼二人等無差別。"故BD01583作"著別"，不辭，"着"爲"差"形近之誤，可據正。

他例如，北魏瞿曇般若流支譯《金剛般若波羅蜜經論》卷下："如佛法亦然，所説二差別；不離於法界，説法無自相。"唐窺基撰《金剛般若論會釋》抄"差別"作"著別"，亦非。唐靈泰法師撰《成唯識論疏抄》卷五引《無性論》曰"無性論云：顯二位著別，若種子生現行果者，即名種子；若種未生現行者，即名爲種類"，"著別"爲"差別"之誤，下文疏曰"無性論意：種子緣合，生現行果用起之時，名爲種子。若未有緣合，不生現行，縱已後能生現行，即今無者，名爲種類。顯二有差別"即是其證。唐良賁述《仁王護國般若波羅蜜多經疏》卷下："從此第二明所對治，於中分三：一明所對治，二辨生著別，三所修轉勝。"《大正藏》"著別"，非；甲本作"差別"，是。唐窺基撰《説無垢稱經贊》卷三："經：時無垢稱宿住著別。"《大正藏》"著別"，非；甲本作"差別"，是。

【告：生】

失譯人《佛説像法決疑經》："爾時世尊告諸大衆，大般涅槃已廣説竟，我向已爲普廣菩薩説十方諸佛刹土，汝等大衆若有疑者可速問之，無上法寶不久磨滅。"

按："告"，石經2.472作告，P.2087作生；S.2075作告，《大正藏》作"告"。

《廣雅·釋詁一》："告，語也。"《書·盤庚下》："今予其敷心腹腎腸，歷告爾百姓于朕志。"孔安國傳："言輸誠於百官以告志。"①義爲告訴。一般來説，佛説經常以"佛言""佛告××"開頭。石經2.472、S.2075、《大正藏》等俱作"告"，語義正相契合。《説文·生部》："生，進也。象草木生出土上。"故P.2087作"生"，則語義完全不通，爲"告"形近之誤，可據正。

【因：因】

失譯人《佛説像法決疑經》："善男子！我念成佛皆因曠劫行檀布

---

① ［清］阮元校刻《十三經注疏》，中華書局，1980年，第171頁。

施救濟貧窮困厄衆生,十方諸佛亦從布施而得成佛,是故我於處處經中說,六波羅蜜皆從布施以爲初首。"

按:"困",P.2087 作囙;石經 2.472、P.2087、S.2075、《大正藏》俱作"困"。

"困厄",困苦危難。漢王逸《九思·悼亂》:"仲尼兮困厄,鄒衍兮幽囚。"在經文中,"貧窮困厄衆生"爲救濟的對象。故 P.2087 作"因厄",不辭。"因","困"形近之誤,可據正。

他例如,失譯人《雜阿含經》:"第三婦者時共會現,數相存問苦甘恣意,窮困瘦極便相患厭,或相遠離適相思念。"《大正藏》作"窮困",宋本、元本誤作"窮因"。西晉竺法護譯《佛説鹿母經》:"凡生皆有死,早晚當就之,今日之困窮,當與母同時。"《大正藏》作"困窮",宋本誤作"因窮"。西晉竺法護譯《佛説胞胎經》:"假使前世作諸惡行,臨當生時,腳便轉退反其手足,困於其母、或失身命,其母懊惱患痛無量。"《大正藏》作"困",宋本、元本、明本、宮本誤作"因"。西晉竺法護譯《慧上菩薩問大善權經》卷下:"體生瘡痏上至頸項腹藏亦痛,當服醫藥飲乳乃除困而獲差,父母念之喜其得瘳。"《大正藏》作"困",宋本、元本、明本、宮本誤作"因"。東晉僧伽提婆譯《增壹阿含經》卷四十八:"五減以至,轉復貧困,困窮竊盜相糺,詣王啓曰:此人不與取。"《大正藏》作"困窮",元本、明本誤作"因窮"。北魏月婆首那譯《大寶積經》卷八十八:"彼人去已未久之間,時彼病人困至命終,所寄財物悉皆散失,彼人行還求索無所。"《大正藏》作"困",元本、明本誤作"因"。後秦鳩摩羅什譯《坐禪三昧經》卷上:"飢渴寒熱百千苦,衆生常困此諸惱;身心苦厄無窮盡,云何善人加諸惱?"《大正藏》作"困",元本、明本、宮本誤作"因"。後秦鳩摩羅什譯《菩薩訶色欲法經》:"女色者,世間之重患,凡夫困之,至死不免。"《大正藏》作"困",宋本、元本、明本誤作"因"。唐釋道宣撰《續高僧傳》"道行遇諸因厄無不救濟"之"因厄",各本亦當作"困厄"。

【含:合】

失譯人《佛説像法決疑經》:"善男子!諸佛出世遊行止住,一切所爲皆悉遠離世間之相,復亦不離世間之相,顯示實相法。如來所説總含萬法,演説一字一句一音所唱,能令一切衆生隨種種類種種根性各得不同所解各異。"

按:"含",石經 2.473 作含,P.2087 作合;《大正藏》作"含"。

《説文·口部》:"含,嗛也。从口,今聲。"引申爲包含。《洪武正韻·覃韻》:"含萬物而化光。"作包含義與經意"如來所説總含萬法"正相契合。故

P.2087作"合",於經意不合,爲"含"形近之誤,可據正。

他例如,西晉法炬譯《佛説羅云忍辱經》"當入無擇地獄之中,獄鬼加痛毒無不至,八萬四千歲,其壽乃終,魂神更受合毒蟒身,毒重還自害其身,終而復始,續受蝮形,常食沙土","合",石經 3.614 作 合,麗藏本、《大正藏》俱作"含"。石經作"合",爲"含"形近之誤,可據正。

【令：合】

失譯人《佛説像法決疑經》:"善男子! 未來世中諸比丘等,於所住處自共唱制,防禁四方僧令作食限,或一月十日,或五四三日乃至一食,是諸比丘命終墮地獄餓鬼畜生受苦無窮。"

按:"令",石經 2.474 作 令,P.2087 作 令;《大正藏》作"合"。

《説文・卩部》:"令,發號也。"引申爲使、讓。《廣雅・釋詁一》:"令,使。"《戰國策・趙策一》:"故貴爲列侯者,不令在相位。"作使、讓義,正與經文"令作食限"相合。《大正藏》作"合",則義不相合,爲"令"形近之誤,可據正。

【問：同】【化：他】

失譯人《佛説像法決疑經》:"善男子! 若復有人多饒財物獨行布施,從生至老,不如復有衆多人,不問貧富貴賤,若道若俗,共相勸化各出少財聚集一處,隨宜布施貧窮孤老惡疾重病困厄之人,其福甚大。"

按:

(1)"問",石經 2.472 作 問,P.2087 作 問,S.2075 作 問;《大正藏》作"同"。

《説文・口部》:"問,訊也。从口,門聲。"引申爲考察、過問。不問,義爲不管。《齊民要術・耕田》:"凡耕,高下田,不問春秋,必須燥濕得所爲佳。"與經文"不如復有衆多人。不問貧富貴賤。若道若俗。共相勸化各出少財聚集一處"語義正相契合。《大正藏》作"不同",與經意不合,"同"爲"問"形近之誤,可據正。

(2)"化",石經 2.472 作 化,P.2087 作 化,S.2075 作 化;《大正藏》作"他"。

"勸化",佛教語。宣傳教義,使人感悟向善。《宋書・夷蠻傳》引南朝宋慧琳《均善論》:"務勸化之業,結морнар黨之勢,苦節以要厲精之譽,護法以展陵競之情。"《大正藏》作"勸他",與經意不合,"他"爲"化"形近之誤,可據正。他例如,西晉竺法護譯《佛説無言童子經》卷上:"若有菩薩,勸化衆生入於佛道,是爲菩薩承於他音。"《大正藏》"勸化",宋、宮本作"勸他"。

【色：危】

（1）西晉白法祖譯《佛説菩薩修行經》："觀身頑愚不達體法，觀身色陋毁落不久，觀身無賴常懷多憂。"

按："色"，石經 3.458 作色，石經 3.561 作色，金藏廣勝寺本作色；麗藏本作危，《大正藏》作"危"。

"觀身"，謂觀察自身的道德修養。《老子》："以身觀身。"《説文·色部》："色，顏气也。从人，从卪。"本指人臉上的氣色、神情。佛教用以指精神領域以外的五根（即眼、耳、鼻、舌、身）、五境（即色、聲、香、味、觸）等足以引起質礙、變壞的諸事物稱爲色。《俱舍論》卷一："色者唯五根，五境及無表。"故麗藏本、《大正藏》作"危"則扞格難通，"危"爲"色"形近之誤，可據正。

他例如，同前"觀身巢窟受衆色愛，觀身貪惑迷著五樂"，"色"，石經 3.561 作色，麗藏本作色，《大正藏》作"色"；金藏廣勝寺本作危。唐釋玄則撰《大般若經第九會能斷金剛分序》："露陰泫而陽晞，則危蘊方促。"《大正藏》作"危"，宋本、元本、明本作"色"。作"危"爲"色"形近之誤，可據正。

（2）西晉竺法護譯《佛説鴦掘摩經》："飢者與食渴給水漿有何非法，寒施温衣熱惠清涼有何非法，裸露覆之，色厄救之，有何非法。"

按："色"，石經 3.385 作色；金藏廣勝寺本、麗藏本、《大正藏》俱作"危"。

"危厄"，危急困窘。《吕氏春秋·報更》："故善説者陳其勢，言其方，見人之急也若自在危厄之中。"①"色厄"，佛教術語及漢語史均無此詞。故石經作"色"，爲"厄"形近之誤，可據正。

他例如，西晉竺法護譯《賢劫經》卷四："猶若有魚在於水中牽掣人噉食其身體，及諸雜蟲來危人身，在中救之令有慈心，是曰精進。"《大正藏》"危"，聖本作"色"，非。《可洪音義》第一册釋《大般若經》卷卅一"色脆"條："色脆，上音危，下此芮反。""色脆"即"危脆"，危險脆弱之義，釋法顯譯《大般涅槃經》卷一："一切諸法皆悉無常，身命危脆猶如驚電，汝等不應生於放逸。"

【信：倚】

西晉白法祖譯《佛説菩薩修行經》："觀身無堅老至苦極，觀身無信飾僞純詐，觀身難滿受盛無厭。"

---

① ［漢］高誘注，［清］畢沅校《吕氏春秋》，上海古籍出版社，1996年，第250頁。

按："信"，石經 3.458 作🈳，3.561 作🈳，宮本作"信"；麗藏本作🈳，金藏廣勝寺本作🈳，《大正藏》作"倚"。

《説文·言部》："信，誠也。从人，从言。會意。"按："信"爲從言、人聲的形聲字。"倚"爲"倚"的異體字。《説文·人部》："倚，依也。从人，奇聲。"由經文"觀身無信飾僞純詐"可知，"飾僞純詐"則必"無信"，故"信"爲是。麗藏本、金藏廣勝寺本、《大正藏》等作"倚"，均誤，可據正。

【受：愛】【者：善】【愛：受】

唐義浄譯《金光明最勝王經》卷一："八者，若自受者，便起追求。由追求故，受衆苦惱。諸佛如來，除自愛故，永絶追求。無追求故，名爲涅槃。"

按：

（1）"受"，石經 3.536 作🈳，BD03236 作🈳，BD03664 作🈳；BD03664 作🈳，BD04208 作🈳，BD04667 作🈳，BD04900 作🈳，BD05239 作🈳，BD05965 作🈳，P.3187 作🈳，上圖 038（812445）作🈳，麗藏本作🈳，金藏廣勝寺本作🈳，《大正藏》作"愛"。

《廣雅·釋詁四》："愛，仁也。"《玉篇·夊部》："愛，仁愛也。"《説文·叉部》："受，相付也。"即授予和接收二義。"愛""受"二字意義不同。由經文"除自愛故。永絶追求"可知，"自愛"是苦惱的根源。故石經 3.536、BD03236、BD03664"若自受者"，"受"爲"愛"形近之誤，可據正。

他例如，西晉竺法護譯《佛説應法經》"不受不樂法增，愛法轉減，猶若阿摩尼藥"；"不受不樂法轉增，愛法樂法轉減，此法非智慧"；"而令今不受善法減，愛善法增"。這三例中的"受"，石經、金藏廣勝寺本俱作"受"；麗藏本、《大正藏》俱作"愛"。石經、金藏廣勝寺本俱作"受"，爲"愛"形近之誤。本經中的另外五個排比句式亦可作旁證："不愛不樂法轉增。愛法樂法轉減。猶若大小便雜毒已"；"不愛不樂法轉增，愛喜法轉減，此法非智慧"；"不愛不喜法轉增，愛喜法轉減，此法非智慧"；"不愛不喜法轉減，愛喜法轉增，此法是智慧，猶若大小便種種藥草雜"；"不愛不念法轉減，愛念法轉增，此法是智慧慧者所説"。

（2）"者"，石經 3.536 作🈳；BD03664 作🈳；BD03664 作🈳，BD04208 作🈳，BD04667 作🈳，BD04900 作🈳，BD05239 作🈳，BD05965 作🈳，P.3187 作🈳，上圖 038（812445）作🈳；麗藏本作🈳，金藏廣勝寺本、《大正藏》俱作"者"。

"者"，助詞，用於複句的分句的末尾，表示前後兩句有假設關係。

BD03664作"善"，BD03664、BD04208、BD04667、BD04900、BD05239、BD05965、P.3187、上圖038（812445）俱作"著"，語義均謬以千里。"著""善"爲"者"形近之誤，可據正。

（3）"愛"，石經3.536作愛，BD03236作受；BD03664作愛，BD03664作愛，BD04208作愛，BD04667作愛，BD04900作愛，BD05239作愛，BD05965作愛，P.3187作愛，上圖038（812445）作愛，麗藏本作愛，金藏廣勝寺本作愛。

由上條分析可知，"愛""受"二字意義不同。由經義可知，"自愛"是苦惱的根源。故BD03236、BD03664作"受"，爲"愛"形近之誤，可據正。

他例如，西晉法炬譯《佛説難提釋經》："慧者從戒得定，從定便離愛，意不著世間，譬如石破終不復合。"《大正藏》作"愛"，宋本作"受"。東晉僧伽提婆譯《中阿含經》卷四十二："云何喜依著？眼知色可喜、意念、愛色、欲相應樂，未得者欲得，已得者憶已生喜，如是喜，是謂喜依著。"《大正藏》作"愛色"，宋本、元本、明本作"受色"，誤。在相似的語境中，他處皆作"愛色"即可證。同前卷四十二："云何憂依著？眼知色可喜、意念、愛色、欲相應樂，未得者不得，已得者過去、散壞、滅、變易、生憂，如是憂，是謂憂依著。"同前卷四十三："比丘實有眼知色可喜、意所念，愛色，欲相應，心樂，捫摸本，本即過去也。"同前卷四十九："有五欲功德，可樂、意所念，愛色欲相應，眼知色，耳知聲，鼻知香，舌知味，身知觸。"各本皆作"愛色"。後秦鳩摩羅什譯《摩訶般若波羅蜜經》卷二"是菩薩在所生處，眼終不見不愛色，乃至意不覺不愛法。"《大正藏》作"愛"，聖本作"受"。北涼曇無讖譯《大方等大集經》卷十七："不愛色聲香味觸故，名爲安樂。"《大正藏》作"愛"，宋本、元本、明本作"受"。失譯人《別譯雜阿含經》："斷除一切愛，滅諸無明闇，逮證於盡滅，住於無漏法。"《大正藏》作"愛"，宋本、元本、明本作"受"。宋法賢譯《佛説衆許摩訶帝經》卷十三："已斷世間愛，潛世故行化。"《大正藏》"愛"，宋本、元本、明本作"受"。上例中作"受"者，皆誤。

【乃：及】

北魏法場譯《佛説辯意長者子經》："善哉善哉！長者乃能供事此諸大士，其福無量。"

按："乃"，石經3.627作"乃"，敦博021作及；金藏廣勝寺本、麗藏本、《大正藏》俱作"乃"。

《説文·乃部》："乃，曳詞之難也。象气之出難。"《説文·又部》："及，逮也。从又，从人。""乃""及"二字意義不同。敦博021作"及"，爲"乃"字加捺筆致誤,可據正。

他例如,失譯人《優陂夷墮舍迦經》:"佛言:齋日持意當如阿羅漢,阿羅漢日中及食,日中已後至明不得復食,得飲蜜漿。齋日如是持意如阿羅漢,是爲八戒。"《大正藏》作"及",宋本、元本、明本作"乃"。"及"爲"乃"之誤,失譯人《大愛道比丘尼經》載"八者常持齋,日中乃食",可證。

【臣:惡】

唐義浄譯《金光明最勝王經》卷一:"由此經威力,能離諸災橫,及餘衆苦難,無不皆除滅。護世四王衆,及大臣眷屬,無量諸藥叉,一心皆擁護。"

按:"臣",石經3.536作 臣,BD03170作 惡,BD04381作 惡;BD03664、BD03863、BD04208、BD04578、BD04667、BD04900、BD04953、BD05239作、BD06025、P.3042、甘博083、上圖038(812445)、S.0032、麗藏本、金藏廣勝寺本、《大正藏》俱作"臣"。

《集韻·真韻》:"臣,唐武后作惡。"宋趙與時《賓退録》卷五:"《唐君臣正論》載武后改易新字,一忠爲臣。"BD04381作 惡,即爲武周新字;BD03170作 惡,則爲"惡"字形近之誤,可據正。

他例如,同前卷一"譬如有人父母貧窮資財乏少,然彼貧人或詣王家或大臣舍,見其倉庫種種珍財悉皆盈滿,生希有心難遭之想","臣",石經3.536作 臣,BD04381作 惡;BD03852、BD03664、BD04064、BD04208、BD04578、BD04667、BD04900、BD04911、BD04953、BD05239、上圖038(812445)、麗藏本、金藏廣勝寺本、《大正藏》俱作"臣"。BD04381作"惡",亦誤,可據正。

【棄:乘】

西晉竺法護譯《佛説大迦葉本經》:"假使出家,棄國捐王,當爲如來至真等正覺明行成爲善逝世間解無上士道法禦天人師號佛世尊。"

按:"棄",石經3.612作 棄,麗藏本作 棄,金藏廣勝寺本作 棄,《大正藏》作"乘"。

《説文·華部》:"棄,捐也。从廾推華棄之,从𠫓。𠫓,逆子也。"《釋名·釋姿容》:"乘,陞也,登亦如之也。"在經文"棄國捐王"中,"棄""捐"同義換用,成爲修辭手法變文。如三國吳支謙譯《佛開解梵志阿颰經》:"我棄國捐王,行作沙門,憂斷生死,今得自然。"失譯人《佛説古來世時經》:"惠施訖竟,以家之信棄國捐王,捨家學道行作沙門。"西晉竺法護譯《生經》卷三:"如來世尊,現生釋種,棄國捐王,得成佛道,端正無比,色像第一。"故《大正藏》作"乘",爲"棄"字形近之誤。

【一一：二】

後秦佛陀耶舍譯《四分大尼戒本》："諸大姊！我已説十七僧伽婆尸沙法,若比丘尼犯一一法,應在二部僧中行不。"

按："一一",津藝087(77·5·4430)作二(即"二"字)、P.2310作二(即"二"字);石經2.378、北大D088、Φ156、麗藏本、《大正藏》俱作"一一"。

"一一",梵語vyasta、ekaika、pratiksanam等詞,含有"每一、逐一、各各、任一"等義。《梵網經開題》："一一句句,一一字字,皆是諸尊法曼陀羅身。"《觀無量壽經》："一一寶珠有八萬四千光,一一光作八萬四千異種金色,一一金色遍其寶土。"①作"二法"則不辭。故津藝087(77·5·4430)、P.2310作"二",俱誤,因古代豎行書寫,導致兩字誤爲一字,可據正。

【正：一心】

失譯人《佛説像法決疑經》："或有比丘諂曲説法以求人意,或誦咒術以治他病,或復修禪不能自正,以耶定法占覘吉凶,或行針灸種種湯藥以求衣食,以是因緣令諸俗人不生敬重,唯除菩薩利益衆生。"

按："正",石經2.474作正, P.2087作正,甲本作"正";《大正藏》作"一心"。

"正"本義爲"不偏斜",《説文·正部》："正,是也。"引申爲糾正,匡正。《論語·學而》："就有道而正焉。""糾正、匡正"義正與"修禪自正"經意相契合。故《大正藏》作"一心",誤。《干禄字書》："正正,上通下正。"因"正"字作正,因古人豎行書寫,抄經者誤拆一字爲二字,可據正。

【蚊蚋：蚊蚊】

唐義凈譯《金光明最勝王經》卷一："假使蚊蚋足,可使成樓觀,堅固不摇動,方求佛舍利。"

按："蚊蚋",BD03011作蚊蚊,石經3.536、BD02688、BD03138、BD03236、BD03664、BD04064、BD04208、BD04381、BD04667、BD04900、BD04911、BD05239、上圖038(812445)、麗藏本、金藏廣勝寺本、《大正藏》俱作"蚊蚋"。

"蚊蚋",小蟲,又作"蚊螨",《慧琳音義》卷二十九釋《金光明最勝王

---

① 慈怡編《佛光大辭典》,佛光出版社,1988年,第1頁。

經》"蚊蚋"條:"蚊蚋,上音文,《説文》齧人飛蟲子也。或從蛓作螡,或從昏作蟁,意言昏時而出,故從昏。經從虫從文,俗字也。下而鋭反,《國語》云:蟁蛾蜂蠆,皆言能害人。顧野王云:小飛蟲子,好入酒中。又有小蟲似蚋,甚齧人,名爲蟆子,亦有別名,文繁不録,方言具載。《説文》形聲字也。"《慧琳音義》卷十七釋《大乘顯識經》"蚊蚋"條:"蚊蚋,顧野王云小虫,好入酒中者也。《説文》:秦謂之蚋。又云齧人飛虫也。俱從虫,文芮皆聲也。"《後漢書·方術列傳·徐登》:"人爲立祠室於永康,至今蚊蚋不能入也。"《梁書·孫謙傳》:"夏日無幬帳,而夜卧未嘗有蚊蚋,人多異焉。"故經文中"蚊蚊"當爲"蚊蚋"之誤,本經卷末有難字注音:"蚋,而税"之"蚋",即作 ![蚋], 亦爲證。故 BD03011 作"蚊蚊",當是受到上字"蚊"的影響而涉上致誤,可據正。

【加哀:如來】

失譯人《現在賢劫千佛名經》:"喜王菩薩復白佛言:惟願加哀宣説此諸菩薩成佛名字,多所饒益,利安天人,爲護佛法,令得久住。"

按:"加哀",石經 1.110、麗藏本皆作"加哀"。《大正藏》《中華大藏經》俱作"如來"。

失譯人《現在賢劫千佛名經》是從西晉竺法護譯《賢劫經》裏節録出來的。《賢劫經》原經文卷六云:"喜王菩薩復白佛言:善哉!世尊!唯以加哀,當宣此諸菩薩名字姓號,多所哀念多所安隱,潛傷諸天及十方人,護於正典當令道法而得久存,爲將來學諸菩薩施,顯示光明行無上正真之道而因成就。"同樣抄録自《賢劫經》的失譯人《佛説佛名經卷》第二十九亦曰:"喜王菩薩復白佛言:唯願加哀當宣此諸菩薩名號,多所饒益安隱世間利諸天人,爲護佛法令得久住,爲將來菩薩顯示法門,求無上道心不疲懈。"

"加哀"即爲益加哀憐,即垂憐、垂愛之意,佛典常用。後秦佛陀耶舍、前秦竺佛念譯《佛説長阿含經卷》第十七:"唯願世尊加哀慈愍,受我悔過。"三國吳康僧會譯《六度集經·然燈授決經》:"唯願加哀,復授吾決。"失譯人《大方便佛報恩經》卷二:"此罪人者,甚可憐愍。小復加哀,垂慈憐愍。"西晉竺法護譯《佛説鹿母經》:"願立信誓爲菩薩道,唯佛加哀助利我等,當以建行荷負衆生,救濟一切至死不離。"西晉竺法護譯《佛説無希望經》"唯願世尊,加哀垂恩爲決結網。"《大正藏》《中華大藏經》作"如來",爲"加哀"之誤,可據石經、麗藏本正之。

此外,"加"誤作"如"者,如後秦曇摩蜱、前秦竺佛念譯《摩訶般若鈔經》卷四:"其心柔軟,其心加哀,其心無瞋恚,無所礙心,無所嬈心,視之若父母無異。""加哀",《大正藏》作"加哀",宫本作"如哀"。失譯人《佛説古來世時經》:"徐炊食之早晚無在,道人願受加哀一門。""加哀",《大正藏》作"加哀",宋本作"如哀"。

【厝:廟】

東晉帛尸梨蜜多羅譯《佛説灌頂隨願往生十方净土經》:"久後之間父母衰老,得諸病苦便就後世,那舍即便殯斂尸骸,安厝粗畢,從父母命終轉讀尊經。"

按:"厝",石經3.388作"厝",BD01843作廟,BD03042作厝,麗藏本作厝,S.0002、S.0297、《大正藏》作"厝"。

"厝",殯葬。"安厝",安葬。《孝經·喪親》:"卜其宅兆,而安厝之。"邢昺疏:"宅,墓穴也;兆,塋域也。葬事大,故卜之。"①BD01843作"安廟",漢語史上無此語詞,誤,當據正。按之佛教喪葬習俗,釋迦摩尼佛當年病死在中印度拘尸那羅城外,即實行火葬。佛教僧人則仿效佛祖,以火葬爲主。火化後的遺骨收攏后裝入罐内,送入塔内安置,"塔"即墳也,僧人的牌位進入祖堂供奉。未聞僧侣逝後起廟者。故BD01843作"廟",誤。《説文·广部》:"廟,尊先祖皃也。从广,朝聲。庿,古文。""廟",《説文》古文作庿,戰國古文作庿_{中山王譻壺}。當是"厝""庿"形近,"庿"爲"廟"之换聲異體字,故致誤,可據正。

北魏延昌二年(513)《□伯超墓誌》作庿,永安元年(528)《元欽墓誌》作庿,大趙神平二年(529)《王真保墓誌》作庿,北齊天保六年(555)《報德像碑》作庿,東魏興和三年(541)《李挺妻劉幼妃墓誌》作厝,東漢永初元年至六年(107—112)《洛陽刑徒磚》作厝。從上述字形可以看出"廟"的異體字"庿"先是異寫作"庿",再進一步省簡作"厝",與殯葬義的"厝"成爲同形字。敦煌BD01843寫卷佛經的鈔經者將"厝"改寫成"庿"的異體字"廟"而致誤,當正。

【量:星】

後秦鳩摩羅什譯《思益梵天所問經》:"一者受無量生死,二者供養無量諸佛,三者修行無量慈心,四者信解無量佛慧。"

按:"量",石經2.282作量,BD00477作星,BD04215作星;BD01661作量,BD01888作量,BD03496作量,BD06440作量,麗藏本、《大正藏》

---

① [清]阮元校刻《十三經注疏》,中華書局,1980年,第2561頁。

俱作"量"。

"無量",佛教語,不可計量之意,指空間、時間、數量之無限,亦指佛德之無限。敦煌文獻 BD00477、BD04215 作"星",不辭,可據正。

【略：毗】

後秦鳩摩羅什譯《佛説彌勒下生成佛經》:"我今爲汝粗略説彼國土城邑富樂之事。"

按:"略",BD00992 作"毗";石經 1.129、2.407、2.408、3.434、BD03532、BD05812、P.2071 麗藏本、《大正藏》俱作"略"。

"粗略",大致、大概,不精緻;不精確。BD00992 作"粗毗",不辭,可據正。

第二節　敦煌寫本、傳世本訂補房山石經

隋唐刻房山石經雖可校正敦煌佛經及其他傳世佛經,反觀之,隋唐刻房山石經的版本雖則較早,但仍然存在大量訛誤,可據敦煌文獻、金藏廣勝寺本、麗藏本、大正本等校正。

【告：先】【畏：隈、晨】

西晉竺法護譯《佛説鴦掘摩經》:"於是師命指鬘而告曰:卿之聰慧所學周密,升堂入室精生無首,唯之一藝未施行耳。指鬘進曰:願聞所告。師曰:欲速成者宜執利劍,畏於四衢躬煞百人,人取一指以爲傳飾,至於日中使百指滿。設勤奉遵,則道德備矣。便以劍授,指鬘受劍,聞告愕懼,心懷愁感。設違教旨非孝弟子,順而行之畏陷失理。"

按:

(1)"告",石經 3.385、金藏廣勝寺本俱作"先",麗藏本、《大正藏》俱作"告"。

按之佛經原文,這是指鬘與其師對話内容,"願聞所告"即願意聽取師傅所説的話。作"告"上下文語義正相諧和;作"先"則不辭。可據傳世文獻正石經文字。

(2)"畏",石經 3.385 作"畏",金藏廣勝寺本作"隈",麗藏本、《大正藏》俱作"晨"。

《説文・甶部》:"畏,惡也。从甶,虎省。鬼頭而虎爪,可畏也。"《説

文·阜部》:"隈,水曲也。从阜,畏聲。"《説文·晶部》:"曟,房星,爲民田時者。从晶,辰聲。晨,曟或省。"段玉裁注:"當云从晶从辰。辰,時也,辰亦聲。上文爲民田時者,正爲从辰發也。曟星字,亦徑作辰。"①"畏""隈""晨"三字義異。按之佛經上下文,當是"晨於四衢躬煞百人","至於日中使百指滿",按時間的先後順序,前者爲"晨",後者爲"日中",故"晨"字爲確,"畏""隈"爲誤。可據傳世文獻勘正石經文字。

【宮樂:富樂】

後秦鳩摩羅什譯《佛説彌勒下生成佛經》:"舍利弗!我今爲汝,粗略説彼國土城邑宮樂之事。"

按:"宮",石經 3.434 作宮,石經 2.408 作富,石經 2.407 作富,BD00393 作富,BD00967 作富,BD00992 作富,BD03532 作富,BD05812 作富,P.2071 作富,麗藏本、《大正藏》俱作"富"。

石經 3.434 作"宮",誤。"宮樂""富樂"漢語史上皆有其詞。"宮樂",古代主管音樂的官吏。《穆天子傳》卷五:"天子東游於黃澤,宿於曲洛,廢□,使宮樂謠曰:黃之池,其馬歕沙。"郭璞注:"宮樂,典樂者。"②"富樂",富裕而安樂。《史記·張儀列傳》:"天下彊國無過齊者,大臣父兄殷衆富樂。"《漢書·食貨志上》:"歲孰且美,則民大富樂。"然考察語境,佛所説之事爲:"其諸園林,池泉之中,自然而有八功德水,青、紅、赤、白、雜色蓮花,遍覆其上。其池四邊,四寶階道,衆鳥和集,鵝、鴨、鴛鴦、孔雀、翡翠、鸚鵡、舍利、鳩那羅、耆婆耆婆等,諸妙音鳥,常在其中,復有異類妙音之鳥,不可稱數。果樹香樹,充滿國内。爾時閻浮提中,常有好香,譬如香山,流水美好,味甘除患,雨澤隨時,穀稼滋茂,不生草穢,一種七穫,用功甚少,所收甚多,食之香美,氣力充實。"上述事物,皆是美好之物,體現國之富足,於"宮樂"無涉。可見"宮"字爲"富"之形近誤字,可據正。

【紬:細】

後秦鳩摩羅什譯《佛説彌勒下生成佛經》:"城邑舍宅,及諸里巷,乃至無有細微土塊,純以金沙覆地,處處皆有金銀之聚。"

按:"細",石經 3.434 作紬,BD00393 作細,BD00967 作細,BD03532 作細,BD05812 作細,P.2071 作紬,麗藏本、《大正藏》俱作"細"。

---

① [清]段玉裁《説文解字注》,上海古籍出版社,1988年,第313頁。
② [晉]郭璞注,王貽樑、陳建敏校釋《穆天子傳匯校集釋》,中華書局,2019年,第245頁。

《説文·糸部》："細,微也。从糸,囟聲。"《説文》小篆作細,漢隸《老子》甲八五作細,《漢印徵》作細。後構件"囟"異寫作"田"。《相馬經》七上作細,《武威醫簡》七七作細。《説文·糸部》："紬,大絲繒也。从糸,由聲。"可見"細""紬"字形相近,意義實遠。語境中"細微"連用,當是"細"字無疑。作"紬"字誤,當據正。

佛經中,誤"細"爲"紬"者,他例如日本弁阿作《識知浄土論》："答云言:粗業者是對紬業,但粗細義展轉不定也。或取不善業爲粗,或取善法相爲細。"唐澄觀述《貞元新譯華嚴經》卷四:"寧知微紬業相未滅,況復能知本來清净。"《大正藏》注曰:"紬疑細。"唐良賁述《仁王護國般若波羅蜜多經疏》:"其中縷紬數亦多矣。"《大正藏》作"紬",甲本、乙本作"細"。

【眼:耳】

南朝梁僧伽婆羅譯《度一切諸佛境界智嚴經》:"云何無相,云何無緣。不得眼識是無相,不見色是無緣。不得眼識是無相,不聞聲是無緣。乃至意法亦如是。"

按:"眼",石經3.449作眼,石經3.556作耳,麗藏本、《大正藏》俱作"耳"。石經3.449涉上而誤作"眼",爲"耳"字之誤,可據正。

按之佛理之前後語意,"眼識""見色","耳識""聞聲"。故"不得眼識是無相。不聞聲是無緣"之"眼"爲"耳"之誤,可據傳世麗藏本、《大正藏》勘正。

以他校亦可知:宋釋永明延壽集《宗鏡録》卷九十五引《度一切諸佛境界智嚴經》亦作:"不得耳識是無相,不聞聲是無緣。"南宋釋祖心集《冥樞會要》卷九十五云:"《度一切諸佛境界經》云:佛言文殊師利菩提者無相無緣。云何無相無緣。不得眼識是無相,不見色是無緣。不得耳識是無相,不聞聲是無緣。乃至意法亦如是。"可知,"眼"爲"耳"之誤。

【野馬:野長】

西晉白法祖譯《佛説菩薩修行經》:"觀身爲空根受諸情,觀身無實譬之如幻,觀身虛僞其現若夢,觀身僞惑爲如野馬,觀身詐欺其喻響像,是謂長者菩薩大士四十二事觀身行法。"

按:"野馬"之"馬",石經3.458作長,石經3.561作長,麗藏本、《大正藏》、金藏廣勝寺本俱作"馬"。

"野馬",西晉無羅叉譯《放光般若經》卷十七:"菩薩住於五陰如幻、如夢、如響、如野馬、如熱時之焰。"《玄應音義》卷一釋《放光般若經》卷二十三"野馬"條:"野馬,猶陽炎也。案莊子所謂塵埃也。生乃是遊氣耳也。大論云：飢渴悶極見熱氣，謂爲水是也。"《慧琳音義》卷九釋《放光般若經》卷二十三"野馬"條："野馬，猶陽炎也。案，莊子所謂塵埃也，生物之以息相吹者。注云鵬之所憑而飛者，乃是遊氣耳。大論云飢渴悶極見熱氣謂爲水是也。"換言之，"野馬"義爲遊動的薄雲或水蒸氣。前秦竺佛念譯《出曜經》卷十九："幻法野馬者，猶如野馬光焰熾明幻人眼目，人欲往就尋究不知所在，徒自疲勞無所剋獲。解知諸法皆悉如是，無強無牢不可恃怙，是故說，幻法野馬也。"東漢支婁迦讖譯《道行般若經》卷九亦有言："幻化及野馬但有名無形，菩薩隨般若波羅蜜教，當如是。"由此可知，石經作"野長"，實爲"野馬"之誤。

【如：知】

（1）後秦佛陀耶舍譯《四分大尼戒本》："若比丘尼十日未滿夏三月，若有急施衣，比丘尼如是急施衣應受，受已乃至依時應畜，若過畜尼薩耆波逸提。"

按："如"，石經 2.379、BD00014 作"如"；S.0440、P.2310、Φ156、北大 D088、津藝 087（77·5·4430）、麗藏本、《大正藏》俱作"知"。

《說文·矢部》："知，詞也。从口，从矢。"引申爲指導了解。《玉篇·矢部》："知，識也。"《說文·女部》："如，从隨也。从女，从口。""知""如"二詞意義不同。由經意可知，如果遇到有人急施衣，比丘尼知道後應該接受，並按時收好。故作"知"則經意諧和。石經、BD00014 俱作"如"，不辭。爲"知"形近之誤，可據正。

他例如，東漢安世高譯《佛說寶積三昧文殊師利菩薩問法身經》"佛問文殊：汝見人臨死時如所趣向。則答言：而人不可知，何況所趣向"，"如"，石經 3.566 作 如，麗藏本、金藏廣勝寺本、《大正藏》俱作"知"。"知"，知道、了解之意。符合文例。石經誤，可據正。

（2）東漢安世高譯《佛說普法義經》："何等爲十？一爲若善知識，二爲若善戒，三爲若善同學，四爲若知受意，五爲若受教。"

按："知"，石經 3.452、3.484、麗藏本、金藏廣勝寺本俱作"知"；《大正藏》作"如"。

"知識"，即大乘起信論所說的五識之一，即能起妄心智用，而分別可愛、不可愛等諸境界之作用。故《大正藏》作"如"爲"知"形近之誤，可據正。

【主：生】

失譯人《現在賢劫千佛名經》："衆主佛。"

按:"衆主佛",石經 1.109 作"衆主佛",S.4601 作"衆生佛",S.6485 作"衆生佛",北大 D079 作"衆生佛"。

"衆生",梵語 bahu-jana、jantu、jagat 或 sattva 的意譯,又譯作"有情、含識、含生"等。南朝宋求那跋陀羅譯《雜阿含經》卷六:"佛告羅陀,於色染著纏綿,名曰衆生;於受、想、行、識染著纏綿,名曰衆生。""衆主"則爲隋代僧官制度之一種,隋文帝設立涅槃衆、地論衆、大論衆、講律衆、禪門衆等五衆,並敕選高僧,以所專精之學司教化之職,各設衆主一名。故石經佛名"衆主佛",不合佛理。"主",爲"生"形近之誤,可據正。

【雜音佛:離闇佛、離闇佛】

失譯人《現在賢劫千佛名經》:"雜音佛。"

按:"雜音佛",石經 1.109 作"雜音佛",《大正藏》、清藏本俱作"離闇佛";麗藏本作"離闇佛",S.4601、北大 D079、S.6485 作"離闇佛"。

《玉篇·門部》:"闇,幽也。"《正字通·門部》:"闇,凡幽隱處曰闇。"佛家有一種醒悟叫"離暗出明","離闇"正是"離暗"。清藏本、《大正藏》作"離闇",不合佛理。"闇",爲"闇"形近之誤,石經作"雜音佛"則謬以千里,均當正。

【雜:離】

三國吴支謙譯《佛説華積陀羅尼神咒經》:"若善男子能於華積陀羅尼咒,受持讀誦親近依行,功德勝彼。是人世世得一聞持,不墮諸惡險棘道中離諸艱難。常見妙寶常見諸佛諸根常具,不生下賤卑疑人家。常得不離菩薩弘心,常得種種無量慧辯。爲無量十方諸佛如來之所知見。"

按:"雜",石經 3.517 作雜,麗藏本作雜,《大正藏》作"離"。

《説文·隹部》:"離,離黄,倉庚也。鳴則蠶生。从隹,离聲。"後借以記録離別、離開義。《説文·衣部》:"雜,五彩相會。从衣,集聲。"引申爲駁雜不純等。經文"不墮諸惡險棘道中離諸艱難",作離開義允洽,作"雜"則扞格不通。故石經作"雜",爲"離"形近之誤,可據正。"離"誤作"雜"者,如《可洪音義》第十七册釋《删補羯磨》"雜宿"條:"雜宿,上力支反、力義反。正作離。"《可洪音義》第二十册釋《成實論》卷五"色雜"條:"色雜,音離。"

【月灌佛:日觀佛】

失譯人《現在賢劫千佛名經》:"月灌佛。"

按："月灌佛"，石經 1.110 作"月㴍佛"，S.1238、S.4601、麗藏本俱作"月觀佛"；清藏本、《大正藏》俱作"日觀佛"。

"灌""觀"音近假借。"日觀"，又作"日想觀""日輪觀"，爲十六中觀法之第一觀，出自《無量壽經》。行此觀法時，於落日之際，正坐向西，諦觀落日，心中堅定不移，極樂净土之方位即朗然可知。十六中觀法中無"月觀"之法。故石經作"月灌佛"，S.1238、S.4601、麗藏本俱作"月觀佛"，俱誤。"月"，爲"日"形近之誤，可據正。

【難施佛：難陁佛】

失譯人《現在賢劫千佛名經》："難施佛。"

按："難施佛"，S.1238 作"難陁佛"，S.6485 作"難陁佛"；石經 1.111、清藏本、麗藏本、《大正藏》俱作"難施佛"。

"陁"爲"陀"的異體字，"難陀"，梵語 Nanda（巴利語同）的音譯，意譯爲歡喜、嘉樂。或爲釋迦摩尼佛之異母弟名，或爲一牧牛者名，或爲一佛弟子名，或爲唯識十大論師傅之一，或爲六群比丘之一。"難施"，佛教中無此名物語。故石經、金藏廣勝寺本、麗藏本、《大正藏》等俱作"難施佛"，誤。"施"，爲"陁"形近之誤，可據正。

【喜勝佛：善勝佛】

失譯人《現在賢劫千佛名經》："喜勝佛。"

按："喜勝佛"，石經 1.110 作"喜勝佛"，S.1238 作"喜勝佛"，S.4601 作"喜勝佛"，S.6485 作"喜勝佛"，北大 D079 作"喜勝佛"；清藏本作"善勝佛"，麗藏本作"善勝佛"，《大正藏》作"善勝佛"。

"善勝"，據後秦佛陀耶舍、前秦竺佛念譯《長阿含經》卷一載，佛於人壽三萬歲時出生與清净城，爲婆羅門種，姓迦葉。其父名大德，其母名善喜；佛於烏暫婆羅樹下成道，曾説法一會，度化弟子三萬人。"喜勝"，於佛教名物則義無所出。故石經、S.1238、S.4601、S.6485、北大 D079 作"喜勝佛"，俱誤。"喜"，爲"善"形近之誤，可據正。

【偏肩：偏袒】

失譯人《佛説父母恩重經》："阿難從坐而起，偏肩右肩，長跪合掌，前白佛言。"

按："偏肩"之"肩"，石經 3.555 作"肩"，S.6007 作"袒"，北大 D101 作"袒"，S.0865 作"袒"，S.1323 作"袒"，S.1548 作"袒"，S.1907 作"袒"，S.2269 作"袒"，

S.3228作袒，S.4476作袒，S.4724作袒，S.5253作袒，S.5408作袒，S.6087作袒，P.2285作袒，Дx00975作袒，Дx01595作袒，石經2.513、3.340、3.396、S.0149、S.0149、《大正藏》俱作"袒"。

佛時代的規矩，向佛提問題，要從座位上站起來，偏袒右肩，即披著袈裟，一邊膀子露出來，故"偏袒右肩"爲是。故石經3.555作"偏肩右肩"，爲涉下文"右肩"而致誤，可據正。

【豚：犬】

北魏法場譯《佛說辯意長者子經》："牛馬象驢駱駝，豬羊豚不可數。"

按："豚"，石經3.626作豚，麗藏本、《大正藏》俱作"犬"。

《說文·豕部》："豬，豕而三毛叢居者。从豕，者聲。"《說文·豚部》："豚，小豕也。从彖省，象形。从又持肉，以給祠祀。豚，篆文从肉、豕。"也泛指豬。《說文·犬部》："犬，狗之有縣蹏者也。象形。孔子曰：視犬之字如畫狗也。"則"豚""犬"爲兩種不同的家畜。原經文"豬""羊""犬"三種家畜並舉；石經作"豚"，則經文中"豬""豚"語義重複，誤，可據正。

【腹：腸】

北魏法場譯《佛說辯意長者子經》："餓鬼甚爲苦，身不見衣裳，腹大咽如針。東西行求食，洋銅灌其口，不欲得飲之，拍口強令咽，一口入腹中，肝肺腹胃爛。如是之勤苦，更歷數萬年。"

按："腹"，石經3.626作腹，麗藏本作腹；《中華大藏經》作"腸"，《大正藏》作"腸"。

經文云餓鬼之苦，被洋銅（煬銅）灌入口中，咽到腹中，腹中臟腑均被燙爛。人的體腔内有五臟六腑，中有膈肌隔開，包括肝、肺、腸、胃等。在腹的語義場裏，腹爲上位詞，肝、肺、腸、胃等爲下位詞。若從石經作"腹"，則"腹"既是上位詞，又作下位詞，與客觀事實不相符。故石經、麗藏本作"腹"爲"腸"（腸）形近之誤，可據正。

"腸"誤作"腹"，他例如南朝梁僧旻寶唱等集《經律異相》卷二十三載"復示腹胃身體五藏手腳各異，棄在一面"，《大正藏》作"腹"，宋、元、明、宮本作"腸"。"腹"爲"腸"之誤。原經即作"腸胃"，西晉竺法護譯《生經》卷四："復示腸胃身體五藏手腳各異，棄在一面。"唐不空譯《聖迦抳忿怒金剛童子菩薩成就儀軌經》卷下："又法取一男子死屍未損壞者，於屍陀林中或四衢道，先與藥瀉以水灌洗，令瀉腸中惡物出已，又以香湯洗身令净。"《大正藏》作"腸",甲本、乙本作"腹",亦誤。唐義浄譯《大寶積經》卷五十七:"肪膏與皮膜,五藏諸腹胃,如是臭爛等,諸不浄同居。"《大正藏》作"腹",非;宋、元、明本作"腸",是。

"腹",亦有誤作"腸"者。《可洪音義》第十九册釋《阿毗達磨俱舍釋論》卷十二"腸脹"條:"腸脹,上音福,正作腹。下知亮反,滿也。"《可洪音義》第九册釋《大方便佛報恩經》卷二"刺腸"條:"刺腸,音福,正作腹。"東漢安世高譯《佛説九横經》:"一、不應飯者,名爲不可意飯,亦爲以飽腹不停調。"《大正藏》作"腹",宋本、元本、明本作"腸"。"飽腸"不通,誤。唐不空譯《文殊師利菩薩及諸仙所説吉凶時日善惡宿曜經》卷上:"若觸臍者則屬牛宿,若觸腹肚者則屬女宿,若觸小腸下者則屬虚宿,若觸胯腿及後分者則屬危宿。"《大正藏》作"腸",明本作"腹"。根據語境"臍""腹肚",從上往下接著當爲"小腹""胯腿",故《大正藏》作"小腸",非。

【傷:復】

(1)北魏法場譯《佛説辯意長者子經》:"一心不退轉,中心念反傷。"

按:"傷",石經 3.626 作傷,麗藏本、《大正藏》俱作"復"。

"念",梵語 smriti,巴利語 sati 的意譯,心所之名,即明白記憶。偈語"一心不退轉,中心念反傷",指長者子一心堅持"一者布施。思潤貧窮。二者持戒。不犯十惡。三者忍辱。不亂衆意。四者精進。勸化解怠。五者一心。奉孝盡忠"等五事,心中反復記憶。故石經作"反傷",誤。"傷"爲"復"形近之誤,可據正。

(2)失譯人《佛説像法決疑經》:"爾時衆中有一菩薩名曰常施,承佛威神從座而起,合掌向佛而作是言,欲有所問恐傷聖心,唯願如來不以爲咎。"

按:"傷",石經 2.472 作傷,P.2087 作復;S.2075 作傷,《大正藏》作"傷"。

《説文·人部》:"傷,創也。從人,𥏦省聲。"P.2087 作"復",爲"復"的異體字。《説文·彳部》:"復,往來也。從彳,复聲。""傷""復"二字意義不同。在經文中,常施菩薩説"欲有所問恐傷聖心",是向佛請教問題時尊敬客氣語氣的體現。作"復"則經意扞格,誤。故 P.2087 作"復",爲"傷"形近之誤,可據正。

"傷"誤爲"復",佛典常見。如北涼法盛譯《佛説菩薩投身飴餓虎起塔因緣經》:"此身不浄,九孔盈流,四大毒蛇之所蜇螫,五拔刀賊追逐傷害。"

《大正藏》作"傷",聖本作"復"。"復"字誤。南朝梁僧旻寶唱等集《經律異相》卷三十一作"五拔刀賊追逐傷割",亦可證。前秦竺佛念譯《出曜經》卷七:"云何爲二業?一者二百五十戒,二者柔順戒業,出言柔軟不復害人。"《大正藏》作"復",宋、元、明本作"傷"。根據上下文,此處爲"傷害"之誤,同前卷二十載"若在大衆及在屏處,出言柔軟不傷彼意,前言覆後理不煩重,是故説處衆若屏處也",作"不傷彼意",亦爲證。後秦鳩摩羅什等譯《禪法要解》卷上:"復次行慈力故,怨家毒害不能復害,如著革屣刺不能傷。"《大正藏》作"復",宋、元、明、宫本作"傷"。根據下句"如著革屣刺不能傷"知,上句是不被怨家傷害。作"復",非。

【思潤：恩潤】

　　北魏法場譯《佛説辯意長者子經》:"佛告辯意:復有五事得生人中。何謂爲五?一者布施,思潤貧窮。二者持戒,不犯十惡。……"

按:"思潤",石經 3.626 作"思潤",麗藏本、《大正藏》俱作"恩潤"。

按之經文,佛告訴辯意"復有五事得生人中":一者布施,二者持戒,三者忍辱,四者精進,五者一心。"布施",梵語 Dana 的意譯,指向僧道施捨財物或齋食,其結果必然是恩澤貧窮。故石經作"思",爲"恩"形近之誤,可據正。

他例如,三國吳支謙譯《佛説未生怨經》"王重謂后曰:佛説思愛猶若衆鳥會栖於樹,晨各離散","思",石經 3.611 作思,麗藏本作恩,《大正藏》作"恩"。"恩愛",情愛。石經作"思",爲"恩"形近之誤,可據正。

【學：與】

　　北魏法場譯《佛説辯意長者子經》:"當視一切人,學身等无異。"

按:"學",石經 3.626 作學,麗藏本、《大正藏》俱作"與"。

《説文·教部》:"斅,覺悟也。从教,从冂。冂,尚矇也。臼聲。學,篆文斅省。"《説文·舁部》:"與,黨與也。从舁,从与。"引申作和、同,作連詞用。"學"與"與"二字意義不同。按之經文中佛所説的偈語"當視一切人,學身等无異。彼我悉平等,行是會佛前",可知佛意一切衆人皆平等,與己身没有區别。由此可知,石經作"學"爲"與"形近之誤,可據正。

【更：便】

　　(1)東晉帛尸梨蜜多羅譯《佛説灌頂隨願往生十方浄土經》:"所以者何如人負債依附王者,債主更畏不從求財,此譬亦然。天帝方赦閻羅除遣，及諸五官伺候之神，反更恭敬不生惡心，緣此福故不墮惡道解脱厄難，隨心所願皆得往生。"

按："更"，石經 3.387 作更，S.0297 作史，S.0002、S.1348、宋、元、明本俱作"更"；BD03042 作便，麗藏本作便，《大正藏》作"便"。

副詞"更""便"用法不同。"更"，表示程度增高，用於比較，多數含有原來也有一定程度的意思。"便"，承接上文，得出結論。察之經文，當屬後者，即"如人負債依附王者"，則"債主畏不從求財"。故石經、S.0297、S.0002、S.1348俱作"更"，爲"便"形近之誤，可據正。

"便"，誤作"更"。佛典常見，他例如後秦佛陀耶舍、前秦竺佛念譯《佛説長阿含經》卷一："父王默自思念：'昔日相師占相太子，言當出家，今者不悦，得無爾乎？當設方便，使處深宫，五欲娛樂，以悦其心，令不出家。'即便嚴飾宫館，簡擇婇女以娛樂之。"《大正藏》作"即便"，宋元明本作"即更"。"即便"義爲"立即"，經文中爲了讓太子不出家，父王立即"嚴飾宫館，簡擇婇女以娛樂之"，文意通順，作"即更"則不辭。後秦佛陀耶舍、前秦竺佛念譯《佛説長阿含經》卷二十二："爾時，人有不孝父母，不敬師長，能爲惡者，則得供養，人所敬待。如今人孝順父母，敬事師長，能爲善者，則得供養，人所敬待。彼人爲惡，便得供養，亦復如是。"《大正藏》作"便"，宋、元、明本作"更"。從上下文看"彼人爲惡，便得供養"，和上文中"則得供養"義同，"便"相當於"則""就"。作"更"，于文例不通。隋闍那崛多等譯《起世經》卷五："彼卵生金翅鳥王，若欲搏取卵生龍時，便即飛往居吒奢摩離大樹東枝之上，觀大海已，乃更飛下，以其兩翅扇大海水，令水自開二百由旬，即於其中，銜卵生龍，將出海外，隨意而食。"《大正藏》作"更"，宋、元、明本作"便"。"乃便"與上句"便即"對舉，皆爲"於是、就"之義，作"乃更"，不辭。

（2）東晉帛尸梨蜜多羅譯《佛説灌頂章句拔除過罪生死得度經》："聞我説是藥師琉璃光如來本願功德者，皆當一心歡喜踊躍便作謙敬，即得解脱衆苦之患。"

按："便"，石經 3.2 作便，P.2013 作更，P.2178V⁰ 作更，P.4666 作更，S.1968 作更，BD00032 作更，BD00033 作更，BD000317 作更，BD00602 作更、BD00848、BD01397、BD01495、BD02130、BD02232、BD02656、BD02791、BD02909、BD03407、BD03619、麗藏本、《大正藏》亦俱作"更"。

《説文・攴部》："更，改也。从攴，丙聲。"引申作副詞用，相當於"又"。而"便"爲副詞，相當於"就"，表時間，相當於"馬上"。按之經意，整個複句爲條件關係，"聞我説是藥師琉璃光如來本願功德者，皆當一心歡喜踊躍便作謙敬"爲條件，"即得解脱衆苦之患"爲結果。就單個句子内部看，"皆當一心歡喜踴躍便作謙敬"，"一心歡喜踴躍"與"恭敬"之間，爲遞進關係，而非條件關係，故用關聯詞語"更"。故石經作"便"，改變原句意的事理邏輯關係，誤，可據正。

【名：召】

東晉帛尸梨蜜多羅譯《佛説灌頂隨願往生十方浄土經》："燃燈續明懸雜幡蓋，請<u>名</u>衆僧轉讀尊經，脩福業得福多不。"

按："名"，石經 3.387 作 ⟨字⟩，Дх01856 作 ⟨字⟩，Дх01856 作 ⟨字⟩，S.0002 作 ⟨字⟩，S.0297 作 ⟨字⟩，BD03042 作 ⟨字⟩，麗藏本作 ⟨字⟩，《大正藏》作"召"。

按之原經文，燃燈續明、懸雜幡蓋、請衆僧轉讀尊經等爲一連續過程，作"請召"則暢，作"請名"則語義滯澀。故石經作"名"，爲"召"形近之誤，可據正。

"召"誤作"名"者，《可洪音義》第七册釋《不空羂索神變真言經》卷十三"名譴"條："名譴，上直照反，下去戰反。上正作召。"《可洪音義》第廿四册釋《大唐内典録》卷三"名五方"條："名五方，土一直照反，呼也。正作召。"又如，後秦佛陀耶舍、前秦竺佛念譯《佛説長阿含經》卷十三："如餘沙門、婆羅門食他信施，行遮道法，邪命自活，<u>召</u>唤鬼神，或復驅遣，或能令住。"《大正藏》作"召"，明本作"名"。"召唤"即呼唤，文例通順，明本作"名"，誤。

唐玄奘譯《大般若波羅蜜多經》卷四百一十五："入嗑縛字門，悟一切法可呼<u>名</u>性不可得故。"《大正藏》作"呼名"，宋、元、明本作"呼召"。"呼召"即呼唤、召唤。唐不空譯《大方廣佛華嚴經入法界品四十二字觀門》："訶鸂（二合）字時，入觀察一切衆生堪任力遍生海藏般若波羅蜜門，悟一切法可<u>呼召</u>性不可得故。"唐實叉難陀譯、唐澄觀疏義《大方廣佛華嚴經綱要》卷七十六："三十二訶婆字者，別譯爲訶鸂。即悟一切法可呼<u>召</u>性不可得。謂無緣召令有緣故。"

北魏月婆首那譯《勝天王般若波羅蜜經》卷三："以沙門名而<u>召</u>菩薩作福田想，菩薩應當如理如量修行正法，即令顯現沙門功德、福田功德。"《大正藏》作"召"，元、明本作"名"。"召"即召唤，作"名"，不辭。

北魏瞿曇般若流支譯《勝思惟梵天所問經》卷六："汝今善聽，爲此法門久住世故，當爲汝説<u>召</u>諸天、龍、夜叉、乾闥婆、鳩槃茶等呪術章句常隨擁護。"《大正藏》作"召"，宋、元、明、宫本作"名"。此例當作"召"，"名"爲誤字。後秦鳩摩羅什譯《思益梵天所問經》卷四載"欲令此經久住故，當爲汝説<u>召</u>諸天、龍、夜叉、乾闥婆、鳩槃茶等呪術。若法師誦持此呪，則能致諸天、龍、夜叉、乾闥婆、阿修羅、迦樓羅、緊那羅、摩睺羅伽等常隨護之",各本作"召",即爲證。

唐菩提流志譯《五佛頂三昧陀羅尼經》卷三:"若以二大拇指雙上下來去一切,則名啓召如來種族印。"《大正藏》"召",甲本作"名"。"啓召如來種族印",又名"稽召如來種族印","召"作"名",非。唐金剛智譯《藥師如來觀行儀軌法》"是印若改二大母指頭雙上下來去。則名稽召如來種族印",唐菩提流志譯《一字佛頂輪王經》卷三"是印若二大拇指頭雙上下來去,則名啓①召如來種族印",皆是其證。

唐輸波迦羅譯《蘇婆呼童子請問經》:"以勤念誦晝夜不間。呼召發遣皆須如法。"《大正藏》"召",宮本作"名",非。

【園:國】

東晉帛尸梨蜜多羅譯《佛説灌頂隨願往生十方淨土經》:"此大長者居羅閱祇園,恒脩仁義饑窮乏者,沙門婆羅門諸求索者,悉欲供養無所遺惜,父母大慳無供養心。"

按:"園",石經 3.388 作[園],S.0002 作[園],S.0297 作[閞],BD01843 作[國],BD03042 作[國],麗藏本作[國],《大正藏》作"國"。

"羅閱祇",梵語 Rajagriha,巴利語 Rajagaha 的音譯,或譯王舍國、舍衛國、舍衛城,中印度摩羯陀國的都城。故作"羅閱祇國""羅閱祇城"均可。故石經、S.0002、S.0297 作"羅閱祇園",誤。"園"爲"國"形近之誤,可據正。

【闇:問】【迣:釋】

東晉帛尸梨蜜多羅譯《佛説灌頂隨願往生十方淨土經》:"長者那舍説向因緣,父母在世常脩福德,及命終後爲供三七至安厝畢,謂言生天而更隨在地獄中,已問者宿者宿不了,今故問佛爲我決疑。緣我重病闇便欲死,七日乃蘇,善神將我經歷地獄靡不周遍,以是因緣得見父母在苦劇地,脩福如此而更墮罪,不解所以今故問佛,唯願世尊解迣我疑。"

按:

(1)"闇",BD01843 作[問];石經 3.388 作[閞],BD03042 作[闇],S.0002、S.0297 俱作"闇";麗藏本作[奄],《大正藏》作"奄"。

"奄",急劇、忽然。《方言》卷二:"奄,遽也。吴揚曰㳫,陳穎之間曰

---

① 按:《大正藏》作"啓",宋、元、明、甲本作"稽",甲本作"請"。

奄。""奄便"一語,忽然就之意,佛典常見。後漢曇果、康孟詳譯《中本起經》卷下:"過往跪拜,禮畢旋顧,奄便更冥。"西晉法炬、法立譯《法句譬喻經》卷一:"國大夫人年過九十間得重病,奄便喪亡,遣送靈柩遷葬墳墓,今始來還過覲聖尊。"東晉帛尸梨蜜多羅譯《佛説灌頂隨願往生十方浄土經》卷十一:"於是那舍忽得重病,奄便欲死,唯心上暖。"北涼曇無讖譯《大般涅槃經》卷二十九:"其人忽然奄便命終,孫聞是已還收產業,雖知財貨非其所作,然其收取無遮護者。"

《說文・門部》:"闇,閉門也。从門,音聲。"朱駿聲《説文通訓定聲・臨部》:"闇,叚借爲奄。"①《史記・司馬相如列傳》:"率乎直指,闇乎反鄉。""闇"假借爲"奄",忽然之意。BD01843 作"問"爲"闇"形近之誤,可據正。

(2)"迺",石經 3.388 作迺,S.2 作釋,S.297 作释,BD01843 作释,BD03042 作释,麗藏本作释,《大正藏》作"釋"。

"解釋",分析説明。《後漢書・徐防傳》:"解釋多者爲上第,引文明者爲高説。""解迺",漢語史上無此語詞,誤。故石經作"迺",誤,可據正。

【念:尒】

東漢安世高譯《佛説堅意經》:"譬如種穀隨種而生,種善得福,種惡獲殃,未有不種而獲果實,當正念心,福自歸身,慎無卜問。"

按:"念",石經 3.515 作念;麗藏本作尒,《中華大藏經》作尒;《大正藏》作"爾"。

《説文・小部》:"尒,詞之必然也。从人、丨、八。八象气之分散。"《廣韻・紙韻》:"尒,義與爾同。"《小爾雅・廣詁》:"爾,汝也。"《説文・心部》:"念,常思也。从心,今聲。""念""爾"二詞意義不同。從上下文語義看,佛祖説應當端正你的心思、思想,故作"爾(尒)"爲是。石經作"念",爲"尒"涉下字而加"心"致誤,可據正。

【先:光】

東漢安世高譯《佛説堅意經》:"沙門賢者,以忍爲先,當如清水,無所不浄。死人死狗死蛇屎尿亦皆洗之,然不毀水清亦當持心。有如掃篲掃地浄不浄,死人死狗死蛇屎尿,皆亦掃之,然不毀於篲矣。亦當復如風火之力光,死人死狗死蛇屎尿,亦吹亦燒然不毀風火之力先。"

---

① [清]朱駿聲《説文通訓定聲》,《續修四庫全書》第 220 册,上海古籍出版社,2002 年,第 178 頁。

按："先"，石經 3.515 作先，麗藏本作光，金藏廣勝寺本、《大正藏》俱作"光"。

"力光"，風之力、火之光之合稱。上文亦有"亦當復如風火之力光"，可證石經作"先"，爲"光"形近之誤，可據正。

【今：令】

北涼法盛譯《佛説菩薩投身飼餓虎起塔因緣經》："王披書讀，知太子消息甚大歡喜，即起入宫語夫人曰：如我語卿，知不失子，不過數日，必得見子。夫人聞已，如死還蘇，拍手稱善。曰：今一切天下安隱快樂，所願皆得壽命無量。"

按："今"，石經 2.403 作今，金藏廣勝寺本、麗藏本、《大正藏》俱作"令"。

王妃聞知太子消息後，"如死還蘇，拍手稱善"，並祝願"令一切天下安隱快樂，所願皆得壽命無量"，"令"，使、讓之意。故石經作"今"爲"令"形近之誤，可據正。

他例如，東晉僧伽提婆譯《增壹阿含經》卷二十四："是時，閻羅王以問罪已，便勅獄卒：'速將此人往著獄中！'是時，獄卒受王教令，將此罪人往著獄中。"《大正藏》作"令"，元、明本作"今"。唐三藏和尚譯《蕤呬耶經》："次教令坐一處，持誦所得真言。次教以諸香華，供養本尊及與餘諸尊。"《大正藏》作"今"，甲本作"令"。上兩例作"今"者非。

反之，"今"亦有誤作"令"。如西晉竺法護譯《正法華經》卷二："設有罵詈，毁辱經者，恒以潛哀，向於衆生。常志恭敬，承安住教。今故爲之，説是經法。"《大正藏》作"今"，宫本作"令"。東晉僧伽提婆譯《增壹阿含經》卷十六："時臣對曰：大王有教令，我當辦之。長壽王曰：我夫人者，昨夜夢在市中産，又有四部之兵而見圍遶，生一男兒，極自端正。若不如夢産者，七日之中，當取命終。大臣報曰：我令堪辦此事，如王來勅。作此語已，各捨而去。"《大正藏》作"令"，聖本作"今"。東晉僧伽提婆譯《增壹阿含經》卷三十七："設當八大人念流布在世者，令我弟子皆當成須陀洹道、斯陀含道、阿那含道、阿羅漢道。"《大正藏》作"令"，宋、元、明、聖本作"今"。上三例作"令"者非。

【食：倉】

東晉帛尸梨蜜多羅譯《佛説灌頂章句拔除過罪生死得度經》："第十二願者，使我來世若有貧凍裸路衆生即得衣服，窮乏之者施以珍寶，食庫盈溢無所乏少,一切皆受無量快樂。乃至无有一人受苦,使諸衆生和顏悦色,形貌端正人所喜見,琴瑟鼓吹如是無量最上音聲,施與一切無量衆生,是爲十二微妙大願。"

按:"食",石經 3.2 作食,P.2178V⁰作倉,P.4027V⁰作倉,S.1968 作倉,BD00032 作倉,BD00317 作倉,BD00602 作倉,BD01414 作倉,BD00848、BD01495、BD02130、BD02232、BD02791、BD02909、BD03407、BD03619、麗藏本、《大正藏》俱作"倉"。

"倉庫",貯藏糧食之處爲倉,貯藏兵車之處爲庫。後即以倉庫泛指貯存保管大宗物品的建築物或場所。《史記·萬石張叔列傳》:"城郭倉庫空虚。"石經作"食庫",漢語史上無此語詞,誤。"食",爲"倉"形近之誤,可據正。

他例如,《可洪音義》第廿三册釋《經律異相》卷十三"食箪"條:"食箪,上此郎反,下多安反。正作倉箪。"後秦曇摩耶舍、曇摩崛多等譯《舍利弗阿毘曇論》卷十三:"如净眼人於二門倉觀見諸穀。胡麻大豆小豆豍豆大麥小麥。"《大正藏》作"倉",聖、乙本皆作"食"。同前卷十五載"如净眼人。於一門倉。觀見諸穀。胡麻米豆小豆豍豆大麥小麥",有"一門倉"之稱,即可證"二門食"爲"二門倉"之誤。南朝梁釋僧祐撰《弘明集》卷六《釋駁論》:"甲士卻走,以糞嘉穀委於中田。倉儲積而成朽,童稚進德日新,黄髮盡於眉壽。當共擊壤以頌太平,鼓腹以觀盛化。"《大正藏》作"倉",宋、元、明、宫本作"食"。"倉儲"指"倉庫中的糧食、物資",且"倉儲""童稚""黄髮"雙音對舉,文意更佳。《可洪音義》第二册釋《法鏡經》"食卒"條:"食卒,上音倉,下七没反。""食卒"即倉卒。

【未:求】

唐義净譯《佛説浴像功德經》:"爾時世尊告清净慧菩薩言,善哉!善哉!汝能爲彼未來衆生發如是問,汝今諦聽,善思念之。"

按:"未",石經 3.473 作求,石經 3.522 作𧘷,石經 3.514 作朱,石經 3.581 作朱,麗藏本、《大正藏》俱作"未"。

"未來",佛教語,梵語 anāgata 的意譯,三世之一,又作將來、當來、未來世。《魏書·釋老志》:"浮屠正號曰佛佗……凡其經旨,大抵言生生之類,皆因行業而起。有過去、當今、未來,歷三世,識神常不滅。凡爲善惡,必有報應。"故石經 3.473 作"求",爲"未"形近之誤,可據正。

【生:至】

東晉帛尸梨蜜多羅譯《佛説灌頂章句拔除過罪生死得度經》:"應

放雜類衆生生卅九,可得過度危厄之難,不爲諸橫惡鬼所持也。"

按:"生",石經3.2作生,P.4914作至,敦研355作至,津藝119(77·5·4458)作至,津藝270(77·5·4609)作至,S.1968作至,BD0003作至,BD00033作至,BD000317作至,BD00391作至,BD00737作至,BD00848、BD01169、BD01397、BD01495、BD02103、BD02756、BD02791、BD03306、BD03567、麗藏本、《大正藏》俱作"至"。

《説文·至部》:"至,鳥飛從高下至地也。""至",甲骨文作 合11667正、花東208,故羅振玉《雪堂金石文字跋尾》①認爲,象矢遠來降至地之形,而非鳥形。引申爲及、達到。《玉篇·至部》:"至,到也。"

按之經意,佛祖説祇要放生到四十九個,就可以"過度危厄之難","不爲諸橫惡鬼所持"。"至"字義爲達到,正合經意。故石經作"生",與經意不合,爲"至"形近之誤,可據正。

他例如,唐義浄譯《佛説無常經》"上生非想處,下至轉輪王。七寶鎮隨身,千子常圍遶。如其壽命盡,須臾不暫亭。還漂死海中,隨緣受苦衆","生",石經3.339作生,BD03874作至,TK137作至,麗藏本作至,《大正藏》作"至";BD00535作生,BD01063作生,S.2540作生,S.2926作生,S.3887作生,S.4529作生,S.4713作生,S.5447作生,S.6367作生,P.3924作生,TK323作生,津藝193(77·5·4532)作生,BD01030、BD01367、BD03554、BD03608、S.0153、S.0311、S.1479、S.5160俱作"生"。按之經文,"上至非想處,下至轉輪王"表達上下兩至,石經、BD00535、BD01063、S.2540、S.2926、S.3887、S.4529、S.4713、S.5447、S.6367、P.3924、TK323、津藝193(77·5·4532)、BD01030、BD01367、BD03554、BD03608、S.0153、S.0311、S.1479、S.5160作"生",爲"至"形近之誤,可據正。

【鬼神:惡鬼】

東晉帛尸梨蜜多羅譯《佛説灌頂章句拔除過罪生死得度經》:"若他婦女産生難者,心當存念琉璃光佛,兒即易生身體平正,無諸疾痛六情完具,聰明智慧壽命得長,不遭枉橫善神擁護,不爲鬼神舐其頭也。"

按:"鬼神",石經3.2作"鬼神",津藝119(77·5·4458)、津藝270(77·5·4609)、S.1968、BD00032、BD00033、BD000317、BD00391、BD00737、BD00848、BD01397、BD01495、BD02103、BD02232、BD02435、BD02756、BD02791、

---

① 羅振玉《雪堂金石文字跋尾》,《石刻史料新編》第三輯第三十八册,新文豐出版社,1986年,第283頁。

BD02909、BD03407、BD03567、BD03619、麗藏本、《大正藏》俱作"惡鬼"。

"不爲鬼神舐其頭",依據經意理解當爲"不爲惡鬼舐其頭"。因爲當佛祖談到不好的因果報應時,常常與"惡鬼""餓鬼"等事物有關聯;當談到較爲中性的話題時,常常"鬼""神"並提。"兒即易生身體平正。無諸疾痛六情完具。聰明智慧壽命得長。不遭枉橫善神擁護。不爲惡鬼舐其頭"等均是"心當存念琉璃光佛"的結果。故石經作"鬼神",爲"惡鬼"之誤,可據正。

【悉：迷】

唐義淨譯《佛説浴像功德經》:"佛告清浄慧菩薩言:汝等當於如來起正念心,勿著二邊悉於空有,於諸善品渴仰無厭。三解脱門善修智慧,常求出離勿住生死,於諸衆生起大慈悲,願得速成三種身故。"

按:"悉",石經 3.522 作"悉",石經 3.473 作"迷",石經 3.514 作"迷",石經 3.581 作"迷",麗藏本、《大正藏》俱作"迷"。

"迷",梵語 bhrānti 的意譯,與"悟"相對,指不能如實覺知事物的真實性,而執著於錯誤事理者。石經 3.522 作"悉",爲"悉"的異體字,誤,可據正。

【樘、棠、悵：振、振】

南朝宋沮渠京聲譯《佛説觀彌勒菩薩上生兜率天經》:"莊嚴垣上自然有風吹動此樹,樹相樘觸。"

按:"樘",石經 3.560 作"樘",石經 3.379、3.432、BD04049、BD04161、P.2373、P.4535、上圖 004(795017)俱作"棠";石經 1.105 作"悵";S.5555、TK58、TK60、TK81+TK82+TK83、麗藏本俱作"振";《大正藏》作"振"。

"撐",接觸;推。《玄應音義》卷二釋《大般涅經》卷八"撐觸"條引南朝宋何承天《纂文》云:"撐,觸也。""撐""觸"同義連用,義爲接觸。因構件"扌""木"形近訛混,"撐"又寫作"樘"。"棠""樘"音同假借。經文言風吹樹動,互相碰觸。石經 3.560 作"樘",爲"撐"的異體;石經 3.379、3.432 及敦煌寫卷作"棠",爲"樘"的音同假借,卻非"撐"的假借字,誤,當據正。

《玉篇·手部》:"振,捔也。"《字彙·手部》:"振,觸也。""振""撐"二字同義。《説文·心部》:"悵,望恨也。从心,長聲。"《説文·手部》:"振,舉救也。从手,辰聲。一曰奮也。"邵瑛《説文解字群經正字》:"按:此即俗賑濟之本字。"①

---

① [清]邵瑛《説文解字群經正字》,《續修四庫全書》第 211 册,上海古籍出版社,2002 年,第 307 頁。

故石經 1.105 作"悵",《大正藏》作"振",俱爲"振"形近之誤,可據正。

【容：客】

唐義浄譯《金光明最勝王經》卷一："六者,煩惱隨惑皆是客塵,法性是主,無來無去,佛了知故,名爲涅槃。"

按："容",石經 3.536 作客,BD05239 作容;BD00233 作客,BD00717 作客,BD00828 作客,BD00981 作客,BD01583 作客,BD01960 作客,BD02688 作客,BD03011 作客,BD03236 作客,BD03664 作客,BD04208 作客,BD04667 作客,BD04900 作客,BD05965 作客,P.3187 作客,上圖 038(812445) 作客,麗藏本作客,金藏廣勝寺本作客。

"客塵",佛教語,指塵世的種種煩惱。後秦鳩摩羅什譯《維摩詰所説經》卷中"菩薩斷除客塵煩惱而起大悲",後秦釋僧肇撰《注維摩詰經》卷五："所以者何菩薩斷除客塵煩惱？什曰：心本清净,無有塵垢,塵垢事會而生,於心爲客塵也。肇曰：心遇外緣,煩惱橫起,故名客塵。"故石經 3.536、BD05239 作"容塵",誤。"容",爲"客"形近之誤,可據正。

他例如,西晉竺法護譯《佛説弘道廣顯三昧經》卷一："其所可謂客欲垢蔽,菩薩於斯不有所著,瞭解以權於本自净。"《大正藏》作"客",宋、元、明、宫本作"容"。同前卷三載"信知諸法心常清净,亦不興起客欲之垢","客欲之垢"即卷一所謂"客欲垢蔽"。北魏瞿曇般若流支譯《正法念處經》卷二十四："若有餘業,得受人身,生於大姓豪富第一,人所敬重,身口意善,眷屬堅固,奴婢僮客皆悉具足,以餘業故。"《大正藏》作"客",宋、宫本作"容"。"僮客"指奴僕。後秦鳩摩羅什譯《大莊嚴論經》卷六："唯客殺羊,用功極輕兼得多利。"《大正藏》作"客",明本作"容"。唐釋道世撰《法苑珠林》卷八十六鈔録作："唯客殺羊,用功極輕兼得多利"作"客"。"客"指商販、行商。南朝宋佛陀什、竺道生等譯《五分律》卷二十一："有一上座比丘與諸比丘遊行人間,其中有客、有舊,得可分衣少,不足分。以是白佛,佛言：舊比丘應語客比丘言：長老！此衣少,不可分。客比丘若言：'並持相與。'應取。若言：'乃至一縷亦不相與。'便應共分。客比丘語舊比丘亦如是。"二"客"字,《大正藏》作"客",聖本皆作"容"。"客"指"客比丘",與"舊比丘"相對。

反之,"容"誤作"客"。唐輸波迦羅譯《蘇婆呼童子請問經》卷中："惡言謗毁求其長短持火燒伽藍精舍,毁壞尊客及僧房等,此等之罪,斯人報盡命終,當墮十方一切阿鼻地獄等。"《大正藏》作"客",宋、元、明、宫、甲本作"容"。"尊容"代指佛像神像,"尊客"於語境不通,誤。

【價：債】

三國吳支謙譯《須摩提長者經》："又如負債之人計日償債，日畢則去終無住期，去則便空竟不可得，無有往來。"

按："債"，石經 3.608 作價，麗藏本、《大正藏》俱作"債"。

《説文新附·人部》："債，債負也。从人、責，責亦聲。"又："價，物直也。从人、賈，賈亦聲。""債""價"二字意義不同，按之經意，"負債之人"當是"計日償債"，故石經作"價"，爲"債"形近之誤，當據正。

【祥：諍】

失譯人《佛説像法決疑經》："善男子！未來世中我諸弟子，樂好衣服貪嗜美味，貪求利養慳貪積聚，不脩慈心，專行恚怒，見他作善，祥共譏嫌。咸言：此人耶命諂曲求覓名利，若見布施貧窮乞人，復生瞋恚作如是念，出家之人何用布施。"

按："祥"，石經 2.472 作祥，P.2087 作祥，S.2075 作祥，《大正藏》作"諍"。

《説文·示部》："祥，福也。从示，羊聲。一云善。"石經 2.472、P.2087、S.2075 等作"祥"，於原經上下文不合。《説文·言部》："諍，止也。从言，爭聲。"桂馥義證："止當作正，諍、正聲相近。《周禮·司諫》注云：'諫猶正也，以道正人行。'"①"諍"義爲直言規勸。與於原經上下文亦不合。"諍"通"爭"，義爲爭奪、爭執。朱駿聲《説文通訓定聲·鼎部》："諍，叚借爲爭。"②《戰國策·秦策二》："有兩虎諍人而鬥者，管莊子將刺之。"故石經 2.472、P.2087、S.2075 作"祥"，爲"諍"形近之誤，可據正。

【乘：垂】

西晉白法祖譯《佛説菩薩修行經》："以斯法故，來奉如來。云何世尊菩薩大士，内性常欲應於無上平等正真尊覺，當學何法而應行住，唯願如來乘慧普慈，以無極哀散示疑結。"

按："乘"，石經 3.458 作乘，石經 3.561 作乘，麗藏本作垂，金藏廣勝寺本作垂，《大正藏》作"垂"。

《説文·土部》："垂，遠邊也。"引申用作敬詞，多用於上對下的動作，猶

---

① ［清］桂馥《説文解字義證》，《續修四庫全書》第 209 册，上海古籍出版社，2002 年，第 203 頁。

② ［清］朱駿聲《説文通訓定聲》，《續修四庫全書》第 220 册，上海古籍出版社，2002 年，第 311 頁。

言"俯""惠"等,如垂問、垂愛、垂察等。經文"垂慧普慈"即爲敬語。故石經3.458作"乘",爲"垂"形近之誤,可據正。

【紫:此】

南朝宋沮渠京聲譯《佛説觀彌勒菩薩上生兜率天經》:"五百億寶珠、瑠璃頗梨一切衆色無不具足,如紫紺摩尼表裹暎徹,紫摩尼光迴旋空中,化爲卅九重微妙寶宫。"

按:"紫",石經3.560作紫,石經1.105、2.405、3.379、3.432、BD04049、BD04161、S.5555、P.2373、P.4535、TK58、TK60、TK81+TK82+TK83、上圖 004(795017)、麗藏本、《大正藏》俱作"此"。

"摩尼",梵語 mani 的音譯,也作"末尼",意譯爲寶珠、珠。經文上下文作"五百億寶珠。瑠璃頗梨一切衆色無不具足",所以纔有"摩尼光迴旋空中",這些摩尼光應包括紫色在内。故作"此"合於經意,義爲這,總言所有摩尼光,而非僅僅是紫色。故石經3.560作"紫",當是涉上"如紫紺摩尼表裹暎徹"而誤,可據正。

【苦:善】

失譯人《佛説像法决疑經》:"爾時世尊告常施菩薩,苦$_1$哉苦$_2$哉。來世衆生甚可憐愍,何以故?一切衆生懃苦修行不會正理,作福彌積獲報甚微。"

按:"苦$_1$",石經2.472作苦,P.2087作苦,S.2075作苦,《大正藏》作"善";"苦$_2$",石經2.472作苦,P.2087作苦,S.2075作苦,《大正藏》作"善"。

佛經中佛常説"善哉善哉"這一讚歎之辭,從未見過作"苦哉苦哉"者。石經2.472、P.2087、S.2075俱作"苦",爲"善"形近之誤,且下文"來世衆生甚可憐愍",終致涉下致誤。

【法:去】

三國吴支謙譯《佛説阿難四事經》:"世雖然者,吾有經籍懇惻之戒,盡心遵行,福自歸身汝莫憂也。吾雖去世,典籍續存,六度大法不持之法,行者得度非神授與,汝等不解吾之所言耶。"

按:"法",石經3.610作法,麗藏本、《大正藏》俱作"去"。石經誤。《説文·廌部》:"灋,刑也。平之如水,从水。廌,所以觸不直者去之。从去。法,今文省。"《説文·去部》:"去,人相違也。从大,凵聲。"即離開之意。"法""去"二字意義不同。按之經意,佛說,他去世後,"典籍續存","六度大法"亦不帶走。故"去"的離開義合乎經意,可從。故石經作"法"爲涉上"六度大法"致誤,可據正。

【礼：視】

北魏法場譯《佛説辯意長者子經》:"衆人見歡喜,礼之無厭足。"

按:"禮",石經3.626作礼,麗藏本、《大正藏》俱作"視"。

單從語義上看,"礼""視"二詞似乎皆合於語境;但此偈語是佛祖在敘述長者子有五事:"一者布施施惠普廣,二者禮敬佛法三寶及衆長老,三者忍辱無有瞋恚,四者柔和謙下,五者博聞學誦經戒,是爲五事得爲尊貴衆人所敬",有此五種品行,贏得了衆人的尊重,終有"衆人見歡喜,視之無厭足"。佛經中,有"視之無厭""觀之無厭足""覩之無厭"等表述方式,無"礼之無厭"之説。如東晉僧伽提婆譯《增壹阿含經》卷二:"如來顏貌,端正無雙,視之無厭。"北齊那連提耶舍譯《月燈三昧經》卷二:"見佛入王城,觀之無厭足。"北涼曇無讖譯《優婆塞戒經》卷七:"若有智人樂修忍辱,是人常得顏色和悦,好樂喜戲,人見歡喜,覩之無厭,於受化者,心不貪著。"《大正藏》作"覩之無厭",宋本、元本、明本、宫本作"觀之無厭"。故石經3.626作礼,爲"視"形近而誤。

【善成佛：善戒佛】

失譯人《現在賢劫千佛名經》:"華光佛,善成佛,燈王佛。"

按:"善成佛",石經1.111作"善成佛",S.1238作"善戒佛",S.6485作"善戒佛";清藏本、《大正藏》俱作"善戒王佛";麗藏本作"善成王佛"。

"善成",梵語sādhu,巴利語同,音譯作"沙度""娑度",意譯作"好""善""勝"等。"善戒",佛教無此説法。故S.1238、S.6485、清藏本、《大正藏》俱作"善戒","戒"爲"成"形近之誤,可據正。又,麗藏本"善成王佛",爲"善成王"的異名,亦可。

"善戒",與"惡戒"相對,指"隨順世法、佛制,於身、口、意防非止惡"①。佛經中,有"善戒佛",没有"善成佛"之名。"善戒佛",如元王子成集《禮念彌陀道場懺法》卷七"南無華光佛,南無善戒佛,南無燈王佛"。同前卷八"南無華光佛,南無善戒佛,南無燈王佛"。失譯人《佛説佛名經》"南無寶語佛,南無求命佛,南無善戒佛,南無善衆佛"。失譯人《現在賢劫千佛名經》

---

① 慈怡編《佛光大辭典》,佛光出版社,1988年,第197頁上。

"南無寶語佛,南無救命佛,南無善戒佛,南無善眾佛"。利州太子寺講經論比丘德雲集《一切佛菩薩名集》卷四"南无寶語佛,南无救命佛,南无善戒佛,南无善眾佛"。

"善戒佛",亦稱爲"善戒王佛",失譯人《現在賢劫千佛名經》"南無名稱佛,南無善戒王佛,南無燈王佛"。佛經中有誤作"善成王佛"者三例:失譯人《現在賢劫千佛名經》"南無花光佛,南無善成王佛,南無燈王佛",利州太子寺講經論比丘德雲集《一切佛菩薩名集》卷四"南無花光佛,南無善成王佛,南無燈王佛",失譯人《佛説佛名經》卷三十"南無花光佛,南無花勝佛,南無善成王佛,南無燈王佛,南無電光佛"。

但從上下文語境佛名排列順序來看,"燈王佛"前有"善戒佛""善戒王佛""善成王佛"等,結合佛教命名習慣用"善戒"推之,當爲"善戒佛",亦稱爲"善戒王佛"。作"善成佛""善成王佛","成"爲"戒"形近之誤,可據正。

【邀:激】

西晉竺法護譯《佛説鴦掘摩經》:"即詣前樹四衢路側,悲怒邀憤惡鬼助禍,耗亂其心瞋目噴吒,四顧遠視如鬼師子。"

按:"邀",石經 3.385 作邀,金藏廣勝寺本作、麗藏本、《大正藏》皆作"激",宋、元、明本作"懲"。

"激憤",情緒激動,心情鬱結。石經 3.385 作"邀憤",不辭,誤,可據正。宋、元、明本作"懲",因"激憤"連用,"激"被類化換形作"懲",與"激"爲異體字關係。

【光光:光明】【左:在】

西晉竺法護譯《佛説鴦掘摩經》:"爾時世尊威神巍巍,智慧光光,結加夫坐,賢者指鬘翼從左右。"

按:

(1)"光光",石經 3.386 作"光光",宋、元、明本皆作"光光",金藏廣勝寺本、麗藏本、《大正藏》俱作"光明"。

唐及以前,"光光"有顯赫威武貌、明亮貌二義。《漢書·敘傳下》:"子明光光,發跡西疆。列於禦侮,厥子亦良。""光光"義爲顯赫威武貌。《樂府詩集·橫吹曲辭五·梁鼓角橫吹曲·地驅樂歌》:"月明光光星欲墮,欲來不來早語我。"唐姚崇《秋夜望月》詩:"灼灼雲枝净,光光草露團。""光光"義爲明亮貌。將"光光"的明亮貌義代入《佛説鴦掘摩經》"爾時世尊威神巍巍,智慧光光"語境,是説世尊神明般的威嚴崇高偉大,智慧明亮。其意似可通。

然於"光明"一詞,自瑩謂之光,照物謂之明。有二用:一者破闇,二者現法。佛之光明者,智慧之相也。謂佛之智慧,僅用"光明";用"光光"者,佛典中僅見竺法護譯《佛說鴦掘摩經》"爾時世尊威神巍巍,智慧光光",竺法護《正法華經》卷九"體紫金光,無央數億百千功德莊嚴其身,威神巍巍,智慧光光,奇相衆好文飾光顏"二例中。石經中"光光"中的第二個"光"字,當是涉上而誤。可據正。

(2)"左",石經 3.386 作在,金藏廣勝寺本、麗藏本、《大正藏》俱作"左"。石經涉下而誤。

賢者指鬘,指佛弟子央掘摩羅,嘗師事邪師摩尼跋陀羅,受邪師命出遊修行,並囑殺害千人,各取一指作鬘,故其名意譯作"指鬘",後經佛陀爲説正法,乃改過懺悔而入佛門,後證得羅漢果。"在"爲"左"形近之誤。

他例如,隋那連提耶舍譯《月燈三昧經》卷八:"妙花、幢幡列在右,左廂端嚴亦復然,以諸妙衣布道路,比丘速起説妙法。"《大正藏》作"在",聖本作"左"。"在"爲"左"之誤。

反之,"在"誤作"左"。唐阿地瞿多譯《陀羅尼集經》卷一:"其一端者從臂上向外立著,咒師於佛前,在右邊蹦跪,手執香鑪。"《大正藏》作"在",明本作"左"。"左"爲"在"之誤。失譯人《佛説相好經》:"有人諦觀佛項光者,前行看者見佛在前,從後看者見佛在後,左邊看者見佛在左,右邊看者見佛在右。"《大正藏》作"在",注曰:"在,底本作'左',據文意改。"

【恒:但】

南朝宋沮渠京聲譯《佛説觀彌勒菩薩上生兜率天經》:"作是觀者,若見一天人、見一蓮花,若一念頃稱彌勒名,此人除卻千二百劫生死之罪;恒聞彌勒名,合掌恭敬,此人除卻五十劫生死之罪;若有敬禮彌勒者,除卻百億劫生死之罪。"

按:"恒",石經 2.406 作恒、石經 3.379 作恒、石經 1.107 作恒、P.2071 作恆;BD04161 作但、S.5555 作但、TK58 作但、TK60 作但、TK81+TK82+TK83 作但、上圖 004(795017)作但、北大 D075 作但。

《説文·二部》:"恆,常也。"段玉裁注:"常當作長。古長久字衹作長。"①《玉篇·心部》:"恆,常也,久也。""恆"意爲長久、固定不變。《正字通·人部》:"但,語辭。猶言特也,第也。""但"表示範圍,相當於"衹""僅"。"恆""但"二字意義不同。

---

① [清]段玉裁《説文解字注》,上海古籍出版社,1988年,第681頁。

在上揭例句中，接連使用關聯詞語"若……若……恆/但……若"，當皆表示假設關係或者條件關係的語法意義，"恆"意爲長久、固定不變，不含假設或條件的語法意義；"但"表示範圍，相當於"衹""僅"，可以表示假設或者條件的語法意義。因此，敦煌寫卷佛經作"但"爲確，石經作"恆"爲誤，可據正。

又如唐般若譯《大乘本生心地觀經》卷五："智光比丘！出家菩薩於所著衣不應貪著，若細若麤隨其所得，但於施者爲生福田勿嫌麤惡；不得爲衣廣説法要，起諸方便與貪相應。"《大正藏》作"但"，宋、元、明本作"怛"。"怛"爲"但"的通假字。

在其他佛典文獻中，亦有"但"異文作"恆"者，前秦僧伽提婆譯《增壹阿含經》卷二十三："復以何故名爲不苦不樂浴池？若有比丘得四禪已，亦不念樂，復非念苦，亦不念過去當來之法，但用心於現在法中，以是之故，名爲不苦不樂浴池。"《大正藏》作"但"，宋、元、明本作"恒"。當以"但"爲是。

【成：滅】

三國吳支謙譯《佛説三品弟子經》："佛言阿難：道宜數數聚會，講説法義，不可不障愚人，當得斷法成佛教罪，諸弟子聞佛説經莫不戰慄，皆正心受教，爲佛作禮。"

按："成"，石經 3.444 作成，麗藏本作滅，金藏廣勝寺本作滅，《大正藏》作"滅"。

《説文·火部》："烕，滅也。从火，戌聲。"于省吾《雙劍誃殷契駢枝續編·釋烕》："契文烕字从火，戌聲。自東周以後譌戌爲戉，《説文》遂有'火死於戉'之誤解。"《説文·水部》："滅，盡也。从水，烕聲。""烕""滅"爲歷時異體字關係。石經 3.444 作成，爲"烕"之誤，可據正。

小　　結

一、本章研究異文中的文字訛誤。異文訛誤的情況有形近致誤、涉上致誤、涉下致誤、書寫行款致誤、類似省簡的訛誤等五類，其中第一類居多。

1. 形近致誤

無論是石經用字有誤，還是敦煌寫卷、傳世文獻用字有誤，多因字形相近造成。如南朝宋沮渠京聲《佛説觀彌勒菩薩上生兜率天經》"合掌"，BD04049 誤作"舍掌"；東晉帛尸梨蜜多羅《佛説灌頂隨願往生十方浄土經》

"羅閲祇國"，石經3.388、S.0002、S.0297俱誤作"羅閲祇園"；同前"葉"，麗藏本、《大正藏》俱誤作"榮"；同前"食"，系"倉"之誤；北魏法場《佛説辯意長者子經》"解脱"，系"鮮肥"之誤；失譯人《佛説父母恩重經》"索"，P.3919A.3誤作"常"；東漢安世高《佛説罪業應報教化地獄經》"而"，《大正藏》誤作"面"；同前"恩"，P.5028誤作"思"；唐義净《金光明最勝王經》"而"，BD00288誤作"如"；同前"容"，系"客"之誤；唐義净《佛説無常經》"充"，津藝193（77·5·4532）誤作"无"；西晉白法祖《佛説菩薩修行經》"色"，麗藏本、《大正藏》俱無作"危"；同前"乘"，系"垂"之誤；東漢安世高《佛説堅意經》"先"，系"光"之誤；北涼法盛《佛説菩薩投身飼餓虎起塔因緣經》"今"，系"令"之誤；唐義净《佛説浴像功德經》"求"，系"未"之誤等。

2. 涉上致誤

涉上致誤是指因上文爲某字，下文就順帶而及，寫成上文之字而誤。如唐義净《金光明最勝王經》"假使蚊蚋足"，"蚊蚋"，BD03011作蚊蚊，古代漢語無"蚊蚊"一詞，BD03011作"蚊蚊"當是受到上字"蚊"的影響而涉上誤，當據正。

3. 涉下致誤

涉下致誤是指抄經者或刻經者因經文涉及下文内容，而誤寫或誤刻下文字形或相應語義的文字。如失譯人《佛説父母恩重經》"阿難從坐而起。偏肩右肩"，石經3.555作"偏肩"，爲涉下致誤。又如失譯人《佛説像法決疑經》"苦$_1$哉苦$_2$哉。來世衆生甚可憐愍"，"苦$_1$"，石經2.472、P.2087、S.2075俱誤作"苦"，諸經誤作"苦"者，當是"善""苦"二字形近，且下文"來世衆生甚可憐愍"，終致涉下致誤。

4. 書寫行款致誤

因古人書寫習慣爲豎行書寫，故書寫行款也會導致文獻傳抄訛誤的産生，或把兩字合寫成一個字，如後秦佛陀耶舍《四分大尼戒本》"一一"，津藝087（77·5·4430）、P.2310俱誤作"二"；或把一字拆分成上下兩字，如失譯人《佛説像法決疑經》"正"，《大正藏》作"一心"，則誤拆字形爲二字。

5. 類似省簡的訛誤

這類訛誤類似省簡，如失譯人《佛説像法決疑經》"告"，P.2087作"生"；唐義净《金光明最勝王經》"愛"，BD03236作"受"；南朝宋沮渠京聲《佛説觀彌勒菩薩上生兜率天經》"毗"，石經作"比"；BD03042、麗藏本、《大正藏》東晉帛尸梨蜜多羅《佛説灌頂隨願往生十方净土經》"便"，石經3.387、S.0002、S.0297、S.1348俱作"更"等，我們均認爲後者是訛誤，而不認爲是省簡所致。

區分訛誤與構件省簡的關係。本書認爲,因省簡產生的異體要滿足下述條件:第一,省簡筆畫或構件,以不損害原字的區别性特徵爲代價;第二,各個省簡字形可以排譜,可以看出省簡過程;第三,省簡不佔用已有的其他字位,相距太遠則認爲是訛誤。總之,我們認爲省簡是有限度的,不能隨心所欲,否則破壞漢字的表意系統,社會也不會認可。

二、佛理是校正佛典語言文字訛誤的重要理據。

1. 普通語詞與佛教術語、佛理不合

普通語詞與佛教術語、佛理不合,是指部分詞語,漢語史上亦有,但放到佛經中,卻不合佛理,這時候,我們要結合佛理來校正佛典語言文字之誤。如後秦佛陀耶舍《四分大尼戒本》"增益",BD00014 誤作"增送"等。

2. 普通詞組與佛名、佛理不合

普通字的組合與佛名、佛理不合,是指某些佛教詞語中的某一語素,被誤錄作另外一個形近之字。如後秦佛陀耶舍《四分大尼戒本》"多天佛",清藏本、《大正藏》俱誤作"名天佛";同前"實語佛",S.4601、S.6485、北大 D079、麗藏本、清藏本、《大正藏》俱誤作"寶語佛";同前"寶相佛",清藏本、麗藏本、《大正藏》俱誤作"實相佛";同前"式叉摩那",BD00014、津藝 087（77・5・4430）俱誤作"戒叉摩那";同前"安闍那佛",S.1238、S.6485 俱誤作"安闇那佛";同前"具足論佛",S.6485 誤作"異足論佛"。

3. 佛教術語之誤用

佛經異文中出現的佛教術語並存,但衹有某一個與語境相合。如失譯人《現在賢劫千佛名經》"威德",誤作"盛德";漢語史上雖有"盛德"一詞,佛教史上僅見用於佛寺名者,如日本有盛德寺。又如東晉帛尸梨蜜多羅《佛説灌頂章句拔除過罪生死得度經》"華報",BD02232 誤作"果報",華報的報應報在人間,肉眼可以看到;果報則報在地獄,肉眼看不到。南朝宋沮渠京聲《佛説觀彌勒菩薩上生兜率天經》"金剛",S.5555、BD04049、P.2373、Дх01296、TK58、TK60、TK81+TK82+TK83、上圖 004（795017）、麗藏本、《大正藏》俱誤作"舍利"。

三、異文訛誤的整理,可以作爲佛典整理提供直接支持材料,進而可以整理出一個更接近祖本的佛典文本。

結　　語

　　本書以隋唐刻房山石經爲底本，以其與《中華大藏經》、《高麗大藏經》、《大正藏》、敦煌寫卷同名佛經相比勘而輯出的異文爲研究對象，從異體字、假借字、同源詞、同義詞、相互正誤等幾方面展開研究，研究並揭示隋唐刻房山石經的文獻、文字、語言價值及規律，爲佛學、石刻學、語言文字學的研究提供資料。其觀點分述如下：

　　一、隋唐刻房山石經與同名佛經異文的首要價值是版本價值。從文獻層面看，隋唐刻房山石經的文字較爲規整，雖不反映唐代規範用字的面貌，卻反映當時燕山地區的實際書寫狀況。

　　與《大正藏》相比，不同有三，其一，《大正藏》是排印本，石經是石刻本，後者忠實地再現了唐代幽州地區的書寫面貌，是重要的同時材料，排印本則磨蝕歷史痕跡；其二，作爲隋唐宮藏善本，石經與《大正藏》的關係距離較遠；其三，《大正藏》中的文字訛誤要多得多。

　　與《高麗大藏經》相比，二者字樣多數一致，不同點要少得多，訛誤也少得多，這説明版本較近。雖然《高麗大藏經》的底本與《趙城金藏》的底本同爲北宋的《開寶藏》，但因《中華大藏經》部分經文的底本不是《趙城金藏》，故石經與《中華大藏經》的異文亦有不同於與《高麗大藏經》的異文。

　　與敦煌寫卷相比，異文材料最爲豐富，讓本書的研究能够獲得大量可利用的資料，讓我們能够充分利用異文材料來搞文獻整理、語言文字研究。可以説，没有敦煌寫卷的比勘，本書的異文研究將是不完整的，也將會失色不少。這也從側面客觀地反襯出敦煌寫卷的文獻價值、語言文字價值。

　　二、隋唐刻房山石經與同名佛經異文第二方面的價值是文字價值，表現爲異體字、假借字。

　　異體字是異文在文字層面的最主要表現。佛經異文裏的未識字、同形字多爲異體字，佛經異文對釋讀未識字、區分同形字具有重要的提示作用。佛經異體字異文可以提供大量字形材料，爲漢字史、漢字構形的研究提供材料，又可爲《漢語大字典》等大型漢語字典的修訂提供新的字形材料。佛經異體字異文中的避諱字、武周新字都是確定版本抄寫或刻寫的重要依據。異體字異文爲漢字造字法的歷時研究提供資料。從使用頻率來看，異體字異文中的異寫字使用頻率較高，但這並不改變其整體的結構方式；從結構方式來看，中古以來新產生的異體字多運用會意、形聲兩種造字法，又以形聲字爲主，這說明會意、形聲是今文字階段的兩種造字法。異體字異文可以爲唐代漢字實際書寫面貌的研究提供資料。

異文裏的假借字，既有上古時期假借字的承用，又有中古時期新產生的假借字，這些新生的假借字，既可以補充《漢語大字典》假借字的成員，又可以補充其中古時期的用例。就假借字和本字的對應關係看，本書研究的假借字異文既有一字對一字的假借關係，也有一字對多字的假借關係，本書所見前者居多。而且，實字與實字、實字與虛字、虛字與虛字之間均可假借，體現了假借字借字記音的本質。中古時期新產生的假借字對於研究中古音和漢語方言具有重要參照作用。

三、隋唐刻房山石經與同名佛經異文第三方面的價值主要是同源詞和同義詞的研究。

同源詞包括記錄文字爲本原字與區別字關係的同源、同義詞關係、記錄文字爲假借字關係的同源詞三類，這體現了同源詞有同義問題、假借問題、詞義分化問題等。同義同源詞，或本義相同，或本義與引申義相同。記錄文字爲假借字關係的同源詞，從詞語產生的角度看，二詞語源相同，爲同源詞；其字形存在假借關係，從文字使用的角度看，二字讀音相同或相近，意義不同，爲假借字關係。本章的研究可爲漢語詞源學的研究提供資料上的支持。

同義詞是版本異文在語言層面的主要表現，有等義詞、近義詞和語境同義詞三種類型。其中等義詞多是借用方言詞或外來詞的結果；近義詞主要由語素替換形成，這也是同義詞的主要類型；語境同義詞，本來不是同義詞，但在佛經異文中因互換使用而成爲同義詞。同義詞對於我們考釋疑難詞語、考釋疑難字提供資料、思路和重要綫索。也爲同義詞語義場的研究提供資料。同義詞異文主要是大量的名物語詞和反映佛理的名物、動詞，是研究者理解並研究經意、考辨佛理的重要拐杖；同時也爲漢語史的研究和辭書的編纂提供語料。

四、隋唐房山石經與同名佛經互校表明，異文訛誤的情況有形近致誤、涉上致誤、涉下致誤、書寫行款致誤、類似省簡的訛誤等五類，其中第一類居多。無論是石經用字有誤，還是敦煌寫卷、傳世文獻用字有誤，多因字形相近造成。佛理是校正佛典語言文字訛誤的重要理據。異文訛誤的整理，可以作爲佛典整理的直接支持材料，進而可以整理出一個更接近祖本的佛典文本。

五、不容迴避的幾個問題。

其一，異體字中省簡的標準問題的探討。本書認爲因省簡產生的異體要滿足以下條件：一是省簡筆畫或構件，以不損害原字的區別性特徵爲代價；二是各個省簡字形可以排譜，可以看出省簡過程；三是省簡不佔用已有的其他字位，相距太遠則認爲是訛誤。總之，我們認爲省簡是有限度的，不能隨心所欲，否則破壞漢字的表意系統，社會也不會予以認可。

其二，新生的區別字的判斷。區別字一定是爲分化本原字所記錄的一個或幾個義項所造的字，且有書證佐證，否則，我們寧可採用較爲保守而嚴格的標準，認爲是異體字關係。

其三，中古時期假借字的判斷。學界普遍承認中古時期存在新生假借字，但其判斷標準，我們借鑒上古時期假借字的判斷標準，即一是其中古音要相同或相近；二是除本例外，盡可能地要有文獻佐證，無論是佛典中的例證，還是中古其他文獻中的佐證，這一點，限於材料，本書做得不夠。

參考文獻

一、工具書及材料類

[1] 北京大學圖書館、上海古籍出版社編《北京大學藏敦煌文獻》,上海:上海古籍出版社,1995—1998年。

[2] 北京圖書館金石組、中國佛教圖書文物館石經組編《房山石經題記彙編》,北京:書目文獻出版社,1987年。

[3] 陳燕珠《新編補正房山石經題記彙編》,臺北:覺苑出版社,1995年。

[4] 慈怡編《佛光大辭典》,臺北:佛光出版社,1988年。

[5] 段文傑主編《甘肅藏敦煌文獻》,蘭州:甘肅人民出版社,1999年。

[6] [清]段玉裁《説文解字注》,上海:上海古籍出版社,1988年。

[7] 俄羅斯科學院東方研究所聖彼得堡分所、俄羅斯科學出版社東方文學部、上海古籍出版社編《俄藏敦煌文獻》,上海:上海古籍出版社,1992—2001年。

[8] 俄羅斯科學院東方研究所聖彼得堡分所、中國社會科學院民族研究所、上海古籍出版社編《俄藏黑水城文獻》,上海:上海古籍出版社,1996—1998年。

[9] [隋]費長房《歷代三寶紀》,http://www.cbeta.org/result/normal/T49/2034_001.htm。

[10] 《佛教經錄——中國漢傳佛教歷代經籍目錄通檢》,http://read.nlc.gov.cn/jinglu/ lidaiyijing.asp?cd=東漢支婁迦讖#Menu=ChildMenu1。

[11] 高麗大藏經編輯委員會編《高麗大藏經》,北京:綫裝書局,2004年。

[12] [日]高楠順次郎、渡邊海旭等監修《大正新修大藏經》,臺北:新文豐出版公司,1983年。

[13] [梁]顧野王《原本玉篇殘卷》,北京:中華書局,1985年。

[14] 漢語大字典編輯委員會編《漢語大字典》(第二版),武漢:崇文書局,成都:四川辭書出版社,2010年。

[15] 黃永武主編《敦煌寶藏》,臺北:新文豐出版公司,1981年。

[16] 黄征《敦煌俗字典》,上海:上海教育出版社,2005 年。

[17] [唐] 靖邁《古今譯經圖紀》,《大正新修大藏經》第五十五册,臺北:新文豐出版公司,1983 年。

[18] 劉鈞傑《同源字典補》,北京:商務印書館,1999 年。

[19] 劉鈞傑《同源字典再補》,北京:語文出版社,1999 年。

[20] 劉釗、洪颺、張新俊編著《新甲骨文編》,福州:福建人民出版社,2014 年。

[21] 羅竹風主編《漢語大詞典》,上海:漢語大詞典出版社,1997 年。

[22] 毛遠明《漢魏六朝碑刻校注》,北京:綫裝書局,2008 年。

[23] 毛遠明《漢魏六朝碑刻異體字研究》,北京:中華書局,2012 年。

[24] 彭金章、王建軍、敦煌研究院編《敦煌莫高窟北區石窟》,北京:文物出版社,2000—2004 年。

[25] 任繼愈主編《中華大藏經》,北京:中華書局,1984—1997 年。

[26] 容庚編著,張振林、馬國權摹補《金文編》,北京:中華書局,1985 年。

[27] 上海古籍出版社、法國國家圖書館編《法藏敦煌西域文獻》,上海:上海古籍出版社,1995—2005 年。

[28] 上海古籍出版社、上海博物館編《上海博物館藏敦煌吐魯番文獻》,上海:上海古籍出版社,1993 年。

[29] 上海古籍出版社、天津藝術博物館編《天津藝術博物館藏敦煌文獻》,上海:上海古籍出版社,1996—1998 年。

[30] 上海圖書館、上海古籍出版社編《上海圖書館藏敦煌吐魯番文獻》,上海:上海古籍出版社,1999 年。

[31] 王力《同源字典》,北京:商務印書館,1982 年。

[32] [遼] 行均《龍龕手鏡》(高麗本),北京:中華書局,1985 年。

[33] 徐時儀校注《一切經音義三種校本合刊》,上海:上海古籍出版社,2008 年。

[34] [漢] 許慎《說文解字》,北京:中華書局,1963 年。

[35] [唐] 玄應《一切經音義》,海山仙館叢書本,清道光乙巳(1845)刻本。

[36] [唐] 顏元孫《干禄字書》,叢書集成初編本,北京:中華書局,1985 年。

[37] 中國佛教協會編《房山石經》,北京:華夏出版社,2000 年。

[38] 中國國家圖書館編《國家圖書館藏敦煌遺書》,北京:北京圖書館出版社,2005—2012 年。

二、外文材料

[1] [日] 常盤大定、關野貞撰《支那佛教史蹟》,東京:佛教史蹟研究會,

1925年。

［2］［法］普意雅《雲居寺志》,1924年。

［3］［日］松本文三郎《支那佛教遺物》,東京：大鐙閣,1919年。

［4］［日］桐谷征一作,學凡譯《房山雷音洞石經考》,載呂鐵剛編《房山石經研究》（二）,香港：中國佛教文化出版有限公司,1999年。

［5］［日］塚本善隆《石經山雲居寺與石刻大藏經》,《東方學報》（京都第五冊副刊）,1935年。

三、專著類

［1］［漢］班固撰,［唐］顏師古注《漢書》,北京：中華書局,1962年。

［2］［宋］鮑彪注,［元］吳師道補正《戰國策校注》,《文淵閣四庫全書》史部第165冊,上海：上海古籍出版社,1987年。

［3］［清］畢沅《墨子集注》,清乾隆四十九年（1784）靈巖山館刻本。

［4］曹煒《現代漢語詞彙研究》,北京：北京大學出版社,2004年。

［5］陳北郊《漢語語諱學》,太原：山西人民出版社,1991年。

［6］陳復華、何九盈《古韻通曉》,北京：中國社會科學出版社,1987年。

［7］［清］陳奐撰《詩毛氏傳疏》,南京：鳳凰出版社,2018年。

［8］陳奇猷《韓非子新校注》,上海：上海古籍出版社,2000年。

［9］陳五雲、梁曉虹、徐時儀《佛經音義與漢字研究》,南京：鳳凰出版社,2010年。

［10］陳詵《房山紀遊》,民國綫裝書。

［11］陳燕珠《房山石經中通理大師刻經之研究》,臺北：覺苑出版社,1993年。

［12］陳燕珠《房山石經中遼末和金代刻經之研究》,臺北：覺苑出版社,1995年。

［13］陳垣《中國佛教史籍概論》,上海：上海書店出版社,2001年。

［14］陳垣《史諱舉例》,北京：中華書局,2004年。

［15］陳作霖《一切經音義通檢序》,見《正續一切經音義》,上海：上海古籍出版社,1986年。

［16］儲泰松《唐五代關中方音研究》,合肥：安徽大學出版社,2005年。

［17］杜澤遜《文獻學概要》,北京：中華書局,2001年。

［18］方廣錩《中國寫本大藏經研究》,上海：上海古籍出版社,2006年。

［19］房山石經博物館、房山石經與雲居寺文化研究中心編《石經研究》（第一輯）,北京：北京燕山出版社,2016年。

［20］房山石經博物館、房山石經與雲居寺文化研究中心編《石經研究》（第二輯），北京：華夏出版社，2018年。

［21］房山石經博物館、房山石經與雲居寺文化研究中心編《石經研究》（第三輯），北京：華夏出版社，2020年。

［22］高明《中國古文字學通論》，北京：北京大學出版社，1996年。

［23］高亨《老子正詁》，北京：清華大學出版社，2011年。

［24］高鴻縉編著《中國字例》，臺北：三民書局，2008年。

［25］［清］高士宗《黃帝內經素問直解》，北京：學苑出版社，2011年。

［26］［漢］高誘注，［清］畢沅校《呂氏春秋》，上海：上海古籍出版社，1996年。

［27］［清］桂馥《説文解字義證》，《續修四庫全書》第209—210册，上海：上海古籍出版社，2002年。

［28］郭沫若《兩周金文辭大系圖録考釋》，北京：科學出版社，1957年。

［29］郭沫若《甲骨文字研究》，《郭沫若全集》第一卷，北京：科學出版社，1982年。

［30］［清］郭慶藩《莊子集釋》，北京：中華書局，2006年。

［31］郭錫良《古今字音手册（增訂重排本）》，北京：商務印書館，2022年。

［32］［晉］郭象注，［唐］成玄英疏《莊子注疏》，北京：中華書局，2011年。

［33］［清］郝懿行《爾雅義疏》，上海：上海古籍出版社，1983年。

［34］何琳儀《戰國文字通論（訂補）》，南京：江蘇教育出版社，2003年。

［35］［魏］何晏集解，［梁］皇侃義疏《論語集解義疏》，《文淵閣四庫全書》經部第189册，上海：上海古籍出版社，1987年。

［36］［清］侯康《説文假借例釋》，見丁福保編纂《説文解字詁林》，北京：中華書局，1988年。

［37］胡光煒《説文古文考》，《胡小石論文集三編》，上海：上海古籍出版社，1995年。

［38］［清］胡文英《屈騷指掌》，北京：北京古籍出版社，1979年。

［39］黄征《敦煌語言文字學研究》，蘭州：甘肅教育出版社，2002年。

［40］黄征《敦煌語言文獻研究》，杭州：浙江大學出版社，2016年。

［41］蔣紹愚《古漢語詞彙綱要》，北京：商務印書館，2005年。

［42］李維琦《魏晉南北朝漢譯佛經語言研究叢書：佛經詞語匯釋》，長沙：湖南師範大學出版社，2004年。

［43］李維琦《佛經詞語匯釋》，長沙：湖南師範大學出版社，2004年。

［44］李孝定編述《甲骨文字集釋》，臺北："中研院"歷史語言研究所，

1982年。
[45]梁啓超《佛學研究十八篇》,上海:上海古籍出版社,2009年。
[46]梁曉虹《佛教詞語的構造與漢語詞彙的發展》,北京:北京語言學院出版社,1994年。
[47]梁曉虹、徐時儀、陳五雲《佛經音義與漢語詞彙研究》,北京:商務印書館,2005年。
[48]林義光《文源》,上海:中西書局,2017年。
[49][漢]劉安等編著,[漢]高誘注《淮南子》,北京:中華書局,1986年。
[50][清]劉寶楠撰,高流水點校《論語正義》,北京:中華書局,1990年。
[51][清]劉淇著,張錫琛校注《助字辨略》,北京:中華書局,1954年。
[52][漢]劉向輯,[漢]王逸注,黃靈庚點校《楚辭章句》,上海:上海古籍出版社,2017年。
[53][南朝宋]劉義慶著,[南朝梁]劉孝標注,余嘉錫箋疏,周祖謨等整理《世說新語箋疏》,上海:上海古籍出版社,2007年。
[54]劉又辛《通假概說》,成都:巴蜀書社,1988年。
[55][唐]陸德明《經典釋文》,北京:中華書局,1983年。
[56]陸錫興《詩經異文研究》,北京:中國社會科學出版社,2001年。
[57][宋]陸游《老學庵筆記》,北京:中華書局,1979年。
[58]陸宗達、王寧《訓詁方法論》,北京:中國社會科學出版社,1983年。
[59]羅振玉《雪堂金石文字跋尾》,《石刻史料新編》第三輯第三十八冊,臺北:新文豐出版社,1986年。
[60]羅振玉《殷虛書契考釋三種》,北京:中華書局,2006年。
[61]羅振玉《增訂殷虛書契考釋》,羅繼祖主編《羅振玉學術論著集》第1集,上海:上海古籍出版社,2010年。
[62]吕鐵剛編《房山石經研究》(一),香港:中國佛教文化出版有限公司,1999年。
[63]吕鐵剛編《房山石經研究》(二),香港:中國佛教文化出版有限公司,1999年。
[64]吕鐵剛編《房山石經研究》(三),香港:中國佛教文化出版有限公司,1999年。
[65][清]馬瑞辰《毛詩傳箋通釋》,北京:中華書局,1989年。
[66]馬敘倫《説文解字六書疏證》,上海:上海書店出版社,1985年。
[67]倪其心《校勘學大綱》,北京:北京大學出版社,2022年。
[68][清]鈕樹玉《説文新附考》,北京:中華書局,1985年。

[69] [清]錢大昭撰,黄建中、李發舜整理《廣雅疏義》,北京:中華書局,2016年。

[70] 裘錫圭《文字學概要》,北京:商務印書館,1988年。

[71] 屈萬里《殷虚文字甲編考釋》,臺北:"中研院"歷史語言研究所,1992年。

[72] 任繼愈《中國佛教史》,北京:中國社會科學出版社,1985年。

[73] [清]阮元校刻《十三經注疏》,北京:中華書局,1980年。

[74] 蘇傑《三國志異文研究》,濟南:齊魯書社,2006年。

[75] [漢]司馬遷撰,[南朝宋]裴駰集解,[唐]司馬貞索隱,[唐]張守節正義《史記》(修訂本),北京:中華書局,2013年。

[76] 商承祚《殷虚文字類編》,1923年決定不移軒刻本。

[77] 商承祚《説文中之古文考》,上海:上海古籍出版社,1983年。

[78] [清]邵瑛《説文解字群經正字》,《續修四庫全書》第211册,上海:上海古籍出版社,2002年。

[79] 孫昌武《中國佛教文化史》,北京:中華書局,2010年。

[80] [清]孫星衍《尚書今古文注疏》,北京:中華書局,2003年。

[81] [清]孫詒讓撰,孫啓治點校《墨子閒詁》,北京:中華書局,2008年。

[82] [清]孫詒讓《周禮正義》,北京:中華書局,1987年。

[83] 湯用彤《漢魏兩晉南北朝佛教史》,武漢:武漢大學出版社,2008年。

[84] 萬藝玲、鄭振峰、趙學清編著《詞彙應用通則》,瀋陽:春風文藝出版社,1999年。

[85] 汪榮寶撰,陳仲夫點校《法言義疏》,北京:中華書局,1987年。

[86] [唐]王冰《重廣補注黄帝内經素問》,北京:中醫古籍出版社,2015年。

[87] 王國維《説珏朋》,載《王國維儒學論集》,成都:四川大學出版社,2010年。

[88] 王力《訓詁學上的一些問題》,見《龍蟲並雕齋文集》(一),北京:中華書局,1980年。

[89] 王力《古代漢語》(校訂重排版),北京:中華書局,1999年。

[90] [清]王念孫《廣雅疏證》,上海:上海古籍出版社,2018年。

[91] 王寧《訓詁學原理》,北京:中國國際廣播出版社,1996年。

[92] 王寧《漢字學概要》,北京:北京師範大學出版社,2001年。

[93] [清]王先謙撰,沈嘯寰、王星賢點校《荀子集解》,北京:中華書局,2013年。

[94] 王彥坤《古籍異文研究》,臺北：萬卷樓圖書有限公司,1996年。

[95] [清] 王引之《經傳釋詞》,北京：中華書局,1956年。

[96] [清] 王引之撰,虞思徵等校點《經義述聞》,上海：上海古籍出版社,2016年。

[97] 王毓麟《房山遊記彙編》,滄州：中原書局,1937年。

[98] 王元鹿《普通文字學概論》,貴陽：貴州人民出版社,1996年。

[99] [清] 王筠《說文釋例》,北京：中華書局,1987年。

[100] [清] 王筠《說文解字句讀》,北京：中華書局,1988年。

[101] 魏南安主編《重編一切經音義》,臺北：臺灣中華佛教百科文獻基金會,1997年。

[102] [清] 吳昌瑩《經傳衍釋》,北京：中華書局,1956年。

[103] [清] 吳大澂《說文古籀補》,北京：中華書局,1988年。

[104] 吳夢麟、張永強編著《房山石經題記整理與研究》,北京：文物出版社,2021年。

[105] 吳繼剛《七寺本〈玄應音義〉文字研究》,上海：上海古籍出版社,2021年。

[106] 吳其昌《金石名象疏證》,見吳令華編《吳其昌文集》(貳),太原：三晉出版社,2009年。

[107] 吳辛丑《簡帛典籍異文研究》,廣州：中山大學出版社,2002年。

[108] 吳則虞編著,吳受琚、俞震校補《晏子春秋集釋》,北京：國家圖書館出版社,2011年。

[109] [南朝梁] 蕭統編,[唐] 李善注《文選》,上海：上海古籍出版社,1986年。

[110] [南朝梁] 蕭統編,[唐] 李善等注《六臣注文選》,北京：中華書局,2012年。

[111] [清] 徐灝《說文解字注箋》,《續修四庫全書》第225冊,上海：上海古籍出版社,2002年。

[112] [南唐] 徐鍇《說文解字繫傳》,北京：中華書局,2017年。

[113] 徐時儀《古白話詞彙研究論稿》,上海：上海教育出版社,2000年。

[114] 徐時儀《佛經音義研究通論》,南京：鳳凰出版社,2005年。

[115] 徐時儀《玄應〈衆經音義〉研究》,北京：中華書局,2005年。

[116] 徐時儀《漢語白話發展史》,北京：北京大學出版社,2007年。

[117] 徐時儀《玄應和慧琳〈一切經音義〉研究》,上海：上海人民出版社,2009年。

[118] 徐時儀、梁曉虹、陳五雲《佛經音義概論》，臺北：大千出版社，2003年。

[119] 徐元誥撰，王樹民、沈長雲點校《國語集解》，北京：中華書局，2002年。

[120] 許嘉璐主編《古代漢語》，北京：中華書局，1962年。

[121] [戰國]荀況撰，[唐]楊倞注《荀子》，北京：國家圖書館出版社，2017年。

[122] [清]嚴章福《説文校議議》，《續修四庫全書》第214冊，上海：上海古籍出版社，2002年。

[123] [漢]揚雄撰，[晉]范望注《太玄經》，《四庫全書萃要》第247冊，北京：人民文學出版社，2009年。

[124] [漢]揚雄撰，[晉]郭璞注《方言》，北京：中華書局，2016年。

[125] [明]楊士奇《郊遊記》，勞亦安輯《古今遊記叢鈔》（三版），上海：中華書局，1936年。

[126] 楊樹達《詞詮》，北京：中華書局，1954年。

[127] 楊樹達《積微居小學述林全編》，上海：上海古籍出版社，2007年。

[128] 楊樹達《積微居小學金石論叢》，上海：上海古籍出版社，2007年。

[129] 楊同軍《語言接觸和文化互動：漢譯佛經詞彙的生成與演變研究——以三國吳支謙譯經複音詞爲中心》，北京：中華書局，2011年。

[130] 楊亦武《雲居寺》，北京：華文出版社，2003年。

[131] [清]姚文田、嚴可均《説文校議》，北京：國家圖書館出版社，2010年。

[132] 姚永銘《慧琳〈一切經音義〉研究》，南京：江蘇古籍出版社，2003年。

[133] [清]葉昌熾撰，柯昌泗評《語石 語石異同評》，《考古學專刊》丙號第四種，北京：中華書局，1994年。

[134] 易敏《雲居寺明刻石經文字構形研究》，上海：上海教育出版社，2005年。

[135] 于亭《玄應〈一切經音義〉研究》，北京：中國社會科學出版社，2009年。

[136] 于省吾《甲骨文字釋林》，北京：中華書局，1979年。

[137] 于省吾《雙劍誃諸子新證》，上海：上海書店出版社，1999年。

[138] [清]俞樾等《古書疑義舉例五種》，北京：中華書局，1956年。

[139] [清]俞樾《諸子平議》，杭州：浙江古籍出版社，2016年。

[140] 張金泉、許建平《敦煌音義匯考》，杭州：杭州大學出版社，1996年。

［141］張永言《詞彙學簡論》，武漢：華中工學院出版社，1982 年。
［142］張涌泉《漢語俗字叢考》，北京：中華書局，2000 年。
［143］張涌泉《漢語俗字研究（增訂本）》，北京：商務印書館，2010 年。
［144］［晉］張湛注，［唐］盧重玄解《列子》，上海：上海古籍出版社，2014 年。
［145］［宋］趙與時著，齊治平校點《賓退錄》，上海：上海古籍出版社，1983 年。
［146］鄭賢章《〈新集藏經音義隨函錄〉研究》，長沙：湖南師範大學出版社，2007 年。
［147］［清］鄭珍《説文新附考》，北京：中華書局，1985 年。
［148］［唐］智升《開元釋教錄》，《文淵閣四庫全書》子部第 357 册，上海：上海古籍出版社，1987 年。
［149］［明］周忱《遊小西天記》，勞亦安輯《古今遊記叢鈔》（三版），上海：中華書局，1936 年。
［150］朱承平《異文類語料的鑒別與應用》，長沙：岳麓書社，2006 年。
［151］朱芳圃《殷周文字釋叢》，北京：中華書局，1962 年。
［152］［清］朱駿聲《説文通訓定聲》，《續修四庫全書》第 220 册，上海：上海古籍出版社，2002 年。
［153］［宋］朱熹《四書章句集注》，北京：中華書局，1983 年。
［154］［清］朱彝尊原輯，［清］于敏中等奉敕編《日下舊聞考》，清乾隆五十三年（1788）武英殿刻本。

四、論文類

［1］《北京雲居寺遼金石經充純氮保存》，《深冷技術》，2000 年第 1 期。
［2］邊田鋼《考辨佛經異文應當重視佛經音義——以〈六度集經〉〈可洪音義〉異文比勘爲例》，《浙江大學學報（人文社會科學版）》，2022 年第 5 期。
［3］邊興燦《論異文在訓詁中的作用》，《浙江大學學報（社會科學版）》，1998 年第 3 期。
［4］曹佃欣《〈經律異相〉所引〈賢愚經〉與其原經異文研究》，南京師範大學碩士學位論文，2020 年。
［5］曹汛《涿州雲居寺塔的年代學考證》，《建築師》，2007 年第 1 期。
［6］陳家春《〈景德傳燈錄〉異文辨正》，《合肥師範學院學報》，2016 年第 1 期。

[7] 陳立華《〈生經〉異文研究》,湖南師範大學碩士學位論文,2011 年。
[8] 陳林風《〈賢劫經〉異文研究》,湖南師範大學碩士學位論文,2019 年。
[9] 陳尚君《石刻文獻述要》,《古典文學知識》,1996 年第 2 期。
[10] 陳星橋《法難形成的原因影響及其啓示》,《法音》,1994 年第 10 期。
[11] 陳垚《國圖藏敦煌寫卷〈金光明最勝王經〉異文研究》,西華師範大學碩士學位論文,2020 年。
[12] 陳瑩《〈修行道地經〉異文研究》,湖南師範大學碩士學位論文,2010 年。
[13] 陳祚龍《佛化隨筆》(下),《海潮音》,1984 年第 9 期。
[14] 楚天《石經回藏——跨越千年的承諾》,《中國宗教》,1999 年第 4 期。
[15] 丁明夷《談雲居寺雷音洞重新發現的舍利銀函》,吕鐵剛編《房山石經研究》(三),香港:中國佛教文化出版有限公司,1999 年。
[16] 丁慶剛《〈比丘尼傳校注〉異文考辨》,《青海師範大學學報(哲學社會科學版)》,2017 年第 3 期。
[17] 丁慶剛《中古律部漢譯佛經異文考辨》,《新疆大學學報(哲學·人文社會科學版)》,2019 年第 6 期。
[18] 范國新《房山石經瞻仰》,《中國書法》,2022 年第 5 期。
[19] 房山石經整理研究組《〈房山石經〉(遼金刻經)出版説明》,吕鐵剛編《房山石經研究》(一),香港:中國佛教文化出版有限公司,1999 年。
[20] 馮國棟、李輝《〈俄藏黑水城文獻〉中通理大師著作考》,《文獻》,2011 年第 3 期。
[21] 馮金忠《幽州鎮與唐代後期人口流動——以宗教活動爲中心》,《青島大學師範學院學報》,2007 年第 1 期。
[22] 馮雪冬、黄曉寧《"胡跪"義正》,《南開語言學刊》,2019 年第 1 期。
[23] 付義琴《涕有鼻涕義不是語義引申》,《殷都學刊》2008 年第 4 期。
[24] 耿銘《玄應〈衆經音義〉異文研究》,上海師範大學博士學位論文,2008 年。
[25] 顧滿林《漢文佛典用語專題研究》,四川大學博士學位論文,2006 年。
[26] 管仲樂、黄雲鶴《房山石經所藏"疑僞經"略論》,《古籍整理研究學刊》,2017 年第 6 期。
[27] 管仲樂《幽州地區佛教與世俗家庭探略——以唐刻房山石經爲中心》,《哈爾濱工業大學學報(社會科學版)》,2018 年第 4 期。
[28] 管仲樂《技藝、血緣、信仰:房山石經文獻所見遼代幽州石刻刻工家族》,《南京藝術學院學報(美術與設計)》,2019 年第 5 期。

[29] 管仲樂《房山石經研究》,東北師範大學博士學位論文,2019 年。
[30] 管仲樂《僧俗·經藏·碑板：遼刻房山石經書經活動的變局》,《北方論叢》,2020 年第 2 期。
[31] 管仲樂《房山石經疑偽經〈大通方廣懺悔滅罪莊嚴成佛經〉考論》,《古籍整理研究學刊》,2021 年第 5 期。
[32] 管仲樂《神聖與世俗：房山石經唐刻〈大般若經〉中的宗教社會空間》,《北方論叢》,2022 年第 2 期。
[33] 《關於〈房山石經〉影印本致送辦法》,《法音》,1988 年第 3 期。
[34] 韓淑舉《中國古代佛經刻印初探》,《山東圖書館季刊》,1990 年第 2 期。
[35] 郝春文《隋唐五代宋初佛社與寺院的關係》,《敦煌學輯刊》,1990 年第 1 期。
[36] 何家興《戰國文字分域研究》,安徽大學博士學位論文,2010 年。
[37] 何梅《房山石經與〈隨函錄〉〈契丹藏〉〈開元錄〉的關係之探討》,《佛學研究》,1996 年。
[38] 何亞星《〈密嚴經〉寫本考及異文研究》,浙江師範大學碩士學位論文,2022 年。
[39] 洪成玉《古漢語同義詞及其辨析方法》,《中國語文》,1983 年第 6 期。
[40] 胡繼歐《房山石經内發現兩種〈梵本心經〉》,《法音》,1982 年第 2 期。
[41] 黃炳章《房山雲居寺石經》,《法音》,1986 年第 1 期。
[42] 黃炳章《房山雲居寺開始全面修復　天王殿毗盧殿立架上樑》,《法音》,1986 年第 1 期。
[43] 黃炳章《〈房山石經〉影印本首册問世》,《法音》,1987 年第 3 期。
[44] 黃炳章《房山石經遼金兩代刻經概述》,《法音》,1987 年第 5 期。
[45] 黃炳章《房山石經靜琬刻成〈涅槃經〉題記殘石考》,《法音》,1990 年第 9 期。
[46] 黃炳章《國之瑰寶——房山石經》,《佛教文化》,1991 年第 3 期。
[47] 黃炳章《房山石經的拓印與出版》,《法音》,1999 年第 9 期。
[48] 黃炳章《房山石經武德八年題記殘石考》,《法音》,1999 年第 10 期。
[49] 黃炳章《房山雲居寺石經探勘小史》,呂鐵剛編《房山石經研究》(二),香港：中國佛教文化出版有限公司,1999 年。
[50] 黃炳章《房山石經經末題記》,呂鐵剛編《房山石經研究》(三),香港：中國佛教文化出版有限公司,1999 年。
[51] 黃炳章《石經山雷音洞佛舍利》,呂鐵剛編《房山石經研究》(三),香

［52］黄炳章《法源寺展出的房山石經》，吕鐵剛編《房山石經研究》（三），香港：中國佛教文化出版有限公司，1999年。

［53］黄炳章《石經山和雲居寺》，《佛教文化》，2001年增刊第2期。

［54］黄炳章《房山石經遼金兩代刻經概述》，《普門學報》，2010年第1期。

［55］黄沛榮《古籍異文論析》，《漢學研究》，1991年第9期。

［56］賈豔紅《房山石經題記中唐代社邑首領的幾個問題》，《中南大學學報（社會科學版）》，2019年第2期。

［57］姜良芝《玄應〈一切經音義〉異文研究》，浙江大學碩士學位論文，2008年。

［58］姜欣玥《房山石經題記所見幽州節度使府兵馬使》，《邯鄲學院學報》，2019年第1期。

［59］姜欣玥《房山石經題記所見唐代幽州地區婦女刻經相關問題的考察》，《科學·經濟·社會》，2022年第6期。

［60］金磊《保護世界之最——北京雲居寺石刻》，《勞動安全與健康》，1999年第6期。

［61］金申《房山縣雲居寺〈千人邑會碑〉初探》，吕鐵剛編《房山石經研究》（三），香港：中國佛教文化出版有限公司，1999年。

［62］京山《石刻檔案——房山縣雲居寺石經》，《北京檔案》，1986年第5期。

［63］景愛、孫文政《遼代石刻概述》，《北方文物》，2008年第1期。

［64］景盛軒《敦煌本〈大般涅槃經〉研究——以版本、異文、訓詁爲中心》，浙江大學博士學位論文，2004年。

［65］景盛軒《試論敦煌佛經異文研究的價值和意義——以〈大般涅槃經〉爲例》，《敦煌研究》，2004年第5期。

［66］康振棟《西晉竺法護翻譯佛經詞彙研究——以〈正法華經〉詞彙爲中心》，浙江大學博士學位論文，2011年。

［67］黎新第《敦煌別字異文所顯示的異等韻母相混現象》，《語言研究》，2011年第4期。

［68］李冬鴿《從出土文獻看"智"與"知"》，《文獻》，2010年第3期。

［69］李冬鴿《"智""知"形體關係再論》，《燕趙學術》，2012年第2期。

［70］李峰、李克《中國古代的石書》，《中州今古》，2000年第3期。

［71］李建生《後秦鳩摩羅什譯經疑問代詞研究》，南京師範大學碩士學位論文，2008年。

[72] 李潔《房山石經唐譯唐刻部分字形變異研究》,北京師範大學碩士學位論文,2006年。
[73] 李良松《房山石經醫藥養生文獻述要》,《中醫文獻雜誌》,2013年第4期。
[74] 李玲《〈經律異相〉所引北傳四阿含經與其原經異文研究》,南京師範大學碩士學位論文,2020年。
[75] 李兮《唐代逆修齋供初探——以房山石經題記史料爲切入點》,《文史》,2019年第3期。
[76] 李薛妃《佛經異文研究要注意的幾個問題》,《西華師範大學學報(哲學社會科學版)》,2016年第4期。
[77] 李雪濤《房山石經在佛教研究上的價值舉隅》,呂鐵剛編《房山石經研究》(二),香港:中國佛教文化出版有限公司,1999年。
[78] 梁豐《從房山石經題記看唐代的社邑組織》,呂鐵剛編《房山石經研究》(三),香港:中國佛教文化出版有限公司,1999年。
[79] 林蒙《國之重寶——房山石經拓片首次出國公展》,《法音》,1988年第1期。
[80] 林元白《房山雲居寺塔和石經》,《文物》,1961年增刊第1期。
[81] 林元白《房山石經初分過目記》,呂鐵剛編《房山石經研究》(一),香港:中國佛教文化出版有限公司,1999年。
[82] 林元白《房山石經拓印中發現的唐代碑刻——介紹〈大唐雲居寺石經堂碑〉》,呂鐵剛編《房山石經研究》(一),香港:中國佛教文化出版有限公司,1999年。
[83] 林元白《房山遼刻石經概觀》,呂鐵剛編《房山石經研究》(一),香港:中國佛教文化出版有限公司,1999年。
[84] 林元白《唐代房山石經刻造概況》,呂鐵剛編《房山石經研究》(一),香港:中國佛教文化出版有限公司,1999年。
[85] 林元白《房山石經〈稱讚淨土佛攝受經〉簡介》,呂鐵剛編《房山石經研究》(一),香港:中國佛教文化出版有限公司,1999年。
[86] 林志強、林婧筠《"知""智"關係補說》,《漢字漢語研究》,2019年第4期。
[87] 劉愛紅、顧乃武《房山石經題記所見唐代易莫瀛三州鄉村考》,《中國地名》,2020年第1期。
[88] 劉愛紅、顧乃武《房山石經題記所見唐代涿州三縣鄉村考》,《尋根》,2021年第1期。

［89］劉鋒《三國吳支謙譯經異文研究》，浙江大學碩士學位論文，2007年。

［90］劉鳳坤《石版檔案——石經山參觀記奇觀》，《遼寧檔案》，1993年第7期。

［91］劉琴麗《唐代幽州軍人與佛教——以〈房山石經題記彙編〉爲中心》，《世界宗教研究》，2011年第6期。

［92］劉桐妃《"净土三經"異文研究——以和刻本〈標注净土三部經〉和〈大正藏〉〈龍藏〉所收録的"净土三經"爲例》，吉林大學碩士學位論文，2020年。

［93］劉曉興《〈經律異相〉異文的整理與研究》，《南京師範大學文學院學報》，2018年第1期。

［94］劉曉興《類書異文研究的多重證據法——以〈經律異相〉爲例》，《古籍研究》，2019年第2期。

［95］劉曉興《〈經律異相〉異文考證》，《寧夏大學學報（人文社會科學版）》，2021年第5期。

［96］劉曉興《〈經律異相〉異文梳理與字詞研究》，《漢字漢語研究》，2022年第2期。

［97］劉曉興《〈經律異相〉形訛類異文辨析》，《温州大學學報（社會科學版）》，2022年第6期。

［98］劉屹《末法與滅法：房山石經的信仰背景與歷史變遷》，《歷史研究》，2021年第3期。

［99］劉征、鄭振峰《北齊石刻〈佛説孛經〉與傳世〈佛説孛經抄〉異文研究》，《民俗典籍文字研究》，2020年第1期。

［100］盧巧琴《東漢魏晉南北朝譯經語料整理研究》，浙江大學博士學位論文，2011年。

［101］逯静《以佛經異文校訂〈經律異相〉芻議》，《西昌學院學報（社會科學版）》，2013年第1期。

［102］羅積勇《異文與釋義》，《古籍整理研究學刊》，1986年第2期。

［103］羅理《〈阿育王經〉異文研究》，湖南師範大學碩士學位論文，2019年。

［104］羅炤《有關〈契丹藏〉的幾個問題》，吕鐵剛編《房山石經研究》（二），香港：中國佛教文化出版有限公司，1999年。

［105］羅炤《雷音洞舍利與〈房山石經〉》，吕鐵剛編《房山石經研究》（三），香港：中國佛教文化出版有限公司，1999年。

［106］羅炤《再談〈契丹藏〉的雕印年代》，吕鐵剛編《房山石經研究》（三），香港：中國佛教文化出版有限公司，1999年。

[107] 吕小雷《中古漢譯佛經異文"俟""擬"考辨》,《中國文字研究》,2021年第1期。

[108] 吕有祥《十年來中國佛教研究述略(1987—1996)》,《宗教學研究》,1997年第4期。

[109] 牛延鋒《慧思大師的末法思想與静琬大師的房山石經》,《佛教文化》,2006年第6期。

[110] 歐陽小英《〈六度集經〉異文研究》,湖南師範大學碩士學位論文,2010年。

[111] 沈林林《魏晉南北朝譯經疑問代詞研究》,南京師範大學碩士學位論文,2006年。

[112] 沈陽《房山雲居寺毗盧殿復原設計》,《古建園林技術》,1987年第2期。

[113] 沈芸《古寫本〈群書治要·後漢書〉異文研究》,復旦大學博士學位論文,2010年。

[114] 彭澤芳《〈説文解字〉之"聲"與"旄"》,《赤峰學院學報(漢文哲學社會科學版)》,2016年第9期。

[115] 邱雁《〈維摩詰經〉詞彙異文探析》,《湘南學院學報》,2020年第4期。

[116] 任傑《房山石經中保存的契丹國慈賢譯經》,《法音》,1985年第1期。

[117] 任傑《通理大師對房山刻經事業的重大貢獻》,《法音》,1988年第3期。

[118] 任傑《略述房山石經概況及其價值》,《佛教文化》,1989年。

[119] 任傑《房山石刻〈大智度經綸〉整理記》,吕鐵剛編《房山石經研究》(一),香港:中國佛教文化出版有限公司,1999年。

[120] 任傑《房山石經中新發現的兩種佚書過目記》,吕鐵剛編《房山石經研究》(一),香港:中國佛教文化出版有限公司,1999年。

[121] 任璐《〈説無垢稱經〉異文初探》,《語文學刊》,2015年第4期。

[122] 任璐《〈説無垢稱經〉異文初探》,貴州師範大學碩士學位論文,2015年。

[123] 山泉《〈房山石經〉(遼金部分)第二册出版》,《法音》,1988年第3期。

[124] 單霽翔《弘揚石經精神 再創房山輝煌》,《中國城市經濟》,1999年第3期。

[125] 商承祚《中山王譻鼎、壺銘文芻議》,《商承祚文集》,中山大學出版社,2004年。

[126] 邵燦《〈法句譬喻經〉異文考釋》,《遼寧工業大學學報(社會科學版)》,2020年第4期。

[127] 邵燦《〈鼻奈耶〉異文研究》,湖南師範大學碩士學位論文,2021年。

[128] 邵亦秋《〈經律異相〉與所出譬喻類原經異文校讀舉例》,《文教資料》,2018年第35期。

[129] 邵亦秋《〈經律異相〉所引譬喻類經與其原經異文研究》,南京師範大學碩士學位論文,2020年。

[130] 申紅義《出土楚簡與傳世異文研究》,四川大學博士學位論文,2006年。

[131] 申振《〈孝經〉異文研究》,四川外國語大學碩士學位論文,2018年。

[132] 施安昌《武周新字"圀"制定的時間——兼談新字通行時的例外》,《故宫博物院院刊》,1991年第1期。

[133] 史文磊《宋金房山石經與宋代雕版楷書比較研究》,北京師範大學碩士學位論文,2006年。

[134] 宋海榮《宋金房山石經與〈龍龕手鏡〉之比較研究》,北京師範大學碩士學位論文,2006年。

[135] 蘇梁峰《〈大方等大集經〉異文研究》,湖南師範大學碩士學位論文,2018年。

[136] 孫昌武《佛教寫經、刻經與中國書法藝術》,《文學與文化》,2010年第1期。

[137] 孫建偉《〈慧琳音義〉版本異文考論》,《民俗典籍文字研究》,2018年第1期。

[138] 孫蕾《國圖藏敦煌漢文寫經〈大乘入楞伽經〉異文研究》,河北大學碩士學位論文,2016年。

[139] 孫妙凝《房山石經爲社會史研究提供新視角》,《中國社會科學報》,2015年1月5日第A02版。

[140] 唐耕耦《房山石經題記中的唐代社邑》,《文獻》,1989年第1期。

[141] 田福月《房山雲居寺及其塔群》,《法音》,1988年第5期。

[142] 田福月《房山雲居寺發現金代重要石刻題記》,《法音》,1988年第5期。

[143] 田福月《關於保護房山石經問題初探》,《法音》,1990年第2期。

[144] 田福月《石經山發現唐武德八年静琬題記殘碑》,《法音》,1990年第2期。

[145] 田曼姝《〈佛説興起行經〉異文考釋》,《唐山師範學院學報》,2023年

第 1 期。

[146] 譚翠《敦煌文獻與佛經異文研究釋例》,《古籍研究》,2017 年第 2 期。

[147] 譚曉芳《〈百喻經〉異文研究》,湖南師範大學碩士學位論文,2019 年。

[148] 王邦維《房山石經中的律典》,《西南民族大學學報(人文社會科學版)》,2020 年第 7 期。

[149] 王德朋《房山雲居寺遼代刻經述略》,《蘭台世界》,2014 年第 24 期。

[150] 王健潔《正續〈一切經音義〉異文正訛關係考探》,《遼寧工業大學學報(社會科學版)》,2020 年第 1 期。

[151] 王健潔《正續〈一切經音義〉異文中之正訛字研究》,渤海大學碩士學位論文,2020 年。

[152] 王麗華《〈房山石經題記彙編〉遺誤舉例》,《文獻》,1996 年第 2 期。

[153] 王紹峰《初唐佛典異文類例》,《湖州師範學院學報》,2017 年第 9 期。

[154] 王樹村《掩經千餘年 曝經僅千日——説北京房山石經》,《"國立歷史博物館"館刊》,1999 年 12 月。

[155] 王晞萌《〈大正藏〉〈佛説如來興顯經〉異文例析》,《遵義師範學院學報》,2018 年第 2 期。

[156] 王新《房山石經唐貞元五年刻〈妙法蓮華經·方便品〉校勘記》,吕鐵剛編《房山石經研究》(二),香港:中國佛教文化出版有限公司,1999 年。

[157] 王新英《從石刻史料看金代佛教信仰》,《東北史地》,2010 年第 1 期。

[158] 王揚《雲居寺石經》,《學習與研究》,1984 年第 11 期。

[159] 王英傑《北京房山雲居寺與石經》,《中國房地信息》,1999 年第 11 期。

[160] 王永興《關於唐代後期方鎮官制新史料考釋》,吕鐵剛編《房山石經研究》(三),香港:中國佛教文化出版有限公司,1999 年。

[161] 文師華《佛教對中國書法的影響》,《南昌大學學報(社會科學版)》,1996 年第 2 期。

[162] 鄔麗娟《〈經律異相〉所引〈十誦律〉與其原經異文研究》,南京師範大學碩士學位論文,2020 年。

[163] 吴成洋《慧琳〈一切經音義〉異文考證十五則》,《重慶師範大學學報(社會科學版)》,2021 年第 2 期。

[164] 吴立民《房山雲居寺遼金石經回藏緣起碑》,《佛教文化》,1999 年第 5 期。

[165] 吴立民《房山雲居寺遼金石經回藏緣起碑(碑文原稿)》,《法音》,

1999年第9期。

［166］吴夢麟《加强"北京敦煌"——房山石經的研究》，《北京社會科學》，1987年第2期。

［167］吴夢麟《房山石經述略》，吕鐵剛編《房山石經研究》（一），香港：中國佛教文化出版有限公司，1999年。

［168］吴夢麟《房山石經本〈唐玄宗注金剛經〉整理記》，吕鐵剛編《房山石經研究》（二），香港：中國佛教文化出版有限公司，1999年。

［169］吴謝海《〈優婆塞戒經〉異文考辨七則》，《遼寧工業大學學報（社會科學版）》，2021年第6期。

［170］《房山石經瞻禮》，《法音》，1988年第1期。

［171］向雨飛《〈法苑珠林〉異文研究》，雲南師範大學碩士學位論文，2021年。

［172］謝换玲《魏晉南北朝漢譯佛經程度副詞研究》，中山大學碩士學位論文，2010年。

［173］辛睿龍《〈大唐西域記〉異文考辨》，《唐山學院學報》，2016年第2期。

［174］辛睿龍《高麗新藏本可洪〈《廣弘明集》音義〉異文用字校勘舉例》，《西南交通大學學報（社會科學版）》，2022年第1期。

［175］熊果《〈四分律〉異文研究》，湖南師範大學碩士學位論文，2011年。

［176］徐威《静琬與石經山雲居寺》，《北京聯合大學學報》，1995年第1期。

［177］徐自强、吴夢麟《關於房山雲居寺和石經山的幾個問題》，《北京社會科學》，1987年第4期。

［178］徐自强《〈房山石經題記彙編〉前言》，《房山石經題記彙編》，北京：書目文獻出版社，1987年。

［179］徐自强《房山縣雲居寺〈謙公法師靈塔銘〉》，吕鐵剛編《房山石經研究》（三），香港：中國佛教文化出版有限公司，1999年。

［180］徐中舒《耒耜考》，《農業考古》，1983年第4期。

［181］許維磊《北京房山石研究》，天津大學建築學院碩士學位論文，2008年。

［182］嚴成均《異名語音嫁接現象與字典處理方式》，李格非、趙振鐸主編《漢語大字典論文集》，湖北辭書出版社、四川辭書出版社，1990年。

［183］閻文儒《房山石經》，吕鐵剛編《房山石經研究》（二），香港：中國佛教文化出版有限公司，1999年。

［184］閻文儒《房山雲居寺》，吕鐵剛編《房山石經研究》（一），香港：中國佛教文化出版有限公司，1999年。

[185] 楊冰郁《唐詩異文研究——以李白詩歌異文爲例》,陝西師範大學博士學位論文,2009 年。

[186] 楊晨《從〈房山石經〉看中國刻經書法史》,《中國書法》,2022 年第 7 期。

[187] 楊琳《論異文求義法》,《語言研究》,2006 年第 3 期。

[188] 楊雲霞《〈正法華經〉異文研究》,遼寧師範大學碩士學位論文,2018 年。

[189] 余棗焱《〈大唐西域求法高僧傳〉版本異文研究》,四川外國語大學碩士學位論文,2017 年。

[190] 姚長壽《〈房山石經〉即將隆重出版》,《佛教文化》,1999 年第 4 期。

[191] 姚長壽《〈房山石經〉(全 34 册)即將隆重出版》,《法音》,1999 年第 7 期。

[192] 姚長壽《房山石經保存的〈文殊師利寶藏陀羅尼經〉真諦譯本》,吕鐵剛編《房山石經研究》(一),香港:中國佛教文化出版有限公司,1999 年。

[193] 姚長壽《房山石經本〈大唐貞元續開元釋教録〉考釋》,吕鐵剛編《房山石經研究》(二),香港:中國佛教文化出版有限公司,1999 年。

[194] 易敏《石刻佛經文字研究與異體字整理問題》,《北京師範大學學報(社會科學版)》,2006 年第 1 期。

[195] 易咸英《〈佛五百弟子自説本起經〉的異文校勘》,《遵義師範學院學報》,2008 年第 4 期。

[196] 易咸英《〈妙法蓮華經〉異文研究》,湖南師範大學碩士學位論文,2009 年。

[197] 永有《〈金剛經〉石經之研究——以房山石經中的〈金剛經〉爲主要探討》,《普門學報》,2008 年第 11 期。

[198] 尤李《房山石經〈佛頂尊勝陀羅尼經〉及其相關問題考論》,《暨南學報(哲學社會科學版)》,2009 年第 2 期。

[199] 尤李《遼代佛教研究評述》,《中國史研究動態》,2009 年第 2 期。

[200] 尤李《論唐前期幽州地域羈縻州的佛教活動》,《貴州大學學報(社會科學版)》,2011 年第 1 期。

[201] 尤李《唐代幽州地區的佛教與社會研究現狀評述》,《中國國家博物館館刊》,2012 年第 7 期。

[202] 俞欣《"萬"字簡體起源考》,《殷都學刊》,2001 年第 4 期。

[203] 禹建華《〈法苑珠林〉異文研究》,湖南師範大學博士學位論文,

2011 年。

［204］曾良、江可心《佛經異文與詞語考索》，《古漢語研究》，2013 年第 2 期。

［205］曾少林、鄭賢章《漢文佛典疑難異文考辨》，《古漢語研究》，2019 年第 3 期。

［206］曾昭聰《中國古代的石經及其文獻學價值》，《華夏文化》，2002 年第 1 期。

［207］詹鄞鑫《釋甲骨文"知"字——兼説商代的舊禮與新禮》，《華夏考——詹鄞鑫文字訓詁論集》，中華書局，2006 年。

［208］張暢耕、畢素娟《論遼朝大藏經的雕印》，吕鐵剛編《房山石經研究》（三），香港：中國佛教文化出版有限公司，1999 年。

［209］張國良《元魏譯經異文研究》，湖南師範大學博士學位論文，2016 年。

［210］張國良、劉樂《〈雜寶藏經〉同義詞異文校讀釋例》，《南華大學學報（社會科學版）》，2021 年第 6 期。

［211］張建木《房山石經題記歷史資料初探（上）》，《法音》，1981 年第 2 期。

［212］張建木《房山石經題記歷史資料初探（下）》，《法音》，1981 年第 4 期。

［213］張瑾《唐代方劑文獻異文研究》，南京中醫藥大學博士學位論文，2011 年。

［214］張連城《房山石經題記中所見——唐代節度使府武職的幾點研究》，《北京聯合大學學報》，1992 年第 2 期。

［215］張淼《百年佛教疑僞經研究略述——以經録爲中心的考察》，《敦煌學輯刊》，2008 年第 1 期。

［216］張敏《遼金寶藏石經回藏紀實》，《法音》，1999 年第 10 期。

［217］張銘《静琬的〈房山石經〉》，《中國書畫》，2007 年第 7 期。

［218］張銘《房山石經刻石書風視覺形式演變的分期研究》，成都蓉城美術館《中國創意設計年鑒論文集》，2012 年。

［219］張銘《關於房山石經刻石書風形成的初探》，《名作欣賞》，2013 年第 3 期。

［220］張秋升、姜欣玥《房山石經題記所見幽州盧龍節度使府軍將——以押牙和虞候爲中心》，《聊城大學學報（社會科學版）》，2019 年第 2 期。

［221］張曉旭《隋—唐碑刻研究（上篇）》，《南方文物》，2002 年第 2 期。

［222］張毅蒙《〈長阿含經〉異文研究》，湖南師範大學碩士學位論文，2019 年。

［223］張雨薇《〈無量壽經〉異文校釋五則》，《漢語史學報》，2020 年第 2 期。

[224] 張雲濤《〈左傳〉〈史記〉異文研究》，内蒙古師範大學碩士學位論文，2007年。

[225]《趙樸初會長在房山石經回藏慶典上的書面致詞》，《法音》，1999年第10期。

[226]《趙樸初會長爲房山雲居寺重建天王殿毗盧殿立架上樑剪綵》，《法音》，1986年第1期。

[227] 趙超《談中國古代碑刻目録的編集》，《中國典籍與文化》，2012年第2期。

[228] 趙樸初《房山石經〈稱讚净土佛攝受經〉拓片題記》，吕鐵剛編《房山石經研究》（一），香港：中國佛教文化出版有限公司，1999年。

[229] 趙婷《雲居寺佛舍利石經展陳雍和宫》，《法音》，1999年第4期。

[230] 趙迅《雲居寺塔及石經》，《文物》，1978年第3期。

[231] 真大成《中古譯經異文所反映的"一詞多形"現象》，《漢語史學報》，2018年第1期。

[232] 真大成《漢譯佛經異文所反映的"一詞多形""一形多詞"現象初探》，《文史》，2019年第2期。

[233] 鄭賢章《〈龍龕手鏡〉未識俗字考辨》，《語言研究》，2002年第2期。

[234] 鄭賢章、譚曉芳《〈百喻經〉"真實""真寶"異文考校》，《武陵學刊》，2018年第1期。

[235] 鄭永華《房山石經與歷代王朝》，《北京觀察》，2013年第5期。

[236] 中國佛教圖書文物館房山石經整理研究組《房山石經與〈契丹藏〉》，《法音》，1981年第3期。

[237] 中國佛教圖書文物館房山石經整理研究組《房山石經中新發現的兩種佚書過目記》，《法音》，1982年第5期。

[238] 中國佛教協會《〈房山雲居寺石經〉前言》，吕鐵剛編《房山石經研究》（一），香港：中國佛教文化出版有限公司，1999年。

[239] 鍾樹琳《〈普曜經〉異文研究》，湖南師範大學碩士學位論文，2018年。

[240] 周紹良《從石刻探討契丹之改易國號》，《北京社會科學》，1986年第2期。

[241] 周紹良《重印〈白帶山志〉説明》，吕鐵剛編《房山石經研究》（一），香港：中國佛教文化出版有限公司，1999年。

[242] 周紹良《房山石經與〈契丹藏〉》，吕鐵剛編《房山石經研究》（二），香港：中國佛教文化出版有限公司，1999年。

[243] 周叔迦《房山石刻大藏經叢考》，吕鐵剛編《房山石經研究》（一），香

港：中國佛教文化出版有限公司,1999年。

[244] 祝華新《石經回埋：留得青山慰後人》,《法音》,1998年第8期。

[245] 宗舜法師《〈俄藏黑水城文獻〉之漢文佛教文獻擬題考辨》,《敦煌研究》,2001年第1期。

條目音序索引

A

阿姨：阿夷	300
愛：受	375
安闍那佛：安闍那佛	355
安樂：安	349
安：寧	330
安隱：安樂	329
安隱：安寧	329
闇：問	392
暗：闇	162

B

拔：挍	68
悲號：悲哭	319
被：披	240
比丘尼：比丘	348
彼：佊	101
迎：帀、匝	70
畢：畢	59
閉：問	361
痺：脾	175
辟：擗	191
弊：斃	109
臂：䏶	141
辯：辨	270
病：應	354
剝奪：剝脫	324

晡：補	170
不：忽	363
布：覆	316

C

採：菜	173
慚：暫	171
藏：蕆	62
叉：义	58
杈：叉	267
差：着	370
長：腸	200
長跽：長跪	306
抄：叉	315
瞋：嗔	312
臣：恵	149
臣：惡	377
塵垢：塵水	289
塵垢：塵土	289
撐、棠、悵：振、振	397
成：滅	404
乘：垂	399
誠：城	159
持：擔	316
持：行	317
熾盛：熾然	328
充：无	362
紃：細	382

醜惡：醜陋	337
臭：奧	115
除：滅	303
啜：歠、惙	166
串習：慣習	299
床榻：床敷、床褥、床枕	293
創：瘡	260
吹和：鳴和	317
春：眷	80
次第：以次	315
賜與：施與	306
粗：柞	230
催：摧	165
忖：村	171
痤：矬	160
厝：廟	380

D

大衆：大會	283
殫：單	163
但：俱	95
啖：噉	124
噉：敢	191
當：常	176
道：導	242
德：得	203
底：庛	86

地：池	176	
地：埊	147	
地獄：五道	298	
弟：第	255	
顛：顚	139	
典：曲	61	
昳：趺（跌）	156	
斗：斜	75	
斗：升	93	
覩：都	167	
端正：端嚴	331	
短：矩	81	
斷：𣃔	64	
墮：墜	321	
墮：隨	63	

E

惡：偘	131	
惡：惡、㺫	64	
惡：惡、慅	72	
惡：汙	210	
恩：思	360	
而：面	360	
而：如	223	

F

發露：懺悔	309	
伐：罰	205	
法：去	400	
反：返	240	
販賣：販買	353	
販賣：買賣	314	
飯食：飲食、飯	285	
房：方	190	
放：方	195	
扉：排	179	
誹謗：謗	321	

焚：炎	138	
奉持：奉侍	322	
伏：仗、杖、犬	362	
服：明	352	
福報：福樂	282	
腹：腸	387	
覆：伏	229	

G

蓋：益	351	
甘：雷	136	
告：生	371	
告：先	381	
告：語、言	313	
閣：間	367	
更：便	389	
更苦：受苦	324	
哽咽：哽嚾	326	
宮殿：宮宅	281	
宮樂：富樂	382	
共：同	339	
溝：講	172	
狗：猗	124	
穀：𣎴	140	
穀：設	364	
蠱：蟲	65	
故：胡	173	
顧視：顧見	323	
怪：恠、㤿	89	
光光：光明	402	
歸：飯	253	
鬼魅：鬼神	292	
鬼神：惡鬼	396	
蹜跪：長跪、距跪	306	
國：囯	115	
國：囝	150	
過：迴	340	

H

害：宮	138	
含：啥	74	
含：合	372	
呵：毀	314	
呵：咽	370	
合：舍	365	
和：啝	72	
恒：但	403	
橫簪：橫緇	320	
弘：紅	219	
后：姤	136	
厚：厚	99	
後：浚	108	
後：從	352	
忽：忩	89	
斛：斛	357	
虎：肃	53	
華報：果報	360	
華：花	251	
壞：懷	170	
歡喜：歡樂	330	
環：還	264	
喚：呼	318	
迴：迴、廻	101	
悔過：懺悔	309	
慧：惠	210	
穢濁：垢穢	290	
惑：或	180	

J

飢：飢	109	
汲：急	161	
疾：病	288	
疾：嫉	317	

蟻：𧉪		124
蟻虱：蚤虱		287
計論：論、計説		320
寂：家、𡧈		130
寂：家		130
際：祭		190
繼後：係嗣		291
加哀：如來		379
賈：價		242
價：債		399
間：𡶜		131
蹇：謇		159
開：間		110
漸：轉		231
劍：劍、釗		127
焦：燋		137
憍：懷		358
憍：嬌		311
鶬：䴖		137
教誨：教		321
結：跲		135
節：茚		98
解：説		322
解脱：鮮肥		359
解：懈		249
誡：戒		273
今：令		394
盡：進		224
晉：㬜		84
經：更、逕		310
經：結		365
經：逕、輕		177
精勤：精進		332
頸：頸、脛		118
净行：梵行		294
净：争		199
竟：意		367

敬：敂		145
鏡：鐼		146
鏡：鏡		370
灸：炙		86
灸：疚		168
拘：俱		205
具足論佛：異足論佛		356
俱顯：居濕		212
倦：倦		120

K

栲楚：考楚		308
懇：墾		160
恐怖：恐		303
窟：屈		193
苦：善		400
匡：臣		90
況：向		365
坤：巛		151
困苦：苦厄		295
困：因		371

L

癩：賴		182
牢：窂		107
樂：㦡		142
樂：藥		228
犂：猫		123
離：利		218
離畏佛：離山佛		357
礼：視		401
里：理		185
禮：礼		52
利養：利益		296
戾：庆		68
歷：曆		259
憐：怜		125

斂：殮		238
兩：雨		96
量：㬈		380
繚：撩		160
料：籵、斳		93
裂：烈		158
鄰：隣		142
令：合		373
聾：聳		143
僂：腰		134
漏：扁		71
漏：滿		354
漏：偏		97
露：路		185
略：毗		381
落：洛		189

M

罵詈：罵辱		305
鬘：鬢		112
眉：眉		59
門：明		220
矇：瞢(瞢)、懵		274
迷：迷		102
密：蜜		161
免：勉		186
勉：挽		157
冕：免		269
面首：面目		288
民：𠄍		144
民：𡕿		69
愍：慜		144
愍：慜、愍		145
名：多		350
名：召		391
明：朙		50
磨：磑		132

磨：磑	290	
默：嘿	117	
目：眼	292	
沐：𣳫	135	

N

乃：及	376
迺：釋	392
枏：柟	88
難施佛：難陁佛	386
戁：難、歎	179
惱：惚、㤪	111
惱：𢙢	136
能：解	326
泥犁：地獄	291
年：歲	286
廿：二十	337
念：尒	393
蘖：蘗	271
濃：膿	264
弄：挵	73
怒：弩	168
女人：婦女	286

P

槃：縏	142
彗：䇿	84
朋：用	60
皮：剫	248
毗尼：比丘、比尼	366
毗尼：律	294
臂：髀	141
偏肩：偏袒	386
漂：澍	128
平正(平政)：端正、平整	331
評諄：平訶	327

叵：頗	221

Q

欺詐：欺誑	323
耆：耇	108
跂：屐	119
乞：匄	325
氣量：器量	295
訖塞：謇吃	337
棄：乘	377
棄：弃、㙯	49
器：𠾅、𠾝	85
愆：騫	202
切：劫	227
勤：懃	76
清潔：清净	329
屈：曲	317
軀：軁	342
驅：駈	123
泉：㳂	132
權：擁	369
勸化：開化	322
勸：歡	174
缺：缶	65

R

燃：然	245
繞：嬈	172
人：者	287
仁：人	201
日：囙	147
日夜：晝夜	298
容：客	398
容貌：容顔	298
肉：宍	366
如：審如	342
如：知	384

襦：曘、濡、爎	158
軟：濡	128

S

卅：三十	338
三寶：三尊	292
傘：金	369
傘：散	208
色：𠁣	55
色：危	374
善成佛：善戒佛	401
傷：復	388
上：尚	211
燒：煨	324
少：小	332
捨：舍	247
捨：赦	218
赦：赦	62
設：攝	213
設：説	206
申：伸	247
身：生	225
身心：心意	291
深重：深結	344
神：祇	284
慎：順	226
生：心	226
生：至	395
盛：成	184
勝：聖	219
聖僧：聖衆	285
尸：屍	249
虱：𧍚、𧏙	85
施：世	213
溼：濕	125
濕：日	358
食：倉	394

食：飯	303	
時：寺	198	
實：寶	350	
使：便	367	
始：如、胎	357	
士官：仕官、仕宦	304	
士：仕	267	
士：事	221	
卅：三十	338	
示：是	228	
世間：世俗、世界	283	
世人：世民、後人	287	
世業：世榮	296	
式叉迦羅尼：應當學、學戒法	294	
式：戒	353	
拭：拭	68	
是：始	224	
是：市	214	
視：觀	323	
視：是	214	
飾：餙	51	
試：誡	354	
收：扠	128	
受：愛	375	
受：授	253	
狩：禽	293	
授：穫	150	
壽：受	209	
獸：狩	258	
鼠：鼷、鼠	80	
術：林	137	
衰老：衰弱	333	
私：私、私	107	
思潤：恩潤	389	
思：斯	220	
斯：此	340	

甦：蘇	208	
蘇：蔬	139	
夙：宿	204	
隨順：順從	310	
隨：隋	63	
髓：隨	198	
遂：逐	61	
挲：抄	143	
索：常	358	

T

太：大	334	
祖：袒	100	
袒：袒	134	
歎：歡	361	
啼泣：啼哭	319	
涕：悌、涕	126	
涕泣：啼哭、嘷哭	320	
天：旡	147	
挑：掉	122	
挑眼：失目	325	
跳：踔	122	
聽：聡	343	
亭：停	246	
通洞：通同、交同	334	
痛：癮	77	
徒：塗	206	
土：土	69	
兔：菟	188	
退：艮	50	
退轉：疲懈	335	
豚：犬	387	

W

瓦：凡、几	58	
完：兌	91	
萬：万	51	

亡：忘、妄	268	
王：主	359	
唯：雖	341	
圍：違	157	
未：求	395	
未：味	184	
委：姜	86	
畏：隈、晨	381	
胃：腊	132	
蚊蚋：蚊蚊	378	
問：同	373	
問：聞	262	
誣：證	111	
无：不	344	
吾：五	195	
無邊：無量	341	
無：无	56	
忤：仵	169	
悞：誤	327	

X

悉：迷	397	
喜勝佛：善勝佛	386	
喜：憙	77	
葘：屋	133	
卌：四十	339	
俠：挾	265	
狹：俠	169	
先：光	393	
咸：減	197	
險：嶮	117	
險：阸	85	
現：見	251	
現世：現在	282	
縣：懸	78	
相：想	194	
祥：静	399	

響：嚮	261	藥師上佛：藥師子佛	355	友：犮	69
消滅：斷滅	304	野馬：野長	383	友：有	202
消滅：銷滅	304	掖：腋	237	臾：申、史、吏	85
笑：哭	73	業：葉	223	於：扵	104
蝎：蠍	129	一一：二	378	愚：遇	167
邪：耶	81	醫：毉	118	與：共	339
械：核	126	飴：飯	285	御：御	103
欣然：歡喜	336	已：竟	315	嫗：婦	297
欣：忻	119	以去：已去、以後、已後	282	譽：喻	222
新：親	164	以：益	227	垣：園	207
新：鮮	333	以：與	340	園：國	392
信：倚	374	邑：㠯	48	園：圓	218
星：○	147	邑：悒	182	圓：員	243
腥：星、醒	188	異：异	53	遠離：永斷、永離	328
刑：形	262	詣：至、入	312	苑：菀	201
性：𢚩	59	義：儀	250	月灌佛：日觀佛	385
性：姓	263	憶：億	159	月：囝	147
匈：胸、胷	72	瞖：瞖、醫	266		
修禪：修福	326	因：囙	111	**Z**	
虛偽：虛空	330	因：囙、囙	57	雜：離	385
婿：壻	53	因由：因緣	289	雜音佛：離闇佛、離闍佛	385
懸：縣	78	殷：慇	75	灾害：怨害、惡害、怨惡	280
學：覺	192	陰冥：闇冥、瞑闇	334	暫：蹔	116
學：與	389	慇：慇	146	澡：澡	109
		吟：呼、吁	318	澡浴：洗浴	317
Y		婬：淫	239	賊：賤	364
崖：涯	273	飲食：飯食	302	增益：增送	349
言：説、語	313	印：亦	229	瞻：占	206
炎：燄	250	瓔：珱	125	展：輾	133
嚴麗：嚴好	333	迎逆：迎送	354	斬：斫	323
奄：闇	217	營：榮	197	掌：常	178
眼：耳	383	影：景	244	掌：障	217
厭：猒	194	擁護：擁衛	302	障：鄣	140
央：鞅、殃	183	憂惱：憂患、憂苦	305	照耀：照輝	301
佯：咩	134	猶：由	199	照：昭	241
楊：揚	102	遊：趍	116		
邀：激	402				

者：善	375	中：口	358	紵：苧、苎	118
珎：弥	355	中：内、裏	286	轉：輕	359
正：匝	148	中：忠	270	莊：病	368
正：一心	378	終：癸	121	捉：著	225
正：政	275	終：經	368	姊：妹	349
之：知	231	種：穜	126	姊：姉、姐	123
之：諸	214	衆患：苦患	290	紫：此	400
枝：柭	69	周接：周足	325	宗：崇	196
知：智	66	周：賙	245	族：𧛨、挨	104
值：値	97	猪：諸	163	嘴：觜、觿、柴	120
執：熱	135	諸威德佛：諸盛德佛	356	最：冣	54
止：正	79	諸：衆	342	罪業：罪障	297
至暮：竟日	299	主：生	384	罪愆：罪業	293
志：至	207	煮：諸	168	尊容：尊顔	295
治：持	215	屬：囑	254	左：在	402
置：著	316	注：駐、住	164	座：坐	257

後　　記

　　本書在筆者博士學位論文《隋唐刻房山石經與同名佛經異文研究》的基礎上進一步拓展、修訂而成。

　　2011年秋,我有幸躋身西南大學博士研究生之列,師從碑刻文獻研究大家毛遠明教授學習碑刻文獻的整理與語言文字的研究。三年中,在先生和喻遂生教授、張顯成教授二師的指導下,立足於出土文獻,且出土文獻與傳世文獻並重,在研究中盡可能地將二者拉通。在毛遠明師的引導下,我們主要從以下四個方面著力於專業學習:一是研究一定要立足於某一塊語料,不是泛泛地僅從事某一角度的研究;二是材料、理論、方法三者並重,不可有所偏廢;三是系統地學習碑刻文獻的整理方法,包括文獻的電子化、整理與校對等;四是碑刻文獻的研究方法,從事碑刻文獻研究,要從文獻學、歷史學、文字學、語言學等角度進行綜合研究,不能僅僅偏重於某一點,這是由碑刻學本身綜合性學科的性質決定的,再者,對研究角度的限定,浪費了材料的一些固有價值,同時也浪費了一部分勞動過程。

　　論文的寫作也是在毛師的悉心指導下進行的。每當百思不得其解之時,先生隻言片語,往往使我茅塞頓開。無論是語料的梳理、材料的校對、字形的選取、論文框架結構的條理、觀點的提點、文句的疏通,先生毫不放鬆,這無不體現出先生的治學嚴謹與無私關愛。在論文的寫作過程中,喻老師、張老師、王化平老師也指出了論文存在的訛誤,對論文作出了很有針對性的指導。

　　在論文的盲審與答辯過程中,清華大學李守奎教授、南開大學施向東教授、復旦大學申小龍教授等先生對論文的審閱付出了辛勤的勞動,提出了大量寶貴而中肯的意見。答辯委員會成員北京師範大學李運富教授、西南大學鄒芙都教授、伏俊璉教授、喻遂生師、張顯成師等先生,也指出了論文存在的訛誤和不足之處,提出了很多富有建設性的意見,對本書的修改起到了至關重要的作用。

　　作爲博士學位論文,主要立足於隋唐刻房山石經,研究它與出土的敦煌寫卷及傳世的《中華大藏經》《高麗大藏經》《大正新修大藏經》比勘的異文，旨在揭示其文字與詞彙的特點，爲漢字史和漢語詞彙史的研究提供資料，同時考察隋唐刻房山石經的文字使用面貌和版本。如今付之梨棗，本書在博士學位論文的基礎上又作如下增補：

一、内容上

1. 緒論的"研究綜述"部分增補2014年5月以後發表的關於《房山石經》整理與研究、佛經異文研究的成果，綜述後的小結亦作相應調整。

2. 從第二章起，全書共增加異文研究一百餘條，同時對博士學位論文原書每條異文材料的分析話語逐一加以考察，是則是之，非則非之，據實對歸類進行調整。較之原博士學位論文，增加、修改的篇幅超過50%。

3. 全面處理全書採用的幾千個字形圖片，原底色均去除，拓片字形作反色處理；同時去掉了大部分字形圖片外面的引號，以求行文簡潔。

4. 自第一章"異體字異文"始，每章均增補一些腳注，注明引語出處，以求符合學術規範並完善論文體例。

5. 全面核對引用《説文》《玉篇》《廣韻》《集韻》等字書、韻書以及其他引語的内容，誤者更正，脱者補之。

6. 改寫並完善本書的結語。

7. "參考文獻"部分增加各類參考文獻166部/篇。

8. 修改原論文的部分措辭，改正衍倒脱誤。

二、結構上

1. "通假字異文"一章的二級標題斟酌後重新擬定名稱。

2. "同源詞異文"一章重新構擬框架及標題，不再從原來的音韻角度分類，而是結合字詞關係重新確立標題並對同源詞異文進行探討。

3. 自第一章"異文異體字"研究始，每章均增補一些腳注。

同時，研究生陳恒汴、陳垚、張燕等幫助處理本書的所有圖片，並核對了部分引文，勘正了行文的部分文字訛誤。

李華斌教授對全書假借字、同源詞部分的音韻進行了全面的復核，這也讓本書減少了一些訛誤。

本書出版之際，貴州師範大學給予了巨大的經濟支持，讓本書能夠順利出版；同時，上海古籍出版社毛承慈女士、張世霖先生在本書出版的過程中付出了巨大的心力，表現出極大的責任心。

感謝一切爲本書的寫作、評審、修改、審校出版付出關心與支持的師友、單位,沒有他們的熱忱鼓勵和大力扶持,小書無法問世。

　　當然,限於個人的眼界和能力,書中尚存挖掘不足或舛誤之處,這都由本人負責,懇請方家指正爲謝。

李薛妃

2024 年 5 月於貴州師範大學